ちくま学芸文庫

資本論 第一巻 下

カール・マルクス

今村仁司 三島憲一

鈴木 直 訳

目次　下

第一巻　資本の生産過程（続）

第一三章　機械装置と大工業

目次　上

第五節　マニュファクチュアの資本主義的性格

第一巻　資本の生産過程（続）

第一三章　機械装置と大工業

第一節　機械装置の発達

ジョン・ステュアート・ミルは『経済学原理』のなかでこう書いている。「これまでなされたあらゆる機械の発明によって、日々の労苦が軽減された人間が一人でもいたかどうかは疑問だ(86)」と。

(86) ミルは「他人の労働によって生きていくわけにはいかない人間のなかに一人でもいたかどうかは……」と書くべきだった。機械が高等遊民の数を大幅に増やしたことは疑いえないからだ。

しかし、このようなことは資本主義のもとで使用される機械装置の目的ではけっしてない。他のあらゆる労働の生産力の発達と同じように、機械装置は商品を安売りするためのものであり、また労働者が自分のために必要とする労働日部分を短縮するためのものだ。その目的は、労働者が資本家に無償で与える労働日の残りの部分を延長することにある。機械装置は剰余価値生産のための手段だ。

生産様式の変革は、マニュファクチュアでは労働力を出発点として、大工業では労働手段を出発点として始まる。したがって第一に研究すべきは、何が原因で労働手段は道具から機械へと変容するのか、あるいは、何によって機械は手工業用具から区別されるのかということだ。ただしここでは大まかな一般的特徴だけをとりあげる。自然史の時代区分と同じく、社会に関する時代区分もまた抽象的に引いた境界線で厳密に区切るわけにはいかないからだ。

数学者や機械学者は――イギリスの経済学者によってもあちこちで繰り返されていることだが――道具とは単純な機械のことであり、機械とは組み合わされた道具のことだと説明する。彼らは両者のあいだに本質的な違いを認めず、単純な機械的能力をそなえたもの、たとえばレバー、斜面、ネジ、クサビなどまでを機械と呼ぶ(87)。たしかにあらゆる機械は、どのような外見をしていようが、どのように組み合わされていようが、そうした単純な機械的能力からなっている。しかし経済学の立場からは、こうした説明は何の役にも立たない。というのも、そこには歴史的要素が欠けているからだ。また別の人は、道具では人間が動力となるのに対して、機械では動物、水、風などの人力以外の自然力が動力になるという点に、道具と機械との違いを見ようとする(88)。この説に従えば、じつにさまざまな生産時代に見られる牛に引かせる鋤《すき》は機械だということになり、他方、一人の労働者の手で動かされ、一分間に九万六〇〇〇の目を織るクローセン式回転織機は単なる道具だということになるだろう。それどころか同じ織機でも、手で動かせば道具、蒸気で動かせば機械ということになる。動物の力を利用することは人類の最も古い発明の一つであり、だとすれば実際には手工業生産の前に機械生産があったことになるだろう。一七三五年にジョン・ワイアットが紡績機械を発明し、それによって一八世紀産業革命の到来を告げ知らせた時、彼は、これからは人間の代わりにロバがこの機械を動かすなどとは一言も言わなかった。にもかかわらず、この役割はロバに任されることになった。「指を使わずに紡《つむ》げる」機械、これこそが彼のうたい文句だった。(89)

(87) たとえばハットンの『数学教程』参照。

(88) 「この視点に立てば、実際、道具と機械とのあいだに明確な境界線を引くことができる。シャベル、ハンマー、ノミ等々、あるいはレバーやネジ類など、いかに巧みに作られていようとも、人間の力を動力とするもの、これらはすべて道具という概念にまとめられる。それに対して、動物の力で動く鋤、風力で動くひき臼などは機械に数えられるべきだ」(ヴィルヘルム・シュルツ『生産の運動』チューリヒ、一八四三年、三八ページ)。同書は多くの点で賞賛に値する。

(89) ワイアット以前にも、きわめて不完全な形ではあったが粗紡機《そぼうき》が使用されていた。おそらく最初はイタリアだったと思われる。技術発展を批判的に検討した歴史書があれば、一八世紀の発明のどれ一つをとっても、一人の個人によるものはごく少ないことが一般的に立証されることだろう。しかしこれまでのところ、そのような著作はあらわれていない。ダーウィンは自然のなかの技術史に、すなわち動植物が生きていくための生産用具である動植物器官の形成史に関心を向けた。だとすれば、社会的存在である人類の生産器官の形成史や、あらゆる特殊な社会組織の物質的基礎の形成史もまた、同じように注目に値するのではないか？　しかも、こちらの方が簡単に提供できるのではないか？　なぜなら、ヴィーコ〔イタリアの哲学者。一六六八―一七四四〕の言うように、人類史と自然史との違いは、自然史はわれわれの作品ではないが、人類史はわれわれが作ったものだという点にあるからだ。技術学は自然に対する人間の能動的態度を、そして人間の生命の直接的な生産過程を照らしだす。同時にそれによって、社会的生活関係やそこから生じる精神的観念の生産過程をも明らかにする。いかなる宗教史であれ、こうした物質的基盤を捨象しているものは、無批判だ。実際、分析を通じて宗教的な幻影に潜む世俗的核心を発見することは、さほど難しいことではない。はるかに難しいのは、逆に、その時どきの現実の生活関係から出発して、それが天上に投影された諸形態にいたる過程を明らかにすることだ。そしてこれこそが唯一の唯物論的な、したがって科学的な方法だ。歴史過程を排除する抽象的な自然科学的唯物論の欠陥は、その提唱者たちが自分の専門から一歩外に踏み出た時に用いる抽象的でイデオロギー的な観念からも、すでに見てとれる。

発達した機械装置はすべて、三つの本質的に異なる部分からなっている。すなわち動力機、伝達機構、そして最後に道具機ないし作業機だ。動力機はすべての機構の原動力として作用する。それは蒸気機関、熱機関、電磁気機関などのようにみずから動力を生みだすか、または水車が水流から、風車が風からといったように、外部にすでに存在する自然力から原動力を受けとる。伝達機構は、はずみ車、動軸、歯車、タービン、シャフト、紐、ベルト、連結器具、さまざまな種類の連動装置などからなり、運動を制御し、必要に応じて運動形態を、たとえば垂直運動から円運動に転換するなどして、運動を道具機に分配伝達する。機構を構成するこの二つの部分、すなわち動力機と伝達機構は、道具機に運動を伝達するためにのみ存在しており、これによって道具機は労働対象をとらえ、目的に適《かな》うようにそれを加工する。機械装置のこの第三の部分、すなわち道具機こそは、一八世紀産業革命の出発点をなす。手工業経営、あるいはマニュファクチュア経営が機械経営に移行するさいには、今日でもこの部分がつねに出発点となっている。

　さてそこで、道具機ないし本来の作業機をもっと詳しく見てみよう。そこには、形態こそ大きく変化しているものの、全体としては手工業者やマニュファクチュア労働者が用いていた装置や道具と同じものが再現している。ただしそれは、いまや人間が使用する道具ではなく、一つの機構が使用する道具、いわばメカニカルな道具だ。そこには、力織機のように[90]、機械全体が従来の手工業用具に大なり小なり手を加えた、いわば手工業用具の機械化版にすぎないものがある。そうでなければ、古くから知られている用具が作業機の仕組みのなかに器官として取り付けられているものもある。たとえば紡績機の紡錘、靴下編み機の針、機械鋸のノコギリ、切断機の刃などがその一例だ。取り付けられたこれらの道具と、本来の作業機本体との違いは、その誕生にまでさかのぼる。すなわちこれらの道具はいまだにほとんどが手工業ないしマニュファクチュアによって生産され、そのあとでようやく、機械生産された作業機本体に取り付けられる[91]。したがって道具機とは、その時どきの運動が伝わるたびに、かつて労働者が似た道具でこなしていたのと同じ操作を自分の道具を用いておこなう一つの機構だと言える。だとすれば、動力が人間から発しているか、その動力もまた一つの機械から発しているかなどということは、本質的な問題ではない。本来の道具が人間から一つの機構に移った時、単なる道具に代わって機械が出現するということだ。たとえ人間がまだ第一の動力であったとしても、この違いはすぐに見てとれる。人間が同時に使いこなせる労働用具の数は、自然から与えられた生産用具である彼自身の身体器官の数によって制約を受ける。ドイツでは最初、一人の紡績工に二台の紡車を踏ませ、両手両足を同時に使って作業をさせようとした。これは苛酷すぎた。その後、紡錘を二つ備えた足踏み紡車が発明されたが、二本の糸を同時に紡ぐことのできるほどの名人は、ほとんど双頭の人間ほどに稀有だった。これに対してジェニー紡績機は、最初から一二—一八の紡錘を用いて紡ぎ、靴下編み機は同時に数千の針を使って編む等々。一つの道具機が同時に動かす道具の総数は、最初から一人の労働者の手工道具を制約している生物学的限界から解き放たれている。

(90) とくに力織機の最初の形態は一目見ただけで、旧式織機がそこに再現されているのが分かる。それが根本的に姿を変えてあらわれるのは、近代的な形態になってからのことだ。

(91) イギリスでは、一八五〇年ごろからようやく、作業機の道具のうちで機械製造される部分が増加の一途をたどった。ただし製造にあたったのは、機械そのものを作る業者とは別の製造者だった。機械用道具を製造するこうした機械には、たとえば自動式ボビン製造機、梳毛《そもう》具目立て機、杼《ひ》製造機、ミュール紡錘製造機、スロッスル紡錘製造機などがある。

多くの手工道具の場合、単なる動力としての人間と、本来の操作をおこなう労働者としての人間とのあいだには感覚的に識別できる区別がある。たとえば紡車の場合、足は単なる動力として作用するが、手は紡錘を操作し、糸を引いたり撚《よ》ったりする本来の紡績作業を担当する。産業革命がまっさきに浸透するのは、まさに手工道具のこの後者の部分だ。それに対して、動力としての純機械的な役割は、目で機械を監視し、手でその誤りを正すという新しい作業とならんで、当面はまだ人間に委ねられる。これとは対照的に、ひき臼の柄《え》を回したり、(92)ポンプを動かしたり、ふいごの柄を上下させたり、臼でついたり、といったように人間が最初から単純な動力として作用している道具の場合には、まずは動物や水や風(93)が動力源として利用されるようになる。その種の道具は、一部はマニュファクチュアの時代に、散発的にはそれよりずっと前に、機械へと発展する。ただし、それが生産様式を変革することはない。こうした道具は、たとえ手工業的な形態をとっていても、すでにまぎれもない機械であり、そのことは大工業時代になれば分かる。たとえば一八三六—一八三七年に、オランダ人がハーレム湖を干拓するのに用いたポンプは、普通のポンプの原理にしたがって作られており、単に人間の手の代わりに巨大な蒸気機関がピストンを動かしていたにすぎない。今日でもイギリスでは、大物鍛冶で使うきわめて不完全な普通のふいごを柄だけ蒸気機関につないで、機械的な空気ポンプに転換することがある。一七世紀末のマニュファクチュア時代に発明され、一七八〇年代初頭まで存続していた類《たぐい》の蒸気機関も(94)、それ自体としては産業革命を引き起こさなかった。むしろ逆に、道具機の創造こそが、蒸気機関の革命的変化を必然的なものにした。人間が道具を用いて労働対象に働きかける代わりに、単なる動力として道具機を動かすだけであれば、動力が人間の筋肉の姿を取ることは偶然にすぎなくなり、風、水、蒸気などがこれを代行できるようになる。もちろんそうした変化によって、もともと人力だけを念頭において作られた機構が大きな技術的変化を引き起こす可能性もないわけではない。たとえば、ミシンや製パン機などは、これから開発していく必要のある機械だ。こうした機械は、用途からして最初から小規模ではありえないものを除けば、今日ではすべて、人力と純然たる機械的動力との両方に対応できるように作られる。

(92) エジプトのモーセは「脱穀用の牛に口輪をかけてはならない」〔申命記二五章四節〕と語っている。この教えに反して、キリスト教徒であるゲルマンの博愛家たちは、粉挽きの動力として使用した農奴の首に大きな木製の円盤をはめて、手で粉を口に運べないようにした。

(93) 一つには勢いのある水流がなかったために、また一つには普段からの過剰な水と闘っていたために、オランダ人は風を動力として使用せざるをえなかった。風車そのものはドイツから彼らに伝わったが、そのドイツではこの発明が原因で貴族と僧侶と皇帝とのあいだにけっさくな闘争がまきおこった。すなわち、風はこの三者のうちの「だれのものか」をめぐる闘争が。空気を吸う人はその地の支配者に隷属するとドイツでは言われたものだが、オランダでは風が自由を作りだした。オランダで風が支配下においたのは、オランダ人ではなく、オランダ人のための土地だった。オランダでは国土の三分の二が湿地に戻るのを防ぐために、一八三六年の時点でも六〇〇〇馬力を有する一万二〇〇〇機の風車が使用されていた。

(94) 蒸気機関は、ワットの最初の蒸気機関、いわゆる単動蒸気機関によってすでに大きく改良されてはいたが、その形態では、まだ水や塩泉の単なる汲み上げ機でしかなかった。

産業革命の出発点となった機械は、個々の道具を扱う労働者を、一つの機構に置き換えた。この機構は同じ道具、あるいは同種類の道具を大量かつ同時に使用し、動力の形態はどうであれ、ただ一つの動力によって動かされる。(95) ここにわれわれが機械と呼ぶものが成立する。しかし、それはまだ機械的生産の単純な要素にすぎない。

(95)「こうしたすべての単純な道具が一体化され、単一の動力によって動かされるようになったものが、機械にほかならない」(バベッジ『機械とマニュファクチュアの経済論』)。

作業機の規模が大きくなり、同時稼働する道具の数が増えると、より大規模な運転機構が不可欠となる。もともと人間は均等で連続的な運動をする生産用具としては、きわめて不完全なものだ。しかし、そのことを別としても、こうした大規模な運転機構は自分自身の内部抵抗にうち勝つために、人間動力にまさる強力な動力を必要とする。もし人間が単なる動力として働くだけになり、彼の道具に代わって道具機が登場したとするならば、その動力としての人間もまた、いまや自然力に置き換えることが可能になるだろう。マニュファクチュア時代から継承されてきた大きな動力のすべてのなかで最悪のものは馬の力だった。一つには馬には馬自身の頭があること、一つには費用がかかりすぎること、そしてまた、馬を工場で使おうにもその使用範囲が限られることなどがその理由だ。(96)にもかかわらず、大工業の幼年期には馬がよく利用された。そのことは当時の農家の苦情からも、また機械力を馬力で表現するという、今日まで伝わる習慣からもすでに分かる。風力はあまりにきまぐれで制御が難しかったこともあり、大工業発祥の地イギリスでは、マニュファクチュア時代からすでに水力の方が広く利用されていた。一七世紀にはすでに、一つの水車で二つの回転石を、つまり二組のひき臼を同時に回す試みがおこなわれていた。しかしやがて、動力伝達機構の規模がふくれあがり、水力の力不足とぶつかるようになる。そしてこれは摩擦法則の研究をうながす背景の一つとなった。同様に、柄で押したり引いたりして動かす製粉機では、動力作用が不均一になってしまうことから、後に大工業で重要な役割を果たすことになるはずみ車の理論と応用とが発達した。(97)このようにしてマニュファクチュア時代は、大工業の最初の科学的技術的要素を発展させた。アークライトのスロッスル紡績機は、はじめから水力で運転された。しかし主たる動力として水力を使用することにもいろいろな困難がつきまとった。水力は任意に高めることができず、不足を補うこともできない。時には枯渇するし、なによりもローカルな性格をもっていた。(98)ワットの第二の蒸気機関、いわゆる複動蒸気機関によって、はじめて石炭と水を消費しながら、みずから動力を生みだす発動機が出現した。この発動機の能力は完全に人間の統制下におかれ、可動的であると同時に、それ自身が移動手段ともなった。それは都会的であり、水車のように田園的ではなかった。また水車のように生産拠点を国中に分散させる必要はなく、都市部に集中させることができた。(99)それは、技術的応用に関しては汎用性があり、立地に関してはローカルな条件に制約されることが比較的少なかった。ワットの偉大なる天賦の才は、彼が一七八四年四月に取得した特許の説明書からも見てとれる。そこには彼の蒸気機関が特殊な目的のための発明などではなく、大工業の一般的な動因であることが述べられている。彼はそこでいくつかの応用例を示唆しているが、そのなかには蒸気ハンマーのように半世紀以上も経ってようやく実現されたものもいくつかある。しかしワットは蒸気機関を航海に応用できるかどうかについては懐疑的だった。彼の後を継いだボールトン・ワット商会は一八五一年、海洋汽船用の巨大蒸気機関をロンドンの産業博覧会に出品した。

(96) ジョン・Ch・モートンは、一八五九年一二月、技芸協会で「農業に応用されるさまざまな動力」についての論文を朗読した。そこでは、たとえば次のように言われている。「どのようなものであれ土地の画一性をうながす改良をおこなえば、純機械的な力を生み出すための蒸気機関は、それだけ利用しやすくなる。……曲がりくねった生け垣、その他の障害物があると画一的な行動が取りにくく、馬の力に頼らざるをえなくなる。このような障害物は日に日に少なくなっている。

実際の力はさほど必要ではないが、意志の行使を多く必要とする操作では、人間の精神によってたえず制御される力しか、つまり人力しか使えない」。モートン氏は次に、蒸気力、馬力、人力をそれぞれ蒸気機関で常用される馬力単位に換算している。一馬力とは三万三〇〇〇封度重《ポンド》を一分間に一フィート持ち上げるのに要する力で、これをもとに計算すると、蒸気機関では一馬力を得るために一時間あたり三ペンス、馬では五ペンス半の費用がかかるという。しかも馬は完全に健康を維持しようとすれば一日八時間しか使えない。蒸気力を使えば耕作地で一年間に使う馬七頭につき、少なくとも三頭分が節約できる。馬を実際に効率よく使役できるのは三、四カ月であり、この期間に節約できる馬の費用と比べれば、蒸気力にかかるコストはそれほど大きくはない。最後にまた、蒸気力が応用できる農作業の分野では、馬力よりも蒸気力を使ったほうが作物の品質が改善される。蒸気機関の作業量を人力でこなすには、一時間に六六人の労働者を要し、そのコストは計一五シリング、馬の作業量を人力でこなすには、一時間に三二人を要し、そのコストは計八シリングとなるだろう。

(97) ファウルハーバー式一六二五年、ド・コー式一六八八年。

(98) 近代における水力タービンの発明は、水力の産業利用をかつてはばんでいた多くの制約を取りはらった。

(99) 「繊維マニュファクチュアの初期においては、工場の立地は水車を回すのに十分な勾配のある流水があるかどうかに依存していた。水車の設置はたしかに家内工業制の解体の始まりを意味していた。それでも水車は必ず流れのほとりに、しかも多くの場合、たがいにかなりの距離をへだてて設置される必要があったため、都会的システムというよりは、むしろ田園的システムの一部をなしていた。水力に代わって蒸気力が導入されるにいたってはじめて、工場は都市に、そして蒸気を生みだすのに必要な石炭と水が豊富な地域に集中しはじめた。蒸気機関こそは工業都市の生みの親だった」(『工場監督官報告書、一八六〇年四月三〇日』、三六ページにおけるA・レッドグレイヴの言葉)。

このように、まずは道具が人体に属する道具から機械装置に属する道具へと、すなわち道具機の道具へと変容し、それに続いて動力機もまた、いまや人力の制約から完全に解き放たれ、自立的形態をとるにいたった。それとともに、これまで見てきた個々の道具機は、機械生産の単なる一要素に転落する。一つの動力機がいまや多くの作業機を同時に動かせるようになる。同時に動かされる作業機の数が多くなるにつれて動力機も大きくなり、動力伝達機構も巨大な装置へと成長する。

さてここでは、二つのことを区別しておく必要がある。一つは多くの同種機械の協業、もう一つは機械システムだ。

前者の場合は、一つの製品全体が同じ作業機で作られる。かつては、たとえば織職人が織機を用いて仕事をする場合のように、一人の手工業者が自分の道具を用いて種々の作業をこなしていた。あるいは複数の手工業者が、それぞれ独立しているにせよ、マニュファクチュアの一環に組みこまれているにせよ、種々の道具を用いて種々の作業を順番にこなしていた。いまやこうした種々の作業をすべて同じ作業機がおこなうようになる(100)。たとえば近代の封筒マニュファクチュアでは、一人の労働者がヘラを使って紙を折り、次の人がノリ付けをし、第三の人が模様を圧印するフタの部分を折り返し、第四の人は模様を圧印する、等々と作業が進み、これらの部分作業の各々について封筒が一々異なる人の手を経なければならなかった。しかし封筒製造機はたった一台でこれらすべての作業を一気におこない、一時間に三〇〇〇以上の封筒を作る。一八六二年のロンドン産業博覧会に出品されたアメリカ製の紙袋製造機は、紙を裁《た》ち、ノリで貼り、折り目をつけて、一分間に三〇〇個の袋を作り上げた。マニュファクチュア内では分割され順番に処理されていた全過程が、ここでは種々の道具の組み合わせによって作動する一台の作業機によって完成される。

こうした作業機には、複雑化した手工道具を機械的に再現しただけのものもあれば、マニュファクチュア用に特化された種々の単純な道具を組み合わせたものもある。しかし、いずれにせよ工場、すなわち機械経営を基盤とする作業場では、単純な協業がそのつど再現される。それもまずは（労働者のことは度外視すれば）同種の、そして同時に作動する作業機の空間的集合として再現される。こうして織物工場は同じ作業場に多数の力織機を並置することによって、また裁縫工場は多数のミシンを並置することによってできあがる。しかし、ここには一つの技術的統一性がある。というのも多数の同種の作業機は、共通の原動機が発する心臓の鼓動から同時に、また一様に刺激を受けとっているからだ。またその刺激を作業機に伝える動力伝達機構もある程度まで作業機全体に共通しており、伝達機構の特別な末端が各道具機に向かって枝分かれしているにすぎない。多数の道具が一台の作業機の器官となっているのとまったく同じように、いまや多数の作業機が同じ運動機構の同種の器官にすぎないものとなっている。

(100) マニュファクチュア的分業の立場から見れば、布を織ることは単純な手工業労働ではなく、むしろ複雑な手工業労働だった。だからこそ力織機は非常に多様な仕事をこなす機械となっている。近代の機械装置はもともと、マニュファクチュア的分業がすでに単純化していた作業を取りこんだにすぎないという考え方があるが、これはまったくの間違いだ。紡績と織物はマニュファクチュア時代を通じて新たな種類に分かれ、その道具は改良され変化した。しかし労働過程そのものはまったく分割されることなく、引き続き手工業的だった。労働ではなく、労働手段こそが機械の出発点をなしている。

しかしやがて、労働対象は相互に連関するさまざまな段階過程を通り抜け、しかも各段階過程は、種類の異なる、しかし相互補完的な道具機の連鎖によって実行されるようになる。この時点ではじめて、本来の機械システムが個々の独立した機械に代わって登場したことになる。ここでもマニュファクチュアに特有な分業による協業は再現されるが、いまやそれは部分作業機の組み合わせとして再現される。種々の部分労働者、たとえば羊毛マニュファクチュアでいえば、打毛工、梳毛工《そもう》、剪毛工《せんもう》、紡毛工などが使う特殊な道具は、ここでは特殊な作業機の道具に変身する。そしてそのおのおのが、組み合わされた道具機構システムのなかで特別な機能をもつ特別な器官となる。機械システムが導入されたばかりの部門では、生産過程の分業と組織化の自然発生的基盤を、概してマニュファクチュア自身が機械システムに提供する。(101) しかしすぐに本質的な違いがあらわれてくる。マニュファクチュアでは、労働者が単独あるいはグループで、すべての特殊な部分過程を自分の手工道具を用いて遂行しなければならない。労働者はその過程に取りこまれるが、しかしその過程もまた労働者にあらかじめ合わせて作られている。主体に合わせたこの分業の原理は、機械生産では失われる。機械生産では総過程が客観的にそれ自体として観察され、総過程を構成する諸段階に分解される。そして各部分過程を遂行し、さまざまな部分過程を結合するという課題は、力学、化学その他の技術的応用によって解決される。(102) もちろんその場合にも、理論的構想は引き続き、積み重ねられた大規模な実地経験によって補完されねばならない。それぞれの部分機械は、後続の部分機械に原料を供給し、しかもそれらはすべて同時に作動する。したがって生産物はたえず形成過程のさまざまな段階にあり、同時に一つの生産段階から別の生産段階への移行過程にある。マニュファクチュアでは、部分労働者の直接的協業によって、専門的な作業グループ間に一定の人員比率ができあがっていく。それと同じように、組織化された機械システムでは、部分機械相互の絶え間ない協業によって、各部分機械の数、大きさ、速度のあいだに一定の比率が生まれる。結合された作業機は、いまや種類の異なる個々の作業機ないし作業機群から編成された一つの体系と化す。その総過程が連続的であればあるほど、すなわち原料が最初の段階から最後の段階までできるかぎり中断なく移行していけばいくほど、したがって、一つの生産段階から次の生産段階に原料を送りこむさいに、できるかぎり人間の手を借りずに、機械自身がそれをおこなうようになればなるほど、この結合された作業機の体系は完全なものになっていく。マニュファクチュアでは、特殊過程の分離が分業自体から生まれる原理だったとすれば、発達した工場では特殊過程の連続こそが支配的となる。

(101) 大工業時代以前には羊毛工業がイギリスの支配的なマニュファクチュアだった。したがって一八世紀の前半には、ほとんどの実験が羊毛工業でなされた。綿花の場合には、機械加工に羊毛ほど手間のかかる下準備が必要なく、羊毛で得られた経験がうまく活かされた。もっとも、後になると、逆に機械綿紡績業と機械織物業の基礎の上に、機械羊毛工業が発達することになる。羊毛マニュファクチュアの個々の要素、たとえば梳毛などが、工場システムに完全に取りこまれたのは、ようやくここ数十年のことだ。「梳毛過程に機械力を利用するようになったのは……「梳毛機」、とくにリスター式梳毛機の導入以来のことだ……これがきわめて多数の人間を失業に追いこむ効果をもったことは疑いえない。以前は羊毛が手で梳《す》かれており、たいていは梳毛業者の小屋のなかでおこなわれていた。それが昨今ではごくふつうに工場で梳かれている。いまでもいくつか特別な種類の作業では、手梳き羊毛の方が好まれるが、それを除けば手作業は不要になった。工場に雇われた手梳き工も多かったが、手梳き工の生産高は機械に比べると、きわめてわずかなので、非常に多くの梳毛工の就職口が失われた」(『工場監督官報告書、一八五六年一〇月三一日』、一六ページ)。

(102)「したがって工場システムの原理は……個々の職人のあいだで仕事を割り振ったり、階層化したりする代わりに、労働過程をその本質的な構成要素に分割するところに本質がある」(ユア『マニュファクチュアの哲学』、二〇ページ)。

機械装置のシステムには、織物業のように同種の作業機の単なる協業に依拠しているものもあれば、紡績業のように異種の作業機の組み合わせに依拠しているものもある。しかしいずれの場合でも、ひとたびそのシステムが、みずから動く一台の原動機によって運転されるようになると、それは一つの自己完結した巨大な自動装置となる。そうなれば全システムをたとえば蒸気機関によって運転することもできる。もちろんそうはいっても、個々の道具機が、ある種の運動のために、まだ労働者を必要とする場合もある。たとえば自動ミュール機が導入される以前には、ミュール紡績機を始動させるのに人手を要したし、細糸紡績ではいまでも人手が必要だ。あるいは、スライド・レスト(旋盤送り台)が自動化される以前の機械製造では、機械のある部分に作業をさせるには、道具と同じように労働者による操作が必要だった。これに対して、作業機が原料加工に必要なすべての運動を人手を借りずにこなせるようになり、人間がそれを見守るだけでよくなった時、細部における改良の余地はつねにあるにせよ、機械装置の自動システムが完成したことになる。たとえば、たった一本の糸が切れただけでも紡績機を自動停止させる装置や、杼《ひ》のリールに巻かれている横糸がなくなると改良式蒸気織機を自動停止させる装置などは、すぐれて近代的な発明と言える。生産の連続性という点でも、自動原理の一貫性という点でも、一つの実例と言えるのは近代の製紙工場だ。一般に紙の生産は、種々の生産手段を土台にして種々の生産様式の違いを調べたり、社会的生産関係とそうした生産様式との関連を立ち入って研究したりするには、うってつけの部門だ。なぜなら、かつてのドイツの製紙業はこの部門における手工業的生産の典型を、一七世紀のオランダと一八世紀のフランスは本来のマニュファクチュアの典型を、近代のイギリスは自動製造の典型を、それぞれ提供してくれており、そのうえ中国とインドには、製紙工業の二つの異なる古代アジア的形態が存在しているからだ。

複数の作業機が一つの中央自動装置から動力伝達機構だけを介して運動を受けとめ、系統だったシステムを構成するようになれば、機械経営は最高度に発達した形態をとることになる。そこでは、一匹の機械製の怪物が個々の機械に代わって登場し、その体軀が全工場を埋め尽くす。この怪物の魔力は、最初のうちは、その巨大な手足の、ほとんどおごそかとも思えるゆったりとした動きの陰に隠れているが、やがてそれが解き放たれると、無数の本来の作業器官が熱病に浮かされたように激しく踊り狂う。

ミュール紡績機や蒸気機関などは、それらを専門に製作する労働者がまだいない時から存在していた。それは仕立屋がいない時から人間がすでに服を着ていたのと同じだ。しかしヴォーカンソン〔世界最初の力織機のモデルを製作したフランスの技術者〕、アークライト、ワットなどの発明が実用化できたのは、これらの発明家の周りに、マニュファクチュア時代にすでに育成されていた相当数の熟練機械工がいたからだった。これらの労働者の一部はさまざまな職業の独立手工業者からなり、他の一部は先に述べたように、分業がとくに厳しく実施されていたマニュファクチュアに組み入れられていた。発明が増え、また新たに発明された機械に対する需要が増えるにつれて、一方では機械製造が次第に多様な独立部門に専門分化し、他方では機械製造マニュファクチュア内部での分業がますます進んだ。すなわちここでは、マニュファクチュアのなかに大工業に直結する技術的基礎がかいま見える。マニュファクチュアが機械装置を生産し、その機械装置を用いて大工業は、最初に進出した生産部門で手工業的経営とマニュファクチュア的経営を終わらせた。つまり機械経営は、自分にそぐわない物質的基盤の上に自然発生的にあらわれたということだ。機械経営は、一定の発展段階に達すると、当初は既存のものとして利用し、後には古い形態のままに手を加えてきたみずからの基盤を自分からくつがえし、自分自身の生産様式にふさわしい新しい土台を作りださねばならなかった。人間だけで動かしているあいだは、個々の機械はいつまでもちっぽけなものにとどまる。既存の動力――動物、風、あるいは水も含めて――に代わって蒸気機関が登場するまでは、機械システムは自由に発展できなかった。それと同じように、大工業に特徴的な生産手段である機械そのものが、個人の力や個人の熟練に頼っているあいだは、つまりマニュファクチュアの部分労働者や外部の手工業者がちっぽけな道具を用いるために必要とした筋肉の発達、視力の良さ、手先の器用さ、などに頼っているあいだは、大工業もまた十分な発展をとげることはできなかった。機械経営をすでに取り入れていた工業の拡大を、あるいは新たな生産部門への機械装置の侵入を制約していた一つの要因は、機械がその作られ方からして高くついたことで、これは資本がつねに意識せざるをえない動機だった。しかし、それを別とすれば、その制約のなによりの要因は労働者集団の増え方にあった。すなわち彼らの仕事はなかば芸術的なものであったため、その数は徐々にしか増えず、飛躍的に増大することはなかったからだ。しかし一定の発展段階に達すると、大工業は技術的にも手工業的な基盤、あるいはマニュファクチュア的基盤と衝突するようになる。動力機、動力伝達機構、道具機は大型化していく。また道具機が、もともとはそれを作るさいの原型となっていた手工業的モデルを離れて、機械としての役割によってだけ規定される自由な形をとるようになると、それに応じて道具機の部品もまた複雑化し、多様化し、規則性を増していく。(103) さらに自動システムが形成され、加工の難しい材料、たとえば木に代わって鉄を使用することがますます避けられなくなっていく。――いずれも自然発生的に生じるこれらの課題を解決しようとすると、いたるところで人的な制約に突き当たった。マニュファクチュアに組みこまれた労働人員をもってしても、この制約はある程度しか越えられず、根本的に乗り越えることはできなかった。たとえば近代的印刷機、近代的蒸気織機、近代的梳毛機などの機械は、マニュファクチュアによっては供給できなかった。

(103) 力織機は、最初の形態では主に木製だったが、改良された近代的なものは鉄製となった。新しい形態の生産手段が登場する時、最初はいかに古い形態が根強くそれを支配するかは、たとえば近代的な蒸気織機を旧式のものと、あるいは製鉄所の近代的送風機を初期の送風機と、ほんのうわべだけ比較してみるだけでも分かる。初期の送風機は普通のふいごをただ機械式に生まれ変わらせただけのお粗末なものだった。なかでも一番違いが分かるのは、現在の機関車が発明される前に試みられた機関車で、これは実際に二本足をもち、それを馬のように交互に上げ下げしていた。機械工学がさらに発展をとげ、実際の経験が蓄積されたことで、はじめて形態が完全に機械工学的原理によって規定されるようになり、機械に脱皮する以前の道具の伝統的身体形態から完全に解放されることになる。

一つの産業部門で生産様式が変革されると、それは他の産業部門の変革を引き起こす。これが最初に生じるのは、社会的分業によってたがいに分離され、それぞれが独立した商品を生産しているものの、なお一つの総過程の各段階として相互にからみ合っているような部門だ。たとえば機械紡績業が発達すると機械織物業が必要となり、その両者におされて漂白業、捺染《なっせん》業、染色業での機械的化学的革命が必要となった。また他方では、綿紡績業での革命が、綿実から綿繊維を分離するための綿繰り機〔コットンジン〕の発明を促し、これによってはじめて、今日必要とされる大規模な木綿生産が可能となった[104]。工業と農業の生産様式に生じた革命は、とりわけ社会的生産過程の一般的条件である通信および運輸交通手段における革命を必要とした。かつての社会では、副業的な家内工業をともなう小規模農業と都市手工業が、フーリエの表現を借りれば主軸（pivot）をなしていた。こうした社会の通信および運輸交通手段は、社会的分業の拡大、労働手段と労働者の集中、植民地市場などをともなうマニュファクチュア時代の生産上の要求をまったく満たすことができず、事実、劇的な変化をこうむった。これと同じように、マニュファクチュア時代から受け継がれた通信および運輸交通手段もまた、大工業にとってはまもなく耐えがたい桎《しっ》梏《こく》となった。というのも、大工業には、激烈な生産速度、巨大な生産規模、ある生産部門から他の生産部門への資本および労働者のたえざる大量移動、新たに創出される世界市場との関連などがともなうからだ。大転換を余儀なくされた帆船建造はいうにおよばず、河川汽船、鉄道、海洋汽船、電信システムなどによって通信および運輸交通制度は次第に大工業の生産様式に適合させられた。恐るべき量の鉄が鍛造され、熔接され、切断され、穿《せん》孔《こう》され、成型されねばならなかったが、そのためにもまた巨大な機械が必要となり、その機械を作るには、もはやマニュファクチュア的な機械製作では間に合わなくなった。

(104) 北米人イーライ・ホイットニーの綿繰り機は、ごく最近まで、一八世紀に発明された他のどんな機械と比べても根本的な変化を受けることが少なかった機械だった。ようやくここ数十年（一八六七年以前）で、もう一人のアメリカ人、ニューヨーク州オールバニー在住のエメリー氏が簡単で効率的な改良を加え、ホイットニー式機械が時代遅れになった。

こうして大工業は、その特徴的な生産手段である機械そのものを支配下におき、機械によって機械を製造せざるをえなくなった。これによってはじめて大工業は自分にふさわしい技術的基礎を創出し、自分自身の足で立つにいたった。一九世紀最初の何十年間かに機械経営が成長をとげていくと、それとともに機械装置は実際に道具機の製造を一手に引き受けるようになる。とはいえ、大規模な鉄道建設と汽船による大洋航海を契機に、原動機の製造に巨大な機械が使用されるようになったのは、ようやくここ数十年のことだ。

機械による機械製造が可能になるための最も重要な条件は、どのような出力をも提供でき、かつ完全に制御可能な動力機を開発することだった。それは蒸気機関としてすでに存在していた。しかし同時に必要とされたのは、個々の機械部分に必要とされる精密な幾何学的形状、すなわち直線、平面、円、円筒、円錐、球などを機械で作りだすことだった。この課題は、一九世紀の最初の一〇年間に、ヘンリー・モーズリーがスライド・レストを発明したことによって解決された。そしてこれがやがて自動化され、変形され、当初、旋盤用に作られたものが他の工作機械にも転用された。この機械装置は何か特別な道具の代替品ではなく、人間の手そのものの代わりをするもので、たとえば鉄のような労働素材に切削用具の刃をあてがい、合わせ、押しつけることで一定の形状を作りだす。こうして個々の機械部分のさまざまな幾何学的形状を、「最高度に熟練した労働者の手がどんなに経験を積み重ねても到達しえなかったほど容易に、精確に、迅速に生産すること」(105)が可能になった。

(105)『諸国民の産業』ロンドン、一八五五年、第二部、二三九ページ。なお同書では次のように言われている。「この旋盤の付属品は、非常に単純で、一見したところそれほど重要ではないものに見えるかもしれないが、それが機械の使い勝手を改良し、用途を拡張するのに果たした影響は、ワットが蒸気機関を改良することでもたらした影響にさえ匹敵するといっても過言ではないと思う。この付属品の採用はただちにすべての機械の性能向上と価格低下をもたらし、また後続の発明と改良への刺激となった」。

さて次に、機械製作に使われる機械装置のなかで、本来の道具機にあたる部分について考察してみよう。この部分では手工業的な用具が再現するが、ただしその規模は巨大だ。たとえば穿孔機の工作部分は巨大なドリルであり、蒸気機関によって運転されるが、また逆にそれがなければ、大きな蒸気機関や水圧機のシリンダーは生産できないだろう。機械旋盤は普通の足踏み旋盤の巨大な生まれ変わり、平削機はいわば鉄製の大工であり、大工が木材を加工するのと同じ道具で鉄を加工する。ロンドンの造船所で合板を切断する道具は巨大カミソリであり、裁縫バサミで布を切るように鉄を切断する切断機の道具はハサミの怪物だ。蒸気ハンマーはふつうのハンマーの頭を用いて作業をするが、その重量たるや雷神でも振り回すことができないほどだ(106)。たとえばナスミスが発明した蒸気ハンマーの一種は六トン以上の重量があり、七フィートの垂直落下を経て三六トンの鉄床《かなとこ》に激突する。花崗岩を粉砕するのも朝飯前だが、また連続して軽く打つことで軟らかい木材に釘を打つこともできる(107)。

(106) 汽船の外輪シャフトを鍛造するためにロンドンで使われているこの種の蒸気ハンマーの一つは「雷神」と名づけられている。鍛冶屋が蹄鉄を鍛えるのと同じようにやすやすと、この雷神は一六トン半のシャフトを鍛える。

(107) 小規模な作業にも使える木材加工機は、たいていはアメリカの発明品だ。

労働手段は機械装置となることによって、一つの物質的な存在様式を身につける。それは必然的に、人間力を自然力に置き換え、経験によって獲得される熟練を自然科学の意識的応用に置き換える。マニュファクチュアでは、社会的労働過程の組織化は純粋に主観的なものであり、あくまで部分労働者の組み合わせにすぎない。一方、機械システムでは、大工業が完全に客観的な生産有機体を所有しており、その生産有機体は労働者から見ると既存の物質的生産条件としてはじめから存在している。単純な協業では、あるいは分業によって専門化された協業においてさえも、社会化された労働者が個別労働者を駆逐することは、程度の差こそあれ、まだ偶然的な出来事のように見える。しかし機械装置は、後に述べる若干の例外を除けば、直接に社会化された労働、すなわち共同的な労働のなかでしか機能しない。こうして労働過程の協業的性格は、労働手段そのものの性質が命ずる技術的必然性となる。

第二節　機械装置から生産物への価値移転

すでに見てきたように協業と分業から生じる生産力は、資本にいかなる費用も負わせることはない。それは社会的労働にそなわった自然力だ。同じように、蒸気や水などのように生産過程に取りこまれる自然力にも費用はかからない。しかし人間が呼吸をするには肺が必要なように、自然力を生産的に消費するには「人間の手による形成物」が必要とされる。水の動力を利用するには水車が、蒸気の膨張力を利用するには蒸気機関が必要だ。科学についても、自然力と同じことが言える。電流が作用している範囲では磁針が偏倚《へんい》することや、周囲に電流が流れれば鉄に磁気が生じることなどについての法則は、いったん発見されてしまえば、利用するのに一銭もかからない(108)。しかし、こうした法則を電信等に利用しようと思えば非常に高価で大がかりな装置が必要となる。すでに見たように、機械によって道具が駆逐されることはない。人体を構成するちっぽけな道具から始まり、人間によって作られた機構を構成する道具にいたるまで、道具はその規模と数量を拡大していく。資本は労働者に手工道具ではなく機械を操作させ、その機械が自分で道具を操縦するようになる。したがって、大工業が巨大な自然力と自然科学を生産過程に取りこむことによって労働の生産性を飛躍的に高めるにちがいないということは、一見して明らかだ。ところがこの生産力の向上が他方での労働支出の増加によってまかなわれたわけではないことは、けっしてそれほど明らかではない。不変資本の他の構成部分と同様に、機械装置もまたみずから価値を創造することはない。ただし、機械装置はそれを用いて生産される生産物に自分自身の価値を移転する。機械装置が価値をもち、それゆえ生産物に価値を移転するかぎり、機械装置は生産物の一つの価値構成要素をなす。機械は生産物を安くするのではなく、機械自身の価値に比例して生産物を高くする。そして大工業の特徴的な労働手段である機械および体系的に発達した機械装置は、手工業経営およびマニュファクチュア経営の労働手段に比べると、比較にならないほど大きい価値をもっていることは歴然としている。

(108) 科学の方は資本家に「びた一文」費用を負わせることはないが、だからといって資本家が科学を搾取することが妨げられるわけではない。「他人」の科学は、他人の労働と同じように資本に取りこまれる。ただし、科学にせよ、物質的富にせよ、それを「資本主義的に」自分のものにすることと、「個人的に」自分のものにすることとはまったく別のことだ。ドクター・ユア自身、彼のお気に入りの機械利用工場主たちが機械工学にひどく無知であることを嘆いており、リービヒはイギリスの化学工場主たちが化学について唖然とするほど無知であることについて語っている。

ここでまず指摘しておきたいのは、機械装置は、労働過程にはつねに全体として入りこんでいるが、価値増殖過程にはいつも一部分しか入りこんでいないということだ。機械装置はその消耗によって平均的に失う以上の価値を生産物に付け加えることはない。したがって機械自体の価値と機械が周期的に生産物に移転する価値部分とのあいだには大きな差異がある。価値を形成する要素としての機械と生産物を形成する要素としての機械とのあいだには大きな差異が生じる。同じ機械装置が同じ労働過程で反復使用できる期間が長ければ長いほど、この差は大きくなる。たしかに、すでに見たように、本来の労働手段あるいは生産用具であればすべて、労働過程にはいつでも全面的に入りこみ、価値増殖過程にはつねに日々の平均的摩耗に比例した部分しか入りこまない。しかし、この使用と消耗との差異は、機械の場合の方が、道具の場合よりもはるかに大きい。それは機械装置の方が耐久性の高い材料で作られており、寿命が長く、また機械装置の使用は厳密な科学法則によって制御されているため、部品や消費手段がより経済的に支出されるからだ。また最後の理由としては、機械生産の守備範囲が道具の場合とは比較にならないほど大きいこともあげられる。いまかりに、機械装置と道具の両方から、その日々の平均費用を差し引いたとしよう。平均費用とはすなわち、機械装置が日々の平均的摩耗や、油、石炭などの補助材料の消費を通じて生産物に付加する価値成分にほかならない。その時、平均費用を差し引いた残りの機械装置や道具は、人間労働とは無関係に存在する自然力とまったく同じように無償で働くことになる。しかも機械装置の生産作用は、道具のそれより規模が大きいだけに、無償奉仕の規模も道具の場合に比べてそれだけ大きくなる。人間は、自分の過去の、すでに対象化された労働が生みだす生産物を、大工業においてはじめて、自然力と同じように大規模に、かつ無償で働かせることを学ぶ。(109)

(109) リカードは、労働過程と価値増殖過程との一般的区別について議論を深めることはなかったが、機械の作用についても同様だった。彼は時折、機械の作用に注目しすぎるあまり、機械が生産物にうけわたす価値構成部分のことを忘れてしまい、機械を自然力とまったく同一視している。たとえば次の一節を参照。「アダム・スミスは、自然力および機械装置がわれわれにおこなう貢献をけっして過小評価してはいない。しかし彼は、それらが商品に付け加える価値の性質を、他のものから正確に区別している。……自然力と機械装置はみずからの仕事を無償でおこなう。それゆえそれらがわれわれに提供する助力は、交換価値には何も付け加えない」(リカード『経済学および課税の原理』、三三六、三三七ページ)。もちろん、このリカードの指摘は、J・B・セーへの反論としては正しい。セーは、機械が「利潤」の一部をなす価値を創造するという「貢献」をなしているなどと妄想している。

協業とマニュファクチュアについての考察から分かったことは、ある種の一般的な生産条件、たとえば建物などは、個別労働者のように分散した生産条件と比べると、共同消費による節約が可能で、生産物の価格押し上げ効果も小さいということだ。機械装置では、一つの作業機の機体が多数の道具によって共同消費されるだけではなく、同じ動力機や動力伝達機構の一部が多数の作業機によって共同消費される。

いま、機械装置の価値とその日々の生産物に移転される価値部分との差が、あらかじめ決まっているとしよう。その時、この価値部分が生産物価格を押し上げる度合いは、とりあえずその生産物の大きさ、いわば生産物の表面積によって決まる。ブラックバーンのべインズ氏は一八五八年に出版された講義録のなかで次のように見積もっている。(109a)「実際の一機械馬力は、自動ミュール紡錘であれば付属装置を含めて四五〇個を、スロッスル紡錘であれば二〇〇個を、力織機であれば縦糸かけや糊づけのための装置を含めて四〇インチ幅織機一五台を作動できる」。

つまり一蒸気馬力を提供するための日々の費用と、その馬力によって運転される機械装置の摩耗は、最初の例では四五〇個のミュール紡錘の日々の生産物に分配される。また第二の例では二〇〇個のスロッスル紡錘の生産物に、第三の例では一五台の力織機の生産物に分配される。したがって一オンスの糸、一エレの織物に分配される価値部分はごくわずかにすぎない。すでに述べた蒸気ハンマーでも事情は同じだ。蒸気ハンマーの日々の摩耗や石炭の消費量は、それが毎日打つ莫大な量の鉄に分配されるため、一ツェントナーの鉄には微小な価値部分しか付着しない。これがもし、この巨大装置で小さな釘を打つことになれば、その価値部分は非常に大きいものになるだろう。

(109a)〔第三版への註。――「馬力」は一分間に三万三〇〇〇フィート封度《ポンド》を発する力をいう。すなわち三万三〇〇〇封度《ポンド》重を一分間に一フィート持ち上げる力、あるいは一封度《ポンド》重を一分間に三万三〇〇〇フィート持ち上げる力をいう。本文でいう馬力はこの定義による。しかし通常の商業用語では、また本書の引用でも箇所によっては、同じ機械でもその「公称」馬力と、「商用」馬力ないし「指示」馬力とが区別して用いられている。旧馬力、すなわち公称馬力は、ピストンの行程とシリンダーの直径だけから計算したもので、蒸気圧とピストン速度はまったく考慮されていない。つまりこの馬力が事実上言っているのは、この蒸気機関はボールトン、ワット時代と同様の弱い蒸気圧と遅いピストン速度で運転された時に、たとえば五〇馬力が出るといったことだ。ところが、蒸気圧とピストン速度という二つのファクターは、その後、飛躍的に向上した。そこで、ある機械が現実に供給している機械力を測定するために、蒸気圧を示す指示器が発明された。ピストン速度の方は簡単に確認できる。このようなわけで、一つの機械の「指示」馬力ないし「商用」馬力の尺度は、シリンダー直径、ピストン行程、ピストン速度、蒸気圧を同時に顧慮した数式であらわされる。その値によって、その機械が、一分間に三万三〇〇〇フィート封度《ポンド》の何倍にあたる仕事を実際にこなすかが分かる。したがって公称馬力は一馬力であっても、現実には、指示馬力ないし実馬力にして三馬力、四馬力、あるいは五馬力を超える仕事をもこなしうる。以上、後に出てくる種々の引用文の説明のために記しておく。——F・エンゲルス〉

作業機の作用範囲、すなわちその道具の数、あるいは力が重要な場合には道具の規模が、あらかじめ決まっているとしよう。その時、生産物の量は、作業機の作業速度、たとえば紡錘の回転速度や、一分あたりのハンマー打撃数などによって決まるだろう。巨大ハンマーのなかには一分間に七〇回打つものがあり、また比較的小型の蒸気ハンマーで紡錘の鍛造をおこなうライダーの特許鍛造機は一分間に七〇〇回の打撃を繰り返す。

もし、機械装置が生産物に価値を移転する割合があらかじめ決まっているとすれば、この価値部分の大きさは機械自身の価値量によって決まる。(110) 機械そのものに含まれる労働が少なければ少ないほど、機械が生産物に付け加える価値は少なくなる。引き渡す価値が少なければ少ないほど、機械はより生産的になり、機械の働きは自然力の働きにいっそう近づく。だが、機械装置が機械装置によって生産されるようになれば、機械の大型化と効率化に比例して機械装置の価値は減少していく。

(110) 資本主義的な考え方にとらわれている読者は、ここで当然ながら、機械がその資本価値に応じて生産物に付け加える「利子」のようなものがあるはずだと思うだろう。しかし機械は不変資本の他のあらゆる構成部分と同じように、新しい価値を生みだすことはない。したがって「利子」の名の下にそのような新しい価値を付加できないことは容易に分かる。さらに、剰余価値の生産を問題にしているここでは、剰余価値のいかなる部分も「利子」の名の下でア・プリオリに前提されることはないことも明らかだ。資本主義的な計算方法は一見すると不合理で、価値形成の法則に矛盾するようにも見えるが、それについては本書の第三巻で説明される。

手工業ないしマニュファクチュアによって生産された商品の価格と、同じ商品が機械によって生産された場合の価格とを比較分析してみると、一般的には次の結論が得られる。すなわち機械生産物の場合、労働手段によって付加される価値構成部分は相対的には増加するが、絶対的には減少する。つまり絶対的な大きさは減少するが、たとえば一封度《ポンド》の糸といった生産物の総価値に占める割合は増加する。[111]

(111) 機械が馬を駆逐する場合、あるいは一般に、新陳代謝機械としてではなく動力としてのみ利用されていた労働家畜を駆逐する場合、機械によって付加される価値構成部分は、絶対的にも相対的にも減少する。ちなみにデカルトは動物を単なる機械として定義しており、動物を人間の助手と見ていた中世とは異なるマニュファクチュア時代の目で動物を見ていた。かつての中世の考え方は、後にフォン・ハラー氏（自然法的社会契約論を論駁し、宗教的基礎に立つ身分制的家産国家論を主張したスイスの法学者）が『国家学の復興』でふたたび主張することになる。デカルトはベーコンと同様、生産形態の変化と人間による自然の実用的支配は、思考様式の変化がもたらした結果だと見ていた。それは彼の『方法叙説』が示すところで、そこには次のように書かれている。（彼が哲学に導入した方法を用いれば、）「生活にきわめて有益な知識に到達することができ、学校で教えている思弁哲学の代わりに、実践的な哲学を手に入れることができる。それを通じてわれわれは、手工業者のさまざまな生業を知っているのと同じように、火、水、空気、星、その他われわれを取り巻くすべての物体の力と作用を知ることができ、それによって、われわれの知識を同じ方法でそれにふさわしいすべての用途に利用することができるだろう。こうしてわれわれは自然の支配者および所有者となり」、それによって「人間生活の完成に貢献することができるだろう」。またサー・ダドリー・ノースの『商業論』（一六九一年）の序文にはこう記されている。デカルトの方法は、経済学に適用されることによって、経済学を貨幣、商業その他についての古いおとぎ話や迷信的観念から解放しはじめた、と。しかし初期のイギリスの経済学者は、平均的に言えばベーコンとホッブズを自分たちの哲学者として頼っていた。後になるとロックが、イギリス、フランス、イタリア経済学の「哲学者」の決定版となった。

ある機械の使用によって節約されるのと同じ労働がその機械の生産に必要とされるとすれば、そこで生じているのは単なる労働のつけかえにすぎず、一つの商品の生産に必要な労働の総量は減少せず、したがって労働の生産力が向上しないのは明らかだ。とはいえ、機械を生産するのに要する労働と機械が節約する労働との差、すなわち機械の生産性の程度は、当然ながら、機械自身の価値と機械によって代替される道具の価値との差によって決まっているわけではない。その差は、機械の労働費用、すなわち機械によって生産物に付加される価値部分が、労働者が道具を用いて労働対象に付け加える価値よりも小さいかぎり、なくなることはない。それゆえ機械の生産性は、機械が人間の労働力にとって代わる程度によって測られる。ベインズ氏によれば、一蒸気馬力で運転される四五〇個のミュール紡錘とその準備装置には、二人半の労働者が配置される。(112) そして自動ミュール紡錘一個につき、一〇時間労働日で週一三オンスの糸(平均番手)が紡がれる。したがって週に三六五封度《ポンド》八分の五〔一封度《ポンド》は一六オンスだから一三オンス×四五〇紡錘÷一六オンス〕の糸が二人半の労働者で紡がれることになる。つまり約三六六封度《ポンド》の綿花(話を簡単にするために屑は除く)が糸に変わるのに、一五〇労働時間〔一〇時間×六日×二・五人〕、すなわち一〇時間労働日で換算すると一五労働日分しか綿花に吸収されていない。かりに同じことを、紡車でおこなったとしよう。手紡工が一三オンスの糸を納品するのに六〇時間かかるとすれば、先と同量の綿花は一〇時間労働日で換算して二七〇〇〇労働日〔六〇時間×四五〇÷一〇〕、すなわち二万七〇〇〇労働時間を吸収することになるだろう。[113] 旧式のブロック・プリンティング、すなわち更紗《さらさ》手染業が機械捺染によって駆逐されたところでは、たった一台の機械に一人の成人男性ないし少年が付いているだけで、以前なら二〇〇人の成人男性がこなしたのと同量の四色更紗を一時間で捺染する。[114] イーライ・ホイットニー〔アメリカの発明家〕が一七九三年に綿繰り機を発明するまでは、一封度《ポンド》の綿を綿実から分離するのに平均労働日で一日分必要だった。彼の発明によって一人の黒人女工で一日一〇〇封度《ポンド》の綿が取れるようになり、しかも綿繰り機の作業効率は、その後も飛躍的に向上した。以前には生産に五〇セントかかっていた綿繊維一封度《ポンド》が一〇セントで売られ、しかもそこにはより大きな利益が、つまりより多くの不払労働が含まれていた。インドでは繊維を実から分離するためにチュルカという半機械的器具を使うが、これによって男性一人と女性一人で一日二八封度《ポンド》の綿を繰る。しかし数年前にドクター・フォーブズが発明したチュルカなら、成人男性一人と少年一人で一日二五〇封度《ポンド》が生産できる。牛、蒸気、あるいは水力が動力として用いられる場合には少数の少年少女がフィーダー（機械に材料をつぎこむ係）として必要とされるにすぎない。牛によって運転されるこの機械が一六台あれば、以前なら七五〇人の平均的な一日作業にあたる分量を日々こなすことができる。[115]

(112)エッセン商業会議所が発行したある年次報告（一八六三年一〇月）によれば、一八六二年にクルップ鋳鋼工場は、熔鉱炉、煆焼炉《かしようろ》、鋼化炉計一六一基、蒸気機関三二機（一八〇〇年にマンチェスターで使用されていた蒸気機関の総数にほぼ匹敵）、総出力一二三六馬力の蒸気ハンマー一四基、鍛鉄炉四九基、作業機二〇三台、労働者約二四〇〇名をそろえ――一三〇〇万封度《ポンド》の鋳鋼を生産した。ここでは一馬力あたりの人員配置は二名にも達していない。

(113)バベッジの計算によれば、ジャヴァでは紡績労働だけで綿花価値の一一七％にあたる価値が綿花に付加されている。同時期（一八三二年）のイギリスの細糸紡績では、機械装置と労働が綿花に付加した総価値は原料価値の約三三％だった（『機械とマニュファクチュアの経済論』、一六五、一六六ページ）。

(114)機械捺染では、それに加えて染料が節約される。

(115)『インド総督への生産物関係報告員ドクター・ワトソンが技芸協会で発表した論文』一八六〇年四月一七日、参照。

すでに述べたように、蒸気耕耘機《こううんき》の蒸気機関は、一時間に三ペンス、すなわち四分の一シリングの費用で、六六人の人間が一時間一五シリングの費用でおこなうのと同量の仕事をこなす。誤解を避けるために、もう一度この例に戻ることにしよう。すなわちこの一五シリングは、けっして六六人の人間が一時間に付加した労働を表現しているわけではない。必要労働に対する剰余労働の比率が一〇〇％であるとすると、この六六人の労働者は一時間に三〇シリングの価値を生産している。ただし、労働者自身のための等価物、すなわち一五シリングの労働賃金には、六六時間のうちの三三時間しか表現されていない。かりに、ある機械に要した費用が、その機械によって放逐された一五〇人の労働者の年賃金、たとえば三〇〇〇ポンドに等しいとしよう。この三〇〇〇ポンドは、けっして一五〇人の労働者によって供給され、労働対象に付加された労働の貨幣表現ではない。それは、彼らの年労働の一部分、すなわち彼ら自身のために労働賃金で表現される部分の貨幣表現にすぎない。これに対して、機械の貨幣価値としての三〇〇〇ポンドは、それがどのような割合で労働者のための労働賃金と資本家のための剰余価値とに分けられるにせよ、その機械を生産するあいだに支出されたすべての労働を表現している。したがって機械と機械が追い出した労働力とがかりに同じ費用を要したとしても、機械そのものに対象化されている労働は、機械にとって代わられた生きた労働よりも、いつでもずっと小さい(116)。

(116)「これら物言わぬ代理人」(機械)「は、それが放逐した労働よりもはるかに少ない労働が生み出した生産物であり、そのことは、たとえ両者が同じ貨幣価値をもっていても変わることはない」(リカード『原理』、四〇ページ)。

機械装置を生産物の低価格化の手段としてだけ見れば、機械装置を使用する境界線となるのは、機械装置自体を生産するのに要する労働が、機械装置によって節約できる労働よりも少なくてすむ範囲ということになる。しかし資本の目には、この境界線はもっと狭く見える。というのも、資本は投じられた労働ではなく、投じられた労働力に対して支払いをおこなうため、資本にとっては、機械の価値と機械に置き換えられる労働力の価値との差異こそが、機械を使用する境界線をきめるからだ。労働日を必要労働と剰余労働とに分ける割合は国によってさまざまに異なる。また同じ国でも時代によって、同じ時代でも産業部門によって異なる。さらに労働者の現実賃金は、時には彼の労働力の価値を下回り、時にはそれを上回る。したがって、機械を生産するのに必要な労働量と機械によって代行される労働総量の差がたとえ同じであっても、機械装置の価格と機械によって代行される労働力の価格との差は、いろいろに変化しうる。(116a) そしてこの後者の価格差だけが、資本家自身にとっての商品生産費を規定し、有無を言わさぬ競争原理を通じて資本家を動かす。だからこそ今日イギリスで発明される機械がアメリカでしか使用されなかったり、一六、一七世紀にドイツで発明された機械がオランダでしか使用されなかったり、一八世紀にフランスで発明されたものの多くがイギリスでしか利用されなかったりといったことが生じる。早くから発達した諸国では、機械がいくつかの産業部門に応用されると、それによって他部門の労働過剰(リカードの言う redundancy of labour)を引き起こす。その結果、他部門では労働賃金が労働力の価値以下に下がり、その部門での機械装置の使用を妨げる。もともと資本家の利益は使用労働の削減ではなく、支払労働の削減から生じている。その資本家の立場からすれば、労働賃金が低下しているこの条件下で機械を使用することなど、無駄であるばかりか、往々にして不可能になる。イギリスの羊毛マニュファクチュアのいつくつかの部門では、ここ数年間に児童労働が著しく減り、ところによってはほとんど駆逐された。これはなぜか？　工場法によって児童は二組交替で働くように定められた。これによって一方の組が六時間、他方の組が四時間、あるいは両方とも五時間のみ働くべきものとされた。しかし両親は、このハーフ・タイマー工を、従来のフル・タイマー工より安く売ろうとはしなかった。それゆえハーフ・タイマー工は機械装置にとって代わられた。(117)鉱山における女性労働と児童（一〇歳未満）労働が禁止されるまでは、裸の女性や少女を、しばしば男性といっしょに炭坑その他の鉱山で働かせるという方法は、資本にとって、自分たちの道徳規範に、またとくに帳簿の要求に合致するものだった。だからこそ、この禁止措置がとられるまで、資本は機械装置を採用しなかった。北米人は砕石機を発明した。イギリス人がこれを利用しないのは、この労働をおこなう「哀れな人々」（wretchはイギリス経済学の用語では農業労働者のこと）には労働のほんのわずかな部分に対してしか報酬が支払われないため、機械装置を採用すると資本家にとってはかえって生産コストが上昇すると考えられているからだ。(118)イギリスでは川船を曳《ひ》いたりする仕事に、時にはいまでも馬の代わりに女性たちが使用されることがある。(119)それは、馬や機械の生産に必要な労働は数学的に決まる量であるのに対して、過剰人口下の女性を養うのに必要な労働は、いかようにも計算できるからだ。こうして、まさに機械の国イギリスで、末端労働のための人間力の恥知らずな浪費が、他のどの国にもまして見られることになる。

(116a) 第二版への註。したがって、共産主義社会では、機械装置が使われる範囲は、ブルジョワ社会とはまったく異なるものになるだろう。

(117) 「労働の使用者たちは一三歳未満の児童を二組も不必要に雇っておこうとはしない。……実際、毛糸紡績業などの工場主グループは、いまでは一三歳未満の児童、すなわちハーフ・タイマー工をほとんど雇うことはない。彼らは改良された各種の新機械を導入し、それによって児童」(一三歳未満)「の使用はまったく不要になった。児童数が減少した例として、一つの労働過程を挙げておこう。そこでは、糸継ぎ機と呼ばれる機械を従来の機械に接続することで、個々の機械の性能にもよるが、これまで六人または四人のハーフ・タイマー工の仕事だったものを、一人の若者」(一三歳以上)「がこなせるようになる。……ハーフタイム・システムが糸継ぎ機の発明を」刺激した(『工場監督官報告書、一八五八年一〇月三一日』〔四二、四三ページ〕)。

(118) 「機械装置は……労働」(リカードは「賃金」の意で用いている)「が騰貴するまで使われないことがよくある」(リカード『原理』、四七九ページ)。

(119) 『社会科学会議議事報告書』エディンバラ、一八六三年一〇月、参照。

第三節　機械経営が労働者に及ぼす直接的影響

大工業の出発点をなすのは、すでに述べたように、労働手段の革命であり、そしてこの変革された労働手段が最も発達した姿をとったものが、工場での系統化された機械システムだ。この客観的な有機体に、人間材料がいかに取りこまれていくかを見る前に、ここではまず、こうした革命が労働者そのものに及ぼすいくつかの一般的な反作用を見ておくことにしよう。

a　資本による補助的労働力の取得　女性労働と児童労働

機械装置は筋肉の力を不要なものにする。その意味で機械は、筋力のない労働者を使用するための手段、あるいは肉体的には未熟だが四肢の柔軟性に富む労働者を使用するための手段となる。それゆえ女性労働と児童労働は、機械装置の資本主義的使用を告げる最初の言葉となった！　労働および労働者のこの強力な代用物は、たちまちにして、性や年齢に関係なく、労働者家族の全メンバーを資本の直接命令下に編入し、それによって賃金労働者の数を増加させる手段と化した。資本家のための強制労働が、子供たちから遊びを奪ったただけでなく(120)、慣習の枠内で家族自身のために営まれていた家庭内の自由な労働をも奪いさった。

(120)　アメリカの南北戦争に付随して綿花恐慌が起こった時期に、ドクター・エドワード・スミスは綿工業労働者の健康状態について報告するために、イギリス政府よりランカシャー、チェシャー等に派遣された。なかでも彼は次のような報告をしている。労働者が工場の環境から追いだされたことを別とすれば、恐慌には、衛生上、さまざまな利点もあった。労働女性たちはようやく子供たちに自分の乳を与える時間がもてるようになり、もうゴッドフリーの気つけ薬と称する毒

(一種の麻薬)を飲ませる必要はなくなった。また料理をおぼえる時間がもてるようになった、と。

不幸にしてこの料理術がもたらされたのは、彼女たちの食べものがなにもない時だった。しかし、ここから分かるのは、いかに資本がその自己増殖のために、消費に欠かせない家族労働までも奪い去っていたかということだ。また恐慌は、労働者の娘たちに特別な学校で裁縫を教えるためにも利用された。全世界のために糸を紡ぐ勤労少女たちが裁縫を学ぶために、アメリカの革命と世界恐慌が必要だったとは!

労働力の価値は、個々の成人労働者が生きていくために必要な労働時間によってだけではなく、労働者家族が生きていくために必要な労働時間によっても規定されていた。機械装置は労働者家族の全メンバーを労働市場に投げ入れ、それによって成人男性の労働力の価値を、彼の家族全員に分配する。それゆえに機械は彼の労働力の価値を切り下げる。たとえば、四人の労働力に分割された家族を買おうとすれば、かつて家長の労働力を買っていた時よりもたしかに大きな費用がかかるだろう。しかし、その代わりに一労働日ではなく四労働日が得られる。しかも四人の剰余労働は一人の剰余労働よりも多く、その超過分に比例して四労働日の価格は相対的に低下する。一家が生きていくためには、いまや四人が労働だけでなく、資本のための剰余労働をも提供しなければならない。こうして機械装置は最初から、資本の本来の搾取領域である人間という搾取材料の範囲を拡大すると同時に[121]、その搾取度をも高めていく。

(121)「男性労働に代わって女性労働が、またとくに成人労働に代わって児童労働が増えるにつれて、労働者の数はいちじるしく増加した。週賃金六シリングから八シリングの一三歳の少女が三人雇われ、その代わりに週賃金一八シリングから四五シリングの成人男性が一人追い出された」(トマス・ド・クインシー『経済学の論理』ロンドン、一八四四年、一四七ページ註)。子供の世話や授乳といった、ある種の家族機能は完全にやめさせるわけにはいかないため、資本に取りこまれた家庭の母親たちは、多かれ少なかれ代行者を雇わねばならない。また家族の消費のために必要な縫い物や繕《つくろ》い物などの仕事は、既製品を買うことで間に合わせるほかない。こうして家事労働の支出が減るのに対応して貨幣支出が増える。その結果、労働者家族の生産費が増大し、増加収入分を相殺してしまう。そのうえ、生活手段を利用したり調達したりするさいに節約したり、無駄を省いたりすることができなくなる。公認の経済学では隠されているこれらの事実については、工場監督官や「児童労働調査委員会」の『報告書』、とくに『公衆衛生報告書』に豊富な材料が見つかる。

機械装置はまた、資本関係の形式的仲介、すなわち労働者と資本家とのあいだの契約をも根本から変革する。商品交換という基礎の上では、資本家と労働者は自由な人格として、独立した商品所有者として向かい合う。すなわち一方は貨幣と生産手段の所有者として、他方は労働力の所有者として対峙《たいじ》する。これが第一の前提だった。しかし、いまや資本は未成年者や半成年者を買う。以前は労働者が自分の労働力を売っており、彼はその労働力を形式的には自由な人間として処分できた。いまでは、彼は妻子を売る。彼は奴隷商人となる。(122) 児童労働に対する需要は、しばしば形式の点でも、アメリカの新聞広告でおなじみの黒人奴隷に対する需要と似ている。たとえばイギリスのある工場監督官はこう述べている。

「わたしの目はある新聞広告に釘づけになった。それはわたしの管区の最も重要な工業都市の一つで発行されている地方新聞だった。そこにはこう書かれていた。一二歳から二〇歳の少年を求む。一三歳として通用しうるにいたっていない年少者は不可。週給四シリング。問い合わせは云々」。(123)

「一三歳として通用しうる」というこの文言は、一三歳未満の児童の労働時間は六時間までとする、という工場法の規定と関連している。そのさい、資格をもつ認定医が年齢証明を発行しなければならない。だからこそ工場主は、すでに一三歳になったように見える少年を求める。最近二〇年間のイギリスの統計を見て驚くことは、工場主に雇われている一三歳未満の児童数が時に激減していることだ。これは工場監督官自身の陳述によれば大部分が認定医たちの仕業《しわざ》で、彼らは資本家の搾取欲と両親の強欲とに迎合して年齢をごまかしていた。悪評高いロンドンのベスナル・グリーン地区では、毎週月曜日と火曜日の朝に公開市場が開かれ、九歳以上の男女児童が絹製造業者に自分を賃貸しする。「普通の条件は週に(親に払われる)一シリング八ペンスと、自分のものになる二ペンス、それにお茶がつく」。契約が有効なのは一週間かぎり。この市場が開かれている間の光景や、そこで語られている言葉は、まさに言語道断だ[124]。女たちが「救貧院から少年を連れてきて、買い手を選ばず、週二シリング六ペンスで手当たり次第に賃貸しする[125]」といったことが、いまなおイギリスでおこなわれている。法律で禁止されているにもかかわらず、グレートブリテンでは少なくとも二〇〇〇人の少年が親たちによって（それに代わる機械があるにもかかわらず）生ける煙突掃除機として売り渡されている[126]。機械装置は、労働力の売り手と買い手の法的関係に革命をもたらし、その結果、全取引は自由な人格間の契約であるという外見さえもが失われた。法的関係に生じたこの革命は、後に、工場制度への国家介入を許す法的根拠を議会に与えることになる。工場法が、これまで干渉を受けなかった産業部門にも適用され、児童労働が六時間に制限されるたびに、工場主たちからはこんな苦情が発せられた。一部の親たちは規制を受けるようになった産業から子供をひきもどし、まだ「労働の自由」が保障されている産業部門、つまり一三歳未満の児童に大人と同じ労働が強制され、したがってまた子供を高く売りとばせる産業に売っている、と。しかし資本は生まれながらの水平派（レヴェラー）であり、すべての生産部門での労働の搾取条件を平等にすることを、みずからの生得的人権として要求する。それゆえ、一つの産業部門での児童労働の法的制限は、他部門での制限の原因となる。

(122) イギリスの工場における女性労働および児童労働の制限は、成人男性労働者たちによって資本から勝ち取られた。この偉大な事実と好対照をなすのが、近年の「児童労働調査委員会」『報告書』になおも見られるような、児童売買に関する労働者の親たちの行為だ。それは真に怒りを覚える奴隷商人的相貌を呈している。しかし、この同じ『報告書』にも見られるように、資本家的パリサイ人《びと》は、普段は「労働の自由」などと呼んでいるこの蛮行を、自分自身が作りだし、固定化し、さんざん利用しておきながら、非難している。「小さな子供たちの労働に助力が求められた。……しかも、それは彼ら自身の日々のパンを得るためでもあった。年齢に不釣り合いな苛酷な労働に耐える力もなく、将来の生活設計のための教育も受けられず、子供たちは肉体的にも精神的にも汚染された環境に投げこまれた。ユダヤの歴史家は、ティトゥス〔エルサレムを陥落させたローマ皇帝〕によるエルサレム破壊について次のように語っている。無慈悲な母親が抑えきれない空腹をみたすためにわが子を犠牲にするような状態では、この町がこれほど徹底的に破壊されたとしても無理はなかった、と」(『公共経済学要綱』カーライル、一八三三年、六六ページ)。

(123) 『工場監督官報告書、一八五八年一〇月三一日』、四〇、四一ページ掲載のA・レッドグレイヴの報告。

(124) 『児童労働調査委員会、第五次報告書』ロンドン、一八六六年、八一ページ、三一号。〔第四版への註——ベスナル・グリーン地区の絹業は、いまではほとんど滅びている。——F・エンゲルス〕

(125) 『児童労働調査委員会、第三次報告書』ロンドン、一八六四年、五三ページ、一五号。

(126) 同前『第五次報告書』、ローマ数字二二ページ、一三七号。

機械装置が導入されると、まずは機械を土台にして発展をとげた工場で、児童、青少年、女性労働者たちが、直接的に資本の搾取下におかれる。ついでそれは、間接的に、その他すべての産業部門に波及していく。これら児童、青少年、女性労働者たちの肉体的破壊については、前にもすでに触れた。それゆえここでは、労働者児童の極端に高い幼児死亡率という一点にしぼって述べておこう。イングランドでは、満一歳未満の生存児一〇万人に対する年平均死亡者数は以下のとおりだ。死亡者数が九〇八五人以下の管区は計一六区(ある一区では七〇四七人にとどまっている)、一万人以上一万一〇〇〇人未満は計二四区、一万一〇〇〇人以上一万二〇〇〇人未満は計三九区、一万二〇〇〇人以上一万三〇〇〇人未満は計四八区、二万人以上の管区は計二二区、二万一〇〇〇人以上は計二五区、二万二〇〇〇人以上は計一七区、二万三〇〇〇人以上は一一区となっている。フー、ウルヴァーハンプトン、アシュトン・アンダー・ライン、プレストンの各区では二万四〇〇〇人以上、ノッティンガム、ストックポート、ブラッドフォードの各区では二万五〇〇〇人以上、ウィズビーチでは二万六〇〇一人、マンチェスターでは二万六一二五人だ。[127] 一八六一年の政府検診で明らかになったのは、地域事情を別とすれば、この高死亡率の原因が主に母親の家庭外就業と、それに由来する子供の放置や虐待にあるということだ。[*] なかでも、不適切な食事、栄養不足、阿片剤その他の投与、さらには不自然な母子隔離や、その結果として、意図的に子供に食事を与えなかったり、毒物を投与したりする行為などが加わる。[128]「他方、女性たちの就業率が最も低い」農業地区では「死亡率が最も低い」[129]。しかし、一八六一年の調査委員会は、思いがけない調査結果を得た。北海沿岸のいくつかの純農業地区で、一歳未満の幼児死亡率が、最も悪評の高い工場地区の死亡率に肉薄していた。そこでドクター・ジュリアン・ハンターが、この現象を現地で研究するよう委託を受けた。彼の報告は『公衆衛生に関する第六次報告書』に収録されている。[130] それまでは、マラリアその他の低湿地帯特有の病気によって子供の数が激減したものと推定されていた。ところが調査結果は正反対だった。すなわち、

「マラリアを追い払ったのと同じ原因が、すなわち冬は沼沢地、夏はやせた牧草地であった土地を肥沃な穀倉地に転換したことが、幼児の異常な死亡率を生み出した」。[131]

ドクター・ハンターがこの地方で聴取した七〇人の開業医の意見は、この点について「おどろくほど一致していた」。すなわち、土地開墾の革命とともに、産業システムが導入されたのだ。

「少年少女といっしょに隊をなして働く既婚女性たちを、「請負親方」と呼ばれる一人の男が隊ごと借り上げ、それを一定の金額で借地農業者に提供する。この作業隊は自分の村から何マイルも離れた場所へと働きに出ることがよくあり、朝夕にその姿を路上で見かける。女性たちは短いペチコートとそれに見合った上着を身につけ、長靴をはき、時にはズボンをはいている。外見は非常にたくましく健康そうに見えるが、習慣的に身についただらしのなさで身をもちくずしており、この活動的で自立的な生活スタイルへの愛着が、家

で衰弱している子供たちにどんな悲惨な影響を与えているかということには、まったくおかまいなしだ」[132]。

工場地区で見られたあらゆる現象がここにも再現されており、闇から闇に葬られる嬰児殺しや幼児への阿片剤の投与は、工場地区よりもさらにひどい[133]。「公衆衛生」に関する報告書の主任編集官であるイギリス枢密院医務官ドクター・サイモンはこう述べている。「いかなる形にせよ、成人女性を手広く産業に就労させることに、わたしが深い嫌悪感を抱かざるをえないのは、それによって生み出される害悪を知っているからだ」[134]。工場監督官R・ベイカーはある政府報告書でこう訴えかけている。「家族をもつ既婚女性全員にいっさいの工場労働を禁止できるなら、それはイギリスの工場地区にとって実に幸福なことだろう」[135]。

(127) 『公衆衛生に関する第六次報告書』ロンドン、一八六四年、三四ページ。

(128) 「それ」(一八六一年の調査)「はさらに次のことを立証していた。すなわち一方では、すでに述べたような事情のもとで、母親たちの労働の結果生じる放置や虐待のために子供たちが死んでいく。その一方で、母親たちは自分の子供に対する自然な感情をおそるべきほど失っている——一般に彼女たちはもう子供の死をあまり意に介さず……それどころか、時にはみずから直接手を下して子供を死におおいやる」(同前)。

(129) 同前、四五四ページ。

(130) 同前、四五四―四六二ページ。『イングランドのいくつかの農業地区における過度な幼児死亡率に関するドクター・ヘンリー・ジュリアン・ハンターの報告』。
(131) 同前、三五ページ、および四五五、四五六ページ。
(132) 同前、四五六ページ。
(133) イギリスでは工場地区と同様、農業地区においても男女の成人労働者のあいだで、阿片消費が日ごとに拡大している。「阿片販売を促進することは……企業心に富むいくつかの卸売商の大きな目標となっている。薬屋は阿片を一番売れいきのよい商品とみなしている」(同前、四五九ページ)。阿片剤を飲まされた幼児たちは、「小さな老人のようにしわが寄ったり、小猿のように縮んだりした」(同前、四六〇ページ)。インドや中国が、いかにイギリスに復讐をとげているかが分かる。
(134) 同前、三七ページ。
(135) 『工場監督官報告書、一八六二年一〇月三一日』、五九ページ。この工場監督官はかつて医師だった。
(＊) 第三版および第四版では、自然な、となっている。

女性労働と児童労働の資本主義的搾取から生じる道徳的頽廃については、F・エンゲルスが『イギリスにおける労働者階級の状態』で余すところなく描き出しており、また他の著作家による記述もあるので、ここではそれを指摘するだけにとどめる。自然に育つ無知はたしかに精神を休耕状態に置く。とはいえそれは、精神の発達能力そのもの、すなわち生来の肥沃さそのものを破壊することはない。しかし、未成熟な人間を単なる剰余価値製造機に改造することによって人為的に生産される知的荒廃は、そのような自然発生的無知とは根本的に異なる。この人為的な知的荒廃に直面した時、イギリス議会もついに動かざるをえなかった。すなわち工場法の下におかれたすべての産業に対して、一四歳未満の児童を「生産的」に使用するための法的条件として、初等教育を義務づけたのだ。しかし、工場法のいわゆる教育条項は、曖昧な条文で書かれていた。また行政機構の欠陥のために、この義務教育は大半がふたたび夢物語になった。しかも工場主たち自身がこの教育法に反対し、これを回避するためにさまざまな実行上の抜け道や策略をひねりだした。こうした一連の事情の狭間からは、資本主義的生産の精神が燦然《さんぜん》と輝きだしていた。

「立法府こそが非難されるべきだ。なぜなら彼らが制定したのは、児童教育に配慮するという見せかけの下で、掲げられた目的の実現を保証するいかなる規定も含んでいない欺瞞法だったからだ。それが定めているのは、児童が毎日一定時間（三時間）学校と称せられる場所の四壁内に閉じこめられるべきこと、児童使用者は毎週、学校教師として署名する人物から証明書を受けとらねばならぬこと、これだけにすぎない」(136)。

一八四四年の改正工場法の制定以前には、学校教師が十字印で署名しただけの通学証明書もめずらしくなかった。教師自身、字が書けなかったからだ。

「このような証明書を発行している学校を訪れた時、わたしは教師の無知にショックを受けて、「失礼ですが、あなたは字が読めますか？」と尋ねた。「ええ、ちっとは」というのが彼の答えだった。そして弁解がましくこう言い足した。「とにかく生徒たちの面倒は見ております」と」。

一八四四年の法律の準備期間中に、工場監督官たちは学校と称せられるこれらの場所の恥ずべき状態について告発をおこなった。しかし、そこで発行された証明書については法律上完全に有効なものと認めざるをえなかった。彼らがなしとげたことといえば、一八四四年以降、「就学証明書の数字は教師が手書きで記入すること、同じく教師の氏名は教師みずからが署名すること」を義務づけたことだけだった。[137]

スコットランドの工場監督官サー・ジョン・キンケードも同じような職務上の経験を語っている。

「われわれが訪れた最初の学校は、アン・キリン夫人という人によって運営されていた。わたしが彼女に自分の名前を綴《つづ》るように要求すると、彼女はさっそく間違えた。彼女は頭文字をCではじめた後、すぐに訂正して、頭文字はKですと言った。しかし、通学証明簿の彼女の署名を見ただけで、彼女がさまざまな綴りで自分の名前を書いていることが分かった。またその筆跡を見ても、彼女に教育能力がないことは一目瞭然だった。彼女自身も自分が記録を付けられないことを認めた。……二番目の学校でわたしの見た教室は、奥行き一五フィート、幅一〇フィートで、この広さのなかになんと七五人もの子供が詰めこまれ、わけの分からないことをしゃべっていた」[138]。「しかし、児童たちが通学証明書をもらっていながら実際に教育を受けていないのは、この種の劣悪施設だけのことではない。能力のある教師がいる多くの学校でも、三歳児から始まるあらゆる年代の児童がひしめきあっているために、教師の努力もほとんど水泡に帰すからだ。教師の生計はいずれにしても惨めなものであり、一部屋に詰めこめるだけ詰めこんだ大量の児童たちから受けとるはした金の総額に完全に依存している。そのうえ学校の備品は貧弱で、本やその他の教材も乏しく、息苦しい胸の悪くなるような空気が、ただでさえ哀れな児童たちのやる気をますます失わせる。わたしはこうした学校を多く訪ねたが、たくさんの児童たちがまったくなにもしないで居並んでいるのを目にした。そしてこれが通学として証明され、こうした児童たちが政府の統計では教育を受けた(educated)ものとして扱われている」[139]。

スコットランドでは工場主が、通学義務のある児童をできるだけ排除しようとする。「この一事をもってしても、工場主たちがいかに教育条項に対して強い反感をもっているかが立証される」[140]。

これがグロテスクなまでにひどい状況を呈しているのは、独自の工場法によって規制されている更紗その他の捺染業だ。この法律の規定によれば、「すべての児童は、この種の捺染工場に雇用される前に、就業初日の直近六カ月中に、少なくとも三〇日、かつ計一五〇時間以上、就学していなければならない。捺染工場に就職しているあいだにも、同様に六カ月ごとに三〇日間、計一五〇時間、通学しなければならない。……通学は午前八時から午後六時までのあいだになされねばならない。一日につき二時間半未満の就学、および五時間を超える部分は、一五〇時間の一部として計算してはならない。こうして児童たちは、通例、午前と午後、毎日五時間を学校で過ごし、三〇日間通学して法定の一五〇時間をクリアし、彼らの言葉で言えば、通学簿の帳尻を合わせる。その後、彼らはふたたび捺染工場に戻り、次の通学期がくるまで六カ月間、工場にとどまり、それからまた学校に通い、帳尻あわせをする。……法定の一五〇時間を学校で過ごしても、捺染工場で六カ月働いた後にふたたび学校に戻ってくる少年たちは、すっかりもとのもくあみになっている。……前回学校で習ったことを、彼らはもちろんすべて忘れてしまっている。また別の更紗捺染工場では、通学期間は工場の営業上の都合で一方的に決められる。すなわち一回につき三時間から五時間までの時間を六カ月全体にばらまいて、分割払いで規定の時間数をみたすやり方だ。たとえばある日は午前八時から一一時まで、次の日は午後一時から四時まで登校したかと思うと、何日間か欠席した後、また突然、午後三時から六時まで登校してくる。それから三、四日、あるいは一週間続けてやってくるかもしれないが、またもや三週間、あるいはまる一カ月姿を見せず、その後、雇い主がたまたまその子を必要としない中途半端な日に、中途半端な時間だけ学校に戻ってくる。こうして児童は一五〇時間が満了するまで、学校から工場へ、工場から学校へといわばこづきまわされる（buffeted）」[141]。

マニュファクチュアで働く男性労働者たちは、いまだに資本の専制に対して抵抗を試みていた。しかし、機械装置は結合された労働人員に大量の児童と女性を追加することによって、この抵抗をついに切り崩した。(142)

(136)『工場監督官報告書、一八五七年四月三〇日』、一七ページ、レナード・ホーナーの報告。

(137)『工場監督官報告書、一八五五年一〇月三一日』、一八、一九ページ、レナード・ホーナーの報告。

(138)『工場監督官報告書、一八五八年一〇月三一日』、三一、三二ページ、サー・ジョン・キンケードの報告。

(139)『工場監督官報告書、一八五七年四月三〇日』、一七、一八ページ、レナード・ホーナーの報告。

(140)『工場監督官報告書、一八五六年一〇月三一日』、六六ページ、サー・ジョン・キンケードの報告。

(141)『工場監督官報告書、一八五七年一〇月三一日』、四一―四三ページ、A・レッドグレイヴの報告。(本文で最後に挙げた捺染工場に対する特別法ではなく)本来の工場法がかなり前から適用されているイギリスの産業部門では、教育条項を妨害しようとする抵抗はここ数年いくぶん克服された。しかし工場法の適用を受けていない産業部門では、ガラス工場の経営者J・ゲッディスの次のような意見が、まだまかりとおっている。調査委員ホワイトに対してゲッディスは次のようなお説教を垂れている。「わたしの見るかぎり、労働者階級の一部が近年受けてきた大量の教育は有害だ。それは彼らを自立させてしまうおそれがあり、危険だ」(『児童労働調査委員会、第四次報告書』ロンドン、一八六五年、二五三ページ)。

(142)「工場経営者E氏からわたしが聞いたところによると、彼は力織機用には女性しか雇わないのことだ。彼が優先するのは、既婚女性、とくに扶養家族をもつ既婚女性だという。彼女たちは未婚女性よりも気配りがあり、従順で、必要な生活費を稼ぐために極度の努力を強いられている。このようにして、美徳が、女性の性質にそなわった特有の美徳が、その性質を傷つける災いに転じる——こうして女性の天性にそなわったあらゆる倫理的なもの、繊細なものが、彼女たちの隷従と苦悩を生みだす手段として使われる」(『十時間工場法案、三月一五日のロード・アシュリーの演説』ロンドン、一八四四年、二〇ページ)。

b 労働日の延長

機械装置が労働の生産性を高めるための、すなわち一商品の生産に要する労働時間を短縮するための最も強力な手段だとすれば、資本の担い手としての機械装置は、まずは機械化の波が直接おしよせた産業で、労働日をあらゆる自然的限界を超えて延長するための最も強力な手段となる。機械装置は一方では、資本がそのたえざる傾向に思う存分身を任せることを可能にする新たな条件を作りだし、他方では、他人の労働への資本の渇望をさらにかき立てる新たな動機を作りだす。

機械装置が導入されると、第一に、労働手段の運動と作用が、労働者に対して自立性を獲得していく。労働手段はそれ自身が一個の産業上の永久運動機関と化し、助手として働く人間の一定の自然的限界、すなわち肉体の弱さや我意といったものと衝突しないかぎり、途切れることなく生産を続けるだろう。自動機械はまさに資本として、資本家のうちにみずからの意識と意志を宿している。それゆえ資本としての自動機械は、反抗的だが弾力性をもつ人間の自然的限界を、なんとか最小限の抵抗に封じこめようとする衝動につき動かされている。(143) しかし封じこめるまでもなく、その抵抗は、機械労働が一見すると楽な仕事に見えることや、従順でおとなしい女性、児童が参入したことで抑えられている。(144)

(143)「高価な機械が広く導入されるようになって以来、人間の本性は、その平均的な力をはるかに超える要求をつきつけられるようになった」(ロバート・オーウェン『工場制度の影響に関する考察』第二版、ロンドン、一八一七年〔一六ページ〕)。

(144) イギリス人はとかく、ある事柄の最初の経験的な現象形態を、その原因とみなしたがる。たとえば工場システムの草創期に、資本は救貧院や孤児院でヘロデ流の大規模な児童略奪をおこない、まったく意志をもたない人間材料をわがものにした。ところがイギリス人たちは、しばしばこの児童略奪を工場での長時間労働の原因だといいつのっている。たとえば、自身イギリスの工場主であるフィールデンはこう述べている。「長時間労働が次のような事情によって生じたことははっきりしている。すなわち国内の各地から大量の孤児たちが調達され、それによって企業家が労働者から独立を勝ちえた。そしていったん企業家が、こうしてかき集められた哀れな人間材料の助けを借りて、長時間労働を習慣化してしまうと、それを隣人に強制することもいっそう容易になった」（J・フィールデン『工場制度の呪い』ロンドン、一八三六年、一一ページ）。女性労働については工場監督官ソーンダーズが、一八四四年の工場報告書で次のように述べている。「女性労働者のなかには何週間もぶっ続けで朝の六時から夜中の一二時まで働かされている人がいる。休みはほんの数日にすぎず、食事時間も二時間に満たない。したがって週五日にわたって、彼女たちには二四時間のうち六時間しか残されておらず、その時間を家への往復とベッドでの休息に充てている」。

機械装置の生産性は、すでに述べたように、機械装置から製品に移される価値部分の大きさに反比例する。機械が機能している期間が長ければ長いほど、機械によって付加される価値が分配される生産物の総量は大きくなり、機械が個々の商品に付加する価値部分は小さくなる。しかし、機械装置が活動できる寿命は、明らかに労働日の長さ、つまり日々の労働過程の継続時間にそれが反復される日数を掛けたものによってきまる。

機械の摩耗度は、けっして厳密な意味で数学的にその使用時間に比例するわけではない。また、かりに比例したとしても、毎日一六時間七年半にわたって稼働する機械と、毎日八時間しか使用されないが一五年にわたって稼働する機械とを比較すると、両者はまったく同じ生産期間を含んでおり、総生産物に付加する価値も変わりないが、前者では、後者の二倍の速さで機械の価値が再生産される。それによって資本家は七年半のあいだに、後者では一五年を要する剰余価値を飲みこむことになるだろう。

機械の物質的摩耗は二重に生じる。すなわち一方では、硬貨が流通過程で摩滅するように使用することによって摩耗するが、他方では剣を鞘《さや》に入れたまま使わないと錆びるように、使用しないことによって摩耗する。後者は自然力による侵蝕だ。前者の摩耗は程度の差こそあれ使用時間と正比例するが、後者についてはある程度反比例する。(145)

(145)「金属製機械のデリケートな可動部分については、使用しないことが……損傷のきっかけになりうる」(ユア『マニュファクチュアの哲学』ロンドン、一八三五年、二八一ページ)。

しかし、機械はまた物質的摩耗のほかに、いわば社会的摩耗を受けることもある。同じ構造の機械がより安く再生産できるようになった場合、あるいはより優秀な機械が競争相手として出現した場合には、それに応じてもとの機械は交換価値を失う。(146)いずれの場合でも、その機械の価値は、それがまだどんなに若々しい生命力を保っていようとも、もはやそれ自身のなかに現実に対象化された労働時間によっては決まらない。価値を決めるのは、その機械の再生産に、あるいはより優秀な機械の再生産に必要な労働時間だ。ということは、多かれ少なかれ減価するということだ。その機械の総価値が再生産される期間が短ければ短いほど、こうした社会的摩耗の危険性は減る。そしてその期間は、労働日を長くすればするほど短くできる。(147)いずれかの生産部門に機械装置が導入されると、すぐさまより安い再生産の方法や改良の方法が新たに編み出され、しかもそれは、個々の部分や装置だけではなく、機械装置の構造全体におよんでいく。したがって機械が導入されたばかりの

最初の時期には、労働日を延長しようとするこの特別な動機が、最も強く作用することになる。(148)

(146) すでに述べた「マンチェスターの紡績業者」(『タイムズ』一八六二年一一月二六日)は、機械装置の費用のなかに次のものを算入している。「それ」(すなわち、「機械装置の減価引当金」)「は、機械自身の消耗のみならず、機械が消耗する前に他の新しい、より優れた構造の機械にとって代わられることからたえず生じる損失を補塡することをも目的としている」。

(147) 「たった一台であっても新しいモデルで機械を製作するには、同じ機械を同じモデルで再製作するのに比べて、五倍の費用がかかると概算される」(バベッジ『機械とマニュファクチュアの経済論』ロンドン、一八三二年、二一一、二一二ページ)。

(148) 「チュール〔網織布〕製造では、過去何年かのあいだに多くの重要な改良がなされたため、原価一二〇〇ポンドした保存状態の良い機械が、数年後には六〇ポンドで売却された。……改良速度があまりに速すぎて、機械が未完成のまま製造者の手元に残ってしまうほどだった。というのも、製作段階ですでにより優れた発明のために時代遅れになってしまったからだ」。だからこそチュール製造業者は、このシュトゥルム・ウント・ドラング〔感情や非合理性を重んじた一八世紀後半のドイツの文芸革新運動。ここでは急激な歴史的変化の意〕の時代に、元来の八時間労働を、まもなく二倍の人員を投じて二四時間にまで延長した(同前、二三三ページ)。

他の事情が同じで労働日の長さが決まっている場合、搾取する労働者数を二倍にするには、原料や補助材料などに投じられる不変資本部分のみならず、機械装置や建物に投じられる不変資本部分も二倍にする必要がある。ところが労働日を延長すれば、機械装置や建物に投じられる資本部分を変えなくても生産規模は拡大される。[149] そうなれば剰余価値が増大するのみならず、剰余価値の搾取のために必要とされる経費も軽減される。このことは労働日が延長されれば、他の場合にも程度の差こそあれつねに生じることだが、この場合には、より決定的な重みを持つ。というのも、ここでは労働手段に変容した資本部分が他の場合よりも重要な意味を持つからだ。[150] すなわち機械経営の発達は、たえず増大する資本部分を一つの形態にしばりつける。その形態をまとった資本は、一方では継続的に価値増殖をする可能性があるが、他方では生きた労働との接触を断たれた途端に、みずからの使用価値と交換価値を失ってしまう。イギリスの木綿王アッシュワース氏は、ナッソー・ウィリアム・シーニョア教授にこう諭《さと》したものだ。

「農夫が鋤を置けば、そのあいだ一八ペンスの資本を無駄にすることになる。われわれのもとにいる人々」(つまり工場労働者)「の一人が工場を立ち去れば、一〇万ポンドもした資本を無駄にすることになる」[151] と。[*]

考えてもみよ！　一〇万ポンドもかかった資本を一瞬でも「無駄」にするとは！　われわれのものである人々の一人が、かりそめにも工場を立ち去るなど、まったく言語道断のことだ！　機械装置の使用規模が拡大すると、アッシュワース氏に入れ智恵されたシーニョアも悟ったように、労働日のたえざる延長が「望ましい」ことになっていく。[152]

(149)「もし建物や機械装置のために追加的な支出をせずに、原料だけを追加的に加工できるのであれば……市場の干満や需要の増減に合わせて、工場経営者が追加的な固定資本を使わずに、追加的な流動資本を利用する機会が繰り返し訪れるであろうことは、目に見えている」（R・トレンズ『賃金と団結について』ロンドン、一八三四年、六四ページ）。

(150) ここで言及した事情は、補足のために述べたものにすぎない。利潤率、すなわち前貸しした総資本に対する剰余価値の比率は、第三巻ではじめて扱うことになる。

(151) シーニョア『工場法についての書簡』ロンドン、一八三七年、一四ページ。

(152)「流動資本に対する固定資本の割合が大きくなると、……長時間労働が望ましいものになっていく」。機械装置その他の使用が拡大していくと、「労働時間延長の動機はますます強まる。なぜならそれが、固定資本の巨大部分が収益を上げるための唯一の手段だからだ」（同前、一一―一四ページ）。「工場には、操業時間の長短と関係なく、定額をとるさまざまな支出がある。たとえば建物の賃借料、地方税や一般税、火災保険料、さまざまな常勤労働者の労働賃金、機械装置の減価分、その他生産規模の拡大につれて、同じ割合で対利潤率が減少していく種々の費用だ」（『工場監督官報告書、一八六二年一〇月三一日』、一九ページ）。

(＊) シーニョアの原文では一〇〇ポンドとなっている。

機械は、労働力の価値を直接切り下げることによって、あるいは労働力の再生産過程に入りこむ商品を安くすることで労働力を間接的に低廉化することによって、相対的剰余価値を生産する。しかしそれだけではない。機械がまだ散発的にしか導入されていない最初の時期には、機械所有者の使用する労働が、機械によって密度の高い労働へと姿を変える。機械はそれによって機械生産物の社会的価値を、その個別的価値以上に高め、資本家は一日の生産物価値のより少ない部分で、労働力の一日の価値をまかなえるようになる。この方法でも、機械は相対的剰余価値を生産できる。したがって機械経営がまだ一種の独占状態にあるこの過渡期においては、利益が異常に大きくなり、資本家はこの「若き初恋の時代」を、できるかぎりの労働日延長によって徹底的に搾取しようと努める。利益の大きさが、さらに大きな利益への渇望をかき立てる。

機械装置が同じ生産部門で一般化すると、それとともに機械生産物の社会的価値はその個別的価値の水準にまで低下し、あらたに次の法則が有効になる。すなわち剰余価値は、資本家が機械によって置き換えた労働力から生じるのではなく、逆に、資本家が機械にはりつかせて使用する労働力から生じるという法則が。剰余価値は資本の可変部分からのみ生じ、またすでに見てきたように、剰余価値量は、二つのファクター、すなわち剰余価値率と同時使用される労働者数とによって決まる。労働日の長さが決まっているとすれば、剰余価値率の方は、労働日が必要労働と剰余労働とに分割される割合によって決まる。一方、同時使用される労働者数の方は、不変資本部分に対する可変資本分の割合に依存する。機械経営はたしかに生産力を向上させることによって、必要労働の犠牲の上に剰余労働を拡大する。しかし、すぐに分かるように、このような結果が生じるのは、ひとえに機械経営が与えられた資本によって使用される労働者数を減らすからだ。機械経営は、以前は可変であった資本の一部を、つまり生きた労働力に転換された資本の一部を、機械装置に、すなわち剰余価値を生産することのない不変資本に変容させる。たとえば二四人の労働者から搾取する剰余価値と同量のものを、二人の労働者から搾取することは不可能だ。かりに二四人の労働者がそれぞれ一二時間につき一時間しか剰余労働を提供しなくても、合計すれば二四時間の剰余労働が提供できる。しかし、二人の労働者では総労働でも二四時間にしかならない。つまり、剰余価値を生産するための機械装置の使用には、一つの内在的矛盾が潜んでいるということだ。すでに見たように、一定の大きさの資本が提供する剰余価値は二つのファクターによって決まる。ところが、機械使用によって一方のファクターである剰余価値率を上げようとすれば、もう一方のファクターである労働者数を削減するほかなくなる。この内在的矛盾は、一つの産業部門で機械装置が一般化し、機械生産された商品の価値が、同種の全商品の価値を規制する社会的価値となるやいなや、顕在化してくる。そしてこの矛盾こそが、資本自身に意識されることはなくても、(153) きわめて強引な労働日延長に資本を駆り立てる。それによって資本は、搾取される労働者数の相対的減少を、相対的剰余労働の増加によってだけではなく、絶対的剰余労働の増加によっても補おうとする。

(153) この内的矛盾がなぜ個々の資本家に、したがってまた資本家の見解にとらわれた経済学によって意識されないのかは、第三巻の最初の何篇かを読めば理解できるだろう。

このように機械装置の資本主義的使用は、一方では労働日を際限なく延長するための新しい強力な動機を作りだす。そしてまた、この傾向に対する抵抗を排除するのと同じやり方で、労働様式そのものを変革し、社会的労働体の性格をも変革する。その一方で、機械装置の資本主義的使用は、一つには、それまで資本が手をのばせなかった労働者階級の層を雇用することによって、もう一つには、機械に追い出された労働者を遊離させることによって、資本の命令する法則に従わざるをえない過剰労働者人口を生みだす[154]。ここから、機械が労働日のあらゆる道徳的自然的制約を廃棄するという近代産業史上の特異な現象が生じる。同時にまた、あの経済的パラドックスが生じる。それはすなわち、労働時間を短縮するための最も強力な手段であったはずのものが、労働者とその家族の全生活時間を、資本の価値増殖に利用しうる労働時間へと一変させるための最も確実な手段と化すというパラドクスだ。古代の最も偉大な思想家アリストテレスは、こんな夢を語っている。「ダイダロス〔ギリシア神話に登場する名工〕の芸術作品が自分から動いたように、あるいはヘーパイストス〔ギリシア神話に登場する炎と鍛冶の神。自分で歩くことのできる三脚器を作った〕の三脚器がみずから聖なる仕事に赴いたように、すべての道具が命令によって、あるいは予感によって、自分の成すべき仕事をこなすことがありうるならば、すなわち織機の杼がみずから織るならば、親方は助手を必要とせず、主人には奴隷も必要なくなることだろう[155]」。

また、キケロの時代のギリシア詩人アンティパトロスは、穀物を挽くための水車の発明、すなわちこのあらゆる生産機械の原初形態ともいうべき発明を、女奴隷の解放者であり黄金時代の再建者であると称えた！(156)「異教徒たち、おお、異教徒たちよ！」彼らは、利口なバスティアが、あるいは彼よりも前にもっと頭のいいマカロックが発見したように、経済学やキリスト教を理解してはいなかった。なかでも機械が労働日を延長するための最も確かな手段であることを理解していなかった。たしかに彼らは、一人の人間が奴隷状態に置かれることを、他の人間が完全な人間的発達をとげるための手段としては容認しただろう。しかし彼らは、わずかばかりの粗野な物知り顔の成り上がり者たちを、やれ「優れた紡績業者」だの、やれ「偉大なソーセージ製造業者」だの、やれ「有力な靴墨販売業者」だのと呼ばれる連中にするために、大衆を奴隷化するよう説教を垂れることはなかった。そのようなことをするには、彼らには特殊キリスト教的な感覚が欠けていたのだ。

(154) 機械装置を、商品の生産手段としてのみならず、「過剰人口」の生産手段としても理解したことは、リカードの大きな功績の一つだ。

(155) F・ビーゼ『アリストテレスの哲学』第二巻、ベルリン、一八四二年、四〇八ページ。

(156) シュトルベルクの翻訳でこの詩を引用しておこう。というのも、前にあげた分業に関する引用文と同様、ここには古代のものの見方と近代のそれとの相違点が特徴的に出ているからだ。
「粉挽く娘よ。挽く手を休めて、安らかに眠れ！　雄鶏がいたずらに暁をつげようとも！　神は乙女の仕事を水の精たちに命じた。水の精たちは軽々と車の上に飛び乗る。揺さぶられた軸は、その輻《や》とともにまわり、重石も円を描いて回転する。われらも父祖のように暮らそう。働くのをやめ、女神がわれらに与えし贈り物を楽しもう」(クリスティアン・グラーフ・ツー・シュトルベルク訳『ギリシアの詩』ハンブルク、一七八二年)。

c　労働の高密度化

資本の手中にある機械装置は際限のない労働日の延長を生みだす。すでに見てきたように、それはやがて生活の根拠を脅かされた社会からの反動を引き起こし、それとともに法律によって制限された標準労働日を招きよせる。そしてこの標準労働日の基礎の上で、われわれが以前に遭遇した一つの現象が決定的に重要なものになる——それは労働の高密度化だ。絶対的剰余価値を分析したさいには、とりあえず労働の延長的な長さが問題とされ、労働の密度については所与のものとして前提されていた。いまやわれわれは、延長的な長さが密度ないし強度へと転じていく過程を考察しなければならない。

機械制の進歩および機械労働者という独自の階級が蓄積してきた経験によって、労働の速度および密度は、当然のことながら自然成長的に増大していく。たとえばイギリスでは半世紀にわたって労働日の延長と工場労働の高密度化とが手をとりあって進行している。とはいえ容易に分かるように、労働が一時的な単発作業ではなく、来る日も来る日も繰り返される規則的な単調さをもつものであれば、いずれは労働日の長さと労働の密度が両立しえなくなる限界点がやってくる。そこを越えれば、労働日を延長しようとすれば必然的に労働の密度を下げざるをえず、逆に密度を上げようとすれば労働日を短縮せざるをえなくなる。労働者階級の怒りが次第に高まり、それによって国家は労働時間の強制的な短縮と、本来の工場への標準労働日の導入を命じざるをえなくなる。その瞬間から、すなわち労働日延長による剰余価値生産の拡大が最終的に打ち切られた時点から、資本は全力を尽くして、また十分に意識的に機械システムの発達を加速させ、それによって相対的剰余価値の生産に打ち込むようになる。それと同時に、相対的剰余価値の性格には、一つの変化が生じる。一般的にいえば相対的剰余価値を生産する方法は、労働の生産力を向上させることによって、労働者が同じ労働支出で同じ時間内により多くのものを生産できるようにするところにある。労働時間が同じであれば、総生産物に同じ価値が付加されることには変わりはない。ただし、交換価値は変化しないものの、その交換価値はいまや、より多くの使用価値で表示される。したがって一つひとつの商品の価値は低下する。しかし、労働日が強制的に短縮されると、状況は一変する。労働日の短縮は、生産力の発展と生産条件の効率化とに巨大な衝撃を与える。この衝撃とともに、同一時間内における労働支出が増大し、労働力の緊張が高まり、労働時間の隙間がこれまで以上に濃密に埋められる。こうして労働者は、短縮された労働日の範囲内で達成できるぎりぎりの限度まで労働を凝縮するよう強いられる。このように、与えられた時間内により大量の労働が詰めこまれれば、いまやそれは、実体どおりにより大きな労働量として計算される。「延長的な長さ」としての労働時間の尺度と並んで、いまや労働時間の密度という尺度が登場する。(157) より密度の高い一〇時間の労働日には、いまやより密度の薄い一二時間の労働日と同じだけの、あるいはそれ以上の労働、すなわち支出された労働力が含まれている。したがって、その一時間の生産物は、密度の薄い労働の一・二時間分の生産物と同じか、それ以上の価値をもっている。労働の生産力の向上による相対的剰余価値の増大を別としても、以前は八時間の必要労働に対する四時間の剰余労働が資本家に与えていたのと同じ価値量を、いまや六時間四〇分の必要労働に対する三時間二〇分の剰余労働が与えることになる。

(157) もちろん、一般に生産部門が異なれば労働の密度にも違いが生じる。この違いは、すでにアダム・スミスが指摘したように、一部は各労働種に固有の副次的事情によって相殺される。しかしその場合でも、価値尺度としての労働時間に影響が及ぶのは、密度と延長的長さとが、同じ労働量の対立的二律背反的表現としてあらわれる場合に限られる。

そこで次に問題になるのは、労働はいかにして高密度化されるのか？ということだ。労働日の短縮から生じる第一の作用は、労働力の作用能力と作用時間とが反比例するという自明の法則にもとづいている。すなわちある一定の限度内では、力を発揮する持続時間の面で失われるものが、力を発揮する度合いによって挽回される。ただし資本家は、支払い方法を工夫することで、労働者が実際に、より多くの労働力を放出するように配慮する。(158) 機械装置がまったく役に立たないか、役に立ったとしてもとるに足りない役割しか演じないマニュファクチュア、たとえば製陶業などでは、工場法が導入された結果、労働日を単に短縮するだけで、労働の規則性、均一性、秩序、連続性、エネルギーなどが驚くほど高まることがはっきりと証明された。(159) しかしこの効果は、本来の工場では疑問に思われた。というのも、そこでは労働者が連続的で均一な機械の運動に従属していたため、すでに以前からきわめて厳格な規律が作られていたからだ。だからこそ、一八四四年に労働日を一二時間以下に短縮するための交渉がおこなわれた時、工場主たちはほとんど異口同音にこう断言した。

「うちの現場監督たちは、いろいろな作業場で職工たちが一瞬の時間も無駄にしないように目を光らせてきた」、「労働者側の注意力と集中力はこれ以上高めようがない」と。したがって、機械装置の作業速度など他の条件がすべて変わらないとすれば、「経営がしっかりした工場で、労働者の注意力向上等によって、何か目に見える成果があがると期待するのはナンセンスだ」(160)と。

しかし、この主張はいろいろな実験によって否定された。R・ガードナー氏はプレストンに所有する二つの大工場で、一八四四年四月二〇日以降、それまでの一二時間労働を廃し、一日一一時間労働とした。約一年後にでた結果は、「以前と同額の費用で同量の生産物が得られ、全労働者が、以前一二時間で稼いでいたのと同額の労働賃金を稼いだ」[161]というものだった。

紡績および梳毛の作業場での実験は機械装置の速度向上（二％）と結びついていたので、ここでは触れないでおく。これとは対照的に、織物部門ではじつに多種多様な薄地の模様入り流行品なども織られており、客観的な生産条件はまったく変化しなかった。そこでの結果は、

「一八四四年一月六日から四月二〇日までは一二時間労働日で、各労働者の平均週賃金は一〇シリング一ペンス半、一八四四年四月二〇日以降六月二九日までは一一時間労働日で、平均週賃金は一〇シリング三ペンス半」[162]だった。

ここでは一一時間のあいだに、以前の一二時間以上のものが生産された。それはひとえに労働者のむらのない耐久力と、彼らの時間効率の向上とによるものだ。労働者は同じ賃金を受けとり、一時間の自由時間を得たが、資本家もまた同じ生産量を得ると同時に、一時間分の石炭やガスなどの支出を節約することができた。同じような実験が、ホロックス&ジャクソン社の工場でもおこなわれたが、結果はいずれも同じだった。[163]

(158) とくに出来高払い賃金によってこれがおこなわれた。この形態については第六篇で論じる。
(159)『工場監督官報告書、一八六五年一〇月三一日』参照。
(160)『工場監督官報告書、一八四四年、および一八四五年四月三〇日にいたる四半期』、二〇、二一

ページ。

(161) 同前、一九ページ。出来高払い賃金はそのまま続いたため、週賃金の額は生産物の量によって決められた。

(162) 同前、二〇ページ。

(163) 同前、二一ページ。ここで挙げた実験では、精神的な要素が重要な役割を演じた。労働者たちは工場監督官にこう説明している。「われわれは以前より生き生きと働いている。夜はこれまでより早く帰れる、という報酬がいつも頭にある。一番若い糸繋ぎ工から最年長の織工まで、工場全体に活気と楽しい気分がみなぎっていて、仕事でも大いに助けあうことができる」(同前)。

労働日の短縮は、まずは労働を凝縮する主観的条件を、すなわち与えられた時間内により多くの力を放出する労働者の能力を作りだす。この労働日の短縮が法律によって強制されるようになると、ただちに資本の手中にある機械が、同一時間により多くの労働を搾り取るための客観的手段となり、組織的に応用される。これは二つの方法でおこなわれる。一つは機械の速度を上げることによって、もう一つは同じ労働者によって監視される機械装置の範囲、すなわち彼の作業担当範囲を拡大することによって。機械装置の構造の改良は労働者への圧力を高めるためにも必要だが、それはおのずと労働の高密度化をともなう。というのも労働日の制限によって資本家は生産コストをぎりぎりまで切りつめざるをえなくなるからだ。蒸気機関の改良は、一分間のピストン運動数を増加させる。同時に、力を節約することによって、同じ原動力でより大きな機構を動かせるようになる。しかも石炭消費量は変わらず、場合によっては減ることさえある。運動伝達機構の改良は摩擦を減らし、大小の軸の直径と重量が最小限度に押さえられ、しかもその最小限度が時を追って小さくなっていく。これは新旧の機械装置の性能差が一番はっきりと出る点でもある。最後に作業機械の改良についていえば、近代の蒸気織機のように、速度と効率を上げながら小型化していくものもあれば、紡績機のように操作する道具数を増やしながら大型化していくものもある。あるいは目に見えない細部の改良によって道具の可動性を高める場合もある。一八五〇年代の中頃に自動ミュール紡績機はこの方法で紡錘の速度を二〇%向上させた。

労働日が一二時間に短縮されたのは、イギリスでは一八三二年のことだ。一八三六年にはすでに、イギリスのある工場経営者がこう明言している。「機械装置の速度が目に見えて高まったために、労働者により大きな注意力と活動とが要求されるようになり、その結果、工場でおこなわれる労働は以前に比べてはるかに増えた」(164)。

(164) ジョン・フィールデン『工場制度の呪い』ロンドン、一八三六年、三二ページ。

一八四四年には、いまのシャフツベリー伯ロード・アシュリーが、資料に裏付けられた以下のような陳述を下院でおこなった。

「工場作業に従事するものの労働は、こうした作業が開始された当時の三倍に達している。たしかに機械装置が、数百万の人間の腱や筋肉に代わる仕事を果たしたことは疑いない。しかし機械はまた、その恐るべき運動によって支配される人間の労働を、異常に増加させもした。……四〇番手の糸を紡ぐために二機一組のミュール紡績機に付いて一二時間働いた場合、一八一五年当時は合計八マイルの距離を歩く必要があった。これが一八三二年になると、二機一組のミュール紡績機に付いて同じ番手の糸を紡ぐのに一二時間のあいだに、二〇マイル、あるいはしばしばそれ以上の距離を歩かねばならなくなった。一八二五年には、紡績工はミュール機一機につき一二時間に八二〇回、二機合計では一六四〇回の糸張りをしなければならなかった。一八三二年には、紡績工は一二時間の労働日のあいだに、ミュール機一機につき二二〇〇回、合計四四〇〇回、一八四四年にはミュール機一機につき二四〇〇回、合計四八〇〇回の糸張りをしなければならなかった。しかもこれをさらに上回る労働量が要求されたケースもいくつかあった。……わたしは手元にもう一つ一八四二年の資料をもっているが、そこでは次のことが立証されている。すなわち労働が累進的に増加しているのは、単に歩行距離が伸びるからだけではない。生産される商品量が増加しているのに、職工数がそれに反比例して減少しているからでもある。しかも、いまではより手間のかかる低品質の綿花もしばしば紡がれるようになっている。……梳綿場でも労働が大幅に増えた。以前は二人で分担していた労働がいまでは一人でおこなわれている。

……織物場では多くの使用人が雇われており、その大部分が女性だ。そこでは過去数年間に機械装置の速度が高まったために、ゆうに一〇%は仕事が増えた。一八三八年には週に紡がれる綛《かせ》数は一万八〇〇〇だったが、一八四三年にはそれが二万一〇〇〇になった。一八一九年には蒸気織機の一分間の杼《ひ》打数は六〇だったが、一八四二年にはそれが一四〇になった。これは労働の一大増加を示すものだ(165)」。

(165) ロード・アシュリー『十時間工場法案』ロンドン、一八四四年、六―九ページの各所。

十二時間労働法の支配のもとで、一八四四年にはすでに、これほど驚くべき労働密度が達成されていた。この事実を前にすると、当時のイギリスの工場経営者たちが、この方向でのさらなる進歩は不可能であり、これ以上の労働短縮は生産減と同義だと明言したのは、当時としてはもっともなことに思えた。たしかに彼らの言い分は、一見すると正しいように見える。そのことを一番よく立証しているのは、彼らを休みなく監督してきた工場監督官レナード・ホーナーが同じ時代におこなった以下のような発言だ。

「生産量は主に機械の速度によって決まる。したがって、次の条件と両立する範囲内で、機械を最高速度で運転することは、工場主たちの利益になるはずだ。その条件とは、機械装置があまりにも速く損傷しないように保護すること、製品の品質を維持すること、労働者が機械の動きに追随する能力をもっていること、しかもそのさい継続的に耐えられないほどの緊張感を与えないことだ。工場主が焦るあまり機械の運転を加速しすぎることはよくある。そうなれば、速度による利益以上に破損や不良品が増えていくため、機械装置の速度をゆるめざるをえなくなる。だから熱心で賢明な工場主ならば、到達しうる最高限度というものを見つけだすだろう。そこでわたしは、一一時間で一二時間と同じ量を生産するのは不可能だという結論に達した。さらにわたしは、出来高賃金で雇われている労働者は、同じ労働レベルを継続的に保てるかぎり、最高限度まで集中するものと仮定していた(166)」。

こうしてホーナーは、ガードナーその他の実験があったにもかかわらず、労働日をさらに一二時間以下に短縮することは、生産物量の減少をもたらすに違いないという結論を出した(167)。一八四五年当時のこの危惧を、ホーナーは一〇年後にみずから引用し、当時の自分の認識不足を示す証拠としている。労働日の強制短縮によって最高度の緊張を要求される機械装置と人間の労働力が、いかに弾力性に富んだものであるかを、当時、彼はまだほとんど理解していなかったというのだ。

(166)『工場監督官報告書、一八四五年四月三〇日』、二〇ページ。
(167)同前、二二ページ。

次に、イギリスの木綿、羊毛、絹、麻工場に十時間労働法が適用された一八四七年以降の時代について見てみよう。

「紡錘の速度は、スロッスル機では一分間につき五〇〇〇回転、ミュール機では一〇〇〇〇回転増加した。すなわち一八三九年に一分間四五〇〇回転であったスロッスル紡錘の速度は、いまでは」(一八六二年)「五〇〇〇回転になり、一分間五〇〇〇回転であったミュール紡錘の速度はいまや六〇〇〇回転となった。これは前者では一〇分の一、後者では六分の一(*)の速度増加となる」(168)。

(*) 第一—四版では、五分の一、となっている。

マンチェスター近郊パトリクロフト在住の有名な民間技術者ジェイムズ・ナスミスは、一八五二年、レナード・ホーナー宛ての書簡で、一八四八—一八五二年のあいだになされた蒸気機関の改良について次のように説明している。ナスミスによれば、政府の工場統計では蒸気馬力があいかわらず一八二八年当時の効力を基準に計算されている(169)。しかし、それはもはや名目的なものにすぎず、現実の力の単なる指標としての意味しか持たない。こう指摘したあと、ナスミスは、とくに次のように述べている。

「同じ重量の蒸気機関、あるいはよく見られるように同一の蒸気機関に単に近代的改良を加えただけのものでも、以前に比べると平均五割増しの仕事をこなすということ、あるいは、毎分二二〇フィートという限られた速度しか出せなかった時代に五〇馬力を供給していた同じ蒸気機関が、いまではもっと少ない石炭消費量で一〇〇馬力以上を出せる場合が多いということ、これはもう疑問の余地なく言える。……公称馬力が同じであっても近代的蒸気機関は、構造が改良され、ボイラー等の容積や構造がコンパクトに改良されたことで以前よりも大きな力が出るようになった。……したがって公称馬力に対する比率からいえば、使用されている職工数は以前と変わらないが、作業機に対する比率からいえば、使用されている職工数は減少している」(170)。

一八五〇年、連合王国の工場は二五六三万八七一六個の紡錘と三〇万一四四五機の織機を動かすために、一三万四二一七公称馬力を使用した。一八五六年には、紡錘は三三五〇万三五八〇個、織機は三六万九二〇五機となった。もしこれを動かすための必要馬力が一八五〇年当時と変わらなければ、一八五六年には一七万五〇〇〇馬力が必要だということになる。しかし、政府の報告によれば実際には一六万一四三五馬力しか使われておらず、一八五〇年を基準に計算した場合よりも一万馬力以上少なかった(171)。

「一八五六年におこなわれた直近の報告」(政府統計)「によって以下の事実が確認された。すなわち、工場制度が驚くほど急速に普及していること、対機械装置比で見た職工数が減少したこと、力の効率化やその他の方法により、蒸気機関によって動かされる機械重量が増加したこと、作業機の改良、製造方法の変化、機械速度の向上、その他多くの原因によって、製品量が増大したことだ(172)」。

「各種の機械に加えられた大きな改良は、機械の生産力を飛躍的に向上させた。労働日の短縮が……これらの改良を促す刺激となったことは疑いえない。こうした改良および労働者の労働密度の向上によって、結果的に、以前の長さの労働日に生産されていたのと少なくとも同量の製品が、より短い」（二時間、すなわち六分の一だけ短い）「労働日で生産できるようになった」[173]。

(168)『工場監督官報告書、一八六二年一〇月三一日』、六二ページ。

(169) この基準は、一八六二年『議会報告』によって変更された。この報告では、公称馬力の代わりに近代的蒸気機関や水車の現実の蒸気馬力が使用されている（註109a参照）。また、この報告では（一八三九年、一八五〇年、一八五六年の『報告』ではまだ混同されていた）複撚紡錘も、本来の紡錘とは区別されている。さらに羊毛工場については「起毛機」の数が加えられ、一方では黄麻および大麻工場、他方では亜麻工場という具合に両者の区別が設けられ、最後に、靴下編み業がはじめて報告のなかに収録されている。

(170)『工場監督官報告書、一八五六年一〇月三一日』、一四、二〇ページ。

(171) 同前、一四、一五ページ。

(172) 同前、二〇ページ。

(173)『工場監督官報告書、一八五八年一〇月三一日』、一〇ページ。『工場監督官報告書、一八六〇年四月三〇日』、三〇ページ以下参照。

労働力の搾取が強化されるにつれ、いかに工場主の富が増大したかということは、次の一事からもすでに証明されている。すなわちイギリスにおける木綿その他の工場の平均増加数は、一八三八年から一八五〇年までは年平均三二工場であったのに対し、一八五〇年から一八五六年までは年平均八六工場に上った。

一八四八年から一八五六年にいたる八年間、イギリスの工業は一〇時間労働日の下で飛躍的に進歩した。しかしその進歩は、一八五六年から一八六二年までの続く六年間にふたたび大きく追い越された。たとえば絹工場では、一八五六年に一〇九万三七九九個だった紡錘が、一八六二年には一三八万八五四四個に、一八五六年に九二六〇機であった織機が一八六二年には一万〇七〇九機になっている。それとは対照的に、労働者数は一八五六年に五万六一三七人であったものが、一八六二年には五万二四二九人となった。すなわち紡錘が二六・九%増、織機が一五・六%増となったのに対して、労働者数は七%減となっている。毛糸工場で使用された紡錘は、一八五〇年に八七万五八三〇個であったものが、一八五六年には一三二万四五四九個（五一・二%増）、一八六二年には一二八万九一七二個（二・七%減）となっている。ただし、一八五六年には複撚紡錘が算入されているが、一八六二年には算入されていない。したがって複撚紡錘を除外すれば、紡錘の数は一八五六年来、ほとんど変化していない。これとは対照的に、紡錘と織機の速度は、多くの場合、二倍になった。毛糸工場における蒸気織機の数は、一八五〇年に三万二六一七機であったものが、一八五六年には三万八九五六機、一八六二年には四万三〇四八機になった。その従業員数は、一八五〇年に七万九七三七人であったものが、一八五六年には八万七七九四人、一八六二年には八万六〇六三人になった。そのうち一四歳未満の児童数は一八五〇年に九九五六人、一八五六年に一万一二二八人、一八六二年に一万三一七八人だった。したがって一八六二年を一八五六年と比較すると、織機数の大幅な増加にもかかわらず、就業労働者の総数は減少し、搾取される児童の数は増加している。[174]

(174) 『工場監督官報告書、一八六二年一〇月三一日』、一〇〇、一〇三、一二九、一三〇ページ。

一八六三年四月二七日、フェランド議員は下院で次のような説明をおこなった。

「わたしは、ランカシャーおよびチェシャーの一六地区の労働者代表の委任により語っているが、彼らがわたしに伝えるところによれば、機械装置が改良された結果、工場における労働がたえず増え続けているとのことだ。以前は一人の人間が助手とともに二機の織機を操作していたが、いまでは助手なしで三機の織機を操作しており、四機の織機を操作することもけっして稀ではない。この事実からも分かるように、以前は一二時間でおこなわれていた労働が、いまや一〇時間以下のなかに圧縮されている。したがって工場労働者の労苦がここ数年来、いかに途方もなく増大したかは、あらためて言うまでもない」[175]。

(175) いまでは、一人の織工が近代的蒸気織機を二機用いれば、週六〇時間で一定の長さと幅をもつ一定種の織物を二六巻き製造できる。しかし同じ織工が古い蒸気織機を用いていた時には、同じものが四巻きしか製造できなかった。こうした織物一巻きの織上げ費は一八五〇年代のはじめにすでに、二シリング九ペンスから五ペンス八分の一にまで下落していた。

第二版への追補。「三〇年前」(一八四一年)「には、三人の助手がついた綿紡績工一人に要求されたのは、三〇〇—三二四個の紡錘が付いた一組のミュール紡績機を操作することだけだった。

今日」(一八七一年末)「では、五人の助手とともに、紡錘数二二〇〇個のミュール紡錘機を操作しなければならず、一八四一年の少なくとも七倍の糸を生産している」(工場監督官アレクサンダー・レッドグレイヴの所論。『技芸協会雑誌』一八七二年一月五日号所収)。

こうしたことから、工場監督官たちは一八四四年および一八五〇年の工場法がもたらした好結果を繰り返し賞賛するのであり、またその賞賛には十分にうなずける理由もある。にもかかわらず、彼らも認めざるをえなかったのは、労働日の短縮によって労働の高密度化が生じており、それがすでに労働者の健康を、すなわち労働力自体をむしばんでいたことだ。

「たいていの木綿工場、毛糸工場、絹工場では、近年、機械装置が異常に高速化され、その機械操作のために高度な緊張状態が必要とされる。これが疲労困憊を生み出し、ドクター・グリーンハウが最近その優れた報告書で立証したように、肺病による過大な死亡率の一因となっているものと思われる」(176)。

労働日の延長が法律によって最終的に禁止されると、資本はただちに、労働密度を組織的に高めることでその埋め合わせをし、機械装置にあらゆる改良を施すことで、労働力をさらに大きく吸い上げるための手段とする傾向がある。この資本の傾向が、やがては労働時間のさらなる短縮を余儀なくさせる一つの転回点にふたたび到達せざるをえないことに、疑問の余地はまったくない(177)。その一方で、一八四八年から現在までの、すなわち一〇時間労働日時代のイギリス工業の躍進たるや、実に目を見張るものがある。工場システム導入以来半世紀間の、すなわちまだ労働日制限の存在していなかった時代の躍進よりも、一八三三年から一八三七年までの、すなわち一二時間労働日時代の躍進の方が、はるかに大きかった。しかし、一八四八年から現在までの躍進は、その差をはるかに超えるほどの差で、一二時間労働時代の躍進を上回っている。(178)

(176)『工場監督官報告書、一八六一年一〇月三一日』、二五、二六ページ。

(177) いまや（一八六七年）ランカシャーでは八時間労働日運動が工場労働者のあいだで開始された。

(178) 次に掲げるわずかな数字からも、一八四八年以来の連合王国における本来の「工場」の進歩が見てとれる。

	輸出＝量			
	一八四八年	一八五一年	一八六〇年	一八六五年
木綿工場				
綿糸（封度《ポンド》）	一三五、八三一、一六二	一四三、九六六、一〇六	一九七、三四三、六五五	一〇三、七五一、四五五
縫糸（封度《ポンド》）		四、三九二、一七六	六、二九七、五五四	四、六四八、六一一
綿織物（ヤード）	一、〇九一、三七三、九三〇	一、五四三、一六一、七八九	二、七七六、二一八、四二七	二、〇一五、二三七、八五一
亜麻および大麻工場				
糸（封度《ポンド》）	一一、七二二、一八二	一八、八四一、三二六	三一、二一〇、六一二	三六、七七七、三三四

	一八四八年	一八五一年	一八六〇年	一八六五年
織物（ヤード）	八八、九〇一、五一九	一二九、一〇六、七五三	一四三、九九六、七七三	二四七、〇一二、三二九
絹工場				
経糸・撚糸・紡糸（封度《ポンド》）	四六六、八二五*	四六二、五一三	八九七、四〇二	八一二、五八九
羊毛工場				
織物（ヤード）		一、一八一、四五五**	一、三〇七、二九三**	二、八六九、八三七
毛織糸・毛糸（封度《ポンド》）		一四、六七〇、八八〇	二七、五三三、九六八	三一、六六九、二六七
織物（ヤード）		一五一、二三一、一五三	一九〇、三七一、五三七	二七八、八三七、四一八

輸出＝価値（ポンド）

	一八四八年	一八五一年	一八六〇年	一八六五年
木綿工場				
綿糸	五、九二七、八三一	六、六三四、〇二六	九、八七〇、八七五	一〇、三五一、〇四九
綿織物	一六、七五三、三六九	二三、四五四、八一〇	四二、一四一、五〇五	四六、九〇三、七九六
亜麻および大麻工場				
糸	四九三、四四九	九五一、四二六	一、八〇一、二七二	二、五〇五、四九七
織物	一、八〇二、七八九	四、一〇七、三九六	四、八〇四、八〇三	九、一一五、三五八
絹工場				
経糸・撚糸・紡糸	七七、七八九	一九六、三八〇	八二六、一〇七	七六八、〇六四

織物		一、一三〇、三九八	一、五八七、三〇三	一、四〇九、二二一
羊毛工場				
毛織糸・毛糸	七七六、九七五	一、四八四、五四四	三、八四三、四五〇	五、四二四、〇四七
織物	五、七三三、八二八	八、三七七、一八三	一三、一五六、九九八	二〇、一〇二、二五九

＊ 一八四六年。
＊＊単位は封度《ポンド》。
（青書『連合王国統計摘要』八号、一八六一年、および一三号、一八六六年、ロンドン、参照）

ランカシャーでは、工場数は一八三九年から一八五〇年のあいだにわずか四％しか増えていないが、一八五〇年から一八五六年のあいだには一九％、一八五六年から一八六二年のあいだには三三％増加している。その一方でいずれの一一年間をとっても、従業員数は絶対的には増加し、相対的には減少した。『工場監督官報告書、一八六二年一〇月三一日』、六三ページ参照。ランカシャーでは木綿工業が優勢だが、木綿工業が糸と織物製造全般においてどれほどの割合を占めているかは、次のことから見てとれる。すなわちイングランド、ウェールズ、スコットランド、アイルランドの全紡績工場数の四五・二％、全紡錘の八三・三％、全蒸気織機の八一・四％、これを動かす全蒸気馬力の七二・六％、全従業員の五八・二％が、木綿工場のみによって占められている（同前、六二、六三ページ）。

第四節 工 場

本章の冒頭では、まず工場の身体をなす機械システムの編成について考察した。次には、いかに機械装置が女性労働、児童労働を取りこむことによって資本の人的搾取材料を増やしていくか、いかに機械装置が労働日を節度なく延長することによって労働者の全生活時間を没収していくかを見た。そして最後には、ますます短時間に大量の生産物供給を可能にする機械装置の進歩が、いかにより多くの労働を一瞬ごとに放出させ、労働力の搾取をますます高密度化するための体系的手段として貢献するかを見てきた。そこで今度は、工場全体に、それも最高度に完成された姿での工場に、目を向けてみよう。

自動化された工場のピンダロス〔祝勝歌で知られる古代ギリシアの詩人〕ともいうべきドクター・ユアは、こうした工場を、一方では次のように描写している。「それは成人および未成年を含むさまざまな労働者階層の協業であり、彼らは、中心力(原動機)によって絶え間なく駆動される生産機械装置のシステムを、熟練と勤勉をもって監視している」と。

しかし他方でユアは、それが「無数のメカニカルな器官および意識をもつ器官からなる巨大な自動装置であり、それらの諸器官は同じ一つの対象を生産するために一致協力して間断なく働き、したがってすべての器官は自動運動をする一つの運動力の支配下に置かれている」とも述べている。

この二つの表現は、けっして同一ではない。前者の表現では、結合された全体労働者、または社会的労働体が優位な主体として立ちあらわれ、メカニカルな自動装置が客体として登場する。後者の表現では、自動装置そのものが主体であり、労働者は単に意識をもつ器官として意識なき器官と同列に置かれ、これらの器官とともに中心動力に従属している。前者の表現は、大規模な機械装置のあらゆる適用形態にあてはまるが、後者の表現は、機械装置の資本主義的な適用を、したがって近代的な工場制度を特徴づけている。だからこそユアは、運動の出発点となる中心機械を、単に自動装置《アウトマート》としてのみならず、専制君主《アウトクラート》として描くことを好んだ。

「この巨大な作業場では慈悲深い蒸気権力が、無数の臣下を自分の周りに集めている(179)」。

(179) ユア『マニュファクチュアの哲学』、一八ページ。

作業道具とともに、それを扱う熟練技術もまた労働者から機械へと移行する。道具の作業能力が人間労働力の個人的限界から解放される。それとともに、マニュファクチュアでの分業の土台となっていた技術的基盤が廃棄される。それゆえ、自動化された工場では、マニュファクチュアの特徴をなしてきた専門労働者のヒエラルキーに代わって、機械装置の助手たちがおこなうべき労働の均等化、平等化の傾向が見られるようになる(180)。人為的に作られた部分労働者間の差異が後景に退き、主として年齢や性といった自然的差異が前面に出てくる。

(180) 同前、一二〇ページ。カール・マルクス『哲学の貧困』、一四〇、一四一ページ参照。

自動化された工場で分業が再現するとしても、それはとりあえず、専門分化した機械のあいだに労働者を振り分けることでしかない。しかもその労働者は、組織化されたグループをなさない労働者群であり、彼らは工場のさまざまな部門に配置され、列をなして並んだ同種の道具機について作業する。つまり彼らのあいだでは単純な協業がなされているにすぎない。マニュファクチュアで見られたような組織化されたグループに代わって、主要労働者とわずかな助手との関係が登場する。本質的な区別といえば、実際に道具機についている労働者(ここには動力機の監視や給炭をおこなう若干の労働者も加わる)と、この機械労働者の単なる使い走り(ほとんどすべてが児童)との区別だけだ。フィーダー(機械に作業材料を供給するだけの者)はいずれも、多かれ少なかれ、こうした使い走りのなかに数えられる。こうした主要階層とならんで、数からいえばわずかだが、エンジニア、機械技師、指物師《さしものし》など、全機械の監視と、その絶え間ない修理に従事する人員がいる。彼らは、一部は科学教育を受けた、一部は手工業に従事してきた比較的高級な労働者階層で、工場労働者の範囲外にあって、単に彼らと混じりあっているにすぎない。(181) この分業は純粋に技術的なものだ。

(181) イギリスの工場法では、この最後に挙げた労働者たちを明確に非工場労働者とみなし、その法の適用外に置いている。これに対して、議会によって公表された「報告」は、同じく明確に、エンジニアや機械技師のみならず、工場支配人、販売係、用務員、倉庫番、荷造人等、つまりは工場経営者以外のすべての人々を工場労働者のカテゴリーに含めている。これは統計上のごまかしをおこなおうとする意図が典型的にあらわれたもので、こうした意図はその気があれば、ほかにも詳しく立証できるだろう。

機械操作のための労働はすべて、労働者の若い頃からの習得を必要とする。というのも、彼らは自動装置の均一で継続的な運動に自分の運動を合わせることを学ばねばならないからだ。全機械装置そのものが、多様で同時稼働する、結合された機械の一体系をなしている。だとすれば、機械装置に依拠する協業にさいしても、種々の労働者グループを種々の機械に割り振る必要がある。マニュファクチュア時代には、同じ労働者を同じ機能に継続的に従わせることによって、この割振りを固定する必要があった。しかし、機械経営は、こうした必要性を取りはらう。[182] 工場の全運動は労働者から発するのではなく、機械から発する。したがって労働過程を中断させることなく、たえず人員交替をおこなうことができる。このことを最もよく立証しているのは、一八四八―一八五〇年のイギリス工場主たちの反乱期に導入されたリレー制度だ。最後にあげられるのは、若者たちが機械操作を習得する速さだ。[183] この速さのおかげで、機械労働のためだけに特別な階層の労働者を養成する必要もなくなる。ただし、単なる使い走りの仕事は、工場では一部機械によって代行できる。また一部は、それがきわめて単純な仕事であるため、この重労働を課せられた人員をを短期間に次から次へと交替させていくことができる。(184)

(182) ユアはそのことを認めている。彼は言う。労働者は「必要とあれば支配人の意志で一つの機械から別の機械に移すことができる」と。そして「このような交替は、労働を分割したうえで、ある労働者にはピンの頭を作る仕事を、別の労働者にはピンの先を研《と》ぐ仕事を課す、といった古いやり方とは明らかに矛盾する」〔『マニュファクチュアの哲学』、二二ページ〕と勝ち誇った様子で叫んでいる。ユアが本来問うべきだったのは、自動化された工場では、この「古いやり方」が、なぜ「必要な場合」にのみ放棄されるのか、ということだったろう。

(183) たとえばアメリカの南北戦争時のように、人手不足が深刻化すると、例外的に、工場労働者がブルジョワによって道路工事その他のきわめて手荒い仕事に駆り出される。一八六二年およびそれ以降、イギリスでは失業した綿工業労働者のためのイギリス版「国立作業場 ateliers nationaux」が設置された。これと、一八四八年のフランスのそれとの違いは、次の点にある。すなわちフランスでは、労働者が国の費用で非生産的労働に携わることが求められた。これに対し、イギリスではブルジョワの利益のために生産的な都市労働に従事させられ、しかもそれを正規の労働者より安い賃金でおこなわねばならなかった。したがって彼らは、正規労働者との競争関係に放りこまれた。「綿工業労働者の身体的外見はまちがいなく改善された。男性労働者に関するかぎり、これは彼らが……公共事業で戸外労働をおこなったためだと、わたしは考えている」(ここで話題になっているのは「プレストン荒地」で働かされたプレストンの工場労働者たちだ。『工場監督官報告書、一八六三年一〇月三一日』、五九ページ)。

(184) 一例としては、一八四四年の法律以来、羊毛工場で児童労働に代わるものとして導入されたさまざまな機械装置があげられる。工場経営者諸氏自身の子供たちが「彼らの学校」として工場の使い走りの経験を要求されるようになれば、まだほとんど未開拓のこの機械工学の分野は、たちまちにして一大飛躍をとげるだろう。「自動ミュール紡績機も他の機械と変わりない危険な機械なのかもしれない。ほとんどの事故は小さな児童たちに起こっており、それもミュール機の運転中に床を掃除しようとしてミュール機の下に潜りこんだ時に起こっている。この過失のために何人ものミュール紡績工が」(工場監督官によって)「訴えられ、罰金刑を科された。しかし一般的な効用はなにもなかった。機械技師が自動掃除機さえ発明してくれれば、そしてそれを使うことでこうした小さな児童が機械の下に潜りこむ必要がなくなれば、われわれの保護策に有益な貢献をなすことだろう」(『工場監督官報告書、一八六六年一〇月三一日』、六三ページ)。

さて、機械装置はこうして従来の分業システムを技術的に淘汰していくが、それでも当面は、旧システムがマニュファクチュアの伝統として習慣的に工場内に残り続ける。そして次には、この旧来の分業システムが、労働力の搾取手段として、さらに嫌悪すべき形で、資本によって組織的に再生産され、固定化されていく。一つの部分道具を使いこなすための終生の専門性が、一つの部分機械に使われるための終生の専門性と化す。機械装置は、労働者を幼少時から一つの部分機械の部品に変容させるために濫用される。(185) こうして、労働者自身の再生産に必要な費用が著しく軽減されるばかりか、工場全体への、すなわち資本家への労働者の寄る辺なき従属が完璧なものとなる。ここにおいても、あらゆる場面における と同様、社会的生産過程の発展による生産性の拡大と、社会的生産過程の資本主義的搾取による生産性の拡大とが、区別されねばならない。

(185) したがって、機械装置を労働手段の総合としてではなく、労働者自身にとっての部分労働の総合として「構成」したプルードンのすばらしい思いつきは褒められてよい。

マニュファクチュアおよび手工業では、労働者が道具を使用し、工場では労働者が機械に奉仕する。前者では労働者から労働手段の運動が発し、後者では労働者が労働手段の運動についていかねばならない。マニュファクチュアでは、労働者は一つの生きた機構の肢体をなしている。工場では一つの死せる機構が労働者とは独立に存在しており、労働者は生ける付属品としてその機構に組みこまれている。

「同じ機械的な過程が何度でも繰り返される終わりなき労働苦の憂鬱なる反復は、シジフォスの苦悩に似ている。労働の重荷は、シジフォスの岩と同様に、疲れ果てた労働者の上に繰り返し転がり落ちてくる(186)」。

機械労働は神経系統にきわめて大きな負担をかける一方で、筋肉の多面的な活動を抑圧し、すべての自由な心身の活動を奪ってしまう(187)。機械は労働者を労働から解放するのではない。機械は彼の労働をその内容から解放するのだ。それによって労働の軽減すら労働者をさいなむ手段となる。すべての資本主義的生産は労働過程であるのみならず、同時に資本の価値増殖過程でもある。そうであるかぎり、労働者が労働条件を利用するのではなく、労働条件が労働者を利用するのだ。このことは、すべての資本主義的生産に共通するが、この転倒は機械装置によってはじめて技術的に目に見える現実となる。自動装置に変容することによって、労働手段は、労働過程のなかでみずから資本として労働者に立ち向かうようになる。自動装置と化した労働手段は、死せる労働として労働者に立ち向かい、生ける労働力を支配し吸いつくす。生産過程の精神的な潜在力が手工労働から分離し、それが労働に対する資本の支配力に変容する過程は、先にも示したように、機械装置の基盤の上に立つ大工業においてはじめて完成する。内容を奪われた一人ひとりの機械労働者が細部で発揮する手腕などは、もはやとるに足りない些事として消え失せる。その前に立ちはだかるのは科学であり、強大な自然力であり、社会的集団労働であり、それらが機械システムに具現化され、機械システムと手を携えて「主人」の権力を作りあげる。この主人の頭脳のなかでは、機械装置と、彼による機械装置の独占とが分かち難く合体している。それゆえ「使用人たち」と衝突した時には、主人は侮蔑的に彼らに呼びかける。

「工場労働者が銘記しておくべきことは、自分たちの仕事が実際にはきわめて低次元の熟練労働にすぎないということだ。彼らの仕事ほど簡単に身につき、しかもその質に比べて、これほどの報酬が得られる仕事はほかにない。ほとんど経験のない者に、これほど短期間の研修をほどこすだけで、これほど豊富に供給できる労働はほかにない。実際のところ生産事業では、雇い主の機械装置の方が、六カ月の教育で教えこむことができ、どんな農僕でも覚えられる労働者の労働や熟練より、はるかに重要な役割を演じている」。(188)

(186) F・エンゲルス『イギリスにおける労働者階級の状態』、二二七ページ。きわめて凡庸で楽天的な自由貿易主義者であるモリナリ氏でさえ次のように述べている。「一人の男が、毎日一五時間、一つの機構の均一な動きを監視する仕事についていると、同じ時間、肉体の力を行使しているよりも速く消耗する。この監視という仕事は、あまり長時間にわたらなければ頭の体操にはいいかもしれないが、節度を欠いているために、長い間には精神と肉体を同時に破壊する」(G・ド・モリナリ『経済学研究』パリ、一八四六年〔四九ページ〕)。

(187) F・エンゲルス、前掲書、二一六ページ。

(188)『紡績業者および製造業者の防衛基金、委員会報告』マンチェスター、一八五四年、一七ページ。後に見るように、この「主人」は、自分たちの使用している「生きた」自動装置を失う危険に直面すると、また別のことを言いだすことになる〔第二一章註14参照〕。

労働者が労働手段の均一な運動に技術的に支配され、労働母体が男女を含めたさまざまな年齢の個人から独自に構成されるようになると、そこには兵営のような規律が生じ、それが発展してついには完全な工場体制が形成されるにいたる。そうなると、先にも触れた監視の仕事が発達し、同時に労働者は、肉体労働者と労働監督者とに、産業兵卒と産業下士官とに完全に分割されるようになる。

「自動化された工場がかかえる主要な困難は……労働での不規則な習慣を人々に捨てさせ、

巨大自動装置の変化なき規則性に彼らを一体化させるために必要な規律を作りだすことにあった。しかし、自動化システムの要求と速度に見合った規律法典を考案し、それを首尾よく施行するのは、まさにヘラクレス的な大事業だったのであり、これこそ、アークライトの高貴な業績だった！　システムがきわめて高い完成度で組織化されるにいたった今日でも、思春期を終えた労働者のなかから……自動化システムに役立つ助手を見つけだすのはほとんど不可能に近い」(189)。

(189) ユア『マニュファクチュアの哲学』、一五ページ。アークライトの伝記を知る者なら、この天才的な理髪師に「高貴な」という形容詞を冠することはけっしてないだろう。一八世紀のすべての偉大な発明家のなかでも、まちがいなくアークライトは、他人の発明をかすめとった最大の盗人であり、最も卑劣な男だった。

工場法典には、資本家が彼の労働者に対してふるう専制権力が、私的法律として身勝手に表現されている。そこには通例ならばブルジョワジーに愛されている分権についての規定も、あるいはもっと愛されている代議制度についての規定も見あたらない。大規模な協業と共通の労働手段、ことに機械装置の使用が進むと、それにともなって労働過程の社会的規制が必要となっていく。しかし、工場法典はこうした社会的規制を資本の側から戯画化したものにすぎない。奴隷使用者のムチの代わりに監督の処罰者名簿が登場する。すべての処罰はもちろん、罰金と賃金カットに行き着く。そして工場のリュクルゴス〔スパルタの伝説上の立法者」たちは、機敏な立法感覚を発揮して、規則を守るよりも違反してもらう方が、場合によっては自分たちに得になるように仕組む[190]。

(190) 「ブルジョワジーがプロレタリアートを縛りつけ、彼らを奴隷状態においていることを、工場制度ほどはっきりと白日にさらしているところはほかにない。ここではあらゆる自由が、法律上も、事実上も、停止されている。労働者は朝五時半には工場にいなければならない。数分でも遅刻すれば罰を受け、一〇分遅れてくれば朝食が済むまでなかに入れてもらえず、しかも一日の賃金の四分の一を失う。彼は命令にしたがって食べ、飲み、眠らなければならない。……暴君の鐘が彼をベッドからたたき起こし、朝食から、昼食から、彼を呼び戻す。しかも、いったん工場に入れば、どのようなことになっているのか？ ここでは工場主が絶対的な立法者だ。彼は工場規則を勝手気ままに制定する。彼は自分の法典を好きなように変更したり、条項を追加したりする。工場主がまったくばかげたことを書きこんでいても、裁判所は労働者にこう言う。「諸君は自発的にこの契約を結んだのだから、いまとなってはこれに従わねばならないだろう」と。……これらの労働者は、九歳の時から死にいたるまで、精神的肉体的ムチの下で生活するよう定められている」（フリードリヒ・エンゲルス『イギリスにおける労働者階級の状態』、二一七ページ）。「裁判所の言うところ」を二つの例で説明しておこう。最初のケースは一八六六年末のシェフィールドでのことだ。そこでは一人の労働者が二年契約で金属工場に雇われていた。この労働者は、工場主とのいざこざがもとで工場を去り、今後絶対にこの工場主のためには働かないと宣言した。彼は契約違反で告訴され、二カ月の禁錮刑を受けた（工場主の方が契約違反をしても、工場主は民法上の告訴しか受けることはなく、リスクは賠償金支払いにとどまる)。二カ月間入獄した後、この同じ工場主が、もとの契約にもとづいて工場に戻るように勧めた。労働者はいやだと宣言し、契約違反についてはすでに償いをすませたと主張した。工場主はふたたび告訴し、裁判所はあらためて有罪判決を下した。もっとも、これについては裁判官の一人シー氏が法律上の逸脱だとして公然と非難し、このようなことでは、一人の人間が同じ一つの違反ないし犯罪に対して、生涯に何度でも定期的に繰り返し処罰されうることになる、と主張した。この有罪判決は「偉大な無報酬者」と呼ばれた地方治安判事によって下されたのではなく、れっきとしたロンドンの最高法廷の一つで下されたのだ。〈第四版への註――こうしたことは現在ではなくなっている。少数の例外――たとえば公共のガス事業など――を除けば、現在のイギリスでは契約違反については労働者も雇用者と対等に扱われ、民法上の告訴しか受けることはない。――F・エンゲルス〉――第二のケースは一八六三年一一月、ウィルトシャーでのことだ。ウェストベリー・リーのリオワーズ・ミルにあるハラップという名の布地製造業者に雇われていた約三〇名の蒸気織機女工がストライキを起こした。それはこのハラップなる人物が朝の遅刻に対して賃金カットを課すという快適な習慣をもっていたからだ。それも二分で六ペンス、三分で一シリング、一〇分で一シリング六ペンスという減額だった。彼女たちの年間平均の週賃金は週一〇シリングから一二シリングを上回ることはないのに、一時間の遅刻で九シリング、一日なら四ポンド一〇シリングの減額ということになる。ハラップは同時に、工場で時間ラッパをならすために一人の少年を雇っていた。この少年は時々朝六時前にラッパを吹き、彼がラッパを吹き終わった瞬間に女工たちが工場内にいないと、そこで門を閉め、門外にいる人間に罰金が科された。建物のなかには時計が一つもなく、不幸な女工たちはハラップにそそのかされた少年時間番の意のままにされる。「ストライキ」に入った女工たち、主婦や少女たちは、時間番の代わりに時計が設置され、罰金が合理的な額になれば仕事に戻るつもりだと宣言した。ハラップは一九人の主婦と少女を契約違反のかどで治安判事の前に引き出した。彼女たちには九ペンスの罰金と二シリング六ペンスの費用負担が科され、傍聴席は憤慨の渦につつまれた。ハラップは群衆から非難を浴びせかけられながら退廷した。――工場主たちが好んで使う一つの作戦は、労働者に渡した材料が損傷されたことを理由に、賃金カットで労働者を罰するというやり方だ。このやり方がきっかけで一八六六年には、イギリスの製陶業地域で一斉ストライキが起こった。「児童労働調査委員会」の報告書（一八六三―一八六六年）には、労働者が賃金を受けとれないだけではなく、自分の労働を通じて、さらには罰則規定のために、彼の「ご主人」様の債務者になるケースが挙げられている。賃金カットをもくろむ工場独裁者の智恵については、最近の木綿恐慌も教訓を残した。工場監督官R・ベイカーは次のように述べている。「わたし自身、最近になって一人の木綿工場主に対して告訴手続きをとらねばならなかった。それはこの難しく苦しい時期に、自分が雇っている何人かの若い」（一三歳以上）「労働者たちの賃金から医師の年齢証明書代として一〇ペンスを差し引いたからだ。この費用は六ペンスしかかかっておらず、しかも法律では三ペンスしか差し引くことを許されていない。慣習法ではまったく差し引かないことになっている。……別の一工場主は、法律に触れずに同じ目的を達成するために、児童たちが仕事につくのに十分な成熟をとげているという医師の証明が下るやいなや、自分のところで働く貧しい児童たちから紡績の技術と秘伝の教授料として一シリングを取り立てている。つまり、時々起こるストライキや、現に生じている「ストライキ」（一八六三年六月、ダーヴンの工場で機械織工が起こしたストライキを指す）「のような異常な現象を理解するためには、知っておかなければならないさまざまな底流があるということだ」（『工場監督官報告書、一八六三年四月三〇日』、五〇、五一ページ）（工場報告はつねに、公式の発行日以後に生じた事柄にも及ぶ）。

工場労働がいかなる物質的条件のもとでおこなわれているかについては、ここでは簡単に指摘するにとどめる。機械装置が密集している場所には生命の危険がともなう。機械装置は、季節の移り変わりと同じように規則正しく、産業上の殺戮《さつりく》報告を生み出している。それを別にしても、人工的に高められた温度、原料の屑が充満した空気、耳をつんざく騒音等によって、あらゆる感覚器官が等しく傷つけられる(190a)。社会的生産手段の効率化は、工場制度のなかではじめて温室の植物のように成熟した。しかし同時にこの効率化は資本家の手中で、労働者の労働中の生活条件を組織的に略奪する手段と化した。それは空間、空気、光を奪い、生命や健康を危険にさらす生産過程の諸状況から人体を保護するための手段を奪った。労働者がくつろげる保養施設などは論外だ(191)。フーリエが工場を「緩和された牢獄」と呼んでいるのは、はたして不当だろうか(192)？

(190a)　危険な機械装置から労働者を保護するための法律は有効に作用した。「しかし……いまや、二〇年前にはなかった新しい事故原因が登場している。とくに機械装置の高速化がそれだ。車輪、ロール、紡錘、織機などを駆動する動力は強化され、なお強化され続けている。糸が切れたら指をより素早く、より確実に動かしてそれをつかまえなければならない。指の動きに躊躇や不注意があると、指が犠牲になるからだ。……仕事をすばやく仕上げようとする労働者の熱意から、数多くの事故が起こっている。忘れてならないのは、機械装置を間断なく稼働しておくこと、すなわち間断なく糸と織物を生産し続けることが工場主にとってはなにより重要だということだ。一分でも機械が止まれば、動力が無駄になるだけでなく、生産にも損失が出る。だから労働者は、製品の量を気にかける労働監督によって機械装置を動かし続けるようにせっつかれる。そしてそれは、重量や個数に応じて支払いを受ける労働者にとっても同様に重要なことだ。だからこそ、運転中に機械を掃除することは、正式にはほとんどの工場で禁止されているにもかかわらず、日常茶飯事となっている。この原因だけでも過去六カ月のあいだに九〇六件の事故が起こっている。……掃除作業は毎日おこなわれてはいるが、土曜日はたいてい機械装置の大掃除の日と定められており、しかもその大部分が機械装置の運転中におこなわれる。……これは無報酬の作業であり、それゆえ労働者たちはできるだけ素早くそれを終えようとする。そのために金曜日、そしてとくに土曜日の事故数は他の週日よりはるかに多くなる。金曜日の事故数は、月曜から木曜までの四日間の平均値を一二%、土曜日については、月曜から金曜までの五日間の平均値を二五%上回っている。しかし土曜日の労働時間は七時間半にすぎず、他の週日のそれが一〇時間半であることを考慮するならば、土曜日の事故率は平均値を六五%以上、上回っていることになる」(『工場監督官報告書、一八六六年一〇月三一日』ロンドン、一八六七年、九、一五、一六、一七ページ)。

(191) 生命に危険を及ぼす可能性のある機械装置から「職工」の四肢を保護するための工場法の条項に対して、イギリスの工場主たちが最近開始した戦闘については、第三巻第一篇で報告する予定だ。ここでは工場監督官レナード・ホーナーの公式報告の一節を引用すれば十分だろう。「わたしは、工場主たちが許しがたい軽薄な態度で、いくつかの事故について語るのを聞いた。たとえば指を一本くらい失ってもたいしたことはなかろう、といった調子だ。一人の労働者の生活と前途はその指に懸かっており、指を一本失うことは、労働者にとってきわめて深刻な事件だ。わたしは、このような無思慮な駄弁を耳にすると、こう尋ねる。かりにあなたがもう一人、補充労働者を必要としており、そこに二人が応募してきたとしましょう。二人は他の点では同様に有能だが、一人は親指か人さし指がないとして、あなたはどちらを採用しますか? と。だれもが一瞬の躊躇もなく、指が全部そろっている方を、と答えた。……これらの工場主諸氏は、彼らが似非《えせ》博愛立法と呼んでいるものについて、誤った偏見をもっている」(『工場監督官報告書、一八五五年一〇月三一日』)。しかも、これらの諸氏は「分別ある人々」であり、奴隷所有者の反乱にわけもなく賛成するといった人々ではないのだ!

(192) 労働時間の強制的制限やその他の規定を含む工場法の監視下に長らくおかれてきた工場では、以前見られたような弊害はかなり姿を消した。機械装置の改良自体も、ある点にまで達すると「工場建物の構造の改良」を要求するようになる。これは労働者にも良いことだ(『工場監督官報告書、一八六三年一〇月三一日』、一〇九ページ)。

第五節　労働者と機械との闘争

資本家と賃金労働者との闘争は、資本関係そのものとともに開始される。この闘争はマニュファクチュア時代全体を通じて荒れ狂う。[193] しかし、機械装置の導入以降、労働者は、はじめて労働手段自体と、すなわち資本の物質的存在様式と闘うようになる。労働者は、資本主義的生産様式の物質的基盤をなす、この生産手段の特定形態に抵抗して反乱を起こす。

(193) なかでも以下を参照。ジョン・ホートン『改良された農業と工業』ロンドン、一七二七年、『東インド貿易の利益』一七二〇年、ジョン・ベラーズ『産業大学設立の提案』ロンドン、一六九六年。「雇い主と労働者は不幸にして永続的な戦争状態におかれている。雇い主は自分たちの仕事を労働者にできるだけ安くやらせることをゆるぎない目標としており、その目的を実現するためには、いかなる策略を用いることも辞さない。他方、労働者もまた、あらゆる機会を利用して自分たちの要求を高め、雇い主にその実現を強いることをもくろんでいる」、『現在の食糧高価格の原因に関する研究』一七六七年、六一、六二ページ（著者ナサニエル・フォースター師は完全に労働者側に立っている）。

一七世紀には、リボンや縁飾りを織るための機械、いわゆるリボン織機（紐織機、ミューレンシュトゥールなどとも呼ばれる）に対する労働者の反乱が、ほとんどのヨーロッパ諸国でみられた。[194] 一七世紀の最初の三分の一が終わる頃には、一人のオランダ人によってロンドン近郊に建設された風力製材所が、暴徒と化した民衆に破壊された。一八世紀のはじめになってもまだ、水力を用いた動力ノコギリをイギリスで導入するさいには、議会の支持を受けた民衆の抵抗を押し切るのに四苦八苦した。一七五八年にエヴェレットがはじめて水力によって駆動する剪毛機を作った時には、失業した一〇万人の人々によってその剪毛機が焼き払われた。アークライトの粗梳機や梳毛機に対しては、羊毛梳《す》きで生計を立てていた五万人の労働者が議会に反対陳情をおこなった。一九世紀の最初の一五年間には、とくに蒸気織機の使用が広がったことによって、イギリスの工業地帯で大規模な機械打ち壊し運動が起こった。ラッダイト運動と呼ばれるこの運動は、シドマス〔リヴァプール内閣の内務大臣〕やカースルレー〔リヴァプール内閣の外務大臣〕らの率いる反ジャコバン派政府に、きわめて反動的な弾圧策をとる口実を与えた。労働者が、機械装置そのものと機械装置の資本主義的使用とを区別し、物質的な生産手段自体にではなく、その社会的な搾取形態に攻撃の矛先を向けることを学ぶには、まだ時間と経験が必要だった。(195)

(194) リボン織機はドイツで発明された。イタリアの聖職者ランチェロッティは、一六三六年にヴェネツィアで刊行された書物のなかで次のように語っている。「ダンツィヒ出身のアントン・ミュラーは五〇年ほど前に」（ランチェロッティは一六二九年の時点でこれを書いている）「一度に四反《たん》から六反の織物を仕上げる非常に手のこんだ機械をダンツィヒで見かけた。しかし市参事会は、この発明によって大量の労働者が乞食になるかもしれないと心配して、この発明を隠し、発明者を密かに絞殺、あるいは溺殺した」。ライデンでは同じ機械が一六二九年にはじめて使用された。しかし、縁飾り職人が暴動を起こしたため、市参事会はこれを当初、禁止せざるをえなかった。

オランダ国家の側からも、一六二三年、一六三九年等の各種の法令が発布され、その使用が制限された。最終的に、一定の条件下でこの機械の使用が認可されたのは、一六六一年一二月一五日の法令によってだった。ライデンでのリボン織機の採用については、ボクスホルン（『政治制度』ライデン、一六六三年）が次のように述べている。「この町では二〇年ほど前に、ある人々が織機を発明した。この織機を用いれば、これまで何人かで織っていた織物より多くの織物を、同じ時間内に一人で、より簡単に織ることができた。このことで騒ぎがもちあがり、織工たちが訴え出たために、この機械の使用はついに市参事会によって禁止された」。この同じ機械は一六七六年にケルンでも禁止され、イギリスに導入された時も、同様に労働者の騒乱を引き起こした。ドイツでは、一六八五年二月一九日の勅令によって、この機械の使用が全ドイツで禁止された。ハンブルクではそれが市参事会の命令によって公衆の面前で焼き払われた。カール六世は一七一九年二月九日、一六八五年の勅令をあらためて更新し、ザクセン選帝侯国は、一七六五年になって、ようやく公式に使用を許可した。これほどまでに世間を騒がせたこの機械は、事実、紡績機械、織物機械の先駆であり、したがって一八世紀産業革命の先駆だった。この機械を使えば、織物にはまったく経験のない少年でも単に起動棹《ざお》を押したり引いたりするだけで、織機全体をすべての杼《ひ》とともに動かすことができた。その改良された型のものなら、一度に四〇から五〇巻きを生産することができた。

(195)　旧式なマニュファクチュアでは、今日でもなお、機械装置に対する労働者の反抗が時として粗暴な形で繰り返されている。たとえば一八六五年には、シェフィールドのヤスリ研ぎ業などでもそれが見られた。

マニュファクチュア内での労働賃金をめぐる闘争は、あくまでマニュファクチュアを前提としたものであり、けっしてマニュファクチュアの存在自体に向けられたものではない。マニュファクチュアの形成に対して反対闘争が生じる場合でも、それはギルドの親方や特権都市の側から生じるのであり、賃金労働者の側から生じるわけではない。だからこそマニュファクチュア時代の著述家は、分業は主として、可能性として労働者に代わる手段であるにすぎず、現実に労働者を駆逐する手段であるわけではない、と考えていた。この二つの違いは説明するまでもない。たとえば今日、五〇万人が機械で紡いでいる綿花を、昔の紡車で紡ごうとすれば、イギリスには一億人の人間が必要だろうと言ったとしよう。この場合にはもちろん、機械が現実に存在したことのないこの一億人にとって代わったと言いたいわけではない。そこで言おうとしているのは、現にある紡績機械装置の代わりをしようとすれば、幾百万人もの労働者が必要になるだろうということにすぎない。これに対して、蒸気織機がイギリスで八〇万人の織工を路頭に迷わせたと言う場合には、現存する機械装置の代わりをするには一定数の労働者が必要になるだろうと言っているのではなく、現にその労働者数が機械装置にとって代わられ、追放されたと言っているのだ。マニュファクチュア時代には手工業的経営が、分割されたとはいえなお基盤をなしていた。しかし、新しい植民地市場は、中世から引き継がれてきた比較的少数の都市労働者では充足できなくなる。同時に本来のマニュファクチュアが、封建制の解体によって土地から追われた農民に新しい生産領域を開いた。したがって当時は、作業場での分業や協業には、雇われた労働者の生産性を高めるという積極面がより強くあらわれていた。(196) 協業および少数者の手中での労働手段の結合は、農業分野に応用されると、突如として有無を言わさぬ大きな生産様式の革命を引き起こす。したがって農民の生活条件と就業手段も大きな変化を受ける。これは大工業時代のはるか以前に多くの国で見られたことだ。しかし、この革命にともなう闘争は、もともとは資本と賃金労働とのあいだの闘争というよりは、大地主と小地主とのあいだの闘争だった。他方、労働者が労働手段、羊、馬などによって追い払われる場合、そこでは第一に、直接的な暴力行為こそが産業革命の前提をなしている。労働者がまず土地から追い払われ、その後にはじめて羊がやってくる。イギリスに見られたような大規模な土地略奪によって、はじめて大規模農業のための利用地が作りだされる。(196a) だからこそ、こうした農業革命はその初期段階ではむしろ政治革命の様相を呈する。

(196) サー・ジェイムズ・ステュアートも、機械装置の作用をまだ完全にこうした意味で理解している。「したがってわたしは機械を、養う必要のない勤労者の数を(その作業能力から見て)増やす手段とみなしている。……機械が及ぼす作用は、新しく引っ越してきた人々の及ぼす作用とどこが違うのか?」(『経済学原理』フランス語訳、第一巻第一篇第一九章)。彼よりはるかに単純なペティは、機械は「一夫多妻制」に代わるものだと言っている。この見方があてはまるのは、せいぜい合衆国のいくつかの地方にすぎない。こうした見解には、次のような対立意見もある。「機械装置を有効に利用して個人の労働を軽減するということは、めったに成功しない。機械の製作には、その応用によって節約できる以上の時間が費やされるだろう。機械が本当に役立つのは、たとえば一台の機械で数千人の労働を補佐できるといったように、大規模な集団に作用する場合に限られる。それゆえ機械装置は、つねに人口密度の最も高い国々、すなわち働いていない人々が最も多い国々で最も多く使われる。……機械が利用されるのは、労働者が不足しているからではなく、おおぜいの労働者をたやすく仕事につかせることができるからだ」(ピアシー・レイヴンストーン『国債制度とその影響に関する考察』ロンドン、一八二四年、四五ページ)。

(196a) 〔第四版への註――このことはドイツにもあてはまる。ドイツで大規模農業がおこなわれている地域、つまりとくに東部では、一六世紀以来、とりわけ一六四八年以来広まった「農地没収」によって、大規模農業がはじめて可能になった。――F・エンゲルス〕

労働手段は、機械になったとたんに労働者自身の競争相手になる。[197] 機械による資本の自己増殖は、機械によって生存条件を破壊される労働者数と正比例する。資本主義的生産の全システムは、労働者が自分の労働力を商品として売ることの上に成立している。分業はこの労働力を、部分道具を扱うきわめて特殊化された技能に一面化する。道具の操作が機械に奪われると、労働力はとたんに使用価値と同時に、交換価値をも失う。労働者は、通用しなくなった紙幣と同様、売れなくなる。労働者階級の一部分は、機械装置によって余剰人口と化し、資本の自己増殖に直接にはもはや必要とされない人口と化す。この余剰部分は、一方では、古い手工業経営やマニュファクチュア経営が機械経営との不平等な闘争を余儀なくされるなかで没落する。しかし他方では、比較的簡単に入りこめる産業部門に大量流入し、労働市場をあふれさせる。その結果、労働力価格がその価値以下に下落する。貧民と化した労働者にとって大きな心のよりどころとなるのは、一つには、自分たちの苦しみが「一時的な」ものに終わること、もう一つには、機械装置がある生産部門全体を支配するには時間がかかるため、そのあいだに、その破壊的影響力の規模と密度が削がれていくことだ。ところが、一方のよりどころは、他方のよりどころをうち砕く。すなわち機械が一つの生産部門を徐々に侵蝕していくところでは、機械はそれと競合する労働者層に慢性的な困窮を生み出していく。逆にこの移行が急激に生じるところでは、機械の影響は大規模かつ急性的に作用する。何十年もかけて徐々に進行し、ついに一八三八年に終わりを告げたイギリスの木綿手織工の没落は、世界史上でも最も悲惨な一幕だった。その多くは餓死し、その多くは家族をかかえながら長期にわたって一日二ペンス半で露命をつないだ[198]。それとは対照的に、東インドではイギリスの木綿織機が急性症状をもたらした。東インド総督は一八三四―一八三五年にこう断言している。「これほどの悲惨さは商業の歴史にもほとんど例を見ない。インドの平原は木綿織工の白骨で真っ白になっている」。

これらの織工が一時の生に別れを告げたという意味では、たしかに機械は彼らに「一時の苦境」を与えただけかもしれない。とはいえ、機械装置のこの「一時的」作用なるものは、機械がたえず新しい生産部門に進出することによって永久化する。資本主義的生産様式は一般に労働条件と労働生産物に、労働者から自立した疎外された姿を与える。この姿が機械装置の導入によって、完全な対立者にまで発展する。(199) だからこそ機械装置とともにはじめて、労働手段に対する労働者の激しい反乱が始まるのだ。

(197)「機械装置と労働とは、たえず競合している」（リカード『原理』、四七九ページ）。

(198) 一八三四年の救貧法施行以前のイギリスでは、手織りと機械織りの競争が長引いた。それは最低限度をはるかに下回る賃金が教区救済金によって補填されていたからだ。「ターナー師は一八二七年に工業地区チェシャーのウィルムズロウで教区長を務めていた。国外移住委員会の質問と、これに対するターナー師の答弁は、手工労働と機械装置との競争がどのように維持されたかをよく伝えている。質問「力織機の使用は、手織機の使用を駆逐しなかったのか?」答弁「もちろん駆逐した。もし手織工が賃金カットに甘んじられる立場になかったら、現に生じた以上に、駆逐したことだろう」。質問「しかし、手織工はそれに甘んじたことで、生活するには足りない賃金でも受け入れ、不足分については教区の寄付に頼っているということか?」答弁「そのとおりだ。実のところ、手織機と力織機との競争は救貧税によって維持されている」。つまりこのように、機械装置の導入が勤労者にもたらした利益というのは、屈辱的な困窮か国外移住かであり、彼らは、ある程度自立した名誉ある職人から、不名誉な施しのパンによって生きる卑屈な貧民へと貶《おとし》められた。これを人々は「一時の苦境」と呼ぶ」（『競争と協同の功罪比較に関する懸賞論文』ロンドン、一八三四年、二九ページ）。

(199)「国の収入」（すなわちリカードが同じ箇所で説明しているように、地主と資本家の収入。彼らの富は経済学的に見れば一般に国民の富だ）「を増加させるのと同じ原因が、同時に人口過剰を生み出し、労働者の状況を悪化させることがある」（リカード『原理』、四六九ページ）。「機械装置を完璧なものにしようとするあらゆる試みは、人間労働を完全に廃することを、あるいは成人男性労働者の労働を女性労働と児童労働に置き換えたり、熟練労働者を単純労働者に置き換えたりすることで人間労働の価格を低下させることを、たえず目的とし、傾向としている」（ユア『マニュファクチュアの哲学』、二三ページ）。

労働手段が労働者を打ち倒す。この直接的対立はもちろん、新しく導入された機械装置が従来の手工業経営やマニュファクチュア経営と競争するたびに最も明瞭にあらわれてくる。しかし大工業自身の内部でも、たえざる機械装置の改良と自動化システムの発展とが同じような作用をなす。

「機械装置を改良する一貫した目的は、手仕事を減らすことにある。言い換えれば、人間の装置を鉄の装置に置き換えることによって、工場における生産連鎖の輪を完成することにある」(200)。「これまで手動で運転してきた機械装置に蒸気力や水力を応用することは日常茶飯事だ。……機械装置の比較的小さな改良は常時おこなわれている。その目的は、動力を効率化し、製品を改良し、同一時間内での生産量を拡大し、あるいは児童、女性、成人男性の人手を一人でも減らすことだ。こうした改良自体は一見するとたいしたことではないように見えるが、にもかかわらず重大な結果をもたらす」(201)。「ある作業が多くの熟練と確実な腕を必要とする場合には、熟練のあまり、あらゆる不規則な行為に流れがちな労働者の手から、その作業をできるだけ早く取り上げ、子供一人でも監視できるくらい精巧に作られた特別な機構にその仕事をゆだねるのが、どこでも見られるやり方だ(202)」。「自動化システムにおいては、労働者の才能は徐々に駆逐されていく(203)」。「機械装置が改良されると、一定の成果をあげるために、使用する成人労働者数を減らす必要が出てくるだけでなく、個人の一つの集団が別の集団と交替させられることになる。熟練者の代わりに非熟練者が、成人の代わりに児童が、男性の代わりに女性が使用されるようになる。こうした転換はすべて、労働賃金率のたえざる変動の原因となる(204)」。「機械装置は成年工を間断なく工場の外に放りだす(205)」。

積み上げられた実際の経験、すでに存在していた機械的手段の規模、たえざる技術の進歩などを背景に、機械制がいかに驚くべき弾力性を発揮するかは、労働日短縮の圧力の下でなされた機械制の大躍進がわれわれに示したとおりだ。とはいえ、イギリス綿工業の絶頂期であった一八六〇年の時点で、その後の三年間にアメリカの南北戦争に刺激されて、これほどまでに急速な機械装置の改良がおこなわれ、それに応じて手工労働が駆逐されることになろうとは、だれが予測しただろうか？　ここでは、この点に関するイギリスの工場監督官の公式報告から二、三の例を引けば十分だろう。マンチェスターのある工場主はこう述べている。

「われわれはこれまで七五台の梳綿機を使っていたが、いまでは一二台しか使用していない。それでも、以前より上等とは言わないまでも、同じ品質のものが同じ量だけ生産できる。……労働賃金の節約は週に一〇ポンド、綿屑の節約は一〇%にのぼる」。マンチェスターのある細糸紡績工場では「運転の高速化と、さまざまな自動過程の導入によって、ある部門では労働者の四分の一、別の部門では二分の一以上の人員が削減された。他方では、二台目の梳綿《そめん》機を練篠《れんじよう》機に取り替えたことで、これまで梳綿場で働いていた職工の数を大幅に減らすことができた」。もう一つ別の紡績工場では「織工」の一般的削減率を一〇%と見積もっている。マンチェスターの紡績業者ギルモア社の経営者はこう述べている。「われわれの送風室では、新しい機械装置を導入した結果、職工と労働賃金がゆうに三分の一は削減できた。……糸巻機室、伸張機室では支出と職工の約三分の一が、紡績室では支出の約三分の一が削減できたとわれわれは見積もっている。しかしそれだけではない。われわれの糸が織工のもとに届けられれば、新しい機械装置を使用したことによって品質が格段に上がっているため、彼らは古い機械で作った糸で作るよりも多くの、またより上等の織物を生産することができる」(206)。

工場監督官A・レッドグレイヴは、これについて次のようにコメントしている。「生産が増大するなかで労働者が減少するという現象は急速に広まっている。羊毛工場では近年、職工の新たな減少が始まり、いまなお続いている。ロッチデール近郊に住むある学校長が数日前にわたしに語ったところによると、女子校での生徒数の大きな落ちこみは、恐慌の圧力のためだけではなく、羊毛工場の機械装置の変化にも起因しているとのことだ。羊毛工場ではそれによって、平均七〇名の半日工の職が失われたという(207)」。

(200)『工場監督官報告書、一八五八年一〇月三一日』、四三ページ。

(201)『工場監督官報告書、一八五六年一〇月三一日』、一五ページ。

(202)ユア『マニュファクチュアの哲学』、一九ページ。「煉瓦製造に使用される機械装置の大きな利点は、その使用者が熟練労働者にいっさい頼る必要がなくなることだ」(『児童労働調査委員会、第五次報告書』ロンドン、一八六六年、一三〇ページ、四六号)。

第二版への追補。「グレート・ノーザン鉄道」の機械部長A・スタロック氏は、機械製造(機関車その他)について次のように述べている。「費用のかかるイギリスの労働者は日々、使用されなくなっている。生産は改良された工具の使用によって増大し、しかもこれらの工具の操作は低級な部類の労働によってまかなわれている。……以前は、蒸気機関のすべての部分を熟練労働によって生産せざるをえなかった。いまでは、同じ部分が、熟練度こそ低いが、より優れた工具を扱う労働によって生産されている。……ここでいう工具とは、機械製造に用いられる機械のことだ」(『勅命鉄道委員会、証言記録』一七八六二号および一七八六三号、ロンドン、一八六七年)。

(203)ユア『マニュファクチュアの哲学』、二〇ページ。

(204)同前、三二一ページ。

(205) 同前、一二三ページ。

(206) 『工場監督官報告書、一八六三年一〇月三一日』、一〇八ページ以下。

(207) 同前、一〇九ページ。綿花恐慌中に機械装置が急速に改良されたことによって、イギリスの工場主たちは、アメリカ南北戦争が終結した後、たちまちにして自分たちの製品を世界市場に溢れさせた。ところが一八六六年の後半六カ月にはすでに、織物がほとんど売れなくなった。そこで、中国とインドへの商品の委託販売が開始されたが、これはもちろん「供給過剰」をいっそう強める結果となった。一八六七年初頭になると、工場主たちは彼らの常套手段に逃げ場を求めた。すなわち労働賃金の五%カットだ。労働者たちはこれに抵抗して、短時間労働、すなわち週四日労働こそが唯一の救済策だと、理論的にはまったく正しい主張を展開した。かなりの期間にわたる争議の後、みずから産業の指揮官を任じる工場主たちも、いくつかのところでは賃金の五%カットをした上で、また別のところでは五%カットをせずに、短時間労働の導入を決意せざるをえなかった。

以下の表は、アメリカ南北戦争のおかげで進んだイギリス綿工業の機械改良の総結果を示している。

工場数	一八五六年	一八六一年	一八六八年
イングランドおよびウェールズ……	二、〇四六	二、七一五	二、四〇五
スコットランド…………	一五二	一六三	一三一

アイルランド	一二	九	一三
連合王国	二、二一〇	二、八八七	二、五四九
蒸気織機数			
イングランドおよびウェールズ	二七五、五九〇	三六八、一二五	三四四、七一九
スコットランド	二一、六二四	三〇、一一〇	三一、八六四
アイルランド	一、六三三	一、七五七	二、七四六
連合王国	二九八、八四七	三九九、九九二	三七九、三二九
紡錘数			
イングランドおよびウェールズ	二五、八一八、五七六	二八、三五二、一二五	三〇、四七八、二二八
スコットランド	二、〇四一、一二九	一、九一五、三九八	一、三九七、五四六
アイルランド	一五〇、五一二	一一九、九四四	一二四、二四〇
連合王国	二八、〇一〇、二一七	三〇、三八七、四六七	三二、〇〇〇、〇一四
従業員数			
イングランドおよびウェールズ	三四一、一七〇	四〇七、五九八	三五七、〇五二
スコットランド	三四、六九八	四一、二三七	三九、八〇九
アイルランド	三、三四五	二、七三四	四、二〇三
連合王国	三七九、二一三	四五一、五六九	四〇一、〇六四

このように一八六一年から一八六八年までに、三三八の木綿工場が姿を消した。すなわち、より生産性の高い大規模な機械装置が、より少数の資本家の手に集中した。蒸気織機数は二万〇六六三台減少した。しかし、その生産物は同時期に増加しており、改良型の織機は旧式の織機よりも多くの仕事をしたことになる。最後に、紡錘数は一六一万二五四七個増加したが、従業員数は五万〇五〇五人減少した。つまり綿花恐慌が労働者に強いた「一時的」窮乏は、機械装置の急速かつ持続的な進歩によってさらに悪化し、固定化された。

しかし、機械装置は賃金労働者を「あぶれさせ」ようとつねに機会を窺っている優勢な競争相手として機能しているだけではない。機械装置は労働者に敵対する潜在力として、資本家によって声高に意図的に宣伝され、利用される。機械装置は、資本の専制に対する周期的な労働者の反乱、ストライキ等を鎮圧する最も強力な武器となる。[208]ギャスケルによれば、そもそも蒸気機関こそが「人間力」の敵だった。この敵の力を借りることで、はじめて資本家は、草創期の工場制度を危機に陥れようとした労働者の高まる要求をうち砕くことができたという。[209]一八三〇年以来の発明の全歴史は、見ようによっては、ひとえに労働者の反乱に対する資本の武器として描くこともできるだろう。なかでもとくに自動ミュール紡績機は、自動化システムの新時代を切り開いたものとして銘記されるべきだ。[210]

(208)「フリントガラスやびんガラスの吹込み式製造工場で見られる雇い主と職工との関係といえば、慢性的なストライキだ」。機械装置で主要作業がなされる圧搾ガラスのマニュファクチュアが急成長した理由は、まさにここにある。ニューカスルのある会社では、以前は年に三五万封度《ポンド》の吹込み式フリントガラスを製造していたが、いまでは三〇〇万〇五〇〇封度《ポンド》の圧搾ガラスを製造している(『児童労働調査委員会、第四次報告書』一八六五年、二六二、二六三ページ)。

(209)ギャスケル『イギリスの工業人口』ロンドン、一八三三年、一一、一二ページ。

(210)フェアベアン氏は機械製造に機械を使用することについて、きわめて重要ないくつかの発明をおこなったが、そのきっかけとなったのは、自身の機械製造工場で起こったストライキだった。

蒸気ハンマーの発明者ナスミスは、彼が導入した機械装置の改良について、労働組合調査委員会で次のような陳述をおこなっている。彼がこの機械装置を導入したのは、一八五一年の機械労働者の大規模かつ長期にわたるストライキがきっかけだった。「現代の機械装置改良の特筆すべき特徴は、自動式道具機の導入だ。現在、機械労働者がおこなわねばならないこと、しかもどんな少年でもできることは、みずから労働することではなく、機械のみごとな仕事ぶりを監視することだ。自分の腕だけに頼っている部類の労働者は、もういまでは排除されている。以前は一人の機械工に少年を四人付けていた。しかし、こうした新しい機械装置を組み合わせることで、成人男性工の数を一五〇〇人から七五〇人にまで減らすことができた。それがもたらした結果は、わたしの利益の大幅な増加だった」。

ユアは、更紗捺染工場で使用されている捺染機についてこう述べている。「ついに資本家たちは科学という泉に助けを求め、この耐えがたい奴隷状態から」（つまり、資本家にとって煩わしい労働者の契約条件から）「おのれを解放しようとした。そしてまもなく資本家たちは、自分たちの正当な権利、すなわち頭部が他の身体部分の上に立つという権利を、ふたたび回復するにいたった」。

ユアは、あるストライキを直接のきっかけとして発明された経糸《たていと》糊づけ機についてこう述べている。

「不満分子の群れは、旧式の分業戦線の背後に陣どって負けるはずはないとうぬぼれていた。ところが彼らは近代的な機械戦術によって側面を襲撃され、自分たちの防衛手段を破壊されたことを知った。こうして彼らは無条件降伏を余儀なくされた」。

ユアは、自動ミュール紡績機についても語っている。

「この機械は、産業社会の階級間に秩序を回復するという使命を負って登場した。……この発明は、われわれがすでに展開してきた学説の正しさを裏書きしている。すなわち資本は科学をみずからに奉仕させることによって、つねに労働の反抗的担い手をてなずけていくという学説だ[21]」。

ユアの著作は一八三五年に、つまり工場制度の発達が比較的まだ微弱だった時代に発表された。にもかかわらず、それがいまだに工場精神の古典的表現であり続けているのは、単にそのあからさまな冷笑主義のせいだけではない。資本頭脳の無思想的矛盾をばらしてまわっている彼の単細胞ぶりも、その一因をなしている。たとえば彼は、資本が自分で雇い入れた科学の助けを借りて「つねに労働の反抗的担い手をてなずけていく」という「学説」なるものを展開している。ところがそのあとで彼は、「ある方面から、機械物理学が金持ちの資本家の専制に手を貸し、貧しい階級の抑圧手段として奉仕していると告発する人がいる」のはけしからんといって憤慨する。

また機械装置の急速な発展が、いかに労働者に大きな利益をもたらすかを長々と説教しておきながら、そのあとで、労働者が反抗したり、ストライキを打ったりすれば、機械装置の発展を促すことになる、と労働者に警告を発する始末だ。彼は言う。「そのような暴力的反抗は、人間の近視眼的なものの見方を示すもので、そこには自分で自分の首をしめるような人間の最も軽蔑すべき性格があらわれている」と。

ところがその数ページ前には逆にこう述べられている。「労働者の謬見に起因する激しい衝突や中断がなかったなら、工場制度は、もっとずっと速く発展していただろうし、すべての関係者にとってはるかに有益だっただろう」と。

それからまた彼は叫ぶ。「グレートブリテンの工場地区住民にとって幸いなことに、機械の改良はごくゆっくりとしか進まない」と。そしてこう述べる。「機械は成人労働者の一部を駆逐し、駆逐された労働者数が労働需要以上に増えることによって、成人労働者の労働賃金を低下させるといって、機械に文句をつける人がいる。しかし、これは不当な言い分だ。機械は児童労働への需要を高め、それによって児童労働の賃金率を高める」と。ところが安心を売るこの同じ男が、他方では児童賃金の低さを弁護してこんなことを言う。「児童賃金の低さが、子供を早いうちから工場に送ることを両親に思いとどまらせている」。ユアの著作は、その全体が無制限労働日の弁明書であり、一三歳の児童を一日一二時間以上こき使うことを法律で禁止するなどと聞けば、この男のリベラルな魂は中世暗黒時代を思いだす。それでもユアは、神の摂理に感謝の祈りをささげるように工場労働者に要求することをやめようとしない。神の摂理はなんといっても機械装置を通じて、労働者に「みずからの不滅の利益について熟考する余暇を与えてくれた」[212]のだから。

(211) ユア『マニュファクチュアの哲学』、三六七―三七〇ページ。

(212) ユア、同前、三六八、七、三七〇、二八〇、三二一、二八一、四七五ページ。

第六節　機械装置によって駆逐された労働者についての補償説

ジェイムズ・ミル、マカロック、トレンズ、シーニョア、J・S・ミルなど、一連のブルジョワ経済学者たちは、労働者を駆逐するあらゆる機械装置は同時にかつ必然的に、その同じ労働者を雇用するのに十分な資本を遊離させる〔freisetzen〕[*]と主張している[213]。

(213) リカードも最初はこの見解を共有していたが、しかし後になると、いかにも彼らしい科学的な公平さと真理への愛情によって、この見解をきっぱりと撤回した。『原理』第三一章「機械装置について」参照。

〔＊〕動詞 freisetzten は本来「束縛から解き放って自由にする」の意だが、以下ではさまざまな意味でこの動詞が用いられている。機械装置の導入によって労働力の購入に充てていた資本を「浮かせる」、それによって労働者を職場から「放りだす」、そして労働者と購買手段との「つながりを断つ」、あるいは生活手段を労働者から「引き離す」等々。以下では原則として「遊離」という訳語を用いているが、文脈によってその意味にはさまざまなニュアンスが含まれている。

たとえばある資本家が、壁紙工場で一〇〇人の労働者を一人年間三〇ポンドで使用するとしよう。すなわち、この資本家が一年間に支出する可変資本は三〇〇〇ポンドとなる。いまこの資本家が労働者のうちの五〇人を解雇して、残りの五〇人を一五〇〇ポンドかかる機械装置を用いて働かせたとする。話を簡単にするために建物、石炭等は無視し、一年間に消費される原料は、以前と同様三〇〇〇ポンドと仮定しよう。(214) さてこの形態変容によって、なんらかの資本が「遊離」されるだろうか？　以前の経営様式では、支出された総額六〇〇〇ポンドの内訳は半分が不変資本、半分が可変資本だった。それがいまでは不変資本が四五〇〇ポンド（原料三〇〇〇ポンドと機械装置一五〇〇ポンド）、可変資本が一五〇〇ポンドとなっている。可変資本部分、すなわち生きた労働力に変容した資本部分は、もはや総資本の半分ではなく、四分の一を占めるにすぎない。ここでは資本が遊離するのではなく、一つの形態に拘束される。その形態での資本は、自分を労働力と交換するのをやめる。つまり可変資本は不変資本へと変容する。他の事情が同じであれば、六〇〇〇ポンドの資本は、いまとなってはもう五〇人を超える労働者を使用することはできない。機械装置が改良されるたびに、資本が使用する労働者は少なくなる。かりに新しく導入された機械装置の費用が、それによって駆逐された労働力および労働道具の総額よりも少なく、たとえば一五〇〇ポンドではなく一〇〇〇ポンドにすぎなかったとしよう。その場合は、一〇〇〇ポンドの可変資本が不変資本に変容ないし拘束され、五〇〇ポンドの資本が遊離することになるだろう。この五〇〇ポンドは、年間賃金が同じであれば約一六人分の労働者を雇う雇用基金となるが、他方ではすでに五〇人が解雇されている。いや、実際にはその雇用基金で雇う労働者は一六人よりもはるかに少なくなる。なぜなら五〇〇ポンドが資本に変容するためには、再度その一部を不変資本に変容させる必要があり、労働力に転換しうるのはそのほんの一部にすぎないからだ。

(214) この例は、先に掲げた経済学者たちの手法をそのまま応用したものであることに注意。

ではそれなら、新しい機械装置の製作のために、かなり多数の機械工が使用されると仮定してみよう。はたしてそれは、路上に放り出された壁紙工に対する補償となるだろうか？　どんなに多く見積もっても、機械製作のために雇用される労働者数は、機械使用によって失職する労働者数よりも少ない。一五〇〇ポンドという総額は、先の場合には解雇された壁紙職工の労働賃金だけをあらわしていた。しかしいまや機械装置の姿をとったこの一五〇〇ポンドは、（一）機械装置の製作に必要な生産手段の価値、（二）機械を製作する機械工の労働賃金、（三）彼らの「雇い主」の手に入る剰余価値、の三つをあらわしている。しかも機械はいったん完成してしまえば、その死後まで更新される必要がない。したがって、さらに多くの機械工を継続的に雇用しようとすれば、壁紙工場主は次から次へと機械を導入して、労働者を駆逐し続けるほかない。

実のところ、あの資本の弁護人たちも、この種の資本の遊離を念頭に置いているわけではない。彼らの念頭にあるのは、遊離させられた労働者たちの生活手段だ。たとえば上の例でも、機械装置は単に五〇人の労働者を遊離させ、それによって彼らを「いつでも使える状態」に置くだけではない。同時に、否定しがたい事実として、一五〇〇ポンドの価値をもつ生活手段と労働者たちとのつながりを断ち、生活手段を「遊離させる」ことになる。こうして機械装置が労働者を生活手段から遊離させるというのは単純かつ旧知の事実だ。しかし、それを経済学的に表現すると、機械は労働者のための生活手段を遊離させる、あるいは生活手段を、労働者を雇うための資本へと変容させる、という言い方になる。つまりはすべて表現方法に懸かっており、ものは言いようということだ。

この説によれば、一五〇〇ポンドの価値をもつ生活手段は、解雇された五〇人の壁紙労働者によって価値増殖される資本だった。したがって五〇人が暇を出されれば、ただちにこの資本は用途を失い、この五〇人がふたたびそれを生産的に消費しうる新しい「投資先」が見つかるまでは、落ち着くことがない。したがって資本と労働者とは早晩再会せざるをえず、その時はじめて補償がなされる。だから機械装置によって駆逐された労働者の苦しみは、この世の富と同様に、一時的なものだという。

しかし、一五〇〇ポンドの生活手段は、解雇された労働者に対して、けっして資本として向き合っていたわけではない。労働者に資本として向き合っていたのは、いまは機械装置に変容している一五〇〇ポンドだった。さらに詳しく見れば、この一五〇〇ポンドは解雇された五〇人の労働者によって一年間に生産された壁紙の一部をあらわしていたにすぎない。労働者はそれを現物の変わりに貨幣形態で賃金として、彼らの使用者から受けとった。この一五〇〇ポンドに変容した壁紙によって、彼らは同じ額の生活手段を買った。したがって、この生活手段は労働者にとっては資本としてではなく、商品として存在していた。そしてこれらの商品から見れば、労働者自身は賃金労働者としてではなく、買い手として存在していた。ところが機械装置が彼らを購買手段から「遊離」させたことで、労働者は購買者から非購買者へと変容をとげた。したがって、これらの商品に対する需要は減少した。単にそれだけのことだ。この需要の減少が別のサイドからの需要増によって埋め合わされなければ、商品の市場価格は下がる。これがより長期に、より広い範囲で持続すれば、その商品の生産に従事していた労働者の移動が生じる。以前は生活必需品を生産していた資本の一部が、別の形態で再生産されるようになる。市場価格の下落と資本の移動が続くあいだ、生活必需品の生産に従事する労働者もまた、その賃金の一部から「遊離」する。つまり、かの弁護人が証明しているのは、機械装置が労働者を生活手段から遊離させ、同時にそれによって生活手段を労働者雇用のための資本に変容させるということではない。かの弁護人は、逆に、立証ずみの需給法則を用いて、機械装置はそれが導入された生産部門だけでなく、導入されていない生産部門においても労働者を路上に放りだすということを証明しているにすぎない。

経済学的な楽観論によって歪曲された実際の事実とは次のようなものだ。機械装置によって駆逐された労働者は作業場から労働市場に放出される。そして資本主義的搾取のためにいつでも働けるよう待機している労働力の数を増やす。本節では機械装置の作用が労働者階級のための補償として描かれているが、それとはまったく逆に、機械装置が労働者にとって最も恐るべきムチとなることは第七篇で明らかにされるだろう。ここでは次のことを指摘するにとどめよう。一つの産業部門から放出された労働者は、もちろんどこか他の部門で仕事を探すことはできる。いま、労働者がそうした仕事を見つけ、それによって、彼らとともに遊離された生活手段と労働者との縁がふたたび結ばれたとしよう。しかし、その縁をとりもつのは、あくまで投資先に押し寄せる新たな追加資本であり、けっして以前から機能していた、そしていまや機械装置に変容した資本ではない。そして、その場合でも彼ら労働者の前途は、なんと心もとないものであることか！　分業によって不具化されたこれら哀れな者たちは、自分のかつての労働領域から一歩外に出るとほとんど役に立たず、ごくわずかな低級な労働部門、そしてそれゆえ、つねに求職者であふれかえっている低賃金の労働部門に活路を見いだすほかはない(215)。しかも各産業部門は毎年新たな人の流れを吸収し、それがその部門の定期的な補充や膨張のための人員供給源となる。機械装置が、ある特定の産業部門でこれまで雇われていた労働者の一部を遊離させると、補充人員の方も新しく分配しなおされ、他の部門に吸収される。しかし最初の犠牲者たちは、この過渡期のあいだに大部分が零落し貧民化する。

(215)　これについて、あるリカード派の論者は、J・B・セーの愚論を批判して、次のように指摘している。「分業が発達すると、労働者の熟練は、彼らが習熟したある特定の部門にしか通用しなくなる。彼ら自身が一種の機械なのだ。だから、物事は落ち着くべき水準に落ち着く傾向があるなどとオウム返しのように繰り返してみても、なんの役にも立たない。われわれは周囲を見渡し、物事がもう長いあいだ、落ち着くべき水準を見いだせないでいることを直視しなければならない。そして落ち着くべき水準を見いだした時には、その水準がその過程の開始時よりも低くなっていることを見なければならない」（『マルサス氏によって近年擁護された需要の性質と消費の必要性に関する諸原理の研究』ロンドン、一八二一年、七二ページ）。

労働者を生活手段から「遊離させた」責任が、機械装置そのものにないことは疑いえない事実だ。機械装置は、それが導入された部門で生産物を低価格化させ、増大させるにすぎない。したがって他の産業部門で生産された生活手段の量を当面変化させることはない。非労働者によって年々消費される巨大な量の生産物は別としても、社会には機械導入後も、駆逐された労働者のための生活手段がそれ以前と同じ量だけ、あるいはそれ以上に存在している。そしてこれが経済学的弁明論のポイントなのだ！　彼らは言う。資本主義的な機械使用と切っても切れない矛盾や対立などは存在しない！　なぜなら、それらは機械装置そのものから生じるのではなく、機械装置の資本主義的な使用から生じるのだから！　と。彼らによれば機械はそれ自体としてみれば、労働時間を短縮するが、資本主義的に使用されれば労働日を延長する。それ自体としては労働を軽減するが、資本主義的に使用されれば労働密度を高める。それ自体としては自然力に対する人間の勝利だが、資本主義的に使用されれば人間を自然力の奴隷にする。それ自体としては生産者の富を増すが、資本主義的に使用されれば生産者を貧民化する。この理由から、ブルジョワ経済学者は単純にこう言い切る。機械それ自体を観察すれば、あの明らかな矛盾はすべて下世話な現実の単なる仮象にすぎないことがはっきりと証明される、と。つまりそうした矛盾はそれ自体としては、したがってまた理論上もまったく存在していないという。こうしてブルジョワ経済学者はこのことにこれ以上頭を悩ますことを省き、さらには論敵たちを、愚かにも機械装置の資本主義的使用と闘わずして、機械そのものと闘っていると言って非難する。

機械装置の資本主義的使用からは、一時的に不快なことが生じる。このことはブルジョワ経済学者といえどもけっして否定しない。しかし、裏面のないメダルなどどこにあるだろうか！　資本主義的使用以外の機械装置の利用など、彼にとってはありえない。つまり機械による労働者の搾取《アウスボイトウンク》は、ブルジョワ経済学者にとっては労働者による機械の使用《アウスボイトウンク》と同義なのだ。したがって機械装置の資本主義的使用が現実にどのような状態にあるかを暴き立てるような人間は、機械使用そのものを望まない人間であり、つまりは社会的進歩の敵なのだ！(216)　これはまさに、あの有名な喉切り殺人鬼ビル・サイクスの論法そのままだ。

「陪審員諸公。この行商人の喉が切られたことはまちがいない。しかし、この事実が生じたのはわたしのせいではなく、ナイフのせいだ。このような一時的な不都合のためにナイフの使用をやめるべきだろうか？　考えていただきたい！　ナイフなしに農作業や職人仕事が考えられるだろうか？　外科ではそれによって治療がなされ、解剖では教育がなされているではないか？　それは楽しい食事のための重宝な助手なのではないか？　ナイフを廃止してみよ――それは、わたしたちを野蛮のどん底に逆戻りさせることになるだろう(216a)」。

(216)　このようなカマトトぶりの達人はたとえばマカロックだ。彼はまるで八歳の子供のような無邪気さを装ってたとえばこんなふうに言う。「労働者の熟練度を向上させればさせるほど、彼は同じ労働量で、あるいはより少ない労働量でますます多くの商品量を生産できるようになる。もしこれが有利なことであるならば、彼がこの成果をあげるために一番効果的に彼を助けてくれる機械装置を補助として利用することもまた有利なはずだ」（マカロック『経済学原理』ロンドン、一八三〇年、一八二ページ）。

（216 a）「紡績機械の発明者はインドを破滅させたが、しかし、そんなことはわれわれにはほとんど関係がない」（A・ティエール『財産について』〔二七五ページ〕）。ティエール氏は、ここでは紡績機械と力織機とを混同しているが、「そんなことはわれわれにはほとんど関係がない」。

機械装置は、それが導入された労働部門で必然的に労働者を駆逐する。それでもなお、機械装置が他の労働部門での雇用増加を呼び起こす可能性はある。しかし、この作用はいわゆる補償説とは何の共通点もない。機械生産物はすべて、たとえば一エレの機械織物であっても、それが駆逐した同種の手工業生産物よりも安くなる。ここから次のような絶対的な法則が導かれる。すなわち機械生産された製品の総量が、それに置き換えられた手工業ないしマニュファクチュア生産による製品の総量と同じだとすれば、投入される労働の総額は減少する。労働手段自体、すなわち機械装置、石炭その他を生産するために必要とされる労働増加分は、機械装置の使用によって生じる労働減少分よりも小さくなければならない。そうでなければ機械生産物は手工業生産物と同様に高くなるか、あるいはそれ以上に高くなってしまうだろう。しかし実際には、減少した労働者数によって生産される機械製品の総量は、駆逐された手工業製品の総量と同じ水準にとどまることはなく、それよりはるかに増大する。いま、四〇万エレの機械織物が、一〇万エレの手織物よりも少数の労働者によって生産されると仮定しよう。生産物が四倍であれば、そこに含まれる原料も四倍になる。したがって原料については、その生産が四倍にならなければならない。しかし建物、石炭、機械といった消耗性労働手段については必ずしもそうではない。消耗性労働手段の生産に必要な追加労働の増加限度は、機械生産物の量と、それと同じ数の労働者で生産できる手工業生産物の量との差に連動して変動する。

したがって、ある産業部門で機械経営が拡大していくと、まずは、そこに生産手段を供給している別の部門の生産が増大する。それによって雇用労働者数がどれくらい増えるかは、労働日の長さと労働の密度が決まっていれば、あとは投じられた資本の構成、すなわち不変部分と可変部分との比率によって決まる。その比率はさらに、機械がその経営部門にどれくらいの規模で浸透したか、また浸透しつつあるかによって大きく変化する。イギリスの機械制が進歩するにつれ、炭坑や鉱山に追いやられた人間の数は飛躍的に増大した。もっとも、最近の数十年は、新しい鉱山用機械装置の使用によってその増加速度は緩和されてきている(217)。機械装置とともに一つの新しい種類の労働者、すなわち機械生産者が誕生する。そしてこの(218)機械生産部門自体にも、すでに見たように機械経営が日々規模を拡大しながら浸透していく。さらに原料について言えば(219)、たとえば綿紡績業の急成長が合衆国の綿花栽培を、そしてそれとともにアフリカの奴隷貿易を温室栽培のように促しただけではなく、同時に黒人飼育をいわゆる境界奴隷諸州の主要事業にまで成長させたことは疑いえない。一七九〇年、合衆国ではじめて奴隷調査がおこなわれた時、奴隷数は六九万七〇〇〇人だったが、それが一八六一年には約四〇〇万人に達した。他方、この事例に劣らず確かなことは、機械羊毛工場の隆盛が、次第に農地を牧羊地に変え、農業労働者の大量追放と「過剰化」をもたらしたことだ。アイルランドでは一八四五年以来、人口がほとんど半減したが、その人口をさらに、アイルランドの大地主たちとイギリスの羊毛工場主たちの要求に正確に合致する水準にまで引き下げようとする過程が、いまもなお続いている。

(217) 一八六一年の人口調査(第二巻、ロンドン、一八六三年)によれば、イングランドとウェールズの炭坑従業労働者数は二四万六六一三人、そのうち七万三五四六人が二〇歳未満、一七万三〇六七人が二〇歳以上だった。前者の内訳は、五歳から一〇歳までが八三五人、一〇歳から一五歳までが三万〇七〇一人、一五歳から一九歳までが四万二〇一〇人となっている。鉄、銅、鉛、スズ、その他すべての金属鉱山業従業者数は三一万九二二二人だった。

(218) 一八六一年に、イングランドとウェールズで機械装置の生産に従事していた者は六万〇八〇七人で、このなかには工場主、事務員、またこの部門のすべての代理販売人、商業従事者が含まれている。他方、ミシンなどのような小型機械の生産者、紡錘のような作業機用道具の生産者などはこの数に含まれていない。工場技師の総数は三三二九人だった。

(219) 鉄は最も重要な原料の一つなので、ここに記しておくが、一八六一年のイングランドおよびウエールズでは、一二万五七七一人の製鉄工が雇われており、そのうち一二万三四三〇人が男性、二三四一人が女性だった。男性のうちでは、三万〇八一〇人が二〇歳未満、九万二六二〇人が二〇歳以上だった。

一つの労働対象は、その最終形態に達するまでに予備段階、中間段階を通過しなければならない。まだ手工業的に、あるいはマニュファクチュア的に経営されている作業場で、そうした予備段階、中間段階に機械装置が浸透すると、この作業場では、労働材料が増加するとともに、労働需要もまた増加する。たとえば機械紡績が糸を非常に安くまた大量に供給するようになったため、手織工は当初は出費を増やすことなく、時間いっぱい働くことができた。それによって彼らの収入も増えた。(220) それゆえ綿織物業に人間が流入した。その結果、ジェニー、スロッスル、ミュールの三紡績機によって、たとえばイギリスでは八〇万人の綿織工が生まれた。しかし、その彼らもけっきょくは蒸気織機の登場によってふたたび淘汰されることになる。同じように、機械生産された布地があふれかえると、裁断工、仕立女工、縫物女工などの数が増えていくが、それもまたミシンが登場するまでのことだ。

(220)「前世紀末から今世紀初頭にかけては、大人四人（綿織工）と糸巻き工の子供二人からなる家族が一日一〇時間労働で週に四ポンドを得ていた。仕事が非常に急ぎの時には、それ以上稼ぐことができた。……それ以前には、いつも仕入れ用の糸が不足していることに苦しんでいた」（ギャスケル『イギリスの工業人口』ロンドン、一八三三年、三四、三五ページ)。

機械経営によって比較的少数の労働者数でますます大量の原料、半製品、労働用具などが供給されるようになると、それにともなって、これらの原料や半製品の加工が無数の下位部門に分化していく。こうして社会的生産部門の多様性が増大していく。機械経営は、マニュファクチュアとは比較にならないほどに社会的分業を促進する。なぜなら機械経営は、それが浸透した産業の生産力をマニュファクチュアとは比較にならないほど高度に拡大するからだ。

機械装置がもたらす直接の成果は、剰余価値および剰余価値をあらわす生産物量の増大だ。それは資本家階級およびその係累を養うための物資を増やし、この社会階層自体を大きくする。彼らの富が増大し、第一次生活手段の生産に必要な労働者数が相対的にたえず減少していくと、新しい贅沢品への欲求が芽生え、同時にそれを満足させるための新しい手段が生み出されていく。社会的生産物の比較的大きな部分が余剰生産物に変容し、余剰生産物の比較的大きな部分が、洗練され多様化された形で再生産され消費される。言い換えれば贅沢品の生産が増える。(221) 生産物の洗練と多様化は大工業が作りだす新しい世界市場関係からも同様に生じる。ますます多くの外国産の嗜好品が国内生産物と交換されるだけではない。ますます多くの外国産の原料、混合成分、半製品なども生産手段として国内産業に入りこんでくる。世界市場とのこうした関係によって、運輸業での労働需要が増加し、

運輸業は多くの新しい下位部門に分化していく。(222)

(221) F・エンゲルスは『イギリスにおける労働者階級の状態』のなかで、まさにこの贅沢品製造労働者たちの多くの部分がおかれている悲惨な状況について指摘している。これについては大量の新しい証拠が「児童労働調査委員会」の諸報告書に掲載されている。

(222) 一八六一年、イングランドとウェールズで商船に雇われていた船員は九万四六六五人だった。

労働者数が相対的に減少するなかで、生産手段と生活手段が増加していくと、結果的に、運河、ドック、トンネル、橋などのように、遠い将来にならないとその生産物が実を結ばないような産業部門での労働が拡大していく。直接、機械装置を基盤にして、あるいはそれに対応した一般的な産業転換を基盤にして、まったく新たな生産部門が成立し、それゆえまた新たな労働分野が開かれる。とはいえ、新分野が総生産に占める割合は、最も発展した国々でさえけっして大きくはない。新分野で雇用される労働者数は、最も粗雑な肉体労働の必要性が再生産される程度に比例して増えていく。今日、この種の主要産業とみなしうるのは、ガス製造業、電信業、写真業、汽船航海業、鉄道業だ。一八六一年の人口調査(イングランドおよびウェールズ)では、ガス工業(ガス製造業、機械装置の生産、ガス会社の代理店など)の従業員数が一万五二一一人、電信業が二三九九人、写真業が二三六六人、汽船業が三五七〇人、鉄道業が七万〇五九九人となっている。このうち二万八〇〇〇人は、管理営業関係の全人員とならんで、多少とも永続的に雇われている「非熟練」

土木工員で占められている。すなわちこれら五つの新産業における従業員総数は九万四一四五人だった。

最後に、大工業の分野で生産力が異常に高まり、それに付随して、他のすべての生産部門で労働の時間延長と高密度化による労働力搾取が強まっていくと、労働者階級のますます多くの部分が非生産的に使用できるようになる。こうして「奉公人階級」の名の下に下男、下女、従僕といった昔の家内奴隷が、ますます大量に再生産されていく。一八六一年の人口調査によれば、イングランドとウェールズの総人口は二〇〇六万六二二四人で、そのうち九七七万六二五九人が男性、一〇二八万九九六五人が女性だった。ここから次の人口を除くとしよう。まずは、働くには若すぎる、あるいは年を取りすぎている人、すべての「非生産的な」女性、青少年、児童。次に、役人、聖職者、法律家、軍人などの「観念形態的」身分の人々。さらには、地代、利子等の形でもっぱら他者の労働を消費することを生業《なりわい》としているすべての人々。そして最後に、受救貧民、浮浪者、犯罪者等。これらを除いた残りは、おおざっぱに言って八〇〇万人の老若男女となり、そこにはまた生産、商業、金融等で何らかの機能を果たしている資本家のすべてが含まれる。この八〇〇万人の内訳は以下のとおりだ。

農業労働者（牧夫、借地農業者の家に住む農僕、下女を含む）…一〇九万八二六一人

木綿・羊毛・毛糸・亜麻・大麻・絹・黄麻の各工場および
機械靴下製造業、機械レース製造業の全従業者……六四万二六〇七人(223)
炭坑および金属鉱山業の全従業者……五六万五八三五人
全金属工場(熔鉱炉、圧延工場等)および
各種金属加工業の従業者……三九万六九九八人(224)
奉公人階級……一二〇万八六四八人(225)

(223) このうち一三歳以上の男性はわずか一七万七五六九人にすぎない。
(224) このうち女性は三万〇五〇一人。
(225) このうち男性は一三万七四四七人。この一二〇万八六四八人は、私宅で使用されていない者をすべて除いた数字。

第二版への追補。一八六一年から一八七〇年までのあいだに、男性の奉公人の数はほとんど二倍になり、二六万七六七一人に達した。一八四七年には二六九四人の猟場番人(貴族の猟場用)がいたが、一八六九年にはそれが四九二一人に達している。——ロンドンの小市民の家に奉公している少女たちは俗語で「little slaveys」(小さな奴隷)と呼ばれている。

すべての繊維工場の従業員数と炭坑および金属鉱山の従業員数とを合計すれば、一二〇万八四四二人となる。あるいは前者をすべての金属工業およびマニュファクチュアの従業員と合計すれば、一〇三万九六〇五人となる。どちらをとっても、近代的家族奴隷の数よりも少ない。資本主義的に使用された機械装置のなんとすばらしい成果だろうか！

第七節　機械経営の発達にともなう労働者の排出と吸引　綿工業恐慌

機械装置が新たに導入されると、最初に競争相手となる旧来の手工業とマニュファクチュアの労働者に、その影響が疫病のようにおそいかかる。これは、経済学の分別ある代表者たちが等しく認めていることだ。彼らは、ほとんど異口同音に、工場労働者の奴隷状態を嘆いている。そこで彼ら全員が出す切り札は何か？　それは機械装置が、導入期と発展期の恐怖が過ぎ去れば、最後には労働奴隷の数を減らすのではなく、むしろ増やすことになるということだ！　そう、経済学は歓呼の声をあげている。もうすでに機械経営の上になりたっている工場であっても、一定の成長期を経た後、長短の違いはあれ「過渡期」を越せば、機械経営が最初のうち路上に追いやった労働者数よりも多くの労働者を酷使することになる！　このいまいましい定理、つまり資本主義的生産様式の本性に根ざす永遠の必然性を信じる「博愛主義者」(226)なら誰でもいまいましく思うこの定理に、経済学は歓呼の声をあげているのだ！

(226)　これとは反対に、ガニルは、労働奴隷の数の絶対的減少を機械経営の最終結果とみなしている。そして次には、この労働奴隷たちの犠牲の上に増大した「紳士たち」が食いぶちを得るにいたり、紳士たちのよく知られた「完成されうる完成能力」が発展していくという。ガニルは生産の運動をほとんど理解していないが、少なくとも一つのことは感じとっている。すなわち、一方で機械装置が導入されれば職に就いていた労働者が貧民に姿を変え、他方で機械装置が発達すれば、それが一掃したよりも多くの労働奴隷を生みだすとすれば、機械装置というのはきわめて致命的な欠陥をもつ制度だということを。ガニル自身の立場の愚かしさは、彼自身の言葉でしか言いあらわせない。ガニルは言う。「生産しながら消費することを宿命づけられている階級は減少する。そして労働を指図し、全住民を支え、慰め、啓蒙する階級は増えていく……そして労働費用の低下、商品の豊富化、消費財の低価格化から生じるすべての恩恵をわがものにする。こうした導きのもとで、人類はみずからを天才の最高傑作にまで高め、宗教の秘密に満ちた深淵を究め、道徳」(その眼目は「すべての恩恵をわがものにする」ことにある)「の有益な原則をうち立て、自由」(「生産することを宿命づけられている階級」のための自由はどうなるのか?)「と権力、服従と正義、義務と人道性を保護するための法を制定する」。このたわごとの出典は、シャルル・ガニル氏著『経済学の諸体系』第二版、パリ、一八二一年、第一巻、二二四ページ。同書、二一二ページも参照。

いくつかの例、たとえばイギリスの毛糸工場と絹工場などでは、一定の発達段階に達すると、工場部門の飛躍的拡大にともなって、使用労働者数が相対的に減少するだけではなく、その絶対数も減少しうることが立証された。一八六〇年、議会の命令で連合王国の全工場の特別調査がおこなわれた。そのさい、ランカシャー、チェシャー、ヨークシャーの工場地区のうち工場監督官R・ベイカーの担当区域には六五二の工場があった。そのうちの五七〇工場には、以下のものが配備されていた。蒸気織機八万五六二二機、紡錘（複撚紡錘を除く）六八一万九一四六個、蒸気機関馬力二万七四三九馬力、水力馬力一三九〇馬力、従業員九万四一一九人。ところが一八六五年になると、同じ工場群に以下のものが配備されていた。蒸気織機九万五一六三機、紡錘七〇二万五〇三一個、蒸気機関馬力二万八九二五馬力、水力馬力一四四五馬力、従業員八万八九一三人。つまり一八六〇年から一八六五年までのあいだに、これらの工場群では蒸気織機が一一％、紡錘が三％、蒸気馬力が五％増加しているのに、従業者数は五・五％の減となっている(227)。一八五二年から一八六二年のあいだに、イギリスの羊毛加工業は著しく成長したが、使用労働者数はその間にほとんど変化しなかった。

「これは、新しく導入された機械装置が、前の時代の労働をいかに大規模に駆逐したかを示している(228)」。

実際の事例では、工場労働者の増加が見られる場合もあるが、これは多くの場合、見かけ上のことにすぎない。それは、すでに機械経営に基盤をおいている工場の拡大によるものではなく、付随的部門を徐々に合併していった結果によるものだからだ。一例を挙げれば、一八三八―一八五八年の力織機の増加と、それによって働かされる工場労働者数の増加は、（イギリスの）木綿工場についていえば、単純に、この事業分野が拡大したことによるものだった。しかし、他の工場についていえば、これまで人間の筋力で動かされていた絨毯織機、リボン織機、亜麻織機などに、蒸気力が新たに応用されたことが、その要因だった。(229)したがってこうした工場労働者の増加は、従業労働者総数の減少を表現するものでしかなかった。また最後に指摘しておきたいのは、金属工場を除くあらゆる工場では、青少年労働者(一八歳未満)、女性、児童が工場従業員のきわめて重要な部分をなしているにもかかわらず、ここではそのことが完全に無視されているという点だ。

(227) 『工場監督官報告書、一八六五年一〇月三一日』、五八ページ以下。しかし同時に、一一〇の新工場には、蒸気織機一万一六二五機、紡錘六二万八五七六個、蒸気および水力馬力二六九五馬力が配備されており、増大する労働者数を雇用するのに十分な物質的基礎もすでに築かれていた。同前。

(228) 『工場監督官報告書、一八六二年一〇月三一日』、七九ページ。

第二版への追補。一八七一年一二月末、工場監督官A・レッドグレイヴはブラッドフォードの「新機械協会」でおこなった講演で次のように述べている。「しばらく前からわたしが驚かされてきたのは、羊毛工場の変わりようだ。以前は女性と児童であふれかえっていたのに、いまではすべての仕事を機械装置がやっているように見える。わたしの質問に、ある工場主は次のような説明をした。以前の方式のもとでは、自分は六三名の人員を雇っていたが、改良された機械装置を導入してからは職工を三三名に減らし、最近ではさらに新しい大改良があったため、三三名を一三名にまで減らすことができた、と」。

(229) 『工場監督官報告書、一八五六年一〇月三一日』、一六ページ。

機械経営によって大量の労働者が事実上駆逐され、また潜在的に代替されていく。にもかかわらず機械経営自体が成長することで、全体としての工場労働者数が、工場から駆逐されたマニュファクチュア労働者や手工業者の数よりも多くなる可能性があることは容易に理解できる。機械経営自体の成長は、同種の工場総数の増加や既存工場の規模拡大などから見てとれる。たとえば毎週五〇〇ポンドの資本が投じられるとして、古い経営様式では、そのうちの五分の二が不変部分によって、五分の三が可変部分によって占められるとしよう。つまり二〇〇ポンドは生産手段に、三〇〇ポンドは労働力に投じられることになる。労働力に投じられる額は、たとえば労働者一人につき一ポンドとしよう。機械経営の導入とともに総資本のこの組成が変化する。いまや総資本は、たとえばその五分の四が不変部分に、五分の一が可変部分に充てられる。すなわち労働力には一〇〇ポンドしか支出されない。したがって、かつての雇用労働者はその三分の二が解雇される。しかし、この工場経営が拡大され、他の生産条件が変わらないまま投下総資本が五〇〇ポンドから一五〇〇ポンドに増加すれば、再度、三〇〇人の労働者が雇用されることになり、その数は産業革命以前と同じになる。投下資本がさらに二〇〇〇ポンドに増加すれば雇用労働者数は四〇〇人となり、古い経営様式の時よりも三分の一増加する。絶対数で見れば雇用労働者数は一〇〇人の増加となり、相対的に見れば、すなわち前貸しされた総資本との比率から見れば八〇〇人減少したことになる。なぜなら二〇〇〇ポンドの資本があれば古い経営様式では四〇〇人ではなく、一二〇〇人の労働者を雇っていたはずだからだ。すなわち雇用労働者数の相対的減少は、その絶対的増加と矛盾しない。先に仮定しておいたとおり、総資本が増加しても生産条件が変わらないかぎり、総資本の組成比が変わることはない。しかし、すでに見てきたように、機械制が進歩をとげるたびに、機械装置や原料などからなる不変資本部分は拡大し、労働力に支出される可変資本部分は縮小する。同時にまた、機械経営ほど、改良がたえずおこなわれ、したがって総資本の組成比がたえず変化する経営様式はほかにないことも、われわれは知っている。ただしこのたえざる変動は、休止期を迎えることによって、あるいは与えられた技術基盤の上での単なる量的拡大が続くことによって、たえず中断されもする。それとともに、雇用労働者数は増大する。たとえば、一八三五年に連合王国の木綿工場、羊毛工場、毛糸工場、亜麻工場、絹工場で働いていた全労働者の数は三五万四六八四人にすぎなかった。それが一八六一年には、蒸気織機工（八歳以上のさまざまな年齢層の男女）の数だけで二三万〇六五四人にのぼった。もっとも、一八三八年の時点ではまだ、イギリスの木綿手織工が、彼ら自身が使用していた家族を含めると八〇万人もいたことを考えれば、この成長もそれほど大きなものとは思われない[230]。しかもそれは、アジアやヨーロッパ大陸で駆逐された手織工をまったく除外しての話だ。

(230)（木綿および木綿混紡材料の）「手織工の苦しみが、ある勅命委員会の調査対象となった。しかし、その悲惨さが認められ、慨嘆されたにもかかわらず、その状況の改善（！）は偶然と時の変遷にゆだねられた。この苦しみは、いまでは」(二〇年後!)「ほとんど消滅したと考えてよかろう。それにはおそらく今日における蒸気織機の大拡張が貢献したものと思われる」(『工場監督官報告書、一八五六年一〇月三一日』、一五ページ)。

この点についてはまだ多少コメントしておくべきことがある。ただしそこでは、一部、純粋に事実的な諸関係を取り上げることになろう。われわれの理論的な記述自体はまだそこまで達していないからだ。

一つの産業部門において、機械経営が旧来の手工業やマニュファクチュアを犠牲にしながら拡大していくあいだは、それが成功するのは確実だ。それは、あたかもドライゼ銃で武装した軍隊が弓矢で武装した軍隊に勝利するようなものだ。この第一期、すなわち機械が最初にみずからの作用圏を征服していく時期は決定的に重要だ。というのも、この時期には機械の助けを借りて途方もない利潤が生み出されるからだ。この利潤はそれ自体が加速する蓄積の原資となるだけではない。それは、たえず新たに形成され、新規の投資先に殺到する社会的追加資本を、こうした有利な生産部門へと引き入れる呼び水となる。このシュトゥルム・ウント・ドラング時代を思わせる初期の特別利益は、生産部門に機械装置が新しく導入されるたびに、たえず繰り返される。しかし、工場制度がいったんある広がりと一定の成熟度に達すると、とくにその技術的基盤である機械装置自体が機械によって生産されるようになると、あるいは石炭や鉄の生産、金属加工や運輸業が革命的変化をとげ、大工業にふさわしい一般的生産条件が確立してしまうと、たちまちにしてこの経営様式は弾力性を身につけ、突如、飛躍的な拡大能力を発揮するようになる。この拡大能力を制限するのは、原料と販売市場のみだ。機械装置は一方では、たとえば綿繰り機が綿の生産を増加させたように、原料の直接的増加をもたらす[231]。他方では、機械生産物の安さ、および運輸交通、通信機構の革新は、外国市場を征服するための武器となる。機械経営は外国市場の手工業的生産物を破壊し、それを通じて、外国市場を自分の原料生産部門へと強制的に変容させる。このようにして東インドは、グレートブリテンのための綿花、羊毛、大麻、黄麻、藍などの生産へと強制的に追いやられた[232]。大工業時代の国々では労働者がたえず「過剰化」し、それによって国外移住と植民とが温室栽培のように促進される。その行き先となる外国は、たとえばオーストラリアが羊毛の産地となったように、母国で必要な原料の栽培地に変容する[233]。こうして機械経営の主要拠点に対応する新たな国際的分業体制ができあがる。この分業体制は地球上の一部地域を、農業を主とする生産地に変え、工業を主とする他の生産地のための供給拠点とする。この革命は農業における革命的変化と関係しているが、それについてはここではこれ以上詳しく触れることはできない[234]。

(231) 機械装置が原料生産に影響を及ぼす別の方法については第三巻を参照。

(232) 東インドからグレートブリテンへの綿花輸出（封度《ポンド》）
一八四六年—三四、五四〇、一四三　一八六〇年—二〇四、一四一、一六八　一八六五年—四四五、九四七、六〇〇

東インドからグレートブリテンへの羊毛輸出（封度《ポンド》）

一八四六年―四、五七〇、五八一　一八六〇年―二〇、二一四、一七三　一八六五年―二〇、六七九、一一一

(233) 喜望峰からグレートブリテンへの羊毛輸出（封度《ポンド》）

一八四六年―二、九五八、四五七　一八六〇年―一六、五七四、三四五　一八六五年―二九、九二〇、六二三

オーストラリアからグレートブリテンへの羊毛輸出（封度《ポンド》）

一八四六年―二一、七八九、三四六　一八六〇年―五九、一六六、六一六　一八六五年―一〇九、七三四、二六一

(234) 合衆国の経済発展は、それ自身がヨーロッパの、詳しくいえばイギリスの大工業の産物だ。その現在（一八六六年）の姿については、合衆国はまだヨーロッパの植民地とみなされねばならない。〔第四版への註――その後、合衆国は世界第二の工業国に発展したが、それでも、それによって植民地としての性格を完全に失ったわけではない。――F・エンゲルス〕

合衆国からグレートブリテンへの綿花輸出（封度《ポンド》）

一八四六年―四〇一、九四九、三九三　一八五二年―七六五、六三〇、五四四

一八五九年―九六一、七〇七、二六四　一八六〇年―一、一一五、八九〇、六〇八

合衆国からグレートブリテンへの穀物輸出（一八五〇年および一八六二年、単位ハンドレッドウェイト）

	（一八五〇年）	（一八六二年）
小麦	一六、二〇二、三一二	四一、〇三三、五〇三
大麦	三、六六九、六五三	六、六二四、八〇〇
オート麦	三、一七四、八〇一	四、四二六、九九四

ライ麦	三八八、七四九	七、一〇八
小麦粉	三、八一九、四四〇	七、二〇七、一一三
そば	一、〇五四	一九、五七一
とうもろこし	五、四七三、一六一	一一、六九四、八一八
ビーアまたはビッグ（大麦の一種）	二、〇三九	七、六七五
エンドウ豆	八一一、六二〇	一、〇二四、七二二
豆類	一、八二二、九七二	二、〇三七、一三七
総輸入	三五、三六五、八〇一	七四、〇八三、四四一

一八六七年二月一八日、下院はグラッドストン氏の発議によって、一八三一―一八六六年の連合王国の全種類の穀物および穀物粉類の輸出入総量について統計を作成させた。以下にその概略を示す。穀物粉についてはクォーター単位の穀物に換算している。

各五カ年期および一八六六年	年平均輸入（クォーター）	年平均輸出（クォーター）
一八三一―三五年	一、〇九六、三七三	二二五、二六三
一八三六―四〇年	二、三八九、七二九	二五一、七七〇
一八四一―四五年	二、八四三、八六五	一三九、〇五六
一八四六―五〇年	八、七七六、五五二	一五五、四六一
一八五一―五五年	八、三四五、二三七	三〇七、四九一
一八五六―六〇年	一〇、九一三、六一二	三四一、一五〇
一八六一―六五年	一五、〇〇九、八七一	三〇二、七五四
一八六六年	一六、四五七、三四〇	二一六、二一八

年平均輸入超過（クォーター）	八七一、一一〇	二、三三七、九五九	二、七〇四、八〇九	八、六二二、〇九一	八、〇三七、七四六	一〇、五七二、四六二	一四、七〇七、一一七	一六、二四一、一三三
各年期平均人口	二四、六二一、一〇七	二五、九二九、五〇七	二七、二六二、五六九	二七、七九七、五九八	二七、五七二、九二三	二八、三九一、五四四	二九、三八一、七六〇	二九、九三五、四〇四
年間穀物消費量から国内生産量を差し引いた超過分の一人当たり平均超過量（クォーター）	〇・〇三六	〇・〇八二	〇・〇九九	〇・三一〇	〇・二九一	〇・三七二	〇・五〇一	〇・五四三

工場制度の巨大かつ飛躍的な拡張可能性と世界市場へのその依存性は、熱病的な生産と、それに続く市場での商品のだぶつきを必然的に生みだす。そして、市場が収縮するとともに麻痺状態が出現する。産業のライフサイクルは、中程度の活況、繁栄、過剰生産、恐慌、停滞という諸期間の系列へと変容する。機械経営によって労働者の雇用が、したがって生活状態が不確実で不安定なものになり、しかもそれが産業サイクルの周期的変化と同様に、あたりまえのこととなる。繁栄期を除けば、資本家のあいだでは市場の個別シェアをめぐる熾烈な闘争がくりひろげられる。このシェアは生産物の安さに比例する。これによって、労働力に代わる改良された機械装置の使用をめぐって、そしてまた新たな生産方法の使用をめぐって、競争関係が生み出される。それに加えて、サイクルごとに必ず到来する一時

点があり、その時点に達すると、商品を低価格にするために労働賃金を労働力の価値以下に強引に引き下げようとする努力がなされる。(235)

(235) 一八六六年七月、レスターの靴製造業者の「ロックアウト」によって路上に投げ出された労働者たちは「イギリス労働協会」に訴えを起こし、次のように主張した。「約二〇年前からレスターの靴製造業は、縫いつけに代えて鋲《びょう》止めを採用したことで大きく変化した。当時は良い賃金を稼ぐことができた。やがてこの新しい製造法が非常に広まった。どこが最も趣味の良い品を提供できるかをめぐって、さまざまな商会のあいだで大きな競争がおこなわれた。しかし間もなく、より悪性の競争が始まった。すなわち市場での安売り競争だ。有害な結果は、すぐに賃金の引き下げとなってあらわれた。労働価格の下落はあまりにも急激であったため、多くの商会は、いまではもとの賃金の半分しか払っていない。しかも賃金はどんどん下がっているにもかかわらず、労働賃金率の変更があるたびに、利潤は増大しているように思われる」。──工場主たちは産業の不況期さえも利用して、いき過ぎた賃金カット、すなわち労働者の必要不可欠な生活手段を直接かすめとることで法外な利潤をあげようとする。一例を挙げよう。それはコヴェントリーの絹織物業の恐慌でのことだ。「わたしが工場主からも労働者からも得た報告によれば、国外生産者との競争や他の状況によって余儀なくされた以上に大幅な賃金の引き下げがおこなわれたことは疑いない。大半の織工は三〇％から四〇％の賃金カットの下で働いている。五年前には一巻きのリボンで織工は六から七シリングを得ることができたのに、いまでは三シリング三ペンスから三シリング六ペンスにすぎない。また以前には四シリングから四シリング三ペンスが支払われた仕事がいまでは二シリングから二シリング三ペンスにしかならない。需要を刺激するために必要な程度を割りこんで、賃金が引き下げられている。実際、多くの種類のリボンについては、賃金引き下げによって少しでも製品価格が下がったなどということは一度もなかった」(調査委員F・D・ロンジの報告。『児童労働調査委員会、第五次報告書』一八六六年、一一四ページ、一号所収)。

このように、工場労働者の総数が増大するためには、工場に投下される総資本がはるかに大きな速度で増大することが必要条件となる。しかし、こうした総資本の増大過程は産業サイクルの満潮期と干潮期との交替のなかでしか実現しない。しかもその過程は技術の進歩によってたえず中断される。技術の進歩は、ある場合には可想的に労働者の代わりを果たし、ある場合には現実に労働者を駆逐する。機械経営に生じるこうした質的変化は、たえず労働者を工場から追放し、あるいは新兵の流入に対して工場の門戸を閉ざす。しかし他方では、工場が単純に量的拡張を続けていれば、投げ出された労働者のみならず、新規の補充兵もそこに呑み込まれていく。このようにして労働者はたえずはじきだされ、引き寄せられ、あっちに投げ出され、こっちに投げ返され、しかもそのたびに採用者の性別、年齢、熟練度がたえず変化していく。

工場労働者の運命を知ろうと思えば、イギリス綿工業がたどった運命を一瞥するのが最も分かりやすい。

一七七〇年から一八一五年までの間に綿工業が不況や停滞に見舞われたのは五年間にす

ぎない。この最初の四五年間、イギリスの工場主たちは機械装置と世界市場を独占していた。その後、一八一五年から一八二一年までは不況、一八二二年と一八二三年は好況、一八二四年には団結禁止法の撤廃と工場全般の飛躍的拡大があり、一八二五年に恐慌。一八二六年には綿工業労働者の極度の窮乏と暴動。一八二七年はわずかに好転、一八二八年に蒸気織機と輸出の急拡大。一八二九年には輸出、特にインド向け輸出が過去最高を記録。一八三〇年には市場のだぶつき、深刻な苦境、一八三一年から一八三三年までは継続的不況。東アジア（インドと中国）貿易が、東インド会社の独占から切り離される。一八三四年には工場と機械装置の急成長、人手不足。新しい救貧法により農村労働者の工場地帯への移住が促進される。農村地帯から子供が一掃される。白色奴隷売買。一八三五年は大好況。同時に木綿手織工の餓死。一八三六年は大好況。一八三七年と一八三八年は不況および恐慌。一八三九年に景気回復。一八四〇年は大不況、暴動、軍隊の出動。一八四一年と一八四二年には工場労働者の悲惨な苦しみ。一八四二年には、工場主が穀物法撤廃を強要するため職工を工場から締めだす。何千人もの労働者がヨークシャーになだれ込み、軍隊により追い返される。指導者たちはランカスターで裁判にかけられる。一八四三年には極度の窮乏。一八四四年に回復。一八四五年は大好況。一八四六年は、当初、継続的な景気上昇、その後、反動の兆し。穀物法の撤廃。一八四七年は恐慌。「大きなパン」〔穀物法撤廃キャンペーンに使われたキャッチフレーズ。自由貿易によりパンの大きさが倍増すると宣伝された〕を祝って、賃金全般の一〇％ないしそれ以上の切り下げ。

一八四八年は継続的不況。マンチェスターが戒厳令下におかれる。一八四九年には回復。一八五〇年は好況。一八五一年には商品価格の下落、低賃金、ストライキの頻発。一八五二年には好転の兆し。ストライキは続発、工場主たちは脅しとして外国人労働者の輸入をちらつかせる。一八五三年には輸出増加、プレストンでの八カ月のストライキと極度の窮乏。一八五四年は好況、市場のだぶつき。一八五五年には合衆国、カナダ、東アジアの市場から続々と倒産の報告がもたらされる。一八五六年は大好況。一八五七年は恐慌。一八五八年には好転。一八五九年は大好況、工場の増加。一八六〇年、イギリス綿工業の絶頂。インド、オーストラリアその他の市場が供給過剰となり、一八六三年になってもまだ全在庫を吸収するにはいたらなかった。フランスとの通商条約。工場と機械装置の飛躍的な増加。一八六一年には活況がしばらく続いた後に反動、アメリカ南北戦争、綿花飢饉。一八六二年から六三年まで完全な崩壊。

綿花飢饉の歴史はあまりにも特徴的なので、少し足を止めて観察せざるをえない。一八六〇年から一八六一年にいたる世界市場の状況から推察すれば、綿花飢饉は工場主たちにとって時宜を得たものであり、また一部は利益にもつながった。この事実は、マンチェスター商工会議所の報告書のなかでも認められている。また議会でも、パーマストンやダービーによって明言され、また実際の出来事によっても確認された。(236) もちろん一八六一年には、連合王国の二八八七の綿工場の中に多くの小工場が含まれていた。工場監督官A・レッドグレイヴの管轄区域には、上記二八八七工場のうち二一〇九工場が含まれていたが、彼の報告によれば、この二一〇九工場のうちの三九二工場、すなわち一九%は使用蒸気馬力が一〇馬力未満にすぎず、三四五工場、すなわち一六%は一〇馬力以上二〇馬力未満だった。これに対して二〇馬力以上使用していた工場は一三七二工場あった。(237) 小工場の大半は一八五八年以後の好況期に創立された織物工場だった。創立者のほとんどが投機家で、彼らのうちのある者は糸を、ある者は機械装置を、ある者は建物を提供し、経営はかつての作業監督や資産をもたない人々に任せられた。こうした小工場はそのほとんどが消滅した。綿花飢饉によって商業恐慌は回避されたが、かりに綿花飢饉がなくても商業恐慌によって彼らは同じ運命に見舞われたことだろう。工場数からいえばこうした小工場は全体の三分の一を占めていたが、綿工業に投下された資本全体からいえば、こうした工場が吸収していたのはごくわずかな部分にすぎなかった。操業停止の規模は、信頼できる推計によれば、一八六二年一〇月の時点で紡錘の六〇・三%、織機の五八%におよんだ。この数字はこの産業部門全体についてのもので、もちろんそれぞれの地方によって大きなばらつきが見られた。フルタイム(週六〇時間)で操業していた工場はきわめて少数で、その他の工場は断続的に操業された。フルタイムで雇われ通常の出来高賃金を受けとっていた少数の労働者でさえ、週賃金の低下は避けられなかった。それは上質の綿花の代わりに劣悪な綿花が用いられるようになったためだ。(細糸紡績工場では) シー・アイランド綿の代わりにエジプト綿が、アメリカ綿とエジプト綿の代わりにスラト綿（東インド綿）が、純綿の代わりに屑綿とスラト綿との混綿が使用された。スラト綿は繊維が短く、汚れが多く、糸も切れやすい。また経糸《たていと》の糊付けに使う穀物粉が、もっと重いあらゆる材料で代用された、等々。その結果、機械装置の速度が落ち、また一人の織工が監視できる織機の数が減り、機械の誤作動にともなう労働が増え、生産量が落ちこみ、それとともに出来高賃金が下がった。スラト綿を使用してフルタイム就業した場合、労働者の損失は二〇％、三〇％、あるいはそれ以上にのぼった。しかも工場主の大半は、出来高賃金の歩合をも、五％、七・五％、一〇％、切り下げた。いわんや週に三日、三日半、四日しか就業していない者や、一日六時間しか雇われていない者の惨状はおして知るべしだ。一八六三年にいくぶん回復がみられたあとでも、織工、紡績工の週賃金は三シリング四ペンス、三シリング一〇ペンス、四シリング六ペンス、五シリング一ペンスなどだった。(238)この悲惨な状況下でさえも、賃金カットにかける工場主たちの発明精神は休むことを知らなかった。時には、粗悪な綿花や不適合な機械装置などが原因で生じた製品不良に対してまで、罰金として賃金カットが課された。工場主が労働者小屋の所有者である場合には、名目賃金からの天引きによって家賃の取り立てに代えた。工場監督官レッドグレイヴは自動機見張り工（彼らは一対《つい》の自動ミュール紡績機の見張りをする）について次のように記している。

彼らは「一四日間フルタイムで仕事をした後、八シリング一一ペンスを得たが、この額から家賃が差し引かれた。しかし、工場主は家賃の半額を贈与として返却したため、見張り工は六シリング一ペンスだけは家に持ち帰った。一八六二年の終わり頃には、織工の週賃金は二シリング六ペンスを最低として、その上に何段階かのランクがあった」[239]。

職工が短時間しか労働していない場合でさえも、家賃が賃金から差し引かれることはよくあった[240]。ランカシャーのいくつかの地区で一種の飢餓病が発生したのも無理はない！しかし、これらすべてのことよりもさらに特徴的だったのは、生産過程の革命がいかに労働者を犠牲にしておこなわれたかということだ。これは文字どおり、解剖学者がカエルを相手におこなうような価値なき身体を使った実験だった。工場監督官レッドグレイヴは言う。

「わたしは多くの工場における労働者の実収入を掲げてきたが、だからといって彼らがこの額を毎週、実際に受けとっていると考えてはならない。……綿花混合物の質によって彼らの収入は上がったり下がったりする。工場主がたえず実験をおこなうために、労働者は大きな変動の犠牲になる。ある時には、もとの収入に一五％分近づいたかと思うと、翌週あるいは翌々週には五〇％から六〇％も下落する」[241]。

こうした実験は労働者の生活手段を犠牲にしておこなわれただけではない。労働者は五感のすべてをもって、その償いをさせられた。

「綿花の荷解き作業に従事している者たちは、耐えがたい悪臭で吐き気をもよおす、とわたしに語った。……混綿場、粗梳場、梳綿場で使用されている者は飛散する塵埃で顔中の穴という穴を刺激され、咳や呼吸困難を起こす。……繊維が短いため、糸には大量の糊づけ用原料が添加される。しかもそれらは以前に使われていた穀物粉に代わるさまざまな代用物だ。……織工の吐き気や消化不良はそのためだ。塵埃による気管支炎、咽頭炎、さらにはスラト綿に含まれる汚物によって肌が刺激されることから皮膚病が蔓延する」。

その一方で穀物粉の代用物はそれによって糸の重量を増すことができるので、工場主諸氏にとっては魔法の財布となった。代用物を使うと「一五封度《ポンド》の原料が、織り上げた時には二〇封度《ポンド》になった」(242)。一八六四年四月三〇日の工場監督官報告書には次のように書かれている。

「この産業は、この補助材料をいまでは実に無節操な規模で使用している。確かな専門家から聞いたところでは、八封度《ポンド》の織物を作るのに、五封度《ポンド》四分の一綿と二封度《ポンド》四分の三の糊を使っているという。あるいは別の五封度《ポンド》四分の一の織物には二封度《ポンド》の糊が含まれていた。これは輸出用の普通のシャツ地だった。他の種類になると、時には五〇％の糊が添加された。こうして工場主たちは布地を、名目上そのなかに含まれているはずの糸の価格よりも安い価格で売って、なおかつ金持ちになるという芸当をやってのけた。これは工場主としては自慢できることであり、また実際に自慢してもいる」(243)。

しかし労働者の方は、工場では工場主の実験に苦しめられ、また工場外では市当局の実験に苦しめられた。彼らは、賃金カット、失業、困窮、慈善に苦しめられ、また上下両院の賛辞に苦しめられた。しかしそれだけではない。「綿花飢饉の結果、職を失った不幸な女性たちが社会の敗残者となり、またそこから立ち直れなかった。……若い売春婦の数は過去二五年で増えた以上に増加した」(244)。

(236) 『工場監督官報告書、一八六二年一〇月三一日』、三〇ページ参照。
(237) 同前、一八、一九ページ。
(238) 『工場監督官報告書、一八六三年一〇月三一日』、四一―四五、五一ページ。
(239) 同前、四一、四二ページ。
(240) 同前、五七ページ。
(241) 同前、五〇、五一ページ。
(242) 同前、六二、六三ページ。
(243) 『工場監督官報告書、一八六四年四月三〇日』、二七ページ。
(244) ボルトンの警察署長ハリスの書簡。『工場監督官報告書、一八六五年一〇月三一日』、六一、六二ページ所収。

このようにイギリス綿工業の最初の四五年間、すなわち一七七〇年から一八一五年までの期間については、わずかに五年間しか恐慌や停滞は見られなかった。しかしそれは、イギリス綿工業の世界独占の時代だった。第二期の四八年間、すなわち一八一五年から一八六三年までについては、回復と好況は二〇年にすぎず、不況と停滞が二八年を占めている。

一八一五年から一八三〇年までのあいだに、ヨーロッパ大陸および合衆国との競争が開始される。一八三三年以降は、アジアの市場拡大が「人種の破壊」を通じて強行された。穀物法の撤廃以降、一八四六年から一八六三年までの期間については、中程度の活況と好況が八年、不況と停滞が九年だった。好況期でさえ、成人男性の綿業労働者の状況がどのようなものであったかは、以下の註から判断できるだろう。(245)

(245) 一八六三年春、移民協会設立に向けて綿業労働者が提出したアピールにはたとえば次のように記されている。「工場労働者の大規模な海外移住がいまや絶対的に必要であることは、ほとんどだれも否定しないだろう。しかし、移民のたえざる流れはいまだけでなく、いつの時代にも必要なのであり、これなくしては通常の状況下でわれわれの地位を維持することは不可能だ。このことは次の事実からも分かる。一八一四年、輸出綿製品の公認価値(これは量をあらわす指標でしかない)は一七六六万五三七八ポンドで、その実際の市場価値は二〇〇七万〇八二四ポンドだった。一八五八年には、輸出綿製品の公認価値が一億八二二二万一六八一ポンドになったが、その実際の市場価値は四三〇〇万一三二二ポンドにすぎず、量が一〇倍になったにもかかわらず、二倍強の等価物を生み出したにすぎなかった。これは国全体にとって、またとりわけ工場労働者にとって不幸な結果だが、それはさまざまな複合的原因によって生じた。なかでも最も顕著な原因は、労働の恒常的な過剰状態だ。この産業部門は破滅を免れるためには恒常的な市場拡大を必要としており、したがって労働過剰状態が必要不可欠なのだ。われわれの綿工場は、商業の周期的停滞により操業停止になる可能性がある。しかもこの周期的停滞は、現在の制度下では死と同様、不可避なものだ。しかし、だからといって人間の発明精神が休止することはない。少なく見積もっても過去二五年間に六〇〇万人がこの国を去ったにもかかわらず、生産物を安くするために次から次へと労働が駆逐されていくために、一番の好況時ですら成人男性の大部分が、工場でいかなる条件のいかなる種類の仕事をも見つけられないでいる」(『工場監督官報告書、一八六三年四月三〇日』、五一、五二ページ)。綿工業が破局を迎えたさいに、いかに工場主たちが、あらゆる手段を尽くし、国家の力さえ借りて、工場労働者の海外移住を阻止しようとしたかは、後の章で見ることになるだろう。

第八節　大工業によるマニュファクチュア、手工業、家内労働の革命

a　手工業と分業にもとづく協業の廃棄

すでに見たように、機械装置は手工業にもとづく協業と、手工業的労働の分業にもとづくマニュファクチュアを廃棄していく。前者の一例は草刈機で、それは草刈人の協業にとって代わる。後者の典型例は縫針製造機だ。アダム・スミスによれば、彼の時代には一〇人の男性が分業によって一日四万八〇〇〇本以上の縫針を製造していた。しかし機械ならばたった一台で、一一時間の労働日に一四万五〇〇〇本を作ることができる。成人女性一人ないし少女一人がこの種の機械を平均四台監視する(246)。したがってこの機械で一日約六〇万本、一週間に三〇〇万本以上の縫針を生産する。協業やマニュファクチュアに代わって

個々の作業機が使われるだけであれば、作業機自体がふたたび手工業的経営の基盤になるということもありうる。しかし、機械装置の上に立った手工業経営のこうした再生産は、工場経営へと向かう移行過程にすぎない。蒸気力や水力などの機械的動力が人間の筋肉に代わって機械を動かすようになれば、そのつど工場経営が出現してくるのが通例だ。たしかに小規模経営でも、散発的かつ短期的に機械的動力と結びつくことはありうる。たとえばバーミンガムのいくつかのマニュファクチュアで見られたような蒸気力の賃借、織物工場のある部門で見られた小型熱機関の使用などがその一例だ。(247) コヴェントリーの絹織物工場では自然発生的に「コテッジ工場」の実験が広まった。四角形に建てられたコテッジの列の中央にいわゆるエンジン・ハウスを作り、そこに蒸気機関を設置する。そしてこの蒸気機関がシャフトを介して小屋の織機につながれる。いずれの場合も蒸気は賃貸しされ、たとえば織機一台につき二・五シリングが徴収された。織機が稼働していようがいまいが、この蒸気料金は週単位で支払うことになっていた。各コテッジには二台から六台の織機があり、労働者が所有していることもあれば、ローンで購入したり賃借したりすることもあった。コテッジ工場と本来の工場とのあいだの闘争は一二年以上続いた。この闘争は三〇〇のコテッジ工場が全滅することで終結した。(248) 生産過程の性質からして最初から大規模生産を必要としない場合、たとえば封筒製造業や鉄ペン製造業等、ここ数十年に新規に登場した産業の場合には、短期の移行過程として最初に手工業経営が、次いでマニュファクチュア経営がおこなわれた後、工場経営に移行していくのが通例だ。この形態変容《メタモルフォーゼ》が一番難しいのは、製品のマニュファクチュア的生産が段階的な製造過程からではなく、多様な異種過程からなっている場合だ。たとえば鉄ペンの工場ではこれが大きな障害となった。しかし、すでに一五年ほど前に、六つの異種過程を一挙にこなす自動装置が発明された。手工業は、一八二〇年に最初の鉄ペンを一二ダースにつき七ポンド四シリングで供給していたが、マニュファクチュアは、一八三〇年に同じものを八シリングで供給するようになった。ところが今日では、工場がそれを二から六ペンスで卸売商に供給している。(249)

(246) 『児童労働調査委員会、第三次報告書』一八六四年、一〇八ページ、四四七号。

(247) 合衆国では、機械装置の上に立った手工業のこの種の再生産がよく見られる。まさにそれゆえに、工場経営への避けがたい移行が生じる時には、ヨーロッパに比べて、またイギリスに比べてさえ、はるかに速いスピードで集積が進むだろう。

(248) 『工場監督官報告書、一八六五年一〇月三一日』、六四ページ参照。

(249) ジロット氏はバーミンガムに最初の大規模な鉄ペンのマニュファクチュアを設立した。それは一八五一年の時点ですでに一億八〇〇〇万本以上のペンを供給し、毎年一二〇トンの鋼版を消費した。連合王国でこの産業を独占しているバーミンガムは現在、年間数十億本の鉄ペンを生産している。一八六一年の人口調査によれば、その従業員数は一四二八人で、そのうち一二六八人が、下は五歳からはじまる女工で占められていた。

b　工場制度がマニュファクチュアと家内労働に投げ返す作用

工場制度の発達とそれにともなう農業の革命的変化によって、他のすべての産業部門で生産規模が拡大するだけではなく、その性格も変化する。機械経営の原理は、生産過程をその構成要素である諸段階に分解し、そこで生じる課題を力学や化学など、要するに自然科学を応用することで解決することにある。この原理があらゆる場所で主導的なものとなっていく。それゆえ機械装置は、ある時にはこちら、ある時にはあちら、というふうにマニュファクチュアの部分過程に押し寄せてくる。これによって旧来の分業から派生したマニュファクチュア組織の堅固な結晶は融解し、絶え間ない変化に席をゆずる。この点を別にしても、全体労働者の構成、あるいは結合された労働人員の構成は根本的に変化する。マニュファクチュア時代とは異なり、分業計画の基礎は、いまや可能なかぎり、女性労働、あらゆる年齢層の児童労働、非熟練労働など、要するにイギリス人がいかにもそれにふさわしく「廉価労働《チープ・レイバー》」と呼ぶ労働の使用におかれるようになる。このことは、機械使用の有無にかかわらず、大規模に結合された生産すべてについて言える。しかしそれだけではない。同じことはまた、労働者の個人住宅でおこなわれているか小さな作業場でおこなわれているかにかかわらず、いわゆる家内工業についても言える。こうしたいわゆる近代的家内工業は、旧来の家内工業、すなわち都市の独立手工業、独立農民経営、そして何より労働者家族の家を前提とした旧家内産業とは、その名称以外に何の共通点もない。いまやそれは、工場、マニュファクチュア、あるいは卸売商の外部支所に変容している。資本は、大量の工場労働者、マニュファクチュア労働者、手工業者を空間的に集中し、直接その指揮をとる以外に、見えざる糸でもう一つ別の軍隊、すなわち大都市および田園地帯に散らばる家内労働者の一軍を動かしている。たとえばアイルランドのロンドンデリーにあるティリー社のシャツ工場は、一〇〇〇人の工場労働者のほかに、地方に散らばる九〇〇〇人の家内労働者を使用している。(250)

(250)『児童労働調査委員会、第二次報告書』一八六四年、ローマ数字六八ページ、四一五号。

近代的マニュファクチュアでは、安価な未成年労働力の搾取が、本来の工場よりもさらに厚顔無恥なものになる。というのも、工場にはまだしも技術的基盤が存在し、筋力の代わりに機械が使われ労働が容易になっているのに対して、マニュファクチュアにはそれが大部分欠けているからだ。そこではまた、女性や未成年者の肉体がきわめて非良心的な仕方で有毒物質などの影響にさらされている。それが、いわゆる家内労働になると、搾取はマニュファクチュアよりもさらに恥知らずなものになる。その理由は、労働者が分散しているため彼らの抵抗能力が減少すること、本来の雇用者と労働者とのあいだに一連の寄生者が割りこんできてピンハネをすること、家内労働がいたるところで同じ生産部門の機械経営と、あるいは少なくともマニュファクチュア経営と競争状態におかれること、貧困が労働者から、必要不可欠な労働条件、空間、光、換気等々を奪うこと、就業の不規則性が増大すること、そして最後に、大工業と農業によって「余剰化」された人々のこの最後の避難場所で、労働者の競争が必然的に最高度に達すること、などだ。機械経営によってはじめて体系的におこなわれるようになった生産手段の効率化は、最初から同時に、残酷きわまりない労働力の浪費であり、労働機能の正常な前提条件の剝奪でもあった。しかも、一つの産業部門で、労働の社会的生産力と結合労働過程の技術的基盤が未発展であればあるほど、こうした効率化はますます敵対的で殺人的な側面をあらわにする。

c　近代的マニュファクチュア

ここでは、いくつかの例に即して、これまで掲げてきた諸命題を説明しておきたい。読者は労働日に関する章から、実際、数多くの例証をすでに知っている。バーミンガムとその近郊の金属マニュファクチュアは、一万人の女性と三万人の児童、青少年を、大部分きわめて厳しい重労働に使用している。彼らはそこで、健康に有害な黄銅鋳造工場、ボタン工場で働き、同じく健康に有害な琺瑯《ほうろう》、メッキ・塗装作業に従事している。[251] ロンドンのいくつかの新聞や書籍の印刷工場は、成年、未成年を問わず、あまりの過度労働が課されていることから「屠殺場」という名誉ある名前をさずかっている。[251a] 同じ過度労働は製本工場にも見られ、そこではとくに女性、少女、児童が屠《ほふ》られている。ロープ製造業での未成年者の重労働。製塩所、ロウソク製造、その他の化学マニュファクチュアでの夜間労働。機械化されていない絹織物工場で織機を回す少年たちの殺人的な使い捨て。(252)なかでも最も劣悪で汚く、しかも低賃金の仕事はぼろ布の仕分けで、そこでは好んで若い少女と女性が使用されている。知ってのとおり、グレートブリテンは自国から出る無数のぼろを別としても、全世界のぼろ取引の集散地となっている。ぼろは、日本から、はるか南米諸国から、カナリア諸島からも流れこんでくる。しかし、その主要供給源はドイツ、フランス、ロシア、イタリア、エジプト、トルコ、ベルギー、オランダだ。ぼろは肥料に、毛屑（ふとん用）やショディ（再生羊毛）の製造に、あるいは紙の原料に用いられる。ぼろの仕分けに携わる女性たちは、(253)天然痘その他の伝染病を広める媒介者となり、彼女たち自身がその最初の犠牲者となる。過度労働、苛酷かつ不適切な労働、その結果、幼年期からこき使われる労働者に生じる粗暴化、こうしたものの典型例が、鉱山業や炭坑業のほか、瓦や煉瓦の製造業に見られる。イギリスではこうした業種に、新しく発明された機械はまだ（一八六六年）散発的にしか使用されていない。五月から九月までは、労働が朝五時から夜八時まで続き、屋外で乾燥作業がおこなわれる時には、しばしば朝四時から夜九時まで続く。朝五時から夜七時までの労働日は「短縮された」「適度の」労働日とみなされている。男女の児童が六歳から使用されており、四歳から使用される場合すらある。彼らは大人と同じ時間数、いや、しばしばそれ以上の時間数を働く。労働は苛酷で、夏は暑さで消耗がいっそう激しくなる。たとえばモーズリーのある瓦工場では、二四歳の女性が一日二〇〇〇枚の瓦を作っていた。二人の少女が助手として彼女を補佐し、粘土を運搬し、瓦を積み上げる。この少女たちは毎日一〇トンの重量を、深さ三〇フィートの粘土採掘場の滑りやすい測道をつたって引きずり上げる。その運搬距離は二一〇フィートにも達する。「子供が大きな道徳的頽廃に陥ることなく、瓦工場の煉獄を通過することは不可能だ。……幼少時から下品な言葉を耳にし、猥雑、下品、破廉恥な習慣のもとで無知粗暴に育っていけば、彼らは後年になって無法、無軌道、懶惰《らんだ》になっていく。……道徳的頽廃の最も恐るべき原因の一つは、住居の様式だ。型作り職工」(本来は熟練労働者で労働者グループの頭《かしら》)「はいずれも、自分の配下七人を自分の小屋に住まわせ、食事を与える。彼の家族であろうがなかろうが、男たちと少年少女が、この小屋に寝泊まりする。小屋はふつう二部屋から、稀には三部屋からなっている。部屋はすべて一階で風通しが悪い。日中のはげしい発汗のせいで身体はくたくたに疲れており、健康管理、衛生、マナーなどはいかなる形でも見られない。こうした小屋の多くは無秩序、不潔、塵埃のまさに見本だ。……若い少女をこの種の労働に使用するこのシステムの最大の弊害は、少女たちを、通例、幼少時から後々の生活にいたるまで最悪の連中のもとに縛りつけることだ。自分たちが女性であることを自然が彼女たちに教える前に、彼女たちは粗暴な悪童になってしまう。彼女たちは、汚れたぼろをわずかに身にまとい、脚は膝上高くまで露出し、髪と顔は垢にまみれ、あらゆる慎みや恥じらいの感情を侮蔑することを学んでいく。食事中には地べたに寝そべったり、近くの小川で水浴びをする少年たちを眺めている。彼女たちの辛い一日の仕事がようやく終わると、少しましな服に着替え、男たちについて酒場に行く」。

この階級全体に子供時代から大酒飲みがきわめて多いのは当然のことだ。

「最悪なのは、煉瓦工自身が自暴自棄になっていることだ。彼らのうちでもいくらかましな方の男がサゾールフィールドの牧師にこう言ったという。旦那、煉瓦工を向上させて、ましな人間にできるくらいなら、悪魔にだって同じことができますさあ！と」(254)。

(251) シェフィールドでは、いまやヤスリ研《と》ぎにまで子供が使われている！
(251a) 『児童労働調査委員会、第五次報告書』一八六六年、三ページ、二四号。六ページ、五五、五六号。七ページ、五九、六〇号。
(252) 同前。一一四、一一五ページ、六—七号。普通は人間の代わりに機械を使うのに、ここでは文字どおり、機械の代わりに少年を使っている、と委員は指摘しているが、これは正しい。
(253) ぼろ取引についての報告および豊富な例証については『公衆衛生、第八次報告書』ロンドン、一八六六年、付録一九六—二〇八ページ参照。
(254) 『児童労働調査委員会、第五次報告書』一八六六年、ローマ数字一六—一八ページ、八六—九七号、および一三〇—一三三ページ、三九—七一号。また『第三次報告書』一八六四年、四八、五六ページも参照。

近代的マニュファクチュア（ここでは本来の工場を除くすべての大規模作業場をいう）

における労働条件の資本主義的効率化については『公衆衛生報告書』の第四次（一八六一年）および第六次（一八六四年）報告書にきわめて豊富な公認の資料が見いだされる。作業場の描写、とくにロンドンの印刷業者と裁縫業者の描写は、われらの小説家のいかなる不快なファンタジーをもってしても、とうていかなわない。労働者の健康状態に及ぼす影響は言うまでもない。枢密院の首席医務官で『公衆衛生報告書』の公式編集者でもあるドクター・サイモンは、たとえば次のように記している。

「わたしは第四次報告書」（一八六一年）「のなかで、労働者が彼らの基本権たる衛生権を主張することが事実上、いかに不可能であるかを指摘した。衛生権とはすなわち、使用者が労働者をいかなる作業のために集めるにせよ、使用者の力の及ぶかぎり、回避可能なすべての不衛生な状態から労働者が解放されていなければならないというものだ。わたしが指摘したように、労働者はみずからの手でこの衛生権を調達してくることは事実上不可能であり、しかも、衛生警察の行政官からはなんら有効な助力を得られていない。……いまや何万人という男女の労働者が、単に職に就いているというだけで極度の肉体的苦痛をこうむっており、それによって彼らの生命は無駄に痛めつけられ、短縮されている」(255)。作業場が健康状態に及ぼす影響を例示するために、ドクター・サイモンは以下のような死亡率一覧を挙げている。

健康比較をおこなった産業	各産業の従業員総数（全年齢）	各産業の年齢別死亡数（一〇万人当たり）		
		二五―三五歳未満	三五―四五歳未満	四五―五五歳未満
イングランドとウェールズの農業	九五八、二六五	七四三	八〇五	一、一四五
ロンドンの裁縫業	男二二、三〇一 女一二、三七七	九五八	一、二六二	二、〇九三
ロンドンの印刷業	一三、八〇三	八九四	一、七四七	二、三六七(256)

(255)『公衆衛生、第六次報告』ロンドン、一八六四年、二九、三二ページ。

(256)同前、三〇ページ。ドクター・サイモンの指摘によれば、二五歳から三五歳未満のロンドンの裁縫工と印刷工の死亡率は実際にはこれよりはるかに高い。というのも、彼らを使用しているロンドンの雇用主は、三〇歳までの若者を大量に「徒弟」および「見習い」（それぞれの手職で修業を志す者）として田舎から呼び寄せているからだ。これらの若者は人口調査ではロンドン人として数えられ、ロンドンの死亡率計算の基礎となる総人口を増やしている。ところが同じ割合でロンドンの死亡数を増やすことには貢献していない。なぜなら、彼らの大部分が、とくに重病にかかった場合には田舎に帰ってしまうからだ。同前。

d　近代的家内労働

次に、いわゆる家内労働を見てみよう。大工業の背後で作り上げられたこの資本の搾取領域とその驚愕すべき実態について想像するには、たとえば、一見牧歌的なイギリスのいくつかの僻村で営まれている釘製造業を見てみるとよい。(257) ここでは、レース製造業と麦わら細工業のうちで、まだ機械経営がまったく及んでいないか、機械経営やマニュファクチュア経営との競争が生じていない部門から、いくつかの例を引けば十分だ。

(257) ここでいう釘とは、機械で切断して製造される釘ではなく、ハンマーで打って作られる釘だ。『児童労働調査委員会、第三次報告書』、ローマ数字一一、一九ページ、一二五―一三〇号。五二ページ、一一号。一一三―一一四ページ、四八七号。一三七ページ、六七四号を参照。

イギリスのレース生産に従事する一五万人のうち、一八六一年の工場法の適用を受けているのは約一万人だ。残りの一四万人のうち、圧倒的多数は女性、青少年、児童だ。青少年と児童は男女両性からなるが、男性の数ははるかに少ない。この「安価な」搾取材料の健康状態は、ノッティンガムの総合診療所医師ドクター・トルーマンが作成した次の表から見てとれる。大部分が一七歳から二四歳までのレース織り女工である患者六八六人のうち、肺結核患者の割合は次のとおりだ。

一八五二年　四五人につき一人
一八五三年　二八人につき一人
一八五四年　一七人につき一人

一八五五年　一八人につき一人
一八五六年　一五人につき一人
一八五七年　一三人につき一人
一八五八年　一五人につき一人
一八五九年　九人につき一人
一八六〇年　八人につき一人
一八六一年　八人につき一人(258)

(258)『児童労働調査委員会、第二次報告書』、ローマ数字二二ページ、一六六号。

肺結核罹患率のこの進歩を見れば、度し難い楽天的な進歩主義者や、嘘八百を並べるドイツの自由貿易論の行商人たちも、さぞ満足するに違いない。

本来のレース製造業は、それが機械でおこなわれているかぎり、一八六一年の工場法の規制を受ける。そしてイギリスでは機械製造が通例だ。しかし、われわれがここで簡単に見ておきたいのは、労働者がマニュファクチュアや卸売商などに集中しておらず、いわゆる家内労働としておこなわれている部門だ。この部門は次の二つに分けられる。(1) 仕上げ(機械製造されたレースの最後の仕上げ。そのカテゴリーには、さらに数々の下位部門が含まれる)、(2) レース編み。

レースの仕上げは、いわゆる「女親方の家」か、女性たちの自宅で家内労働としておこなわれる。女性たちは単独の場合もあれば、子連れの場合もある。「女親方の家」を営んでいる女性たち自身も貧しい。作業場には自宅の一部が充てられる。彼女たちは工場主や卸商店主等から注文を受け、部屋の広さや仕事の需要変動に応じて女性、少女、年少児童を使用する。雇われている女性労働者の数は、ある仕事場では二〇人から四〇人のあいだで、また別の仕事場では一〇人から二〇人のあいだで変動する。児童が仕事を始める最低年齢は六歳、しかし、五歳以下の時もままある。通常の労働時間は朝八時から夜八時まで。一時間半の食事時間はあるが、食事は不規則で、しかも悪臭のただよう穴蔵のような仕事場で摂ることもよくある。景気が良い時には仕事は朝八時から(時には六時から)夜の一〇時、一一時、あるいは一二時まで続く。イギリスの兵舎では兵士一人あたり五〇〇—六〇〇立方フィート、軍病院では一二〇〇立方フィートの空間を与えるよう定められている。穴蔵のような彼女たちの仕事場では、一人あたり六七—一〇〇立方フィートにすぎない。しかも同時に、ガス灯が空気中の酸素を消費する。レースを汚さないように、子供たちは冬でも靴を脱がされることが多い。しかも床は石や煉瓦でできている。

「ノッティンガムでは、せいぜい一二フィート四方ほどしかない小部屋に一五人から二〇人もの子供たちが詰めこまれていることも珍しくない。子供たちはそこで二四時間のうちの一五時間をすごし、それ自体うんざりするほど単調で疲れる仕事を、ありとあらゆる不衛生きわまりない環境の下でおこなう。……一番年少の子供でさえ極度に神経を張りつめ、おどろくべきスピードで仕事をする。彼らは指を休めたり、その速度を緩めたりすることはほとんどない。彼らに質問をしても、一瞬でも無駄にしてはいけないという不安から、仕事から目を離すことはない」。

労働時間が延長されるにつれ、活を入れるための「長い棒」が「女親方」の役に立つようになる。

「単調で目を痛める仕事に、しかも同じ姿勢を続けることで疲労のたまる仕事に長時間縛られ、仕事が終わる頃になると子供たちは次第に疲労の度を増し、まるで小鳥のように落ち着かなくなっていく。まさに奴隷の仕事だ」(259)。

女性たちが自分の子供といっしょに自宅で働く時には、状況はさらに悪いこともある。自宅といっても今日の意味での自宅、つまりは借間であり、屋根裏部屋であることも多い。この種の仕事はノッティンガム周辺八〇マイルの範囲に注文が出される。卸売商に雇われている子供が夜の九時一〇時に帰途につく時には、家で仕上げてくるようにと、もう一束、持たされることもある。資本のパリサイ人《びと》は、自分が雇っている賃金奴隷の一人を通じて仕事を渡す時には、もちろん、こんなご親切な文句を言い添える。「これはお母さんの分だからね」(260)と。しかし、このあわれな子供が寝ずにそれを手伝わねばならぬことは、十分承知のうえだ。

(259)『児童労働調査委員会、第二次報告書』一八六四年、ローマ数字一九、二〇、二一ページ。

(260) 同前、ローマ数字二一、二二ページ。

レース編み業は、主としてイングランドの二つの農業地帯で営まれている。その一つはホニトンのレース地区で、デヴォンシャーの南海岸に沿って二〇から三〇マイルの長さにわたっている。そこには北デヴォンシャーの少数の地区も含まれている。もう一つのレース地区は、バッキンガム、ベッドフォード、ノーサンプトン各州の大部分、およびオクスフォードシャーとハンティンドンシャーの隣接地域を含んでいる。仕事部屋として使われているのは、通常は、日雇農業労働者用の小屋だ。かなりの数のマニュファクチュア経営者が三〇〇〇人を超えるこうした家内労働者を使用している。その内訳は、主として児童と青少年で、全員が女性だ。レース仕上げ業について述べた状況が、ここでもそのままあてはまる。違いは単に「女親方」の代わりに、貧しい女性たちが彼女たちの小屋で開いている、いわゆる「レース学校」が登場することだけだ。子供たちはこの学校で五歳の時から、時にはもっと幼い時から、一二歳から一五歳になるまで働く。最初の一年は最年少の子供たちが四時間から八時間、後になると朝の六時から夜の八時、一〇時まで働く。「部屋は通常、小さな小屋の普通の居間だ。外気が入りこまないように煙突には詰め物がしてあり、住人は冬でも自分の体温で暖をとるしかない。また別の例では、いわゆる教室なるものは小さな物置のような部屋で、暖炉もない。……こんな穴蔵のような小部屋に過剰な人数が押しこめられ、そのために生じる空気の悪さは、しばしば言語に絶するものがある。そのうえ、下水溝や便所、小さな小屋の出入り口によく見られる腐敗物やその他の汚物が、有害な作用を及ぼす」。

部屋についてはどうか。

「あるレース学校には一八人の少女と女教師がいて、一人あたりの空間は三五立方フィート。別の学校では、耐えがたい悪臭のなかに一八人がいて、一人あたり二四・五立方フィート。この産業では、二歳から二歳半の幼児が使われていることもある[261]」。

[261]『児童労働調査委員会、第二次報告書』一八六四年、ローマ数字二九、三〇ページ。

バッキンガム州とベッドフォード州の農村部でレース編みがすたれた地域では、麦わら編みが始まる。それはハートフォードシャーの大部分とエセックスの西部および北部に広がっている。一八六一年には、麦わら編みと麦わら帽子製造に四万八〇四三人が就業していた。そのうち三八一五人があらゆる年齢層の男性、その他が女性で、女性の内訳は二〇歳未満が一万四九一三人、そのうち七〇〇〇人が児童だった。ここではレース学校に代わって「麦わら細工学校」が登場する。子供たちはここでは通常四歳から、場合によっては三歳から四歳のあいだに、麦わら編みの授業を受け始める。もちろん教育などはまったく受けていない。子供たち自身も小学校の方は「普通の学校」と呼んでおり、自分たちの血を吸い取るこの施設とは区別している。この吸血施設で、子供たちはひたすら労働だけを課され、飢えかけた自分の母親に指示された製品を、多くは毎日三〇ヤードずつ仕上げなければならない。その母親たちが往々にして、その後さらに、自宅で夜の一〇時、一一時、一二時まで子供たちを働かせる。彼らは麦わらで指を切り、またたえず口でわらを湿らせるために、口も切る。ドクター・バラードによってまとめられたロンドン医務官の全体意見によれば、寝室または作業場の最低容積は一人あたり三〇〇立方フィートとされている。しかし、麦わら細工業学校の教室はレース学校よりもさらに狭く、一人あたり一二と三分の二立方フィート、一七立方フィート、一八と二分の一立方フィート、そして二二立方フィート以下、などとなっている。ホワイト委員はこう述べている。

「このうちの小さい方の数字について言えば、その容積たるや、各辺三フィートの箱に子供を押しこめた時、子供に与えられている空間の半分にも満たない」。

これが一二歳や、一四歳にも満たない子供の享受する人生だ。貧困化し零落した両親の念頭には、子供からできるだけ多く搾り取ることしかない。子供は、成長してしまえば、両親のことなどもちろん一顧だにせず、彼らのもとを去っていく。

「このようにして育てられた民衆のあいだに、無知と悪徳がはびこるのは当然のことだ。……その道徳心は最低の水準にある。……多くの女性が私生児を抱えており、しかも彼女たち自身、その多くが未成年で、これには犯罪統計に詳しい人間ですら啞然とする」(262)。

そして、キリスト教には間違いなく精通しているモンタランベール伯に言わせれば、このような模範家族の故国がヨーロッパのキリスト教的模範国家なのだ！

(262) 『児童労働調査委員会、第二次報告書』一八六四年、ローマ数字四〇、四一ページ。

ここまで取り上げてきた産業部門では、労働賃金は一般に悲惨なものだが(麦わら細工学校での児童の例外的な最高賃金ですら三シリング)、とくにレース製造地区では現物賃金制度が広くおこなわれており、それによって実質賃金は名目金額よりもはるかに低くおさえられている。(263)

(263) 『児童労働調査委員会、第一次報告書』一八六三年、一八五ページ。

e 近代的マニュファクチュアと近代的家内労働の大工業への移行 これらの経営様式への工場法適用によるこの革命の促進

女性労働力と未成年労働力をただひたすら濫用し、あらゆる正常な労働条件と生活条件をただひたすら略奪し、超過労働と夜間労働をただひたすら苛酷化してみても、こうしたやり方での労働力の低廉化は最後のところ、それ以上踏み越えることのできない一定の自然的限界にぶつかる。そして同時に、こうした基盤の上での商品の低廉化と資本主義的搾取一般も限界にぶつかる。そこまでには長い時間がかかるとしても、いったんこの限界点に到達すると、ただちに機械装置導入を告げる時の鐘が鳴らされ、分散していた家内労働(あるいはマニュファクチュア)が工場経営へと急速に変容していく。

この運動の最もめざましい実例は「服飾品」の生産だ。「児童労働調査委員会」の分類によれば、この産業に含まれるのは麦わら帽と婦人帽の製造業者、縁なし帽の製造業者、裁縫業者、婦人帽職人とドレスメーカー(264)、シャツ製造業者と裁縫婦、コルセット製造業者、手袋製造業者、靴製造業者、その他ネクタイやカラーなど多数の小物製造業者だ。イングランドとウェールズでこれらの産業部門に従事する女性は、一八六一年には五八万六二九八人だった。そのうち少なくとも一一万五二四二人は二〇歳未満、一万六五六〇人は一五歳未満だった。連合王国(一八六一年)におけるこれらの女性労働者の数は七五万〇三三四人だった。同時期にイングランドとウェールズで帽子、靴、手袋製造業および裁縫業に従事していた男性労働者数は四三万七九六九人、そのうち一万四九六四人が一五歳未満、八万九二八五人が一五歳以上二〇歳未満、三三万三一一七人が二十歳以上だった。この報告には、この産業に属する多くの小部門がぬけ落ちている。しかし、そこにあらわれている数字をそのまま受けとったとしても、一八六一年の人口調査によれば、イングランドとウェールズだけで合計一〇二万四二六七人となる。これは、ほぼ農業と牧畜業に吸収される人口と同じだ。こうして、機械装置がいったいなんのためにあれほど巨大な生産量を手品のように作りだし、あれほど途方もない労働者量を「遊離させる」ための手助けをしたのかが、ようやく分かりかけてくる。

(264) 婦人帽職人(ミリナー)が働くミリナリーは、本来は頭を飾るものだけを扱う業種だが、女性用のコートやハーフコートなども扱っている。一方、ドレスメーカーはドイツ語の Putzmacherin

と同義で婦人服製造婦をいう。

「服飾品」生産は、一部はマニュファクチュアで営まれている。ただし、マニュファクチュアは、ばらばらに作られた既製の部分品からなる分業をその内部で再生産しているにすぎない。また他の一部は、小規模な手工業親方によって営まれている。しかし、彼らは以前のように個人消費者のために仕事をするのではなく、マニュファクチュアや卸売商のために働く。したがって一つの都市や地方全体が、たとえば靴製造業などの特定部門だけを専門に営むこともよくある。最後に、一番規模が大きいのはいわゆる家内労働者であり、それはマニュファクチュアと卸売商の外部拠点をなしている。なかには小規模な親方たちの外部拠点となっているものさえある。(265) 大量の労働材料、原料、半製品などは大工業によって供給され、(使用者の胸先三寸に委ねられた)[*] 大量の安価な人間材料は大工業と大農業によって生活基盤から「遊離させられた」人々からなっている。この部門のマニュファクチュアは、いかなる供給変動にも即応できる一軍を配下におさめておきたいという資本家の欲求を主たる動機として発生した。(266) しかし、これらのマニュファクチュアは、自分のかたわらに、分散した手工業経営と家内経営を広い基盤として存続させた。これらの労働部門では剰余価値が大量に生産され、同時にその製品が時を追って安くなっていった。それを支えたのは主として、露命をつなぐだけの労働賃金の最低水準と、およそ人間の可能性の限界ともいうべき労働時間の最高水準だった。そのことはいまもなお変わっていない。

まさに商品に変容した人間の汗と血の安さこそが、販売市場をたえず拡大してきたのであり、また日々拡大しつつある。ことにイギリスにとっては、それに加えてイギリス風の習慣や好みが広まっている植民地市場の拡大につながってきた。そしてついに一つの転換点がやってくる。旧来の方式は、程度の差こそあれ、体系的に発展した分業をともないながら、労働材料をただ単に残酷に搾取することに基盤を置いていた。しかし、こうした旧来の基盤だけでは、拡大を続ける市場に、そしてそれ以上に急速に激化する資本家同士の競争に、もはや対応できなくなる。機械装置の出現を告げる時の鐘が鳴った。決定的な革命をもたらした一つの機械が、この生産部門の無数の分野全体に一斉に襲いかかる。婦人服製造業に、裁縫業に、靴製造業に、縫い物業に、帽子製造業その他に。その機械とはすなわち――ミシンだ。

(265) イギリスのミリナリーとドレスメーキングは、ほとんどが雇用主所有の建物のなかで、一部は住み込みの常勤女工によって、一部は通勤の日雇女工によって営まれている。

(266) ホワイト委員が訪れたある軍服製造マニュファクチュアでは、一〇〇〇人から一二〇〇人の従業員を雇っていたが、そのほとんどが女性だった。また同じく彼が訪れた靴製造マニュファクチュアでは一三〇〇人のうち、ほとんど半数が児童と青少年とで占められていた(『児童労働調査委員会、第二次報告書』、ローマ数字四七ページ、三一九号)。

〔*〕 原語は taillable à merci et miséricorde(慈悲憐憫《れんびん》で課税しうる)。もともと中世フランスの農奴に対して用いられた表現だが、後には、法的権利の欠落状態を示唆する言い回しとして用いられた。

ミシンが労働者に直接及ぼす影響は、大工業時代に新しい事業部門を征服するあらゆる機械装置の影響とほぼ同じだ。あまりにも未熟な年齢の児童は退けられる。機械労働者の賃金は、家内労働者に比べれば高くなる。とはいえ、その家内労働者の多くは「貧困者中の最貧困者」に属している。それよりはましな境遇の手工業者は、機械との競争にさらされ、その賃金は低下する。新しい機械労働者は全員が少女と若い女性だ。彼女たちは機械力の助けを借りて、比較的きつい作業での男性労働の独占を切り崩し、比較的軽い作業からは大量の老婦と未熟児童を追放する。激しい競争は、最も弱い手工業労働者をうち倒す。ここ一〇年、ロンドンでは恐ろしい勢いで餓死が増えているが、これはミシン裁縫業の拡大と並行している。(267) 新しいミシン女工たちは、ミシンの重さや大きさ、特性によって、ある場合には手足で、ある場合には手だけで、座った状態あるいは立ったままでミシンを動かす。彼女たちは大きな労働力を支出する。労働過程はほとんどの場合、旧システムよりは短縮されているにもかかわらず、その過程が持続することによって、この仕事は健康に有害な影響を及ぼす。靴、コルセット、帽子製造業などのように、もともとが狭くて過密な仕事場にミシンが持ちこまれたところでは、どこでも健康への悪影響が増大する。ロード委員は述べている。

「三〇人から四〇人のミシン労働者が一緒に働いている天井の低い仕事場に足を踏み入れた時の感覚には耐えがたいものがある。……一部にはアイロンを熱するためのガスストーブの影響もあるが、その熱気たるや言語を絶する。……このような仕事場では、いわゆる適度な労働時間、すなわち朝八時から夕方六時までの労働時間であっても、毎日、三人や四人は気を失ってしまうのが通例だ」[268]。

(267) 一例を挙げておく。戸籍長官が発表する一八六四年二月二六日付死亡週報には五件の餓死が記載されている。同日の『タイムズ』紙はもう一件、新たな餓死を報じている。一週間に六人が飢え死にしたのだ！

(268) 『児童労働調査委員会、第二次報告書』一八六四年、ローマ数字六七ページ、四〇六―四〇九号。八四ページ、一二四号。ローマ数字七三ページ、四四一号。六八ページ、六号。八四ページ、一二六号。七八ページ、八五号。七六ページ、六九号。ローマ数字七二ページ、四三八号。

社会的経営様式の革命的変化は、生産手段の変化がもたらす必然的産物だが、それはさまざまな過渡的形態が入り乱れるなかで実現していく。ミシンが一つの産業部門を、あるいは別の産業部門を、どれくらいの規模で、またどれくらいの期間を費やして征服したかによって、その過渡形態はさまざまに変化する。また労働者がそれ以前にどのような状態におかれていたか、マニュファクチュア経営、手工業経営、家内経営のいずれが優勢を占めていたか、作業場の賃借料がどれくらいであったかなどによっても変化する[269]。たとえば婦人服製造業では、ほとんどの場合、労働が主として単純な協業によってすでに組織化されていたため、ミシンはさしあたりマニュファクチュア経営の新しい一要因をなしたにすぎない。裁縫業、シャツ製造業、靴製造業などでは、あらゆる形態が混在している。こちらに本来の工場経営があるかと思えば、あちらには中間請負人がいて、親玉である資本家から原料を受けとり、「小部屋」や「屋根裏部屋」に一〇人から五〇人、場合によってはそれ以上の賃金労働者をミシンの周りに集めている。かと思えば、手工業者や家内労働者が、自分の家族とごくわずかな外部労働者を引き入れて、自分たちが所有するミシンを利用している。[270] こうした利用法は、機械装置がまだ体系的なシステムをなしておらず、小型のままで利用できる場合にはどこでも見られる。今日イギリスで実際に広まっているのは、資本家がかなりの数のミシンを自分の建物のなかに集中し、そのミシンの生産物を次の加工のために家内労働者軍のあいだに割り振るという方式だ。[271] しかし、どんなにさまざまな過渡的形態があろうとも、本来の工場経営へと向かう変容傾向は覆うべくもない。この傾向を助長している第一の要因はミシン自体の性格だ。ミシンはさまざまな形で応用できるため、かつては切り離されていた事業部門を同じ建物のなかに、また同じ資本の指揮下に統合するための推進力となる。第二の要因は、準備作業としての針仕事やその他の作業をおこなうにはミシンが設置されている場所が一番適しているということだ。最後の要因は、自分のミシンで生産する手工業者と家内労働者が不可避的に収奪されていくことだ。この運命は現在でもすでに一部現実のものとなっている。ミシンに投下される資本がたえず増大し[272]、それがミシン生産を刺激し、市場をだぶつかせる。それは、家内労働者を通じてミシンを売却することを促す合図となる。ミシンそのものが過剰生産されると、販売先の乏しいミシン生産者は、やむなく週極めでミシンを貸しだすようになる。それによって、零細なミシン所有者にとっては死活にかかわる競争が生じる[273]。そのあいだにも、ミシンは絶え間なく構造変化を続け、値を下げ、同じように絶え間なく古い型の価値を下落させる。そして最後には捨て値で大量に買われ、大資本家の手で有利に利用されていくしかなくなる。最終的には、他のすべての類似した変革過程と同様に、蒸気機関が人間にとって代わることによって決着がつく。蒸気機関の利用は、はじめのうちは純粋に技術的な障害にぶつかる。たとえば機械の振動、速度調整の難しさ、比較的軽い機械の損耗の早さなどだ。しかし、こうした障害はいずれも経験を通じてまもなく克服される[274]。一方では、多くの作業機械が比較的大きいマニュファクチュアに集積することで蒸気力の使用が促される。また他方では、蒸気が人間の筋肉と競争することで、大工業での労働者と作業機の集積を促す。こうして現在、イギリスでは、他の大部分の産業と同じく「服飾品」の巨大な生産部門で、マニュファクチュア、手工業、家内労働から工場経営への大転換が進行している。しかし、そのずっと前から、この三つの形態はいずれも大工業の影響下で根本的に変えられ、分解され、歪められ、工場制度がもつ積極的な発展契機は共有しないままに、その無

軌道性を再生産し、さらにまた拡大してきた。(275)

(269)「作業場の賃借料が、結局は一番重要な要因であるように思われる。だからこそ首都では、小雇い主や家族に仕事を出す古い制度が一番長く残り、また一番早く回復されたのだ」(『児童労働調査委員会、第二次報告書』、八三ページ、一二三号)。最後の文章は靴製造業についてだけ述べたものだ。

(270)ただし、労働者の状態が受救貧民と変わりのない手袋製造業などでは、こうしたことは見られない。

(271)『児童労働調査委員会、第二次報告書』、八三ページ、一二二号。

(272)レスターの卸売商向けに長靴と短靴を生産する製造業だけでも、一八六四年にはすでに八〇〇台のミシンが使われていた。

(273)『児童労働調査委員会、第二次報告書』、八四ページ、一二四号。

(274)それは、たとえばロンドンのピムリコ陸軍被服廠、ロンドンデリーのティリー・アンド・ヘンダソン社のシャツ工場、約一二〇〇人の「職工」を使用しているリマリックのテイト商会の衣服工場などで見られた。

(275)「工場制度へと向かう傾向」(『児童労働調査委員会、第二次報告書』、ローマ数字六七ページ)。「この産業全体が目下過渡期にあり、レース業や織物業などが経てきたのと同じ変化を通過しつつある」(同前、四〇五号)。「一つの完全な革命」(同前、ローマ数字四六ページ、三一八号)。一八四〇年の「児童労働調査委員会」の頃は、靴下編み業はまだ手工労働だった。一八四六年以降、さまざまな種類の機械装置が導入され、現在では蒸気で稼働している。イギリスの靴下編み業に従事する三歳以上の各年齢層の男女従業員総数は、一八六二年に約一二万人だった。しかし、そのうちで工場法の適用下におかれていた従業員は、一八六二年二月一一日の議会報告によれば、四〇六三人にすぎなかった。

自然発生的に進行するこの産業革命は、女性、青少年、児童が働くすべての産業部門に工場法が拡大されることによって人為的に加速される。労働日の長さ、休憩時間、始業と終業時間などを定めた労働日の強制的規制、児童の交替制度、(276) 一定年齢未満の全児童の使用禁止などによって、一方では機械装置をさらに増やすことや、筋肉の代わりに蒸気を動力として用いることが必要となっていく。(277) 他方ではまた、時間面で失われたものを空間面で取り返すために、炉や建物などのように共同使用できる生産手段が拡張される。つまり、一言でいえば、生産手段のより大きな集積と、それに呼応した労働者の密集化が進む。工場法に脅かされたマニュファクチュアが、いずれも熱心に繰り返す主な抗議は、もとの規模で事業を継続するには、より大きな投資が必要だというものだった。しかし、マニュファクチュアと家内労働の中間形態や家内労働自体についていえば、労働日と児童労働に制限がかけられたとたんに、その土台が崩れていく。まさに安価な労働力の無制限の搾取こそが、その競争力を支えてきた唯一の基盤だったからだ。

(276) たとえば製陶業では「グラスゴーのブリタニア・ポタリー」を経営するコクラン社が次のよう

に報告している。「生産高を維持するために、目下われわれは非熟練労働者でも動かせる機械を広い範囲で利用している。これによって従来の方式よりも多くの量を生産しうることを、われわれは日々、確信するにいたっている」(『工場監督官報告書、一八六五年一〇月三一日』、一三ページ)。「工場法の影響は、従来以上に機械装置の導入を促す点にある」(同前、一三、一四ページ)。

(277) たとえば、製陶業に工場法が適用されるようになって以来、手回しろくろに代わって動力ろくろが大きく増加した。

工場経営を、とくに労働日規制の下におかれた後の工場経営をなりたたせるための重要条件は、標準的な確実性をもって成果をだすこと、すなわち、決められた時間内に一定量の商品または目標とする効用を生みだすことだ。さらに労働日規制が定める法定休憩時間は、作業が急に途切れたり一定の間隔をおいて途切れたりしても、生産過程にある製品が損傷を受けないことを前提としている。成果のこうした確実性や労働の中断可能性は、たとえば製陶業、漂白業、染色業、製パン業、大部分の金属加工業といった化学的物理的過程がものをいう部門よりも、純粋に機械的な工業部門の方が、もちろん達成は容易だ。無制限の労働日、夜間労働、やりたい放題の人間浪費といった野放図を続ければ、やがては自然発生的な障害がことごとく生産に課された永遠の「自然的限界」とみなされるようになる。こうした「自然的限界」を工場法が打破することは、あたかも殺虫剤が虫を殺すのと同じくらい確実だ。そんなことは「不可能だ」と、だれよりも大声で叫んでいたのは製陶業者諸氏だった。一八六四年、工場法が彼らに適用された。その一六カ月後にはすでに、不可能事がすべて消え失せていた。工場法によって生み出されたのは、「蒸発ではなく圧力を用いて粘土塊を作る革新的製法であり、未焼品を乾燥させるためのかまどの新構造だった。これらは製陶技術上、きわめて重要な出来事であり、前世紀には見られなかった製陶技術の進歩を示している。……かまどの温度は大幅に低下し、石炭消費量が大幅に減ると同時に、製品への効果は迅速化された(278)」。

あらゆる予言を裏切って、陶器類の費用価格は上昇せず、しかも生産量は増大した。こうして一八六四年一二月から一八六五年一二月までの一二カ月間の輸出は、それ以前の三年間の平均を一三万八六二八ポンド上回った。マッチ製造業では、少年たちが昼食をつめこむあいださえ、熱したリン混合溶液の有毒蒸気を顔に浴びながら、その溶液のなかにマッチ軸を浸す作業をおこなっていた。しかもそれが自然の摂理のごとくみなされていた。時間節約の必要性を迫る工場法(一八六四年)は、蒸気が労働者にかからないような「浸《しん》漬《し》機」の使用を余儀なくさせた(279)。レース製造マニュファクチュアでも、まだ工場法が適用されていない部門では、いまだに食事時間を一定にすることなどできないと主張されている。さまざまなレース素材によって乾燥に要する時間が異なり、三分で済むものもあれば、一時間あるいはそれ以上の時間が必要なものもあるから、というのがその理由だ。これに対しては「児童労働調査委員会」の委員たちが次のように回答している。

「事情は壁紙印刷業の場合と同じだ。壁紙印刷業の主要な工場主のなかには、使用材料の性質や材料が通過していく過程に違いがあるため、食事のために急に仕事を中断されると大きな損失が出ると、強く主張する者が何人かいた。……工場法拡大に関する法律第六節第六条によって、彼らにはこの法律の制定時から一八カ月間の適用猶予期間が認められた。ただし、この期限が切れた後は、工場法によって特定された休憩時間の遵守が義務づけられた[280]」。この法律が議会承認を得るか得ないかのうちに、工場主諸氏はまた次のような発見をした。

「工場法の導入によって発生するだろうと予期されていた弊害は生じなかった。どんな形にせよ生産が落ちているとは認められない。実際、われわれは同じ時間により多くのものを生産するようになっている[281]」。

イギリス議会の独創性についてとやかく言う人はいないだろうが、要するにイギリス議会は、経験を通じて一つのことを理解したということだ。それは、労働日の制限や規制にあらがう生産上のいわゆる自然的障害などは、強制法の導入によって簡単に一掃できるということだ。だからこそ、一つの産業部門に工場法を導入するさいには、六カ月から一八カ月という猶予期間が設けられた。そしてそのあいだに、技術的な障害を取り除くことが工場主の課題とされたのだ。ミラボーの、「不可能だって？　そんなばかなことは言わないでくれ！」という言葉は、近代のテクノロジーにとくによくあてはまる。こうして工場法は、マニュファクチュア経営から工場経営への変容に必要な物質的要素を温室栽培のように促成する。だとすれば工場法はまた、資本投下の必然的増大をもたらし、それによって小親方の没落と資本の集積を加速することにもなる。(282)

(278)『工場監督官報告書、一八六五一〇月三一日』、九六、一二七ページ。

(279)マッチ製造工場にいろいろな機械装置が導入されたことによって、マッチ工場のある部門では、それまで二三〇人いた青少年が、一四歳から一七歳の少年少女三二人に置き換えられた。労働者のこうした節約は、一八六五年には蒸気力の使用によってさらに推し進められた。

(280)『児童労働調査委員会、第二次報告書』一八六四年、ローマ数字九ページ、五〇号。

(281)『工場監督官報告書、一八六五年一〇月三一日』、二二ページ。

(282)「必要な諸改良を……多くの旧式マニュファクチュアでおこなおうとすれば、現所有者の大半の資力を超える資本投下が必要不可欠となる。……工場法の導入には、必然的に一時的な混乱がともなう。この混乱の規模は、取り除くべき弊害の大きさに正比例する」(同前、九六、九七ページ)。

純粋に技術的な障害や技術的に除去しうる障害を別とすれば、労働日規制が突き当たる壁は労働者自身の不規則な習慣だ。とくにそれが見られるのは、出来高賃金が主流をなしていて、一日または一週のある部分では時間を空費し、それを後から過度労働や夜間労働で補うことができるような場合だ。(283)こうした手法は成人労働者を粗暴化させ、未成年労働者や女性労働者を破滅させる。労働力支出のこうした不規則さは、一面ではたしかに、単調な苦役の退屈さに対する自然発生的な生身の反動かもしれない。しかしこの不規則さは、それよりもはるかに高い程度で、生産そのものの無秩序から生じている。そしてこの無秩序はまた、資本による労働力の無軌道な搾取を前提としている。不規則性の要因には、産業循環の一般的な周期的転換や、各生産部門に見られる特別な市場変動がある。それと並んでシーズンというものがあり、それは航海に好都合な季節の周期性に起因するものもあれば、流行に起因するものもある。あるいはまた、大至急でこなさねばならない大口注文の突発もある。こうした突発的な注文の習慣は、鉄道や電信の普及とともに広がっていく。たとえばロンドンのある工場主はこう語っている。

「全国に及ぶ鉄道網の拡大は、短期注文の習慣を著しく助長した。買い手は、いまやグラスゴー、マンチェスター、エディンバラなどから二週間に一度ずつやってくる。あるいは、われわれが商品を供給しているシティの卸売商で仕入れをする。彼らは、かつての習慣のように在庫品を買いとるのではなく、その場で注文して、われわれはただちに製品を準備しなければならない。かつては仕事が暇な時にはいつでも、次のシーズンの需要を見込んであらかじめ仕事をすることができたが、いまでは次のシーズンにどんな需要があるかは、だれも予見できない」(284)。

(283) たとえば熔鉱炉では「週末が近づいてくると一般に作業が大幅に延長される。それは月曜日をさぼり、時には火曜日の一部または全部をさぼるという労働者の習慣によるものだ」(『児童労働調査委員会、第三次報告書』、ローマ数字六ページ）。「小親方たちは一般に労働時間が非常に不規則だ。彼らは二日、三日を無駄に過ごし、それから徹夜で働いてその損失を取り戻す。……彼らに子供がいる場合には、彼らはきまって自分の子供を使っている」（同前、ローマ数字七ページ）。「作業開始の不規則性を労働延長によって取り返す可能性と習慣があるために、その不規則性がいっそう助長される」（同前、ローマ数字一八ページ）。「バーミンガムで見られる莫大な時間の損失……一部の時間はぶらぶら過ごし、残りの時間はめちゃくちゃに働く」（同前、ローマ数字一一ページ）。

(284)『児童労働調査委員会、第四次報告書』、ローマ数字三二ページ。「鉄道網の拡張は、突発的な注文を出すこうした習慣を非常に助長したといわれる。その結果、労働者をせき立て、食事時間を無視し、あるいは時間外労働を課すといったことが生じた」（同前、ローマ数字三一ページ）。

工場法の適用をまだ受けていない工場やマニュファクチュアでは、いわゆるシーズンを迎えると、突然の注文のために恐るべき過度労働が突発する事態が周期的に生じる。工場、マニュファクチュア、卸売商のそれぞれの外部支所である家内労働の領域は、ただでさえまったく不規則で、その原料や注文については、全面的に資本家の気まぐれに従属している。ここでは、資本家が建物や機械などの有効活用について頭を悩ます必要はなく、労働者自身の生身以外に危険にさらすものはない。この家内労働の領域では、いつでも利用できる産業予備軍がきわめて組織的に大量育成されている。この予備軍は、一年のある期間は非人間的きわまる労働強制によって破壊され、また別のある期間は仕事の欠乏によって零落させられる。「児童労働調査委員会」はこう述べている。「雇い主は家内労働の常習的な不規則性を悪用し、実際、臨時の作業が必要とされる時期には夜の一一時、一二時、あるいは夜中の二時までも、俗にいう昼夜兼行で、その作業を強制し」、しかもその作業場というのが「諸君なら悪臭で卒倒してしまう」ような場所だ。「諸君でも、戸口に行ってドアを開けるところまではできるかもしれない。しかし、それ以上足を踏み入れることには怖じ気をなすだろう(285)」。訊問された証人の一人で、靴製造工をしている男はこう述べている。「われわれの雇い主は妙な変わり者で、少年が一年の半分を死ぬほどこき使われて、後の半分をほとんど強制的にぶらぶらさせられていても、彼らには何の害もないと信じている(286)」と。

(285)『児童労働調査委員会、第四次報告書』、ローマ数字三五ページ、二三五号および二三七号。

(286) 同前、一二七ページ、五六号。

こうしたいわゆる「業務上の慣例」(商業の発達と足並みをそろえて発達してきた慣例)は、技術的障害と同じように生産の「自然的限界」であると当事者である資本家たちは主張してきた。これは工場法が最初に木綿成金たちを脅かした当時、彼らが好んであげた叫びだった。たしかに彼らの産業は、他のいかなる産業にもまして世界市場に、それゆえ航海に依存している。それでもなお経験は彼らの虚言を暴いた。それ以来、いわゆる「業務上の慣例」なるものは、イギリスの工場監督官から空疎な逃げ口上と見られている(287)。事実、

「児童労働調査委員会」のきわめて良心的な調査は以下のことを証明した。第一に、いくつかの産業では労働日を規制しても、すでに使用されている労働量が一年全体によりまんべんなく分配されるだけだということ[288]、第二に、労働日規制は、殺人的かつ無内容な、それ自体大工業にあわない流行の気まぐれに対するはじめての合理的規制であること[289]、第三に、大洋航海と交通通信手段の発達によって、そもそも季節労働の本来の技術的基盤が崩れたこと[290]、第四に、克服しがたい事情と言われていたその他のことも、実際には建物の増築、機械装置の追加、同時使用される労働者数の増強[291]、卸売業制度におのずと波及する反作用などによって除去できること、などだ[292]。それでも資本は、その代弁者たちの口を通じて繰り返し宣言しているように、労働日を強制法的に規制する「一般的議会条例の圧力の下でのみ[293]」、こうした変革を承服する。

(287)「注文品の船舶輸送が間に合わないために生じる営業上の損失に関しては、一八三二年と一八三三年に、工場主がさかんにこうした議論を持ち出していたことが思いだされる。この問題についての主張は、いまでは当時ほどの説得力をもっていない。なんといっても当時は、今日のように蒸気によってすべての距離が半減され、交通の新しいルールが導入されるということは、まだなかった。しかし、実際に実例に即して検証してみれば、この主張は当時でも事実無根だったのであり、いまもう一度、検証し直してみても、事実無根であることが判明するだろう」(『工場監督官報告書、一八六二年一〇月三一日』、五四、五五ページ)。

(288)『児童労働調査委員会、第三次報告書』、ローマ数字一八ページ、一一八号。
(289)ジョン・ベラーズは一六九九年にすでに次のように述べている。「流行の不確実性は困窮する貧民の数を増やす。流行には二つの大きな弊害が隠されている。第一は、職人たちが冬に仕事がなくなるために困窮することだ。というのも、絹織物商人も織物業者も、春がきて何が流行するのかが分かる前に、あえて職人を雇うための資本を投下しようとしないからだ。第二は、春に職人が不足してしまうことだ。したがって織物業者は三カ月から半年、全国の商業に品を供給するために多くの徒弟を雇い入れねばならない。これによって農業は人手を奪われ、地方で労働者不足を引き起こす。そして多くの場合、都市を物乞いの群れで満たし、物乞いを恥とする少なからぬ人々が冬になると餓死していく」(『貧民、製造業、商業、植民地および不道徳に関する論集』、九ページ)。
(290)『児童労働調査委員会、第五次報告書』、一七一ページ、三四号。
(291)たとえば、ブラッドフォードの輸出業者の証言には次のような一節が見られる。「明らかにこうした状況下では、少年たちを朝八時から夜七時、あるいは七時半を超えて卸売商で就業させる必要はない。それは単に臨時の支出と臨時の人手の問題にすぎない。何人かの雇い主がこれほど利益に飢えていなかったなら、少年たちはこれほど夜遅くまで働く必要はなかっただろう。機械を一台余分に追加するのにかかる費用は一六ポンドから一八ポンドにすぎない。……すべての困難は、不十分な施設と空間の不足から生じている」(同前、一七一ページ、三五号、三六号、三八号)。
(292)『児童労働調査委員会、第五次報告書』〔八一ページ、三二号〕。ちなみにあるロンドンの工場主は、労働日の強制的制限は労働者を工場主から守る手段であると同時に、工場主自身を大卸商から守る手段でもあるとみなしている。彼はこう述べている。「われわれの事業が受ける圧力は海運業者によって引き起こされている。たとえば彼らは一定のシーズンに商品を現地に到着させるために、わざわざ帆船を使おうとする。それによって同時に、帆船と蒸気船の運賃差額を着服する。かと思うと競争者より先に外国市場に登場するために、二隻の蒸気船のうち、先に出るほうを選んだりする」。

(293) ある工場主はこう語っている。「こうしたことは、一般的議会条例の圧力のもとで工場を拡張するという犠牲を払うことによって予防できるかもしれない」(同前、ローマ数字一〇ページ、三八号)。

第九節　工場立法(保健・教育条項) イギリスにおけるその一般化

工場立法は、社会がその生産過程の自然発生的な姿に対して、はじめて意識的かつ計画的に加えた反作用だった。すでに見てきたように、この工場立法は綿糸や自動機械や電信と同じように大工業の必然的産物だった。イギリスでの工場立法の一般化に目を移す前に、ここでは労働日の時間数には関係のない、いくつかの条項について簡単に触れておく必要がある。

保健条項は、資本家が抜け道を見つけやすいような法文で書かれているが、それを別にしても、きわめて貧弱なものだ。保健条項といっても現実には、壁を白く塗ること、その他の若干の清潔維持のための措置、換気、危険な機械装置に対する防護といったものについての規定に限られている。「職工」の四肢を守るために、わずかな出費を工場主に義務づける条項に対して、工場主たちがいかに狂信的な反対闘争をおこなったかは、第三巻でもう一度取り上げることにしよう。利害対立のある社会では各人が私利を追求することによって公益が促進されるという自由貿易論のドグマが、ここでも輝かしい成果を上げている。一例を挙げれば十分だろう。周知のように、過去二〇年間、アイルランドでは亜麻工業、およびそれにともなって亜麻打ち工場（亜麻を打ち砕くための工場）が飛躍的に増加した。一八六四年には、アイルランドにこの種の工場が約一八〇〇あった。秋と冬には周期的に青少年や女性、近隣の小作人の息子、娘、妻など、まったく機械装置のことを知らない人々ばかりが畑仕事から駆り出され、亜麻打ち工場の粉砕機に亜麻を投じる。そこで発生した事故は、数の点でも程度の点でも、機械史上まったく類例のないものだ。キルデイナン（コーク近郊）のたった一つの工場だけで、一八五二年から一八五六年までに死亡事故が六件、四肢を損なう重傷事故が六〇件発生している。その事故のすべてが、数シリングしかかからないごく簡単な装置によって防げたものだった。ダウンパトリックの工場の公認医ドクター・W・ホワイトは一八六五年一二月一六日の官報でこう述べている。「亜麻打ち工場の事故はきわめて悲惨なものだ。多くの場合、手足の一つがもぎとられる。

負傷の結末は死か、そうでなければ働けない身体になって苦しみ続ける生涯だ。この国での工場の増加は、もちろんこうした恐ろしい結果を拡大するだろう。亜麻打ち工場に適切な国家監視を導入すれば、身体と生命の多大な犠牲を回避できるとわたしは確信している(294)」。

資本主義的生産様式に対しては、最も簡単な清潔保持や健康保持のための設備であっても、国家による強制法によって導入するほかない。この生産様式の性格を、これほどみごとに表現している事例があるだろうか?

「一八六四年の工場法によって、製陶業では二〇〇を超える作業場の壁が白く塗られ、清掃がおこなわれた。それまでの二〇年間、あるいは最初から、こうした措置はまったくおこなわれないままに放置されてきた」(これが資本の「節制」なのだ!)。「しかもその場所には、二万七八七八人もの労働者が雇われており、過度の昼間労働、あるいはしばしば夜間労働のあいだに有毒な空気を吸っている。これが原因で、他の点では比較的害の少ないこの仕事に病気と死を蔓延させる結果となっている。工場法によって換気装置は非常に普及した(295)」。

資本主義的生産様式は、その本質からして、ある一点を越えると、いかなる合理的改善をも受け入れなくなる。工場法の保健部門は、このことをも的確に示している。繰り返し指摘されてきたように、イギリスの医師たちは異口同音に、持続的な労働がおこなわれる場所では、一人あたり五〇〇立方フィートの空間が最低限必要なぎりぎりの空間だと明言している。さて、そこでだ！　工場法は、あらゆる強制措置によって、中小の作業場が工場へと変容することを間接的に促進する。したがって間接的に、小資本家の所有権を侵害し、大資本家に独占を保証することになる。だとすれば、作業場における労働者一人あたりの必要最小空間を法的に強要するということは、とりもなおさず、直接的に数千の小資本家を一挙に収奪するということだ！　それを断行すれば、資本主義的生産様式の根幹が脅かされるだろう。すなわち、大資本であれ小資本であれ、労働力の「自由な」購入と消費による資本の自己増殖そのものが脅かされるだろう。だからこそ、この五〇〇立方フィートの空気を前にしては、工場立法も息が切れてしまう。保健衛生局、産業調査委員会、工場監督官たちは、再三再四、五〇〇立方フィートの必要性を繰り返しながら、同時にまた、資本にそれを強制することの不可能性をも繰り返す。こうして彼らは事実上、労働者の肺結核やその他の肺病が、資本の生存条件の一つであることを宣言している。(296)

(294)『児童労働調査委員会、第五次報告書』、ローマ数字一五ページ、七二号以下。
(295)『工場監督官報告書、一八六五年一〇月三一日』、一二七ページ。
(296) 健康な平均的個人の中程度の呼吸では一回に約二五立方インチの空気が消費され、一分間の呼吸数は約二〇回であることが経験的に知られている。したがって、一人の個人が二四時間で消費する空気の量は約七二万立方インチ、すなわち四一六立方フィートとなる。しかし、いったん吸い込まれた空気が同じ過程でもう一度役立つには、周知のとおり、自然という大きな作業場で一度浄化される必要がある。ヴァレンティンとブルンナーの実験によれば、健康な男子は一時間に約一三〇〇立方インチの炭酸ガスを吐きだすものと思われる。すなわち二四時間で肺から約八オンスの固形炭素が排出されている計算となる。「各人には最低限八〇〇立方フィートの空気が与えられるべきだろう」(ハクスリー)。

工場法の教育条項は全体としてみればたしかにお粗末ではあるが、初等教育については労働を課すための強制的条件であることを宣言している。(297) この成果によってはじめて、学業や体育を筋肉労働と結びつけうること、したがってまた筋肉労働を学業や体育と結びつけうることが立証された。(298) 工場監督官たちはまもなく、学校教師への訊問から次のことを発見するにいたった。すなわち工場労働をしている児童は、正規の昼間の生徒に比べると授業時間は半分しか受けていないにもかかわらず、彼らと同じか、あるいはそれ以上に多く学んでいるということだ。

「理由は簡単だ。半日しか学校にいない生徒は、いつも溌剌《はつらつ》としていて、ほとんどいつも授業を受ける能力とやる気をそなえている。半日仕事、半日学校というシステムによって、どちらの仕事も、もう片方の仕事からの解放と気晴らしになる。したがって、その片方だけを中断なしに継続するよりも、子供にとってははるかに適切だ。朝早くから学校に座り続けている少年は、とくに暑い時など、仕事先から元気よく溌剌としてやってくる子供とはとうてい競争にならない」[299]。

さらに別の証明が、一八六三年、エディンバラの社会科学会議でおこなわれたシーニョアの講演に見いだされる。シーニョアは上級クラスや中級クラスの子供たちの授業時間が一面的非生産的で、かつ長すぎることによって、いかに教師の労働が無意味に増加しているかを指摘し、こう述べている。「しかも子供たちの時間、健康、エネルギーがそれによって実のないものになっているだけでなく、まったく有害な形で浪費されている」[300]。ある一定年齢に達した子供には全員、生産労働と学業、体育の両方を課す、それも単に社会的生産の向上手段としてのみならず、全面的に発達した人間になるための唯一の方法として、その両方を課すという、未来の教育の萌芽は、ロバート・オーウェンを読むと詳しくわかるように、まさに工場制度から生まれた。

(297) イギリスの工場法によれば、両親が一四歳未満の子供を「法の規制下にある」工場に送る時には、同時に初等教育を受けさせねばならない。工場主はこの法律を遵守する義務を負う。「工場教育は義務であり、労働のための一条件だ」(『工場監督官報告書、一八六五年一〇月三一日』、一一一ページ)。

(298) 工場労働児童と貧窮生徒への義務教育と体育(男児については軍事教練も含む)とを結びつけたことは、きわめて有益な成果をもたらした。このことについては「社会科学振興国民協会」の第七回年次総会でのN・W・シーニョアの講演(『議事報告書』ロンドン、一八六三年、六三、六四ページ所収)、および『工場監督官報告書、一八六五年一〇月三一日』、一一八、一一九、一二〇、一二六ページ以下を参照。

(299) 同前『工場監督官報告書』、一一八、一一九ページ。ある素朴な絹工場主は「児童労働調査委員会」の委員に対して次のように語っている。「有能な労働者を作るための真の秘訣は、幼少期から労働と勉学を結びつけておくことにあると、わたしは深く確信している。もちろん労働は激しすぎてはならないし、不快で不健康なものであってもならない。わたしは自分の子供にも、学校の勉強からの気分転換に、労働と遊びをやらせたいと思っている」(『児童労働調査委員会、第五次報告書』、八二ページ、三六号)。

(300) シーニョア『社会科学会議議事報告書』、六六ページ。一八六三年のN・W・シーニョアの演説と、かつて彼が一八三三年におこなった工場法排撃演説とを比べてみると、一定の水準に達した大工業が物質的な生産様式と社会的生産関係の変革を通じて、いかに人間の頭をも変革するかが、はっきりと分かる。同じことは、例の年次総会での諸見解と次の事実とを比較しても分かる。すなわちイギリスのいくつかの地方では、いまだに貧しい両親が子供を教育しようとすれば、刑罰として餓死させられるという事実だ。たとえばスネル氏の報告によれば、サマセットシャーでは貧乏人が教区に救済を求めると、その子供は強制的に退学させられるのが普通だという。あるいはフェルサムの牧師ウォラストン氏の報告では、いくつかの家族が「子供を学校に送った」という理由で、いっさいの援助を打ち切られたケースがあったという!

マニュファクチュア的分業は、一人の人間全体を生涯にわたって一つの局部的作業に縛りつける。すでに見てきたように、大工業はこうしたマニュファクチュア的分業を技術的に廃棄する。しかし同時に、大工業の資本主義的形態は、かの分業をさらに異様な形で再生産する。たとえば本来の工場では、労働者を部分機械の自意識付き部品に変えることによってそれがおこなわれる。そのほかのところでは、一部は機械と機械労働とを散発的に使用することによって、[301]一部は分業の新たな基盤として女性労働、児童労働、非熟練労働を導入することによっておこなわれる。その結果、マニュファクチュア的分業と大工業の本質とのあいだの矛盾が、有無をいわさず顕在化してくる。それはたとえば次のような恐るべき事実となってあらわれてくる。すなわち近代的工場とマニュファクチュアで使用されている児童の大部分が、幼少時からきわめて単純な作業に縛りつけられ、長年にわたって搾取されながら、結局のところ、後年、同じマニュファクチュアや工場で役立てられるような労働さえなに一つ身につけることができないという事実だ。たとえばかつてのイギリスの印刷業には、旧来のマニュファクチュアや手工業の制度に合わせて、徒弟がより簡単な仕事からより内容豊かな仕事へと移行していく仕組みがあった。彼らはこの修業過程を経た後に、一人前の印刷工になった。読み書きができることは、彼ら全員にとって印刷職人としての必須要件だった。これらすべてが印刷機の出現によって一変した。印刷機には二種類の労働者が使用される。一人は成人労働者で機械の監視を担当する。あとの何人かは一一歳から一七歳までの少年機械工で、その仕事はもっぱら一ボーゲンの紙を機械に差し込んだり、印刷ずみの紙をそこから抜き取ったりすることだ。彼らは、ことにロンドンでは、週の何日かは一四時間、一五時間、一六時間ぶっつづけで、あるいは食事と睡眠のためにわずか二時間！ の休憩を取るだけで、三六時間休みなくこの苦労の多い仕事に従事する。(302) 彼ら少年工の大部分は字が読めず、ふつうはひどく粗暴で常軌を逸した連中だ。「彼らにその仕事を教えるには、どんな知的訓練も必要ない。彼らに熟練が要求される機会はほとんどなく、いわんや判断を要求される機会などさらに少ない。彼らの賃金は少年としては比較的高い方だが、彼ら自身の成長にともなって上がることはない。しかも大部分の少年には、より大きな収入も責任もある機械監視工の地位に就ける見込みはない。なぜといって、一台の印刷機には一人の監視工しか必要ないのに、そこにしばしば四人も少年がついているからだ(303)」。

彼らがその子供っぽい仕事をするには年長になりすぎると、すなわち遅くとも一七歳になると、たちまち彼らは印刷所を解雇される。彼らは犯罪者の予備軍になる。彼らをどこか別の仕事につかせようとするいくつかの試みは、彼らが無知で、粗暴で、身体的、精神的に崩れていたために挫折した。

(301) 人力で作動する手工業的な機械が、発達した機械装置、すなわち機械動力を前提として作られた機械装置と直接・間接に競争関係に置かれるところでは、機械を動かす労働者に大きな変化が生じる。もともとは蒸気機関がこの労働者にとって代わったのだが、いまや労働者の方が蒸気機関の代わりをしなければならなくなる。それゆえ彼の労働力の緊張と支出は異常に高まる。いわんや未成年者が、この拷問のような仕事を宣告された時にはなおさらのことだ！　たとえばロンジ委員は、コヴェントリーとその近郊で一〇歳から一五歳の少年がリボン織機を回す動力として使用されているのを見ている。またさらに年少の子供たちは、もっと小型の織機を回すのに使われていた。「それは途方もなく骨の折れる労働だ。少年は蒸気力の単なる代用物にすぎない」（『児童労働調査委員会、第五次報告書』一八六六年、一一四ページ、六号）。公式報告で「こうした奴隷制度」と名指しされているものが、どのような殺人的結果をもたらしたかについては、同報告書を参照のこと。

（302）同前、三ページ、二四号。
（303）同前、七ページ、六〇号。

作業場内のマニュファクチュア的分業について言えることは、社会内の分業についても言える。手工業とマニュファクチュアとが社会的生産の一般的基盤をなしているあいだは、生産者が専門分化した一つの生産部門に服属させられ、生産者の仕事がもともと持っていた多様性(304)が引き裂かれていくのは、必然的な発展契機だ。この基盤の上では、特殊な生産部門がそれぞれに経験を通じてみずからに相応しい技術的形態を発見していく。そしてそれを徐々に完成し一定の成熟度に達すると、それを一気に結晶化する。時折変化を呼び起こすのは、商業によって供給される新しい労働材料であり、また労働用具の漸次的な変化だ。しかし労働用具も経験によってひとたび相応しい形態を得ると、その形が固定化される。そのことは、時には一〇〇〇年もの長きにわたって労働用具が世代から世代へと受け継がれていくことからも立証される。一八世紀にいたるまで特殊な職業は秘伝と称され、(305)経験を積んだ専門家でなければその奥義には達しえないものとされてきた。これはいかにも特徴的なことだ。そこではまだ、人間自身の社会的生産過程が人間には見えないようにヴェールで隠されていた。そのヴェールはまた、自然発生的に分化してきたさまざまな生産部門同士をたがいに謎めいたものにし、いやそれどころか、当の部門の専門家にとってさえ謎めいたものにしていた。このヴェールを剝《は》ぎ取ったのが大工業だった。大工業の原理は、各生産過程をさしあたって人間の手をいっさい考慮することなくそれ自体として取り出し、それをその構成要素に分解していくところにある。この原理こそが、テクノロジーという完全に近代的な科学を創造した。多様な彩りをもち、外見上は関連のなさそうなそれぞれに固定化された社会的生産過程の諸形態は、いまや意識的に計画され、めざす効用に応じて体系的に特殊化された自然科学の応用へと分解された。人間の身体によるあらゆる生産行為は、どんなに多様な道具が使われていようとも、必ずや数少ない大きな基本的運動形態をとっておこなわれる。テクノロジーは、まさにこの基本的運動形態を発見した。それはちょうど機械工学が、どんなに機械装置が複雑であっても、単純な機械的能力がそこで持続的に反復されていることを見逃さないのと同じだ。近代工業はいまある生産過程の形態をけっして最終的なものとはみなしておらず、またそのようなものとして扱うこともない。したがって近代工業の技術的基盤は革命的だ。それに比べれば、以前の生産様式の技術的基盤は本質的にすべて保守的だった。(306) 機械装置、化学反応過程その他の方法により、近代工業は生産の技術的基盤を変革し、それと同時に、労働者の機能や労働過程の社会的結合をもたえず変革する。それによって近代工業は社会内の分業を変革し、たえず大量の資本と大量の労働者を一つの生産部門から他の生産部門へと投げ出し、投げ入れる。したがって大工業の本来的性格からすれば、労働の転換、機能の流動性、労働者の全面的な可動性は必然的な結果だ。ところがその一方で、大工業はその資本主義的な形態のなかで、旧来の分業をその固定化した特殊性とともに再生産する。この絶対的な矛盾は、すでに見てきたように、労働者の生活状態からあらゆる落ち着きや安定感や確実性を撤去し、労働者の手から労働手段とともに、たえず生活手段をも奪い取ろうとする。(307) この絶対的な矛盾は、彼の部分機能とともに、彼自身をも不要な存在にしようとする。この矛盾は、労働者階級のたえざる犠牲、労働力の際限なき浪費、社会的無政府状態がもたらす荒廃のなかで暴れ回る。以上が負の側面だ。しかし他方、労働の転換は、圧倒的な自然法則として自分を押し通していく。そしていたるところで障害物にぶつかりながら、自然法則のような盲目的な破壊作用を発揮していく。もしそうであれば、(308) 大工業はみずからの破局を通じて、次のことが大工業の死活問題であることを認めざるをえなくなる。それは労働の転換を、したがって労働者のできるかぎりの多面性を、一般的な社会的生産法則として承認することであり、そしてまた諸関係をこの法則の正常な実現に合わせていくことだ。たえず変化する資本の搾取要求に合わせて、予備要員として利用可能な困窮した労働者人口を確保しておくなどという異常事態の代わりに、たえず変化する労働要求に対応できる人間の絶対的な利用可能性を育成すること。そして、一つの社会的細部機能の担い手でしかない部分的個人の代わりに、そのつど活動様式を取り換えながら、種々の社会的機能を果たしていける全面的な発達をとげた個人を育成すること。これこそが大工業の死命を制する課題なのだということを大工業は認めざるをえなくなる。大工業の基盤の上で自然発生的に発達し、この変革過程の一つの要因となるのは、工学や農学の専門学校だ。またもう一つの要因となるのは「職業学校」であり、そこでは労働者の子供たちがテクノロジーやさまざまな生産用具の実際的取り扱いを学ぶ。資本家からかろうじて引き出した最初の譲歩であった工場立法は、工場労働と初等教育とを結びつけたにすぎなかった。しかし、避けることのできない労働者階級による政権奪取によって、テクノロジーの授業が、理論面でも実践面でも労働者学校での地位を奪取することは疑いえない。ただし、同様に疑いえないのは、生産の資本主義的形態とそれに対応する労働者の経済的諸関係が、こうした変革の醱酵素と真っ向から矛盾するということであり、古い分業の廃棄という変革の目標にも真っ向から矛盾するということだ。しかし、ある歴史的生産形態に含まれる諸矛盾の発展は、それが解体され、新しく形成されるための唯一の歴史的進路だ。「靴屋は靴以外のことに口を出すな！」〔古代ギリシアの画家アペレスの言葉〕。手工業では究極の叡智であったこの言葉は、時計職人ワットが蒸気機関を、理髪師アークライトが経糸織機を、宝石細工職人フルトンが汽船を発明した瞬間から、愚の骨頂と化したのだ。(309)

(304)「高地スコットランドのいくつかの地方では……統計によれば、多くの羊飼いや小屋住み農夫が妻子とともに、自分たちがなめした革で作った靴をはき、自分たちの手だけで作った衣類を着ていた。その材料は、彼ら自身が羊から刈った毛や、自分たちでその目的のために植えた亜麻だった。衣類を作る時も、錐《きり》、縫い針、指ぬき、織物に使われる鉄製品のわずかな部品を別にすると、買った品はほとんど使用されなかった。染料は女性たち自身で草木から採取された、等々」(デュガルド・ステュアート『著作集』ハミルトン編、第八巻、三二七―三二八ページ)。

(305) たとえばエティエンヌ・ボアローの有名な『職業の書』には、職人が親方のもとに採用されるさいには、以下のような宣誓をするように定められている。「同僚を兄弟のように愛し、彼らを助け、おのおのその職業においては勝手に仕事の秘密を漏らさず、さらには、自分の製品を勧めるために他者の製品の欠陥を買い手に示唆するようなことは、全体の利益に鑑みておこなわないことを誓う」。

(306)「ブルジョワジーは、生産用具を、したがって生産諸関係を、したがって全社会的諸関係を、たえず変革することなしには存在しえない。これに対して、古い生産様式を不変のままに保つことは、かつての全産業階級の第一の存立条件だった。生産の永続的変革、すべての社会的状態のたえざる動揺、永遠の不安定と運動、これがブルジョワ時代をそれ以前のすべての時代から明確に区別するものだ。固定し錆《さ》び付いたすべての諸関係は、その付属物である古い崇高な観念や思想とともに解体する。新しく形成されたものもすべて、固定化される以前に古びていく。すべての安定したもの停止したものは蒸発し、すべての聖なるものは冒瀆され、人間はついにみずからの生活のあり方、相互の関係を醒《さ》めた目で観察せざるをえなくなる」（フリードリヒ・エンゲルス、カール・マルクス『共産党宣言』ロンドン、一八四八年、五ページ）。

(307)「おれのいのちをささえる財産をとるってことも、いのちをとるってことだ」（シェイクスピア）〔『ヴェニスの商人』第四幕第一場、小田島雄志訳、シェイクスピア全集一四、白水社、一五〇ページ〕。

(308) あるフランスの労働者がサン・フランシスコから戻るさいに、次のように書いている。「わたしは、カリフォルニアでやりとげたすべての仕事が自分にできるとは夢にも思っていなかった。わたしは印刷業以外のことはなにもできないと固く信じていた。……自分の仕事を、シャツを替えるより簡単に取り替える、この冒険者たちの世界のただなかに一度立つと、どうだ！　わたしも他の人と同じようにやれたのだ。鉱山労働の仕事はあまり稼ぎが良くないと分かったので、わたしはそこを去って町に移り、印刷工、屋根葺き、鉛職人などを順番にやった。どんな仕事にも役に立てるというこの経験によって、わたしは自分が軟体動物などではなく、人間なのだと感じている」（A・コルボン『職業教育について』第二版〔パリ、一八六〇年〕、五〇ページ）。

(309)　経済学史上でひときわ異彩を放っているジョン・ベラーズは、現在の教育と分業が社会の両極に肥大症と萎縮症を、正反対の方向にではあるが生みだすものであり、必然的に廃止されるであろうことを、すでに一七世紀末にきわめて明確に理解していた。彼はたとえば次のようなうまい言い方をしている。「怠惰な勉学は、怠惰を学ぶこととたいして変わらない。……肉体労働はもともと神ご自身の定めだ。……労働が身体の健康に欠かせないのは、食事が生存に欠かせないのと同じだ。なぜなら、怠惰によって免れる苦痛は、病気となって返ってくるからだ。……労働は生命のランプに油をつぐ。しかし、それに点火するのは思索だ。……子供じみた愚かしい仕事」(この言葉は、のちのバゼドウ〔ルソーの影響下で汎愛主義的学校を創立した一八世紀のドイツの教育者〕の一派やその現代の亜流たちへの批判をすでに先取りしているかのようだ)「は子供の精神を愚かなままにとどまらせる」(『産業大学設立の提案』ロンドン、一六九六年、一二、一四、一六、一八ページ)。

工場立法が工場やマニュファクチュアなどでの労働規制にとどまっているかぎりは、とりあえずそれは資本の搾取権への干渉としてあらわれるにすぎない。それに対して、いわゆる家内労働を規制するとなると、これはただちに父権、すなわち近代的に解釈すれば親権に対する直接的介入となってあらわれる。思いやりのあるイギリス議会は長い間、この一歩を踏みだすことに二の足を踏むそぶりをしてきた。しかし、事実のもつ力の前に、人々は次のことを認めざるをえなくなった。すなわち大工業は、古い家族制度の経済的基盤やそれに見合った家族労働を解体すると同時に、古い家族関係そのものをも解体するということを。子供の権利が宣言されねばならなかった。一八六六年の「児童労働調査委員会」の最終報告書にはこう書かれている。(310)

「不幸にして証言全体から明らかになることは、男女の児童を、だれにもましてまずは両親から守る必要があるということだ」。児童労働全般を、とくに家内労働を、無制限に搾取する制度は「幼く弱い子供たちに対して、親が自制心も節度もなく身勝手で容赦ない権力を行使することによって維持されている。……いくばくかの週給を稼がせるために子供を単なる機械のように扱う絶対的な力を親にもたせてはならない。……子供や青少年の身体力を早期に破壊し、道徳的知的存在としての水準を下げるような親権の濫用に対して、子供や青少年は立法の保護を求める権利を有する」(311)。

しかし、親権の濫用が、資本による未成熟労働力の直接的、間接的な搾取を作りだしたわけではない。逆に、資本主義的な搾取様式こそが、親権にふさわしい経済基盤を廃棄し、それを通じて親権を濫用させてきたのだ。たしかに資本主義体制内部での旧家族制度の解体は、きわめて恐ろしく、また嫌悪すべきものに見える。にもかかわらず大工業は、家事領域のかなたにある社会的に組織化された生産過程で、女性、男女の青少年、児童に決定的な役割を与え、それによって家族および男女関係のより高度な形態のための新しい経済的基盤を作りだす。もちろん、キリスト教的、ゲルマン的家族形態を絶対的なものとみなすことは、相互に歴史的発展系列を織りなしている古代ローマ的、古代ギリシア的、東洋的家族形態を絶対的なものとみなすのと同じようにばかげている。さらにもう一つ明らかなことがある。男女両性やさまざまな年齢層の個人を結びつけて労働人員を構成することは、たしかに自然発生的に残忍な性格をもつ資本主義的形態のもとでは、あらゆる頽廃や奴隷状態を作りだす害毒の源となる。なんといってもそこでは、労働者のために生産過程があるのではなく、生産過程のために労働者が存在しているからだ。しかし、こうして結合された労働人員の構成は、適切な諸関係の下にさえおかれれば、逆に人間的発展の源泉へと一変せざるをえない。これもまた明らかなことだ。(312)

(310) ちなみにこうした家内労働は、そのほとんどが小さな作業場でおこなわれている。それはすでにレース製造マニュファクチュアや麦わら細工業で見たとおりだ。また、とくにシェフィールドやバーミンガムなどの金属加工マニュファクチュアでも、さらに詳しくたどることができるだろう。

(311) 『児童労働調査委員会、第五次報告書』、ローマ数字二五ページ、一六二号。『同、第二次報告書』、ローマ数字三八ページ、二八五、二八九号。ローマ数字二五、二六ページ、一九一号。

(312) 「工場労働は家内労働と同様に、いやひょっとするとそれ以上に、純粋で優れたものでありうるかもしれない」(『工場監督官報告書、一八六五年一〇月三一日』、一二九ページ)。

工場法は、機械経営の最初の形成物である紡績業と織物業に対する例外法として始まった。この工場法をすべての社会的生産を規制する法律へと一般化する必要性は、すでに見てきたように、大工業の歴史的発展過程から生じる。というのも大工業の背後では、マニュファクチュア、手工業、家内労働の伝統的形態が根底からくつがえされ、マニュファクチュアがたえず工場へ、手工業がたえずマニュファクチュアへと転換していくからだ。そして最後には、手工業と家内労働の領域が、相対的には驚くほど短期間に嘆きの洞穴と化し、そこでは資本主義的搾取の無法性が好き勝手に自分のゲームを繰り広げていく。こうしたなかで、二つの事情が、工場法の一般化をうながす決定打となった。第一には、社会周縁部の限られた箇所でしか国家監視を受けないと、資本はすぐさま他の箇所でますます無節操にそれを補填するという経験が、たえず繰り返されてきたことだ(313)。第二には、資本自身が、競争条件の平等性、すなわち労働搾取の平等な制限を叫び始めたことだ(314)。この点について二つの切なる訴えを聞いてみよう。W・クックスリー社(ブリストルにある釘《くぎ》や鎖《くさり》などの製造業者)は自社事業で自発的に工場規制を実行した。

「近隣の工場では、まだ旧来の不規則な制度が続けられているため、少年工が夕方の六時以降、どこか他の場所で仕事を継続するようそそのかされる、という不利益を同社はこうむっている。当然ながら同社はこう主張する。「それはわれわれに対する不当行為であり、われわれにとっての損失だ。なぜなら、本来は全部がわれわれの利益となるべき少年の力が、それによって一部、消耗するからだ」と(315)」。

J・シンプソン氏(ロンドンの紙袋紙箱製造業者)は「児童労働調査委員会」の委員にこう説明した。

「自分は工場法導入を求める請願書にはすべて署名するつもりだ。自分が工場を閉めた後、他の工場がうちよりも長く労働をさせ、うちの注文を横取りするのではないかと、夜になるといつも不安になる(316)」と。「児童労働調査委員会」は次のように総括している。「比較的大きな事業主の工場は規制し、その同じ事業部門で小規模経営者に労働時間の法的制限を求めないというのは不公平だろう。労働時間に関して小規模作業場を除外すれば、不平等な競争条件という不公平が生じるだけでなく、もう一つ、大工場主にとっての不利益が生じる。すなわち大工場に供給されている青少年および女性労働が、工場法の適用を免れた作業場にもっていかれるという不利益だ。それは結局のところ小規模作業場の増加をもたらす。そして小規模作業場こそは、ほとんど例外なく、国民の健康、保養、教育、および一般的な改善に益するところの最も少ない場所だ(317)」。

(313) 『工場監督官報告書、一八六五年一〇月三一日』、二七、三二ページ。
(314) これについては『工場監督官報告書』に豊富な例証がある。
(315) 『児童労働調査委員会、第五次報告書』、ローマ数字一〇ページ、三五号。
(316) 同前、ローマ数字九ページ、二八号。
(317) 同前、ローマ数字二五ページ、一六五—一六七号。小規模経営と比較した大規模経営の長所については『児童労働調査委員会、第三次報告書』、一三ページ、一四四号。二五ページ、一二一号。二六ページ、一二五号。二七ページ、一四〇号等を参照。

「児童労働調査委員会」は最終報告で、約半数が小規模経営と家内労働によって搾取されている一四〇万人以上の児童、青少年、女性を工場法の適用下におくことを提案している(318)。委員会は次のように述べている。

「議会がもしわれわれの提案を全面的に採用するならば、こうした立法は、この法律がさしあたり対象としている青少年や弱者だけではなく、直接的(女性)、間接的(男性)にその効力下に入るもっと多数の成人労働者にきわめて好ましい影響を及ぼすであろうことは疑いない。この立法は彼らに規則的で節度ある労働時間を課すことになるだろう。彼ら自身の福祉と国の福祉とはひとえに彼らの身体の余力にかかっている。この立法はその余力を節約し蓄積するだろう。それは、これから育つ世代を幼少期の過度労働から守るだろう。幼少期の過度労働は、彼らの体質をむしばみ、早期の衰弱にいたらしめる。最後にこの立法は、少なくとも一三歳までは初等教育を受ける機会を彼らに与え、それによって彼らの信じがたい無知に終止符を打つだろう。その無知の程度については、委員会報告にきわめて忠実な描写があり、深く胸を痛めることなく、また国民としての屈辱感を覚えることなく、これを直視することはとうていできない(319)」。

トーリー党内閣が、詔勅を通じて産業調査委員会の提案を(319a)「法案化」した旨を通告したのは一八六七年二月五日のことだった。その時点までに、ふたたび二〇年間にわたる価値なき身体への実験が必要とされた。一八四〇年には、すでに児童労働調査のための議会委員会が任命されていた。一八四二年に提出されたその報告書に描かれていたのは、N・

W・シーニョアの言葉によれば、「資本家と親たちの所有欲、利己心、冷酷さの、そして児童や青少年たちの困窮、堕落、破滅の地獄絵、かつて世人の耳目を驚かしたあの地獄絵だった。……この報告は過去の惨状を描写したものだと人は思うかもしれない。しかし残念ながら、この惨状がいまもなおかつてと同様に続いているという報告がある。二年前にハードウィックによって刊行された冊子は、一八四二年に非難を受けたさまざまな悪弊が、今日なお」（一八六三年）「わが世の春を謳歌していると語っている。……この報告」（一八四二年）「が顧みられることなく放置されていた二〇年間に、われわれが道徳と呼ぶものについても、何一つ知らされることなく成長してきた児童たち――あるいは自然な家族愛についても、学校教育、宗教、このような児童たちが、いまの世代の親となることをわれわれは許してきたのだ(320)」。

(318) この規制を受けるべきものとされた産業部門は以下のとおりだ。レース製造業、靴下製造業、麦わら細工業、多種多様な服飾品製造業、造花製造業、靴・帽子・手袋製造業、裁縫業、熔鉱炉から縫い針製造にまでいたる全金属工業、製紙業、ガラス工業、たばこ製造業、インドゴム工業、（織物用）撚糸製造業、手織絨毯製造業、雨傘・日傘製造業、紡錘・糸巻製造業、印刷業、製本業、文房具製造業（紙箱、カード、色紙等の製造も含む）、ロープ製造、黒玉装飾品製造業、瓦製造業、絹手織業、コヴェントリー織業、製塩業、ロウソク製造業、セメント工業、製糖業、ビスケット製造業、各種木材加工業およびその他の雑工業。

(319)『児童労働調査委員会、第五次報告書』、ローマ数字二五ページ、一六九号。

(319a)工場法拡大についての法律は一八六七年八月一二日に議会を通過した。この法律が規制するのは、すべての金属鋳造・鍛冶・金属加工業ならびに機械製造業、さらにガラス・紙・グッタペルカ・弾性ゴム・たばこ製造業、印刷業、製本業、そして最後に、五〇人以上の従業員を使用する全作業場だ。——これより小規模な作業場といわゆる家内労働は、一八六七年八月一七日に議会を通過した労働時間規制法によって規制されている。

これらの法律および一八七二年の新鉱業法などについては、第二巻で立ち戻ることにする。

(320)シーニョア『社会科学会議議事報告書』、五五—五八ページ。

その間に社会状態は変化していた。議会はかつて一八四二年の委員会要求を退けた時のようには、一八六三年の委員会要求を退けることができなかった。こうして、委員会がその報告の一部を最初に公表した一八六四年にはすでに、土器工業(製陶業を含む)、壁紙、マッチ、雷管、弾薬筒の製造、ビロード剪毛業が、繊維工業に適用される法律のもとにおかれた。一八六七年二月五日の詔勅では、当時のトーリー党内閣が、その間の一八六六年に任務を終えていた委員会の最終提案にもとづいて、さらに別の法案の提出を告げた。一八六七年八月一五日には拡大工場法が、また八月二一日には作業場規制法が勅裁を得た。前者は大規模な、後者は小規模な事業部門を取り締まるものだった。

拡大工場法によって規制を受けたのは、熔鉱炉、製鉄・精銅所、鋳造工場、機械製造工場、金属加工工場、グッタペルカ工場、製紙工場、ガラス工場、たばこ工場、さらに印刷工場と製本工場、そして五〇人以上の人員が、年間少なくとも一〇〇日間、同時使用される、この種のすべての工業作業場だ。

この法律によってカバーされる領域の広さについて、およそのイメージがつかめるように、この法律のなかで確定された定義のいくつかを列挙しておこう。

「手工業とは」(この法律では)「職業としてあるいは営利を目的としておこなわれる手工労働であって、なんらかの物品またはその一部を、販売目的のために製造、変更、装飾、修繕、完成するさいにおこなわれる、あるいはそれに付随しておこなわれる何らかの手工労働を意味する」。

「作業場とは、児童、青少年労働者、女性がここでいう「手工業」をおこなう屋内または屋外の部屋または場所であって、かつそれらの児童、青少年労働者、女性を従業させる者が出入りおよび監督の権利を有する部屋または場所を意味する」。

「従業とは、賃金を受けるか否かを問わず、一人の親方または以下に規定する両親の一人の下で何らかの「手工業」をおこなうことを意味する」。

「両親とは、父、母、後見人、あるいは児童または青少年労働者に対して後見または監督をおこなうその他の者を意味する」。

第七条、この法律の規定に違反して児童、青少年労働者、女性を従業させることへの罰則。この条項は作業場の所有者に対して、それが両親の一人か否かを問わず、罰金を科すことを定めるのみならず、「児童、青少年労働者、女性の保護者であるか、またはそれらの者の労働から直接の利益を受ける両親、またはその他の者」に対しても罰金を科すことを定める。

大工場を対象とした拡大工場法は、お粗末な例外規定を数多く設けており、資本家との臆病な妥協の産物であったため、工場法よりも後退したものになっている。

作業場規制法はすべての細目にわたって貧弱なものだったが、その実施を任された都市や地方官庁の手のなかでまったくの死文と化した。一八七一年、議会は執行権を地方官庁から取り上げ工場監督官の手に移管した。これによって監督官の監督区域内にある作業場の数は一気に一〇万カ所も増加し、瓦工場だけでも三〇〇カ所が加わった。監督官の職員数は、それまでも大幅に不足していたが、この時の人員増加は慎重この上ないもので、わずか八人の補助監督官が追加されたにすぎなかった。(321)

(321) 工場監督の職員は、監督官二名、副監督官二名、補助監督官四一名という構成だった。一八七一年には八名の補助監督官が追加任命された。イングランド、スコットランド、アイルランドでの工場法施行にともなう総経費は、一八七一―七二年には、違反事例に対する裁判費用を含めても、わずか二万五三四七ポンドにすぎなかった。

したがって一八六七年のこのイギリスの立法には、われわれの目につくことが二つある。

第一には、支配者階級の議会が、資本主義的搾取の横暴に対してこれほど異例かつ広範な処置を原則として受け入れざるをえなかったその必然性だ。そして第二は、その同じ議会がこの規制をいざ実行に移す段になって露呈させた不徹底、不本意、不誠実だ。

一八六二年の調査委員会は、同じように鉱山業に対する新たな規制をも提案した。しかし、鉱山業が他のあらゆる産業と異なる点は、地主と産業資本家との利害が一致することにある。工場立法には両者の利害対立が有利に作用した。だから、この対立が存在しないというだけでも、鉱山立法が先延ばしされ、嫌がらせを受けた理由は十分に説明がつく。

一八四〇年の調査委員会が暴露した鉱山業の実態は、世人の嫌悪と怒りを買い、大変なスキャンダルとしてヨーロッパ中に広まった。そこで議会は、一八四二年に鉱山法を成立させることで、みずからの良心を慰めねばならなかった。ただし、この時は、女性および一〇歳未満の児童の地下労働を禁止するにとどまった。

その後、一八六〇年には鉱山監督法が成立した。同法によれば、鉱山は監督目的のために特命された官吏の監督を受けなければならず、一〇歳から一二歳までの少年は、通学証明書を所有するか、または一定の時間数通学していないかぎり、使用されてはならない。ところが、任命された監督官の数が笑止千万なほど少なく、その権限もきわめて小さかった。また、後にもう少し詳しく取り上げる他の原因もあって、この法律はまったくの死文に終わった。

鉱山に関する最新の青書の一つは、『鉱山特別委員会報告書および……根拠資料、一八六六年七月二三日』だ。これは、下院議員からなるある委員会が作成したもので、この委員会には証人を召喚訊問する権限も与えられていた。分厚いフォリオ版の一冊だが、そのなかの報告自体はわずか五行しかなく、その内容は、委員会としてとくに言うべきことはない、もっと多くの証人訊問が必要だ、というだけだ！

証人訊問の様式は、イギリスの法廷でおこなわれる反対訊問を彷彿とさせる。イギリスの法廷では弁護人が相手を狼狽《ろうばい》させる恥知らずな反対訊問をすることで証人を動揺させ、証言をねじ曲げようとする。ここでは、議会の監督官自身がその弁護人を務めており、そのなかには鉱山所有者や採鉱業者も混じっている。そして証人は、ほとんどが炭坑で働く鉱山労働者だ。このまったくの茶番は、資本の精神の特徴をあますところなく伝えているので、ここに若干の引用をせざるをえない。全体が見渡しやすいように、ここでは調査の結果その他を、項目別に列挙しておく。イギリスの青書では、質問および義務的答弁に番号が振られていること、そしてここに引用されている供述は炭鉱労働者のものであることに注意を促しておきたい。

（1）一〇歳以上の少年の鉱山での従業。必要不可欠な鉱山への往復のほかに、通常は、早朝三時、四時、五時から夕方四時、五時までの一四時間から一五時間の労働、例外的にはさらに長時間にわたる労働が続く（六、四五二、八三号）。成人労働者は二交替で、すなわち八時間ずつ働く。しかし少年については、費用節減のため、こうした交替はおこなわれない（八〇、二〇三、二〇四号）。年少の児童は主として、鉱山のさまざまな区画の換気ドアの開閉に使用され、比較的年長の児童は石炭運びなどの重労働に使われる（一二二、七三九、七四〇号）。こうした地下での長時間労働は一八歳から二二歳まで続き、その年齢を越すと本来の炭鉱労働へと移行していく（一六一号）。今日の児童と青少年は、過去のどんな時代よりも苛酷な労働を課されている（一六六三—一六六七号）。鉱山労働者はほとんど異口同音に、一四歳未満の鉱山労働を禁止する議会条例を要望する。そこで、ハッシー・ヴィヴィアン（彼自身、鉱山のオーナーだ）は、こんなことを尋ねる。「そんな要望をするかどうかは、両親の貧困さの程度によるのではないかね？」続いてブルース氏が尋ねる。「父親が死んだり四肢を失ったりしたような場合、家族からその収入源を奪うのは酷ではないか？　一般的な規則となれば、それを遵守しなければならない。それでも君たちは、なにがなんでも、一四歳未満の児童の地下労働を禁止することを望むのか？」答え「はい、なにがなんでも」（一〇七—一一〇号）。ヴィヴィアン「一四歳未満の労働が鉱山で禁止されれば、両親は子供を工場などに送るんじゃないかね？——ふつうは、そんなことにはならない」（一七四号）。労働者「ドアの開閉は一見簡単そうに見えるが、非常に辛い仕事だ。たえず風が吹きこむし、そうでなくても少年は真っ暗な地下牢に閉じこめられているようなものだ」。ブルジョワであるヴィヴィアン「その少年は、灯火があれば、ドア番をしながら本が読めるんじゃないか？——それをするには、第一に自分でロウソクを買わねばならないだろう。それに、そんなことは許されもしないだろう。少年は自分の仕事に注意を払うためにそこにいるので、彼には果たすべき義務がある。坑内で少年が本を読んでいるところなど、わたしは見たことがない」（一三九、一四一—一六〇号）。

（2）教育。鉱山労働者は、工場の場合と同様に、児童の義務教育ための法律を要望している。一八六〇年の法律の条項によれば、一〇歳から一二歳の少年を使用するには教育証明書が必要だとされている。しかしこれはまったくのザル法だと彼らは言う。資本家である予審判事たちの「重箱の隅をつつくような」訊問は、ここでまさに滑稽の域に達する。「法律で取り締まる必要があるのは、雇い主なのか、それとも両親なのか？——その両方だ」（一一五号）。「どちらかが、より取り締まりが必要だということはないのか？——さあ、どう答えたらいいのか」（一一六号）。「労働時間を学校の授業に合わせたいという要望が雇い主の方から示されたことはあるか？——一度もない」（一三七号）。「鉱山労働者は後になって自分の教育を高めようとするか？——彼らは一般には悪くなっていく。悪習に染まり、飲酒や賭博などにふけり、まったく手のつけようがなくなる」（二一一号）。「なぜ子供を夜学に送らないのか？——大半の炭鉱地帯には夜学など存在しない。しかし一番の理由は、長時間の過度労働で疲労困憊しているため、彼らが目を開けていられないことだ」(四五四号)。そこでこのブルジョワは結論を出す。「ということは、君たちは教育に反対なんだね?――いや、めっそうもない。しかし、云々」(四四三号)。「鉱山所有者などは、一八六〇年の法律によって、一〇歳から一二歳の子供を使用するさいには通学証明書を要求するよう義務づけられているのではないか?――法律はそうなっているが、雇い主はそんなことはしない」(四四四号)。「君たちの意見では、この法律条項は一般に実行されていないということか?――まったく実行されていない」(七一七号)。「鉱山労働者は教育問題に大きな関心をもっているか?――大多数はもっている」(七一八号)。「彼らは法律が実行されるよう切望しているか?――大多数は」(七二〇号)。「ではなぜ法律の実行を迫らないのか?――通学証明書のない少年が採用されないことを、かなりの労働者が望んでいるが、そんなことを言えば目をつけられてしまう」(七二一号)。「だれから目をつけられるのか?――雇い主からだ」(七二二号)。「しかし君たちは、雇い主が一人の人間を、法律に忠実だからという理由で迫害するなどとは、思わないだろう?――いや、迫害するだろうと思う」(七二三号)。「なぜ労働者は、そんな少年を使うことを拒否しないのか?――それは労働者の選択には任せられていない」(一六三四号)。「君たちは議会の介入を望むか?――坑夫の子供を教育するために何か実効性のあることをしようとするなら、議会条例によって強制的におこなうしかない」(一六三六号)。「それはグレートブリテンのすべての労働者を対象としておこなわれるべきか、それとも坑夫についてのみおこなわれるべきか?――わたしは坑夫として語るためにここにきている」(一六三八号)。「なぜ炭坑の子供を他の子供と区別するのか?――炭坑の子供たちは例外だからだ」(一六三九号)。「どんな点で例外なのか?――身体面で」(一六四〇号)。「なぜ炭坑の子供の教育は、他の階級の子供の教育より重要なのか?――炭坑の子供の教育のほうが重要だとは言っていない。ただ彼らは、鉱山での過度労働のために昼間の学校や日曜学校で教育を受ける機会が他の子供たちより少ない」(一六四四号)。「この種の問題を絶対的に論じるのは不可能ではないか?」(一六四六号)。「これらの地方には学校が十分にあるか?――ない」(一六四七号)。「もし国が、全児童を学校に送るよう要求するとすれば、全児童を収容する学校をどこから調達するのか?――事情が命ずれば、学校は自然に生まれてくると思う」「子供だけではなく、大人の鉱山労働者も、大部分が読むことも書くこともできない」(七〇五、七二六号)。

(3) 女性労働。女性労働者は一八四二年以降、たしかに地下労働に使用されることはなくなったが、地上では、石炭の積み込みなどのほか、運河や鉄道貨車への運炭桶の牽引、選炭などに使用されている。女性労働者の使用は、ここ三、四年で非常に増えている(一七二七号)。その大半が、炭鉱労働者の妻、娘、寡婦たちで、一二歳から五〇歳、六〇歳にまで及ぶ(六四七、一七七九、一七八一号)。

「女性が鉱山労働に従事していることを、鉱山労働者はどう考えているのか?――おおかたの人間は、とんでもないことだと思っている」（六四八号）。「なぜなのか？——女性に対する侮辱だと思っているからだ。……彼女たちは男服のようなものを着ている。多くの場合、なんの羞恥心も持てないような状態におかれている。かなりの女がたばこを吸っている。労働は、坑内と同じくらい汚く不潔だ。なかには結婚している女性も多くいるが、家庭の務めを果たすことはできない」（六四九号）。「これほど高収入の仕事（週八—一〇シリング）を、寡婦がどこか他で見つけられるものなのか？——それは自分には分からない」（六五一号以下、七〇一号）（七〇九号）。「それでもなお」（冷酷にも！）「君たちは、彼女たちから生計の道を取り上げようという決意なのか？——そのとおりだ」（七一〇号）。「そういう気持ちはどこからくるのか？——われわれ鉱山労働者は女性というものの美しさに敬意を払っている。だから女性が炭坑に追いやられるのを見るのはしのびない。……この労働は大部分が非常に辛い仕事だ。この娘たちの多くが一日に一〇トンからのものを持ち上げている」（一七一五号）。「鉱山で働く女性労働者は、工場で働く女性労働者よりも不道徳だと思うか？——堕落している者の割合は、工場の女性労働者よりも高い」（一七三二号）。「だが君たちは、工場の道徳水準にだって満足しているわけではないだろう？——それはそうだ」（一七三三号）。「それなら工場の女性労働も禁止したいのか？——いや、そうは思わない」（一七三四号）。「それはなぜか？——工場労働のほうが女性には世間体がよく、合っているからだ」（一七三五号）。「それでも工場労働は、彼女たちの道徳に悪影響を与えると思うのか？——いや、炭坑の仕事に比べればはるかにましだ。それにわたしは、道徳的な理由からだけではなく、肉体的社会的な理由からも言っているのだ。娘たちの社会的な堕落は悲惨で、度を越している。こうした娘が鉱山労働者の妻になれば、夫もその堕落のためにひどく苦しめられ、家から飛び出し、酒に走ることになる」（一七三六号）。「しかし、同じことは製鉄所で働く女性についても言えるのではないか？——他の事業部門のことは分からない」（一七三七号）。「しかし、製鉄所で働く女性と鉱山で働く女性とのあいだに、どんな違いがあるのか？——そんなことは考えたことがない」（一七四〇号）。「君たちは、片方の部類ともう片方の部類との違いを見つけられるか？——それについて確かめたことはないが、家々を訪ねてみて、この地域の状況がひどいことは知っている」（一七四一号）。「女性労働が堕落を生み出しているところならどこでも、女性労働を廃止したいと君たちは思っているのではないのか？——そのとおりだ。……子供たちの最良の情緒は母親の養育から生まれるはずだ」（一七五〇号）。「それなら、それは農業に従事している女性にもあてはまるのでは？——農業労働は二シーズンしか続かないが、われわれのところでは四季を通じて彼女たちは働き続ける。しかも労働は時に昼夜兼行でおこなわれ、肌までびっしょりとぬれて、体質は虚弱になり、健康はむしばまれる」（一七五一号）。「君たちはこの問題」（すなわち女性労働）「を一般的に研究してきたわけではないだろう？——自分の周囲を観察してきただけだが、これだけは言える。炭坑での女性労働に匹敵するものなど、どこを探しても見つからなかった［一七九三、一七九四、一八〇八号］。これは男の労働、それも強壮な男のための労働だ。自分の妻を頼ることなく、みずから向上して、人間的な生活を送ろうと努力する鉱山労働者の比較的優良な階層は、労働する妻によってかえって堕落させられる」（一七五三号）。

ブルジョワたちがさらにあれこれ質問をたたみかけた後、寡婦や貧困家庭などに対する彼らの「同情」の秘密がついに明らかになる。

「炭坑所有者はある種のジェントルマンを監督者に任命し、このジェントルマンは、所有者たちの気に入られるように、すべてをできるだけ経済的に処理するという策をとる。こうして、男なら一日二シリング六ペンスを受けとるはずのところが、従業している少女は一日一シリングから一シリング六ペンスしか受けとらない」（一八一六号）。

（4）検死陪審員。

「君たちの地域での検死について尋ねる。事故が起こった時の裁判手続きに労働者は満足しているか？――いや、満足していない」（三六〇号）。「なぜ満足していないのか？――それはとくに、鉱山のことをまったく知らない人を陪審員に任命するからだ。労働者は証人としてしか呼ばれることはない。大体は、近隣の小売商人が陪審員に任命されるが、彼らは自分の顧客である鉱山所有者の影響下にある。そして、証人が使う専門用語すら理解していない。鉱山労働者が陪審員の一部を占めるよう、われわれは要求する。判決は、概して証人の陳述と矛盾したものだ」(三六一―三七五号)。「陪審員は公平ではないということか?――そうだ」(三七八号)。「労働者は公平だろうか?――彼らには不公平になる理由がない。彼らには専門的な知識がある」(三七九号)。「しかし、彼らは労働者の利益のために、不当に厳しい判決を下すという傾向はないか?――それはないと思う」(三八〇号)。

(5) 不正な度量衡など。労働者が要求するのは、賃金支払いを二週間に一度ではなく、一週間ごとにすること、運炭桶の計量基準を容積ではなく重量にすること、不正な度量衡の使用に対する予防措置を講じることなどだ。「運炭桶が不正に大きくされるようなことがあれば、労働者は二週間前に通知して、鉱山をやめることができるだろう?――しかし、どこに行っても同じことがおこなわれている」(一〇七一号)。「それでも、不正がおこなわれているところは、やめることができるだろう?――不正はいたるところでおこなわれている」(一〇七二号)。「しかし毎回、二週間前に通告すれば、行く先々でやめることができるだろう?――それはそうだ」(一〇七三号)。

ここまで言ってもまだ、だめ押しをせずにはいられないのだ!

(6) 鉱山監督。労働者は爆発性のガスによる事故に苦しむだけではない。「炭坑内ではほとんど息ができないほど換気が悪い。これについてもわれわれは苦情を言わざるをえない。これではどんな仕事もできなくなってしまう。たとえばわたしがいま働いている鉱山の区画では、有毒な空気のために多くの人々が何週間も病床についている。主要坑道には、ほとんどの場合十分な通気があるが、われわれが働いている場所にはそれがない。換気について監督官に訴えると、その者は解雇され、「要注意」人物となり、他のどこに行っても雇われなくなる。一八六〇年の鉱山監督法はまったくのザル法だ。監督官の数はそもそもあまりにも不足しており、おそらく七年に一度かそこら形式的な視察をするだけだ。われわれのところの監督官は、まったく無能な七〇歳代の老人だが、その人物が一三〇以上の炭坑を管轄している。監督官を増やす必要があるほか、副監督官も必要だ」(二三四号以下)。「では、諸君が要求することすべてを、労働者自身の情報なしにこなせるような監督官の一団を政府が編成すべきだというのか?——それは不可能だが、監督官は、情報を自分で炭坑に取りにくるべきだ」(二八〇号)。「君たちは、それが結果として、換気などの責任(!)を、鉱山所有者から政府役人に転嫁することになるとは思わないのか?——まったく思わない。すでに存在している法律の遵守を強制することは、政府役人の仕事でなければならない」(二八五号)。「君たちは副監督官が必要だというが、君たちの言う副監督官というのは現在の監督官より報酬もレベルも低い人たちのことなのか?——よりレベルの高い人が得られるなら、レベルの低い人を望みはしない」(二九四号)。「君たちは、もっと多くの監督官を望んでいるのか、それとも監督官より低い階級の人たちを望んでいるのか?――われわれが必要としているのは、自分で鉱山を駆け回る人々であり、わが身のことばかり心配していない人々だ」(二九五号)。「君たちの希望どおりに質の低い監督官ばかりをとれば、彼らの熟練不足のために危険が生じることはないか?――いや、適切な人物を任命するのが政府の仕事だ」(二九七号)。

この種の訊問は、ついに調査委員会の委員長にとってさえも、あまりにもばかばかしいものに思えてくる。彼は口をさしはさんで言う。「君たちが欲しているのは、自分で鉱山を見て回り、監督官にそれを報告する実務的な人々だということだね。そうすれば報告を受けた監督官が、より高度な自分の学識を使っていけるわけだ」。「これらの古い坑道をすべて換気するとなれば、多くの費用がかかるのではないか?――そのとおりだ。費用はかさむかもしれない。しかし、人命は守られるだろう」(五三一号)。

一人の炭坑夫は一八六〇年の法律の第一七節に抗議して、こう述べている。「現在の規定によれば、鉱山の一部が就業不可能な状態にあることを鉱山監督官が発見した場合、監督官はそれを鉱山所有者と内務大臣に報告しなければならない。その後、鉱山所有者には二〇日間の猶予期間が与えられる。その二〇日間が終われば、彼はいかなる変更も拒否できる。ただし拒否する場合には、鉱山所有者が内務大臣に書類を提出し、大臣に五人の鉱山技師を提案しなければならない。大臣はその五人のなかから裁決者を選定しなければならない。われわれが主張しているのは、このようなやり方では、鉱山所有者が実質的に自分で自分の裁判官を任命しているに等しいということだ」（五八一号）。自分自身が鉱山所有者であるブルジョワ訊問官は言う。「それは純粋に臆測的な非難だ」（五八六号）。「つまり君たちは、鉱山技師の誠実さをほとんど信じていないということか？──こうしたやりかたは、きわめて不適切かつ不公平だと言っているのだ」（五八八号）。「鉱山技師というのは一種の公的性格をもっている。だからこそ鉱山技師の決定は、諸君がおそれる党派制を超えるものになるのではないのか？──これらの人々の個人的性格についての質問に答えることは拒否する。わたしが確信しているのは、彼らが多くのケースで非常に党派的に行動するということ、そして人命がかかっている場合には、こうした権限を彼らから取り上げなければならないということだ」。

この同じブルジョワは、恥ずかしげもなくこんな質問をする。「爆発が起これば鉱山所有者も損失をこうむるとは思わないのか？」（五八九号）そして最後の質問。「君たち労働者は、政府の援助を求めないと、自分の利益を自分で守れないのか？──守れない」（一〇四二号）。

一八六五年、グレートブリテンには三二一七の炭坑があったが、監督官は一二名だった。ヨークシャーのある鉱山所有者（『タイムズ』一八六七年一月二六日）が自分で計算したところによると、監督官たちは純粋な役所仕事に大部分の時間をとられており、各鉱山については一〇年に一度しか視察できないという。近年（とくに一八六六年と一八六七年）になって、大事故が頻度においても規模においても（時には二〇〇人から三〇〇人の労働者が犠牲になっている）累進的に増加したのは当然のことだ。これが「自由な」資本主義的生産の美点なのだ！

いずれにせよ一八七二年の法律は、きわめて欠陥の多いものだった。とはいえそれは、鉱山に従業する児童の労働時間を規制し、またいわゆる事故に対して、ある程度まで採鉱業者と鉱山所有者とに責任を負わせた最初の法律だった。

一八六七年には、農業における児童、少年、女性の従業状態を調査するために勅命委員会が設置され、いくつかの非常に重要な報告が公表された。工場立法の諸原則を形を変えて農業に適用しようとする試みはこれまでもさまざまにおこなわれてきた。しかし今日まで、それはすべて完全な失敗に終わった。しかし、ここで注意を喚起しておかねばならないことは、この諸原則を一般的に適用しようとする抗しがたい傾向が存在していることだ。

労働者階級の肉体的精神的保護手段としての工場立法の一般化が避け難いものになってきたとすれば、それによって他方では、すでに示唆したように、もう一つの過程もまた一般化され促進されていく。それは、小規模な分散的労働過程が、大きな社会的規模で結合された労働過程に変容し、したがって資本の集積と工場体制の独裁が進んでいく過程だ。

工場立法が一般化していくと、資本の支配を部分的に覆い隠してきたあらゆる古い形態や過渡的形態が破壊され、直接的で露骨な資本の支配に置き換わっていく。それによって資本の支配に対する直接的な闘争もまた一般化していく。工場法の一般化は、個々の作業場では均等性、規則性、秩序、経済性を強要するが、その一方で、労働日の制限や規制が技術に強烈な拍車をかけることによって、全体としての資本主義的生産の無政府性と破局、労働の密度、機械装置と労働者との競争を増大させる。それは小規模経営と家事労働の領域を破壊することで「過剰人口」の最後のはけ口を破壊し、それによって全社会機構の従来の安全弁を破壊する。工場法の一般化は、生産過程の物質的条件や社会的結合を成熟させ、同時に生産過程の資本主義的形態がはらむ矛盾と対立関係を成熟させる。それゆえに工場法の一般化は、新たな社会の形成要素と古い社会の変革契機とを同時に成熟させる。(322)

(322) ロバート・オーウェンは、協同組合工場や協同組合売店の父ではあったが、こうした孤立した変革要素がもつ射程については、前にも述べたように、彼の後継者たちのような幻想は抱いていなかった。実際、オーウェンが自分の試みの出発点に据えたのは工場制度であり、それのみならず理論的にも工場制度を社会革命の出発点とみなした。ライデン大学の経済学教授フィセリング氏も同じようなことを予感していたようだ。というのも、俗流経済学の平板さをそれにふさわしい形式で述べ立てている『実践経済学提要』(一八六〇—一八六二年)のなかで、彼は熱意をこめて大工業に反対し、手工業経営の味方をしているからだ。〔第四版への追補——たがいに矛盾する工場法、拡大工場法、作業場規制法によってイギリスの立法が引き起こした「新たな法律上の紛糾」は、ついに耐えがたいものになった。こうして一八七八年に成立した工場および作業場法によって、これらの全関連法案が一本に法典化された。ここでは、この現行のイギリス産業法を詳細に批判することはもちろんできない。そこで、次の点を指摘するにとどめたい。この法律には次のものが含まれている。(1)繊維工場。ここではほとんどすべてがもとのままだ。一〇歳以上の児童に許されている労働時間は一日五時間半、あるいは一日六時間であれば土曜日は休日となる。青少年と女性は、五日間については一〇時間、土曜日は最大限六時間半。――(2)非繊維工場。ここではさまざま規定が(1)の規定に以前より近づいている。しかしいまなお、資本家に有利なかなりの例外があり、しかもそれは多くの場合、内務大臣の特別許可によってさらに拡大可能となっている。――(3)作業場。定義は以前の法律とほぼ同じ。児童、青少年労働者、女性がそこで従業するかぎり、作業場は非繊維工場とほぼ同じに扱われる。ただしここでも、個別的には種々の緩和措置が見られる。――(4)児童や青少年労働者が使用されておらず、一八歳以上の男女のみが使用されている作業場。この分類のものについてはさらに多くの緩和措置が設けられている。――(5)家族の住居で家族だけが従業する家庭作業場。ここでは規定がさらに弾力化されていると同時に、次のような制限も設けられている。すなわち監督官は、大臣または判事の特別な許可がないかぎり、居住に兼用されていない部屋にしか立ち入ることができない。そして最後に、家庭内でおこなわれる麦わら編み業、レース編み業、手袋製造業は、完全に放任されている。この法律は、多くの欠陥を含んでいるものの、一八七七年三月二三日のスイス連邦工場法と並んで、いまなお、この対象に関する群を抜いて優れた法律だ。この法律といまあげたスイス連邦法とを比較してみるのは、とくに興味深い。というのも、そこでは二つの立法の方法――すなわちケース・バイ・ケースで対象に切り込む「歴史的な」イギリス的方法と、フランス革命の伝統の上に築かれた、より一般化をめざす大陸的方法――の長所と短所がきわめて明確になっているからだ。残念ながら、イギリスの法典の作業場への適用は、大部分がいまなお空文に終わっている――監督官の人員が不足しているためだ。――F・エンゲルス〕

第一〇節　大工業と農業

大工業が農業および農業生産担当者の社会的諸関係に引き起こす革命については、後の章ではじめて論じることができる。ここではいくつかの結論を先取りして、短く示唆するにとどめよう。農業での機械装置の使用は、工場労働者の場合のように身体的損傷を与える恐れはほとんどないが[323]、それだけに農業分野での機械装置は、後に詳しく見るように、労働者の「だぶつき」にいっそう強く作用し、しかも、それに対する反発も生じにくい。たとえばケンブリッジ州やサフォーク州では、耕地面積が過去二〇年間で飛躍的に拡大したが、その一方で、同期間の農村人口は相対的に減少しただけでなく、絶対的にも減少した。北アメリカ合衆国では農業機械が、さしあたっては仮想的に労働者に置き換わったにすぎなかった。つまり、現実に従業労働者を駆逐したのではなく、農業機械によって生産者がより広大な面積を耕作できるようになった。イングランドとウェールズでは、一八六一年に農業機械生産に携わっていた人員は一〇三四人に達していた。しかし、蒸気機関と作業機械の操作のために雇われていた農業労働者は一二〇五人にすぎなかった。

(323) イギリスの農業で使用されている機械装置の詳細な説明についてはドクター・W・ハム著『イギリスの農機具と農業機械』第二版〔ブラウンシュヴァイク〕、一八五六年、を参照のこと。イギリスの農業の発展過程の描写については、ハム氏はレオンス・ド・ラヴェルニュ氏の説にあまりにも無批判に追随している。〔第四版への註――いまではもちろん時代遅れになっている。――F・エンゲルス〕

大工業は古い社会の砦である「農民」を一掃し、それを賃金労働者に置き換えていく。そのため大工業は、農業分野でこそ最も革命的な作用を及ぼす。こうして農村での社会的変革要求と社会的対立関係は、都市におけるそれに近づいていく。旧態依然とした非合理きわまる経営に代わって、科学の意識的技術的応用があらわれる。農業とマニュファクチュアの幼稚で未発達な姿には、原初的な家族的紐帯《ちゅうたい》がからみついていた。この紐帯が引き裂かれていく過程は資本主義的生産様式を通じて完成される。しかし同時に、資本主義的生産様式は、農業と工業がこれまで対立的に作り上げてきた姿を土台として、両者の新しい、より高次の総合と一体化のための物質的前提をも作りだす。都市住民は大きな中心地に集積し、都市人口はたえず過密度を増していく。これによって資本主義的生産様式は、一方では社会の歴史的運動力を集積していくが、他方では、人間と大地とのあいだの物質代謝を攪乱する。すなわち、人間が食料や衣料の形で利用している土壌成分を土壌に戻すことを妨げ、肥沃な土壌を維持するための永遠の自然条件を攪乱する。それによって資本主義的生産様式は、都市労働者の肉体的健康と農村労働者の精神的生活をともに破壊する。[324]資本主義的生産様式は、あの物質代謝の単なる自然発生的状態を破壊する。しかし同時に、資本主義的生産様式は、社会的生産を規制する法則として、しかも全人間的発達にふさわしい形態で、物質代謝を再構築することをも強制する。マニュファクチュアの場合と同様に、農業においても生産過程の資本主義的転換は、同時に生産者の受難史としての姿をもっている。労働手段は同時に労働者の抑圧手段、搾取手段、窮乏化手段としての姿をもち、労働過程の社会的結合は、労働者の個人的活動力、自由、独立に対する組織的抑圧としての姿をもっている。都市への集中は都市労働者の抵抗力を強めるが、農村労働者がより広い土地に分散していることは、彼らの抵抗力をも同時に弱める。都市工業と同様に、近代農業においても、労働の生産力向上と流動性増大は、労働力自身の荒廃と衰弱という犠牲によってあがなわれる。そして、資本主義的農業のあらゆる進歩は、労働者を略奪する技術の進歩であるだけでなく、土壌を略奪する技術の進歩でもある。一定期間、土壌を肥沃化させるための進歩は、同時にこの肥沃の持続的源泉を破壊するための進歩だ。たとえば北アメリカ合衆国のように、一国がその発展の背景として大工業を出発点にすれば、この破壊過程はそれだけ速くなる。[325]それゆえ資本主義的生産は、すべての富の二つの源泉を同時に破壊することによってのみ、社会的生産過程の技術と結合とを発展させる。すなわち、土地と労働者とを。

(324)「君たちは、民衆を二つの敵対陣営に分割する。鈍重な農民と軟弱な侏儒《しゅじゅ》たちだ。なんということか！　農業勢力と商業勢力とに分割された一つの国民が、この奇怪で不自然な分離にもかかわらず、いや、この分離のゆえに、みずからを健康な国民と称し、それどころか啓蒙され、文明化された存在とみなしているのだ」（デイヴィッド・アーカート『常用語』、一一九ページ）。この文章は、現代というものを判定し断罪することは知っているが、それを理解することを知らないある種の批評がもつ強みと弱みを同時に示している。

(325) リービヒ『農業と生理学への化学の応用』第七版、一八六二年、とくに第一巻では「農耕の自然法則序論」を参照のこと。自然科学の視点から近代農業がもつ負の側面を論じたことは、リービヒの不朽の功績の一つだ。農業史に関する彼の歴史的概観も、粗雑な間違いがないわけではないが、重要な見解を含んでいる。惜しむらくは、次のようなでまかせの発言をしていることだ。「さらに土を細かく砕き、より頻繁に耕すことによって、有孔性土壌内部の換気が促される。これによって空気が作用する土壌面積が拡大され、更新される。しかし容易に理解されるように、畑の収穫増は畑に投じられた労働に正比例するわけではなく、収穫ははるかに小さい割合でしか増加しない」。リービヒはさらにこう付け加える。「この法則は、J・S・ミルが『経済学原理』第一巻、一七ページで、はじめて次のように表明したものだ。「土地から上がる収穫量は、他の条件が同じであれば、就業労働者の数が増えればそれにつれて増加するが、その増加率は次第に頭打ちになっていく」」(しかもミル氏はリカード学派の法則を誤った公式で繰り返している。というのも、イギリスでは就業労働者の減少が、農業の進歩とつねに軌を一にして進んだのであり、イギリスのためにイギリスで作られたこの法則は、少なくともイギリスでは通用しなかったからだ)「これは農業の一般的法則だ」と。こう語ったミルは、その理由を知らなかったのだから、これは一驚に値する」(リービヒ、前掲書、第一巻、一四三ページおよび註)。リービヒは「労働」という言葉を経済学とは違う意味で理解しているが、この誤った解釈はひとまずおくとしても、「一驚に値する」のは、リービヒがJ・S・ミル氏を一つの理論の最初の提唱者とみなしていることだ。その理論とは、アダム・スミスの時代にジェイムズ・アンダソンがはじめて発表し、一九世紀初頭にいたるまで、さまざまな著作のなかで繰り返されてきたものだ。そして、およそ剽窃《ひょうせつ》にかけては巨匠と言えるマルサス(彼の人口論はすべて恥知らずな剽窃だ)が、一八一五年にこれを自分の著作に取り込み、同じ時代にウェストがアンダソンとは独立して展開した。そしてリカードが一八一七年に、これを一般的価値理論と関連づけ、それ以来、この理論はリカードの名とともに世界を一周した。それは一八二〇年、ジェイムズ・ミル(J・S・ミルの父親)によって通俗化され、そして最後に、とくにJ・S・ミル氏などによって、すでに陳腐なものとなった教科書的ドグマとして繰り返されている。いずれにせよ、J・S・ミル氏の「一驚に値する」権威などは、ほとんどすべてがこの種のとりちがいのおかげで得られたものであることは否定しがたい。

第五篇　絶対的剰余価値と相対的剰余価値の生産

第一四章　絶対的剰余価値と相対的剰余価値

労働過程は、その歴史的諸形態とは無関係に、人間と自然とのあいだの過程として、まずは抽象的に考察された（第五章参照）。そこでは次のように書かれていた。「この過程全体をその結果である生産物の立場から見ると、労働手段と労働対象はともに生産手段として、労働そのものは生産的労働としてあらわれる」と。そして註（7）ではそれが次のように補足されている。「生産的労働のこの定義は、あくまで単純な労働過程の観点から得られたものであり、資本主義的生産過程を記述するには、けっして十分なものではない」。以下では、このことをさらに詳しく検討しなければならない。

労働過程が純粋に個人的なものであるあいだは、同じ一人の労働者が、後に分離することになるすべての機能をあわせもっている。自然対象を自分の生活目的のために個人的に獲得するさいには、彼は自分で自分を制御する。ところが後には、彼が制御される側になる。個々の人間は、自分の脳の制御下で自分の筋肉を動かさないかぎり、自然に働きかけることはできない。自然の身体組織では頭と手が一組《ひと》みになっている。それと同じように労働過程もまた頭脳労働と手工労働とを一体化する。しかし後には、頭脳労働と手工労働がたがいに分離し、敵対的な対立項をなすにいたる。生産物は一般に、個人生産者の直接的生産物から社会的生産物へと、すなわち全体労働者の共同生産物へと変容する。全体労働者とは結合された労働人員であり、そのメンバーには、労働対象の操作により近いところにいる者もいれば、より遠いところにいる者もいる。それゆえ、労働過程自体が協業的性格を獲得していくにつれて、生産的労働の概念、あるいはその担い手である生産的労働者の概念は必然的に広がっていく。いまやもう、生産的に労働するからといって、必ずしも自分で手をくだす必要はない。全体労働者の一器官となり、その下位機能のいずれか一つを果たせば、それで十分だ。先に挙げた生産的労働についての最初の規定は、物質的生産自体の性質から導き出されたものだった。この規定は、全体として見た場合の全体労働者については、依然として正しい。しかし個別的に見た全体労働者の各メンバーには、この規定はもはや当てはまらなくなる。

ところが他方で、生産的労働の概念は狭まってもいく。資本主義的生産は単に商品の生産であるだけではない。それは本質的には剰余価値の生産だ。労働者は自分のために生産するのではなく、資本のために生産する。したがって、労働者が単に生産するというだけではもはや十分ではない。労働者は剰余価値を生産しなければならない。資本家のために剰余価値を生産する労働者、すなわち資本の自己増殖に役立つ労働者だけが生産的なのだ。物質的生産の圏外から一例をあげることが許されるならば、たとえば学校の教師は、子供の頭を加工するだけではなく、企業家を富ますために身を削って働く時に、はじめて生産的労働者となる。企業家がソーセージ工場の代わりに教育工場に投資したからといって、その事情が変わることはない。それゆえ、生産的労働者という概念には単に活動と効果との関係、労働者と労働生産物の関係が含まれているだけではない。そこにはまた、労働者を資本の直接的な価値増殖手段とする特殊社会的な、歴史的に成立した生産関係が含まれている。したがって生産的労働者であることは幸運ではなく、不運なのだ。学説史を扱う本書第四巻〔いわゆる『剰余価値学説史』〕でより詳しく述べられるだろうが、古典派経済学は最初から剰余価値の生産を生産的労働者の決定的性格とみなしてきた。それゆえ剰余価値の本質をどのように理解するかによって、生産的労働者についての経済学の定義も変化する。たとえば重農学派は、農業労働だけが剰余価値をもたらすがゆえに、農業労働だけが生産的だと説明する。重農学派にとっては、剰余価値は地代という形態でしか存在しない。

労働者が自分の労働力価値の等価物のみを生産する点を超えて労働日が延長され、その剰余労働が資本によって取得される——これが絶対的剰余価値の生産だ。これが資本主義体制の一般的基盤をなし、かつまた相対的剰余価値生産の出発点をなす。相対的剰余価値の生産では、労働日は最初から二つの部分に分けられる。すなわち必要労働と剰余労働だ。ここでは剰余労働を延長するために必要労働が短縮される。その手段となるのは、労働賃金の等価物がより短時間で生産されるような方法だ。絶対的剰余価値の生産では、労働日の長さだけが問題だった。これに対して相対的剰余価値の生産では、労働の技術的過程と社会的集団編成とが徹底的に変革される。

したがって、相対的剰余価値の生産は資本主義に特有な一つの生産様式を前提としている。この生産様式は、その方法、手段、条件そのものとともに、最初は労働が形式的に資本に従属することを基盤として自然発生的に成立し育成される。しかしやがて、この形式的従属に代わって労働の資本への実質的従属があらわれる。

剰余労働が、もはや直接的強制によって生産者から搾り取られることはなく、しかしまだ生産者が資本に形式的に従属するにはいたっていない混合形態については、簡単に触れておけば十分だろう。そこでの資本は、まだ労働過程を直接には支配していない。先祖伝来の経営様式で手工業や農業を営む独立生産者のかたわらに高利貸しや商人が登場し、独立生産者から寄生虫のように利益を吸い取る高利貸資本や商業資本が出現する。こうした搾取形態が一つの社会で優位を占めているあいだは、資本主義的生産様式は排除される。しかし他方で、中世後期に見られたように、この搾取形態が資本主義的生産様式への移行過程となる可能性はある。最後に、近代的家内労働の例が示すように、ある種の中間形態は、まったく相貌を異にしながらも、大工業の背後に点在的に再生産される。

絶対的剰余価値の生産のためには、労働が形式的に資本に従属していれば十分だ。たとえば、以前は自分自身のために、あるいはギルドの親方のもとで職人として働いていた手工業者が、いまや賃金労働者として資本家の直接的な監督下に入るといった場合がそれにあたる。しかし他方で、相対的剰余価値を生産するための方法が同時に絶対的剰余価値を生産するための方法でもあることは、すでに見てきたとおりだ。実際、労働日の際限なき延長こそは、大工業の最も特徴的な産物であることが判明した。一般に特殊資本主義的な生産様式は、一つの生産部門全体を、いわんや最重要生産部門全体を支配してしまうと、そのとたんに相対的剰余価値を生産するための単なる手段ではなくなる。それはいまや、社会を圧倒する生産過程の一般形式となる。そうなれば、資本主義的生産様式が相対的剰余価値生産のための特殊な方法として力を発揮するのは、二つのケースに限られる。第一は、これまで形式的にしか資本に従属していなかった産業に資本主義的生産様式が侵入する場合であり、いわば宣伝的役割を果たすケースだ。第二は、すでに資本主義的生産様式に侵入された産業が、生産方法の転換によって継続的に変革されていくケースだ。

ある視点に立てば、絶対的剰余価値と相対的剰余価値との違いは、そもそも幻想のように見える。相対的剰余価値といえども絶対的だ。なぜならそれは必然的に労働者自身の生存に必要な労働時間を超えて労働日を絶対的に延長するからだ。絶対的剰余価値といえども相対的だ。なぜならそれは必然的に労働生産性の発展をもたらし、労働生産性の発展は必要労働時間を労働日の一部に制限することを可能にするからだ。しかし、剰余価値の運動に目を転じれば、両者のこの見かけ上の一体性は消えうせる。ひとたび資本主義的生産様式が確立し、それが一般的な生産様式となり、しかもどんな形であれ、そこで剰余価値率を上げようとすれば、絶対的剰余価値と相対的剰余価値との違いはすぐさま感知されるようになる。労働力に対してその価値どおりの支払いがおこなわれると仮定するなら、われわれは次のような二者択一の前に立たされる。すなわち、労働の生産力と労働の標準的密度が決まっていれば、剰余価値率は労働日の絶対的延長によってしか高められない。他方、労働日の限界が決まっていれば、剰余価値率はその構成要素である必要労働と剰余労働との量的比率の変化によってしか高められない。さらにその変化は、もし賃金が労働力の価値以下に低下してはならないとすれば、労働生産性または労働密度の変化を前提とする。

労働者が自分自身とその一族に必要な生活手段を生産するために、彼の全時間を必要とするならば、彼には第三者のために無償で働く時間は残らない。ある程度の労働生産性がなければ、労働者が自由に使えるこうした時間は存在しえない。そうした余剰時間がなければ剰余労働は存在せず、したがって資本家も、奴隷使用者も、封建貴族も存在せず、一

言でいえば、大所有者階級は存在しない。(1)

(1)「資本家と化した雇用主が特殊階級として存在すること自体が、すでに労働の生産性に依存している」(ラムジー『富の分配に関する一論』、二〇六ページ)。「一人ひとりの労働が、彼自身の食料を生産するに足るだけのものだったなら、財産というものは存在しえないだろう」(レイヴンストーン『国債制度とその影響に関する考察』、一四ページ)。

このような意味で、剰余価値には自然的基盤があるという言い方はできる。ただしそれは、まったく一般的な意味でのことにすぎず、自分の生存に必要な労働を自分から他人に転嫁することを妨げるような絶対的な自然障壁は存在しない、という意味でしかない。それはたとえば人肉を食料にすることを妨げる絶対的な自然障壁が存在しないのと同じことだ。(1a) 時に、労働のこうした自然発生的な生産性に神秘的な観念を結びつける例が見うけられるが、このようなことはすべきではない。人間がその最初の動物状態から抜けだした時に、つまり人間の労働自体がすでにある程度社会化された時に、はじめて一人の人間の剰余労働が他の人間の生存条件となるような諸関係が生じる。文化の初期段階では、獲得された労働の生産力はまだわずかなものにしかすぎない。しかし、欲求もまたわずかなものでしかない。欲求は、欲求を満たす手段とともに、またその手段によって発達する。さらに、こうした初期段階では、他人の労働によって生きている社会部分の割合は、直接的生産者の人数に比べて無視できるほどに小さい。労働の社会的生産力が進歩するにつれて、この割合は絶対的にも相対的にも増大する。(2) いずれにせよ資本関係は、一つの長い発達過程の産物である経済的土壌の上に発生する。資本関係はたしかに既存の労働の生産性を基盤にして成立するが、その労働の生産性は自然のたまものではなく、幾千もの世紀におよぶ歴史のたまものなのだ。

(1a) 近年おこなわれた計算によると、すでに探険された地域だけでも、いまなお、少なくとも四〇〇万人の食人人種が生活しているという。

(2) 「アメリカの未開な先住民のもとでは、ほとんどすべてのものが労働者の所有物であり、一〇〇のうち九九までが労働者の分け前になる。イギリスで労働者が手にしているのは、ひょっとすると三分の二に満たないかもしれない」(『東インド貿易の利益』、七二、七三ページ)。

社会的生産がより発達した姿をしていようが未発達な姿をしていようが、労働の生産性はそれにかかわりなく、種々の自然条件と結びついている。こうしたすべての自然条件は、人種などのような人間そのものの自然に帰着するものと、人間を取り巻く自然に帰着するものとに分類できる。外的な自然条件は、経済的には二つの大きな部門に分類できる。第一は生活手段となる自然の富であり、肥沃な土壌や魚が多く住む水環境などがこれにあたる。第二は労働手段となる自然の富であり、勢いのある水流、航行可能な河川、あるいは森林や金属や石炭などがこれにあたる。文化の初期段階では第一の富が、より高い発展段階に達してからは第二の富が、決定的な意味をもつ。たとえばイギリスとインドとを、あるいは古代世界ならばアテネやコリントと黒海沿岸諸国とを比べてみれば分かる。

絶対に充足されねばならない自然的欲求の数が少なければ少ないほど、そして自然の土壌の肥沃さと気候の恩恵が大きければ大きいほど、生産者の維持と再生産に要する必要労働時間は短くなる。したがってその分、自分のための労働を超えて他人のためにおこなう労働の超過分が大きくなる可能性がある。すでにディオドロスは、古代エジプト人についてこう書いている。

「子供の養育のために彼らが負担する労力と費用の少なさは、まったく信じられないほどだ。彼らはなんでも一番手近にある簡単な食材を子供たちに料理してやる。火であぶることができれば、パピルスの根に近い部分を食事として与えることもある。あるいは沼の植物の根や茎を生のままで、あるいは煮たり焼いたりして与える。気温が穏《おだ》やかなので、大部分の子供は靴も履かず、衣服もつけずに歩き回っている。したがって一人の子供が大人になるまでに両親が負担する費用は、一般に二〇ドラクマを超えることはない。エジプトにこれほど多くの人口があり、したがってあれほど多くの大工事がなされえたのは、主にこの点から説明できる(3)」。

しかし、古代エジプトで大建造物を作ることができたのは、人口の大きさによるというよりも、むしろ、自由に使用できる人口割合の大きさによる。個々の労働者は、必要労働時間が少なければ少ないほど多くの剰余労働を提供できる。それと同じように、生活必需品の生産に要する労働人口部分が小さければ小さいほど、他の事業のために使用できる人口部分は大きくなる。

（3）ディオドロス『歴史文庫』第一巻、第八〇章。

ひとたび資本主義的生産が前提とされるならば、他の事情が同じで、かつ労働日の長さが決まっている場合、剰余労働の大きさは労働の自然条件、とくに土壌の肥沃さに応じて変化するだろう。しかし逆に、最も肥沃な土壌が資本主義的生産様式の成長に最も適しているとはまったく言えない。資本主義的生産様式は人間による自然支配を前提としている。あまりにも潤沢に与えすぎる自然は、「幼児を歩行具に頼らせるように、人間を自然の手に頼らせる」。このような自然があれば、人類自身の発達が自然によって必然的に強いられることはない。(4) 植物が生い茂る熱帯ではなく、温帯こそが資本の母国なのだ。土壌の絶対的な肥沃さではなく、土壌の分化、すなわち土壌が生みだす自然生産物の多様性が社会的分業の自然的基盤をなしている。その多様性によって人類が生息する自然状態はさまざまに変化し、その変化を通じて人類もまた自分自身の欲求、能力、労働手段、労働様式を多様化させていく。自然力を社会的に制御し、節約し、大規模な人工製作物によってはじめて自分のものにし、あるいはそれを飼い慣らすことは、必要不可欠なことだった。(5) このことが産業の歴史において最も決定的な役割を演じている。たとえばエジプト、ロンバルディア、オランダなどに見られる治水事業がそうだ。あるいはインドやペルシャなどでは、人口運河による灌漑が土地に不可欠な水を供給し、さらには、その流泥とともに、ミネラル分を含んだ肥料を山から運びこんだ。アラビア人支配下のスペインとシチリアでは産業が繁栄したが、その秘密は運河の開通だった。(6)

(4)「前者」(自然から与えられた富)「は、きわめて貴重で有益なものだが、それは国民を軽率・高慢にし、あらゆる放縦に走らせる。それに対して後者(労働による富)は細心、勉学、技芸、政策力を身につけることを強いる」(『外国貿易によるイギリスの富。あるいは、わが国の外国貿易の収支はわが国の富の法則。ロンドンの商人トマス・マンによって書かれ、その息子ジョン・マンによって、公益のためにここに公刊される』ロンドン、一六六九年、一八一—一八二ページ)。「食糧生産が大部分自然によっておこなわれ、気候が温暖なために衣服や住居のことをほとんど心配する必要がなく、あるいは心配する余地もないような土地に置かれること。一つの民全体にとって、これ以上に不幸なことはないと私には思える。……もちろん、その反対の極端もありうる。どんなに働いても収穫が得られない土地は、働かずして豊富に生産物が得られる土地と同様に悪いものだ」(〔フォースター〕『現在の食糧高価格の原因に関する研究』ロンドン、一七六七年、一〇ページ)。

(5) ナイル河の流水変動の周期を計算する必要性からエジプト人は天文学を創り、それとともに農業指導者としての僧侶カーストの支配を生み出した。「日至は一年のなかでナイル河の増水が始まる時点で、それゆえこの時点をエジプト人は最大の注意を払って観察しなければならなかった。……これこそ、彼らが農作業の指標として確定する必要のあった一年の回帰点だった。だからこそ、彼らはその回帰の目に見える徴《しるし》を天空に探す必要があった」（キュヴィエ『地表の変遷に関する論考』エーフェル編、パリ、一八六三年、一四一ページ）。

（6）相互連携を欠いたインドの小規模生産組織に対する国家権力の物質的基盤の一つは、灌漑用水の調節だった。インドを支配したイスラム教徒は、彼らの後継者となったイギリス人よりも、このことをよく理解していた。ここでは一八六六年の飢饉を指摘しておくにとどめるが、この飢饉ではベンガル省のオリッサ地方で一〇〇万人以上のヒンドゥーが命を失った。

恵まれた自然条件はつねに剰余労働を、したがって剰余価値、あるいは剰余生産物を生みだす可能性を与えているにすぎず、けっしてその実現を約束しているわけではない。労働のための自然条件はさまざまに異なるため、同じ量の労働であっても、それによって満たされる欲求の量は国によって異なる。(7) したがって他の事情が似たようなものであれば、必要労働時間もまたさまざまに異なる。自然条件は剰余労働に対する自然的制約として作用しているにすぎず、他人のための労働が開始可能となる時点を決定しているにすぎない。産業が進歩する度合いに応じて、この自然的制約は背景に退いていく。西欧社会では、労働者が自分の生存のために労働する許可を剰余労働と交換に買い取るほかない。こうした西欧社会のただなかでは、剰余生産物を供給することが、あたかも人間労働に生まれながら備わった性質であるかのように思いこまされている。(8) しかし、たとえば森のなかに野生のサゴ椰子が繁殖しているアジア群島東部の島々の住民を考えてみるとよい。

「住民は樹木に穴をあけ、髄が熟していることを確かめると幹を切り倒し、いくつかの部分に切断する。そして髄をかき出し水と混ぜ、それを漉《こ》せば、そのまま使えるサゴの粉が取れる。一本の樹からふつうは三〇〇封度《ポンド》ほどの、場合によっては五〇〇から六〇〇封度《ポンド》の粉が取れる。つまり、ここでは森へ行って、われわれのところで薪を切り出すように、パンを切り出すというわけだ(9)」。

こうした東アジアのパン採取者が、自分の全欲求をみたすのに週一二時間働く必要があると仮定しよう。自然のこの恵みが彼に直接与えるのは、多くの余暇だ。彼がこの余暇を自分のために生産的に利用するには、一連の歴史的事情が必要だ。さらに彼が、他人のための剰余労働にその余暇を消費するには、外的な強制が必要となる。資本主義的生産が導入されたならば、この律儀な男は一労働日の生産物を手に入れるために週に六日は働かねばならないかもしれない。彼はなぜ、いまや週に六日間働くのか。彼はなぜ、五日間の剰余労働を提供するのか。これは、自然の恵みからは説明できない。自然の恵みから説明できるのは、なぜ彼の必要労働時間が週一日に限られているのかということだけだ。いずれにせよ、彼の剰余生産物は、人間労働に生まれつき備わった摩訶不思議な性質から生じているわけではけっしてない。

(7)「同じ数の生活必需品を同じ豊富さで、また同量の労働支出によって供給するという国は二つと存在しない。人間の欲求は、住んでいる土地の気候が厳しいか穏やかであるかによって増えたり減ったりする。したがってさまざまな国の住人が必要に迫られてなさねばならない仕事の相対的大きさは同じではありえない。またその違いの程度を調べようとすれば、寒暖の程度でも参照するしかない。それゆえ一般的には、ある一定数の人間を養うのに必要な労働量は、寒帯で最大となり、熱帯で最小となると結論できる。寒帯では人々がより多くの衣類を必要とするのみならず、土地もまた熱帯より多く耕す必要があるからだ」(『自然的利子率の主たる原因に関する一論』ロンドン、一七五〇年、五九ページ)。匿名で書かれたこの画期的著作の著者はJ・マッシーだ。ヒュームは彼の利子論を、この書から取った。

(8)「あらゆる労働は」(市民の権利および義務でもあるように見えるが)「一定の余剰を残さざるをえない」(プルードン)。

(9) F・ショウ『土地、植物および人間』第二版、ライプツィヒ、一八五四年、一四八ページ。

歴史的に発達した社会的な労働の生産力と同じように、自然によって制約された労働の生産力もまた、労働を取りこむ資本の生産力としてあらわれる。——

リカードは、剰余価値の起源にはまったく関心を持っていない。リカードは剰余価値を資本主義的生産様式に内在する事柄とみなしていた。しかも資本主義的生産様式は、リカードの目には社会的生産の自然形態として映っていた。リカードが労働の生産性について論ずる時、彼が探し求めているのは、剰余価値の存在の原因ではなく、ひとえに剰余価値の大きさを規定する原因だ。これとは対照的に、彼の学派は労働の生産力こそが利潤(剰余価値の意)の発生原因だと、大声で主張した。それでも、重商主義者たちに比べれば、とにもかくにも一歩前進だった。重商主義者たちの方は、生産物価格が生産費を上回るのは、生産物をその価値以上の価格で売る交換行為によるものだと説明した。とはいえリカードド派も、問題を単に回避しただけで、解決はしなかった。実際、これらのブルジョワ経済学者は、剰余価値の起源に関する焦眉の問題をあまり深く探究するのはきわめて危険だという正しい直観をもっていた。ところがリカードから半世紀を経て、ジョン・ステュアート・ミル氏は、リカードの最初の亜流たちが弄していた適当な言い逃れを下手くそに繰り返し、それによって自分がいかに重商主義者より優れているかを大いばりで主張している。まったく、なにをか言わんや? だ。

ミルは言う。

「利潤が発生する原因は、労働が労働の維持に必要なものより多くのものを生産することにある」と。

これだけならば旧来の主張と変わらない。しかしミルは独自の説を付け加える。

「あるいは、文章の形を変えて言えば、資本が利潤を生みだす理由は、食物、衣類、原料、労働手段が、その生産に要する時間以上に長持ちすることにある」。

ミルはここで、労働時間の持続を、その生産物の持続と混同している。この見解に従えば、生産物が一日しかもたない製パン業者は、生産物が二〇年あるいはそれ以上に長持ちする機械製造業者と同じ利潤を、自分が使用する賃金労働者から引きだすことはけっしてできないだろう。たしかに鳥の巣であれば、巣作りに要する時間より長く巣がもたなければ、鳥は巣を作らずにやっていくほかないだろうが。

この根本真理がいったん確立すれば、重商主義者に対するミルの優越は確固たるものとなる。

「こうしてわれわれは、利潤が交換という偶発事からではなく、労働の生産力から発生することを知る。交換がおこなわれるか否かにかかわらず、一国の総利潤はつねに労働の生産力によって決まる。職業の分化がなければ、買うことも売ることもありえないだろうが、それでもなお利潤は存在するだろう」。

つまりここでは、資本主義的生産の一般的条件である交換、すなわち売りと買いは純粋な偶発事にすぎない。そして労働力の売買がなくても、利潤はなお存在するという！

ミルはさらに言う。

「一国の労働者全体が、彼らの賃金総額より二〇％余分に生産すれば、物価の水準がどのようになっていようと、利潤は二〇％となるだろう」。

これは一面ではきわめてみごとな同語反復だ。なぜなら、労働者が、彼らの資本家のために二〇％の剰余価値を生産したとすれば、利潤と労働者の総賃金との比は二〇対一〇〇になるだろうからだ。しかし他面では利潤が「二〇％となる」というのは絶対的に誤りだ。利潤は、前貸しされた資本総額をもとに計算されるため、つねにもっと小さくなければならない。たとえば資本家が五〇〇ポンドを前貸しし、そのうちの四〇〇ポンドを生産手段に、一〇〇ポンドを労働賃金に投じるとしよう。仮定したように剰余価値率を二〇%とすれば、利潤率は二〇対五〇〇、すなわち四%であって、二〇%ではないだろう。

続いて登場するのは、ミルが社会的生産の種々の歴史的形態をどのように扱っているかを示すみごとな実例だ。

「わたしは、わずかな例外を除いてどこにでも見られる現在の状態をつねに前提としている。それは資本家が、労働者への支払いをも含めて、すべての前貸しをおこなっている状態だ」。

今日まで地球上でほんの例外的にしか実現してこなかった状態をいたるところに見るとは、珍しい目の錯覚だ！　しかし、先に進もう。ミルはすなおに認めている。「資本家がそうするという絶対的な必然性があるわけではない」と。(*)むしろ逆に、「労働者は、その間の生存に必要な資力さえあれば、労働が完全に終わるまで賃金の支払いを、たとえ全額でも待つことができる。しかしその場合には、彼はある程度まで資本家なのであり、彼は資本を事業に投資し、その事業の継続に必要な資金の一部を提供している」。

この論法でいけば、ミルはこうも言えただろう。自分自身に生活手段のみならず労働手段をも前貸ししている労働者は、現実には自分自身の賃金労働者なのだ、と。あるいは、他の主人のためにではなく、自分自身のためにだけ働いているアメリカの農夫は、彼自身の奴隷なのだ、と。

（＊）マルクスは一八七八年一一月二八日付のN・F・ダニエルソン〔『資本論』ロシア語翻訳者〕宛ての手紙で、この段落を次のように書き換えることを提案している。
次いでミルが社会的生産のさまざまな歴史的形態をどのように扱っているかを示す実にみごとな例が続く。ミルは言う。「わたしは、労働者と資本家とがたがいに階級として対立しているところ、つまり資本家が労働者への支払いを含め、すべての前貸しをおこなっているところであれば、わずかな例外を除いてどこにでも見られる現在の状態をつねに前提としている」と。とはいえミル氏は、労働者と資本家とがたがいに階級として対立している経済体制においてさえも、資本家がそうするという絶対的な必然性があるわけではないことを、よろこんで認める。

こうしてミルは、資本主義的生産は、それがまだ存在していなかった時でさえ、いつも存在していたであろうことを明瞭に証明してみせた後に、まったく首尾一貫して、資本主義的生産は、それが存在している時でさえ、まだ存在していないことを論証しようとする。「先に挙げたケース」（資本家が賃金労働者に全生活手段を前貸しするケース）「でも、労働者を同じ観点から」（すなわち資本家として）「考察することは可能だ。なぜなら労働者は彼の労働を市場価格以下で（！）提供することによって、この差額（？）を自分の企業主に前貸ししているとみなしうるからだ、云々」。(9a)

実際、現実に労働者は自分の労働を、たとえば一週間なら一週間、資本家に無料で前貸しして、たとえば週末等にその市場価格を受けとる。このことが、ミルによれば労働者を資本家にするという！　平坦地では盛り土も丘のように見える。今日のブルジョワジーの平板さが分かる「偉大なる精神」と仰ぐ者たちのレベルを見れば、今日のブルジョワジーの平板さが分かろうというものだ。

（9a）J・S・ミル『経済学原理』ロンドン、一八六八年、二五二―二五三ページの各所。〔以上の箇所は『資本論』のフランス語版からドイツ語に訳されている。――F・エンゲルス〕

第一五章　労働力の価格と剰余価値の量的変動

労働力の価値は、平均的労働者が習慣的に必要とする生活手段の価値によって決まる。ある特定の社会のある特定の時代をとれば、生活手段の形態はさまざまであっても、生活手段の量はあらかじめ決まっており、したがって不変量として扱うことができる。変化するのはこの量の価値だ。そのほかにも、二つの要因が労働力の価値決定に関与する。第一は、生産様式とともに変化していく労働力の育成費であり、第二は男か女か、成年か未成年かといった労働力の自然的差異だ。こうした差異をもつ労働力が使用されるかどうかは、これまた生産様式によって決まるが、それが使用されれば労働者家族の再生産費や成人男性労働者の価値にも大きな違いが生じる。しかし、以下の研究では、この二つの要因は考慮されていない。(9b)

（9b）同じように二八一ページで扱われたケースも、ここではもちろん考慮されない。〔第三版への註。——F・エンゲルス〕〔本書上巻五八三ページ〕

われわれは次の二つのことを前提としている。（1）商品はその価値どおりに売られること、（2）労働力の価格は時にその価値以上に上昇することはあっても、けっしてその価値以下には下落しないこと。

いったんこの前提に立てば、労働力価格と剰余価値の相対的な大きさは、すでに見たように次の三つの事情によって決まる。（1）労働日の長さ、すなわち労働の外延的な大きさ。（2）労働の標準的密度、すなわち労働の内包的な大きさ。つまり一定時間内に一定の労働量が支出されること。（3）最後に労働の生産力、つまり生産条件の発達度に応じて同量の労働が同一時間内により大きな、あるいはより小さな量の生産物を供給すること。この三つの要因のうち一つが不変量で他の二つが可変量であるか、あるいは二つが不変量で一つが可変量であるか、さらには三つすべてが可変量であるかによって、きわめて多様な組み合わせがありうることは明らかだ。さらに異なる要因が同時に変化する場合でも、変化の大きさと方向がさまざまに異なる可能性があり、それによってその組み合わせはさらに多様性を増す。以下では主要な組み合わせについてのみ述べておきたい。

第一節　労働日の長さと労働の密度が不変（所与）で、労働の生産力が可変である場合

この前提の下では、労働力の価値と剰余価値は、三つの法則によって規定される。

第一の法則。労働の生産性がどのように変化し、それによって生産物の量が、したがって個々の商品の価格がどのように変化しようとも、与えられた長さの労働日はつねに同じ価値生産物のうちに表示される。

たとえば一二時間労働日の価値生産物が六シリングであれば、生産される使用価値の量が労働の生産力に応じて変化しても、すなわち六シリングの価値がより多くの商品に分配されても、より少ない商品に分配されても、全体として六シリングであることに変わりはない。

第二の法則。労働力の価値と剰余価値は、たがいに逆方向に変化する。労働の生産力の変化、すなわちその向上と低下は、労働力の価値には逆方向に作用し、剰余価値には同一方向に作用する。

一二時間労働日の価値生産物は不変量であり、たとえば六シリングといった値をとる。この不変量は剰余価値と労働力の価値の合計に等しく、この労働力の価値を労働者が等価物に置き換える。言うまでもなく、一つの不変量を構成する二つの部分のうち一方が増えるためには他方が減らねばならない。三シリングの剰余価値が二シリングに減ることなしに、三シリングの労働力の価値が四シリングに増えることはありえない。また、三シリングの労働力の価値が二シリングに減ることなしに、三シリングの剰余価値が四シリングに増えることもありえない。すなわち、こうした事情の下では、労働力の価値であれ、剰余価値であれ、その絶対量の変化は、その相対量ないし比較量の同時的変化なしには生じえない。両方が同時に減ったり増えたりすることはありえない。

さらに、労働の生産力が向上することなしには、労働力の価値が下落することはありえず、したがって剰余価値が増大することもありえない。たとえば上の例で言えば、労働の生産力が向上し、これまで生産に六時間を要していた生活手段が四時間で生産できるようにならないかぎり、労働力の価値が三シリングから二シリングに下落することはありえない。逆に、労働の生産力が下落し、かつては六時間でできた生活手段の生産に八時間を要するようにならないかぎり、労働力の価値が三シリングから四シリングに上昇することはありえない。以上から次の結論が得られる。すなわち、労働の生産性の向上は労働力の価値を下落させ、それによって剰余価値を増大させるが、逆に、生産性の低下は労働力の価値を増大させ、剰余価値を減少させる。

この法則を定式化するさいに、リカードは一つの事情を見落とした。それは、剰余価値や剰余労働の大きさが変化すれば、労働力の価値量、あるいは必要労働の大きさは必然的にそれとは逆方向に変化するが、だからといって、けっして同じ割合で変化するわけではない、という事情だ。それぞれの部分はたしかに同じ量だけ増えまたは減る。しかし、価値生産物や労働日のそれぞれの部分が増えまたは減る割合は、労働の生産力が変化する以前の、もとの分割によって決まる。たとえば労働力の価値が四シリング、必要労働が八時間で、剰余価値が二シリング、剰余労働が四時間だったとしよう。いま、労働の生産力が向上し、労働力の価値が三シリングに、必要労働時間が六時間に減ったとすれば、他方の剰余価値は三シリングに、剰余労働は六時間に増える。その時、一方で増え、他方で減ったのは、ともに二時間、あるいは一シリングという同じ大きさだ。しかし変化した比率は双方で異なる。労働力の価値は四シリングから三シリングに、すなわち四分の一、あるいは二五％減少しているが、剰余価値は二シリングから三シリングに、すなわち二分の一、あるいは五〇％増加している。それゆえ労働の生産力が変化したことで生じる剰余価値の増減率は、剰余価値に表示されている労働日の部分が最初から大きければ大きいほど小さくなり、最初から小さければ小さいほど大きくなる。

第三の法則。剰余価値の増減はつねにそれに対応する労働力の価値の増減の結果であり、けっしてその原因ではない(10)。

(10) この第三の法則に、とくにマカロックは次のような間の抜けた補足をしている。すなわち、以前は資本家が支払うことになっていた税を廃止すれば、労働力の価値が下落しなくても剰余価値は増大しうるというのだ。こうした税の廃止によって、産業資本家が最初に労働者から搾り取る剰余価値量に変化が生じることは絶対にない。それによって変化するのは、剰余価値のうち産業資本家が自分のふところに入れる分と第三者と分けねばならぬ分との割合だけだ。つまり、それが労働力の価値と剰余価値との関係を変えることはないということだ。したがってマカロックのいう例外は、この規則を彼が誤解していることを証明しているにすぎない。これは彼がリカードを通俗化する時によくしでかす失態で、同じ失態はJ・B・セーがアダム・スミスを通俗化する時にもよく見られる。

ここでは労働日の長さは不変量であり、ある不変の価値量として表示される。そして剰余価値の量的変化にはつねにそれとは逆方向に動く労働力の価値の量的変化が対応しており、労働力の価値は労働の生産力の変化に応じてのみ変化する。こうした条件下では明らかに、剰余価値のあらゆる量的変化は、それとは逆方向に動く労働力の価値の量的変化からのみ生じる。労働力の価値と剰余価値の絶対的な量的変化が、両者の相対的大きさの変化なしには生じえないことは、すでに見てきた。そしていままた、両者の相対的価値量のいかなる変化も、労働力の絶対的な価値量の変化なしには生じえないことが導き出された。

この第三の法則によれば、剰余価値の量的変化は、労働の生産力の変化に起因する労働力の価値運動を前提としている。剰余価値の量的変化の限界は、労働力の新たな価値限界によって決められている。ただし、状況がこの法則の効力を許す場合であっても、さまざまな中間的運動は生じうる。たとえば労働の生産力が高められた結果、労働力の価値が四シリングから三シリングに、あるいは必要労働時間が八時間から六時間に減少したとしよう。その場合でも、労働力の価格は、三シリング八ペンス、三シリング六ペンス、三シリング二ペンス等々までしか下がらない可能性があり、その結果、剰余価値も三シリング四ペンス、三シリング六ペンス、三シリング一〇ペンス等々までしか増えない可能性がある。三シリングを最低限度とする労働力の価格下落の程度は、天秤の一方の皿に資本の圧力が、他方の皿に労働者の抵抗が置かれた時の相対的重量によって決まる。

労働力の価値は一定量の生活手段の価値によって決まる。労働の生産力とともに変化するのは、あくまでこの生活手段の価値であって、その量ではない。この量そのものは、労働の生産力が向上すれば、たとえ労働力の価格と剰余価値とのあいだに量的変化が生じなくても、労働者と資本家の双方にとって同時にかつ同じ割合で増加しうる。労働力のもともとの価値を三シリング、必要労働時間を六時間とし、剰余価値も同様に三シリング、剰余労働も六時間であったとしよう。ここで労働の生産力が二倍になったとしても、労働日の両部分への分割比が同じであれば、労働力の価格と剰余価値は、いずれも変化しないだろう。両者ともに、量こそ二倍にはなったが、価格がその分だけ安くなった使用価値で表示されるだけのことだ。ただし、労働力の価格は、それ自体変化していないにもかかわらず、労働力の価値よりは高くなるだろう。そこでかりに労働力の価格が下落したとしても、労働力の新しい価値によってきまる最低限度、すなわち一シリング半までは下がりきらずに、二シリング一〇ペンス、二シリング六ペンスなどで踏みとどまれば、下落した労働力の価格でも、それが表現する生活手段の量は増大するだろう。このように、労働の生産力が向上すると、労働力の価格がたえず下落しながら、同時に労働者の生活手段量が継続的に増加していくということが起こりうる。しかし相対的に見れば、つまり剰余価値との比較で見れば、労働力の価値はたえず下落し、これによって労働者と資本家との生活状態の格差は拡大していくだろう。(11)

（11）「産業の生産性に変化が生じ、きまった量の労働と資本から、より多いあるいはより少ない生産物が生み出されるようになると、賃金が占める割合が変化しても、その割合が代表する生産物量はもとと変わらないということが、明らかに生じうる。また逆に、割合がもとと変わらないのに、その量が変化するということもありうる」（「J・ケイズノーヴ」『経済学要論』、六七ページ）。

リカードは上記三つの法則をはじめて厳密に定式化した。彼の説明の欠陥は以下の二点にある。（1）彼は、これらの法則がなりたつための特殊な諸条件を、資本主義的生産にしか見られない自明で一般的な条件とみなした。リカードは労働日の長さや労働の密度が変化しうることを認めないため、彼にとってはおのずから労働の生産性が唯一の可変的ファクターとなる。――（2）彼の分析を誤らせた原因としては、こちらの方がはるかに罪が重いが、リカードは他の経済学者と同様、剰余価値をそれ自体として、すなわち利潤や地代といったその特殊な形態から切り離して研究したことがない。だからこそ彼は、剰余価値率の法則をそのまま利潤率の法則と同一視してしまう。すでに述べたように、利潤率とは前貸しした総資本に対する剰余価値の比率であり、他方、剰余価値率とはこの資本の可変部分のみに対する剰余価値の比率だ。たとえば五〇〇ポンドの資本（C）が合計四〇〇ポンドの原料、労働手段等（c）と一〇〇ポンドの労働賃金（v）とに分割され、さらに剰余価値（m）が一〇〇ポンドであったとしよう。この場合の剰余価値率はm／v＝一〇〇ポンド／一〇〇ポンド＝一〇〇％だが、利潤率はm／C＝一〇〇ポンド／五〇〇ポンド＝二〇％となる。しかも利潤率が剰余価値率にはまったく影響を与えない諸事情によっても左右されることは明白だ。同じ剰余価値率がさまざまに異なる利潤率のなかにあらわれてくることもあれば、異なる剰余価値率が、一定の事情の下では同じ利潤率のなかにあらわれてくることもある。このことを、わたしは後に本書第三巻で論証することになるだろう。

第二節　労働日と労働の生産力が不変で、労働の密度が可変である場合

労働の密度が大きくなるということは、同一時間内に支出される労働量が増大するということだ。したがって、密度の高い労働日は、同じ時間数からなる密度の低い労働日よりも多くの生産物に具体化される。たしかに生産力が向上した場合でも、同じ労働日からはより多くの生産物が供給される。しかし、この場合には、個々の生産物に要する労働が以前よりも減少するため、個々の生産物の価値は下落する。それに対して、密度が向上した場合には生産物に前と同量の労働が投じられているため、生産物の価値は変化しない。ここでは、生産物の価格が下落することなしに生産物の数が増加する。したがって生産物の総数とともに、その価格総額もまた増加する。他方、生産力が向上した場合には、同じ価値総額が、単に増大した生産物量で表示されるにすぎない。したがって時間数がもとと同じであれば、より密度の高い労働日はより大きな価値生産物に具体化される。つまり貨幣

価値がもとと同じであれば、より多くの貨幣に具体化されるということだ。この労働日の価値生産物は、労働日の密度が社会的平均値からどの程度乖離しているかによってさまざまに変化する。したがって同じ労働日が、これまでのように不変的な価値生産物として表示されるのではなく、可変的な価値生産物として表示される。たとえば同じ一二時間労働日でも、密度の高い労働日は、通常密度の一二時間労働日のように六シリングではなく、七シリング、八シリングとなってあらわれる。労働日の価値生産物が、たとえば六シリングから八シリングに変化するなら、この価値生産物を構成する二つの部分、すなわち労働力の価格と剰余価値とが同時に増大しうることは明らかだ。ただし増加の程度が同じかどうかは別問題だ。価値生産物が六シリングから八シリングに増加するならば、労働力の価格と剰余価値の両方が、同時に三シリングから四シリングに増加することはありうる。ただし労働力の価格が上昇したからといって、必ずしもその価格がその価値以上に上昇する(*)とはかぎらない。それどころか逆に、価格が上昇していながら、労働力の価格がその価値以下に下落する場合もある。これは、労働力の消耗速度の高まりを労働力の価格上昇によって埋め合わせできない場合には、つねに見られることだ。

(*) 第四版では、労働力の価値の下落、となっている。

周知のように、一時的な例外はあっても、労働の生産性の変化が労働力の価値の大きさを変化させ、したがってまた剰余価値の大きさを変化させるのは、その産業部門の生産物が労働者の習慣的な消費過程に入りこむ場合にかぎられる。しかし、労働密度の向上に関するかぎり、こうした制限はない。労働の量が、時間延長によって外延的に変化しようが、密度向上によって内包的に変化しようが、労働量の変化には、労働の価値生産物の量的変化が対応している。それは、この価値がどのような性質をもつ物品に表示されるかということとは無関係だ。

労働の密度があらゆる産業部門で同時に、また同程度に向上するならば、この新たなより高い密度が通常の社会的標準密度となり、それによって外延的な大きさとしては数えられなくなるだろう。しかし、その場合でも、労働の平均密度の国民による違いは残り、したがってさまざまな国民の労働日への価値法則の適用もまた異なったものになる。ある国民の労働日が別の国民の労働日より密度が高い場合、前者の労働日は後者の労働日よりも大きな貨幣表現をとってあらわされる。(12)

(12)「他の事情がすべて同じであれば、イギリスの工場主は外国の工場主に比べて、同一時間にははるかに多くの仕事量を生みだすことができる。その差は、イギリスにおける週六〇時間労働と外国における七二時間ないし八〇時間労働との差を埋め合わせるに足るほどの大きさになる」(『工場監督官報告書、一八五五年一〇月三一日』、六五ページ)。ヨーロッパ大陸の工場で労働日を法律によってさらに大幅に短縮することは、大陸の労働時間とイギリスの労働時間とのこうした差異を縮小するための最も確実な方法だろう。

第三節　労働の生産力と密度が不変で、労働日が可変である場合

労働日は二つの方向に向かって変化しうる。すなわち短縮されることもあれば、延長されることもある。

（1）労働日の短縮。上記の条件、すなわち労働の生産力と密度が変わらないという条件の下で労働日が短縮されても労働力の価値は変化せず、したがって必要労働時間も変化しない。それによって縮小するのは剰余労働と剰余価値だ。剰余価値の絶対的な大きさとともに、その相対的な大きさ、すなわち変化していない労働力の価値量に対する剰余価値の比率もまた減少する。資本家が損失を避けようとすれば、労働力の価格を労働力の価値以下に押し下げるしかないだろう。

労働日の短縮に反対するこれまでの常套句はすべて、ここで前提された事情のもとでこの現象が起こることを想定している。しかし、現実にはこれとは逆に、労働日の短縮に先立って、あるいは労働日の短縮の直後に、労働の生産性と密度に変化が生じている。(13)

(13)「その埋め合わせをする諸事情が存在しており……それが十時間労働法の施行によって明るみに出された」（『工場監督官報告書、一八四八年一〇月三一日』、七ページ）。

（2）労働日の延長。必要労働時間を六時間、労働力の価値を三シリング、同様に剰余労働を六時間、剰余価値を三シリングと仮定しよう。その時、総労働日は一二時間となり、

それが六シリングの価値生産物に表示される。もしここで労働日が二時間延長され、労働力の価格が変わらなければ、剰余価値の絶対量が増加するとともに、その相対量もまた増加する。労働力の価値量は、絶対的には変わっていないにもかかわらず、相対的には減少する。第一節に掲げた条件の下では、労働力の相対的価値量はその絶対量の変化なしには変化しえなかった。ここでは逆に、労働力の価値量の相対的変化は、剰余価値量の絶対的変化の結果として生じる。

一労働日が表示されている価値生産物は、労働日自体が延長されることによって増大する。それゆえ労働力の価格と剰余価値は、増加分が等しいかどうかは別として、同時に増大しうる。すなわちこの同時的増大は二つの場合に可能となる。一つは労働日が絶対的に延長される場合、一つはこうした延長なしに労働の密度が向上する場合だ。

労働日の延長にともなって、労働力の価格は、たとえ名目的には変化せず、それどころか上昇してもなおその価値以下に下落することがありうる。思いだしていただきたいが、労働力の一日あたりの価値は、労働力の標準的耐久時間、あるいは労働者の標準的生存期間、そしてまた生体物質が運動に形を変えるさいの人間本性に見合った標準的あり方に照らして評価される。(14) 労働日の延長と切っても切り離せない労働力の過大な消耗は、ある点までは、その代償を増やすことで埋め合わせすることができる。しかしこの点を超えると、消耗は幾何級数的に増大し、それとともに労働力のあらゆる正常な再生産や活動の条件が破壊される。そして労働力の価格と労働力の搾取度は、相互に埋め合わせのきく量であることをやめてしまう。

(14)「一人の人間が二四時間のあいだにこなした労働量は、彼の身体のなかで生じた化学変化を調べることによって、近似的に推定することができる。なぜなら、物質に生じた形態変化は、それに先行する運動力の行使を示しているからだ」(グローヴ『身体的諸力の相互関係について』〔三〇八、三〇九ページ〕)。

第四節　労働の継続時間、生産力、密度が同時に変化する場合

この場合には、明らかに多数の組み合わせが可能となる。三つのうち二つの要因が変化して、残り一つが変化しないこともあれば、三つとも同時に変化することもある。その変化の度合いも、同じ場合もあれば異なる場合もあり、変化の方向も、同方向であることもあれば逆方向であることもある。したがってこれらの変化が部分的にあるいは完全に相殺しあうこともある。しかし第一、第二、第三の各節で示された解決手順を用いれば、あらゆる可能なケースの分析が容易におこなえる。順番に、まず一つの要因を可変として、他の要因をとりあえず不変として扱うことで、すべての可能な組みあわせの結果が得られる。ゆえに、ここでは二つの重要なケースについて短いコメントを付すにとどめよう。

(1) 労働の生産力が低下して、同時に労働日が延長される場合

ここで、労働の生産力の低下という場合、念頭に置かれているのは、労働力の価値を決める生産物を産する労働部門だ。たとえば土地の不毛度が進んだために労働の生産力が低下し、それに応じて土地生産物が騰貴する場合などがこれにあたる。いま、労働日を一二時間、その価値生産物を六シリングとし、そのうちの半分が労働力の価値と置き換えられ、もう半分が剰余価値になるとしよう。すなわち労働日は六時間の必要労働と六時間の剰余労働とに分かれる。ここで土地生産物が騰貴し、その結果、労働力の価値が三シリングから四シリングに、したがって必要労働時間が六時間から八時間に増えたとしよう。この時、労働日の長さが変わらないとすれば、剰余労働は六時間から四時間に、剰余価値は三シリングから二シリングに減少する。労働日が二時間延長されて、一二時間から一四時間になれば、以前と同様に剰余労働は六時間、剰余価値は三シリングに維持されるが、必要労働によって測定された労働力の価値との比率からいえば、剰余価値の相対的大きさは減っている。労働日が四時間延長されて一二時間から一六時間になれば、剰余価値と労働力の価値との比率、あるいは剰余労働と必要労働との比率は以前と変わらない。しかし、剰余価値の絶対量は三シリングから四シリングに、剰余労働の絶対量は六時間から八時間に、すなわち三分の一ないし三三と三分の一％増大している。このように、労働の生産力が低下し、同時に労働日が延長される場合には、剰余価値の相対量が減少しても、その絶対量が変わらないことがありうる。あるいは剰余価値の絶対量が増大しても、その相対量が変わらないことがありうる。そして、労働日延長の程度によっては、その両方が増大することがありうる。

一七九九年から一八一五年にいたる期間、イギリスでの生活手段の価格騰貴は名目上の賃金上昇をもたらした。しかしその間、生活手段で表現された実質的な労働賃金は下落している。ここからウェストとリカードは、農耕労働の生産性の低下が剰余価値率の下落をもたらしたと結論した。そして、彼らのファンタジーのなかでしか通用しないこの仮定を、労働賃金、利潤、地代の相対的な量関係についての重要な分析の出発点に据えた。しかし当時は、労働の密度が向上し労働時間が強制的に延長されたために、剰余価値は絶対的にも相対的にも増大していた。(15)それはまさに、労働日の際限なき延長が市民権を獲得した時代であり、一方では資本の、他方では極貧の加速度的増大が顕著な特徴となった時代だった。(16)

(15)「穀物と労働が完全に連動することはめったにない。しかし、両者がこれ以上乖離することはありえないという明らかな限界点はある。さまざまな証言」(すなわち一八一四―一八一五年の議会調査委員会での証言)「で語られたような賃金低下をもたらす物価騰貴の時代には、労働者階級が異様なほど勤勉になる。こうした勤勉は一人ひとりの個人についてはたいへん立派なことであり、資本の成長にも有利に働く。しかし人間的な感受性をもつ人ならば、こうした異常な勤勉が恒常化し永続化することを望みはしないだろう。それは一時的な窮余策としては最大限の賞賛に値する。しかし、それがつねにおこなわれるようになれば、ちょうど一つの国で、人口が食糧供給の限界ぎりぎりまで増加した場合と同じ結果を招くことになるだろう」(マルサス『地代の性質および進歩に関する研究』ロンドン、一八一五年、四八ページ註)。リカードその他は、きわめて憤慨すべき事実を目の当たりにしながら、労働日の長さの不変性を彼らの全研究の基礎とした。これと比べれば、マルサスがその小冊子の別の箇所でも、労働日延長を直接取りあげこれを強調しているのは彼の大いなる名誉だ。しかし、マルサスは保守層の利益の下僕であったため、次の事実を見逃した。すなわち労働日の際限なき延長は、機械装置の異常な発達や女性・児童労働の搾取をともないながら、労働者階級の一大部分を「余剰」化せざるをえないという事実を。とくに戦時需要が失われ、イギリスによる世界市場の独占に終止符が打たれた後ではなおさらのことだった。この「過剰人口」を説明するにあたっては、資本主義的生産の単なる歴史的自然法則から説明するよりも、永遠の自然法則から説明する方がもちろんずっと簡便であり、マルサスがいかにも坊主らしく崇拝している支配階級の利益にもはるかに適していたのだ。

(16)「戦争中に資本が増大した根本原因は、どの社会でも最も大きな部分を占める労働者階級がより勤勉に努力し、おそらくより厳しい窮乏に耐えたことにあった。苦境を強いられて、より多くの女性と児童が働かざるをえなくなった。そして以前からの労働者も同じ原因から、彼らの時間のより多くの部分を、生産増強のために捧げることを余儀なくされた」(『経済学に関する諸論。現在の国民的苦難の主要原因についての説明』ロンドン、一八三〇年、二四八ページ)。

（2）労働の密度と生産力が増加し、同時に労働日が短縮される場合

労働の生産力の増大とその密度の高まりは、ある面から見れば同じ形で作用する。どちらも時間あたりの生産量を増大させる。したがってどちらも、労働者が自分の生活手段あるいはその等価物を生産するために要する労働日部分を短縮する。そもそも労働日の絶対的な最小限度は、必要不可欠ではあるが圧縮可能なこの構成部分によって決まってくる。全労働日がこの最小限度にまで収縮すれば剰余労働は消滅するだろうが、それは資本の支配下ではありえない。資本主義的な生産形態を廃止すれば、労働日を必要労働にまで制限することが可能になる。しかしそうなれば、必要労働が占める範囲は、他の事情が変わらないかぎり拡大するだろう。それは一つには、労働者の生活条件が豊かになり生活の要求水準が高まるからであり、また一つには、現在の剰余労働の一部が必要労働に、すなわち社会的な準備基金、蓄積基金を得るための必要労働に算入されるからだ。

労働の生産力が増大すればするほど、労働日はそれだけ短縮可能となる。そして労働日が短縮されればされるほど、労働の密度は高まりうる。社会的に見れば、労働の生産性は労働の効率化によっても向上する。労働の効率化には生産手段の節約だけでなく、あらゆる無駄な労働の回避も含まれる。資本主義的生産様式は、たしかに個々の事業においては効率化を強要する。しかしそのアナーキーな競争システムは社会的な生産手段と労働力のまったく無際限な浪費を生みだす。そしてまた、目下のところ欠かすことはできないが、

しかしそれ自体としては不必要な無数の機能を生みだす。

労働の密度と生産力とがあらかじめ決まっていれば、労働能力のあるすべての社会メンバーに労働をできるだけ均等に分配すればするほど、すなわち一つの社会層が労働の自然的必然性を他の社会層に一方的に押しつけるようなことが少なくなればなるほど、社会的労働日のうち物質的生産に必要とされる部分は短くなり、したがって個人の自由な精神活動や社会活動のために利用できる時間は長くなる。この面から見れば、労働日短縮の絶対的限界は労働がすべての人にあまねくいきわたるところにある。資本主義社会では、ある一つの階級のための自由時間が、大衆の全生活時間を労働時間に変えることによって生み出されている。

第一六章　剰余価値率のさまざまな公式

すでに見たように、剰余価値率は次の公式であらわされる。

Ⅰ　剰余価値／可変資本（m／v）＝剰余価値／労働力の価値＝剰余労働／必要労働

最初の二式が価値相互の比率として表現しているものを、三番目の式はこれらの価値を生産するための時間相互の比率として表現している。相互に補完しあうこれらの公式は概念的に厳密なものだ。だからこそ古典派経済学のなかでもこれらの公式が実質的には練り上げられていた。ただし意識的に練り上げられていたわけではない。古典派経済学ではむしろ次のような派生的な公式が使われている。(*)

Ⅱ　剰余労働／労働日＝剰余価値／生産物価値＝剰余生産物／総生産物

ここでは同じ一つの比率が、まずは労働時間の形で、次に労働時間が具体化された価値の形で、さらにこれらの価値の存在形態である生産物の形で、順次表現されている。もちろん、生産物の価値という時、それは労働日が生み出した生産物価値だけを指しており、生産物価値を構成する不変部分は除外されているものと理解される。

（*）　著者公認のフランス語版では、マルクスはこの第一項をカッコ内に入れている。「ブルジョワ経済学では剰余労働の概念が明瞭に表現されていないからだ」。

これらすべての公式では、現実の労働搾取度、すなわち剰余価値率はまちがって表現されている。いま、労働日を一二時間としよう。他の仮定はこれまでの例と同じだとすれば、この場合の現実の労働搾取度は次の比率であらわされる。

六時間の剰余労働／六時間の必要労働＝三シリングの剰余価値／三シリングの可変資本＝一〇〇％

これに対して上記Ⅱの公式にしたがえば、次のようになる。

六時間の剰余労働／一二時間の労働日＝三シリングの剰余価値／六シリングの価値生産物＝五〇％

これらの派生的な公式が実際に表現しているのは、労働日またはその価値生産物がどのような割合で資本家と労働者とのあいだで分割されているかということだ。したがって、これが資本の自己増殖度の直接的表現であるとみなされれば、剰余労働あるいは剰余価値はけっして一〇〇％には達しえない、という間違った法則がなりたつことになる。(17)剰余労働がつねに労働日の分割可能な一部分でしかありえず、また剰余価値がつねに価値生産物の分割可能な一部分でしかありえない以上、必然的に剰余労働は労働日よりもつねに小さく、剰余価値は価値生産物よりもつねに小さい。その割合が一〇〇／一〇〇のようになるには、両者は同じ値でなければならないだろう。剰余労働が労働日全体を占めるためには（ここでいう労働日とは労働週や労働年などの平均日をいう）、必要労働がゼロにまで減らねばならないだろう。しかし必要労働が消滅すれば剰余労働もまた消滅する。なぜなら、剰余労働は必要労働の一つの機能にすぎないからだ。それゆえ、剰余労働／労働日＝剰余価値／価値生産物という比率はけっして一〇〇／一〇〇には達しえず、いわんや一〇〇＋x／一〇〇に上昇することはありえない。しかし、剰余価値率、すなわち現実の労働搾取度はそうなりうる。たとえばL・ド・ラヴェルニュ氏の計算によれば、イギリスの農耕労働者は生産物あるいは生産物価値の四分の一を受けとっているにすぎない。これに対して資本家（借地農業者）は、後にこの獲物が資本家や地主等のあいだでどのように再分配されるにせよ、その四分の三を受けとっているという。[18]これをもとにすれば、イギリスの農業労働者の剰余労働と必要労働の比は三対一となり、搾取率は三〇〇％となる。

(17) たとえば『フォン・キルヒマン宛てのロートベルトゥスの第三書簡。リカードの地代論への反論と新地代論の基礎づけ』ベルリン、一八五一年、にもこうした議論が見られる。この書については後にまた触れるが、この書は地代論については間違っているものの、資本主義的生産の本質はよく見抜いている。〔第三版への追補――ここからも分かるように、マルクスは、彼の先行者たちのなかに、実際の進歩、正しい新思想を認めた場合には、いつでも彼らを好意的に評価した。ただし、その間にロートベルトゥスがルドルフ・マイヤーに宛てた書簡が公表されたことから、上の賞賛には若干の留保が必要となった。その書簡では次のように述べられている。「われわれは資本を労働から救わねばならないだけでなく、資本を資本自身から救わねばならない。そのための最上の方法は、企業資本家の活動を、資本所有を通じて彼らに託されている国民経済的機能、あるいは国家経済的機能と理解し、彼らの利益を一種の俸給形態とみなすことだ。というのも、われわれはこれ以外の社会組織をまだ知らないからだ。ただし、その俸給は規制されてよいし労賃からあまりにも多くを奪いすぎている場合には減額されてもよい。こうしてマルクスの社会侵入――わたしは彼の著作をそう呼びたい――をも防ぐことができる。……そもそもマルクスの著作は資本についての研究と言うよりは、今日の資本形態に対する攻撃であり、マルクスはそれを資本概念そのものと混同している。まさにそこから彼のさまざまな誤謬が発している」(『ドクトー・ロートベルトゥス＝ヤゲツォーの書簡』ドクター・ルドルフ・マイヤー編、ベルリン、一八八一年、第一巻、一一一ページ、ロートベルトゥスの第四八書簡)。――実際には大胆なものであったロートベルトゥスの『社会的書簡』の突撃も、このようなイデオロギー的空論のなかに埋没していった。――F・エンゲルス〉

(18) 投じられた不変資本のみを穴埋めする生産物部分は、この計算ではもちろん除外している。――盲目的なイギリス礼賛者であるL・ド・ラヴェルニュ氏がはじき出したこの比率は、高すぎるよりはむしろ低すぎる。

労働日を不変的な大きさとして扱う、かの学派の方法は、上記IIの公式を適用することで固定化された。というのも、この公式では、剰余労働がつねにあらかじめ決まった大きさの労働日と比較されるからだ。これは価値生産物の分割だけが問題にされる場合も同様だ。すでに一つの価値生産物に対象化された労働日は、つねにきまった限界をもつ労働日だ。

剰余価値と労働力価値を価値生産物の分割部分として提示する方法は——ちなみにこの提示方法は資本主義的生産様式自体から育ってきたものであり、この意味については後に解明することになるだろう——資本関係がもつ特殊な性格を隠蔽している。そこで隠蔽されているのは、可変資本が生きた労働力と交換されていること、そしてそれに応じて労働者が生産物から排除されていることだ。その代わりに登場するのが、労働者と資本家とは協同関係にあり、両者は生産物を構成する種々の要因比率に応じて生産物を分けあっているという虚偽の外見だ。(19)

(19) 資本主義的な生産過程の発達した形態はすべて協業形態をとるため、それらの形態がもつ特殊敵対的性格を捨象して、それをA・ド・ラボルド伯の『共同社会の全領域における協同精神について』パリ、一八一八年、に見られるような自由な協同形態に捏造するのは、もちろんわけもないことだ。北米人、H・ケアリーは、時に奴隷制度の諸関係に関してさえ、この芸当をやってのけて、同じような成功をおさめている。

ちなみに公式Ⅱはつねに公式Ⅰに戻すことができる。たとえば、六時間の剰余労働／一二時間の労働日、の値が与えられれば、必要労働時間＝一二時間の労働日－六時間の剰余労働、だから、次の結果がえられる。

六時間の剰余労働／六時間の必要労働＝一〇〇／一〇〇

すでに折にふれて示唆してきた第三の公式は以下のようになる。

III　剰余価値／労働力の価値＝剰余労働／必要労働＝不払労働／支払労働

不払労働／支払労働、という式を見ると、あたかも資本家が労働力に対してではなく、労働に対して支払いをおこなっているかのような誤解が生じるかもしれない。しかし、すでに与えられた説明をみれば、こうした誤解は消え去るだろう。不払労働／支払労働という表現は、剰余労働／必要労働を、単に一般向けに表現したものにすぎない。資本家は労働力の価値を、あるいはこの価値からずれる価格を支払って、それと交換に生きた労働力そのものの自由処分権を手に入れる。資本家によるこの労働力の利用過程は二つの期間に分かれる。第一の期間には、労働者は彼の労働力の価値と等しい価値だけを、すなわち一つの等価のみを生産する。こうして資本家は、前貸しされた労働力の価格の代わりに同じ価格の生産物を受けとる。それはあたかも、彼が市場でその生産物を出来合いで買ったようなものだ。それとは反対に、剰余労働の期間には、労働力の利用は資本家のための価値を形成し、しかも資本家はその価値の代償を払う必要がない。(20) 彼はこの労働力の流動化を無償で手に入れる。その意味で剰余労働は不払労働と呼びうる。

(20)　重農学派は剰余価値の秘密を見抜くことはなかったが、それでも剰余価値とは「彼」（すなわちその所有者）「が買ったわけでもないのに売る、自由に処分できる独立した富である」ことだけは、彼らにもはっきりと分かっていた（テュルゴー『富の形成および分配に関する省察』、一一ページ)。

したがって資本は、アダム・スミスが言ったように、労働に対する指揮権であるだけではない。それは、本質的には不払労働に対する指揮権なのだ。あらゆる剰余価値は、それが後に利潤、利子、地代等のいかなる特別な姿に結晶しようとも、その実体からすれば不払労働が物質化したものだ。資本の自己増殖の秘密とはとどのつまり、一定量の他者の不払労働を資本が自由に処分できるということに尽きる。

第六篇　労働賃金

第一七章　労働力の価値または価格の労働賃金への変容

ブルジョワ社会の表面では、労働者の賃金は労働の価格という外観をとってあらわれる。すなわちそれは、一定量の労働に対して支払われる一定量の貨幣としてあらわれる。そこでは労働の価値という表現が用いられ、その価値の貨幣表現が労働の必要価格、あるいは自然価格と呼ばれる。しかし他方では、労働の市場価格という表現が用いられ、それは必要価格より上または下に変動する価格とされる。

しかし、ある商品の価値とはなんなのか？　それは、その商品の生産のために支出された社会的労働が対象としての形態をとったものだ。ではその価値の大きさをわれわれはどのようにして測るのか？　それは、その商品のなかに含まれる労働の大きさによってだ。では、たとえば一二時間労働日の価値は何によって決まるのか？　それは、一二時間労働日一日に含まれている一二時間の労働時間によってだ。これではばかげた同語反復になっ

てしまう。(21)

(21)「リカードは、価値は生産に使用された労働量によって決まるという彼の理論に一見反するように見える難問を、きわめて巧みに回避している。もしこの原則を厳密に守るならば、労働の価値は労働の生産に使用された労働量によって決まるということになる——これは明らかに不合理だ。そこでリカードは巧みに方向転換をして、労働の価値は、賃金の生産に必要な労働の量によって決まるとした。あるいは彼自身の言葉で言えば、労働の価値は賃金の生産に必要な労働の量にしたがって評価されるべきだ、と主張した。ここで彼の言う労働の量とは、労働者に与えられる貨幣または商品の生産に必要な労働の量だ。これでは、布の価値はその布の生産に投じられた労働の量によってではなく、その布と交換される銀の生産に投じられた労働の量によって評価されるべきだと言っているのと同じことだ」(〔S・ベイリー〕『価値の性質、尺度および原因に関する批判的一論』、五〇、五一ページ)。

労働が商品として市場で売られるためには、売られる前に労働がいずれにせよ存在していなければならないだろう。しかし、労働者が労働に独立した存在を付与できるのならば、労働者はあくまで商品を売っているのであり、労働を売っていることにはならないだろう。(22)

(22)「君たちが労働を一つの商品と呼んだとしても、それは普通の商品とは同じではない。普通の商品は、まず交換する目的で生産され、それから市場に持ちこまれ、そこでたまたまその時、市場にある他の商品と相応の交換比率で交換される。しかし労働は市場に持ちこまれた瞬間に作られる。いや、労働は作られる以前に市場に持ちこまれるのだ」(『経済学におけるある種の言葉争いについての考察』、七五、七六ページ)。

こうした矛盾に目をつぶったとしても、貨幣すなわち対象化された労働が生きた労働と直接交換されることになれば、まさに資本主義的生産を基盤としてはじめて自由に発展する価値法則を廃棄することになるだろう。あるいは、まさに賃金労働の上に立つ資本主義的生産そのものを廃棄することになるだろう。一二時間の労働日は、たとえば六シリングという貨幣価値で表示される。もしそれが等価物同士の交換であれば、労働者は一二時間の労働に対して六シリングを受けとっていることになる。そうであれば、彼の労働の価格は彼の生産物の価格に等しいだろう。その場合には、彼が自分の労働の買い手のために剰余価値を生産することはない。その六シリングは資本に変容することはなく、資本主義的生産の基盤は消滅するだろう。しかし、まさにこの基盤の上でこそ彼は自分の労働を売るのであり、彼の労働は賃金労働なのだ。では労働者が一二時間の労働に対して六シリング以下のものしか、すなわち一二時間労働以下のものしか受けとれないとすればどうか。その時は、一二時間労働が一〇時間労働、あるいは六時間労働と交換されることになる。等しくないものをこのように等置すれば、価値規定を廃棄することになるだけではない。自分自身を廃棄するような矛盾は、そもそも法則として表明したり定式化したりすることさえできない。(23)

(23)「労働を一つの商品として、また労働の生産物である資本をもう一つ別の商品として扱うとしよう。もし、この二つの商品の価値がそれぞれ等量の労働によって決まるとすれば、あるきまった量の労働が……それと同じ労働量によって生産された量の資本と交換されることになるだろう。つまり過去の労働が……現在の労働と等量のものと交換されることになるだろう。しかし労働の価値は、他の商品との関係のなかでは……等量の労働によって決定されることはない」(アダム・スミス『国富論』E・G・ウェイクフィールド版、ロンドン、一八三五年、第一巻、二三〇、二三一ページ、ウェイクフィールドの註)。

より多くの労働とより少ない労働とが交換されるのは、片や対象化された労働、片や生きた労働という両者の形態の違いによるものだという説明は何の役にも立たない。(24) ことに、ある商品の価値は、その商品に現実に対象化されている労働の量ではなく、その生産に必要とされる生きた労働の量によって決まるのだから、この説明はいっそうばかげている。たとえばある商品が六時間の労働時間をあらわしているとしよう。いろいろな発明がなされて、この商品が三時間で生産できるようになったとすれば、その価値は、すでに生産された商品であっても半減する。かつての六時間に代わって、いまやその商品は三時間の社会的必要労働をあらわしている。このように、商品の価値量を決定するのは、その生産に必要とされる労働の量であって、その労働の対象化された形態ではない。

(24) 「すでになされた労働がこれからなされるべき労働と交換される場合には、つねに後者」(資本家)「が、前者」(労働者)「よりも高い価値を受けとるべきだということについては、合意すべきだろう」（これまた「社会契約」の一つのヴァージョンだ）（シモンド・ド・シスモンディ『商業的富について』ジュネーヴ、一八〇三年、第一巻、三七ページ）。

商品市場で貨幣所有者に直接向かいあうのは、実際には労働ではなく、労働者だ。労働者が売るのは、彼の労働力だ。彼の労働が現実に開始されると、そのとたんに、その労働はもはや彼のものではなくなり、したがって彼はそれを売ることもできない。労働は価値の実質であり、価値の内在的な尺度だが、労働自体はいかなる価値ももっていない。(25)

(25)「労働は価値の唯一の基準であり、……あらゆる富の創造者ではあるが、商品ではない」（Th・ホジスキン『民衆の経済学』、一八六ページ）。

「労働の価値」という表現からは、価値概念がすっぽりと抜け落ちているだけではなく、それがまったく逆のものに転じている。それは土地の価値というような想像上の表現にすぎない。ただし、こうした想像上の表現は、生産関係自体から生じている。それは本質的な諸関係の現象形態を示すカテゴリーだ。現象のなかでは事物がよく反転して表示されるが、そのことは、経済学をのぞけば、あらゆる科学でかなり知られていることだ。(26)

(26) こうした表現を、逆に、単なる licentia poetica〔詩人の特権として許される非文法的な自由表現〕として説明するのは、分析の無力さを露呈するものでしかない。プルードンは言う。「労働に価値があると人々が言うのは、労働を本来の商品とみなして言っているのではなく、労働に潜在的に含まれていると想像される価値を指して言っているのだ。労働の価値とは一つの比喩的な表現にすぎない、云々」。それゆえわたしは、この駄弁に論駁して、次のようにコメントした。「恐ろしい現実である労働という商品のなかに、プルードンは単なる文法上の省略表現しか見ていない。それによれば、今日の社会全体、つまり労働の商品としての性格を土台とする社会は、今後は、詩人の自由表現を、すなわち比喩的表現を土台とする社会になるというわけだ。社会は「みずからを悩ますあらゆる不都合を除去したいと思うなら」、耳障りな表現をすべて除去して、言語を変えればよい。それが目的なら、アカデミーに彼らの辞書の新版を出すように依頼すればすむだろう」(カール・マルクス『哲学の貧困』、三四、三五ページ)。もちろん、もっと簡便なのは、価値などについてなにも考えないことだ。そうすれば、どんなものでもこのカテゴリーのなかにさっさと含めることができる。J・B・セーがその一例だ。「価値」とは何か? 答「あるものが値するところのものだ」。では「価格」とは何か? 答「あるものの価値を貨幣で表現したものだ」。ではなぜ「土地の働きは……価値をもつのか? それは人々がそれに一つの価格を認めるからだ」。つまりは、価値とはあるものが値するところのものであり、土地がある「価値」をもつのは人々がその価値を「貨幣で表現する」から、というわけだ。いずれにせよこれは、物事の「なぜ」と「何のために」とを理解するためのきわめて安直な一つの方法だ。

古典派経済学は、日常生活から無批判に「労働の価格」というカテゴリーを借用し、そのあとで、この価格がどのようにして決められるのか? と問うた。しかし古典派経済学はまもなく次のことを認識するにいたる。すなわち、需要供給関係の変動から説明できるのは、価格の変動、すなわち市場価格がある一定の値の上下に振れるということだけであり、労働の価格については、他のあらゆる商品の価格と同様、需要供給関係からはまったく説明できないということだ。需要と供給が一致すれば、他の事情が変わらないかぎり、価格の動揺はやむ。しかしその時には、需要と供給もまた何かを説明することをやめてしまう。需要と供給が一致すれば、労働の価格は、需要供給関係とは無関係に決まる価格、すなわち労働の自然価格となる。こうして、この自然価格こそが本来分析すべき対象であることが発見された。あるいはまた、市場価格の変動を比較的長期間、たとえば一年にわたってたどると、その上下変動はたがいに相殺され、中間的な平均値に、すなわち不変的な値に落ち着くことが分かった。この不変的な値はもちろん、この値自体からの偏差の相殺とは別の方法で決まっていなければならない。労働の偶然的な市場価格を乗り越えて市場価格を規制するこの価格は、労働の「必要価格」（重農学派）、あるいは「自然価格」（アダム・スミス）と呼ばれた。それでもこの価格は他の商品の場合と同じように、貨幣で表現された労働の価値でしかありえない。このようにして経済学は、労働の偶然的価格を通じて、その価値へと迫りうると考えた。他の商品の場合と同じように、この価値はその後さらに生産費によって規定された。しかし、生産費とは何なのか――労働者の生産費、すなわち労働者自身を生産し、再生産する費用とは何なのか？　この問いが、最初の問いに代わって、無意識のうちに経済学のなかに滑りこんできた。というのも、労働自体の生産費を問題にしていたのでは経済学は循環論法に陥ってしまい、先に進めなくなったからだ。つまり経済学が労働の価値と呼んでいるものは、実際には労働力の価値なのだ。そしてその労働力は労働者の一身のうちに存在している。したがって機械が機械の作用とは別のものであるように、労働力は、その機能である労働とは別のものだ。人々は、労働の市場価格と労働のいわゆる価値との違いや、この価値と利潤率との関係や、この価値と労働によって生産される商品価値との関係などに取り組んできた。しかし、そのなかで一度も発見できなかったことがある。それは、分析の進行とともに、分析の対象が労働の市場価格から労働の価値と称せられるものへと移行しただけでなく、この労働の価値自体が労働力の価値へと還元されたことだ。自分たち自身の分析の結果について無頓着であったこと、「労働の価値」、「労働の自然価格」等々といったカテゴリーを、問題となっている価値関係の最後の適切な表現として無批判に受け入れたこと、これが後に見るように古典派経済学を解きがたい混乱と矛盾に巻きこんだ。その一方で古典派経済学は、原則として見た目しか尊重しない俗流経済学に対しては、その底の浅さを補う一つの確固たる作戦基地を提供することになった。

ここではまず、労働力の価値と価格が、労働賃金という変容した形態のなかにいかに表示されているかを見てみよう。

周知のように、労働力の日価値、すなわち一日あたりの価値は、労働者の一定の寿命にもとづいて計算され、その寿命には労働日の一定の長さが対応している。たとえば習慣的な労働日を一二時間、労働力の日価値を三シリングとし、その三シリングは六労働時間をあらわす価値の貨幣表現だと仮定しよう。労働者が三シリングを受けとるならば、彼は一二時間にわたって機能する彼の労働力の価値を受けとることになる。この労働力の日価値を一日の労働の価値だと表現するならば、一二時間の労働は三シリングの価値をもつ、という公式がなりたつ。こうして労働力の価値が労働の価値を決定する。あるいは貨幣で表現すれば、労働の必要価格を決定する。これとは反対に、労働力の価格が労働力の価値から乖離した場合には、労働の価格もまた、労働のいわゆる価値から乖離することになる。

労働の価値とは、労働力の価値を単に非合理的に表現したものにすぎない。それゆえ労働の価値が、その価値生産物よりもつねに小さくなければならないことは、おのずと明らかだ。というのも、資本家は労働力をつねに労働力自身の価値の再生産に必要な時間よりも長く機能させるからだ。上の例で言えば、一二時間継続して機能する労働力の価値は三シリングだ。これは、その再生産に労働力が六時間を要する価値だ。ところが、この労働力が生みだす価値生産物は六シリングだ。なぜなら、この労働力は実際には一二時間機能したのであり、その価値生産物は労働力自身の価値によってではなく、その機能が継続した時間の長さによって決まるからだ。こうして、六シリングの価値を生みだす労働が三シリングの価値をもっているという一見ばかげた結論が得られることになる。(27)

(27) 『経済学批判』、四〇ページ参照。この箇所でわたしは、資本を考察するさいには次の問題が解決されねばならないことを予告しておいた。「単なる労働時間によって決定される交換価値を土台する生産から、いったいどのようにして労働の交換価値が労働生産物の交換価値よりも小さいという結果が生じるのか?」

さらに次のことが分かるだろう。三シリングの価値には、労働日のうちの支払い部分、すなわち六時間の労働が表示されている。しかしこの三シリングの価値は、六時間の不払労働を含む一二時間の労働日全体の価値、あるいは価格としてあらわれてくる。したがって労働賃金の形態は、労働日が必要労働と剰余労働とに、すなわち支払労働と不払労働とに分割されることの痕跡をすべて消し去ってしまう。ここでは全労働が支払労働としてあらわれる。賦役労働では、賦役労働者が自分のためにおこなう労働と領主のためにおこなう強制労働とは、空間的にも時間的にもはっきりと感知できる形で区別されている。また奴隷労働では、奴隷が自分の生活手段の価値を補塡しているだけの労働日部分、すなわち奴隷が事実上、自分自身のために働いている部分でさえ、彼の主人のための労働としてあらわれる。そこでは彼の全労働が不払労働としてあらわれる。(28) ところが賃金労働では逆に、剰余労働あるいは不払労働でさえも支払労働としてあらわれる。奴隷労働では、所有関係によって奴隷が自分自身のために働いていることが隠蔽され、賃金労働では、貨幣関係によって賃金労働者が無償で労働していることが隠蔽される。

(28) 愚かなまでに単純素朴なロンドンの自由貿易派機関紙『モーニング・スター』は、アメリカ南北戦争中に、およそ人間に可能なかぎりの道徳的憤慨をもって、「南部諸州」の黒人がまったく無償で労働していることを何度も繰り返し強調した。同紙には、こうした黒人に要する日々の費用を、ロンドンのイースト・エンドで働く自由労働者のそれと一度比べてみてほしかったものだ。

こうして、労働力の価値と価格が労働賃金の形態に、あるいは労働自体の価値と価格に変容することの決定的重要性が理解される。現実の関係を不可視化し、まさにその反対物を提示するこの現象形態こそは、労働者と資本家のあらゆる法的観念が拠って立つ基盤だ。それはまた、資本主義的生産様式のあらゆる神秘化が、この生産様式のあらゆる自由幻想が、俗流経済学のあらゆる弁護論的空論が拠って立つ基盤でもある。

労働賃金の秘密を解きあかすために、世界史は多くの時間を要した。しかし逆に、この現象形態の必然性と存在理由ほど、容易に理解できるものはほかにない。

資本と労働とのあいだの交換は、さしあたっては、他のあらゆる商品の売買とまったく同じ仕方で知覚に映る。買い手は一定額の貨幣を与え、売り手は貨幣とは異なる一つの物品を与える。法的意識からすれば、ここに認められるのはたかだか素材上の差異にすぎない。この差異は法的に見れば同等な次のような公式で表現される。「汝が与えるために我は与える、汝がなすために我は与える、汝が与えるために我はなす、汝がなすために我はなす」〔Do ut des, do ut facias, facio ut des, facio ut facias〕。

さらに交換価値と使用価値はそれ自体としては通分不可能な量であり、それゆえ「労働の価値」「労働の価格」という表現が「綿花の価値」「綿花の価格」という表現より不合理だとは思えない。しかもそこに、労働者は労働を供給した後に支払いを受けるという事情が加わる。ところが貨幣は、支払手段として機能する場合には、供給された物品の価値ないし価格を、この場合でいえば、供給された労働の価値ないし価格を、後から現実化する。また最後に付け加えるならば、労働者が資本家に供給する「使用価値」は、実際には彼の労働力ではなく、労働力の機能、すなわち縫製労働、製靴労働、紡績労働などの一定の有用労働だ。しかし、他の一面から見ると、この同じ労働が一般的な価値形成的要素となっており、まさにこの一つの特性によって労働は他のあらゆる商品から区別される。とはいえ、この面は通常の意識の領域には入ってこない。

まず、労働者の立場に立ってみよう。彼は一二時間労働の対価として、たとえば六時間労働の価値生産物、すなわち三シリングを受けとる。この時、彼の一二時間労働は、彼にとっては、実際には三シリングの購買手段となる。したがって彼の習慣的な生活手段の価値が変化すれば、彼の労働力の価値は三シリングから四シリングに、あるいは三シリングから二シリングに変化するかもしれない。あるいは彼の労働力の価値が同じであっても、需給関係の変化によって、労働力の価格が四シリングに、あるいは二シリングに変化するかもしれない。しかしいずれの場合でも、彼はつねに一二時間の労働時間を提供している。それゆえ彼が受けとる等価の大きさが変化するたびに、その変化は、彼にとっては必然的に自分の一二時間労働の価値ないし価格の変化としてあらわれてくる。労働日を一つの不変量として扱ったアダム・スミスは、この事情に惑わされて、逆の主張をすることになった。(29) すなわち、生活手段の価値が変化して、同じ労働日が労働者にとってより多い、あるいはより少ない貨幣であらわされるようになってもそれによって労働の価値が変わることはないと、スミスは主張してしまったのだ。

(29) アダム・スミスは、出来高賃金を扱うさいに、たまたま労働日の変動についてほのめかしているにすぎない。

他方、資本家をみれば、彼はたしかに、できるだけ少ない貨幣で、できるだけ多くの労働を得ようとする。したがって資本家が実際に関心をもっているのは、労働力の価格と、労働力の機能が生みだす価値との差額だけだ。それでも彼は、あらゆる商品をできるだけ安く買おうと努めるのであり、自分の利潤は、価値よりも安く買い、価値よりも高く売るという単純なごまかしから生じていると、いつでも思いこんでいる。だからこそ資本家は、もし労働の価値といったものが現実に存在し、彼がその価値を現実に支払っているならば、資本などは存在せず、彼の貨幣が資本に変容することもないだろうということが理解できないのだ。

しかも労働賃金の現実の運動が示す諸現象は、支払いの対象となっているのが労働力の価値ではなく、あくまで労働力の機能の価値、つまり労働そのものだということを証明しているように見える。これらの諸現象はつきつめれば二つの大きなグループに帰着する。第一は、労働日の長さの変化にともなう労働賃金の変化だ。同じ論法を機械に適用すれば、たとえば機械を一週間賃借するには、一日賃借するよりも多くの費用がかかるのだから、支払いの対象となっているのは機械の価値ではなく、機械の作用の価値だという推論もなりたつだろう。第二は、同じ機能を果たす異なる労働者のあいだに見られる労働賃金の個人差だ。こうした個人差は奴隷制にも見られるが、奴隷制では労働力自体が、正直にあっけらかんと何の粉飾もなく売られているため、そこに幻想を生みだす要素はない。ただ単に、平均以上の労働力がもたらす利益、あるいは平均以下の労働力がもたらす損失が、奴隷制では奴隷所有者に回ってくるのに対して、賃金労働制では労働者自身に回ってくるだけだ。なぜなら、賃金労働制では労働力が労働者自身によって売られるのに対して、奴隷制では労働力が第三者によって売られるからだ。

ともあれ「労働の価値と価格」あるいは「労働賃金」という現象形態は、現象となってあらわれる本質的関係とは、すなわち労働力の価値と価格という本質的関係とは異なる何かだ。そして、あらゆる現象形態とその隠された背景について言えるのと同じことが、この現象形態についても言える。現象形態は日常的な思考形態として、直接おのずから再生産されていくが、隠された背景は科学によってはじめて発見されねばならない。古典派経済学は、真実の事態に近くまで迫ってはいるが、それを意識的に明確化してはいない。ブルジョワ的な外皮のなかに収まっているかぎり、古典派経済学にはそれができないのだ。

第一八章　時間賃金

労働賃金は、それ自体がまたきわめて多様な形態をとるが、この事情は経済学のハンドブックからは認識できない。経済学のハンドブックは、素材に対する貪欲な関心のために、あらゆる形態上の違いを見過ごしてしまう。とはいえ、こうした形態のすべてについて述べることは賃金労働の特殊研究に属することであるため、本書ではおこなわない。ただし二つの主要な基本形態については、ここで簡単に述べておく必要がある。

読者も記憶しているとおり、労働力はつねに一定の期間を区切って売られる。それゆえ、労働力の日価値、週価値などが直接表示される変容形態は、日賃金などの「時間賃金」の形態だ。

そこでまず次のことに注意を喚起しておきたい。第一五章では、労働力の価格と剰余価値の量的変動に関する諸法則を説明したが、この諸法則は簡単に形を変えるだけで、そのまま労働賃金の諸法則に変換できる。同様に、労働力の交換価値と、この価値が置き換えられる生活手段の量との違いは、いまや名目労働賃金と実質労働賃金との違いとしてあらわれてくる。すでに本質的な形態について考察したことを、現象形態について繰り返すのは無意味だろう。そこでわれわれは、時間賃金を性格づけるわずかな点に限って取り上げることにしよう。

労働者が日労働、週労働などに対して受けとる貨幣額は[30]、彼の名目的労働賃金、すなわちその価値によって評価された労働賃金の額を示している。しかし、労働日の長さが変われば、つまり日々彼が供給する労働量が変われば、同じ日賃金、週賃金がきわめて多様な労働の価格を表示しうること、すなわち同一労働量に対するきわめて多様な貨幣額を表示しうることは明らかだ[31]。したがって時間賃金の場合でも、日賃金、週賃金などの労働賃金の総額と労働の価格とは、たがいに区別しなければならない。ところで、この労働の価格、すなわち与えられた量の労働の貨幣価値は、どのようにして分かるのか？　労働の平均価格は、労働力の平均日価値を平均労働日の時間数で割ることによって算出される。たとえば労働力の日価値を三シリング、すなわち六労働時間の価値生産物だとして、労働日を一二時間とすれば、一労働時間の価格は、三シリング／一二＝三ペンスとなる。こうして算出される一労働時間の価格は、労働の価格をあらわす尺度単位として用いることができる。

(30)　貨幣価値自体は、ここではつねに不変であると仮定する。

(31)「労働の価格とは、ある与えられた量の労働に対して支払われる金額のことだ」(サー・エドワード・ウェスト『穀物価格と労働賃金』ロンドン、一八二六年、六七ページ)。ウェストは経済学史上の画期的な匿名著作『土地への資本投下に関する一論。オクスフォード大学の一フェロー著』ロンドン、一八一五年、の著者だ。

したがって、労働の価格が継続的に下落しても、日賃金、週賃金などがそのまま変わらないということはありうる。たとえば慣習的な労働日が一〇時間で、労働力の日価値が三シリングであれば、一労働時間の価格は三ペンス五分の三だ。しかし、労働時間が一二時間に増えれば、その価格はたちまち三ペンスに下がり、さらに一五時間に増えれば二ペンス五分の二に下がる。それでも日賃金や週賃金は変わらない。逆に、労働の価格が変わらなくても、あるいは下がった場合ですら、日賃金や週賃金は上昇しうる。たとえば労働日が一〇時間、労働力の日価値が三シリングであれば、一労働時間の価格は三ペンス五分の三だ。仕事量が増え労働者がもとのままの労働価格で一二時間働いたとすれば、労働の価格が変化しなくても、彼の日賃金はいまや三シリング七ペンス五分の一に上昇する。これと同じことは、労働の時間延長の代わりに、密度上昇が生じた場合でも起こりうるだろう。[32]したがって名目上の日賃金、週賃金などの上昇に、労働価格の不変または下落がともなうこともあるだろう。家長の供給する労働量が家族成員の労働のおかげで増加するような場合には、労働者家族の収入についても同じことがいえる。つまり、名目的な日賃金や週賃金の引き下げに頼らずに、労働の価格を引き下げるいくつかの方法があるということだ。[33]

(32)「労働賃金は、労働の価格と遂行された労働の量によって決まる。……労働賃金の引き上げは、かならずしも労働の価格の上昇を意味するわけではない。従業時間が延び、仕事の激しさが増すことによって、労働賃金がかなり増加することはありうるが、その場合でも労働の価格は同じままであるかもしれない」（ウェスト『穀物価格と労働賃金』、六七、六八ページおよび一一二ページ）。ちなみにウェストは、「労働の価格」はいかにして決まるのか？という肝心な問いについては、陳腐な言い方で片づけている。

（33）一八世紀の産業ブルジョワジーの最も熱狂的な代弁者、われわれがしばしば引用してきた『貿易および商業に関する一論』の著者は、その叙述こそ混乱してはいるが、このことを正しく感じとっている。「食糧その他の必需品の価格によって決まるのは、労働の量であって、その価格」（名目的な日賃金、週賃金などの意）「ではない。必需品の価格が大幅に下落すれば、もちろんそれに連動して労働の量も減少する。……労働の価格を上げたり下げたりするには、その名目額を変える以外にも、いろいろな方法があることを工場主たちは知っている」（同書、四八ページおよび六一ページ）。N・W・シーニョアは、その『賃金率に関する三つの講義』ロンドン、一八三〇年、のなかで、ウェストの著作を無断利用している。たとえば彼は次のように述べている。「労働者は主として労働賃金の高さに関心を持っている」（一五ページ）。つまり労働者が主として関心を持つのは、彼が受けとるもの、すなわち賃金の名目額であり、彼が与えるもの、すなわち労働の量ではないというわけだ！

しかし、一般的な法則としては次のようになる。日労働あるいは週労働などの量が与えられているならば、日賃金あるいは週賃金は労働の価格によって決まる。そしてまた労働の価格は、労働力の価値に応じて、あるいはその価値からの価格の偏差に応じて、変化する。逆に、労働の価格が与えられているならば、日賃金や週賃金は日労働あるいは週労働の量によって決まる。

時間賃金の度量単位、すなわち一労働時間の価格は、労働力の日価値を慣習的労働日の時間数で割った値だ。こうした慣習的労働日の時間数を一二時間、労働力の価値を六労働時間の価値生産物である三シリングとしよう。この条件の下では、一労働時間の価格は三ペンス、一労働時間の価値生産物は六ペンスとなる。ここで、もし労働者が一日に一二時間よりも少なく（あるいは週に六日よりも少なく）、たとえば六時間または八時間しか従業しないとしよう。労働価格がそのままであれば、その時、彼は二シリングまたは一シリング半の日賃金しか受けとれない。(34) 前提にしたがえば、彼は自分の労働力の価値に相当する日賃金だけを生産するためにも、平均して一日に六時間は労働しなければならない。また同じ前提に従えば、各一時間のうち、彼が自分自身のために働いているのは半分だけで、あとの半分は資本家のために働いている。したがって彼の従業時間が一二時間より少なくなれば、彼が六時間の価値生産物を生み出せないのは明らかだ。前には、過度労働がもたらす破壊的影響を見てきたが、ここでわれわれが発見するのは、過少就業に起因する労働者の苦悩の源泉だ。

(34) こうした異常な過少就業の影響は、労働日の一般的、強制法的短縮がもたらす影響とはまったく別物だ。異常な過少就業は労働日の絶対的な長さとは無関係であり、一五時間労働日においても六時間労働日においても同じように生じうる。その場合の労働の標準価格は、一五時間労働日では労働者が一日に平均一五時間、六時間労働日では一日に平均六時間、労働することをもとに計算される。したがって一五時間労働日に七時間半しか就業できなくても、六時間労働日に三時間しか就業できなくても、それがもたらす影響は同じだ。

時間あたりの賃金を決めるさいに、資本家は日賃金あるいは週賃金を支払う義務はなく、資本家が労働者を就業させたいと思う労働時間分だけ支払えばよい、という決め方がなされることがある。この場合、資本家は労働者の就業時間を、時間あたり賃金、すなわち労働価格の度量単位を算定するさいの基礎となっていた時間数以下におさえることができる。労働価格のこの度量単位は、労働力の日価値／与えられた労働日の時間数、によって算出されている。したがって労働日が一定の時間数を含まなくなれば、もちろんあらゆる意味を失ってしまう。支払労働と不払労働との関連は破棄される。そうなれば資本家は、労働者に労働者自身の自己保存のために必要な労働時間を認めることなしに、労働者から一定量の剰余価値を搾りだすことができる。資本家は就業の規則性をすべて破壊し、まったく自分の都合と恣意と目先の利害にしたがって途方もない過度労働と相対的失業ないし全面的失業を交互に生じさせることができる。資本家は「労働の標準的価格」を支払うという口実のもとに、労働者に相応の代償をなんら与えることなく、労働日を異常に延長することができる。だからこそ建築業に従事するロンドンの労働者は、この時間あたり賃金を導入しようとした資本家たちの企てに対して、まったく理にかなった暴動（一八六〇年）を起こしたのだ。労働日の法的制限はこうした放埒に終止符を打つ。とはいえ、機械装置の競争、使用労働者の質的変化、部分恐慌ないし一般恐慌などに起因する過少就業にまで終止符を打つわけにいかないことは言うまでもない。

日賃金あるいは週賃金が増大しても、労働の価格は名目上変化せず、なおかつその正常な水準以下に下落するということがありうる。労働の価格または一労働時間の価格が変わらず、労働日が通常の長さを超えて延長される時には、つねにこのことが起こる。労働力の日価値/労働日という分数についていえば、分母が大きくなると、分子はさらに早い速度で大きくなる。労働力は機能の継続時間とともに消耗するため、労働力の価値は機能の継続時間が長くなれば、それだけ増大していく。しかもそれは機能の継続時間の増加よりも早い比率で増大していく。それゆえ、労働時間の法的制限がなく時間賃金が支配的な多くの産業部門では、労働日をある一定の時点まで、たとえば一〇時間目の終わりまでに限って標準的とみなす習慣が自然発生的にできあがった（「標準労働日」「一日仕事」「正規の労働時間」）。この限界を超えれば、労働時間は時間外（オーバータイム）となり、時間単位で割増金が支払われる(35)（エクストラ・ペイ）。ただし多くの場合、その割増率はばかげたほどわずかなものだ。こうなると標準労働日は現実の労働日の一部分として存在することになり、一年を通じて現実の労働日が標準労働日より長く続くということもよくみられる(36)。労働日が一定の標準限界を超えて延長されるに応じて労働の価格は上昇するが、イギリスのさまざまな産業部門では、これが次のような形で進んでいく。すなわち、いわゆる標準時間中の労働の価格があまりに低いために、労働者は、そもそも満足な労働賃金を得ようとするなら、より支払いの多い時間外労働をせざるをえなくなる。[37] 労働日の法的制限は、こんなうまい話に終止符を打つ。[38]

(35)（レース製造業での）「時間外労働に対する支払率は一時間半ペニーなどというごくわずかなもので、時間外労働が労働者の健康や生活力に与える甚大な悪影響と恥ずべき対照をなしている。……そのうえ、こうして得られたわずかな割増分は、往々にして追加の栄養補給のために支出されねばならない」（『児童労働調査委員会、第二次報告書』、ローマ数字一六ページ、一一七号）。

(36) たとえば、近年の工場法導入以前の壁紙印刷業には、こうした例が見られた。「われわれは食事休憩も取らずに働いたので、一〇時間半の一日仕事は午後の四時半には終わってしまい、それ以後はすべて時間外労働となった。しかもそれが夕方の六時前に終わることはめったにないので、実際には一年中、時間外労働をしている」（『児童労働調査委員会、第一次報告書』、一二五ページ、スミス氏の証言）。

(37) こうした例は、たとえばスコットランドの漂白業に見られる。「スコットランドのいくつかの地方では」（一八六二年の工場法導入以前）「この産業は時間外労働制度によって経営されていた。すなわち一〇時間が標準労働日とみなされていた。この一〇時間について男性工員が受けとるのは一シリング二ペンスだ。しかし、これには日々三時間から四時間の時間外労働が加わり、この分については一時間三ペンスが支払われた。この制度の結果、標準時間しか働かなかった男性工員は、八シリングの週賃金しか稼げなかった。時間外労働なしでは賃金が足りなかった」（『工場監督官報告書、一八六三年四月三〇日』、一〇ページ）。「時間外労働に対する割増給は労働者が抵抗できない誘惑だ」（『工場監督官報告書、一八四八年四月三〇日』、五ページ）。ロンドンのシティにある製本業では、一四歳から一五歳の少女たちをきわめて多く使用している。しかも一定の労働時間を規定する徒弟契約のもとで彼女たちを雇っている。それにもかかわらず、彼女たちは毎月の最後の週には夜の一〇時、一一時、一二時、一時まで、年長の男性工員と一緒にごちゃまぜになって働いている。「親方は割増給と」、近くの居酒屋でとる「うまい夕食で、彼女たちを誘惑する」。こうしてこれら「若き不死身の者たち」のあいだにひどい不品行が生み出される（『児童労働調査委員会、第五次報告書』、四四ページ、一九一号）。あたかもそれを償《つぐな》うかのように、彼女たちによって、他の書物とともに、多くの聖書や宗教書が製本されているのだ。

(38)『工場監督官報告書、一八六三年四月三〇日』、一〇ページ参照。建築業に従事するロンドンの労働者たちは、一八六〇年の大ストライキとロックアウトの期間中に、状況に対するきわめて的確な批判に立って、時間あたり賃金を受け入れるには、次の二条件が必須であることを宣言した。(1) 一労働時間の価格を確定するとともに、標準労働日を九時間ないし一〇時間に確定すること。そして一〇時間労働日の一時間あたりの価格は、九時間労働のそれよりも高く設定すること。(2) 標準日を超える労働時間についてはすべて時間外とし、それについてはより高い額が支払われること。

一つの産業部門をとった場合、労働日が長ければ長いほど労働賃金が低くなるということはよく知られた事実だ。[39] 工場監督官A・レッドグレイヴは、一八三九—一八五九年の二〇年間についての比較一覧によって、このことを明らかにしている。それによれば、十時間労働法の適用下におかれた工場の労働賃金は上昇し、一日一四時間から一五時間の労働が課されている工場では労働賃金が低下した。[40]

(39)「さらに注目に値する事実は、長時間労働が日常化しているところでは、低賃金も日常化していることだ」(『工場監督官報告書、一八六三年一〇月三一日』、九ページ)。「飢えをしのぐぎりぎりの低賃金しか得られない労働というのは、たいていは過度な長時間労働だ」(『公衆衛生、第六次報告書、一八六三年』、一五ページ)。

(40)『工場監督官報告書、一八六〇年四月三〇日』、三一、三二ページ。

「労働の価格が与えられている場合、日賃金あるいは週賃金は供給される労働の量によって決まる」という法則から第一に導かれることは、労働の価格が低ければ低いほど、労働者がせめてわずかな平均賃金だけでも確保するには、その分、労働量が大きくなるか、労働日が長くなるかしかないということだ。[41] この場合には、労働価格の低さが、労働時間延長のための拍車として作用する。

(41) たとえばイギリスの手製釘製造工は、労働価格が低いために、実に貧弱な週賃金を得るために、日々一五時間働かねばならない。「それは一日のきわめて多くの時間を占めており、彼は一一ペンスか一シリングを稼ぐために、この時間すべてを激しい労働に投じなければならない。しかもそのうちの二ペンス半から三ペンスが、道具類の摩耗、燃料、鉄屑の費用として差し引かれる」(『児童労働調査委員会、第三次報告書』、一三六ページ、六七一号)。女性たちは同じ労働時間でわずか五シリングの週賃金しか稼げない(同前、一三七ページ、六七四号)。

逆に、労働時間の延長は、これまた労働価格の低下を生み出し、それによって日賃金ないし週賃金を下落させる。

労働の価格は、労働力の日価値/与えられた労働日の時間数、によって求められる。したがって、労働日が単に延長され、それに対するなんの補償もなされなければ、労働の価格は低下することになる。しかし、資本家による持続的な労働日延長を可能にしているのと同じ事情は、労働価格を名目的にも低下させることを可能にし、ついには強制するにいたる。そして最後は、労働時間数が増えたにもかかわらず、その総価格、すなわち日賃金あるいは週賃金が下落することになる。ここでは二つの事情を指摘しておけば十分だ。もし一人の男が一人半ないし二人分の仕事をするなら、市場に存在する労働力の供給は同じであっても、労働の供給は増大する。それによって労働者間に生じる競争は、資本家が労働の価格を引き下げることを可能にする。逆にまた、労働の価格が下落すれば、資本家は労働時間をなおいっそう延長できるようになる。(42) しかし、異常な、すなわち社会的平均水準を超えるような不払労働量を自由に利用できるようになれば、それは、まもなく資本家たち自身のあいだでの競争手段となっていく。商品価格の一部は労働の価格からなっている。労働価格の不払い部分は、商品価格に算入する必要がない。この部分は商品購入者に贈与することができる。これが競争に駆り立てられて踏みだす第一歩となる。競争が強いる第二歩目は、労働日の延長によって生み出された莫大な剰余価値の少なくとも一部を、同じように商品の販売価格から取り除くことだ。このようにして異常に低い商品の販売価格が、はじめのうちは散発的に作りだされ、しだいにそれが固定化されていく。そしてその後は、この販売価格が過度な労働時間のもとでの乏しい労働賃金の不変の基礎となっていく。しかしもともとは、この販売価格の方こそがこの状況の産物だったのだ。この競争の分析はここでの課題ではないので、この運動については示唆するにとどめる。しかし、少しのあいだ、資本家自身の言い分を聞いてみよう。

「バーミンガムでは業者間の競争があまりに激しいため、われわれの多くは、普段なら恥ずかしくてできないようなことを雇い主としてせざるをえない。にもかかわらず、もはや金は儲からず、大衆だけがそこから利益を得ている」(43)。

読者はロンドンに二種類のパン屋があったのを覚えているだろう。一つはパンを標準価格で売る店(フルプライスド・ベイカー)、もう一つは標準価格以下で売る店(アンダープライスド、アンダーセラーズ)だ。「フルプライスド」たちは議会の調査委員会で、競争相手を非難してこう述べている。

「彼らは第一に」(商品の不純化によって)「公衆を欺き、第二に一二時間労働の賃金で一八労働時間を搾り取ることによってのみ存続している。……労働者の不払労働が競争合戦の手段となっている。……製パン業者同士の競争こそが、夜間労働の廃止を難しくしている原因だ。アンダーセラーズたちは、小麦粉の価格によって変化する原価以下でパンを売り、その代わり、使用人たちからより多くの仕事を搾りだすことで、損失を免れている。わたしが使用人から一二時間の労働しか引き出していないのに、わたしの隣人が一八時間あるいは二〇時間を引き出しているなら、販売価格で彼がわたしを打ち負かすのはまちがいない。労働者が時間外労働に対する支払いを断固として要求することができれば、この手法は間もなく終わりを告げるだろう。……アンダーセラーズに雇われている人々の相当多数が、外国人、少年少女、そして、もらえるのであればどんな労働賃金にも甘んじざるをえないような人々なのだ[44]」。

(42) たとえば、ある工場労働者が、従来のような長時間労働を拒否したとすれば、「たちどころに彼は、どんな長時間労働をも厭《いと》わない他の誰かと置き換えられ、失業してしまうだろう」(『工場監督官報告書、一八四八年一〇月三一日』証言、三九ページ、五八号)。「もし一人の男が二人分の仕事をこなすならば……一般的には利潤率が高まるだろう。……なぜなら、この追加的な労働供給によって労働の価格が押し下げられるからだ」(シーニョア『賃金率に関する三つの講義』、一五ページ)。

(43)『児童労働調査委員会、第三次報告書』証言、六六ページ、二二号。

(44)『パン職人より提出された苦情に関する報告書』ロンドン、一八六二年、ローマ数字五二ページ、および証言四七九、三五九、二七号。しかし、実はフルプライスド店も、すでに述べたように、あるいは彼らの代弁者ベネット自身も認めているように、使用人たちに「夜中の一一時、あるいはもっと早くから作業を開始させ、往々にして翌日の夜七時までそれを続けさせている」(同前、二二ページ)。

こうした資本家の嘆き節が興味深いのは、いかに資本家の頭には、生産関係の仮象しか映らないかが、そこに示されているからでもある。労働の正常な価格にも一定量の不払労働が含まれており、まさにこの不払労働こそが、彼の利得の正常な源泉であることを資本家は知らない。剰余労働時間というカテゴリーなど、そもそも資本家にとっては存在していない。というのも、剰余労働時間は標準労働日のなかに含まれており、その標準労働日に対しては日賃金のなかですでに支払いをすませていると資本家は信じているからだ。とはいえ、資本家にとっても時間外労働、すなわち通例の労働価格に見合った限度を超す労働日の延長は存在している。それどころか、アンダーセラーズのような競争相手に対しては、時間外労働への割増給(エクストラ・ペイ)まで要求する。じつはこの割増給にも、通常の労働時間の価格と同様に不払労働が含まれているが、これまた資本家の与《あずか》り知らないところだ。たとえば一二時間労働日の一時間の価格を三ペンス、すなわち二分の一労働時間の価値生産物とし、規定外の一労働時間の価格を四ペンス、すなわち三分の二労働時間の価値生産物としよう。その時、資本家は、前者については一労働時間のうちの二分の一を、後者についてはその三分の一を、対価を支払わずに自分のものにしている。

第一九章　出来高賃金

時間賃金は労働力の価値あるいは価格の変容形態だったが、同じように出来高賃金は、時間賃金の変容形態以外のなにものでもない。

出来高賃金では、一見すると労働者が売る使用価値が、彼の労働力の機能である生きた労働ではなく、すでに生産物に対象化された労働であるかのように見える。そしてこの労働の価格が、時間賃金の場合のように、労働力の日価値／与えられた労働日の時間数、という分数によってではなく、あたかも生産者の作業能力によって決まるかのように見える。(45)

(45)「出来高労働の制度は労働者の歴史における一つの画期をなすものだ。この制度は、資本家の意志に従属する単なる日雇労働者の地位と、遠からず職工と資本家とを一身に兼ねそなえる見込みのある協同組合職工との中間に位置している。出来高労働者は事業家の資本によって働いてはいるが、事実上は自分自身の雇い主なのだ」（ジョン・ワッツ『労働組合とストライキ、機械装置と協同組合』マンチェスター、一八六五年、五二、五三ページ）。わたしがこの小冊子を引用するのは、それが、もうとっくに使い物にならなくなったあらゆる弁護論的駄弁の正真正銘の掃き溜めだからだ。この同じワッツ氏が、以前にはオーウェン主義を売り物にし、一八四二年には『経済学の事実とフィクション』なる別の小冊子を出版して、財産は略奪であるなどと説いていた。

しかしそれも、もう昔の話だ。

こうした見せかけを正しいと思う確信は、第一に、次の事実によって根底から揺るがざるをえないだろう。それは、労働賃金のこの二つの形態が同時期に同じ産業部門に並存するという事実だ。たとえば次のように言われている。「ロンドンの植字工は通常、出来高賃金で働き、時間賃金は彼らのあいだでは例外的だ。反対に地方の植字工では時間賃金が普通で、出来高賃金の方が例外的だ。ロンドン港の船大工には出来高賃金が支払われているが、イギリスの他の港では、どこでも時間賃金が支払われている(46)」。

ロンドンでは、同じ馬具製造場の同じ作業に対して、フランス人には出来高賃金が、イギリス人には時間賃金が支払われることがよくある。本来の工場では、一般に出来高賃金が主流をなすが、そこでも労働機能によっては、技術的な理由からこの計算法を避けて時間賃金が支払われることがある(47)。資本主義的生産の発達にとっては、一つの形態が他の形態よりも好都合だということはありうるだろう。しかし労働賃金の本質は、支払いの形態差によって変わるものではないということは、それ自体として明白だ。

(46) T・J・ダニング『労働組合とストライキ』ロンドン、一八六〇年、二二ページ。

(47) この二つの労働賃金形態が同時に併存していることは、工場主のごまかしにとっていかに好都合なことか。「ある工場では四〇〇人の人を雇っている。その半数は出来高賃金で働いており、より長く働くことによって直接的利益を得る。残りの二〇〇人は日給で働いており、先の人たちと同じ長さだけ働くが、時間外労働については何の支払いも受けない。……日給で働くこの二〇〇人が一日に半時間おこなう労働は、一人が五〇時間でこなす労働、または一人が一週間でこなす労働の六分の五に等しい。これは経営者にとってはっきりと分かる利益だ」(『工場監督官報告書、一八六〇年一〇月三一日』、九ページ)。「時間外労働はいまなお相当大規模におこなわれている。そしてたいていの場合、発覚の恐れもなく、法律自体には定められている処罰も受けることはない。わたしはかつて提出した数多くの報告書を通じて……出来高賃金ではなく、週賃金を受けているすべての労働者に対して、いかなる不正がおこなわれているかを指摘した」(『工場監督官報告書、一八五九年四月三〇日』、八、九ページ。レナード・ホーナーの所見)。

通常の労働日を一二時間として、そのうちの六時間が支払労働、残りの六時間が不払労働だとしよう。この労働日の価値生産物は六シリング、したがって一労働時間の価値生産物は六ペンスだとする。一人の労働者が平均的な密度と熟練度で働く、言い換えれば、ある物品を生産するのに、実際に社会的に必要な労働時間だけを使用するとして、その彼が一二時間で二四個の個別製品、あるいは連続した一製品の二四の計量可能部分を供給することが経験的に分かっているとしよう。この時、この二四個分の価値からそこに含まれる不変資本部分を除くと、残りは六シリングとなり、一個の価値は三ペンスとなる。労働者は一個につき一ペンス半を受けとり、こうして一二時間で三シリングを手にする。時間賃金の場合には、労働者が六時間は自分のために、六時間は資本家のために働いていると仮定しても、あるいは各一時間の半分は自分のために、残りの半分は資本家のために働いていると仮定しても、どちらでもよかった。それと同じように、ここでは一つひとつの製品について半額が支払われ、半額が支払われないと考えてもよいし、あるいは一二個の価格は労働力の価値を埋め合わせているだけで、残りの一二個のなかに剰余価値が具体化していると考えてもよい。

出来高賃金の形態は時間賃金の形態と同じように不合理だ。たとえば二個の商品は、それに費やされた生産手段の価値を差し引いてもなお、一労働時間の生産物として六ペンスの価値をもつ。しかし、労働者はそれに対して三ペンスという価格しか受けとらない。実際のところ出来高賃金は、直接にはいかなる価値関係をも表現していない。ここでは、一個の価値を、そのなかに具体化されている労働時間によって測っているのではなく、逆に労働者によって支出された労働を、彼によって生産された個数によって測っている。時間賃金の場合は、労働がその直接的な持続時間によって測られ、出来高賃金の場合は、一定時間内に労働が凝固して生まれる生産物量によって測られる。(48) 労働時間そのものの価格は、結局のところ、日労働の価値、労働力の日価値、という等式で決まる。したがって出来高賃金は時間賃金の一変形にすぎない。

(48) 「賃金は二つの方法で、すなわち労働の持続時間か、あるいはそれが生みだす生産物かによって測ることができる」（『経済学原理概要』パリ、一七九六年、三二ページ）。この匿名著作の著者はG・ガルニエだ。

ではここで、出来高賃金に特有な性質をもう少し詳しく見てみよう。

労働の質は、ここでは製品自体によって監視されている。各製品の価格が完全に支払われるには、製品は平均的な品質を備えていなければならない。出来高賃金はこの面からいえば、賃金カットと資本家のごまかしの最も豊かな源泉となる。

出来高賃金は労働密度についてのきわめて明確な基準を資本家に提供する。あらかじめ決められ、経験的に固定された商品量に具体化される労働時間だけが社会的に必要な労働時間とみなされ、それをもとに支払いがおこなわれる。こうしてロンドンの大手の裁縫工場では、たとえば一着のチョッキといった一定の出来高が、一時間、半時間などと呼ばれ、一時間につき六ペンスが支払われる。一時間の平均的生産物の量については実際の経験を通じて知られている。新しい流行品や修繕などでは、ある一定の出来高がはたして一時間に相当するかどうかをめぐって雇い主と労働者とのあいだに争いが生じるが、それも最後は経験によって決着する。ロンドンの家具製造業などでも同じだ。労働者が平均的な作業能力を備えておらず、最低限の決められた一日仕事をこなせなければ、彼は解雇される。(49)

(49)「ある重量の綿花が彼」（紡績工）「に渡され、彼は一定時間後に、それを一定の細さをもつ、ある重量の撚糸または紡糸に変えて納入しなければならない。そして彼が納入した封度《ポンド》数ごとに、なにがしかの支払いがなされる。彼の仕事の質に欠陥があれば、彼は罰を与えられ、またその量が一定時間について決められた最小限度に達していなければ、彼は解雇され、代わりにもっと有能な労働者が雇われる」(ユア『マニュファクチュアの哲学』、三一六、三一七ページ)。

ここでは労働の質と密度が労働賃金の形態そのものによって監視されているため、労働監督の大部分は不要になる。だからこそこの労働賃金形態は、前述の近代的家内労働の基盤となるだけではなく、階層的に組織された搾取と抑圧の制度の基盤となる。この制度には二つの基本形態がある。一方では、出来高賃金は資本家と賃金労働者とのあいだに寄生者が入りこんでくることを、すなわち仕事の下請けを容易にする。介入者の利益は、もっぱら資本家が払う労働価格と、この価格のうちから介入者が実際に労働者に与える価格部分との差額から生じる。[50] この制度は、イギリスではいかにもその特徴をとらえて「苦汗制度」(Sweating System)と呼ばれている。他方では、出来高賃金は資本家と親方労働者——マニュファクチュアでは班長、鉱山では石炭などの採掘工、工場では本来の機械工——とが、一個あたりいくらという価格で契約を結ぶことを可能にする。そしてこの価格で、親方労働者自身が自分の補助労働者の募集と賃金支払いを引き受ける。資本による労働者の搾取が、ここでは労働者による労働者の搾取を媒介にして実現される。[51]

(50)「労働生産物が多くの人の手を経る場合、それらの人々が全員利益にあずかろうとし、しかも最後の者だけが仕事をするとなると、最終的に女工の手にわたる支払いは、あまりにも釣り合いの取れない惨めな額になる」(『児童労働調査委員会、第二次報告書』、ローマ数字七〇ページ、四二四号)。

(51) 弁護論者ワッツですら、こう述べている。「一人が自分自身の利益のために自分の同僚をこき使うことで利益をあげようとする代わりに、一つの作業に携わる全員がそれぞれの能力に応じて契約の当事者となるならば、出来高賃金制度は大きく改善されるだろう」(前掲書、五三ページ)。この制度の卑劣さについては『児童労働調査委員会、第三次報告書』、六六ページ、二二号、一一ページ、一二四号、ローマ数字一一ページ、一三、五三、五九号等を参照。

出来高賃金が決まっていれば、労働者が自分の労働力をできるだけ高密度に行使することは、労働者の個人的利益となる。しかし、それは資本家が労働密度の標準的水準を高めることを容易にする。(51a) 同様に、労働日の延長も労働者にとっては個人的利益となる。なぜなら、それによって彼の日賃金あるいは週賃金が上がるからだ。(52) ただし、労働日の延長は、かりに出来高賃金が変わらなくても、それ自体としてすでに労働価格の低下を含んでいる。そのことを別としても、時間賃金のところで述べた反動がここでもあらわれてくる。

(51a) この自然な成り行きは、往々にして人為的に助成される。たとえば、ロンドンの機械製造業では次のような伝来の策が用いられている。「資本家は体力と技量に抜きんでた一人の男を労働者集団の頭《かしら》に抜擢する。資本家は三カ月に一度、あるいは別の期間を定めて彼に追加賃金を支給し、その代わりに次のような約束をさせる。すなわち普通の賃金しか受けとっていない彼の部下たちが頭を見習って懸命に働くように、全力で彼らに発破をかけるという約束だ。……これをみれば、資本家が「労働組合のせいで活動が鈍り、優れた技能や労働力が弱体化する」と苦情を言う理由も、簡単に説明できる」(ダニング『労働組合とストライキ』、二二、二三ページ)。この著者は自身が労働者で、かつ労働組合の書記でもあるので、これは誇張だと思われるかもしれない。しかし、たとえばJ・Ch・モートンの「権威ある」農業百科事典の「労働者」の項を参照されたい。そこでは、この方法が実績ある方法として借地農業者に推奨されている。

(52) 「出来高賃金を支給されている人々はすべて……労働の法的限界を踏み越えることによって利益を得ている。時間外労働を進んでおこなおうとする傾向は、とくに織工や糸巻工として使用されている女性たちによく見られる」(『工場監督官報告書、一八五八年四月三〇日』、九ページ)。「資本家にとってこれほど有利な……出来高賃金制度は、年少の陶工たちを四年、五年にわたって激しい過度労働へと直接駆り立てる。そのあいだ、彼らは出来高に応じて支払いを受けるが、しかしその価格はあまりにも低い。これこそ、陶工たちに身体的退化をもたらしている大きな原因の一つだ」(『児童労働調査委員会、第一次報告書』、ローマ数字一三ページ)。

時間賃金の場合には、わずかな例外を除けば、同一機能に対しては等しい労働賃金が支払われるのを通例とする。一方、出来高賃金の場合には、労働時間の価格はたしかに一定の生産物量によって測定されるが、日賃金あるいは週賃金は労働者の個人的差異によって変化する。すなわち、ある人は与えられた時間内に最小限の生産物しか供給せず、他の人は平均量を、また別の人は平均以上の量を供給する。したがって実際の収入に関しては、個々の労働者の熟練度、体力、エネルギー、スタミナなどによって大きな違いが生じる。[53]だからといってもちろん、これによって資本と賃金労働との一般的関係が変化することはない。第一に、個人的な差異は工場全体をとってみればたがいに相殺され、その結果、工場全体としては一定の労働時間内に平均的生産物が供給され、支払われる総賃金はその産業部門の平均賃金となるだろう。第二に、労働賃金と剰余価値との割合は、もとどおり変化しない。というのも個々の労働者の個別的賃金には、彼が個別的に供給している剰余価値量が対応しているからだ。しかし、出来高賃金は一人ひとりの個性にこれまでより大きな裁量の余地を与えるため、一方では労働者の個性を、すなわち自由感、独立心、自制心などを発達させる傾向があり、また他方では、労働者同士の競争を強化する傾向がある。それゆえ、出来高賃金は個別的な労働賃金を平均水準以上に高めるとともに、その平均水準そのものを引き下げる傾向をもつ。しかし、一定の出来高賃金がすでに長いあいだ伝統的に固定されており、したがってそれを引き下げるのがとくに困難な場合には、例外的に雇い主が出来高賃金を強引に時間賃金にあらため、それによって急場を凌ぐこともあった。たとえば一八六〇年には、[54]こうした措置に対してコヴェントリーのリボン織工が大ストライキを打った。[55]最後に付言すれば、出来高賃金はすでに述べた毎時間払制度の主要な柱の一つをなす。

(53)「いずれかの産業で労働報酬が出来高で、すなわち一個につきいくらいくらという形で支払われる場合には……賃金額にはきわめて大きな格差が生じうる。……しかし日給による仕事では一般に統一的な率があり……それが、その産業の平均労働者の標準賃金として雇い主からも労働者からも認められている」(ダニング『労働組合とストライキ』、一七ページ)。

(54)「手工業職人の労働は、日ぎめか、あるいは出来高で決められる。……親方は、労働者がそれぞれの職業で一日にどれくらいの仕事をなしうるかをだいたい知っており、したがって彼らがなした仕事の量に比例して賃金を支払うこともよくある。こうして、これらの職人は、それ以上監視されなくても、できるかぎり多くの仕事を自分の利益のためにおこなう」(カンティヨン『商業一般の性質に関する研究』アムステルダム版、一七五六年、一八五および二〇二ページ。初版は一七五五年刊行)。ケネー、サー・ジェイムズ・ステュアート、そしてアダム・スミスは、カンティヨンから多くのものを得てきたが、カンティヨンはここですでに出来高賃金を時間賃金の単なる変形形態として描いている。カンティヨンのフランス語版には、表題に英語版からの翻訳とあるが、英語版の『かつてのシティ・オブ・ロンドンの商人フィリップ・カンティヨン著、産業、商業等の分析』は刊行年が後年(一七五九年)であるだけでなく、内容からしても後の改作であることが分かる。たとえばフランス語版にはヒュームについての言及がまだ見られないが、逆に英語版にはペティはもうほとんど登場しない。英語版は、理論的にはあまり重要ではないが、フランス語版には見られない記述、とくにイギリスの商業、地金取引などに関するさまざまな記述を含んでいる。英語版の表題には「主として、すでに他界した一人の才気ある紳士の手稿より採って改作した、云々」という言葉が掲げられているが、こうして見ると、これは当時ごく普通に見られた単なる作り話というだけではなさそうだ。(*)

（＊）『商業一般の性質に関する研究』の著者はリシャール・カンティヨン。その英語版は、彼の親戚の一人フィリップ・カンティヨンによる改作とされる〔編者巻末註132〕。

（55）「ある種の作業場では、作業に実際必要とされるよりもはるかに多くの労働者が雇われているのを、幾度われわれは目にしてきたことだろうか？　まだ不確実な、いや、時には単なる想像上の仕事を予想して労働者を雇うこともよくある。それでも支払いは出来高払いだから、なんらリスクをおかすことにはならないと、人々は考えている。というのも、時間の損失はすべて仕事のないものの負担となるからだ」（H・グレゴワール『ブリュッセルの軽犯罪裁判所における印刷工』ブリュッセル、一八六五年、九ページ）。

以上の説明から分かるように、出来高賃金は資本主義的生産様式に最もふさわしい労働賃金の形態だ。それはけっして新しいものではないが——たとえば一四世紀のフランスとイギリスの労働者規則には、時間賃金と並んで出来高賃金がすでに正式に登場している——、本来のマニュファクチュア時代になってはじめて、比較的大きな広がりをもつにいたる。大工業のシュトゥルム・ウント・ドラング時代、とくに一七九七年から一八一五年にかけて、出来高賃金は労働時間延長と労働賃金切り下げのための梃子《てこ》となった。以下の青書には、この時期の労働賃金の運動にとってきわめて貴重な資料が見いだされる。『穀物法関連請願に関する特別委員会の報告と証拠資料』（一八一三／一四年議会会期）、および『穀物の成育、取引、消費状態に関する上院委員会報告と全関連法規』（一八一四／一五年議会会期）。そこには、反ジャコバン戦争〔フランス革命政府に対するオーストリア、プロイセン、イギリスなどによる干渉政治〕開始以来、労働価格がいかに継続的に下落したかを示す証拠資料が見いだされる。たとえば織物業では出来高賃金が大きく下落したため、労働日はいちじるしく延長されたにもかかわらず、日賃金が以前より下落していた。

「織工の実収入は以前よりはるかに少ない。織工は最初のうちは普通の労働者よりはるかに上にあったが、その優越性がほとんど完全に消滅した。実際、熟練労働と普通労働との賃金差は、過去のいかなる時代と比べてもはるかに小さくなっている」[56]。

出来高賃金とともに労働密度は高まり労働時間は延長されたが、農村プロレタリアートにとってそれがいかに益の少ないものであったかは、地主と借地農業者の側に立つ一著作の次の箇所がよく示している。

「農作業の圧倒的に大きな部分が、日ぎめあるいは出来高で雇われている人々によっておこなわれている。彼らの週賃金はおよそ一二シリングだ。出来高賃金であれば、労働への圧力がより高まることで、週賃金の場合より一シリング、ひょっとすると二シリングくらい余分に稼げると人々は予想するかもしれない。しかし、総収入を見積もってみると、一年のうちの仕事のない時期の損失がこの余剰分を相殺してしまうことが分かる。……さらに、一般的に言えることは、これらの男たちの賃金が生活必需品の価格と一定の相関性をもっているということだ。だからこそ二人の子供を抱える一人の労働者が教区の補助に頼ることなく家族を養っていけるのだ(57)」。

当時、マルサスは議会によって公表された事実に関して次のように述べている。「うち明けて言えば、わたしは、出来高賃金の慣行が大きな広がりを見せていることには不満を禁じえない。一日一二時間あるいは一四時間、さらにはもっと長い時間にわたって真に苛酷な労働を続けるのは、人間にとってあまりにも過大だ(58)」。

(56)『グレートブリテンの商業政策についての注釈』ロンドン、一八一五年、四八ページ。

(57)『グレートブリテンの地主および借地農業者の擁護』ロンドン、一八一四年、四、五ページ。

(58) マルサス『地代の性質および進歩に関する研究』ロンドン、一八一五年〔四九ページ註〕。

工場法の適用下に置かれた作業場では出来高賃金が通例となる。というのも、そこでは資本が労働日を拡大するには労働密度を高めるしか方法がないからだ(59)。

(59)「出来高賃金を受けとる労働者は、工場で働く全労働者のおそらく五分の四に達するだろう」(『工場監督官報告書、一八五八年四月三〇日』、九ページ)。

労働の生産性が変化すると、生産物量が同じであっても、それが表示している労働時間が変化する。したがって出来高賃金も変化する。なぜなら出来高賃金とは、ある一定の労働時間の価格表現だからだ。先に挙げた例では一二時間で二四個が生産された。また一二時間の価値生産物は六シリング、労働力の日価値は三シリング、一労働時間の価格は三ペンスで、一個あたりの賃金は一ペンス半だった。一個のなかには二分の一労働時間が吸収されていた。いま、労働の生産性が二倍になったために同じ労働日が二四個ではなく四八個を供給するようになったと仮定し、その他の事情は変化しないものとしよう。その時、出来高賃金は一ペンス半から四分の三ペニーに下落する。なぜなら各一個が表示する労働時間は、いまや二分の一労働時間ではなく、四分の一労働時間だからだ。二四×一ペンス半＝三シリングであったように、いまでは四八×四分の三ペニー＝三シリングとなる。言い換えれば、同じ時間に生産される個数が増え、[60]それによって一個に消費される労働時間が減少すれば、それと同じ割合で出来高賃金も引き下げられる。出来高賃金のこの変化は、これだけであれば純粋に名目的なものだが、資本家と労働者との間にたえざる闘争を呼び起こす。なぜなら、資本家はこれを、現実に労働の価格を引き下げるための口実として使うか、さもなければ、労働の生産性向上にともなって労働密度が強化されるからだ。あるいはまた、出来高賃金の外見も闘争の一因となる。すなわち実際には労働者の労働力に対して支払いがおこなわれているにもかかわらず、出来高賃金では、あたかも労働者の生産物に対して支払いがおこなわれているかのような外見が生じる。この外見を労働者自身が真《ま》に受けることで、労働者は、商品の販売価格が相応に下落していないのに賃金が切り下げられると、激しく抵抗する。

「労働者は原料価格と製品価格を注意深く監視しており、彼らの雇い主たちの利潤を正確に見積もることができる」[61]。

こうした要求を(*)、当然ながら資本は賃金労働の性質についての粗野な誤謬として片づける。(62) 資本は、産業の進歩に課税しようとするこの僭越さを罵倒し(**)、労働の生産性は労働者とはまったく関係がないときっぱりと宣言する。(63)

(60)「彼の紡績機械の生産力は正確に測定され、その機械を用いておこなわれる仕事に対する支払率は、その生産力の向上にともなって低下していく。ただし同じ歩調で低下するとまではいえない」(ユア『マニュファクチュアの哲学』、三一七ページ)。この最後の弁解がましい表現を、ユア自身がふたたび取り消すことになる。たとえばミュール紡績機を連結すれば、その連結から追加労働が発生することをユアは認めている。だから生産力が向上する程度に応じて労働が減少するということはない。さらにユアはこう述べている。「この連結によって機械の生産力は五分の一向上する。そうなれば紡績工は、なされた仕事に対して、もはや以前と同じ賃金率で支払いを受けることはなくなるだろう。とはいえ、彼の賃金が五分の一という割合で減らされることはないだろう。それゆえ、この改良によって、与えられた労働時間単位についての彼の貨幣収入は向上するだろう」。ところが、ところがである。「これまで述べてきたことについては、ある程度の留保が必要だ。……紡績工は追加的に得た六ペンスのなかから、少年補助工たちにいくぶん余分に支払わねばならず、それに加えて成年工の一部が駆逐されることになる」(同前、三二〇、三二一ページ)。これでは労働賃金を高める傾向などまったく持ちえない。

(61) H・フォーセット『イギリスの労働者の経済的地位』ケンブリッジおよびロンドン、一八六五年、一七八ページ。

(62) 一八六一年一〇月二六日のロンドン『スタンダード』紙には、ジョン・ブライト社がロッチデールの治安判事に提訴した訴訟についての記事が載っている。「この訴訟は絨毯製造労働組合の代表者を恐喝の咎《とが》で告訴したものだ。ブライト社は新しい機械装置を導入した。この機械を使えば、以前なら一六〇ヤードを生産するのに必要とされた時間と労働(!)で二四〇ヤードを生産できるという。雇用主が機械改良への投資から得た利潤の分け前に対しては、労働者側に請求権はまったくなかった。それゆえブライト社は、同じ労働に対しては労働者の収入を以前とまったく同一に保つために、一ヤードにつき一ペンス半の賃金率を一ペニーに引き下げることを提案した。しかし、同一に保つといっても、これは名目的には引き下げであり、それについて労働者たちは、彼らの主張するところによれば、事前に誠実な説明を受けなかったという」。

(63) 「労働組合は、賃金を維持しようとする願望から、機械装置の改良から生み出される利潤に自分もあずかろうと努めている!」(「なんと言語道断な!」)「……彼らは労働が短縮されたからという理由で、賃金の引き上げを要求する。……言い換えれば、産業上の改良に税金を課そうと努めているのだ」(『諸事業の結束について』新版、ロンドン、一八三四年、四二ページ)。

(*) 第三版と第四版では「こうした発言」となっている。

(**) 第四版では「労働者」となっている。

第二〇章　国による労働賃金の違い

第一五章では労働力の価値の絶対的な大きさ、あるいは相対的な（すなわち剰余価値と比較した時の）大きさを変化させるさまざまな組み合わせについて論じた。他方、労働力の価格が現実化される生活手段の定量は、この価格の変動とは独立した(64)、あるいはそれとは異なった動きをする可能性があった。すでに述べたように、労働力の価値または価格を労働賃金という一般に分かりやすい形に単に翻訳するだけで、これまでの諸法則はすべて労働賃金の運動法則へと変容する。この運動の内部では、さまざまに変化する組み合わせが生じうる。同じことが、異なる国々については、国による労働賃金の同時的差異となってあらわれることがある。したがって国による労働賃金の違いを比較するさいには、労働力の価値量の変化を規定しているあらゆる要因を考慮する必要がある。たとえば自然的歴史的に発達してきた第一次生活必需品の価格と規模、労働者の育成費、女性労働と児童労働の役割、労働の生産性、労働の外延的な長さと内包的な密度などがこれにあたる。きわめて表面的に比較するためにも、まずは異なる国々の同じ産業について、平均的な日賃金を同じ長さの労働日に還元する必要がある。日賃金をこうして調整した後に、時間賃金を再度、出来高賃金に換算しなければならない。というのも、労働の生産性を測るためにも労働の密度を測るためにも、出来高賃金だけがその測定器となるからだ。

(64)「賃金」(ここではその価格の意)「で、より安い物品をより多く買えるようになったからといって、賃金が上がったと言うのは正確ではない」(アダム・スミス『国富論』デイヴィッド・ブキャナン版、一八一四年、第一巻、四一七ページのブキャナンの註)。

それぞれの国にはある中間的な労働の密度とみなされるものがある。この密度を下回ると、労働は一つの商品を生産するために社会的に必要とされる以上の時間を消費することになり、したがって標準的な質の労働には算入されなくなる。ある一国についていえば、国民的平均以上に労働密度が高まった時にのみ、単なる労働時間の長さによって価値を測定するというあり方に変化が生じる。しかし、世界市場では事情が異なる。世界市場では個々の国々は全体を構成する各部分をなす。中間的な労働密度は国によって異なり、こちらではより高く、あちらではより低い。つまり、各国ごとの平均値は一つの階梯をなしており、そこでの度量単位となるのは世界的労働の平均単位だ。したがって、密度のより高い国の労働は、密度のより低い国の労働に比べると、同じ時間により多くの価値を生産し、その価値はより多くの貨幣で表現される。

しかし、価値法則は国際的に適用されると、さらに以下の事情によって修正をこうむる。すなわち、世界市場ではより生産性の高い国民の労働が、同時に、より密度の高い労働としても通用する。ただしそのさいの条件は、より生産性の高い国民が、商品の販売価格を商品の価値の水準にまで引き下げることを競争によって強いられないことだ。

ある国で資本主義的生産が発達していれば、その発達の程度に応じて、労働の国民的密度と生産性もまた国際水準以上に高くなっている。[64a] したがって、さまざまな国で同じ種類の商品が同じ労働時間内に生産されても、その商品量はさまざまに異なり、その国際的価値も一様ではない。その国際的価値はさまざまな価格で、すなわち国際的価値に応じて異なる貨幣額で表現される。したがって資本主義的生産様式が発達している国と未発達な国とを比べると、貨幣の相対的価値は発達している国の方が小さくなるだろう。したがって名目的な労働賃金、すなわち貨幣で表現された労働力の等価も、発達している国の方が高くなるだろう。しかし、だからといって、このことが現実の賃金、すなわち労働者が自由にできる生活手段についてもあてはまるというわけではけっしてない。

(64a) 生産性に関するどのような事情が、個々の生産部門でこの法則を修正しうるかについては、別の箇所で検討することになるだろう。

しかし、さまざまな国によって貨幣価値が相対的に異なるという点を度外視したとしても、日賃金、週賃金などは、資本主義的生産様式が発達している国の方が未発達な国よりも高い。逆に相対的労働価格、すなわち剰余価値および生産物価値と比較した場合の労働価格は、資本主義的生産様式が未発達な国の方が高くなる。これはよく見られることだ。[65]

(65) ジェイムズ・アンダソンはアダム・スミスに反論して次のように述べている。「同様に次のことにも留意する必要がある。農作物、とくに穀物が安い貧しい国々では、労働の価格が一見したところ他国より安くみえるのが普通だが、現実にはたいていの場合、他国よりは高い。なぜなら、一人の労働者が一日分として受けとる賃金は、その労働の見かけ上の価格ではあるが、労働の実質的な価格ではないからだ。実質的な価格とは、なされた労働の一定量に対して実際に雇い主が出費するものをいう。この視点から見れば、穀物その他の生活手段の価格は貧しい国の方が豊かな国よりも通常は安いにもかかわらず、ほとんどすべてのケースにおいて、豊かな国々の労働は貧しい国々の労働よりも安い。……日当賃金で見た労働は、イングランドよりもスコットランドの方がずっと安く……出来高賃金で見た労働は、概してイングランドの方が安い」(ジェイムズ・アンダソン『国民産業精神の振興策に関する考察』エディンバラ、一七七七年、三五〇、三五一ページ)。――逆に労働賃金の低さがまた労働の高価格化を生み出す。「労働はイングランドよりアイルランドの方が高い。……なぜなら、賃金がそれだけ低いからだ」(『勅命鉄道委員会証言記録』一八六七年、二〇七四号)。

一八三三年の工場調査委員会メンバーの一員J・W・カウエルは紡績業を綿密に調査した結果、次のような結論に達した。「イギリスでは大陸よりも、労働者にとっての賃金は高いかもしれないが、工場主にとっては事実上、低い」(ユア、三一四ページ)。

イギリスの工場監督官アレクサンダー・レッドグレイヴは、一八六六年一〇月三一日の工場報告書で、大陸諸国との比較統計に基づいて次のことを立証した。すなわち大陸諸国の労働はイギリスと比べて低賃金かつ長時間労働ではあるが、生産物に対する割合からみれば、イギリスの労働よりも高価だという。オルデンブルクのある木綿工場のイギリス人支配人の説明によれば、そこでの労働時間は土曜日も含めて朝の五時半から夜の八時まで続くという。しかし、そこの労働者たちは、イギリス人の労働監督者のもとでもイギリス人なら一〇時間で生産するほどの生産物も生産せず、いわんやドイツ人の労働監督者のもとでは生産量はさらにずっと少なくなるという。賃金はイギリスよりもはるかに低く、多くの場合、五〇%も低い。しかし、機械装置に対する労働者の数はイギリスよりはるかに多く、いくつかの部門では五対三の比になるという。レッドグレイヴ氏はロシアの木綿工場に関して、きわめて詳細な記述をしている。そのデータは、最近までそこで働いていたあるイギリス人支配人から彼に提供された。ありとあらゆるスキャンダルを豊富に産出するこのロシアの大地では、イギリスの工場の幼年時代に見られたかつての惨状もまた花開いている。支配人はもちろんイギリス人だ。というのも土着のロシア人資本家は工場事務には役立たないからだ。あらゆる過度労働、途切れのない昼間労働と夜間労働、労働者たちの法外な過少賃金にもかかわらず、ロシア製品が命脈を保っているのは、外国製品を禁止しているからにすぎない。——最後にもう一つ、レッドグレイヴ氏の比較概要を掲げておくことにしよう。これはヨーロッパ諸国での一工場あたりの平均紡錘数、および一紡績工あたりの平均紡錘数をまとめたものだ。レッドグレイヴ氏自身のコメントによれば、この数字は彼が数年前に集めたもので、その間に、イギリスでの工場規模と一労働者あたりの紡錘数は増大している。しかし彼は、掲げられた大陸諸国でも同じ割合で大きな進歩があったと想定しており、それゆえ挙げられた数字は比較上の価値を失っていないとしている。

一工場あたりの平均紡錘数

イギリス	一二、六〇〇
スイス	八、〇〇〇
オーストリア	七、〇〇〇
ザクセン	四、五〇〇
ベルギー	四、〇〇〇
フランス	一、五〇〇
プロイセン	一、五〇〇

一人あたりの平均紡錘数

フランス	一四
ロシア	二八

プロイセン	三七
バイエルン	四六
オーストリア	四九
ベルギー	五〇
ザクセン	五〇
ドイツ諸小邦	五五
スイス	五五
グレートブリテン	七四

レッドグレイヴ氏は次のように語っている。「この比較は、他のいろいろな理由のほかに、とくに次の理由でグレートブリテンには不利になっている。すなわちグレートブリテンには機械織物業と紡績業とが結合された工場がきわめて多数存在しているが、この計算では織機を担当している人員数が差し引かれていない。それに対して外国の工場は、そのほとんどが単なる紡績工場だ。もし正確に同じもの同士を比較できるのであれば、私の管区内には二二〇〇個の紡錘を備えたミュール紡績機を、わずか男性工一名と補佐女性工二名に監視させ、一日二二〇封度《ポンド》、長さにして四〇〇（イギリス）マイルの糸を製造している綿紡績工場が数多く見つかるだろう」（『工場監督官報告書、一八六六年一〇月三一日』、

三一―三七ページの各所)。

よく知られているように、東ヨーロッパでもアジアでも、イギリスの会社が鉄道建設を請け負っており、そこでは現地の労働者と並んで一定数のイギリス人労働者が使用されている。実務上の必要に迫られて、これらの会社は労働密度の国民差を考慮せざるをえなかったが、そのことで彼らが損失をこうむることはまったくなかった。賃金の高さは多かれ少なかれ中程度の労働密度に対応したものだが、それでも(生産物と比較した場合の)相対的な労働価格は一般にこれとは逆方向に動くということを、彼らは経験から知っていた。

H・ケアリーは、彼の最初期の経済学的著作の一つ『賃金率に関する試論』[66]のなかで、国によってさまざまに異なる労働賃金が各国の労働日の生産性に正比例することを証明しようとした。この国際的関係から彼が導こうとしたのは、労働賃金が一般に労働の生産性の上がり下がりに応じて上がり下がりするという結論だった。この結論のばかばかしさは、剰余価値の生産に関するわれわれの全分析によってすでに証明ずみだ。かりにケアリーが、例によって無批判にかつ表層的にかき集めただけの統計資料を雑然と並べ立てるのをやめて、自分が立てた前提を証明したとしても、その結論のばかばかしさに変わりはない。せめてもの救いは、彼が現実に事態は理論が想定しているとおりになっているとまでは主張しなかったことだ。彼によれば、国家の介入が自然的な経済関係を歪曲したのだという。だから一国の労働賃金を計算するさいには、租税の形で国家のふところに入る労働賃金部分も、あたかも労働者自身のふところに入っているかのように計算しなければならないという。それならケアリー氏は、もう一歩踏みこんで、この「国費」も資本主義的発展がもたらした「自然の果実」ではないのか？と考えてみるべきではなかったか。こうした理屈づけは、この男にまったくふさわしいものだ。この男は、まず資本主義的生産関係は永遠の自然法則かつ理性法則であり、この法則の自由な調和的営みが単に国家の介入によって攪乱されているにすぎないと断言する。そのうえで、彼は後になって次のことを発見する。すなわちイギリスが世界市場に及ぼしている悪魔的な影響が、つまり、一見、資本主義的生産の自然法則に起因していない影響が、国家の介入を不可欠にしているということを。そこでの国家の介入とは、すなわち国家による、あの自然法則、理性法則の保護にほかならず、別名を保護貿易制度という。さらにケアリーが発見したところによると、現存する社会対立や矛盾を定式化しているリカードなどの諸定理は、現実の経済的運動から生まれた理念上の産物ではない。逆にイギリスなどでの資本主義的生産の現実の対立の方が、リカードなどの理論の産物だという！　ケアリーが最後に発見したのは、資本主義的生産様式の生まれながらの美と調和を台なしにしているのは、最後のところ、商業だということだった。さらにもう一歩進めれば、彼はひょっとすると、資本主義的生産の唯一の欠陥は資本自身だということを発見するかもしれない。これほど恐るべき批判性の欠如と、これほどいかがわしい学識をそなえた男であったからこそ、彼はその保護貿易主義的異端性にもかかわらず、バスティアなど、現代のあらゆる自由貿易論的楽観主義者たちの調和的智恵のひそかな源泉となりえたのだ。

(66)『賃金率に関する試論。全世界の労働人口の状態に見られる差異の原因についての検討を含む』フィラデルフィア、一八三五年。

第七篇　資本の蓄積過程

ある貨幣額が生産手段と労働力とに変容することは、資本として機能すべき価値量が通過する第一の運動だ。この運動は市場、すなわち流通部門でなされる。運動の第二の局面、すなわち生産過程は、生産手段が商品に変容した瞬間に完結する。そしてこの商品の価値は、その商品を構成する各部分の価値を上回っている。つまりそこには、最初に前貸しされた資本に剰余価値を加えたものが含まれている。続いて商品はふたたび流通部門に投入されねばならない。それを販売し、その価値を貨幣に現実化し、この貨幣をあらたに資本に変容させ、こうして同じことをたえず繰り返す必要がある。この、つねに同じ連続的局面を通過していく循環が、資本の流通を形成している。

蓄積の第一の条件は、資本家がその商品を売り、そうして得た貨幣の大部分を資本に再変容させることをなしとげることだ。以下では、資本が正常な仕方で流通過程を通過していくことを前提に議論を進める。この過程のより詳しい分析は第二巻でおこなう。

資本家は剰余価値を生産する。すなわち不払労働を直接労働者から吸い上げ、商品に固定する。この資本家は、たしかにこの剰余価値の最初の取得者だが、けっしてその最後の所有者ではない。資本家は後に、社会的生産全体のなかで他の機能を果たしている資本家や地主などと、この剰余価値を分け合わねばならない。したがって、剰余価値はさまざまな部分に分割される。その分割片はさまざまなカテゴリーに属する人々のふところに入り、利潤、利子、商業利得、地代など、たがいに独立した種々の形態をとる。剰余価値のこうした変容形態は、第三巻ではじめて扱えるようになる。

したがってここでは、一方では商品を生産する資本家が商品をその価値どおりに売るものと想定する。そして資本家が商品市場にふたたび戻ってくるところまでは扱わない。また流通部門で資本に付着する新しい形態や、その形態に隠されている再生産の具体的条件についても扱わない。しかし他方で、われわれは資本家である生産者を全剰余価値の所有者とみなす。あるいは、獲物を分け合うすべての仲間全体の代表者とみなす、といってもよい。つまりわれわれは、蓄積をとりあえずは抽象的に、すなわち直接的生産過程の単なる契機として観察する。

ちなみに蓄積がおこなわれているかぎり、資本家は生産した商品を売ることに、そしてそこで得られた貨幣を資本に再変容させることに成功している。また、剰余価値をさまざまな断片に分割したからといって、それによって剰余価値の性質が少しでも変わったり、剰余価値が蓄積の要因になるための必要条件が変わったりすることはない。資本家である生産者が剰余価値の何割を自分自身のために確保しようと、あるいは他人に譲ろうと、剰余価値を最初に取得するのが彼であることに変わりはない。したがって、われわれが蓄積を説明するさいに想定していることは、現実の蓄積過程でも想定されている。他方、剰余価値の分割と流通の媒介運動は、蓄積過程の単純な基本形態を不明瞭にしてしまう。したがって蓄積過程を純粋に分析するには、蓄積過程のメカニズムの内的活動を覆い隠しているすべての現象をひとまず度外視する必要がある。

第二一章　単純再生産

生産過程は、それがどのような社会的形態をとろうとも、連続的なものでなければならない。すなわち、周期的に同一の段階をたえず新たに通過しなくてはならない。一つの社会が消費を停止することがありえないように、生産を停止することもまたありえない。したがって、恒常的な連関と絶え間ない更新の流れのなかで観察すれば、あらゆる社会的生産過程は同時に再生産過程でもある。

生産の条件は同時に再生産の条件でもある。いかなる社会も、その生産物の一部をたえず生産手段に、あるいは新しい生産の要素に再変容させることなしには、継続的に生産することはできず、すなわち再生産することはできない。ある社会がみずからの富を同じ規模で再生産または維持するためには、他の事情が同じであれば、たとえば一年間に消費した生産手段、すなわち労働手段、原料、補助原料などを同じ分量の新しい現物で補塡する以外にはない。そしてその補塡物は年間生産物量から切り離され、新たに生産過程に取りこまれていく。したがって年間生産物の一定量は生産のためのものだ。それは、はじめから生産的消費を念頭においたものであり、大部分は、当然ながら個人的消費には適さない現物形態で存在している。

生産が資本主義的形態をとるならば、再生産もまたしかりだ。資本主義的生産様式では労働過程が価値増殖過程の一手段としてのみあらわれる。同じように再生産もまた、前貸しされた価値を資本として、すなわち自己増殖する価値として再生産するための一手段としてのみあらわれる。資本家という経済的扮装が一人の人間に張りつくのは、ひとえに彼の貨幣がたえず資本として機能するからにほかならない。たとえば前貸しされた一〇〇ポンドの貨幣額が、今年、資本に変容して二〇ポンドの剰余価値を生産したとすれば、それは来年も、その次の年も、同じ作用を反復しなければならない。剰余価値は、資本価値の周期的増加分として、あるいは活動を続ける資本がもたらす周期的収穫として、資本から発生する一種の収入の形態をとる。(1)

(1)「他者の労働生産物を消費する豊かな人々は、交換行為(商品購入)を通じてしか、それらの生産物を入手できない。……したがって彼らは、時を経ずして自分の準備金の枯渇に直面するように思える。……ところが社会秩序のなかで、富は他人の労働によってみずからを再生産する力を獲得した。……富は労働と同じく、そして労働を通じて、毎年の果実をもたらす。この果実を毎年消費し尽くしても、豊かな人々が貧しくなることはない。この果実は資本から生じる収入なのだ」(シスモンディ『新経済学原理』第一巻、八一、八二ページ)。

この収入がもし資本家に消費原資としてのみ利用されるならば、言い換えれば、定期的に得られた分だけが定期的に消費されるならば、他の事情が変わらないかぎり、単純な再生産が成立する。再生産とは生産過程の同一規模での単純反復にすぎない。にもかかわらず、この単純な反復ないし連続は、ある種の新しい性格をこの過程に刻印する。というよりも、むしろそれによってこの過程が単なる個別事象にすぎないという見せかけの性格がはがれ落ちる。

生産過程は労働力を一定時間に限って購入するところから開始される。この開始は、労働の販売期限が切れ、それとともに週、月などの一定の生産期間が終了したところで、たえず更新される。しかし労働者に対する支払いは、その労働力がすでに作用し、みずからの価値と剰余価値とを商品に実現した後に、はじめておこなわれる。したがって労働者は、われわれが当面、資本家の消費原資としてのみ考察している剰余価値を生産しているだけではない。彼はまた、自分自身への支払原資、すなわち可変資本をも、それが労働賃金として彼に還流する以前にすでに生産している。しかも彼はこの原資をたえず再生産する期間に限って使用される。だからこそ第一六章のⅡでのべた経済学者たちの公式、すなわち賃金を生産物そのものの分け前として表示する公式も登場してくる。(2)労働者自身によってたえず再生産される生産物の一部が、労働賃金の形態でたえず労働者のもとに還流するのだ。資本家は労働者にその商品価値をもちろん貨幣で支払う。しかし、この貨幣は労働生産物の変容形態にすぎない。労働者が生産手段の一部を生産物に変容させているあいだに、彼の以前の生産物の一部が貨幣へと再変容する。労働者の今日の労働、あるいは次の半年間の労働は、彼が先週あるいは過去半年間におこなった労働によって支払われている。個々の資本家と個々の労働者を観察するのではなく、資本家階級と労働者階級を観察すれば、貨幣形態が生みだす幻想はたちまちにして消え失せる。資本家階級は、労働者階級が生産し、資本家階級が取得する生産物の一部についての受取手形を、たえず貨幣形態で労働者階級に振りだす。この手形を労働者は同じく、たえず資本家階級に返還し、それと交換に自分の生産物のうちで彼自身に属する部分を引き取る。生産物の商品形態と商品の貨幣形態とが、この取引を覆い隠している。

（2）「賃金も利潤と同様に、完成した生産物の一部とみなすべきだ」（ラムジー『富の分配に関する一論』、一四二ページ）。「賃金の形で労働者に与えられる生産物の分け前」（ジェイムズ・ミル『経済学綱要』パリソー訳、パリ、一八二三年、三三、三四ページ）。

以上から分かるように、可変資本は生活手段原資あるいは労働原資の一つの特殊な歴史的現象形態にすぎない。こうした原資は、労働者が自己保存と再生産のために必要とするものだ。だから、いかなる社会的生産体制のもとでも労働者はそれをつねに自分で生産し、再生産しなければならない。労働原資が、労働に対する支払手段の形でたえず労働者のもとに流れこんでくるのは、労働者自身の生産物がたえず資本の形で労働者のもとから離れていくからにほかならない。とはいえ、労働者自身の対象化された労働が資本家から労働者に前貸しされるという事態は、労働原資のこの現象形態によって変化するわけではない（3）。

たとえば賦役農民を例にとろう。彼はたとえば週に三日、自分自身の労働手段を用いて自分の畑で労働する。週日の残りの三日は、領主の農地で賦役労働をおこなう。彼は自分自身の労働原資をたえず再生産する。しかし、この労働原資は、第三者が彼の労働に前貸しした支払手段という形を彼に対してとることはけっしてない。その代わりに、彼の不払強制労働もまた自発的な支払労働という形をとることはけっしてない。もし領主が明日にでも賦役農民の畑、家畜、種子など、要するに彼の生産手段を自分のものにしてしまえば、賦役農民は今後、彼の労働力を領主に売らねばならなくなる。他の事情が変わらないならば、彼はあいかわらず週に六日働くだろう。三日は自分自身のために、三日は、いまでは雇用主となった以前の領主のために。賦役農民はあいかわらず生産手段を生産手段として消費し、その価値を生産物に移し変えるだろう。あいかわらず生産物の一定部分は、再生産にまわされるだろう。しかし、賦役労働が賃金労働の形態をとるように、賦役農民によってあいかわらず生産され再生産される労働原資も、いまや、旧賦役領主から彼に前貸しされる資本の形態をとるようになる。ブルジョワ経済学者は頭が足りないため、現象形態とそのなかにあらわれているものとの区別がつかない。だからこそ労働原資が資本の形態をとってあらわれるのは、今日でさえ地球上では例外的なことにすぎないという事実を、彼らは見過ごしてしまう。(4)

(3)「労働者に賃金を前貸しするために資本が使われたとしても、労働を維持するための原資がそれによって増えることはない」（マルサス『経済学における諸定義』ケイズノーヴ版、ロンドン、一八五三年、二二ページの編者註）。

（4）「労働者の生活手段が資本家から労働者に前貸しされるということは、まだ全世界の四分の一にも及んでいない」（リチャード・ジョーンズ『諸国民の経済学に関する講義教本』ハートフォード、一八五二年、三六ページ）。

たしかに、われわれが資本主義的生産過程をそのたえざる更新の流れのなかで考察する場合だけは、可変資本が資本家自身の原資から前貸しされる価値だということが意味をなさなくなる。(4a) とはいえ資本主義的生産過程はいつかどこかで開始されなければならない。したがって、これまでのわれわれの立場からすれば、資本家はおそらくどこかの時点で、他人の不払労働に依存しない、なんらかの原初的蓄積によって貨幣所有者になり、それゆえ労働力の買い手として市場に登場できたのだろう。それでもなお資本主義的生産過程の単なる連続、すなわち単純な再生産は、ほかにもまだ奇妙な変化をもたらす。しかもその変化は単に可変資本だけではなく、総資本にも波及していく。

（4a）「製造工は、その賃金を雇主から前払してもらってはいるけれども、その賃金の価値は、一般に、かれの労働が投じられた対象の価値が増大し、利潤をともなって回収されるのであるから、製造工は実際には、雇主にとってなんの費用もかからないものである」（アダム・スミス『国富論』第二篇第三章、三五五ページ〔大河内一男監訳、中公文庫I、五一六ページ。表記は一部修正〕）。

一〇〇〇ポンドの資本で周期的に、たとえば年ごとに生み出される剰余価値が二〇〇ポンドだとして、この剰余価値が毎年消費されるものとしよう。この過程を五年繰り返せば、消費された剰余価値の総額は五×二〇〇となり、最初に前貸しされた一〇〇〇ポンドの資本価値と等しくなることは明らかだ。毎年の剰余価値のうち一部しか、たとえば半分しか消費されなければ、一〇×一〇〇＝一〇〇〇だから、この生産過程が一〇年繰り返された後に同じ結果が生じるだろう。一般的にいえば、前貸しされた資本価値を毎年消費される剰余価値で割れば、最初に前貸しされた資本が資本家によって消費され尽くされ、消失するまでにかかる年数、あるいは生産周期の回数が得られる。かりに資本家が、自分は他人の不払労働の生産物、すなわち剰余価値を消費したのであり、最初の資本価値は保持していると考えたとしても、それで事実が変わることは絶対にない。ある一定の年数が経った後、資本家が保有する資本価値は、同じ年数のあいだに等価物を与えることなく取得された剰余価値の総額に等しくなり、資本家が消費した価値総額は、最初の資本価値に等しくなる。たしかに資本家はまだ手元に大きさの変わっていない一つの資本を保持しており、その一部である建物、機械その他は、彼が事業を開始した時にすでに存在していたものだ。しかしここで問題なのは資本の価値であって、その物質的な構成部分ではない。だれかが、自分の全財産の価値と同額の借金をすることによって全財産を使い果たすとすれば、全財産というのは、単に彼の借金の総額をあらわしているにすぎない。同じように、資本家が自分の前貸資本の等価物を消費し尽くしたとすれば、この資本の価値は、彼によって無償で取得された剰余価値の総額をあらわしているにすぎない。彼の元の資本の価値は、もうひとかけらも残っていない。

したがって、すべての蓄積を無視したとしても、生産過程の単なる連続、すなわち単純再生産だけで、遅かれ早かれ一定期間が経てば、すべての資本が必然的に蓄積された資本へと、あるいは資本化された剰余価値へと変容する。たとえ資本が最初に生産過程に入った時には使用者が個人的に作り上げた財産であったとしても、それは早晩、等価物を与えることなく取得された価値となり、あるいは、貨幣形態をとるかどうかは別として、他人の不払労働が物質化したものとなる。

われわれは第四章で、貨幣を資本に変容させるには商品生産と商品流通とが存在しているだけでは不十分だということを見てきた。(*)まずは、こちら側に価値ないし貨幣の所有者が、あちら側に価値を作りだす実体の所有者がおり、こちら側に生産手段と生活手段の所有者が、あちら側に労働力以外にはなにも所有していない者がおり、その両者がたがいに買い手と売り手としてたがいに相対《あいたい》していなければならなかった。したがって労働生産物と労働自体との分離、客体としての労働条件と主体としての労働力との分離こそが、事実として与えられた資本主義的生産過程の基盤であり出発点だった。

（＊）第四版では価値生産となっている。

しかし、当初は出発点にすぎなかったものが、過程の単なる反復、すなわち単純再生産を介してたえず新たに生産され、永続化されていく。これこそ資本主義的生産に固有の結果だ。一方では生産過程がたえず素材上の富を資本に変容させ、また資本家のための価値増殖手段と享楽手段とに変容させる。他方では、労働者がつねにこの過程に入りこんだ時と同じ姿でこの過程から出てくる。労働者は富の人的源泉でありながら、この富を自分のために現実化する手段をいっさい奪われている。彼がこの過程に入りこむ前に、彼自身の労働は彼自身から疎外され、資本家に取得され、資本に組みこまれている。だからこそ、その労働は、この過程が続くあいだ、たえず他人の生産物のなかに対象化される。生産過程とは同時に、資本家による労働の消費過程だ。それゆえ労働者の生産物はたえず商品に変容するだけでなく、資本に変容する。すなわち価値創造力を吸いとる価値に変容し、人身を買う生活手段に変容し、生産者を使用する生産手段に変容する。(5) したがって労働者自身が絶え間なく客体としての富を資本として生産しているのだ。資本とはすなわち、彼の外側に立ち、彼を支配し、搾取する権力にほかならない。そして資本家もまた同じように絶え間なく、労働力を主観的で抽象的な富の源泉として生産する。主観的であるのは、自分を対象化し、現実化する手段から切り離されているからであり、抽象的であるのは、労働者の単なる肉体性のなかにしか存在しないからだ。要するに資本家は労働者を賃金労働者として生産する。(6) 労働者のこの絶え間ない再生産、あるいは永続化こそが、資本主義的生産の必要不可欠な条件をなしている。

(5)「これは生産的消費のとくに注目すべき特性の一つだ。生産的に消費されるものが資本であり、それは消費によって資本となる」(ジェイムズ・ミル『経済学綱要』、二四二ページ)。しかし、ジェイムズ・ミルは、この「とくに注目すべき特性」を追究することはなかった。

(6)「一つのマニュファクチュアが新規に開始されると、多くの貧民が雇用されるというのはたしかにそのとおりだ。しかし、彼らの貧しさは変わらず、そのマニュファクチュアが継続されることによって、ますます多くの貧民が生み出される」(『羊毛輸出制限の理由』ロンドン、一六七七年、一九ページ)。「そこで借地農業者は、自分たちこそが貧民の生計を維持しているのだという、まったくばかげた主張をする。維持されているのは、実際には、貧民たちの窮乏だ」(『近年の救貧税増加の理由。あるいは労働価格と食糧価格との比較考察』ロンドン、一七七七年、三一ページ)。

労働者の消費には二種類ある。生産自体においては、労働者は労働によって生産手段を消費し、それを前貸資本以上の価値をもつ生産物に変容させる。これが、彼の生産的消費だ。それは同時に、彼の労働力を買った資本家による彼の労働力の消費でもある。他方、労働者は労働力の購買のために支払われた貨幣を、生活手段のために用いる。これは彼の個人的消費だ。したがって労働者の生産的消費と個人的消費とはまったく異なる。生産的消費では、彼は資本の原動力として行動し、資本家に帰属する。個人的消費では、彼は自分自身に帰属し、生産過程の外側で生活機能を果たす。生産的消費の結果は資本家の生活であり、個人的消費の結果は労働者自身の生活だ。

「労働日」などを考察したさいに、折りにつけ明らかになったように、労働者は往々にして、自分の個人的消費を生産過程の単なる補完物とするよう強いられる。その場合、労働者が自分に生活手段をあてがうのは、自分の労働力の活性を保つためにすぎない。それは蒸気機関に石炭や水をくべたり、歯車に油を差したりするのと同じだ。もしそうであれば、彼の消費手段はある生産手段のための消費手段にすぎず、彼の個人的消費はそのまま生産的消費となる。ところが外見上は、それが資本主義的生産過程にとっては意味のない一種の濫用のように見えてしまう。(7)

(7) もしロッシがこの「生産的消費」の秘密に本当に深く踏みこんでいたなら、あれほど激しくこの点を非難することはなかっただろう。

しかしわれわれが、個々の資本家や個々の労働者ではなく、資本家階級と労働者階級に目を向け、商品の個々の生産過程ではなく、資本主義的生産過程をその流れと社会的広りのなかで考察するならば、事態はただちに別の相貌を帯びることになる。——資本家が彼の資本の一部を労働力に転換する時、彼はそれによって彼の総資本を増殖させる。これは資本家にとって一石二鳥だ。資本家は労働者から自分が受けとるものによって利潤を得るだけではない。自分が労働者に与えるものからも利潤を得る。労働力と引き換えに手放された資本は生活手段に変容する。この生活手段の消費は、現存する労働者の筋肉、神経、骨、頭脳を再生産し、新しい労働者を産出するの役立つ。したがって、絶対的に必要なものの範囲内では、労働者階級の個人的消費は、労働力と引き換えに資本から譲渡された生活手段の再変容であり、その生活手段は資本によって新たに搾取しうる労働力へと再び姿を変える。それは、資本家にとってなによりも不可欠な生産手段である労働者そのものの生産であり再生産だ。したがって、労働者の個人的消費は、それが作業場や工場などの内部でおこなわれようが、外部でおこなわれようが、また労働過程の内部でおこなわれようが、外部でおこなわれようが、資本の生産と再生産の一要因であることに変わりはない。それはちょうど機械の清掃が労働過程中におこなわれようが、労働過程の一定の休止時間中におこなわれようが、生産と再生産の一要因であるのとまったく同じだ。たしかに、労働者の個人的消費は労働者自身のためになされるのであり、資本家のためになされるわけではない。しかし、だからといってそれで事態が変わることはない。それは家畜が自分の餌を楽しんで食べているからといって、家畜のおこなう消費が生産過程の一つの必須要因であることに変わりがないのと同じだ。労働者階級の恒常的な維持と再生産は、資本の再生産のための恒常的な条件であり続ける。資本家は、この条件の充足を労働者の自己保存本能と生殖本能に安心して任せておける。資本家が気を配るのは、労働者の個人的消費を可能なかぎり必要最小限に抑えることだけだ。その点では、労働者に栄養分の少ない食物

ではなく、栄養分の多い食物をむりやりに食べさせる、かの南米的無骨さとは天と地の開きがある。(8)

(8)「南アメリカの鉱山労働者がおこなう毎日の仕事(おそらく世界中で最も苛酷な労働)は、重さ一八〇—二〇〇封度《ポンド》の鉱石の荷を四五〇フィートの深さから肩に担いで地上まで運びだすことだ。彼らはわずかにパンと豆だけで生きている。彼らとしては、むしろパンだけを食べていたいだろうが、彼らの雇い主はパンだけではこれほどの重労働ができないことを知っており、彼らをまるで馬のように扱って豆を食べることを強制する。しかし、豆はパンと比べるとリン酸カルシウムの含有量がはるかに多い」(リービヒ『農業と生理学への化学の応用』第一部、一九四ページ註)。

それゆえ資本家も、またそのイデオローグである経済学者も、労働者の個人的消費のうちで労働者階級の永続化に必要な部分だけを、すなわち資本が労働力を消費するために実際に消費されねばならない部分だけを、生産的なものとみなす。それを超えて労働者が自分の楽しみのために消費するかもしれない部分は非生産的消費というわけだ。(9) もし資本の蓄積が労働賃金の上昇をもたらし、資本による労働力の消費を増やすことなく労働者の消費手段の増大をもたらすとすれば、追加された資本は非生産的に消費されることになるだろう。(10) では現実はどうか。労働者の個人的消費は、労働者自身にとっては非生産的だ。なぜなら、それは窮乏した個人を再生産するだけだからだ。しかし、労働者の個人的消費は

資本家と国家にとっては生産的だ。なぜなら、それは他者の富を生産する力を生産するからだ。(11)

(9) ジェイムズ・ミル『経済学綱要』、二三八ページ以下。

(10)「労働の価格が高くなりすぎて、資本が増加しているにもかかわらず、これ以上の労働は使用できないという状態になれば、こうした資本の増加分は非生産的に消費される、というのがわたしの見解だ」(リカード『経済学および課税の原理』、一六三ページ)。

(11)「本来的な意味での唯一の生産的消費は、再生産の目的で資本家によってなされる富の消費ないし破壊だ」(ここでは生産手段の消費、の意)。「……労働者は……彼を使用している人間にとっては、また国家にとっては、生産的消費者だが、厳密にいえば、彼自身にとっては生産的消費者ではない」(マルサス『経済学における諸定義』、三〇ページ)。

このように労働者階級は、社会的立場から見るならば、直接的労働過程の外側でも、死せる労働用具と同様に資本の付属品にすぎない。労働者階級の個人的消費でさえも、一定の限界内では資本の再生産過程の一要因でしかない。しかし、この再生産過程は、自意識を備えたこの生産用具が逃げていかないように配慮している。そのために、労働者が作りだした生産物を、片方の極である労働者の手元から対極にある資本家のもとへと引き離す。個人的消費は、一方では労働者階級の自己保存と再生産を念頭においたものだ。しかし他方では、生活手段を消尽させることによって、労働者階級がたえず労働市場に再出現してくるように配慮している。ローマ時代の奴隷は鎖によってつなぎ止められていたが、賃金労働者は見えざる糸によってみずからの所有者につなぎ止められている。賃金労働者の見かけ上の独立性は、個々の雇い主のたえざる交替と、契約という法的擬制によって維持されている。

かつて資本は、必要と思われる時には、自由な労働者に対するみずからの所有権を強制法によって確保した。たとえばイギリスでは一八一五年まで、機械労働者の移住が厳しい罰則によって禁止されていた。

同時に、労働者階級の再生産には、一つの世代から次の世代への熟練技能の伝承や蓄積が含まれている。(12) こうした熟練労働者階級の存在を、どれほど資本家が自分に帰属する生産条件の一つに数えており、事実上、自分の可変資本の現実的存在とみなしているかは、恐慌によって熟練労働者階級が失われる危険が生じれば、すぐにも明らかになる。アメリカの南北戦争と、それにともなう綿花飢饉のために、周知のように、ランカシャーなどの綿工業労働者の大半が路上に放り出された。「余剰となった人々」をイギリスの植民地、あるいは合衆国に移住させるために、国家補助や自発的な国民募金を求める声があがった。それは他の社会層だけでなく、労働者階級自身のあいだからもあがった。当時の『タイムズ』紙(一八六三年三月二四日付)は、かつてのマンチェスター商工会議所会頭エドマンド・ポッターの一書簡を公表した。彼の書簡が下院で「工場主宣言」と名づけられたのもうなずけることだった。(13) そのなかから、労働力に対する資本の所有権が露骨に表明されているいくつかの典型的箇所を、以下に引用しておこう。

(12) 「保存され、事前に準備されていると言える唯一のものは、労働者の熟練技能だ。……熟練労働の蓄積と保存という、この最も重要な仕事は、労働者大衆についていえば、いかなる資本にも頼ることなく遂行されている」(ホジスキン『資本の要求に対する労働の防衛』、一二、一三ページ)。

(13) 「この書簡は工場主宣言とみなすことができる」(フェランド、一八六三年四月二七日の下院における綿花飢饉についての動議)。

「綿工業労働者に向かっては、こんなことが言われるかもしれない。君たちの供給は多すぎる……供給はひょっとすると三分の一くらいは減らさねばならないだろう。そうすれば残りの三分の二に対して健全な需要も生まれてくるだろう、と。世論も移民を強く求めている。……しかし、雇い主」(つまり綿工業工場主)「は、労働供給が減るのを喜んで見ているわけにはいかない。雇い主はそれを不公平かつ不正なことだと思うだろう。……移民が公的基金の補助を受けるならば、雇い主には公聴会を要求し、場合によっては抗議をおこなう権利がある」。

この同じポッターは、さらに、綿工業がいかに有益なものであるか、「それがいかに疑念の余地なくアイルランドおよびイギリスの農業地域から余剰人口を吸収してきたか」、綿工業の規模がいかに巨大であるか、を論じている。そして綿工業が、一八六〇年には全イギリスの輸出高の一三分の五を占めていたこと、これから何年かすれば市場の拡大、とくにインド市場の拡大によって、そしてまた「封度《ポンド》あたり六ペンス」で十分な量の「綿花供給」を強制的におこなわせることによって、綿工業がふたたび拡大に向かうであろうことを、論じている。そして彼はこう続ける。

「しばらくの間――一年、二年、あるいは三年――は必要量がなんとか生産されるだろう。……わたしが聞きたいのはそれからのことだ。この産業は維持するに値するか、機械装置を」(つまり生きた労働機械を)「整備しておくことは努力に値するかということだ。この産業を放棄しようなどと考えるのは愚の骨頂ではないのか! わたしは愚の骨頂だと信じる。私も、労働者が所有物ではないこと、ランカシャーの所有物でも雇い主の所有物でもないことは認めよう。しかし、労働者はランカシャーと雇い主の両方にとっての強みだ。労働者は、一世代では補充できない精神的な訓練された力だ。それに比べれば、労働者が操作する他の機械装置は、大部分が一年も経てばより良いものと交換したり改良したりできるだろう。(14)労働力の海外移住が推奨され、あるいは許可(!)されれば、いったい資本家はどうなるのか?」

この狼狽ぶりは侍従長カルプ[*]を彷彿とさせる。

「……労働者の上等な上澄み部分を取り去ってしまえば、固定資本は大幅に価値を失い、流動資本も、劣った労働のわずかな供給をめぐって争うことはしないだろう。……労働者自身が移民を望んでいるとわれわれは聞いている。労働者がそう望むのは、きわめて当然のことだ。……綿工業から労働力を奪い、その賃金支払いをたとえば三分の一、あるいは五〇〇万減らすことによって綿工業を縮小し圧迫すれば、労働者のすぐ上の階級である小売商人はどうなるのか？　地代は、労働小屋の家賃は、どうなるのか？　……小規模な借地農業者や、いくらか裕福な家主や地主はどうなるのか？　一国の最も良質な工場労働者を輸出し、最も生産的な資本と富の一部を減価させ、それによって国民を弱体化させるこの計画以上に、この国の全階級にとって自殺的な計画がほかにありうるだろうか？　答えていただきたい」。「わたしは五〇〇〇万から六〇〇〇万の公債発行を進言する。これを二年ないし三年に分割し、綿工業地帯の貧民保護局に付設された特別委員会に管理させ、かつ受救者のモラル維持のために、一定の強制労働を含む特別な法的規制をかけるという案だ。……その地方をからっぽにするような海外移住を拡大し、一地方全体の価値と資本をからっぽにすることで、地主や雇い主たちの最良の労働者を放棄し、残った労働者を堕落させ、失望させるという、これ以上に地主や雇い主にとって悪いことがあるだろうか？」

(14)　読者も覚えているだろうが、この同じ資本が、よく見られるように労働賃金の引き下げが必要となる場合には、これとは別の本音をのぞかせる。「雇い主」たちは、その時になると異口同音にこんなことを言い張る（第四篇、註188、三八九ページ）。「工場労働者が銘記しておくべきことは、自分たちの仕事が実際にはきわめて低次元の熟練労働にすぎないということだ。彼らの仕事ほど簡単に身につき、しかもその質に比べて、これほどの報酬が得られる仕事はほかにない。ほとんど経験のない者に、これほど短期間の研修をほどこすだけで、これほど豊富に供給できる労働はほかにない。実際のところ生産事業では、六カ月の教育で教えこむことができ、どんな農僕でも覚えられる労働者（いま聞くところでは、三〇年では補充できないそうだ）の労働や熟練よりも、雇い主の機械装置（いま聞くところでは、一年も経てばより良いものと交換したり、改良したりできるそうだ）の方が、はるかに重要な役割を演じている」。

〔＊〕侍従長カルプはシラーの戯曲『たくらみと恋』の登場人物。悪だくみが露見したことで失脚しそうになり狼狽する。第三幕第二場参照。

綿工場主たちの選ばれた代弁者たるポッターは、二種類の「機械装置」を区別している。両者ともに資本家に帰属しているが、一方は彼の工場内にあり、一方は夜と日曜日には工場外の小屋に住んでいる。一方は死んでおり、他方は生きている。死んだ機械装置は日々劣化し、価値を失っていくだけではなく、いま存在している量の大部分が、恒常的な技術的進歩によってたえず時代遅れになり、数カ月のうちには新しい機械装置に置き換える方が有利になる。これとは逆に、生きている機械装置は継続的に使用されればされるほど、また代々の熟練技術を蓄えれば蓄えるほど、ますます改良されていく。『タイムズ』紙は、くだんの工場主に対して、とりわけ次のように答えている。

「E・ポッター氏は綿工場経営者の絶大かつ絶対的な重要性にあまりにも強く心を動かされているため、この階級を維持し、彼らの職業を永続させるために、五〇万人の労働者階級を、彼らの意志に反して、巨大な道徳的救貧院に閉じこめようとしている。この産業は維持するに値するか? とポッター氏は問う。もちろん値する、ただし、あらゆる公正な手段をもちいて、とわれわれは答える。機械装置を整備しておくことは努力に値するか? とポッター氏はふたたび問う。ここでわれわれは面食らう。ポッター氏の言う機械装置とは人間機械装置なのだ。なぜなら彼は、その機械装置を絶対的な所有物として扱うつもりはないと断言しているからだ。率直に言ってわれわれは、人間機械装置を整備しておくことなど、すなわち必要になるまでそれを閉じこめ、それに油を差しておくことなど「努力に値する」とは思わないし、そのようなことが可能だとさえ思わない。人間機械装置には、いくら君たちが頻繁に油を差したり磨いたりしようとも、働かないでいれば錆びるという性質がある。それに加えて人間機械装置は、見ればすぐ分かるように、自力で蒸気をおこして破裂したり、われわれの大都市で暴れまわったりすることもできる。ポッター氏の言うように、労働者の再生産には、かなり長い時間が必要かもしれない。しかし、機械製作者と貨幣さえ手元にあれば、われわれはいつでも勤勉で屈強な工場労働者を見つけて、それをもとに、われわれが使い切れないほど多くの工場主たちを製造するだろう。……ポッター氏はこの産業が一年、二年、三年ほどで復活するという軽口をたたき、労働力の移住をあおらないように、あるいは許可しないように、われわれに要求している！　労働者が海外移住を欲するのは当然だと彼は言う。ところが彼の意見では、国民は、この五〇万人の労働者をその家族七〇万人ともども、彼らの要望に逆らって綿工業地帯に閉じこめ、その必然的結果である彼らの不満を暴力で抑圧しなければならないと言う。そして労働者自身は施しによって生きていかねばならないと言う。それもこれもすべて、いつの日か綿工場主がふたたび彼らを必要とするかもしれないというチャンスを見込んでのことだ。……「この労働力」を石炭や鉄や木綿と同じように扱おうとする者たちの手から救うために、この島国の偉大な世論が何かをなさねばならぬ時が到来したのだ(15)」。

(15)　『タイムズ』一八六三年三月二四日。

『タイムズ』紙の記事は気の利いた言葉遊びにすぎなかった。「偉大な世論」なるものは実際にはポッター氏と同様、工場労働者は工場の可動的付属品だという意見だった。彼らの海外移住は阻止された(16)。彼らは綿工業地帯の「道徳的救貧院」に閉じこめられ、あいかわらず「ランカシャーの綿工場主たちの強み」であり続けた。

(16)　議会は海外移住のための支出を一ファージングたりとも認めず、可決したのは、標準賃金も支払わずに労働者を生かさず殺さず搾取する権限を自治体に与える法律だけだった。これとは対照的に、三年後に牛疫が発生したさいには、議会は議会の儀礼さえ乱暴に無視して、百万長者の大地主の損害補償のために、ただちに数百万の支出を可決した。これら大地主の借地農業者などは、どのみち肉価が高騰したことで損害補償は十分に受けていた。一八六六年の議会召集時には、地主たちが野獣のごとき雄叫《おたけ》びを発したが、それは、ヒンドゥー教徒ならずとも牝牛サバラを崇《あが》めうることを、またジュピターならずとも、牡牛に変身しうることを証明した。

このように資本主義的生産過程は、それ自身の進行過程を通じて労働力と労働条件との分離を再生産する。資本主義的生産過程は、これによって労働者の搾取条件を再生産し、永続化する。それは労働者には、生きるためにたえず労働力を売り続けることを強制し、資本家には、富を増やすためにたえず労働力を買い続けることを可能にする。[17] 資本家と労働者を買い手と売り手として商品市場で向かいあわせているのは、もはや偶然の力ではない。労働者をつねに労働力の売り手として商品市場に投げ返し、労働者自身の生産物をたえず資本家の購入手段に変容させているのは、この過程自体が強いている選択なのだ。[18] 実際には、労働者は自分を資本家に売る以前から資本に属している。労働者の経済的隷属は、彼の自己販売の周期的更新、彼の個々の雇い主の交替、労働の市場価格の変動によって、媒介されていると同時に隠蔽されてもいる。[19]

(17)「労働者は生きるために生計の資を要求し、雇い主は稼ぐために労働を要求した」(シスモンディ『新経済学原理』、九一ページ)。

(18) こうした隷属の粗野な農村的形態がダラム州に存在する。この州は、種々の事情により、農業日雇労働者に対する明確な所有権が借地農業者に保障されていない数少ない州の一つだ。それゆえ日雇労働者は鉱山業を選ぶこともできる。したがってここでは、借地農業者は通例に反して、労働者用の小屋が建っている土地だけを借り受ける。小屋の家賃は労働賃金の一部をなす。こうした小屋は「ハインズ・ハウス（農僕の家）」と呼ばれる。この小屋は一定の封建的義務の下で労働者に賃貸しされる。そこで結ばれる契約は「ボンデッジ（隷農制）」と呼ばれ、たとえば労働者がよそで雇われている期間は、自分の娘などを代理として立てることを義務づけている。労働者自身はボンズマン、すなわち隷農と呼ばれる。この関係はまた、労働者の個人的消費が資本のための消費、すなわち生産的消費でもあることを、次のような、まったく新しい側面から照らし出している。「このボンズマンの糞尿までが、計算に長《た》けた主人の副収入に加えられるのを見るのはなんとも奇妙なものだ。……借地農業者は付近一帯に彼の便所以外の便所の設置を許さず、この点では領主権の侵害をいささかも甘受することはない」（『公衆衛生、第七次報告書、一八六四年』、一八八ページ）。

(19) 児童などの労働では自己販売という形式すら消失していることが想起される。

このように資本主義的生産過程は、これを関係のなかで、すなわち再生産過程として観察するならば、単に商品を生産しているだけでも、剰余価値を生産しているだけでもない。それは資本関係[20]そのものを生産し、再生産している。すなわち、一方には資本家を、他方には賃金労働者を。

(20)「資本は賃金労働を、賃金労働は資本を前提としている。両者は相互に制約し合い、相互に生み出し合う。ある綿工場のある労働者をとってみよう。彼は単に綿布だけを生産しているのだろうか？　否、彼は資本を生産している。彼は価値を生産し、その価値が新たに、彼の労働を指揮することに役立ち、この労働を媒介にしてさらに新しい価値を生みだすことに役立っている」（カール・マルクス『賃金労働と資本』、『新ライン新聞』二六六号、一八四九年四月七日号所収）。このタイトルで『新ライン新聞』に掲載された論文は、一八四七年にブリュッセルのドイツ人労働者協会で、このテーマについてわたしがおこなった講演の断片だ。この講演の印刷は二月革命のために中断された。

第二二章　剰余価値の資本への変容

第一節　拡大された規模での資本主義的生産過程　商品生産の所有法則が資本主義的取得法則に転じること

先にわれわれは、いかにして資本から剰余価値が発生するかを考察しなければならなかったが、いまやわれわれは、いかにして剰余価値から資本が発生するかを考察しなければならない。剰余価値を資本として使用すること、あるいは剰余価値を資本に再変容させることを、資本の蓄積という。(21)

(21)「資本の蓄積、すなわち収入の一部を資本として使用すること」(マルサス『経済学における諸定義』ケイズノーヴ版、一一ページ)。「収入の資本への変容」(マルサス『経済学原理』第二版、ロンドン、一八三六年、三二〇ページ)。

まずわれわれは、この過程を個々の資本家の立場から見てみよう。たとえば一人の紡績業者が一万ポンドの資本を前貸しし、そのうちの五分の四を綿花や機械などに、残りの五分の一を労働賃金に投じたとしよう。彼は年に一万二〇〇〇ポンドの価値をもつ二四万封度《ポンド》の糸を生産するものとする。剰余価値率を一〇〇%とすれば、剰余価値は、四万封度《ポンド》の六分の一にあたり、販売によって現実化する二〇〇〇ポンドの価値をもっている。二〇〇〇ポンドの価値額は、あくまで二〇〇〇ポンドの価値額だ。この貨幣を嗅いでみても眺めてみても、それが剰余価値であることは分からない。ある価値が剰余価値としての性格をもっているということは、それがどのようにしてその所有者の手に入ったかを示してはいるが、だからといって、それによって価値または貨幣の性質が少しでも変化することはない。

したがってこの紡績業者は、新しく加わった二〇〇〇ポンドの額を資本に変容させるために、他のすべての事情が同じであれば、その五分の四を綿花などの購入のために、五分の一を新たな紡績労働者の購入のために前貸しするだろう。そしてその紡績労働者たちは、彼らに前貸しされた価値をもつ生活手段を市場で見つけるだろう。こうして二〇〇〇ポンドの新しい資本が紡績工場内で機能し、それがまた四〇〇ポンドの剰余価値を生みだす。

資本価値は当初、貨幣形態で前貸しされた。それとは異なり、剰余価値ははじめから総生産物の一定部分の価値として存在している。この総生産物が売られ貨幣に変容すると、資本価値はその当初の形態をふたたび獲得するが、剰余価値はその最初の存在様式を変える。しかしこの瞬間からは、資本価値も剰余価値もともに貨幣額となり、両者の資本への再変容がまったく同じ仕方でおこなわれる。資本家は資本価値と剰余価値の両方を商品の購入のために支出し、そしてこれらの商品によって彼は、製品の製造を新たに開始することができる。しかも今回は、前より大規模に開始できる。しかし、これらの商品を買うためには、資本家がそれを市場で見つけられなければならない。

彼の保有する糸が流通するのは、彼が自分の年間生産物を市場に出すからであり、他のすべての資本家たちも、それぞれの商品について同じことをしている。しかし、これらの商品は、市場に登場する以前に、年間総生産物のなかに、すなわちあらゆる種類の対象の総量のなかに、すでに存在していた。この総量は、個別資本の総額すなわち社会的総資本がその一年のあいだに変容したものであり、各個別資本はその総量の一定部分を保有しているにすぎない。市場でおこなわれているのは年間生産の個々の構成部分をやりとりすることだけであり、それを一つの手から別の手へと受け渡しはするが、年間総生産を拡大したり、生産された対象の性質を変えたりすることはできない。したがって年間総生産物がどのように使用されうるかは、その生産物自身の構成によって決まるのであり、けっして流通によって決まるわけではない。

第一に、年間生産は、一年間に消費された資本の物的構成部分を補塡するに足るだけのあらゆる対象（使用価値）を供給しなければならない。その補塡部分を差し引いた残りが純生産物または剰余生産物であり、そのなかに剰余価値が含まれている。ではこの剰余生産物は何からなっているのだろうか？　ことによると資本家階級の欲求と快楽を満たすためのものから、すなわち彼らの消費原資と化すものからなっているのだろうか？　もしそれがすべてであったなら、剰余価値は最後まで使い果たされ、ただ単純再生産がおこなわれるだけだろう。

蓄積するためには、剰余生産物の一部分を資本に変容させねばならない。しかし、奇跡でも起こさないかぎり、資本に変容できるものといえば、労働過程で使用可能なもの、すなわち生産手段か、そうでなければ労働者の生活を支えうるもの、すなわち生活手段しかない。したがって年間剰余労働の一部分は、前貸資本の補塡に必要とされた量を超える追加的な生産手段と追加的な生活手段の生産のために充てられていたはずだ。簡単にいえば、剰余価値が資本に変容できるのは、剰余価値を担う剰余生産物がすでに新たな資本の物的な構成部分を含んでいるからにほかならない(21a)。

(21a) ある国民が贅沢品を生産手段あるいは生活手段に転換したり、またその逆をおこなったりするための媒介となる輸出貿易は、ここでは捨象している。攪乱的な副次的事情を排除して、研究対象を、その純粋な形で理解するには、全商業世界をここでは一つの国民のようにみなし、資本主義的生産があらゆるところで確立し、全産業部門を征服しているものと仮定しなければならない。

これらの構成部分を実際に資本として機能させようとすれば、資本家階級は労働の追加を必要とする。すでに使用している労働者の搾取を、外延的な時間延長、あるいは内包的な密度強化によって増やすことができないとすれば、追加の労働力を雇用しなければならない。それについても資本主義的生産のメカニズムはすでに配慮ずみだ。なぜならこのメカニズムは、労働者階級を労働賃金に依存する階級として再生産しており、その通常の賃金は彼らの生存のみならず、その増殖をも保証できるものになっているからだ。さまざまな年齢層の労働者階級によって資本家に供給されるこの追加労働力を、資本は単に、年間生産にすでに含まれている追加の生産手段に合体させるだけでよい。それで剰余価値の資本への変容は完了する。具体的に見れば、蓄積とは資本が規模を累進的に拡大しながら再生産されることに帰着する。単純再生産の循環は変化をこうむり、シスモンディの表現にしたがえば、螺旋状の発展へと変容する。(21b)

(21b) 蓄積に関するシスモンディの分析には大きな欠陥がある。すなわち彼は「収入の資本への転換」という常套句に満足しすぎており、この操作の物質的条件を探究していない。

われわれはここで、先の例に戻ろう。これはアブラハムがイサクを生み、イサクがヤコブを生み云々、という古い物語だ。当初の一万ポンドの資本が二〇〇〇ポンドの剰余価値を生み、それが資本化される。新たな二〇〇〇ポンドの資本は四〇〇ポンドの剰余価値を生む。これが再び資本化され、二つ目の追加資本に変容し、八〇ポンドの新たな剰余価値を生み、同じことが繰り返される。

ここでは資本家によって消費される剰余価値部分については考慮しない。またさしあたっては、追加資本が原資本に組みこまれるか、それとも独立した価値増殖のために原資本から切り離されるか、あるいはまた、追加資本を蓄積したのと同じ資本家がそれを使用するか、それとも他の資本家にそれを渡すかといったことは、われわれの関心事ではない。ただ忘れてならないのは、新しく形成された資本と並んで、原資本もまた引き続き自己を再生産し、剰余価値を生産し続けるということだ。そして同じことが、すべての蓄積された資本とそれによって生み出された追加資本との関係についても言えるということだ。

最初の資本は一万ポンドの前貸しによって形成された。この一万ポンドをその所有者はどこで手に入れたのか?(21c) 彼自身の労働と彼の先祖の労働とによってだ! と経済学の代表者たちは異口同音に答える。事実、彼らの推定は商品生産の法則に合致する唯一のもののであるように見える。

(21c)「彼の資本の発生源となった原初的な労働」(シスモンディ『新経済学原理』パリ版、第一巻、一〇九ページ)。

二〇〇〇ポンドの追加資本については、事情はまったく異なる。その発生過程をわれわれは正確に知っている。それは資本化された剰余価値だ。そこには、他人の不払労働に由来しない価値は最初から一原子も含まれていない。追加労働力が取りこまれる生産手段も、追加労働力が生活を維持するための生活手段も、ともに剰余生産物の構成要素、すなわち資本家階級が労働者階級から毎年取り上げる貢物の構成要素以外のなにものでもない。資本家階級がこの貢物の一部によって労働者階級から追加労働力を買うとすれば、たとえ正規の価格を払い、等価物同士の交換がおこなわれたとしても、それは敗北者自身から奪った金で敗北者から商品を買い取るという、あの征服者の昔からのやり方と変わらない。

追加資本が、それ自身を生みだした生産者を使用する場合、この生産者は第一に、原資本の価値増殖を続行しなければならない。それに加えて、彼の以前の労働の成果を、それに費やされた労働以上の労働を提供して買い戻さねばならない。資本家階級と労働者階級とのあいだの取引として見るならば、これまで使用されてきた労働者の不払労働によって追加労働者が使用されたとしても、事態に変化はない。資本家は追加資本を一台の機械に変えるかもしれない。そしてその機械は、追加資本を生みだした生産者を路上に放りだし、その代わりに数人の児童を雇うかもしれない。いずれの場合にも、労働者階級は今年の剰余労働によって、来年の追加労働を使用するための資本を作りだしている。[22] これが俗に言う、資本によって資本を生みだすということだ。

(22)「資本が労働を使用する以前に、労働が資本を作りだしている」(E・G・ウェイクフィールド『イギリスとアメリカ』ロンドン、一八三三年、第二巻、一一〇ページ)。

二〇〇〇ポンドの第一追加資本が蓄積される前提となったのは、資本家によって前貸しされた一万ポンドの価値額であり、これは資本家の「原初的労働」によって彼のものとなった。それとは異なり、四〇〇ポンドの第二追加資本の前提となったのは、先行する二〇〇〇ポンドの第一追加資本の蓄積にほかならず、第一追加資本の資本化された剰余価値こそが第二追加資本だ。過去の不払労働を所有していることが、いまや、生きた不払労働を現時点で取得するための唯一の条件としてあらわれる。しかもその規模はたえず拡大していく。資本家がこれまで蓄積したものが多ければ多いほど、彼はいっそう多くのものを蓄積できるようになる。

追加資本第一号となった剰余価値は、原資本の一部分で労働力を購入したことの結果だ。この購入は商品交換の法則に合致しており、法的に見れば、一方では労働者側が自分自身の能力の自由処分権を、他方では貨幣または商品の所有者側が自分の所有する価値の自由処分権を、それぞれ有していること以外には何も前提とされていなかった。追加資本第二号以下は、追加資本第一号の単なる結果にすぎず、したがってあの最初の関係の帰結でしかない。また個々の取引はすべて継続的に商品交換の法則に合致している。資本家はつねに労働力を買い、労働者はつねに労働力を売り、しかもわれわれはそれが現実の価値どおりに売買されていると仮定している。以上の諸前提がすべて満たされるかぎり、商品生産と商品流通にもとづく取得の法則、あるいは私的所有の法則は、それ自身の内的かつ不可避的な弁証法によって、明らかにその正反対物へと転じていく。最初の操作としてあらわれていた等価物交換は一転して、単なる見かけ上の交換にすぎなくなる。それは第一に、労働力と交換される資本部分自体が、等価なしで取得された他人の労働生産物の一部分にすぎないからだ。また第二に、この資本部分がその生産者である労働者に置き換えられねばならず、しかも、新しい剰余をともなって置き換えられねばならないからだ。こうして資本家と労働者との間の交換関係は、流通過程に属する一つの見せかけ、単なる形式となる。この形式は内容自体とは無関係であり、内容を神秘化しているにすぎない。労働力の絶え間ない売買はあくまで形式であり、その内容は、資本家が、すでに対象化された他者労働の一部分をたえず等価物なしに取得し、それをより大きな量の生きた他者労働とたえず取り替えていくことにある。当初われわれには、所有権は自己の労働の上に立脚しているように見えた。少なくともそう仮定することが、妥当性をもっていなければならなかった。なぜなら、同等の権利をもつ商品所有者だけがたがいに相対《あいたい》することができるからだ。また、他人の商品を取得する手段となりうるのは自分の商品の譲渡だけであり、その自分の商品は労働によってのみ作りだせるからだ。ところがいまや、所有は、資本家の側では他人の不払労働またはその生産物を取得する権利としてあらわれ、労働者の側では彼自身の生産物を取得することの不可能性としてあらわれる。所有と労働の分離は、外見上は両者の同一性から出発した一つの法則がたどる必然的帰結となる。(23)

(23) 他人の労働生産物を資本家が所有することは、「取得法則の厳密な帰結だが、この法則の基本原理はまったく逆に、すべての労働者が自分自身の労働生産物に対して排他的所有権をもつことにあった」(シェルビュリエ『富か貧困か』パリ、一八四一年、五八ページ。しかし同書では、この弁証法的な反転が正しく説明されていない)。

このように、資本主義的な取得様式は、商品生産の元来の法則をまっこうから踏みにじっているように見える。にもかかわらず、その結果は、けっしてこの法則の侵害から生じているのではなく、逆にこの法則の適用から生じている。資本主義的蓄積を終点とする運動段階の順序を簡単に振り返ることによって、このことをもう一度明らかにしておこう。

われわれが最初に見たように、ある価値額がはじめて資本に変容したさいには交換の諸法則が完全に守られていた。契約者の一方は彼の労働力を売り、他方はそれを買う。労働力の売り手は彼の商品の価値を受けとり、それによってその商品の使用価値――労働――は労働力の買い手に譲渡される。それから後者は、すでに彼のものとなっている生産手段を、同じく彼のものである労働の助けを借りて新たな生産物に変容させる。その生産物もまた法律上、正当に彼のものだ。

この生産物の価値に含まれているのは、第一に、消費された生産手段の価値だ。有用労働がこれらの生産手段を消費する時には、つねにその価値を新たな生産物へと移転する。ただし、労働力は、売りものになるためには、それが使用されるべき産業部門で有用労働を供給できなければならない。

新たな生産物の価値には、このほかに労働力の価値の等価物および剰余価値が含まれている。そこに剰余価値が生じるのは、日、週など、ある一定期間を区切って売られた労働力が、この期間中にこの労働力を用いて生み出される価値よりも小さい価値しかもっていないからだ。とはいえ、労働者は自分の労働力の交換価値を支払いとして受けとっており、それと交換に労働力の使用価値を譲渡している――あらゆる売買で、そうであるように。労働力というこの特殊な商品は労働を供給し、したがって価値を創造するという独特の使用価値をもっている。だからといって、それによって商品生産の一般的法則が揺らぐことはない。つまり、労働賃金に前貸しされた価値額が生産物のなかに単に再現するだけでなく、剰余価値の分だけ増加して再現するとしても、それは労働力の売り手をごまかしたことに起因するわけではない。売り手はたしかに自分の商品の価値を受けとっているからだ。剰余価値の発生は、ひとえに買い手によるこの商品の消費に起因する。

交換の法則は、たがいに譲渡される商品の交換価値にのみ同等性を要求する。その使用価値については、最初からむしろ異質性が前提とさえなっている。契約が結ばれ、それが実行された後でようやく開始される商品の消費には、交換の法則はいっさい関係していない。

こうして、貨幣から資本への最初の変容は、商品生産の経済的法則とも、そこから派生する所有権とも、きわめて厳密に一致しながら進行する。にもかかわらず、この変容は次のような結果をもたらす。

(1) 生産物は資本家のものであり、労働者のものではないこと。

(2) この生産物の価値には、前貸資本の価値のほかに剰余価値が含まれること。この剰余価値のために労働者は労働を負担したが、資本家は何も負担しなかったこと。にもかかわらず、生産物は資本家の合法的な所有物となること。

(3) 労働者は引き続き彼の労働力を保有していること。それゆえ買い手が見つかれば、あらためてそれを売ることができること。

単純再生産は、この第一の操作の周期的反復にすぎない。そのたびごとに、貨幣はたえず新たに資本に変容する。したがって法則は破られるのではなく、逆に、継続して適用される機会を得るにすぎない。

「相次いでおこなわれる複数の交換行為は、最後の交換行為を最初の交換行為の代理人とするにすぎない」(シスモンディ『新経済学原理』、七〇ページ)。

にもかかわらず、われわれが見てきたところによれば、単純再生産だけでも十分に、この第一の操作は——孤立的過程としてとらえられたものであるかぎり——まったく異なる性格をもつようになる。

「国民所得の分配にあずかる人々のうち、一方の人々」(労働者)「は、毎年新たな労働を通じて所得に対する新たな権利を獲得するが、他方の人々」(資本家)「は、原初的労働によって所得に対する永続的権利をあらかじめ獲得してしまっている」(シスモンディ、同前、一一〇、一一一ページ)。

もっとも、最初に産まれた子供が奇跡をおこなうのは、周知のとおり、労働の領域だけではない。

単純再生産に代わって、より大きな規模での再生産が、すなわち蓄積がおこなわれても、この事情に変わりはない。単純再生産では、資本家が剰余価値すべてを浪費するのに対して、蓄積では、彼がみずからの市民道徳を証明すべく、その一部だけを消費し、残りを貨幣に換えるというだけの違いだ。

剰余価値は資本家の所有物であり、一度たりとも他者のものであったことはない。彼がそれを生産のために前貸ししたとしても、それは彼がはじめて市場に足を踏み入れた日とまったく同様に、あくまで彼自身の原資からの前貸しだ。この原資が今回は、彼の労働者の不払労働に由来するということは、事態にまったく影響を与えない。労働者Aの生産した剰余価値によって労働者Bが雇われたとしても、第一に、Aは自分の商品の正当な価格を一文たりとも値切られることなくこの剰余価値を供給したのであり、第二に、この取引はBとはまったく関係がない。Bが要求するのは、また要求する権利をもつのは、資本家が彼に彼の労働力の価値を支払うことだけだ。

「それでも、双方ともに利益を得たのだ。労働者が利益を得たのは、彼の労働がなされる前に」(彼自身の労働が果実をつける前に、と言うべきところだ)「彼の労働の」(他の労働者の不払労働の、と言うべきところだ)「果実が、労働者に前貸しされたからだ。企業家が利益を得たのは、この労働者の労働が彼の賃金以上の価値をもっていた」(彼の賃金の価値以上の価値を生み出した、と言うべきところだ）「からだ」（シスモンディ、同前、一三五ページ）。

とはいえ、われわれが資本主義的生産をその更新のたえざる流れのなかで考察し、個々の資本家と個々の労働者ではなく総体を、すなわち資本家階級とそれに対抗する労働者階級とを考察対象とするならば、事態はまったく違って見えてくる。ただし、それによってわれわれは、商品生産にはまったくなじまない一つの尺度を用いることになる。

商品生産では、売り手と買い手が相互に独立して相対《あいたい》しているにすぎない。両者のあいだで結ばれた契約の満期日がやってくれば、両者の相互関係は終わる。取引が反復される場合でも、それは新しい契約の結果にすぎず、その契約はそれ以前の契約とまったくなんの関係もない。新たな契約を結ぶさいに、同じ買い手が同じ売り手と再会したとしても、それは単なる偶然にすぎない。

したがって、商品生産またはそれに属する事象が、商品生産独自の経済法則にしたがって判断されるべきだとすれば、われわれはすべての交換行為を、それ自体として独立に観察しなければならない。つまり、その交換に先行する、あるいは後続する交換行為とのあらゆる関係の外側で観察しなければならない。しかも、売買は一人ひとりの個人間でのみおこなわれるものであり、それゆえそのなかに全社会階級間の諸関係を探ることは許されない。

今日機能している資本が経てきた周期的再生産と過去の蓄積の系列がいかに長くても、この資本はつねに最初の処女性を保持している。いずれの——個別的に見た——交換行為でも、交換の諸法則が守られているかぎり、取得様式は根本的な変化をとげることができる。しかもそのさい、商品生産に適合する所有権をいささかも侵す必要はない。開始点では生産物は生産者のものであり、生産者は等価物同士の交換をしながら、自分の労働を通じてのみ豊かになれた。資本主義時代になると、社会的な富がたえず規模を拡大しながら、他人の不払労働をたえず新たに取得できる人々の所有物となっていく。しかしこのどちらにおいても、最初と同じ所有権が通用している。

このような結果は、労働力が労働者自身によって商品として自由に売られるようになると、ただちに避け難いものになる。しかしまた、この時以降、はじめて商品生産は一般化され、典型的な生産形態となる。この時以降、はじめてあらゆる生産物は最初から売るために生産され、すべての生産された富は流通を通過していくようになる。賃金労働が商品生産の基礎となった時にはじめて、商品生産は全社会的な強制となる。またその時にはじめて、商品生産はそのいっさいの隠された力を発揮するようになる。賃金労働の浸透が商品生産を不純なものにすると主張するのは、商品生産は純粋であり続けたいならば発展してはならないと主張するの同じだ。商品生産が自分自身の内在的法則にしたがって資本主義的生産へと育っていくのと同じ歩調で、商品生産の所有法則は資本主義的取得の法則へと転じていく[24]。

(24) だからこそプルードンの狡猾さには驚かされる。彼は資本主義的所有に対抗して、商品生産の永遠の所有法則を押しとおすことで、資本主義的所有を廃止しようとした！

すでに見たように、単純再生産の場合ですら、前貸しされた全資本は、もともとどのように入手したものであろうとも、蓄積された資本へと、つまり資本化された剰余価値へと変容する。しかし生産の流れのなかでは、そもそも最初に前貸しされた全資本などは、直接的に蓄積された資本と比べればとるに足りない大きさ（数学的な意味での無限小）にすぎない。ここで直接的に蓄積された資本というのは、資本に再変容した剰余価値ないし剰余生産物をいう。そのさい、その資本が蓄積した人の手元で機能しているか、他者の手元で機能しているかは問題ではない。だからこそ経済学は、一般に資本を「ふたたび剰余価値の生産に充てられる蓄積された富」（変容した剰余価値ないし収入）[25]として説明し、資本家を「剰余生産物の所有者」[26]として説明する。存在するすべての資本は蓄積された利子あるいは資本化された利子だ、という表現もまた、同じ見方を別の形式で述べたものにすぎない。なぜなら利子とは剰余価値の単なる一断片にほかならないからだ[27]。

(25)「資本とは利潤を得るために使用される蓄積された富のことだ」（マルサス『経済学原理』〔二六二ページ〕）。「資本を構成しているのは……収入から貯蓄に回され、かつ利潤を得るために使用される富だ」（R・ジョーンズ『諸国民の経済学に関する講義教本』ハーフォード、一八五二年、一六ページ)。

(26) 「剰余生産物または資本の所有者」(『国民的苦難の根源と救済策。ロード・ジョン・ラッセルへの一書簡』ロンドン、一八二一年〔四ページ〕)。

(27) 「資本は、貯蓄された資本の各部分に対する複利によっていっさいを取りこんでしまうため、所得の原資となるべき世界の富はすべて、すでに久しく資本に対する利子と化している」(ロンドン『エコノミスト』一八五一年七月一九日)。

第二節　拡大された規模の再生産に関する経済学の誤謬

さてここで蓄積、あるいは剰余価値の資本への再変容について、いくつかのさらに詳しい規定をおこなっていくことにするが、その前に古典派経済学によって作りだされた一つの曖昧さをぬぐい去っておく必要がある。

資本家は自分自身の消費のために、剰余価値の一部を投じて商品を買う。しかしこの商品が生産手段や価値増殖手段として資本家の役に立つことはない。それと同じように、資本家が自分の自然的社会的欲求を充足するために買う労働もまた、生産的労働ではない。資本家は、こうした商品や労働を買うことによって剰余価値を資本に変容させる代わりに、逆に剰余価値を収入として消費し、あるいは支出する。ヘーゲルが正しく述べたように、旧貴族がもつべき心構えは「手元にあるものを消費する」こと、とくに使用人を贅沢に使ってみずからを誇示することにあった。これとは対照的に、ブルジョワ経済学にとって決定的に重要だったのは、資本の蓄積こそは市民の第一の義務であることを宣告し、倦むことなく次のような説教を垂れることだった。追加的な生産的労働者を獲得するために、収入の相当部分を支出することをせず、全収入を食いつぶしていたのでは蓄積などできない。生産的労働者は、それにかかる費用以上のものをもたらすのだ、と。その一方で、ブルジョワ経済学は、資本主義的生産を貨幣退蔵と混同するような世の偏見とも闘わねばならなかった。つまり、蓄積された富とは、いまある現物形態の破壊を免れた、すなわち消費されずにすんだ富のことであり、あるいは流通から救い出された富のことだという偏見だ。貨幣を流通から閉め出すことは、資本としての価値増殖とはまさに正反対のことだろう。そして貨幣退蔵と同じ意味での商品蓄積は、まったくの愚行だろう。大量の商品蓄積は流通の梗塞《こうそく》か、あるいは過剰生産の結果でしかない。たしかに世の人々の脳裏には、一方では富裕層の消費原資として積み上げられ、ゆっくりと消費される財貨のイメージがしみこんでおり、また他方では、すべての生産様式に付随する現象である在庫形成のイメージもあるだろう。この現象については流通過程の分析のところで少し触れることになるだろう。

(28) 「今日の経済学者で、貯蓄を単なる貨幣退蔵とみなす者はいないだろう。そのような短絡的で不十分な考え方を除けば、国民の富という観点から貯蓄という表現が適切に使用できる用語法は一つしかない。それは、貯蓄によって維持される各種の労働のあいだに実際に存在する違いにもとづいて、貯蓄が異なった使われ方をすることから必然的に生じる用語法だ」（マルサス『経済学原理』、三八、三九ページ）。

(28a) バルザックは、ありとあらゆる吝嗇《りんしょく》のヴァリエーションを徹底的に研究しているが、たとえば高利貸しの老人ゴプセックが、山のように商品をため込んで蓄財を始めたさいには、すでにこの老人は耄碌《もうろく》しているものとして描かれている。

(29) 「資本の蓄積……交換の停止……過剰生産」（Th・コーベット『個人の富の原因と様式の研究』、一〇四ページ）。

したがって古典派経済学も、非生産的労働者ではなく生産的労働者による剰余価値の消費こそが蓄積過程の特徴的な契機だと強調しているところまでは正しい。しかし、古典派経済学の誤謬もまたここから始まる。アダム・スミスは、蓄積を単に生産的労働者による剰余価値の消費として説明することを、あるいは剰余価値の資本化を単に剰余価値の労働力への転換として説明することを、はやらせた。たとえばリカードの発言を聞いてみよう。「一国の生産物がすべて消費されるということは理解しなければならない。しかし、それが他の価値を再生産する人々によって消費されるのか、それとも他の価値を再生産しない人々によって消費されるのかは、絶大な違いだ。収入が貯蓄されて資本に加えられると言う時、われわれが言おうとしているのは、資本に加わったと称せられる収入部分が非生産的労働者ではなく、生産的労働者によって消費されるということだ。資本は消費しないことによって増える、と考えるほど大きな誤謬はない」。アダム・スミスの尻馬に乗ってリカードとそのすべての後継者たちが口にする、「資本に加わったと称せられる収入部分は生産的労働者によって消費される」という考えほど大きな誤謬はない[30]。

この発想に従えば、資本に変容したすべての剰余価値が可変資本となってしまうだろう。そうではなく、剰余価値は最初に前貸しされた価値と同じく不変資本と可変資本とに、すなわち生産手段と労働力とに分割される。労働力は、可変資本が生産過程の内部に存在するさいにとる形態だ。生産過程では、労働力自体は資本家によって消費される。労働力は、その機能——労働——によって生産手段を消費する。同時に、労働力を購入するさいに支払われた貨幣は生活手段に変容し、この生活手段は「生産的労働」によってではなく、「生産的労働者」によって消費される。アダム・スミスは根本的に間違った分析によって次のようなばかげた結論にたどりつく。すなわち彼によれば、あらゆる個別資本は不変部分と可変部分とに分かれるが、社会的資本は最後のところすべて可変資本と化していき、労働賃金の支払いにしか支出されないという。たとえば、ある織物業者が二〇〇〇ポンドを資本に変容させたとしよう。彼は貨幣の一部を織工の購入にあて、残りの部分を毛糸、毛織物機械装置などに投じる。しかし、彼に毛糸や機械装置を売った人々もまた、その二〇〇〇ポンドの一部で労働を買い、それが次々と続くことで、最後は二〇〇〇ポンドすべてが労働賃金の支払いのために支出される、すなわち二〇〇〇ポンドによって代表される生産物のすべてが生産的労働者によって消費されるという。これでお分かりだろう。この議論を動かしている全推進力は「それが次々と続く」という言葉にある。これが、あちらと思えばこちらへとわれわれを引き回すのだ。実際、アダム・スミスは、研究の難しさが始まるちょうどその場所で研究をうち切ってしまう。(31)

(30) リカード『原理』、一六三ページ註。

(31) J・S・ミル氏は『論理学』の著者であるにもかかわらず、彼の先駆者たちのこうした誤った分析すらまったく見破っていない。このような分析は、ブルジョワ的地平の内でさえも、純粋に専門的観点からの訂正を要する。彼はいたるところで、門弟らしい教条主義で師匠たちの思考の混乱を書きとめている。この場合もその例にもれず、こう書いている。「長い目で見れば、資本自体もすべて賃金となる。たとえ生産物の販売によって資本が補完されても、それもまた賃金となる」。

年間生産の総体としての原資だけに着目しているあいだは、毎年の再生産過程は容易に理解できる。しかし年間生産のすべての構成部分は商品市場に持ちこまれなければならず、ここで困難が生じてくる。個別資本と個人的収入の運動が一般的な場所交替——社会的富の流通——のなかで交錯し、混ざり合い、見失われる。この場所交替が視線を攪乱し、きわめて錯綜した問題の解決が研究に求められるようになる。実際の連関の分析については

第二巻第三篇でおこなうことになるだろう。――年間生産を、それが流通から出てくる時の姿で描きだすことを、[32]「経済表」〔重農主義者ケネーの著作〕を通じて初めて試みたことは、重農主義者たちの大きな功績だった。

(32) 再生産過程の説明に関しては、したがって蓄積の説明に関しても、アダム・スミスは、彼の先行者たち、とくに重農主義者たちと比べると、いくつかの点で進歩をとげていないだけでなく、決定的に後退している。本文で触れたスミスの幻想と、同じく彼によって経済学に遺されたまったく空想的なドグマとは相互に関係している。そのドグマとはすなわち、商品の価格は労働賃金、利潤（利子）、地代からなっており、つまり単に労働賃金と剰余価値からなっているというものだ。この土台から出発して、少なくともシュトルヒは素朴に告白している。「必要価格をその最も単純な要素に分解するのは不可能だ」と（シュトルヒ『経済学教程』ペテルスブルク版、一八一五年、第二巻、一四一ページ註）。商品の価格をその最も単純な要素に分解するのは不可能だと宣言するとは、またなんとご立派な経済学であろうか！　これについての詳細は、第二巻第三篇および第三巻第七篇で論じられるだろう。

ちなみに、純生産物のうち資本に変容する部分はすべて労働者階級によって消費されるというアダム・スミスの命題を、経済学がぬかりなく資本家階級の利益のために利用したことはいうまでもない。

第三節　資本と収入への剰余価値の分割　節欲理論

前章では、剰余価値あるいは剰余生産物を資本家の個人的消費原資としてのみ考察し、本章ではここまでそれを蓄積原資としてのみ考察してきた。しかし剰余価値は、そのどちらか一方ではなく、同時にそのどちらでもある。剰余価値の一部分は資本家によって収入として消費され(33)、他の一部分は資本として使用され、蓄積される。

(33) 読者は収入（Revenue）という言葉が二重の意味で使われていることに気づくだろう。すなわち第一に、周期的に資本から生まれる果実としての剰余価値をあらわすために、第二に、この果実のうち資本家によって周期的に消費される部分、すなわち彼の消費原資に加えられる部分をあらわすために、この言葉は用いられている。わたしはこの二重の意味をそのままにしておく。そのほうがイギリスとフランスの経済学者の用語法と調和するからだ。

剰余価値の量があらかじめ決まっていれば、この二つの部分の一方が小さければ小さいほど、もう一方はそれだけ大きくなるだろう。他の事情がすべて同じであると仮定すれば、この分割の割合によって蓄積の大きさが決まる。しかし、この分割をおこなうのはあくまで剰余価値の所有者、すなわち資本家だ。したがってこの分割は資本家の意志行為だ。彼が取り立てる貢物のうちで彼が蓄積する部分を指して、彼はそれを貯蓄していると人は言う。なぜなら彼はその部分を食いつぶしていないからだ。言い換えれば、自分を富ませるという資本家としての機能を彼が果たしているからだ。

資本家は、彼が人の姿をまとった資本であるかぎりでのみ、歴史的価値と歴史的存在権をもっている。この歴史的存在権は、あの機転のきくリヒノフスキー〔＊〕が言うように、日付のないものではない。資本家が人の姿をまとった資本であるかぎりでのみ、資本家自身の一時的な必然性が、資本主義的生産様式の一時的な必然性のなかに潜んでいる。しかしまたそうであるかぎり、使用価値と享楽ではなく、交換価値とその増殖が、彼を駆り立てる動機となる。価値増殖の狂信者として、資本家は容赦なく人類を生産のための生産へと強制的に駆り立て、社会的生産力の発展と物質的生産条件の創出を強制する。こうして創出された物質的生産条件だけが、あらゆる個人の完全かつ自由な発展を根本原理とする比較的高度な社会形態の現実的土台となりうる。資本が人の姿をまとったものとしてのみ、資本家は敬意に値する。そのような存在として資本家は、貨幣退蔵者と絶対的な富への衝動を共有している。しかし、貨幣退蔵者の場合には個人的偏執としてあらわれるものが、資本家の場合には社会的機構の作用なのであり、その機構のなかでは、資本家もまた一つの歯車にすぎない。そのうえ資本主義的生産の発展は、一つの産業企業に投じられた資本を必然的に、たえず増大させる。競争は、資本主義的生産様式の内在的法則を外的な強制法則として各資本家に押しつける。競争は、自分の資本を確保するために資本をたえず拡大するよう資本家に強制する。そして資本家は、ただ累増的蓄積によってのみ資本を拡大することができる。

〔＊〕フェリックス・フォン・リヒノフスキーはシュレージエンの大地主。一八四八年八月三一日、フランクフルト国民議会でポーランドの独立国家としての歴史的存在権に反対を表明したさいに、この表現を用いた。翌月の九月暴動で、暴徒の襲撃により死去。

それゆえ資本家の行動様式が、資本家のうちに意志と意識を与えられた資本の機能にすぎないとすれば、資本家にとって、彼自身の私的消費は、自分の資本蓄積からの盗用を意味することになる。それはイタリア式簿記〔複式簿記の源流となった中世イタリアの二重分類簿記法〕で、私的支出が資本に対する資本家の借方として記入されるのと同じだ。蓄積とは、社会的富の世界を征服することだ。蓄積は、搾取される人間材料の量を拡大するとともに、資本家の直接的間接的支配を拡大していく。(34)

(34) たえず装いを新たにはするが、古めかしい資本家の形態である高利貸しをとりあげて、ルターは支配欲を、富を求める衝動の要素として明快に説明している。「高利貸しが四重の盗賊であり殺人者であることを、異邦人たちは理性によって導きだすことができた。しかしわれわれキリスト教徒は、彼らの貨幣のゆえに、高利貸しを拝まんばかりに尊敬している。……他人の食物を吸い取り、奪い、盗む者は、人を餓死させ破滅させる者と同じ殺人を（それぞれの力が及ぶ範囲で）犯している。ところが高利貸しは、このようなことをおこなっていながら、なおもその座に安住している。彼はむしろ絞首台に送られて、彼が盗んだグルデン貨と同じ数のカラスに喰われるべきだ。それほど多くのカラスがついばみ分け合うことができるほどの肉が、彼についていればの話だが。にもかかわらず、人々が絞首台に送るのはこそ泥たちだ。……こそ泥は枷《かせ》をはめられ、大盗賊は金や絹で身を飾っている。……されば地上には（悪魔を別とすれば）守銭奴、高利貸しにまさる人間の大敵はいない。なぜなら、彼はすべての人間の上に立つ神であろうとしているからだ。トルコ人、戦士、暴君もまた悪しき人間だ。しかし彼らは人々を生かしておかねばならず、また自分たちが悪人であり敵であることを認めている。そして時には幾人かの人々に温情をかけることができる、否、かけざるをえない。しかし、高利貸しである吝嗇漢が欲することは、可能なかぎり、全世界を飢えと渇きと悲しみと困窮に陥れ、すべてを自分一人で独占し、そしてだれもが、あたかも神からの授かりもののように高利貸しから受けとり、永遠に彼の奴隷となることだ。そして外套、金の鎖、指輪をつけ、口を拭《ぬぐ》い、自分を高貴で敬虔な人間と思わせ、賞賛を受けることだ。……高利貸しは人間狼のようにとてつもない怪物であり、すべてを破壊するその所行は、カクス〔人肉を食するギリシア神話の巨人。ヘラクレスがゲリュオンから盗んだ牡牛をかすめ取った。足跡をくらますために尻尾をひいて洞窟に引き入れたが、牡牛の鳴き声で発覚し、絞め殺される〕、ゲリュオン〔ギリシア神話中の怪物。彼の牡牛を盗んだのはヘラクレスの十二偉業の一つ〕、アンタイス〔ギリシア神話中の好戦的な巨人〕もかなわない。しかも自分を飾り立て、敬虔ぶってみせるため、彼が尻尾を引いて洞窟に引き入れた牡牛がどこに行ってしまったのか、人々は分からない。しかしヘラクレスは牡牛と囚われ人の叫びを聞きつけ、断崖にいようが岩山にいようがカクスを探し出し、牡牛をふたたび悪漢の手から解き放つだろう。なぜならカクスとは、敬虔を装う高利貸しのことであり、すべてを盗み、奪い、食い尽くす悪漢のことだからだ。それでも彼はそのようなことはしていないと主張し、牡牛が尻尾から彼の洞窟に引き入れられたことに、だれも気づかないはずだと思っている。外観や足跡からは、あたかも牛たちは外に引き出されたかのように見えるからだ。このように高利貸しは、世を欺き、あたかも彼らが世のなかの役に立ち、世のなかに牡牛を提供しているように見せかけているが、実のところ、彼らは牡牛を一人占めし、一人で食しているのだ。……だから追い剝ぎ、人殺し、強盗を車裂きの刑や斬首刑に処するならば、それ以上に、すべての高利貸しを車裂きにし、殺し、……追放し、呪い、斬首すべきだ」(マルティン・ルター『牧師諸氏へ、高利に反対して』)。

しかし、原罪はいたるところで効力を発揮する。資本主義的生産様式、蓄積、富の発達とともに、資本家は単なる資本の化身であることをやめる。彼はみずからのうちなるアダムに対して「人間的共感」を覚え、禁欲への熱中を時代遅れの貨幣退蔵者の偏見としてあざ笑うように教育される。古典的な資本家は個人的消費をみずからの機能に反する罪悪であり、蓄積の「抑制」であると断罪していた。それに対して、近代化された資本家は、蓄積を彼の享楽衝動の「節制」として理解することができる。「ああ! 彼の胸の内には二つの魂が住んでいて、一方の魂は、他方の魂から離れようとする!」〔ゲーテ『ファウスト』第一部「市場の門」より〕。

資本主義的生産様式の歴史的黎明《れいめい》期には——そしてあらゆる新興資本家はこの歴史的段階を個人的に通過する——富への衝動と吝嗇が絶対的な情熱として他を圧倒する。しかし資本主義的生産の進歩は、単に享楽の世界を作りだすだけではない。それは投機と信用制度によって、にわかに富を作りだす数多くの源泉を開拓する。一定の発達段階に達すると、世間並みの浪費は富の誇示であると同時に信用の手段ともなり、「不遇な」資本家にとっては営業上不可欠な手段ともなる。贅沢は資本の交際費の一部となる。そうでなくとも資本家は、貨幣退蔵者のように個人的な労働と個人的な消費抑制の度合いとに応じて裕福になるわけではない。他人の労働力を吸収し、労働者にあらゆる生活の楽しみを強制的に抑制させる程度に応じて豊かになるのだ。したがって資本家の浪費は、気前の良い封建領主の浪費のような無邪気な性格をもつことはけっしてなく、むしろその背後にはつねに、最も卑しい吝嗇と不安にみちた計算が潜んでいる。にもかかわらず、資本家の浪費は彼の蓄積とともに増えていき、一方を増やすために他方を中断する必要はない。それと同時に、資本家の高く張った胸の内には、蓄積衝動と享楽衝動とのあいだのファウスト的葛藤が繰り広げられていく。

ドクター・エイキンが一七九五年に刊行したある文書にはこう書かれている。

「マンチェスターの工業は、四つの時期に区分することができる。第一期は、工場主たちが生計のためにハードワークを強いられた時代だ」。

彼らはとくに、徒弟の親たちから金を巻き上げることで富を築いた。親たちは息子を徒弟として工場主に預けるために、多額の礼金を払わねばならなかった。それでも徒弟たちは飢えに悩まされた。他方、平均利潤は低く、蓄積のためには大きな節約が必要とされた。この時期の工場主たちは貨幣退蔵者のように生活し、彼らの資本の利子を食い尽くすことなど思いもよらなかった。

「第二期になると、彼らは小資産を獲得しはじめたが、それでも第一期と同様のハードワークをこなした」。なぜなら、奴隷使用人ならだれでも知っているように、労働者を直接搾取するためには労働が必要だからだ。「そして彼らはあいかわらず質素な暮らしぶりを続けた。……第三期になると贅沢が始まった。そして王国のあらゆる市場都市に注文を取りに回る馬乗り」（馬で注文を取る巡回員）「が派遣され、事業が拡大した。おそらく一六九〇年以前には、工業から得られた資本で三〇〇〇ポンドから四〇〇〇ポンドに達するものはごくわずかであるか、あるいは存在していなかったと思われる。しかしこの時期、あるいはその少し後になると、工業家たちはすでに貨幣を蓄積し、木やモルタルではなく石造りの家を建てるようになっていた。……一八世紀の最初の二、三十年でもまだ、客に一パイントの外国産ワインを振るまったマンチェスターのある工場主が、近所中で馬鹿にされ、呆れられた」。

機械装置の登場以前には、工場主たちが集まる安酒場での一晩の出費は、一杯のポンス代六ペンスと一袋のタバコ代一ペニーを超えることはけっしてなかった。一七五八年になってはじめて、画期的な出来事として、「実際に事業に携わっている者で、自家用馬車をもつ者が一人あらわれた！」一八世紀の最後の三分の一にあたる「第四期は、事業の拡張に支えられた大いなる贅沢と浪費の時期だ」(35)。この善良なドクター・エイキンが、今日のマンチェスターに生まれ変わったら、いったい何と言うだろうか！

(35) ドクター・エイキン『マンチェスター周辺三〇から四〇マイルの地域についての記述』ロンド

ン、一七九五年、〔一八一〕、一八二ページ以下、〔一八八ページ〕。

蓄積せよ、蓄積せよ！　これがモーセであり、預言者だ！「勤勉が材料を供給し、節約がそれを蓄積する」[36]。ゆえに節約せよ、節約せよ。すなわち、剰余価値または剰余生産物のできるだけ大きな部分を資本に再変容させせよ！　蓄積のための蓄積、生産のための生産。この公式によって、古典派経済学はブルジョワ時代の歴史的使命を表明した[37]。古典派経済学は富を生みだすための陣痛については一瞬たりとも見誤ることはなかった。しかし、歴史的な必然性について嘆いてみても何の役に立つだろうか？　古典派経済学にとってプロレタリアが単に剰余価値生産のための機械にすぎないとすれば、資本家もまた剰余価値を増加資本に変容させるための機械にすぎない。古典派経済学は資本家の歴史的機能を大まじめに重視する。享楽への衝動と富への衝動、この両者のあいだの癒やしがたい葛藤から資本家の心を解放するために、マルサスは一八二〇年代のはじめに一つの分業を擁護した。すなわち、実際に生産に携わる資本家には蓄積の仕事を割り当て、剰余価値の配分にあずかる他の参加者、すなわち土地貴族、国家や教会の俸禄受取人などには浪費の仕事を割り当てるという分業だ。彼は言う。「支出への情熱と蓄積への情熱とを、たがいに切り離しておくことは」[38]きわめて重要だ、と。これを聞いた資本家諸氏は、もうとっくの昔に人生を楽しむ社交家になっていながら、さかんにわめきたてた。何を言うか、と彼らの代弁者の一人であるリカード派の人物は言った。マルサス氏は高い地代や高い税金などを偉そうに擁護しているが、これは非生産的消費者の側から産業家にたえずハッパをかけておくためだ! 生産、たゆみなく拡大する生産、と彼らは口癖のように言うが、「そのようなやり方では、生産は促進されるどころか、かえって妨害される。それにまた、誰かにハッパをかけるために、一群の人々を怠けさせておくというのは、十分に公平とはいえない。この一群の人々は、おそらくその性格からして、働かざるをえないように追いこまれさえすれば、じっさい立派に働くだろう(39)」。

このように、産業資本家からうまい汁を吸いとることによって産業資本化を蓄積へと駆り立てるというのは不公平だと、この人物は言う。ところがこの同じ人物が、「労働者を勤勉にしておくためには」労働者の賃金はできるだけ最低賃金に抑える必要があると考えている。彼はまた、不払労働の取得が利殖の秘密だということを、一瞬たりとも隠そうとしない。「労働者側からの需要が増加するということは、労働者が彼ら自身の生産物のうちから自分のためにはより少なく取り、雇い主にはより多く残そうとする傾向をもつということにほかならない。そしてこれが、消費」(労働者の側の)「を減らすことによって供給過多」(市場飽和、過剰生産)「をもたらすと人が言うなら、わたしはこう答えるほかない。供給過多とは高利潤の同義語だ、と(40)」。

(36) アダム・スミス『国富論』第二篇第三章〔第二巻、三六七ページ〕。

(37) J・B・セーでさえもこう言っている。「富者の貯蓄は貧者の犠牲のうえになりたっている」。「ローマのプロレタリアは、ほとんど完全に社会の犠牲のうえに生活していた。……近代社会はプロレタリアの犠牲のうえに、すなわちプロレタリアの労働報酬から社会が奪い取る部分によって生活していると言ってさしつかえないだろう」(シスモンディ『経済学研究』第一巻、二四ページ)。

(38) マルサス『経済学原理』、三一九、三二〇ページ。

(39) 『マルサス氏によって近年擁護された需要の性質と消費の必要性に関する諸原理の研究』、六七ページ。

(40) 同前、五九ページ。

労働者から巻き上げた獲物を、産業資本家と怠惰な地主その他とのあいだでどのように分配するのが蓄積のために最も好ましいかという学問上の争いは、七月革命を前にして、鳴りをひそめた。まもなく都市プロレタリアートはリヨンで警鐘を打ち鳴らし、農村プロレタリアートはイギリスで焼き討ちをおこなった。英仏海峡の英国側ではオーウェン主義が、仏国側ではサン゠シモン主義とフーリエ主義が燎原の火のごとく広がった。俗流経済学の最期を告げる鐘が鳴っていた。ナッソー・ウィリアム・シーニョアは、資本の利潤(利子を含む)となるのは、一二時間労働日のうちの支払われていない「最後の一時間」の生産物であることをマンチェスターで発見した。しかし、そのちょうど一年前に、シーニョアはすでにもう一つ別の発見を世に告げていた。彼は厳かに言った。「わたしは、生産用具として考えられた資本という言葉に代えて、節欲（節制）という言葉を用いる」と。(41)これぞ、俗流経済学の「発見」の最高の手本だ！　俗流経済学は経済学的カテゴリーをお追従的な空語に代える。ただそれだけのことだ。シーニョアは講ずる。「未開人が弓を作れば、彼は一種の勤労をおこなったことになる。しかし、彼は節欲を実行してはいない」。このことは、初期の社会状態のもとで、いかにして、また何ゆえに、労働手段が資本家の「節欲なしに」作られたかを、われわれに説明している。「社会が進歩すればするほど、それだけ社会は多くの節欲を要求するようになる」(42)。では誰に対して節欲を要求するのか。それは、他人の勤労とその生産物をわがものとして取得するような勤労をおこなう人々に対してだ。この時から、労働過程のすべての条件は、それと同じ数の資本家の節欲行為に変容する。穀物が食されるだけでなく、種として播かれるのは、資本家の節欲だ(43)！　ワインに醗酵のための時間が与えられるのは、資本家の節欲だ！　資本家が労働者に生産用具を貸す（！）時、つまり蒸気機関、綿花、鉄道、肥料、牽引馬などを残らず食い尽くすことなく、あるいは俗流経済学者が子供っぽく想像するように、「それらの価値」を贅沢品その他の消費手段のために浪費することなく、あくまで生産用具に労働力を合体させて資本として増植させる時、資本家はみずからのアダム、すなわち内なる欲望を奪い去っているというわけだ。(44)資本家階級がいかにしてこれを実行すべきかについては、俗流経済学はこれまでかたくなに秘密を守ってきた。それならもう結構。世界は、ヴィシュヌ〔ヒンドゥー教の主神の一つ〕の前で、近代の贖罪者たる資本家がみずからに課す苦行によってなんとか命をつないでいる。蓄積するだけでなく、単に「資本を維持するだけでも、それを食い尽くそうとする誘惑に抵抗するには不断の努力が必要だ[45]」という。そうであるなら、資本家を殉教と誘惑から救ってやることは、単純な人道精神がはっきりと命じているところだ。そのやり方は、ジョージア州の奴隷所有者が、近年、奴隷廃止のおかげで辛いジレンマから解放された時と同じでよい。奴隷所有者たちもまた、黒人奴隷からムチで搾り出した剰余生産物をすべてシャンパンにつぎこんでしまうか、それともその一部をもっと多くの奴隷と大きな土地に再変容させるべきかという辛いジレンマに苦しんでいたのだ。

(41) シーニョア『経済学の基本原理』アリヴァベーネ訳、パリ、一八三六年、三〇九ページ。しかし、この主張は旧古典派の支持者にとってはやはり、あまりにばかげていた。「シーニョア氏は労働と資本という表現を、労働と節欲という表現にすりかえる。……節欲とは単なる否定にすぎない。利潤の源泉をなすのは、節欲ではなく生産的に充当された資本の使用だ」(ジョン・ケイズノーヴ、マルサス著『経済学における諸定義』への註、一三〇ページ)。これとは対照的に、ジョン・ステュアート・ミル氏は、一方ではリカードの利潤理論を抜き書きし、他方ではシーニョアの「節欲への報酬」論を横取りしている。あらゆる弁証法の源泉たるヘーゲル的「矛盾」は、ミルにはまったく無縁だが、月並みな矛盾であれば、彼にもおなじみだ。

第二版への追補。あらゆる人間行動は、その反対行動の「節欲」として理解できるという単純な事実を、俗流経済学者は一度も反省してみたことがない。食事は断食の抑制であり、歩行は停止の抑制、労働は無為の節欲、無為は労働の節欲、等々だ。これらの諸氏は、スピノザの「限定は否定だ」という言葉について、一度じっくり考えてみるがよかろう。

(42) シーニョア、同前、三四二、三四三ページ。

(43) 「だれも……あとで追加的な価値を得られると期待していなければ……たとえば、小麦やワインを、あるいはその等価物をすぐに消費せずに、小麦を播いて一年間地中に埋もれさせておいたり、ワインを何年も地下室に寝かせておいたりするようなことはしないだろう」(スクロープ『経済学』A・ポッター編、ニューヨーク、一八四一年、一三三ページ)。

(44) 「資本家は、自分の生産手段の価値を、有用あるいは快適な対象に変容させて自分で使う代わりに、その生産手段を労働者に貸しあたえる」(この婉曲表現は、手なれた俗流経済学的手法で、産業資本家に搾取される賃金労働者を、金貸し資本家から借金をする産業資本家自身と同一視するために用いられている!)。「それによって、資本家は、みずからに欠乏状態を課している」(G・ド・モリナリ『経済学研究』、三六ページ)。

(45) "La conservation d'un capital exige ... un effort ... constant pour résister à la tentation de le consommer."(クルセル=スヌイユ『工業、商業、農業企業の理論と実際、あるいは実務便覧』第二版、パリ、一八五七年、二〇ページ)。

経済的な社会編成はきわめて大きな多様性をもっており、そこでは単純な再生産だけでなく、スケールの差はあるにせよ、より大規模な再生産もおこなわれる。累増的に、より多くの生産とより多くの消費がおこなわれるようになり、したがってより多くの生産物が生産手段に変容するようになる。しかし、この過程は、資本家の生産手段が、したがってまた資本家の生産物と生活手段が、まだ資本の形態をとって労働者と対立していないあいだは、資本の蓄積としてはあらわれず、したがって資本家の機能としてはあらわれない。(46)

リチャード・ジョーンズは、ヘイリベリーの東インド大学経済学講座をマルサスから引き継ぎ、数年前に他界した人物だが、彼はこのことを二つの大きな事実から巧みに説明している。インド人民の大部分は自営農民であるため、彼らの生産物、労働手段、生活手段は、「他人の収入のなかから貯蓄された原資の形で存在したことは一度もなく、したがって先行する蓄積過程を通過してきたものではない(47)」。その一方で、イギリス支配による旧体制の解体がほとんど進まなかった地方の非農業労働者は、支配層によって直接雇われており、この支配層には農村の剰余生産物の一定量が貢租や地代として納められていた。その剰余生産物の一部は現物形態のまま支配層によって消費され、他の一部は労働者によって支配層のための贅沢品やその他の消費手段に変容する。そしてその残りの部分が、労働用具の所有者である労働者の賃金となる。ここでは生産であれ、拡大された規模での再生産であれ、あの不可思議な聖者、あの悲しげな姿の騎士、あの「禁欲する」資本家のいかなる介入も受けることなく進行していく。

(46)「どのような特別な所得種類が一国の資本の進歩に最も大きく寄与するかは、そうした所得種類のさまざまな発展段階に応じて変化し、したがってその発展のなかで異なる地位を占める諸国ごとにまったく異なる。……社会の初期段階では……利潤は……賃金や地代と比べると、あまり重要な蓄積の源泉ではない。……一国の産業力が現実に飛躍的成長をとげた場合には、利潤は蓄積の源泉として比較的重要なものになる」(リチャード・ジョーンズ『諸国民の経済学に関する講義教本』、一六、二一ページ)。

(47) 同前、三六ページ以下。〔第四版への註――これは見まちがいだろう。この一文は見あたらなかった。――F・エンゲルス〕

第四節　資本と収入への剰余価値の分割比率とは無関係に、蓄積の規模を規定するさまざまな事情　労働力の搾取度――労働の生産力――投じられる資本と消費される資本との差額の増大――前貸資本の大きさ

剰余価値が資本と収入とに分割される割合があらかじめ分かっていると仮定すれば、蓄積される資本の大きさは、明らかに剰余価値の絶対的大きさによって決まる。八〇%が資本となり、二〇%が消費されるものと仮定すれば、剰余価値の総量が三〇〇〇ポンドであったか、一五〇〇ポンドであったかによって、蓄積される資本は二四〇〇ポンドになったり、一二〇〇ポンドになったりする。したがって蓄積の大きさが決定されるさいには、剰

余価値量を決定するすべての事情がともに作用を及ぼすことになる。その事情を、われわれはここでもう一度要約しておくことにしよう。ただし取り上げるのは、蓄積に関して新たな視点を提供してくれる事情に限ることにする。

読者も覚えているように、剰余価値率は第一に労働力の搾取度によってきまる。経済学はこの役割を重視するあまり、時として、労働の生産力が高まることによる蓄積の促進と、労働者の搾取が高まることによる蓄積の促進とを同一視してしまう。(48) 剰余価値の生産を扱った各篇では、労働賃金が最低でも労働力の価値と等しいことがつねに想定されてきた。しかし現実の運動では、労働賃金をこの価値以下に強引に引き下げることがきわめて重要な役割を演じている。そこでしばし、この問題を検討する必要がある。この強引な引き下げは、事実上、一定の限度内で、労働者に必要な消費原資を資本の蓄積原資へと変容させる。

(48)「リカードは言う。「社会の発展段階が異なれば、資本の蓄積、あるいは労働を使用する(すなわち搾取する)手段の蓄積も、その速度を異にする。そしていずれの場合にも、蓄積は労働の生産力に依存せざるをえない。労働の生産力は一般に、豊饒な土地が豊富に存在しているところで最大となる」と。この文章でいう労働の生産力なるものが、生産のために手作業をおこなう人々に分けられる生産物部分が小さいことを意味しているのだとすれば、この文章は同語反復的だ。なぜなら、その残りの部分は、所有者が望めば資本蓄積のための原資となるからだ。しかし土地が最も豊饒な場所では、そうした蓄積はたいていの場合、生じない」(『経済学におけるある種の言葉争いについての考察』、七四ページ)。

J・S・ミルは言う。「労働賃金は生産力をもたない。労働賃金は一つの生産力の価格だ。労働賃金が、労働自体とならんで商品生産に寄与することはない。それは機械装置そのものの価格が商品生産に貢献しないのと同じだ。労働が買わずに手に入るのであれば、労働賃金は不要だろう(49)」。

しかし、労働者がかすみを食って生きていけるのであれば、どんな価格を支払っても彼らを買うことはできなくなるだろう。したがって労働者に費用がかからないというのは数学的な意味での極限値であり、どんなに接近できてもけっして到達することはできない。労働者をこの無に等しい立場にまで押し下げようとするのは、資本のたえざる傾向だ。わたしがしばしば引用してきた一八世紀の著作家『貿易および商業に関する一論』の著者は、イギリスの労働賃金をフランスやオランダの水準に引き下げることがイギリスの果たすべき重大な歴史的使命だと説いている。しかし彼は、それによってイギリス資本の最も奥深い魂の秘密を暴露しているにすぎない(50)。彼はたとえば無邪気にもこう述べている。「しかし、われわれの貧民」(労働者をあらわす術語)「が贅沢に生活したいと思うなら……彼らの労働はもちろん高価にならざるをえない。……われわれのマニュファクチュア労働者が消費しているとほうもない贅沢品の山を考えてみるがよい。そこにはたとえば、ブランデー、ジン、紅茶、砂糖、外国産フルーツ、強いビール、捺染した亜麻布、嗅ぎタバコ、タバコ等々がある」[51]。

　彼は、ノーサンプトンシャーのある工場主の文章を引用している。この工場主は天を仰いでこう慨嘆する。

「フランスでは、イギリスに比べて労働がゆうに三分の一は安い。なぜならフランスの貧民はハードワークをこなし、食事や衣類をきりつめているからだ。彼らが主として消費するのは、パン、果物、葉もの野菜、根菜、魚の干物などだ。というのも、彼らはめったに肉を食べないからだ。そして小麦が高すぎれば、パンもごくわずかしか食べない」[52]。このエッセイストはさらに続ける。「しかも、それに加えて、彼らの飲み物は水か、それに似た弱い酒なので、彼らは実際、驚くほどわずかしか金を使わない。……こうした状況を作りだすのはたしかに難しいだろうが、フランスでもオランダでも実現しているのがなによりの証拠で、けっして実現不可能なことではない」[53]。

　その二〇年後、アメリカの山師で、爵位を受けた北部アメリカ人ベンジャミン・トムソン（またの名をラムフォード伯）は、神と人々に大いに気に入られるように、これと同じ博愛路線を継承した。彼の「エッセイ」なるものは、労働者が日頃とっている値の張る食事を、代用食で置き換えるためのありとあらゆる種類のレシピをのせた料理本だ。この珍妙な「哲学者」のレシピで最も成功したのは、次のようなものだ。

「大麦五封度《ポンド》、とうもろこし五封度《ポンド》、三ペンスのニシン、一ペニーの塩、一ペニーの酢、二ペンスのコショウと葉もの野菜——合計二〇ペンス四分の三で六四人分のスープができる。穀類が平均価格であれば、費用はじつに、一人前、四分の一ペニー（三ペニッヒ以下）に抑えることができる」[54]。

資本主義的生産の進歩とともに不正品製造がおこなわれるようになると、このトムソンの理想も不必要なものになっていった[55]。

(49) J・S・ミル『経済学の若干の未決定問題』ロンドン、一八四四年、九〇、九一ページ。

(50) 『貿易および商業に関する一論』ロンドン、一七七〇年、四四ページ。これと似た調子で、一八六六年一二月および一八六七年一月の『タイムズ』紙も、イギリスの鉱山所有者の内なる声を記事にしている。そこには、ベルギーの鉱山労働者の幸福な状態なるものが描かれていた。彼らは「雇い主」のために生きていくためにぎりぎり必要なもの以上はいっさい要求もせず、受けとりもしなかったという。実際にはベルギーの労働者は多くを堪え忍んでいる。しかしその彼らが『タイムズ』紙で模範労働者の役を演じさせられるとは！　一八六七年二月初め、火薬と弾丸で鎮圧されたベルギー鉱山労働者のストライキ（マルシエンヌ近郊）が、それに対する答えだった。

(51) 同前。四四、四六ページ。

(52) このノーサンプトンシャーの工場主は、目くじらを立てるほどのことではないが、思いあまって悪意のないごまかしをおこなっている。つまり彼は、イギリスとフランスのマニュファクチュア労働者の生活を比べると称しているが、彼自身があとでうろたえて白状しているように、ここで引用されている言葉はフランスの農業労働者についてのものだ！

(53) 同前、七〇、七一ページ。第三版への註。今日では、その後実現された世界市場競争のおかげで、われわれはこれよりかなり先をいっている。国会議員ステイプルトンは、彼の選挙民に対してこう説明している。「中国が一大工業国になったあかつきには、ヨーロッパの労働者人口が、この競争相手の水準にまで生活を切り下げることなしに、どうやって競争に耐えていけるのか、わたしには分からない」(『タイムズ』一八七三年九月三日)。いまやもう、大陸の賃金ではなく、中国の賃金が、イギリス資本の憧れの的となっているのだ。

(54) ベンジャミン・トムソン『政治、経済、哲学論集』全三巻、ロンドン、一七九六―一八〇二年、第一巻、二九四ページ。サー・F・M・イーデンは著書『貧民の状態、イギリスにおける労働者階級の歴史』のなかで、このラムフォードの乞食スープを救貧院の院長たちに強く推奨し、イングランドの労働者たちに対して、非難がましく次のように警告している。「スコットランドには、小麦やライ麦や肉の代わりに、塩と水を混ぜただけの粗挽きオーツと大麦粉で何カ月も、それもきわめて快適に生活している家族がたくさんいる」(同前、第一巻第二篇第二章、五〇三ページ)。似たような「示唆」は一九世紀にもある。「イングランドの農業労働者は、低級な穀物種が混ざったものは食べようとしない。教育が進んでいるスコットランドでは、このような偏見はたぶん見られないだろう」(医学博士チャールズ・H・パリー『現行穀物法の必要性の問題』ロンドン、一八一六年、六九ページ)。しかし、この同じパリーが、イングランドの労働者も、現在(一八一五年)ではイーデンの時代(一七九七年)に比べてひどく落ちぶれたと嘆いている。

(55) 生活手段の不正製造に関する近年の議会調査委員会の報告を読むと、医薬品の不正製造さえ、イギリスではもはや例外ではなく、むしろ通例になっていることが分かる。たとえばロンドンの三四の薬局から購入した三四種の阿片の見本を検査した結果、そのうち三一種に、ケシの莢《さや》、小麦粉、ゴム液、粘土、砂などが混ぜられていることが判明した。多くの見本にはモルヒネが一分子も含まれていなかった。

一八世紀末および一九世紀初頭の数十年間、イギリスの借地農業者と大地主は、農業日雇人に最低限度を下回る額を労働賃金の形で支払い、あとの残りは教区扶助金の形態で支払うことで、絶対的な最低賃金を押しとおした。イギリスのドグベリー〔愚直な小役人。シェイクスピアの『から騒ぎ』に登場する警吏〕たちが賃金水準を「合法的に」確定するさいに用いた茶番の一例。「一七九五年に田舎地主たちがスピーナムランドの労働賃金を確定した時、彼らはすでに昼食を済ませていた。しかし地主たちは明らかに、労働者には昼食など必要ないと考えていたようだ。……地主たちの決定はこうだった。もし八封度《ポンド》一一オンスのパンの価格が一シリングであれば、男一人の週賃金は三シリングとし、同量のパンが一シリング五ペンスになるまでは、週賃金を規則的に上げていくことにする。ただし、パンがこの価格を上回った場合には、同量のパン価格が二シリングに達するまで、賃金は比率的には下がることになる。パン価格が二シリングになれば、男一人あたりの食糧はそれ以前に比べて五分の一減る計算になる」(56)。

一八一四年の上院調査委員会では、大借地農業者であり治安判事、かつまた救貧院院長にして賃金調整官であるA・ベネットなる人物が質問を受けている。「労働者の日労働の価値と、教区扶助金とのあいだには、なんらかの配分比があるか?」答え「ある。各家庭の毎週の合計所得が、一人あたり一ガロンのパン(八封度《ポンド》一一オンス)と三ペンスになるまで、彼らの名目賃金に扶助金が上乗せされる。……一ガロンのパンがあれば家族全員を一週間養うのに十分だとわれわれは考えている。そして三ペンスは衣類用だ。教区が衣料は現物で支給するのが好ましいと思えば三ペンスは差し引かれる。この慣行はウィルトシャーの西部全体に広がっているだけでなく、私見では、全国に広がっている[57]」。当時のあるブルジョワ著作家は声高に述べている。「このようにして借地農業者たちは、自国の尊敬すべき階級に救貧院の助けを求めるよう強制し、長年にわたってこの階級を貶《おとし》めてきた。……借地農業者は、労働者側の最も不可欠な消費原資の蓄積さえ妨げることによって、自分自身の利得を増やしてきたのだ[58]」。

労働者にとって必要不可欠な消費原資の直接的略奪が、今日、剰余価値の形成に、したがって資本の蓄積原資の形成に、どのような役割を演じているかは、いわゆる家内労働(第一三章第八節d参照[*])の例が示しているとおりだ。その他の事実については本篇の展開のなかで明らかにされる。

(56) G・L・ニューナム(弁護士)『穀物法に関する両院委員会での証言についての論評』ロンドン、一八一五年、二〇ページ註。

(57) 同前、一九、二〇ページ。

(58) Ch・H・パリー『現行穀物法の必要性の問題』、七七、六九ページ。地主諸氏は、彼らがイギリスの名においておこなった反ジャコバン戦争の「損害賠償を受けた」だけではなく、莫大な富をも築いた。「彼らの地代は、一八年間で二倍、三倍、四倍となり、例外的なケースでは六倍にもなった」(同前、一〇〇、一〇一ページ)。

〔*〕原文は第一五章第八節cとなっているが、マルクスの誤記と思われる。

不変資本のうち労働手段からなる部分は、どの産業部門でも、設備規模によって決まる一定の労働者数に対して十分なものでなければならない。とはいえ、使用される労働量と同じ割合で、労働手段部分が増えていく必要はまったくない。たとえばある工場設備で一〇〇人の労働者が八時間労働をおこない、合計八〇〇労働時間を供給しているとしよう。資本家がこの総時間を五割増しにしたければ、新たに五〇人の労働者を雇えばよい。ただし、その場合には賃金のみならず、労働手段にも新たな資本を前貸ししなければならない。しかし資本家は、もとの一〇〇人の労働者を八時間ではなく、一二時間働かせることもできる。この場合には労働手段は既存のものだけで十分であり、単にそれらの摩耗が早まるにすぎない。このように、労働力をより締めつけることで生みだされる追加労働は、蓄積の実質である剰余生産物と剰余価値を増やすことができ、しかもそこで不変資本部分を同じ割合で増やす必要はない。

たとえば鉱山業のような採取産業では、原料は前貸資本の構成要素とはならない。ここでの労働対象は、過去の労働の生産物ではなく、自然から無償で贈与されたものだ。たとえば金属鉱石、鉱物、石炭、石材などがこれにあたる。そこでは、不変資本がほとんどすべて労働手段からなっており、こうした労働手段は労働量の増加にきわめてよく耐えうる(たとえば労働者の昼夜交替など)。もし他の事情がすべて同じであれば、生産物の量と価値は、使用された労働に正比例して増加するだろう。はじめて生産が始まった日と同じように、ここでは原初的な生産物形成者であり、それゆえまた資本の素材的要素の形成者でもある人間と自然が、たがいに手を携えて進む。労働力の弾力性によって、不変資本をあらかじめ増やすことなしに、蓄積の領域が拡大されてきたのだ。

農業では追加の種子と肥料を前貸しすることなしには耕作地を拡張できない。しかしこの前貸しがいったんおこなわれれば、ただ機械的に土地を耕すだけでも生産物の量には驚くべき効果があらわれる。したがって従来と同数の労働者がより多くの労働量をこなせば、労働手段の新たな前貸しを要することなく収穫量は増大する。新たな資本介入なしに蓄積を増大させる直接的源泉となっているのは、ここでも自然に対する人間の直接的な働きかけだ。

最後に本来の工業では、労働の追加支出はつねにそれに見合った原料の追加支出を前提とする。ただしここでも、労働手段の追加支出は必ずしも前提とされない。また採取産業と農業は、製造工業に製造自体の原料や、製造で用いる労働手段の原料を供給している。そのため、採取産業や農業が追加的資本補給なしに生みだした生産物補給は、工業にも有利にはたらく。

一般的な結論としては次のことがいえる。資本は富の二つの原形成者である労働力と土地を自分のうちに摂取し、それによって一つの膨張力を獲得する。この膨張力によって資本は、それ自身の蓄積の諸要素を拡大することができる。一見するとこの拡大には、資本自体の大きさによって決まる限界が課されているように見える。すなわち資本の具体的な存在様式である生産ずみの生産手段の価値と量によって決まる限界だ。しかし、資本はこの限界を超えて、蓄積の諸要素を拡大できる。

資本の蓄積におけるもう一つの重要なファクターは、社会的労働の生産性の程度だ。労働の生産力が上昇すれば、それにともなって生産物量が増加する。この生産物量のなかには、ある一定の価値が、したがって決まった大きさの剰余価値も表示されている。剰余価値率が不変であれば、あるいは低下したとしても、その低下が労働の生産力の上昇に比べて緩やかであれば、剰余生産物の量は増加する。したがって、剰余生産物を収入と追加資本とに分割する比率が同じであれば、資本家の消費は、蓄積原資を減らすことなく増加しうる。消費原資を犠牲にしてでも蓄積原資の占める割合を高めていくといったことはありうるが、その場合でも、商品が低価格化するため、資本家には以前と同様の、あるいはそれ以上の享楽手段が提供される。ところが、すでに見たように、労働の生産性が上昇すると、実質労働賃金が上がった場合ですら、労働者の低価格化、すなわち剰余価値率の上昇が進む。実質労働賃金は、けっして労働の生産性に比例して上昇することはない。したがって同じ可変資本価値が、より多くの労働力を、したがってより多くの労働を動かすことになる。そして同じ不変資本価値が、より多くの生産手段、すなわちより多くの労働手段、労働材料、補助材料となってあらわれ、より多くの生産物形成装置、価値形成装置、労働吸引装置を供給する。それゆえ、追加資本の価値が同じかあるいは減少した場合ですら、蓄積は加速されていく。再生産の規模が素材的に拡大するだけではなく、剰余価値の生産が追加資本の価値よりも速い速度で増加する。

労働の生産力は、原資本すなわちすでに生産過程にある資本にも反応して発展する。現に機能している不変資本の一部は、機械装置などの労働手段からなっており、こうした労働手段は比較的長い時間を経てはじめて消費され、したがって再生産され、あるいは同種の新品と交換される。それでも毎年、こうした労働手段の一部は寿命を終え、その生産的機能の終点に達する。したがってこの部分は、毎年、その周期的再生産の段階、つまり同種の新品と交換されるべき段階をむかえる。もし、こうした労働手段の誕生場所で労働の生産力が拡大するならば、しかも労働の生産力は科学技術の不断の潮流とともに持続的に発展していくものとすれば、古い機械、道具、装置などは、より効率の良い、そして性能からみればより安いものに置き換えられていく。たえずおこなわれる既存の労働手段の細部変更を別とすれば、旧資本は、より生産的な形態で再生産される。不変資本のもう一つの部分である原料と補助材料は、年間を通じて継続的に再生産され、農業に由来するものはたいてい一年ごとに再生産される。したがってここでは、改良された方法の導入などは、追加資本とすでに機能している資本とに、ほとんど同時に作用する。化学のあらゆる進歩は、有用素材の数を増やし、既知の素材の応用範囲を多様化し、資本が増えるにつれその投資分野を拡大していく。しかし、それだけではない。化学の進歩は生産過程と消費過程の排泄物を再生産過程の循環内に投げ返すことを教える。こうして先行する資本支出なしに、新たな資本材料を作りだす。単に労働力の緊張度を高めるだけでも、自然的富の利用は拡大できるが、これと同じ手法で、科学と技術は、機能している資本の与えられた大きさには依存しない膨張力を生みだす。この膨張力はまた、更新段階をむかえた原資本部分に対しても作用を及ぼす。こうして原資本は、その旧形態の背後でなしとげられた社会的進歩を、無償でその新形態のなかに摂取する。もちろん、この生産力の発展には同時に、現在機能している資本の部分的な価値減損がともなう。そしてこの価値減損が競争を通じて切実に感じられるかぎり、その主なしわ寄せは労働者にかかってくる。資本家は労働者の搾取を高めることで、その損失を補塡しようとするからだ。

労働はみずからが消費する生産手段の価値を生産物に移転する。その一方で、労働が生産的になれば、それに比例して与えられた労働量によって動かされる生産手段の価値と量は増大する。たしかに労働量が同じであれば、それが生産物に付け加える新価値はあくまで同量でしかない。しかし、その労働量が生産物に新価値と合わせて移転する旧資本価値は、労働の生産性の向上とともに増加する。

たとえば一人のイギリス人紡績工と一人の中国人紡績工が、同じ労働密度で同じ時間数の労働をしたとすれば、両者は一週間に等しい価値を生みだすだろう。しかし、その価値の等しさにもかかわらず、強力な自動装置を用いて労働するイギリス人の週生産物の価値と、紡ぎ車しかもたない中国人の週生産物の価値とのあいだには雲泥の差が生じる。中国人が一封度《ポンド》の綿花を紡ぐのと同じ時間に、イギリス人は数百封度《ポンド》の綿花を紡ぐ。中国人の場合と比べると何百倍も大きい額の古い価値が、イギリス人の生産物の価値をふくらませており、この生産物のなかで古い価値が新たな有用形態をとって保存され、繰り返し新たに資本として機能しうる。F・エンゲルスがわれわれに教えているところによれば、「一七八二年には、それに先立つ三年間の」(イギリスの)「全羊毛収穫量が、労働者不足のため加工されないまま放置されていた。もし新たに発明された機械装置が助っ人として登場し、それを紡ぐことがなかったならば、羊毛はまだそのまま放っておかれるほかなかっただろう(59)」。機械装置の形態で対象化された労働は、もちろん直接には一人の人間も墓から連れ戻したわけではない。しかしそれは、わずかな数の労働者が比較的わずかな生きた労働を付け加えるだけで羊毛を生産的に消費し、それに新しい価値を付け加えることを可能にした。またそれだけではなく、糸などの形態で羊毛の元の価値を保存することをも可能にした。これによって同時に、羊毛の拡大再生産のための手段と刺激が与えられた。新しい価値を創造しながら、同時に古い価値を保存することは、生きた労働の天賦の才だ。それゆえ労働は、その生産手段の効率、規模、価値が増大するにつれ、すなわちその生産力の発達にともなう蓄積が進むにつれ、たえず膨張し続ける資本価値をたえず新たな形態で保存し、永続化させる。(60) こうした労働の自然力は、労働を摂取した資本の自己保存力としてあらわれる。それはちょうど、労働の社会的生産力が資本の特性としてあらわれ、資本家による剰余労働のたえざる取得が資本のたえざる自己増殖としてあらわれるのと同じだ。商品のあらゆる価値形態が貨幣形態として映し出されるように、労働のすべての力は資本の力として映し出される。

(59) フリードリヒ・エンゲルス『イギリスにおける労働者階級の状態』、二〇ページ。

(60) 古典派経済学は、労働過程と価値増殖過程を粗雑にしか分析しなかったため、たとえばリカードに見られるように、再生産のこの重要な契機を一度も正確に理解しなかった。リカードはたとえば次のように言う。生産力がどのように変化しようとも、「一〇〇万人の人間は、工場ではつねに同一の価値を生産する」。彼らの労働の持続時間と密度が決まっていれば、たしかにこれは正しい。しかし、彼らの労働の生産力が異なれば、一〇〇万人の人間が非常に異なる量の生産手段を生産物に変容させることはありうる。したがって、彼らの生産物に保存される価値量も、また彼らによって供給される生産物価値も、非常に異なったものになりうる。この点をリカードはいくつかの推論で見落としている。ついでに言えば、リカードは先の例を使って、あのJ・B・セーに使用価値（リカードは、ここではそれをwealth、つまり素材的富と呼んでいる）と交換価値との違いを教えようとしたが、これは徒労だった。セーはこう答えている。「リカード氏は、より良い生産方式を採用すれば、一〇〇万人の人間が二倍、三倍の富を生産することはできるが、だからといってより多くの価値を生産することはないと述べ、そこで生じる難問について指摘している。しかしこの難問は、本来そうすべきであるように、生産を一つの交換とみなせば解消する。その交換では、人は生産物を受けとるために、自分の労働、自分の土地、自分の資本を生産的に役立たせるためのサービスを提供する。こうした生産的サービスを通じて、われわれはこの世に存在するすべての生産物を受けとっている。したがって……生産と呼ばれるこの交換を通じて生産的サービスがもたらす有用物の量が多ければ多いほど、それだけわれわれは裕福になり、われわれの生産的サービスはそれだけ大きな価値をもつ」（J・B・セー『マルサス氏への書簡』パリ、一八二〇年、一六八、一六九ページ）。セーが説明しようとしている難問――この難問はセーにとって存在しているだけで、リカードにとっては存在していない――とはこうだ。労働の生産力が向上した結果、使用価値の量が増大したとすれば、なぜそこで使用価値の価値が増大しないのか？　セーの答えはこうだ。この難問は、使用価値を交換価値と呼んでもらえれば解決する。交換価値とは、なんらかの形で交換と関連する一つの物だ。だから生産を、労働および生産手段と生産物との「交換」と呼ぶことにすれば、生産が多くの使用価値を供給すればするほど、供給を受けた人はそれだけ多くの交換価値を得られるのは、火を見るより明らかだ。言い換えれば、一労働日がより多くの使用価値、たとえば靴下を靴下工場主に供給すればするほど、工場主は靴下については豊かになる。しかしその時、セーは突然気づく。「靴下の量が増えると」、その「価格」(これはもちろん交換価値とはなんの関係もない)は下落する。「なぜなら競争があるために、彼ら」(生産者)「は、生産物に彼らが出費した価格で生産物を手放さざるをえないからだ」。しかし、資本家が商品を彼が商品に出費した価格で売るとすれば、いったいどこから利潤が出てくるのか? でもご安心あれ。セーはこう説明する。生産性の向上により、同じ等価物に対する代償として、かつて一足しか靴下を受けとっていなかった各人が、いまや二足の靴下を受けとることになる、と。セーが到達したこの結論は、セーが反論しようとしていたリカードの命題そのものだ。こうした大変な思索努力の後に、セーは勝ち誇ったように次のような言葉でマルサスに語りかける。「これは十分に根拠のある学説で、これなしに経済学最大の難問を解くことは不可能だと断言できる。とくに、富とは価値であるにもかかわらず、一国の生産物が価値を減らした場合でも、なぜその国が豊かになりうるのかということは、この学説なしには説明できない」(同前、一七〇ページ)。あるイギリスの経済学者はセーの「書簡」に見られる類似の芸当についてこう述べている。「この気取った物言いが、全体として、セー氏が自分の学説と呼びたがるものの中身をなしている。彼はマルサスに、すでに「ヨーロッパのいろいろな場所で」みられるように、この学説をハートフォードでも教えるように本気で勧めている。セーは言う。「もしあなたが、これらすべての命題に逆説的なところがあると思うなら、この命題が表現している事物のほうを見ていただきたい。そうすれば、これらの命題があなたにはいたって簡明で合理的なものに思えてくるだろうと、私としては信じたい」。確かにそうだろう。また同時に、このやり方でいけば、その命題はどんなものにでも思えてくるだろうが、独創的なものに、あるいは重要なものに思えてくることだけは、けっしてないだろう」（『マルサス氏によって近年擁護された需要の性質と消費の必要性に関する諸原理の研究』、一一〇ページ）。

資本の増大とともに、投下された資本と消費された資本とのあいだの差額は増大していく。言い換えれば、次のようになる。建物、機械装置、排水管、労働家畜、各種の装置などの労働手段は、長期間あるいは短期間たえず反復される生産過程のなかで全体として機能し、一定の利用効果を上げるのに役立つ。資本の増大とともに、こうした労働手段の価値量と素材量は増大していくが、その一方で、こうした労働手段は徐々にしか摩耗しない。したがってその価値は少しずつしか失われず、少しずつしか生産物に移転されない。こうした労働手段はどの程度、生産物に価値を付け加えることのないままに生産物形成装置として役立つのか。つまりそれが全面的に使用されても、どの程度、部分的にしか消費されないのか。その程度に応じて、こうした労働手段は、前に述べたように、水、蒸気、空気、電気などの自然力と同じような無償奉仕をすることになる。過去の労働が生きた労働によって利用され命を吹きこまれるさいにおこなうこの無償奉仕は、蓄積の規模が大きくなるにつれて累積していく。

過去の労働はつねに資本としての装いをとる。すなわちA、B、Cなどの労働に支払うべき負債が、非労働者Xの側の資産としての装いをとる。だからこそブルジョワや経済学者は過去の労働の功績をほめちぎる。スコットランドの天才マカロックは、過去の労働が固有の報酬（利子、利潤など）を受けとるべきだとさえいう。(61) こうして、生きた労働過程のなかで生産手段の形態をとって協力する過去の労働は、たえずその重みを増していく。ところが、こうして重みを増していくのは、過去の不払労働を提供した労働者自身から疎外されたその姿のおかげだと、すなわち資本となった姿のおかげだとみなされる。資本主義的生産の実際の当事者やそのイデオロギー的代弁者は、生産手段を、今日それがまとっている敵対的な社会的扮装から切り離して考えることができない。それはちょうど奴隷所有者が、労働者自身を、彼の奴隷としての性格から切り離して考えられないのと同じだ。

(61) シーニョアが「節欲の賃金」の専売特許をとったよりもずっと前に、マカロックは「過去の労働の賃金」の専売特許を得ていた。

労働力の搾取度が決まっていれば、剰余価値の量は、同時に搾取される労働者の数によって決まる。そしてこの労働者の数は、その比率はさまざまであっても、資本の大きさに連動する。こうして資本が継続的蓄積を通じて増大すればするほど、消費原資と蓄積原資とに分割される価値総額もまた増加する。だから資本家は、より贅沢に生活しながらも、同時により多く「節欲する」ことができる。そして結局は、前貸しされる資本量の増大とともに生産規模が拡大すればするほど、生産のすべてのバネがますます精力的に活動することになる。

第五節　いわゆる労働原資

この研究の過程で明らかになったことは、資本がけっして固定した量ではなく、社会的富のうちの弾力的な部分だということだ。すなわちこの部分は、剰余価値が収入と追加資本に分割される仕方によってたえず変動する。さらに分かったことは、機能している資本の大きさがきまっていても、その資本のなかに摂取された労働力、科学、土地（経済学的な意味での土地は、人間が手を加えることなく自然に存在しているあらゆる労働対象と理解すべきだ）が、この資本の弾力的な力となっていることだ。この力は、一定の限度内で、資本自体の大きさには依存しない活動範囲を資本に許容する。同じ資本量でも、その作用度にきわめて大きな違いを生みだすものに流通過程の諸関係があるが、これについては、ここではすべて度外視されている。われわれは資本主義的生産がもつ限界を前提として、つまり社会的生産過程の純粋に自然発生的な姿を前提として、話を進めてきた。したがって、現存する生産手段と労働力を用いて直接計画的に実現できる、より合理的な結合については すべて度外視してきた。古典派経済学は以前から、社会資本を、固定した作用度をもつある固定量だと考えることを好んだ。しかし、この先入観をはじめて教義として固定したのは俗物の元祖ジェレミー・ベンサム、一九世紀の凡庸なブルジョワ常識を無味乾燥な学者気取りで饒舌に語ったあの託宣者だった。(62) ベンサムが哲学者のなかで占める位置は、マーティン・タッパー〔ヴィクトリア朝的な人生訓で人気を博したイギリスの詩人〕が詩人のなかで占める位置と同じだ。両者はともにイギリスでしか生まれえないものだった。(63) ベンサムの教義では、生産過程がなぜ突然膨張し収縮するのかといった生産過程の最も平凡な現象はおろか、蓄積でさえもまったく理解不能なものとなる。(64) この教義は、ベンサム自身によっても、またマルサス、ジェイムズ・ミル、マカロックなどによっても弁護論的目的に利用された。言い換えれば、資本の一部である可変資本、つまり労働力に転換可能な資本を一つの固定量として説明するために使われた。可変資本が素材的な存在様式をとったもの、すなわち労働者にとっての可変資本の表現である生活手段の量は、一般に労働原資と呼ばれる。先の論者たちは、社会的富のうちで、この労働原資の部分が、あたかも自然の鎖によって遮断された越えがたい特殊部分をなしているかのようなおとぎ話を作ってきた。社会的富のうちで不変資本として機能すべき部分、あるいは素材的に表現すれば、生産手段として機能すべき部分を動かすためには、一定量の生きた労働が必要となる。その一定量は技術的にあらかじめ決まっている。しかし、この労働量を捻出するのに必要な労働者の数までは決まっていない。なぜなら、それは個々の労働力の搾取度によって変わってくるからだ。同様に、この労働力の価格も決まっていない。決まっているのは価格の最低限度だけであり、しかもそれはきわめて弾力的なものだ。先の教義の土台となっているのは次のような事実だ。一方で、労働者は社会的富をどのように非労働者の享楽手段と生産手段とに分配するかについては口出しできない。他方で、労働者はきわめて稀な幸運なケースでのみ、富者の「収入」を犠牲にして、いわゆる「労働原資」を拡大しうるにすぎない(65)。

(62) とくにJ・ベンサム『刑罰および報酬の理論』E・デュモン仏訳、第三版、パリ、一八二六年、第二巻、第四部第二章参照。

(63) ジェレミー・ベンサムは純粋にイギリス的な現象だ。われらドイツの哲学者クリスティアン・ヴォルフを含めてさえ、これほど凡庸な常套句がこれほど自慢げに吹聴されたことはいかなる時代にも、いかなる国にも見られなかった。功利主義はベンサムの発明品ではなかった。エルヴェシウスその他の一八世紀のフランス人たちが才気煥発に述べたことを、彼は気のぬけた言い方で再現したにすぎない。たとえば、犬にとっては何が有用なのか。これを知りたければ、犬の本性を究《きわ》めなければならない。しかしこの本性そのものを「功利主義」から組み立てることはできない。人間にあてはめれば、人間のあらゆる行為、運動、諸関係などを功利主義にしたがって判断しようとすれば、まず解明すべきは人間の本性一般であり、次に解明すべきは各時代に歴史的変化をとげた人間の本性だ。ベンサムはあれこれ手間をかけたりはしない。きわめて単純な割り切り方で、彼は現代の俗物、とくにイギリスの俗物を標準的人間として想定する。この奇妙な標準的人間とその世界から見て有用なものはそれ自体として有用なものだというわけだ。彼は次に、この尺度に照らして過去、現在、未来を判定する。たとえばキリスト教は「有用だ」。なぜなら刑法典が法的に断罪している犯罪行為を、キリスト教は宗教的に禁じているからだ。芸術批評は

「有害だ」。なぜならそれは、お偉方がマーティン・タッパーを楽しむのを妨げるからだ、云々。「筆を執らぬ日はなし」をモットーとするこの殊勝な男は、こんな駄文で山なす著書を埋めつくした。わたしに、わが友ハインリヒ・ハイネの勇気があれば、ジェレミー・ベンサム氏をブルジョワ的愚鈍の天才と呼んだであろうに。

(64)「経済学者たちは、一定量の資本と一定数の労働者を、一様な力をもつ生産用具として、またある程度一様な密度で働くものとして扱おうとしすぎる。……商品が生産を促進する唯一の担い手だと主張する人は、生産の拡大などありえないことを証明しているようなものだ。というのも、こうした拡大のためには、生活手段、原料、道具が前もって増大していなければならないだろうからだ。それは事実上、生産が前もって成長していないかぎり、生産の成長はありえず、言い換えればあらゆる成長は不可能だといっているのと同じだ」(S・ベイリー『貨幣とその価値変動』、五八、七〇ページ)。ベイリーは例の教義を、主として流通過程の視点から批判している。

(65) J・S・ミルは『経済学原理』〔第二篇第一章第三節〕のなかでこう述べている。「労働の生産物は、今日では労働とは反比例する形で分配されている――一番大きい部分はまったく働かない人々に、次に大きい部分はほとんど名目上の労働しかしていない人に分配され、労働が苛酷で不快なものになるにつれ、報酬が逓減的に縮小していく。そしてついには、最も大きな疲労と消耗を要求する肉体労働にいたっては、生活必需品を得ることすら確実には見込めないところにまで行き着く」。誤解を避けるために述べておくが、J・S・ミルのような人々は、たしかに彼らの旧経済学的教義と彼らの近代的傾向とのあいだの矛盾ゆえに責められる面があるにしても、彼らを俗流経済学的弁護論者たちの一群と一緒にするのはまったく不当なことだろう。

労働原資の資本主義的限界を社会的な自然限界に改変することが、いかにばかげた同語反復に行き着くかは、とりわけフォーセット教授が教えてくれる。彼は言う。

「一国の流動資本はその国の労働原資だ。したがって、各労働者が受けとる平均的貨幣賃金を計算するには、単にこの資本を労働人口の数で割ってやればよい」[67]。[66]

つまり、こうだ。まず現実に支払われている個々人の労働賃金を総計する。次に、この総計は神と自然とによって定められた「労働原資」の価値総額をなしていると主張する。そして最後に、こうして得られた総額を労働者の頭数で割れば、一人ひとりの労働者が平均してどれくらいの額を受けとっているかを再度、発見できる。まったくもって狡猾な操作だ。しかしこの操作は、フォーセット氏が返す刀でこう言ってのけるのを妨げない。「イギリスで毎年蓄積される富の総体は、二つの部分に分けられる。一つの部分は、イギリスで、われわれ自身の産業を維持するために使われる。もう一つの部分は他国に輸出される。……われわれの産業に投じられる部分は、毎年この国に蓄積される富のなかの主要部分ではない」[68]。

つまり、等価を与えることなくイギリスの労働者から取りあげられ、年々増大していく剰余生産物の主要部分は、イギリスではなく、他国で資本化されている。しかしこうして輸出される追加資本とともに、神とベンサムによって発明された「労働原資」の一部もまた輸出されているのだ[69]。

(66) ケンブリッジ大学経済学教授H・フォーセット『イギリスの労働者の経済的地位』ロンドン、一八六五年、一二〇ページ。

(67) ここでは読者に、可変資本と不変資本というカテゴリーを最初に使用したのがわたしであることを喚起しておく。アダム・スミス以来の経済学は、このカテゴリーに含まれる諸規定を、固定資本と流動資本という、流通過程に起因する形態的差異と完全に混同してきた。詳しくは、第二巻、第二篇を参照。

(68) フォーセット、同前、一二三、一二二ページ。

(69) 資本のみならず、労働者もまた、移民という形で毎年イギリスから輸出されていると言えるだろう。しかし本文では、海外移住者が持ちだす財産にはまったく触れていない。こうした移住者の大部分は労働者ではない。なかでも借地農業者の息子たちが大きな割合を占めている。利子稼ぎのために毎年外国に送られるイギリスの追加資本が毎年の蓄積に占める割合は、毎年の海外移住者が毎年の人口増加に占める割合よりも、圧倒的に大きい。

第二三章　資本主義的蓄積の一般法則

第一節　蓄積にともなう労働力需要の増加　資本組成が一定の場合

本章では、資本の増加が労働者階級の運命に及ぼす影響を取り上げる。この研究における最も重要なファクターは、資本の組成、およびそれが蓄積過程でこうむるさまざまな変化だ。

資本の組成は二重の意味で理解する必要がある。価値の側から見れば、資本の組成は、資本が二つの価値に分割される比率によって決まる。一つは不変資本または生産手段の価値であり、もう一つは可変資本または労働力の価値、すなわち労働賃金の総額だ。他方、生産過程で機能する素材の側から見れば、各資本は生産手段と生きた労働力とに分けられる。その場合の組成は、一方では使用される生産手段の量、他方ではそれを使用するために必要な労働の量という、二つの量の比率によって決まる。わたしは第一の意味での組成を資本の価値組成、第二の意味での組成を資本の技術的組成と呼ぶ。両者のあいだには緊密な相互関係がある。この相互関係を表現するために、資本の価値組成が資本の技術的組成によって規定され、技術的組成の変化を反映する場合には、それを資本の有機的組成と呼ぶことにする。単に資本の組成と言われる場合には、つねに有機的組成の意味で理解すべきだ。

ある特定の生産部門に投下される多数の個別資本は、多かれ少なかれたがいに異なる組成をもっている。これらの資本の個別的組成の平均値によって、われわれはこの生産部門の総資本の組成を知ることができる。そして最後に、全生産部門の平均的組成の総平均によって、一国の社会的資本の組成が分かる。つきつめれば、この組成だけが以下で扱うテーマとなる。

資本の増加には、資本の可変部分、すなわち労働力に転換される部分の増加が含まれている。追加資本に変容する剰余価値の一部は、つねに可変資本に、すなわち追加的な労働原資に再変容しなければならない。いま、他の事情が変わらず、しかも資本の組成が一定に保たれるものと仮定しよう。言い換えれば、一定量の生産手段または不変資本を動かすためには、同じ量の労働力が必要とされるものと仮定しよう。この時、労働に対する需要と労働者の生計原資は、明らかに資本の増加に比例して増加する。しかもその増加速度は、資本の増加が急速であればあるほど高まる。資本は毎年剰余価値を生産し、その一部は毎年原資本に追加される。しかもこの増加分自体が、すでに機能している資本の規模が拡大するにつれて増えていく。さらにそこに、富を求める衝動への特別な刺激が、たとえば新たに生じた社会的欲求を背景にした新市場や新投資分野の開拓などが加わる。ここまでくると蓄積の規模は、剰余価値または剰余生産物を資本と収入とに分ける分割比をただ変更するだけで、にわかに拡大しうるようになる。以上のような理由から、資本の蓄積欲求は労働力または労働者数の増加を凌駕していく可能性がある。そうなれば労働者に対する需要はその供給を上回り、したがって労働賃金の上昇が生じうる。いや、生じうるどころか、上記の前提がそのまま持続すれば、最後にはここに行き着かざるをえない。毎年、前年度よりも多くの労働者が使用される以上、蓄積の欲求が通常の労働供給を凌駕し始める時点は、したがって賃金上昇が始まる時点は、遅かれ早かれ到来せざるをえない。イギリスでは、これについての苦情が一五世紀全体と一八世紀の前半を通じて聞かれた。しかし、賃金労働者が維持増殖されるための多少有利な事情があったとしても、それで資本主義的生産の根本的性格が変わるわけではない。単純再生産は、たえず資本関係そのものを再生産し、一方には資本家を、他方には賃金労働者を再生産する。これと同じように、拡大された規模での再生産、すなわち蓄積は、拡大された規模での資本関係を再生産し、一方の極にはより多くの、あるいはより巨大な資本家を再生産し、他方の極にはより多くの賃金労働者を再生産する。労働力は、価値増殖手段として資本にたえず摂取されねばならず、資本から離れることはできない。資本へのその隷属は、労働力がみずからを売りわたす個々の資本家の交替によって隠蔽されているにすぎない。こうした労働力の再生産は、事実上、資本そのものの再生産の一契機をなしている。資本の蓄積とはつまり、プロレタリアート

の増殖なのだ。(70)

(70) カール・マルクス『賃金労働と資本』。——「大衆が抑圧されている程度が同じであれば、一国がかかえているプロレタリアが多ければ多いほど、その国は裕福だ」(コラン『経済学、革命と自称社会主義ユートピアの源泉』パリ、一八五七年、第三巻、三三一ページ)。経済学でいう「プロレタリア」とは、「資本」を生産し、増殖する賃金労働者以外の何者でもない。しかも彼らは、ペクールが「ムッシュー資本」と呼ぶ者の価値増殖欲求にとって不要になった途端に、路上に放り出される。「原生林に住む病弱なプロレタリア」などというのは、ロッシャーのたわいない幻想だ。原生林の住人は原生林の所有者であり、オランウータン同様、原生林をなんの遠慮もなく自分の所有物として扱う。だから彼はプロレタリアなどではない。原生林の住民が原生林を搾取するのではなく、逆に原生林が彼を搾取するような事態になれば、その時にのみ、彼はプロレタリアになるだろう。彼の健康状態に関して言えば、近代プロレタリアの健康状態と比べても、さらには梅毒や瘰癧《るいれき》を病む「貴人」の健康状態と比べても、おそらくひけをとることはないだろう。だがヴィルヘルム・ロッシャー氏が原生林という時、念頭にあったのは、多分、生まれ故郷のリューネブルクの荒地だったろう。

古典経済学は、この命題を十分に理解していた。だからこそ、すでに指摘したように、アダム・スミスやリカードなどは、蓄積がなされることと、剰余生産物のうちで資本化された全部分が生産に携わる労働者によって消費され、追加的な賃金労働者に変容することとを、同じことのように考えるという誤りさえ犯した。すでに一六九六年に、ジョン・ベラーズはこう述べている。

「だれかが一〇万エーカーの土地、一〇万ポンドの貨幣、一〇万頭の家畜をもっていたとしても、労働者がだれもいなければ、この裕福な男にとって、みずから一人の労働者となる以外にどんな道があるだろうか？　そして、労働者は人々を裕福にするのだから、労働者の数が多ければ多いほど、それだけ裕福な者も多くなる。……貧者の労働は富者の鉱脈だ(71)」。

またバーナード・ド・マンデヴィルも一八世紀初頭にこう述べている。

「所有権が十分に保護されているところでは、貧民なしで生活するよりも、貨幣なしで生活する方がまだしも容易だろう。というのも、貧民がいなければいったいだれが労働をするだろうか？　……労働者は飢餓から守られなければならないが、同時にまた、貯蓄に値するものも、いっさい受けとるべきではない。時として最下層の者が尋常ならざる勤勉と節約に耐えて自分の育った境遇を超え出ることがあれば、何人《なんぴと》もこれを妨げてはならない。実際、つましく暮らすことは、社会に生きるすべての個人、すべての家族にとって最も賢明な策であることは否定しえない。しかし、貧民の大部分がけっして無為に流れることなく、しかも彼らの収入をつねに支出し続けることは、すべての裕福な国民にとっての利益となる。……日々の労働によって生活の資を得ている人々を勤労へと駆り立てるものは、彼らの欲求をおいてほかにない。その欲求を和らげるのは賢明なことだが、それを満たしてしまうのは愚かだろう。労働する人間を勤勉にする唯一のものは、適度な労働賃金だ。安すぎる労働賃金は、彼の性格に応じて、彼を無気力にしたり自暴自棄にしたりするが、高すぎる労働賃金は、彼を高慢で怠惰にする。……以上述べてきたことから、奴隷が許されていない自由な国では、最も確実な富は、多数の勤勉な貧民から生まれるということがいえる。彼らは陸海軍のための尽きることのない供給源であるのみならず、彼らがいなければ享楽もありえず、どんな国の産物も有効活用できないだろう。社会を」(もちろんここでは非労働者たちからなる社会の意)「幸福にし、国民を窮乏状態のなかでもなお満足させるためには、大多数が無知かつ貧困であり続ける必要がある。知識はわれわれの願望を広げ、何倍にも拡大する。そして一人の人間の願望が少なければ少ないほど、彼の欲求はそれだけ容易に満足させることができる[72]」。

正直者で頭も良いこのマンデヴィルにして、まだ分かっていないことがある。それは、蓄積のメカニズムそれ自体が、資本を増加させるとともに「勤勉なる貧民」の群れを、すなわち賃金労働者の群れを増加させるということだ。彼ら賃金労働者はみずからの労働力を、増大する資本の増大する価値増殖力に変容させるほかない。そしてまさにそのことを通じて、資本家という人間の姿をとった自分自身の生産物への従属関係を永続化せざるをえない。この従属関係については、サー・F・M・イーデンが『貧民の状態、イギリス労働者階級の歴史』のなかでこう述べている。

「われわれが住む地帯では、欲求充足のために労働が必要とされる。それゆえに少なくとも社会の一部はたゆみなく労働しなければならない。……にもかかわらず、若干の人間は労働をせず、しかも勤勉が生み出した生産物を自由に処分できる。こうしたことが財産所有者に許されているのは、ひとえに文明と秩序のおかげであり、彼らは純粋にブルジョワ的諸制度による被造物だ[73]。なぜならこれらの諸制度は、人が労働によらずして労働の果実を取得しうることを承認しているからだ。独立した財産をもつ人々は、その財産をほとんど完全に他人の労働に負っており、彼ら自身の能力に負っているわけではない。しかも彼ら自身の能力は、けっして他人の能力に勝《まさ》ってはいない。富者を貧者から区別するものは、土地や貨幣の所有ではなく、労働に対する支配力だ。……貧者が好むのは、劣悪で隷属的な状態ではなく、気楽で自由な従属関係であり、財産をもつ人々が好むのは、自分たちのために労働する人々に対する十分な影響力と権威だ。……こうした従属関係は、人間の本性を知る人ならば、だれにでも分かるように、労働者自身の快適さにとって不可欠だ」[74]。ちなみにサー・F・M・イーデンは、アダム・スミスの弟子のなかで、一八世紀に意味のある仕事をした唯一の人物だった[75]。

(71) "As the Labourers make men rich, so the more Labourers, there will be the more rich men ... the Labour of the Poor being the Mines of the Rich."(ジョン・ベラーズ『産業大学設立の提案』、一二ページ)。

(72) バーナード・ド・マンデヴィル『蜂の寓話』第五版、ロンドン、一七二八年、二一二、二一三、三二八ページ註。――「節度ある生活と絶え間ない労働」(この言葉で彼が言いたいのは、できるだけ長い労働日とできるだけ少ない生活手段ということだ)「は、貧民にとっては物質的幸福への道であり、国家」(すなわち地主、資本家、および彼らのために働く政府高官や代理人たち)「にとっては富への道だ」(『貿易および商業に関する一論』ロンドン、一七七〇年、五四ページ)。

(73) ではその「ブルジョワ的諸制度」はいったいだれの被造物なのか、とイーデンは問うてみるべきだった。法学的幻想の立場から、彼は法を物質的生産関係の産物とはみなさずに、逆に生産関係を法の産物とみなした。ランゲはモンテスキューの幻想的な『法の精神』を「法の精神とは所有だ」という一言で反故にした。

(74) イーデン『貧民の状態』第一巻、第一部第一章、一、二ページ、および序文、ローマ数字二〇ページ。

(75) ほかにも、一七九八年に『人口論』を発表したマルサスがいるではないか、と読者は言うかもしれない。それに対しては、次のことを指摘しておきたい。この著作の初版は、まるで生徒の作文のように表面的で、僧侶の暗誦文のように型にはまった剽窃《ひょうせつ》以外のなにものでもない。剽窃されたのはデフォー、サー・ジェイムズ・ステュアート、タウンゼンド、フランクリン、ウォレスその他であり、この書物には自分で考えられた命題などは一つもない。この小冊子が巻き起こしたセンセーションは、単に党派的利害から生じたものだった。フランス革命はイギリス王国で熱烈な支持者を得ていた。「人口原理」は、一八世紀にゆっくりと醸成された。そしてその後、大きな社会的危機のなかで、コンドルセなどの学説に対する確実な解毒剤として、鳴り物入りで喧伝された。この人口原理は、人類の継続的進歩を求めるあらゆる熱望を根絶やしにする大いなる駆除剤として、イギリスの寡頭政治に大歓迎された。自分の成功に仰天したマルサスは、表面的にかき集められた材料を古い図式につめこみ、新しい、とはいえマルサスが発見したわけではなく、単に横取りしたにすぎない材料をそれに付け加えることに着手した。――ついでに言っておこう。マルサスは、イギリス高教会の牧師だったにもかかわらず、修道僧的な独身の誓いを立てていた。というのも、それがプロテスタントの大学であるケンブリッジでフェローとなるための条件の一つだったからだ。「われわれは、カレッジのフェローが既婚者であることを認めない。妻をめとった者は、それによってただちにフェローであることを停止する」(『ケンブリッジ大学委員会報告』、一七二ページ)。この事情は、マルサスが他のプロテスタント牧師たちに差をつけることができた有利な点だった。他のプロテスタント牧師たちはカトリックの僧侶独身制の命令を捨て去り、「産めよ、増やせよ」を聖書が命じる特別な使命として取りもどした。その結果、彼らはいたるところで実に見苦しいほどに人口増加に貢献していた。それでいて彼らは同時に、労働者に対しては「人口原理」を説教していた。経済的パロディと化した失楽園、アダムのリンゴ、「押し寄せる欲求」、聖職者タウンゼンドがからかい半分に言ったように、「キューピッドの矢を鈍らせようとする抑制」、こうしたきわどい問題は、プロテスタント神学の諸先生の、あるいはむしろ、プロテスタント教会の専売特許と化し、いまもなお専売特許であり続けている。これはいかにも特徴的なことだ。独創的で才気あふれる著述家であるヴェネツィアの僧侶オルテスを例外とすれば、ほとんどの人口論学者はプロテスタントの牧師たちだ。『動物系統論』(ライデン、一七六七年)の著者ブルックナーもその一例で、同書には近代人口理論のすべてが論じ尽くされている。この書にアイデアを提供したのは、このテーマをめぐるケネーとその弟子ミラボー（父）との一時的な反目だった。次に続くのが、ウォレス牧師、タウンゼンド牧師、マルサス牧師、そしてマルサスの弟子で上席牧師のトマス・チャーマーズなどだ。この系列にはさらに小物の物書き牧師たちもいるが、いちいち論じるまでもない。もともと経済学を研究したのは、ホッブズ、ロック、ヒュームなどの哲学者であり、トマス・モア、テンプル、シュリー、デ・ヴィット、ノース、ロー、ヴァンダーリント、カンティヨン、フランクリンなどの実業家や政治家だった。そしてまた、理論面で最も大きな成果を上げたのは、ペティ、バーボン、マンデヴィル、ケネーなどの医師だった。一八世紀なかばになってもまだ、当時の著名な経済学者タッカー師は、自分が貨幣問題に手を染めたことを弁解している。その後、しかも「人口原理」とともに、プロテスタント牧師の時代到来をつげる鐘が鳴った。ペティは、人口を富の基盤とみなし、アダム・スミスと同様に断固たる坊主嫌いだった。そのペティは、坊主たちによるこの商売荒らしを予感していたかのように、こう言っている。「僧侶たちが禁欲に最も精を出す時、宗教は最も栄える。それは弁護士が食いはぐれる時に、法が最も栄えるのと同じだ」。そこでペティはプロテスタントの牧師たちにこう忠告する。諸君が使徒パウロの教えにしたがわず、独身主義で自分たちを「根絶やし」にするようなことは望まないというのであれば、「せめて、現存する牧師ポストが吸収できる以上に牧師を繁殖させることはやめてはどうか。つまり、イングランドとウェールズに一万二〇〇〇の牧師ポストしかないとすれば、二万四〇〇〇人の牧師を繁殖させるのは利口なやり方ではないということだ。なぜなら一万二〇〇〇人の食いはぐれた人々は、たえず生活の資を得ようと努めるだろうし、そうなれば彼らがとりうる一番てっとりばやい方法は、民衆のもとにおもむいて、こう民衆を説得することだからだ。職を得ている一万二〇〇〇の牧師たちは魂を毒し、飢えさせ、天国への道を誤らせる、と」(ペティ『租税と貢納についての論集』ロンドン、一六六七年、五七ページ)。アダム・スミスが、当時のプロテスタント牧師に対してとっていた立場は、次のようなエピソードからも分かる。ノリッジの高教会監督ドクター・ホーンは、『法学博士アダム・スミスへの書簡、彼の友人デイヴィッド・ヒュームの生涯、死、そして哲学について。キリスト教徒と呼ばれる者の一人として記す』(第四版、オクスフォード、一七八四年)のなかで、アダム・スミスを非難している。その理由は次のようなものだった。アダム・スミスは、ストラーン氏に宛てた公開文書で、自分の「友デイヴィッド」(すなわちヒューム)「の名を不滅のものとして賞賛し」、「ヒュームが死の床でルキアノスを読み、ホイスト〔カードゲーム〕を楽しんでいたこと」を公衆に語り、さらには次のような厚顔無恥なことまで書いたというのだ。「わたしはヒュームの存命中も死後もつねに、人間の本性の弱さが許す限界まで完璧な智恵と徳を備えた人類の理想に近い存在とみなしてきた」と。ホーン監督は憤慨して叫ぶ。「宗教と名のつくものすべてに対する救いがたい反感にとりつかれ、宗教という名前さえもできることなら人類の記憶から消し去ろうと全神経をとがらせていたヒュームのような人物の性格と人生行路を、完璧な智恵と徳をそなえたものとして描くことが、貴下にとって、いったい正しいことなのか?」(同前、八ページ)。「しかし、真理を愛する者たちよ、勇気をくじかれてはならない。無神論は短命なものだ」(一七ページ)。アダム・スミスは「無神論を国中に宣伝する」(つまり『道徳感情論』を通じて)「という恐ろしい悪意をもっている。……博士よ、われわれは貴下の策謀を知っている! 貴下の意図はよい。しかし今回は誤算をしておられる。貴下はデイヴィッド・ヒューム氏の例を通じて、無神論が、意気阻喪した者への唯一の強心剤であり、死の恐怖に打ち勝つ唯一の解毒剤だと思いこませようとしている。……そのような人は、滅びたバビロンを笑うがよかろう、そして冷酷な悪漢ファラオを祝福するがよかろう！」（同前、二二一、二二二ページ）。アダム・スミスの聴講生であった正教会派の一人はスミスの死後、次のように書いている。「スミスのヒュームに対する友情は……スミスがキリスト教徒になることを妨げた。……スミスはヒュームの言葉をすべて信じた。もしヒュームが彼に、月は緑のチーズだと言えば、スミスはそれを信じたことだろう。だからスミスは、神も奇跡も存在しないと言うヒュームの言葉も信じた。……政治上の主義では、スミスは共和主義に近かった」（『ミツバチ』ジェイムズ・アンダソン著、全一八巻、エディンバラ、一七九一―一七九三年、第三巻、一六六、一六五ページ）。牧師のトマス・チャーマーズは、アダム・スミスが純粋に悪意から、わざわざプロテスタントの牧師のために「非生産的労働者」というカテゴリーをひねり出したのではないかと疑っている。牧師たちは、主《しゅ》のブドウ畑で祝福された労働をしているというのに。

これまで想定してきたような、労働者にとって最も有利な蓄積条件の下では、資本への労働者の従属関係は、まだ耐えうる形態、あるいはイーデンの表現を借りれば、「気楽で自由な」形態をまとっている。そこでは資本の増加とともに、内包的な高密度化ではなく、外延的な拡大が生じるにすぎない。すなわち資本自体の規模が拡大し、資本隷属者の数が増え、それとともに資本の搾取領域と支配領域とが拡大していくにすぎない。隷属者自身が生みだす剰余生産物は増大し、ますます多くの部分が追加資本に変容する。同時に、この剰余生産物のうちから、以前よりも多くの部分が、支払手段の形で隷属者たちの手元に還流してくる。こうして隷属者たちは自分たちの享楽範囲を広げ、衣服、家具などの消費原資を補強し、少額の準備金を作ることができるようになる。しかし、衣服、食物、処遇が改善され特有財産[*]が増えても、かつての奴隷の従属関係と搾取が廃止されなかったように、賃金労働者の従属関係と搾取がなくなるわけではない。資本蓄積の結果として労働価格が上昇しても、それが実際に意味しているのは、賃金労働者みずからが鋳造した金の鎖が大きく重くなることによって、この鎖に以前よりもたるみが許容されるようになるということにすぎない。この問題に関する論争では、ほとんどの場合、最も肝心な点が見落とされてきた。それは、資本主義的生産を他種から区別する特有の性質、すなわち種差(differentia specifica)だ。資本主義的生産で労働力が買われるのは、その働きや生産物によって買い手の個人的欲求を満たすためではない。買い手の目的はあくまで彼の資本の価値増殖だ。自分が支払った労働よりも多くの労働を含む商品を生産すること、つまり彼にはいっさい費用がかからず、しかも商品販売を通じて現実と化す価値部分を含むような商品を生産すること、これが買い手の目的をなす。剰余価値の生産すなわち貨殖は、この生産様式の絶対的法則だ。労働力が生産手段を資本として維持し、自分自身の価値を資本として再生産し、不払労働を通じて追加資本の源泉を供給する。この条件のもとでのみ労働力は売ることができる[76]。したがって、労働者にとっての条件が多少有利であろうがなかろうが、労働力の販売条件には、労働力のたえざる再販売の必然性と、資本としての富のたえざる拡大再生産とが最初から含まれている。すでに見てきたように、労働賃金はその性質上、つねに労働者側が一定量の不払労働を供給することを不可欠な条件とする。労働の価格が低下し、同時に労働賃金が上昇するといった場合などを除けば、労働賃金の増加はせいぜいのところ、労働者がなさねばならない不払労働の量的減少を意味しているにすぎない。この減少は制度そのものを危うくするところまで進むことはけっしてない。労働賃金率についての激しい衝突があれば別だが、それでもアダム・スミスがすでに指摘しているように、こうした衝突があっても全体としてみれば主人はあいかわらず主人のままにとどまる。こうした衝突を別とすれば、資本蓄積が原因で労働価格が上昇するのは次のいずれかの場合だ。

(76) 第二版への註。「しかし雇用の限界は、工業労働者の場合でも農業労働者の場合でも同じだ。すなわち企業家が、労働者の労働生産物から利潤を見込める限界がそれにあたる。……労働賃金率が上昇しすぎて、雇い主の利得が平均利潤を下回るようになれば、雇い主は労働者を使用するのをやめるか、彼らが労働賃金の引き下げを承諾するという条件の下でのみ使用する」（ジョン・ウェイド『中産階級と労働者階級の歴史』、二四〇ページ）。

（＊） 特有財産（Peculium）とは、古代ローマで、家長が、たとえば息子のような自由民、あるいは奴隷などに、その経営あるいは管理を譲り渡すことができた財産部分をいう。ただし、特有財産を占有していても、実際には、それによって奴隷の主人への隷属状態が廃されるわけではなく、法律上、特有財産はあくまで家長の財産であり続けた。たとえば奴隷が特有財産を占有している場合、第三者と取引をおこなうことはできたが、ただし、そこで獲得する貨幣額は、それによって彼を奴隷身分から完全に解放するには足りない範囲内に限定されていた。特に利益の大きな取引や、特有財産を大きく増やす見込みのあるその他の措置は、通常、家長がみずからおこなった［編者巻末註147］。

第一は、労働価格の上昇が蓄積の進行を妨げることがないために、労働価格が上がり続ける場合だ。そこには驚くべきことは何もない。なぜなら、アダム・スミスが言うように、「利潤が低下しても資本は増えるからだ。それどころか以前にも増して急速に増える。……一般に大資本は、利潤が小さくても、利潤の大きい小資本よりも速く増加する」（『国富論』第一巻、一八九ページ）。

明らかにこの場合には、不払労働が減少しても資本支配の拡大が妨げられることはない。――第二は、労働価格の上昇によって利得の刺激が鈍り、その結果、蓄積が停滞する場合だ。蓄積は減少する。しかし蓄積が減少することによって、その減少の原因となっていたもの、すなわち資本と搾取可能な労働力との不均衡が解消する。したがって資本主義的生産のメカニズムは、自分が一時的に作り出した障害をみずからの手で撤去する。こうして労働価格は、ふたたび資本の価値増殖欲求にふさわしい水準にまで下落する。ただし、その水準が賃金上昇の開始前に標準とされていた水準よりも低いか、高いか、あるいは同じになるかは、また別問題だ。これで分かるように、第一の場合には、労働力ないし労働人口の絶対的増加、あるいは相対的増加が減速することによって資本が過剰になるのではなく、逆に、資本が増加することによって搾取可能な労働力が不足する。第二の場合には、労働力ないし労働人口の絶対的増加、あるいは相対的増加が加速することによって資本が不足するのではなく、逆に資本が減少することによって、搾取可能な労働力が、というよりはむしろその価格が過剰になる。つまり、一見すると搾取可能な労働力の量の相対的運動のように見えるもの、それゆえ労働力の量自身の運動に起因しているように見えるものは、じつのところ資本蓄積の絶対的運動なのだ。数学的表現を用いれば、蓄積の大きさは独立変数、賃金の大きさは従属変数であり、その逆ではない。たとえば、産業循環上の恐慌期には、商品価格の一般的下落が相対的な貨幣価値の上昇としてあらわれ、また好況期には、商品価格の一般的上昇が相対的貨幣価値の下落としてあらわれてくる。このことから、いわゆる通貨学派は、物価が騰貴するのは貨幣流通が多すぎるからであり、下落するのは貨幣流通が少なすぎるからだと推論する。(77)彼らの無知と完全な事実誤認は、ちょうど経済学者たちが、前述の蓄積の現象を、第一の場合は賃金労働者が少なすぎるから生じ、第二の場合は賃金労働者が多すぎるから生じる、と説明するのと好一対をなしている。

(77) カール・マルクス『経済学批判』、一六五ページ以下。

「自然な人口法則」と称せられるものの土台となっている資本主義的生産の法則は単純に次のことに行き着く。すなわち、資本蓄積と賃金率との関係は、資本に変容する不払労働と追加資本を動かすために必要な追加労働との関係でしかないということだ。両者の関係は、片や資本の大きさ、片や労働者人口の数という二つの独立量の関係ではなく、最終的にはむしろ、同じ労働人口の不払労働と支払労働との関係にすぎない。労働者階級によって供給され、資本家階級によって蓄積された不払労働の量が、あまりに急速に成長したために、通常を超える支払労働の追加によってしか資本に変容できなくなれば、賃金は上昇し、そして他の事情がすべて同じであれば、それに比例して不払労働は減少する。しかし、この減少が進行し、資本を養う剰余労働の標準量がもはや供給できなくなる点に達すると、とたんに反動が生じてくる。資本化される収入部分が少なくなり、蓄積が鈍化し、それによって賃金の上昇運動は反撃を受ける。こうして労働価格の上昇はある限界内に引き続き閉じこめられる。この限界が資本主義制度の土台を侵蝕から守っているだけでなく、この制度のますます大規模な再生産をも保証している。資本主義的蓄積の法則は一つの自然法則にまで神秘化されている。しかし、この法則が実際に表現しているのは、もっと別なことだ。労働搾取度の低下や労働価格の上昇は資本関係のたえざる再生産や、再生産のたえざる規模拡大に重大な脅威を与えるおそれがある。だから、こうした要因を資本主義的蓄積の本性がことごとく排除しているということ、これこそが、この法則が表現していることとだ。労働者の発展欲求のために対象としての富が存在しているのではなく、逆に、存在している価値の価値増殖欲求のために労働者が存在しているような生産様式では、こうなるほかはない。宗教では人間が自分の頭で作り上げた製作物に支配される。それと同じように、資本主義的生産では、人間が自分の手で作り上げた製作物に支配される。(77a)

(77a)「しかし、資本自体が人間労働の所産にすぎないということを証明したわれわれの最初の研究に立ち帰るならば、……人間が自分自身の生産物——資本——の支配下に陥り、それに従属させられることがあるというのは、まったく理解不能なように思える。しかし現実には、これが否定しがたいことだとすれば、どうしても次のような問いがわいてくる。いったいなぜ、労働者は資本の支配者——資本の創造者——から、資本の奴隷になりえたのか」(フォン・テューネン『孤立国家』第二部第二篇、ロストック、一八六三年、五、六ページ)。この問いを発したのは、テューネンの功績だ。しかし、彼の答えはまったく子供っぽい。

第二節　蓄積と、それにともなう集積の進行途上で生じる可変資本部分の相対的減少

経済学者たち自身の見解によれば、賃金上昇を招く原因は、現存する社会的富の規模でもなければ、すでに獲得された資本の大きさでもなく、単に蓄積の継続的増加とその増加の速度だ(アダム・スミス『国富論』第一編第八章)。われわれがこれまで見てきたのは、

この過程の特殊な一段階にすぎない。そこでは資本の技術的組成が変わらない状態で資本増加が進んだ。しかし過程は、この段階を越えて進んでいく。

資本主義体制の一般的基盤がいったん与えられると、蓄積が進行するなかで、社会的労働の生産性の発達が、蓄積のための最も強力な梃子《てこ》となるような時点が必ずあらわれる。アダム・スミスは言っている。

「労働の賃金を引き上げるのと同一の原因である資本《ストック》の増大は、労働の生産力を増進させ、より少ない量の労働でより多い量の製品を生産させる傾向がある」〔『国富論』第一篇第八章、大河内一男監訳、中公文庫I、一四七ページ。表記は一部修正〕。

ここでは土地の肥沃さといった自然条件や、あるいは個別に労働する自立的生産者の熟練技能などは別としよう。こうした熟練技能は、製品量といった量的側面ではなく、むしろ製品の品質という質的側面で本領を発揮する。これらを別とすれば、労働の社会的生産度は、一人の労働者が与えられた時間内に労働力の同じ緊張度をもって生産物に変容させる生産手段の相対的分量で表現される。彼がその機能を発揮するために用いる生産手段の量は、彼の労働の生産性が上がるにつれて増大する。そのさい、この生産手段は二重の役割を果たす。ある生産手段の増大は、労働の生産性の向上の結果として生じるが、また別の生産手段の増大は、労働の生産性の向上の条件となる。たとえばマニュファクチュア的分業や機械装置の使用とともに、同一時間内により多くの原料が加工され、したがってより大量の原料と補助材料が労働過程に入ってくる。これは労働の生産性の向上がもたらす結果だ。他方、使用される機械装置、労働家畜、鉱物肥料、排水管などの量的拡大は、労働生産性向上のための条件となる。同様に建物、巨大炉、運輸手段などとして集積された生産手段の量的拡大もこれにあたる。しかし、それが条件であれ結果であれ、生産手段の分量が、そこに摂取された労働力に比べて増大するということは、労働の生産性が向上していることをあらわしている。つまり、労働の生産性の向上は、労働によって動かされる生産手段の量に比べて労働量が相対的に減少することのなかに、言い換えれば、労働過程の客体的要因に比べて、労働過程の主体的要因の大きさが縮小していくことのなかにあらわれてくる。

資本の技術的組成に生じるこの変化、すなわち生産手段に命を吹きこむ労働力の量に比べて生産手段が量的に増大していく変化は、資本の価値組成にも反映し、そこでは資本価値の不変部分が可変部分を犠牲にしながら増加していく。たとえばある資本について百分率で計算すると、当初は生産手段に五〇%、労働力に五〇%投下されていた資本が、後に労働の生産度が発展すると、生産手段に八〇%、労働力に二〇%投じられるようになる、といった具合だ。可変資本部分に比べて不変資本部分が次第に増えていくこの法則は、(すでに述べてきたように)商品価格の比較分析を通じて各段階ごとに確認しうる。それは、同じ国民について異なる経済時代を比較しても、同じ経済時代について異なる国民を比較しても、変わりはない。価格を構成する要素のうちで、消費された生産手段の価値、すなわち不変資本部分だけを代表する要素の相対的な大きさは、一般に蓄積の進展に正比例して増えていくだろう。逆に、労働の代価を払う部分、すなわち可変資本部分を代表する価格要素の相対的大きさは、蓄積の進展に逆比例して減少していくだろう。

ただし、不変資本部分に対する可変資本部分の減少、すなわち資本価値の組成変化は、資本の素材的構成部分の組成上の変化を近似的に示しているにすぎない。たとえば、一八世紀初頭には、紡績に投じられる資本価値の二分の一が不変部分、二分の一が可変部分であったものが、今日では八分の七が不変部分、八分の一が可変部分になったと仮定しよう。それでも今日、一定量の紡績労働が生産のために消費する原料や労働手段などの量は、一八世紀初頭の何百倍にもなっている。その理由は簡単で、労働の生産性が向上するにつれて、労働によって消費される生産手段の規模が拡大するだけでなく、生産手段の価値がその規模に比べると下落するからだ。つまり生産手段の価値は絶対的には増加するが、その規模と同じ割合では増加しないということだ。したがって不変資本と可変資本との差異の拡大は、不変資本が転換される生産手段の量と可変資本が転換される労働力の量の差異の拡大よりも、ずっと小さい。前者の差異は、後者の差異とともに増大はするが、増大する程度は、後者よりも低い。

ちなみに、蓄積の進歩が可変資本部分の相対量を減少させるといっても、けっしてその絶対量の増大を排除しているわけではない。ある資本価値が、当初は五〇%の不変資本と五〇%の可変資本とに分けられ、後にそれが八〇%の不変資本と二〇%の可変資本とに分けられたとしよう。その間に、当初の資本、たとえば六〇〇〇ポンドが一万八〇〇〇ポンドに増加したとすれば、可変部分もまた五分の一増加したことになる。つまり当初は三〇〇〇ポンドであったものが、いまでは三六〇〇ポンドになっている。ただし、労働に対する需要を二〇%増やそうとすれば、以前であれば二〇%の資本追加で十分であったのに、いまでは当初の資本を三倍にする必要がある。

第四篇では以下のことを指摘した。まず、労働の社会的生産力が発展するには大規模な協業が前提となる。この前提の下ではじめて、労働の分割と結合の組織化が可能となり、大量集積による生産手段の節約が可能となる。そして、たとえば機械装置システムのように、素材的にも共同でしか利用できない労働手段を生みだすことができる。また巨大な自然力に生産への奉仕を強要し、生産過程を科学の技術的応用に変容させることができる。商品生産の場合、生産手段は私的な所有物であり、それゆえ手工労働者は別々に独立して商品を生産するか、あるいは自営資金がなければ自分の労働力を商品として売るしかない。こうした商品生産の基盤の上では、先に述べたような前提は個別資本の増大によってしか満たされない。あるいは社会的生産手段と生活手段が資本家の私有財産に変容していく度合いに応じてしか満たされない。商品生産という土台は、資本主義的形態を取ってはじめて大規模な生産を担うことができる。それゆえ個々の商品生産者の手元に、ある程度の資本蓄積があることが、特殊資本主義的な生産様式の前提となる。手工業から資本主義的経営への移行にさいして、われわれがこうした蓄積を想定しなければならなかったのはそのためだ。この蓄積は、特殊資本主義的な生産の歴史的結果ではなく、あくまでその歴史的基盤であり、それゆえ原初的蓄積と呼ばれてよいだろう。このような蓄積自体がどのようにして生じたかは、ここではまだ探究する必要はない。それが出発点をなすということだけで十分だ。労働の社会的生産力は、この基盤の上で成長する。しかし、その社会的生産力を高めるすべての方法は、同時にまた、剰余価値ないし剰余生産物の生産を高める方法でもある。そして剰余生産物はまた蓄積の形成要素となる。したがってそれは、資本による資本生産の方法であり、加速度的な資本蓄積の方法だ。剰余価値がたえず資本に再変容すれば、それは生産過程に流入する資本量の増大となってあらわれる。資本量の増大はまた生産規模の拡大基盤となり、それにともなって労働の生産力を向上させる方法の基盤となり、また剰余価値の加速度的な生産の基盤となる。したがって、ある程度の資本蓄積が特殊資本主義的な生産様式の条件として出現すれば、この生産様式は反作用的に資本蓄積を加速させる原因となる。だからこそ資本の蓄積とともに特殊資本主義的な生産様式が発展し、特殊資本主義的生産様式とともに資本の蓄積が発展することになる。この二つの経済的要因は、両者がたがいに与えあう刺激に複比例する形で資本の技術的組成を変化させ、それによって可変資本部分は不変資本部分に比べてますます縮小していく。

各個別資本は、大なり小なり生産手段の集積したものであり、それに応じて大なり小なり労働者軍に対する指揮権を手にしている。いずれの蓄積も新たな蓄積のための手段となる。蓄積は、資本として機能している富の量的増大とともに、この富をますます個別資本家の手に集積させ、こうして大規模生産と特殊資本主義的な生産方法の基盤を拡大していく。社会的資本の増大は、多数の個別資本が増大することで実現していく。他の事情がすべて変わらないものとすれば、個別資本が社会的総資本の因数となるのに比例して個別資本は増大し、それとともに生産手段の集積が進む。同時に原資本からは、若枝が分岐して新たな独立資本として機能する。そのさい大きな役割を果たすのは、たとえば資本家の家族への資産分割だ。したがって資本蓄積とともに、多かれ少なかれ資本家の総数も増えていく。この種の集積は、直接に蓄積を土台としており、むしろ蓄積と同じものだといってよいが、その特徴は次の二点にある。第一に、個別資本家の手元で進展していく社会的生産手段の集積は、他の事情がすべて同じであれば、社会的な富の増加度によって制限されていること。第二に、社会的資本のうち特別な生産部門に定着している部分は、多数の資本家のあいだに分配されており、彼らは競合する独立の商品生産者として対抗しあっていること。したがって蓄積と、蓄積にともなう集積とは、多数の点に分散しているだけではない。現に機能している資本の増大は、新資本の形成と旧資本の分裂とによって妨害されている。それゆえ蓄積は、一方では生産手段と労働指揮権の集積の進展となってあらわれるが、他方では、多数の個別資本相互の反発となってあらわれる。

社会的総資本が多くの個別資本に分裂し、分裂した断片同士が反発しあう傾向に対しては、逆向きの吸引力が作用する。これはもはや、蓄積と同一視できるような生産手段と労働指揮権の単なる集積ではない。それは、すでに形成ずみの資本の集積であり、個別的独立の廃棄であり、資本家による資本家の収奪であり、多くの中小資本が少数の大資本へと変容していく過程だ。この過程が第一の過程と異なるのは、それがすでに存在し、機能している資本の分配上の変化のみを前提としていることだ。したがってその作用範囲は、社会的富の絶対的増加、すなわち蓄積の絶対的限界には制約されない。そこでは、資本が一つの手のなかで巨大な膨張をとげるなら、それは他の多くの手から資本が失われたからにほかならない。これこそが、蓄積や集積とは区別される本来の集中だ。

こうした資本集中の法則、あるいは資本による資本吸引の法則については、ここでは詳しく扱えない。簡単に事実を示唆すれば十分だろう。競争は商品の安売り合戦を通じておこなわれる。商品の低価格は、他の事情が変わらないとすれば労働の生産性に依存し、労働の生産性は生産の規模に依存する。したがってより大きな資本はより小さな資本に勝利する。さらに想起すべきは、一つの事業を標準的な条件で営むために必要な個別資本の最低規模は、資本主義的生産が発達するにつれて大きくなるということだ。だからこそ中小資本は、大工業がまだ点在的にしか、あるいは不完全にしか征服していない生産部門に殺到する。そこでの競争は、競合する資本の数に比例して激化し、競合する資本の大きさに逆比例して緩和される。その競争は多数の中小資本の没落によって終わるのをつねとし、彼らの資本は、一部は勝者の手に移行し、一部は消滅する。またこれとは別に、資本主義的生産とともに、信用制度という一つのまったく新しい力が形成される。この制度は、最初のうちはひっそりと蓄積の控えめな助手として忍び込み、大小さまざまな量で社会の表面に散らばる貨幣手段を、みえざる糸によってたぐり寄せ、個別資本家や連合した資本家の手元に送り込む。しかしやがて、それは競争の場で一つの恐るべき新兵器と化し、ついには資本集中のための巨大な社会的メカニズムへと変容をとげる。

資本主義的生産が発展し蓄積が進めば、それと歩調を合わせて集中を推進する最も強力な二つの梃子《てこ》、すなわち競争と信用が発展していく。同時に蓄積の進展は、集中可能な素材、すなわち個別資本を増加させる。また資本主義的生産の拡大は、一方では巨大産業を担う企業に対する社会的欲求を生み出し、他方ではそのための技術的手段を作りだす。巨大産業を担う企業の活動は、先行する資本の集中なしには実現しない。こうして今日、個別資本の相互吸引力と集中への傾向は、かつてないほどに強まっている。集中へと向かう運動の相対的な広さと強さは、ある程度までは、すでに達成された資本主義的富の大きさと経済的メカニズムの優越性によって規定されている。しかし、だからといって集中の進展が社会的資本の積極的な量的増大に依存しているわけではけっしてない。そしてこれこそが、集中を集積から特に区別する特徴となる。集積は、拡大された規模での再生産を別の表現で言い換えたものにすぎない。しかし集中は、すでに存在する資本の分配を変えるだけで、すなわち社会的資本の構成部分の量的分布を変更するだけで達成しうる。一つの手のなかで資本が巨大な量に成長できるのは、それが別の多くの手から奪い去られるからにすぎない。ある事業部門に投じられた全資本がただ一つの個別資本に融合されたならば、その事業部門では集中がその極限に達したことになるだろう。(77b) この限界への到達が一つの社会で実現するのは、社会的資本全体がただ一人の資本家なり、ただ一つの資本家の会社なりの手に一体化された瞬間ということになるだろう。

(77b) 〔第四版への追補。――最近のイギリスやアメリカの「トラスト」は、少なくとも一事業部門に属する大企業すべてを、事実上の独占力をもつ一大株式会社に合併しようとしており、これによって、すでにこの目標に近づきつつある。――F・エンゲルス〕

集中は、産業資本家が活動規模を拡大することを可能にし、それによって蓄積の仕事を補完する。その活動規模の拡大は蓄積の結果であるかもしれず、集中の結果であるかもしれない。集中はまた合併という強引な方法でおこなわれるかもしれない。その場合は、特定の資本が他の資本に対して圧倒的に強力な引力の中心となり、他の資本の個別的凝縮力を破壊し、そのばらばらになった破片を自分のうちに引き入れる。あるいは数多くの既成資本あるいは形成中の資本が、株式会社の設立というより円滑な方法によって融合されるかもしれない。しかし、このいずれの場合でも、経済的な作用は同じことだ。産業設備の規模拡大は、いずれの場合でも、多くの人々の総労働をより包括的に組織するための出発点であり、彼らの物質的推進力をより広く発展させるための出発点であり、したがってまた、慣習的に経営される個別的生産過程を、社会的に結合され科学的に処理される生産過程へとたえず変容させていくための出発点だ。

集中は、社会的資本の主要組成部分の量的分布を変更するだけで進展していく。しかし、これに比べると蓄積は、円運動から螺旋運動に移行する再生産によって資本が徐々に増大していく過程であり、きわめて緩慢な行程であることは明らかだ。蓄積によっていくつかの個別資本が鉄道を敷設できるほどに増大するのを、世界が待たねばならなかったとしたら、世界にはまだ鉄道はなかっただろう。これに対して、集中は、株式会社を利用することであっという間にこれをなしとげた。そして集中は、一方でこのように蓄積の効果を高め加速させると同時に、他方で資本の技術的組成の変革を拡大し加速する。技術的組成の変革によって、資本の不変部分は可変部分を犠牲にしながら増大し、それによって労働に対する相対的需要が減少していく。

集中によって一晩で熔接された資本の固まりは、他の資本と同じように再生産され、増殖していく。ただ、その再生産と増殖は他の資本より迅速に進み、それによって社会的蓄積の新たな強力な梃子《てこ》となっていく。したがって社会的蓄積の進展と言う時——今日では——集中の作用が暗黙のうちにそこに含まれている。

正常な蓄積の進行中に形成される追加資本（第二二章第一節参照）は、とくに新しい発明や発見などを活用し、一般に産業上の改善をおこなっていくための媒体として役立つ。しかし、旧資本もまた、いつかは頭や手足を更新しなければならない時期を迎える。そうなれば旧資本も古い皮を脱ぎ捨て、同じように技術的に改良された姿でよみがえり、より少量の労働でより大量の機械装置や原料を動かすようになる。言うまでもなく、ここから必然的に生じる労働需要の絶対的減少は、この更新過程を通過する資本が集中化の運動によって堆積規模を増していればいるほど、それだけ大きなものになる。

このように、一方で蓄積の進行中に形成される追加資本は、その大きさに比べてますます少数の労働者しか吸引しなくなる。そして他方、周期的に新たな組成で再生産される旧資本は、従来使用していた労働者をますます大量にはじきだすようになる。

第三節　相対的過剰人口または産業予備軍の累進的産出

もともとは量的拡大としてのみあらわれた資本の蓄積は、すでに見てきたように、資本の組成をたえず質的に変化させ[77c]、その可変的構成部分を犠牲にして不変的構成部分をつねに増加させる形で進んでいく。

(77c)〔第三版への註。――マルクスの自家用本には、この箇所に次のような書き込みが見られる。「後の記述のためにここで付言しておくと、拡大が量的なものでしかなければ、同一の事業部門では、資本の大小にかかわらず、利潤は前貸資本の大きさに比例する。量的な拡大が質的な作用を及ぼすならば、それにあわせて、より大きな資本にとっての利潤率が高まる」。――F・エンゲルス〕

特殊資本主義的な生産様式、それに対応する労働の生産力の発展、それによって引き起こされる資本の有機的組成の変化、これらは蓄積の進展、あるいは社会的富の増加と歩調を合わせて進むだけではない。それよりもはるかに速く進む。なぜなら、単純な蓄積または総資本の絶対的増大には、資本の個別的要素の集中がともない、追加資本の技術変革には原資本の技術変革がともなうからだ。すなわち蓄積が進行すると、不変資本部分と可変資本部分との比は、もともとは一対一であったものが、二対一、三対一、四対一、五対一、七対一などと変化していく。その結果、資本が増加するにつれて、その総価値の二分の一ではなく、漸進的に三分の一、四分の一、五分の一、六分の一、八分の一等々が労働力に転換され、逆に三分の二、四分の三、五分の四、六分の五、八分の七等々が生産手段に転換されるようになる。労働に対する需要は総資本の大きさによって決まるのではなく、その可変部分の大きさによって決まる。したがって、総資本が増大するにつれて、労働に対する需要は先に仮定したように、それに比例して増加するのではなく、ますます減少していく。労働に対する需要は、総資本の大きさに比べて相対的に減少し、しかも総資本の大きさが増すにつれて加速度的に減少する。たしかに総資本が増加すれば、可変的構成部分、あるいは総資本に取りこまれた労働力も増加する。しかし、増加の割合はたえず減少していく。蓄積が既存の技術基盤の上での単なる生産拡大として作用する中間停滞期は短縮されていく。与えられた規模の追加労働者数を吸収するためには、総資本の蓄積が加速度的に進む必要がある。それどころか、旧資本がたえず形態変容を繰り返すため、すでに機能している労働者数を雇用するためにさえ、蓄積の加速が必要となる。しかし、それだけではない。この進展する蓄積と集中自体がふたたび資本組成の新たな変化を引き起こす源泉となり、再度、不変的構成部分と比較した可変的構成部分の減少を加速させる。総資本が増加すると、その可変的構成部分の相対的減少が加速される。しかもこの相対的減少は可変的構成部分自体の増大よりもすばやく加速される。他方、この相対的減少によって、逆に労働者人口の方が、可変資本よりも、すなわち彼らの雇用手段の増加よりも速いスピードで絶対的に増加しているように見える。しかし、現実にはむしろ、資本主義的蓄積はそのエネルギーや規模に比例して、つねに相対的な過剰労働者人口を、つまり資本の平均的な価値増殖欲求にとっては不要な過剰労働者人口、あるいは追加的労働者人口を生みだす。

社会的な総資本を観察すると、ある時には、その蓄積の運動が周期的な変化を呼び起こし、ある時には、その運動の諸要素がさまざまな生産部門に同時に配分されることが分かる。いくつかの部門では、資本の絶対的大きさが増加しないまま、単なる集積(*)によって資本組成の変化が生じる。また別の部門では、資本の絶対的増加が、その可変的構成部分の絶対的減少と、あるいはそれによって吸収される労働力の絶対的減少と結びついている。さらに別の部門では、資本が、ある時には既存の技術的基盤の上で増加を続け、その増加に比例した追加労働を吸引し、ある時には、有機的変化が生じて、資本の可変的構成部分が収縮する。どの部門でも、可変資本部分の増加、したがって就業労働者数の増加は、たえず激しい変動と一時的な過剰人口の産出と結びついている。こうした過剰人口の産出は、すでに使用されている労働者がはじきだされるという比較的目立つ形態をとる場合もあれば、追加的労働者人口が通常の排水溝に吸収されなくなるという、一見目立たないが効力には変わりのない形態をとる場合もある(78)。すでに機能している社会的資本が大きくなり、その増加の度合いが増し、生産規模と動員される労働者数が拡大し、彼らの労働の生産力が発展し、あらゆる富の源泉からわき出る富の水流がより広く豊富になれば、資本による労働者の吸引も、あるいはそれと不可分な労働者の放出も、その規模をさらに拡大していく。そして資本の有機的組成と技術的形態の変化速度が増し、時には同時に、時には交互に、この二つの変化に見舞われる生産部門の範囲が膨張する。こうして労働者人口は、自分自身が生産した資本の蓄積によって、ますます大規模に、自分自身の相対的過剰化の手段を生みだすことになる(79)。これこそが資本主義的生産に特有な人口法則だ。実際、あらゆる特殊な歴史的生産様式には、それぞれに歴史的な妥当性をもつ特殊な人口法則がある。抽象的な人口法則など、人類が歴史に介入しないかぎり、植物と動物にしか存在しない。

(78) イングランドとウェールズの人口調査からは、たとえば次のことが分かる。

すべての農業従事者（地主、借地農業者、園芸家、牧羊者などを含む）——一八五一年、二〇一万一四四七人、一八六一年、一九二万四一一〇人、差し引き八万七三三七人減少。毛織物業——一八五一年、一〇万二七一四人、一八六一年、七万九二四二人。絹織物工場——一八五一年、一一万一九四〇人、一八六一年、一〇万一六七八人。更紗捺《さらさ》染業——一八五一年、一万二〇九八人、一八六一年、一万二五五六人。事業の飛躍的拡大にもかかわらず、わずかな増加にとどまっているのは、就業労働者数の大幅な相対的減少を意味する。帽子製造業——一八五一年、一万五九五七人、一八六一年、一万三八一四人。麦わら帽子およびボンネット製造業——一八五一年、二万〇三九三人、一八六一年、一万八一七六人。麦芽製造業——一八五一年、一万〇五六六人、一八六一年、一万〇六七七人。ロウソク製造業——一八五一年、四九四九人、一八六一年、四六八六人。この減少は、とくにガス照明の増加に原因がある。クシ製造業——一八五一年、二〇三八人、一八六一年、一四七八人。製材業——一八五一年、三万〇五五二人、一八六一年、三万一六四七人。わずかな増加にとどまっているのは製材機械の飛躍的増加による。釘製造業——一八五一年、二万六九四〇人、一八六一年、二万六一三〇人。減少は機械の競争による。スズ鉱山、銅鉱山の労働者——一八五一年、三万一三六〇人、一八六一年、三万二〇四一人。これに対して、木綿紡績と織物業——一八五一年、三七万一七七七人、一八六一年、四五万六六四六人。

炭坑――一八五一年、一八万三三八九人、一八六一年、二四万六六一三人。「一般に、一八五一年以来の労働者の増加は、機械装置の使用がこれまでのところ、まだ成果を上げなかった諸部門で、最も大きい」(『一八六一年のイングランドおよびウェールズの人口調査』第三巻、ロンドン、一八六三年、三五―三九ページ)。

(79) 可変資本の相対的な大きさが逓減していくという法則と、それが賃金労働者階級の状態に及ぼす影響とは、何人かの優れた古典派経済学者によって理解されていた、というよりは、むしろ予感されていた。この点で最も大きな功績を残したのはジョン・バートンだ。ただしその彼も、他のすべての人々と同様に、不変資本を固定資本と、可変資本を流動資本と混同していた。彼は言う。「労働に対する需要は、流動資本の増加に依存しており、固定資本の増加には依存しない。この二種類の資本間の割合は、いついかなる事情のもとでも同じだというのが真であれば、たしかに就業労働者の数は国富と比例するという結論になるだろう。しかし、このような主張はとても真実とは思えない。自然科学が発達し、文明が普及していくにつれ、固定資本は流動資本に対してますます大きな割合を占めるようになる。イギリス製のモスリンの一片に使用される固定資本の額は、インド製モスリンの同じ一片に使用される固定資本に比べて、少なくとも一〇〇倍、いやおそらく一〇〇〇倍にも達するだろう。そして流動資本は一〇〇分の一、一〇〇〇分の一にすぎないだろう。……かりに年間の貯蓄がすべて固定資本に付け加えられたとしても、それが労働に対する需要を高めるように作用することはないだろう」(ジョン・バートン『社会の労働者階級の状態に影響する諸事情の考察』ロンドン、一八一七年、一六、一七ページ)。「国の純収入を増加させるのと同じ原因が、同時に人口過剰を生み出し、労働者の状態を悪化させることがある」

（リカード『原理』、四六九ページ）。資本の増加とともに（労働に対する）「需要は比率的には減少するだろう」（同前、四八〇ページ註）。「労働の維持に充てられる資本の額は、資本総額のどのような変化からも独立して変動しうる。……就業数の大きな動揺や大きな困窮は、資本自身が潤沢になればなるほど、いっそう頻発する可能性がある」（リチャード・ジョーンズ『経済学入門講義』ロンドン、一八三三年、一二ページ）。（労働に対する）「需要は……一般資本の蓄積に比例しては増加しないだろう。……それゆえ、再生産に充てられる国民資本がいかに増加しても、それが労働者の状態に与える影響は、社会進歩の過程でますます小さくなっていく」（ラムジー『富の分配に関する一論』、九〇、九一ページ）。

（＊）第三版では集中（Zentralisation）となっている。

しかし、過剰労働者人口が蓄積の必然的産物、言い換えれば資本主義的基盤の上に立つ富の発展の必然的産物だとすれば、過剰人口はまた逆に、資本主義的蓄積の梃子《てこ》、いやそれどころか資本主義的生産様式の一つの存立条件となる。この過剰人口は資本が自由に使える一つの産業予備軍を形成する。その産業予備軍は、あたかも資本が自分の費用で育てあげたかのように、資本に絶対的に従属している。過剰人口は、時どきに変化する資本の価値増殖欲求を満たすために、現実の人口増の制約とは無関係に、いつでも搾取できる人間材料を作りだす。蓄積と、それにともなう労働の生産力の発達とによって、資本の突発的な膨張力が増していく。その理由は、単に機能する資本の弾力性が増し、資本をその弾力的な一部とするにすぎない絶対的富が増大したことだけではない。あるいは、どのような特別な刺激に対しても、信用制度がただちにこの富の途方もない部分を追加資本として生産に供するようになったことだけでもない。なによりも大きいのは、生産過程自体の技術的条件が、すなわち機械装置や運輸手段などが、きわめて大きな規模で剰余生産物を追加的生産手段へと迅速に変容させることができるようになったことだ。蓄積の進行によって、追加資本に変容しうる大量の社会的富が氾濫し、それがまるで狂ったように、市場がにわかに拡大した旧生産部門へと、あるいは鉄道のように旧生産部門の発展によって必要となった新規の生産部門へと押し寄せる。こうしたすべてのケースでは、大量の人間が突発的に、しかも他部門の生産規模に損傷を与えることなく、重要なポイントに投入できるようになっていなければならない。まさに過剰人口がそれを提供する。近代産業に特有な循環、すなわち中程度の活況、生産の繁忙、恐慌、停滞という、小さな変動によって中断されながら繰り返される一〇年周期の循環形態は、産業予備軍、すなわち過剰人口の不断の形成によって、あるいは大小の違いはあれ、その吸収と再形成によって支えられている。しかし逆に、産業循環の変転する局面の側もまた過剰人口を補充し、それをきわめて精力的に再生産する担い手の一つとなる。

こうした近代産業に特有な循環は、人類のいかなる時代にも見られなかったものであり、資本主義的生産の幼年時代にすらありえなかった。そこでは資本の組成はきわめて緩慢にしか変化しなかった。したがって大まかに見れば、資本の蓄積に比例する形で労働需要は増大した。蓄積の進行は、現代と比べれば緩慢だったが、それでも、搾取可能な労働人口の自然的制約の壁にぶつかった。この自然的制約は、後に見るように暴力的手段によってしか取り除けなかった。生産規模の突然の瞬発的膨張は、同時にその突然の収縮の前提だった。この収縮はふたたび膨張を呼び起こす。しかしその膨張は、自由に使用できる人間材料なしには不可能であり、人口の絶対的増加に依存しない労働者の増加なしには不可能だ。こうした増加を生みだすのは、労働者の一部を絶え間なく「遊離させる」単純な過程であり、生産の増加に比べて使用労働者数を相対的に減少させる種々の方法だ。したがって近代産業の全運動形態は、労働者人口の一部をたえず失業者、または半就業者へと変容させることから生じている。ところが経済学は、産業循環の局面転換の単なる兆候でしかない信用の膨張と収縮をその転換の原因だと考えており、こうしたところに経済学の浅薄さが露呈している。天体がいったん決まった運動軌道に投げ入れられると、たえず同じ運動を繰り返すように、社会的生産もひとたびあの膨張と縮小の交替運動に投げ入れられると、同じ運動を繰り返す。結果自体がふたたび原因となり、全過程の局面転換はみずからの条件をたえず再生産しながら、周期性の形態をとる。(*)いったんこの周期性の形態が確立されれば、経済学でさえ、相対的過剰人口、すなわち資本の平均的増殖欲求からすれば余分な人口を、近代産業の生存条件として理解するようになる。

（＊）著者認定のフランス語版には、この箇所に次のような挿入がある。「ある時期から、機械産業が国民生産全体に圧倒的な影響を与えるほどに深く根をおろし、機械産業によって外国貿易が国内商業を追い抜くようになり、世界市場が新しい世界、すなわちアジアやオーストラリアで次第に広範な地域を支配下におき、ついには競技場に登場する産業国家が十分な数に達した。そのような時代になってはじめて、あの自己再生産を続ける循環が始まった。その循環の連続する局面は何年か続き、最後はつねに一般恐慌に行き着く。これが一つの循環の終着点となり、新しい循環の出発点となる。今日までのところ、こうした循環の周期は一〇年ないし一一年だが、この数字を定数とみなす根拠はなにもない。いや逆に、われわれがこれまで見てきた資本主義的生産の諸法則からすれば、この周期は可変的であり、循環周期は段階的に短くなっていくと推論せざるをえない」。

オクスフォードの元経済学教授で、後にイギリス植民省の官吏となったH・メリヴェールはこう言っている。

「恐慌のさいに、国民が奮起して、数十万の余剰貧民を海外に移住させることによって取り除こうとすれば、その結果はどうなるだろうか？　労働需要が最初に戻ってきた時、労働力の欠乏が生じるということだ。人間の再生産がいかに速く進んだとしても、成人労働者の穴埋めをするためには、とにかく一世代の間隔を必要とする。ところで、われわれの工場主たちの利潤を主として左右するのは、旺盛な需要のある好況期に収益を上げ、それによって不況期の損失を埋め合わせる力があるかどうかだ。この力を工場主たちに保証しているのは、ひとえに機械装置と手工労働に対する彼らの指揮権だ。工場主たちは、自由に使える労働者を見つけなければならない。彼らは労働者の作業の活動性を、必要とあれば強めたり、市場の状態に応じて弱めたりできなければならない。さもなければ彼らは競争のつばぜりあいのなかで、この国の富の基盤をなしている優越性を維持することなどけっしてできない(80)」。

マルサスは、いかにも彼らしい凡庸な考え方に基づいて、過剰人口を労働者人口の相対的な過剰化からではなく、絶対的な過剰増殖から説明している。しかしそのマルサスでさえ、過剰人口が近代産業には欠かせない必要物だということは認識している。彼は言う。「主としてマニュファクチュアと商業に依存している国の労働者のあいだで、結婚についての賢明な習慣がある程度いきわたると……その国にとっては有害となるだろう。人口というものの性質上、特別な需要があっても、一六年から一八年経たないかぎり、増加した労働者が市場に供給されることはありえない。しかし貯蓄によって収入が資本に変容する速度はそれよりもはるかに速い。一つの国は、その労働原資が人口よりも急速に増加するという傾向につねにさらされている(81)」。

このように経済学は、労働者の相対的過剰人口の不断の生産は、資本主義的蓄積に欠かせないものだと説明する。ところが、その舌の根のかわかぬうちに、経済学はまた、いかにもカマトトぶって、資本家の「美しい理想」にこんな言葉を語らせる。その言葉が向けられている相手は、資本家が作りだした追加資本のために路上に放り出された「余剰者」たちだ。

「わたしたち工場主は、君たちが生活手段を得るための資本を増やすことで、君たちのためにできるだけのことをしている。それ以上のことは、君たちがなさねばならない。それには君たちの人数を、君たちの生活手段にあわせることだ」(82)。

(80) H・メリヴェール『植民および植民地に関する講義』ロンドン、一八四一年および一八四二年、第一巻、一四六ページ。

(81) マルサス『経済学原理』、二一五、三一九、三二〇ページ。この著作でマルサスはシスモンディを介して、ついに資本主義的生産の美しい三位一体を発見した。すなわち過剰生産—過剰人口—過剰消費という、実際、きわめてデリケートな三つの怪物を! F・エンゲルス「国民経済学批判大綱」、アーノルト・ルーゲ/カール・マルクス編『独仏年誌』パリ、一八四四年、一〇七ページ以下参照。

(82) ハリエット・マーティノー『マンチェスターのストライキ』ロンドン、一八三二年、一〇一ページ。

資本主義的生産にとっては、人口の自然増が供給する使用可能な労働力の量ではまったく足りない。資本主義的生産が自由に活動できるためには、この自然的制約に依存しない産業予備軍が必要だ。

これまでは、可変資本の増加または減少には、就業労働者数の増加または減少が正確に対応するものと仮定してきた。

しかし、可変資本の指揮下におかれた労働者数が同じであっても、あるいは減った場合でさえ、可変資本が増大する場合がありうる。たとえば、個々の労働者がより多くの労働を供給すれば、たとえ労働価格が同じであっても彼の労働賃金は上昇し、それによって可変資本は増大する。さらには労働価格が下がった場合でさえ、その下がり方が労働量の増加より緩慢であれば労働賃金は上昇し、やはり可変資本は増大する。こうした場合、可変資本の増加は、労働の増加をあらわす指標にはなっても、就業労働者数の増加をあらわす指標にはならない。どの資本家にとっても絶対的な関心事は、一定量の労働をなるべく少ない数の労働者から搾りだすことであり、同じ安さの労働者を、あるいはさらに安い労働者をより多数使用して搾りだすことではない。後者の場合には、投入される労働量に比例して不変資本の支出が増加するが、前者の場合には、その増加ははるかに緩慢になる。生産の規模が大きければ大きいほど、この動機はそれだけ決定的な意味をもつ。その重要性は資本の蓄積とともに増していく。

すでに見たように、資本主義的生産と労働の生産力の発展——それは蓄積の原因でもあり結果でもある——にともなって、資本家は個々の労働力をより長時間にわたって外延的に、またより高密度で内包的に搾取できるようになり、これによって同じ可変資本の支出でも、より多くの労働を引き出せるようになる。さらにまた資本家は一歩ずつ、非熟練労働者によって熟練労働者を追い出し、未成熟労働者によって成熟労働者を追い出し、女性労働者によって男性労働者を追い出し、少年あるいは幼年労働者によって成人労働者を追い出していく。こうして資本が、同じ資本価値でより多くの労働力を買うようになることも、すでに見てきたとおりだ。

すなわち、蓄積が進むにつれ、一方では可変資本がより大きくなることで、募集する労働者数を増やすことなく、より多くの労働を引き出せるようになる。他方では同じ大きさの可変資本が同じ量の労働力を用いて、より多くの労働を引きだすようになる。そして最後に、より高級な労働力を駆逐することによって、より多くの低級な労働力を利用できるようになる。

したがって、相対的過剰人口の生産あるいは労働者の遊離は、蓄積の進展にともなってただでさえ加速する生産過程の技術革新よりもさらに速く、またそれに応じた不変資本部分に対する可変資本部分の相対的減少よりもさらに速く、進行していく。生産手段が規模と影響力を拡大していけば、生産手段が労働者の雇用手段となる度合いは減っていく。しかし、この関係自体もまた再度修正される。というのも、労働の生産力が向上すれば、資本はそれに応じて、労働者に対する需要よりも労働の供給の方をより急速に増やすからだ。労働者階級のうちの就業者部分がおこなっている過度労働は、彼らの予備軍の隊列を膨張させる。逆に、その予備軍は、自分たちのあいだの競争によって就業者部分により強い圧力をかけ、それがまた就業者部分に過度労働を強いて、資本の命令への屈従を余儀なくさせる。労働者階級の一部は、他の一部の過度労働によって強制的な怠惰《たいだ》を課されており、その逆のこともまた言える。(83) このことが個々の資本家の富裕化手段となり、同時に、社会的蓄積の進展に見合った規模での産業予備軍の生産も加速させる。この要因が、相対的過剰人口の形成にどれほど重要な役割を果たしているかは、たとえばイギリスの例が証明している。労働の「節約」のためにイギリスが保持している技術的手段は巨大なものだ。それでも、もし明日にでも労働が一斉に合理的基準にまで制限され、労働者階級の種々の層に対して年齢や性別をも考慮した労働の振り分けがおこなわれるならば、現在の労働者人口は絶対的に不足し、国民生産を現在の規模で続けることはできなくなるだろう。そうなれば、現在の「非生産的」労働者の大多数が「生産的」労働者に変容しなければならないだろう。

(83) 一八六三年の綿花飢饉の期間でさえ、ブラックバーンの木綿紡績工たちのパンフレットには、過度労働に対する激しい非難が見いだされる。ただし、工場法の施行により、この過度労働はもちろん成人男性労働者だけに課されていた。「この工場では、成人男性労働者に一日一二時間から一三時間の労働を要求してきた。ところがその一方で、無為に過ごすことを強いられている多数の人々がおり、彼らは自分の家族を養うために、また仕事仲間を過度労働による若死にから救うために、労働時間の一部でもよいから働きたがっている」。さらに続けてこう述べられている。「われわれは聞きたい。この時間外労働の習慣が、雇用者と「召使い」とのあいだに、なんとか耐えうる関係を作ることを可能にするだろうか？　と。過度労働の犠牲者は、それによって強制的怠惰を課されている人々と同様に、不公平を感じている。この地方には、労働が公平にさえ分配されれば、すべての者を部分的に就業させるためになされるべき仕事が十分に存在する。一部の人々に過度労働をさせ、その一方で他の人々が労働の欠如のために慈善に頼って生活せざるをえない現状をあらため、少なくともいまの状況が続くあいだは、そろって短時間操業をおこなうようにわれわれが雇い主たちに勧告するのは、当然の要求にすぎない」（『工場監督官報告書、一八六三年一〇月三一日』、八ページ）。――相対的過剰人口が就業労働者に及ぼす影響を、『貿易および商業に関する一論』の著者は、いつもながらの確かなブルジョワ的本能で理解している。「この王国における怠惰のもう一つの原因は、十分な数の労働者がいないことだ。製品に対するなんらかの異常な需要によって労働量が不足すると、そのたびに労働者は自分たちの重要さを感じるようになり、それを彼らの雇い主にも感じさせたいと思うようになる。これは驚くべきことだ。しかし、この連中の心構えはきわめて堕落しているため、このようなケースでは、労働者の集団がたがいに徒党を組み、一日中怠惰を通すことで彼らの雇い主を狼狽させることになった」（『貿易および商業に関する一論』、二七、二八ページ）。つまり、この連中は賃金の引き上げを要求したというわけだ。

全体として言えば、労働賃金の一般的な運動は、もっぱら産業循環の局面転換に応じた産業予備軍の膨張と収縮とによって規定されている。つまりそれは、労働者人口の絶対数の動きによって決まるのではなく、労働者階級を現役軍と予備軍とに分ける比率の変動によって決まる。言い換えれば、過剰人口の相対的規模の増加と減少によって、すなわち労働人口がある時は吸収され、ある時はふたたび遊離させられる、その程度によって決まる。近代産業には一〇年周期の循環とその周期的局面があり、しかもそれぞれの局面は、蓄積が進むにつれ、どんどん短い間隔で継起するようになる不規則な変動に攪乱される。こうした近代産業にとっては、もし労働需給が資本の膨張と収縮とによって規定されるのではなく——つまり、ある時には資本の膨張によって労働市場が相対的に供給過小となり、ある時には資本の収縮によってふたたび供給過多となるといった具合に、労働需給がその時どきの資本の価値増殖欲求によって決まるのではなく——、逆に資本の運動の方が人口の絶対的動きに依存しているとされるなら、それは結構な法則だろう。しかし、これこそが経済学のドグマなのだ。このドグマによれば、資本蓄積が起これば、その結果として労働賃金が上昇する。上昇した労働賃金は、労働者人口のより急速な増加に拍車をかける。この増加は、労働市場が供給過多になるまで、すなわち労働供給に比べて資本が相対的に不足するにいたるまで続く。そこでふたたび労働賃金は下落に転じ、メダルの裏面があらわれる。労働賃金の下落によって労働者人口は次第に減少し、その結果、ふたたび労働者人口に比べて資本が過剰になる。あるいは他の人々の説明によれば、労働賃金の下落とそれに応じて強化される労働者の搾取とが、ふたたび蓄積を促進する。そして同時に賃金の低下によって労働者階級の増加に歯止めがかかる。こうしてふたたび、労働供給が労働需要を下回り、賃金が上昇する状態が出現し、さらに同じことが繰り返される。発達した資本主義的生産にとってなんと美しい運動方法であることか！　ただし、賃金上昇の結果、現実に労働能力のある人口がいくぶんなりとも積極的に増加しうる以前に、産業上の遠征が開始され、戦端が開かれ、勝敗が決せられねばならない期限が何度も何度も到来し、過ぎ去っているだろう。

一八四九年から一八五九年のあいだには、穀物価格の下落と並行して、実際には名目的なものにすぎない賃金上昇がイギリスの農業地帯で生じた。たとえばウィルトシャーでは週賃金が七シリングから八シリングに、ドーセットシャーでは七または八シリングから九シリングに上昇した、等々だ。これは、戦争のための需要や、鉄道、工場、鉱山などの大拡張によって引き起こされた過剰農業人口の異常な流出によるものだった。労働賃金が低ければ低いほど、きわめてわずかな上昇であっても、大きな上昇率となってあらわれる。たとえば週賃金が二〇シリングで、それが二二シリングに上がれば一〇％の上昇だが、わずか七シリングのものが九シリングに上がっただけでも二八％七分の四の上昇率となり、非常に大きな上昇に聞こえる。いずれにせよ、借地農業者たちは大声でわめき立て、『ロンドン・エコノミスト』紙にいたっては、この飢餓線上の低賃金について、おおまじめに

「一般的かつ実質的な賃金上昇」だと書き立てた。(84) この時、借地農業者たちは何をしたか？ ドグマにこりかたまった経済学者の頭のなかで事態が推移するように、このすばらしい支払いの結果、農業労働者の数が増え、その賃金がふたたび下落に転じるまで待っただろうか？ いや、彼らはより多くの機械装置を導入し、あっという間に労働者は、借地農業者にとってさえ満足のいく割合で、ふたたび「過剰」になった。いまや農業には、以前より「多くの資本」が、しかもより生産的な形で投じられた。これによって労働に対する需要は相対的に減少しただけでなく、絶対的にも減少した。

(84) 『エコノミスト』一八六〇年一月二一日。

先の経済学上のフィクションは二つの法則を混同している。第一は、労働賃金の一般的運動、あるいは労働者階級すなわち総労働力と社会的総資本との関係を律している法則であり、第二は、特定の生産部門に労働者人口を分配している法則だ。たとえば好景気によってある特定の生産部門で蓄積がとくに活発におこなわれ、平均的利潤を上回る利潤が得られることで追加資本がこの部門に押し寄せてくれば、もちろん労働需要と労働賃金は上昇する。より高い労働賃金は、より多くの労働者人口をその有利な部門に吸引し、ついにはその部門の労働力が飽和状態になる。そしてやがて賃金はふたたび以前の平均水準に、あるいはあまりにも人が殺到すれば、それ以下にまで下落する。すると、この事業部門への労働者の流入が止まるだけではなく、流出が起こることさえある。こうした事例から、経済学者は、賃金の上昇による労働者の絶対的増加と、労働者の絶対的増加による賃金の減少が「どこで、どのようにして」生じるかを観察できると考えている。しかし、経済学者が実際に観察しているのは、ある特殊な生産部門の労働市場がみまわれている局所的変動にすぎない。彼は、変動する資本の欲求に応じて、労働者人口が種々の投資部門に分配される現象を見ているにすぎない。

産業予備軍は、停滞期や中位の好況期には労働者の現役軍を圧迫し、過剰生産期や発作的高揚期には現役軍の要求を抑制する。したがって相対的過剰人口は、労働の需給法則が運動するさいのバックグラウンドをなしている。相対的過剰人口は、この法則の作用範囲を、資本の搾取欲と支配欲とに絶対的に好都合な限度内に閉じこめておく役割を果たしている。さてここは、経済学の弁護論がおこなってきた大事業の一つに立ち帰って見るべき箇所だ。新しい機械装置が導入され、あるいは古い機械装置が拡張されると、それによって可変資本の一部が不変資本に変容する。これは資本を「拘束し」、まさにそれによって労働者を「遊離させる」操作だ。ここで想起すべきは、経済学の弁護論者が、この操作を、逆に労働者のために資本を遊離させる操作だと説明してきたことだ。いまようやく、われわれはこの弁護論者の厚顔無恥ぶりを完全に明らかにすることができる。遊離させられるのは、単に機械によって直接駆逐される労働者だけではない。彼らの交替要員もしかり、また従来の基盤の上で通常の事業拡大がおこなわれるさいに規則的に吸収される追加部隊もしかりだ。いまや彼ら全員が「遊離させられて」いる。そして、新たに機能しようとするすべての資本は彼らを自由に利用することができる。その資本に引き寄せられるのが彼らであろうと別の者であろうと、この資本が、機械によって市場に投げ出されたのと同じ数の労働者を市場から連れ戻すのになんとか足りているかぎりは、一般的な労働需要に対する影響はゼロだろう。しかし、資本がもっと少数しか使用しなければ過剰者の数が増加し、もっと多数を使用すれば、一般的な労働需要が増加する。ただし、増加するのは使用者数から「遊離した者」の数を差し引いた残りの超過分にすぎない。投資先を探す追加資本は、通常であれば一般的な労働需要に飛躍的な高まりをもたらしたはずだ。ところがいずれの場合でも、この高まりは、機械によって路上に投げ出された労働者で間に合う分だけ中和されてしまう。つまり資本主義的生産のメカニズムは、資本が絶対的に増加しても、それにあわせて一般的労働需要が高まらないように仕組まれている。そしてこの仕組みを、弁護論者は、失業した労働者が産業予備軍に封じ込められる過渡期に経験する窮乏や、苦悩や、ありうべき破滅に対する補償と呼んでいる！　労働に対する需要は資本の増加と同じではなく、労働の供給は労働者階級の増大と同じではない。だからここでは、二つの独立した力が相互に作用を及ぼしあっているわけではない。このサイコロはいかさまだ。資本は両方の側に同時に作用している。資本の蓄積が一方では労働への需要を増しているとすれば、他方でそれは、労働者を「遊離させる」ことによって、その供給をも増やしている。それと同時に、失業者の圧力は就業者にさらに多くの労働を差しだすように強いる。つまり失業者の圧力は、ある程度、労働の供給を労働者の供給から切り離すということだ。この基盤の上でなされる労働の需給法則の運動こそが、資本の専制を完成する。こうして労働者たちは、ある秘密をさぐりあてる。自分たちがより多く労働し、より多く他人の富を生産し、そして自分たちの労働の生産力が向上していくと、いったいなぜ、それに歩調を合わせて、資本の価値増殖手段としての自分たちの機能までが自分たちにとってますます不安定なものになっていくのか、という秘密を。そして彼らは、自分たちのあいだの競争の強度が、徹頭徹尾、相対的な過剰人口の圧力によるものであることを発見する。それゆえ彼らは、労働組合などを通じて、就業者と非就業者とのあいだの計画的な相互協力を組織化し、それによってあの資本主義的生産の自然法則が自分たちの階級にもたらす破滅的な結果を打破し、あるいは緩和しようとする。ところが労働者が以上のことに気づき、行動しようとするやいなや、資本とその追従者たる経済学者は、「永遠」にして、いわば「聖なる」需給法則のこの侵害に対して怒りをぶちまける。というのも、就業者と失業者とのあいだのあらゆる連帯は、かの法則の「純粋な」作用を妨害するからだ。ところがその一方で、たとえば植民地などで、不都合な諸事情から産業予備軍の創出が妨げられ、それとともに労働者階級の資本家階級への絶対的従属が妨げられると、ただちに資本は、凡庸なるサンチョ・パンサとともに「神聖なる」需給法則に反逆をくわだて、強制手段によってその作用を抑え込もうとする。

第四節　相対的過剰人口のさまざまな存在形態　資本主義的蓄積の一般法則

相対的過剰人口には、実にさまざまな濃淡が見られる。どの労働者も、半分しか就業していない期間、あるいはまったく就業していない期間は、過剰人口に属する。たとえば恐慌期には急性的に、不況期には慢性的に過剰人口があらわれるといったように、過剰人口には産業循環の局面転換に応じて周期的に反復する大きな形態がある。しかし、こうした大きな形態を別とすれば、過剰人口はつねに次の三つの形態をとる。すなわち流動的形態、潜在的形態、停滞的形態だ。

近代産業の中心——工場、マニュファクチュア、熔鉱場、鉱山など——では、労働者はある時にははじき出され、ある時には大量に吸収され、全体としては就業者数が増加していく。ただし生産規模に対するその割合はたえず減少していく。この場合、過剰人口は流動的形態をとって存在する。

本来の工場でも、機械装置が一部に取り入れられている大作業場でも、あるいは近代的分業がおこなわれているだけの大作業場でも、まだ少年期を過ぎていない男性労働者が多く必要とされている。しかし、成年期に達すると、そのまま同じ事業部門で使用される者はごく少数になり、大半は型どおりに解雇される。こうした人々は流動的過剰人口の一要素となり、この要素は産業の規模とともに増大する。その一部は移民となるが、実際には国外移転する資本の後を追っているにすぎない。それがもたらす結果の一つは、女性人口が男性人口よりも急速に増加することであり、それはイギリスの例からもみてとれる。労働者数の自然増加が資本の蓄積欲求を満足させることなく、しかも同時に蓄積欲求を超えていくというのは、資本の運動自体がもつ一つの矛盾だ。資本は年少労働者をより多く必要としているが、成人男性労働者はそれほど必要としていない。これよりもさらにはなはだしい矛盾は、何千人もの人々が失業しているその同じ時に、人手不足が嘆かれていることだ。それは分業が彼らを一つの特定の事業部門に縛りつけているからだ(85)。そのうえ資本による労働力の消費があまりにも急激なために、中年労働者は程度の差こそあれ、たいていはすでにくたびれている。彼らは過剰人口の列に転落するか、あるいはより高い等級からより低い等級へと格下げされる。ほかならぬ大工業で働く労働者たちこそが最も平均寿命が短い。

「マンチェスターの衛生官ドクター・リーが確認したところによれば、この都市の有産階級の平均寿命は三八歳だが、労働者階級の平均寿命はわずか一七歳だ。リヴァプールでは前者が三五歳、後者が一五歳だ。したがって特権階級の寿命は、より恵まれない市民同胞の二倍以上に達することになる(85a)」。

こうした事情のもとで、なおかつプロレタリアートのこの部分が絶対的に増加するためには、構成員が急速に消耗してもなお、その数を膨張させるような形態が必要となる。それはすなわち労働者の急速な世代交替だ（この法則は、人口中の他の階級についてはあてはまらない）。この社会的必要性は、大工業労働者の生活事情の必然的結果である早婚によって満たされ、そしてまた、労働者児童の搾取が児童たちの生産に付加するプレミアムによって満たされる。

(85) 一八六六年後半には、ロンドンで八万から九万の労働者が失業していたが、その半年間について、工場報告書には次のように記されている。「需要は、まさに供給が必要となった瞬間に、供給を生みだす、というのは必ずしも正しくないようだ。労働に関しては、これが当てはまらなかった。というのも、昨年は労働者不足のために多くの機械装置が遊休状態になっていたからだ」（『工場監督官報告書、一八六六年一〇月三一日』、八一ページ）。

(85 a) 一八七五年一月一四日のバーミンガム衛生会議で、当時の同市の市長、現在（一八八三年）の商務大臣J・チェンバレンが述べた開会の辞。

資本主義的生産が農業を征服するやいなや、あるいは征服する程度に応じて、農業で機能している資本の蓄積とともに、農業労働人口への需要は絶対的に減少していく。ところがここでは、非農業分野で見られたように、労働人口の排出がより大きな吸引によって埋めあわされることはない。したがって農業人口の一部は、たえず都市プロレタリアート、あるいはマニュファクチュア・プロレタリアートに移行する準備を整えており、この変容に有利な事情が訪れるのを待ち構えている(ここでいうマニュファクチュアとは、非農業分野の産業すべてをさす)(86)。それゆえ相対的過剰人口のこの泉は、たえずわき出している。しかし都市へと向かうそのたえざる流れは、農村自体がかかえる潜在的過剰人口を前提としている。ただし、その潜在的過剰人口の規模は、排水路が例外的に広く開け放たれた時にしか目に見えない。それゆえ農業労働者の賃金は最低限度にまでおし下げられ、彼らの片足はつねに貧窮の泥沼のなかにある。

(86) イングランドおよびウェールズの一八六一年の人口調査によれば、数え上げられた「都市の数は七八一、その総人口は一〇九六万〇九九八人だった。これに対して、村落および農村教区の人口は九一〇万五二二六人にすぎなかった。……一八五一年の人口調査では、五八〇の都市が数え上げられ、その人口は周辺の農村地区の人口とほぼ同じだった。しかし、農村地区の人口はその後の一〇年間でわずか五〇万人しか増加していないのに対し、五八〇の都市では一五五万四〇六七人増加している。農村教区での人口増加は六・五%、都市部の人口増加は一七・三%だ。この増加率の違いは農村部から都市部への人口移動によるものだ。人口の総増加の四分の三は、都市での増加で占められている」(『イングランドおよびウェールズの人口調査』第三巻、一一、一二ページ)。

相対的過剰人口の第三のカテゴリーである停滞的過剰人口は、現役労働者軍の一部をなしているが、その就業はまったく不規則なものだ。こうして彼らは、自由に使える労働力の汲めどもつきぬ貯水池を資本に提供している。彼らの生活状態は労働者階級の平均水準を下回り、まさにそのことによって彼らは資本特有の搾取部門をささえる幅広い基盤となる。最長の労働時間と最低の賃金がその特徴をなす。われわれは家内労働の項でその主要な姿をすでに見てきた。この種類の過剰人口はたえず大工業と大農業の過剰労働者から新規に補充される。とりわけ、手工業経営がマニュファクチュア経営に、マニュファクチュア経営が機械経営に敗北していく過程で没落していく産業部門がその供給原となる。蓄積の範囲とエネルギーが拡大し「過剰化」が進行すると、それにつれて過剰人口の範囲も広がっていく。同時に、この過剰人口は、労働者階級が自己を再生産し永続化するための一要素でもある。この要素は、他の諸要素よりも労働者階級全体の増加に大きな割合を占めている。実際、出生数や死亡数だけでなく、家族構成員の絶対数もまた、労働賃金に反比例している。すなわち、さまざまな部類の労働者が自由に使える生活手段の量が少なければ少ないほど、その家族構成員は多くなる。資本主義社会のこの法則は、未開人のあいだでは、あるいは文明化した植民地人のあいだでさえも、不合理に聞こえるだろう。そこには、個体としては弱く攻撃を受けやすい動物種が、大量に種を再生産することを思いおこさせるものがある。(87)

(87) 「貧困は生殖には好都合なもののように思われる」(アダム・スミス『国富論』第一篇第八章、ウェイクフィールド版、第一巻、ロンドン、一八三五年、一九五ページ)。気取った才人ガリアーニ神父によれば、これは神の特別に賢明な摂理ですらある。「神は、最も有用な職業をいとなむ人間が豊富に生まれるよう配慮された」（ガリアーニ『貨幣について』、七八ページ）。「窮乏は、餓死や疫病といった極限に行き着くまで、人口増加を抑制するよりはむしろ促進する」（S・レイング『国民の困窮』一八四四年、六九ページ）。レイングは、このことを統計的に説明した後に、次のように述べている。「全世界が快適な状態になれば、世界の人口はやがて減少するだろう」。

最後に、相対的過剰人口の最下層の沈澱物が住んでいるのは受救貧民たちの世界だ。浮浪者、犯罪者、売春婦、一言でいえば本来のルンペン・プロレタリアートを別とすれば、この社会層は三つのカテゴリーからなっている。第一は労働能力のある者。イギリスの受救貧民統計を一瞥するだけでも、彼らの数が恐慌のたびごとに膨張し、景気回復のたびごとに減少しているのが見てとれる。第二は孤児や貧困児童。彼らは産業予備軍の候補者であり、たとえば一八六〇年のような大好況期には急速かつ大量に現役労働者軍に編入される。第三は落伍者、零落者、労働不能者。これはとくに、分業によってつぶしがきかなくなったために落伍していく人々、労働者の平均年齢を超えて生き延びた人々、そして最後には、危険な機械装置、鉱山採掘、化学工場などで増える産業災害の犠牲者たち、すなわち障害者、病人、寡婦などだ。受救貧民は現役労働者軍の廃兵院であり、産業予備軍の死重〔重量バランスを取るための無駄荷〕だ。受救貧民の産出は相対的過剰人口の産出に組みこまれており、受救貧民の必然性は相対的過剰人口の必然性に組みこまれている。受救貧民は相対的過剰人口とともに、富の資本主義的な生産と発展の一つの存立条件をなしている。受救貧民は資本主義的生産の空費の一つだが、資本はこの空費の大部分を労働者階級および下層中間階級に肩代わりさせる術《すべ》を心得ている。

社会的な富、機能している資本、資本成長の規模とエネルギー、したがってまた、プロレタリアートの絶対数と彼らの労働の生産力、これらが大きくなればなるほど、産業予備軍もまた大きくなっていく。利用可能な労働力は、資本の膨張力を発展させるのと同じ原因によって発展させられる。したがって産業予備軍の相対的大きさは、富の力とともに増していく。しかしまた、現役労働者軍に対する予備軍の比率が大きくなればなるほど、固定化した過剰人口もますます増えていく。そして彼らの窮乏は、労働が苛酷になればなるほど一層深刻化する。最後に、労働者階級の極貧層と産業予備軍が大きくなればなるほど、公認の受救貧民もまた増大する。これが資本主義的蓄積の絶対的な一般法則だ。この法則は他のあらゆる法則と同様に、それが現実化するさいには種々の事情によって変化をこうむるが、そうした事情の分析はここでの課題ではない。

労働者にむかって、君たちの数を資本の価値増殖欲求に合わせるようにと説教を垂れる経済学の智恵がいかに愚かしいかが、これで分かるだろう。資本主義的生産と蓄積のメカニズムは逆に、労働者の数をたえずこの価値増殖欲求に適合させる。この適合の最初の言葉は、相対的過剰人口または産業予備軍の創出であり、その最後の言葉は、現役労働者軍のますます増大する層の貧困と、受救貧民という死重だ。

社会的労働の生産性が向上したおかげで、人力の支出を累進的に減らしながら、ますます大量の生産手段を動かせるようになるという法則——この法則は、労働者が労働手段を使用するのではなく、労働手段が労働者を使用する資本主義的基盤の上では、次のような形であらわれてくる。すなわち労働の生産力が高まれば高まるほど、労働者は自分たちの雇用手段に大きな圧力をかけることになり、その結果、他人の富の増殖のために、あるいは資本の自己増殖のために自分の力を売るという彼らの存在条件は、ますます不安定化していく。したがって生産手段と労働生産性が生産人口よりも速く増大することは、資本主義的には逆に、労働者人口が資本の価値増殖欲求よりもつねにより速く増大するという形であらわれてくる。

第四篇で相対的剰余価値生産の分析をおこなったさいに、われわれは次のことを確認した。資本主義体制の内部では、労働の社会的生産力を高めるための方法は、すべて個々の労働者の犠牲の上に立って実行されること。生産拡大のためのあらゆる手段は生産者を支配し搾取する手段に一変すること。そして労働者を一個の部分人間に切りつめ、機械の付属品に貶《おとし》め、彼らの労働の苦痛によって労働の内実を破壊すること。さらに、科学が独立した力として労働過程に一体化されるにしたがって、労働過程がもつ精神的な力を労働者から疎外すること。こうした手段は、労働者が働くための条件をゆがめ、労働過程のあいだ、彼らをきわめて矮小卑劣な専制に隷属させ、彼らの生活時間を労働時間に変容させ、彼らの妻子を資本のジャガノート車輪の下に投げこむこと、などだ。しかし、剰余価値生産のための方法はすべて、同時に蓄積の方法でもあり、そしてまた逆に、蓄積の拡大はすべて、剰余価値生産の方法の発展手段となる。したがって、資本が蓄積されればされるほど、労働者の状態は、受けとる支払い額が多かろうが少なかろうが、悪化せざるをえないことになる。最後に、相対的過剰人口または産業予備軍がつねに蓄積の規模やエネルギーと均衡を保つようにしむける法則は、ヘファイストス〔ギリシア神話中の炎と鍛冶の神〕の楔《くさび》がプロメテウスを岩に釘づけにしたよりもさらに固く、労働者を資本に釘づけにする。その法則は、資本の蓄積に対応する貧困の蓄積を必然的にもたらす。したがって一方の極での富の蓄積は、同時にその対極、すなわち自分自身の生産物を資本として生産する階級の側での貧困、労働苦、奴隷状態、無知、粗暴化、道徳的頽廃の蓄積となる。

資本主義的蓄積のこの敵対的性格は、(88) 経済学者たちによってさまざまな形で表明されている。とはいえ彼らは、部分的には類似しているものの本質的には異なる前資本主義的生産様式の諸現象を、それと混同している。

(88)「こうして日に日に、次のことが明らかになっていく。ブルジョワジーの活動の舞台をなす生産関係は、統一的で単純な性格をもつものではなく、二重的な性格をもっていること、富が生産されるのと同じ諸関係のなかで、貧困もまた生産されること、生産力が発展するのと同じ諸関係のなかで、抑圧的な力もまた発展していくこと、その諸関係がブルジョワ的な富、すなわちブルジョワ階級の富を生産しようとすれば、必然的に、ブルジョワ階級の個々の成員の富をたえず破壊し、つねに増大するプロレタリアートを生産せざるをえないこと、などがそれだ」(カール・マルクス『哲学の貧困』、一一六ページ)。

一八世紀経済学の偉大な著作家の一人、ヴェネツィアの僧オルテスは、資本主義的生産が生み出す敵対関係を社会的な富の一般的自然法則として捉えている。「経済的な善と経済的な悪は、一国のなかではつねに均衡を保っている。ある人々にとって財が豊富にあるということは、つねに他の人々にとって財が不足していることに等しい。ある人々の巨大な富には、それよりはるかに多くの他者から必要物を有無を言わさず奪い取る行為がつねにつきまとっている。一国の富はその国の人口に対応しており、その貧困はその富に対応している。ある人々の勤勉は、他の人々に怠惰《たいだ》を強要する。貧者と怠惰者は、富者と勤勉者が必然的に生み出す果実だ」(89)、等々。

オルテスに遅れること約一〇年、高教会の新教牧師タウンゼンドは、実に粗野な語り口で、貧困を富の必然的条件として賛美した。「労働を法律によって強制しようとすれば、あまりにも手間がかかり、無理強いや騒動がつきまとう。それに比べると飢餓は、平和的で口数が少なく、途切れることのない圧力となるだけではなく、勤勉と労働への最も自然な動機として最大の努力を呼び起こす」。

つまり、すべては労働者階級のあいだで飢餓を永続化できるかどうかにかかっているというわけだ。タウンゼンドによれば、その永続化に貢献しているのは、とりわけ貧民のあいだに作用している人口原理だという。「貧民がある程度まで軽率な人々」(つまり、生まれてくる時に、金のスプーンを口にくわえるのをうっかり忘れるほどに軽率な人々)「であること、したがって公共社会の最も下賤で、不潔で、下等な役目を果たす人が必ずある程度は存在すること、これは一つの自然法則のように思える。人類の幸福の原資は、それによって非常に増大している。だからこそ、もっと優雅な人々は労苦から免れ、より高尚な職業に心おきなく携わることができる。……神と自然がこの世に設けられたこの制度の調和と美、均整と秩序を、救貧法は破壊する傾向がある」(90)。

かのヴェネツィアの僧は、貧困を永続化する運命の定めのなかに、キリスト教的慈善や独身制、修道院や宗教施設の存在理由を見いだしていた。ところが逆に、この新教の牧師は、貧民にわずかばかりの公的扶助を受ける権利を保障している法律を非難するための口実をそこに見いだしている。――シュトルヒは言っている。「社会的な富の進歩は、社会にとって有用なあの階級を生みだす。……この階級は、最も退屈で、最も下等で、最も厭うべき仕事を、一言でいえば、人生における不快で奴隷的なものすべてを肩に背負っている。そしてまさにそうすることによって、彼らは別の階級が余暇や、精神の軽やかさや、しきたりを重んじる」（うまい表現だ！）「品格をもてるようにしてやっているのだ、云々」[91]。

シュトルヒは自問する。民衆に貧困と堕落をもたらすこの資本主義的文明は、そもそも未開社会に比べてどんな長所をもっているのか？　と。彼が思いつく答えはただ一つ、安全だ！　シスモンディは言う。

「産業と科学の進歩によって、各労働者は自分が消費するために必要なものより、はるかに多くのものを日々生産できるようになる。しかし同時に、彼の労働が富を生産する一方で、もしも労働者自身がその富を消費しなければならない立場に置かれれば、その富は労働者を労働にあまり適さない者へと変えてしまうだろう」。シスモンディによれば、「芸術の完成であれ、産業がわれわれに与えてくれる快楽であれ、それを手に入れるには労働者がこなすようなたえざる労働によってそれらを購入しなければならないとなれば、人間」（つまり非労働者）「は、おそらくそれらすべてを断念するだろう。……努力は今日、それに対する報酬から切り離されている。同じ人間がまず労働をしてから、休息をとるのではない。そうではなく、ある人が労働するからこそ、他の人が休まねばならないのだ。……したがって、労働の生産力が無限に増大したとしても、それがもたらす結果は、暇な金持ちの贅沢と享楽の増加でしかありえない[92]」。

最後に、冷血なブルジョワ理論家デステュット・ド・トラシーは、無慈悲にこう言ってのける。

「貧しい国とは、民衆が安楽に暮らしている国のことであり、豊かな国とは民衆が一般に貧しい国のことだ」[93]。

(89) G・オルテス『国民経済について、全六巻、一七七四年』、クストディ、近代篇、第二一巻、六、九、二二、二五ページほか。オルテスは同書三二ページでこう述べている。「民衆の幸福には役立ちそうもない諸体系を提示する代わりに、わたしは民衆の不幸の原因を探究することに論点をしぼりたい」。

(90) 『救貧法についての一論。人類の幸福を願う者(牧師J・タウンゼンド師)による著作、一七八六年』新版、ロンドン、一八一七年、一五、三九、四一ページ。ここで引用したこの「上品な」坊主の著作と彼のスペイン旅行記は、マルサスによってしばしば何ページにもわたって書き写されている。しかし、当のタウンゼンド牧師の理論は、大部分、サー・ジェイムズ・ステュアートからの借用であり、しかもそれを歪曲したものだ。たとえばステュアートは、「この奴隷制には、人間を」(非労働者のために)「勤勉にするための暴力的方法が存在していた。……かつては、人間が他人の奴隷であったがゆえに、労働」(すなわち他人のための無償労働)「を強制された。今日では、人間が自分自身の欲望の奴隷であるがゆえに、労働」(すなわち非労働者のための無償労働)「を強制されている」と述べている。しかし、そのように言ったからといって、ステュアートは、あの太った牧師のように、賃金労働者はつねに空腹であるべきだなどと結論づけることはなかった。ステュアートは逆に、賃金労働者の欲望を増大させ、その欲望の数を増やすことで、「より優雅な人々」のための労働をも同時に刺激しようとした。

(91) シュトルヒ『経済学教程』ペテルスブルク版、一八一五年、第三巻、二二三ページ。

(92) シスモンディ『新経済学原理』第一巻、七九、八〇、八五ページ。

(93) デステュット・ド・トラシー『意志とその作用についての論考』、二三一ページ。

第五節　資本主義的蓄積の一般法則の例示

a　一八四六―一八六六年のイギリス

資本主義的蓄積を研究するにあたって、近代社会が経てきた過去二〇年間ほど好都合な時期はない。それは思わぬ掘り出し物を探し当てたような時代だ。しかし、あらゆる国のなかでも典型的な実例を提供しているのは、やはりイギリスだ。なんといってもイギリスは、世界市場で首位の座を維持し、資本主義的生産様式が完全に発達した唯一の国であり、そして最後に、一八四六年以来、自由貿易の千年王国が到来したことによって、俗流経済学の最後の逃げ道が遮断されたからだ。生産が巨大な進歩をとげたこと、しかもこの二〇年間の後半は、前半をはるかに凌ぐ勢いで進歩したことは、すでに第四篇で十分に示唆しておいた。

過去半世紀、イギリスの人口の絶対的増加は非常に大きなものだったが、それでもその相対的増加、すなわち増加率は、政府の人口調査から借用した次表が示すように、継続的に減少した。

一〇年ごとのイングランドおよびウェールズの年間人口増加百分率

一八一一―一八二一年　一・五三三％
一八二一―一八三一年　一・四四六％
一八三一―一八四一年　一・三二六％
一八四一―一八五一年　一・二一六％
一八五一―一八六一年　一・一四一％

他方、富の増加を見てみよう。これについて最も確実な手がかりとなるのは、所得税の対象となる利潤や地代などの動きだ。納税義務を負う利潤（借地農業者およびその他のいくつかの項目は含まれない）は一八五三年から一八六四年までのグレートブリテンで五〇・四七％（すなわち年平均四・五八％）[94]増加したが、この同じ期間の人口増加は約一二％だった。課税対象となる土地（家屋、鉄道、鉱山、漁場などを含む）の賃貸料は、一八五三年から一八六四年までに三八％、すなわち年三％一二分の五増加しているが、そのうち最も大きな割合を占めたのは、以下の諸項目だった。[95]

	一八五三―一八六四年までの年間所得の増加率	年増加率
家屋	三八・六〇%	三・五〇%
採石場	八四・七六%	七・七〇%
鉱山	六八・八五%	六・二六%
製鉄所	三九・九二%	三・六三%
漁場	五七・三七%	五・二一%
ガス製造所	一二六・〇二%	一一・四五%
鉄道	八三・二九%	七・五七%

(94)『国内所得調査委員会第一〇次報告書』ロンドン、一八六六年、三八ページ。

(95) 同前。

一八五三―一八六四年の期間を四年ごとに区切って比較すると、所得の増加率は継続的に増えている。たとえば、利潤から生じる所得の増加率は、一八五三―一八五七年には年平均一・七三%、一八五七―一八六一年には年平均二・七四%、一八六一―一八六四年には年平均九・三〇%となっている。連合王国で所得税の課税対象となった所得総額は、一八五六年には三億〇七〇六万八八九八ポンド、一八五九年には三億二八一二万七四一六ポンド、一八六二年には三億五一七四万五二四一ポンド、一八六三年には三億五九一四万二八九七ポンド、一八六四年には三億六二四六万二二七九ポンド、一八六五年には三億八五五三万〇〇二〇ポンドだった。[96]

(96)　これらの数字は比較のためには十分だが、絶対額としては誤りだ。というのも、毎年おそらく一億ポンドにものぼる所得が「秘匿」されているからだ。国内所得調査委員たちは、いずれの報告書でも、とくに商工業の分野でおこなわれている組織的なごまかしについて繰り返し苦言を呈している。そこでは、たとえば次のように言われている。「ある株式会社は、課税対象となる利潤を六〇〇〇ポンドと申告していたが、徴税官はそれを八万八〇〇〇ポンドと査定し、結局はこの査定に基づいて納税がなされた。もう一つ別の会社は、一九万ポンドの申告をおこなったが、実際額は二五万ポンドだったことを白状させられた」(同前、四二ページ)。

資本の蓄積には、同時にその集積と集中がともなっていた。イングランドには公式の農業統計がなかったが(ただしアイルランドにはあった)、一〇の州からは任意に提出されていた。それによれば、この一〇州では、一八五一年から一八六一年までに一〇〇エーカー未満の借地農場が三万一五八三から二万六五六七に減少している。つまり五〇一六がもっと大規模な借地農場に合併されたということだ。[97]一八一五年から一八二五年までは、相続税の課税対象となった一〇〇万ポンド以上の動産は一件も見られなかったが、一八二五年から一八五五年までには八件、一八五五年から一八五九年六月までの四年半のあいだには四件見られた。[98]しかし、集中の進み具合は、一八六四年と一八六五年の項目D(借地農業者などを除いた利潤)に対する所得税を簡単に分析してみれば、一番よく分かるだろう。

あらかじめ断っておくが、この源泉からの所得は、六〇ポンドを超えるものについて所得税を払うことになっている。納税義務を負うこの所得は、イングランド、ウェールズ、スコットランドの総計で、(99)一八六四年には九五八四万四二二二ポンド、一八六五年には一億〇五四三万五七八七ポンドとなっており、納税者数は一八六四年には、総人口二三八九万一〇〇九人のうち三〇万八四一六人、一八六五年には、総人口二四一二万七〇〇三人のうち三三万二四三一人だった。両年度のこの所得の配分については以下の表がある。

	一八六四年四月五日までの一年間		一八六五年四月五日までの一年間	
	利潤所得（ポンド）	人数	利潤所得（ポンド）	人数
総所得	九五、八四四、二二二	三〇八、四一六	一〇五、四三五、七八七	三三二、四三一
そのうち	五七、〇二八、二九〇	二三、三三四	六四、五五四、二九七	二四、〇七五
そのうち	三六、四一五、二二五	三、六一九	四二、五三五、五七六	四、〇二一
そのうち	二二、八〇九、七八一	八二二	二七、五五五、三一三	九七三
そのうち	八、七四四、七六二	九一	一一、〇七七、二三八	一〇七

(97)『人口調査』前出〔註86参照〕、二九ページ。一五〇人の地主がイングランドの土地の半分を所有し、一二人の地主がスコットランドの土地の半分を所有しているというジョン・ブライトの主張は、覆されることはなかった。

(98)『国内所得調査委員会第四次報告書』ロンドン、一八六〇年、一七ページ。
(99) これらは純所得、すなわち法律で認められている一定の控除額を差し引いた後の額だ。

連合王国で生産された石炭は、一八五五年には六一四五万三〇七九トン、その価値は一六一一万三二六七ポンド、一八六四年には九二七八万七八七三トン、その価値は二三一九万七九六八ポンド、銑鉄は、一八五五年には三二一万八一五四トン、その価値は八〇四万五三八五ポンド、一八六四年には四七六万七九五一トン、その価値は一一九一万九八七七ポンドだった。連合王国で経営されていた鉄道は、一八五四年には総延長八〇五四マイル、投下資本二億八六〇六万八七九四ポンド、一八六四年には、総延長一万二七八九マイル、投下資本四億二五七一万九六一三ポンドだった。連合王国の総輸出入額は、一八五四年には二億六八二一万〇一四五ポンド、一八六五年には四億八九九二万三二八五ポンドだった。次表は輸出額の動向を示したものだ。

一八四七年	五八、八四二、三七七ポンド
一八四九年	六三、五九六、〇五二ポンド
一八五六年	一一五、八二六、九四八ポンド
一八六〇年	一三五、八四二、八一七ポンド
一八六五年	一六五、八六二、四〇二ポンド

一八六六年　一八八、九一七、五六三ポンド(100)

(100) 一八六七年三月現在、インドシナ市場はイギリス綿工業者からの委託出荷のために、ふたたび完全な供給過剰となっている。一八六六年には綿工業労働者に対する五％の賃金引き下げが始まり、一八六七年には同様の措置のために、プレストンで二万人規模のストライキが始まった。〔これはその直後に到来した恐慌の前奏曲だった。――F・エンゲルス〕

これらわずかなデータを見ただけでも、イギリスの戸籍長官が発した次のような勝利の叫びが理解できる。

「たしかに人口増加は急激だったが、それでも産業と富の進展には追いつかなかった(101)」。

そこでわれわれは、その産業の直接の担い手であり、この富の生産者である人々、すなわち労働者階級に目を転じよう。グラッドストンは言う。

「民衆の消費力が減退し、労働者階級の窮乏や貧困が増大しているのに、時を同じくして、上層階級にはたえざる富の蓄積が生じ、資本のたえざる増大が進行していることは、この国の社会状態の最も憂鬱な特性の一つだ(102)」。

この物分かり良さげな大臣は、一八四三年二月一三日に下院でこう発言した。その彼が、それから二〇年後の一八六三年四月一六日には、予算案提示演説でこう述べている。

「一八四二年から一八五二年までに、この国の課税対象所得は六％増加した。……一八五三年から一八六一年までの八年間には、一八五三年を基準にすれば二〇％増加している。この事実はあまりにも驚くべきもので、にわかには信じがたいほどだ。……この富と力の夢のような増大……それはまったく有産階級にのみ限られているが、しかし……しかし、それは一般に消費される品物を安くするため、労働者人口にとっても間接的な利益となっているはずだ。――富者はますます豊かになったが、貧者もまた貧乏ながら貧しさの度合いを減じた。ただし私は、極端な貧困が軽減されたとまでは、あえて言わない」(103)。なんと情けない竜頭蛇尾だろうか！　もし労働者階級があいかわらず「貧乏」で、彼らが有産階級のために生産した「富と力の夢のような増大」と同じ割合で「貧しさの度合いを減じた」だけならば、労働者階級は相対的にはあいかわらず貧乏だということだ。極端な貧困が軽減されなかったのであれば、それは増加している。なぜなら極端な富裕は増加しているからだ。生活手段の価格低下に関しては、公式の統計、たとえばロンドン孤児院のデータがある。それによれば、一八六〇年から一八六二年までの三年間の平均価格は、一八五一年から一八五三年の三年間に比べて二〇％上昇している。続く三年間、一八六三―一八六五年には、肉類、バター、牛乳、砂糖、塩、石炭、その他多くの生活必需品が継続的に騰貴している(104)。一八六四年四月七日におこなわれたグラッドストンの以下の予算演説は、利殖の進展を讃え、同時に「貧困」によってほどほどに抑えられた民衆の幸福を讃えるピンダロス風祝勝歌だ。彼は「受救貧民になりかけている」大衆について語り、「賃金が上がらなかった」事業部門について語り、最後に、労働者階級の幸福を次のような言葉で要約している。「人間の生活は十のうち九までが生存のための闘争でしかない」[105]。

グラッドストンと異なり、公的な配慮に縛られていないフォーセット教授は、あっさりとこう断言する。「もちろんわたしは」(最近数十年間にみられた)「この資本の増大とともに、貨幣賃金も上昇したことを否定はしない。しかし、この見かけ上の利益は、ほとんどがふたたび失われてしまう。なぜなら多くの生活必需品が恒常的に値上がりするからだ」(彼はこれが貴金属の価値下落によるものだと信じている)。「……富者は急速に富を増しているが、労働者階級の福利にはいかなる向上も感じられない。……労働者はほとんど、自分たちの債権者である小売商人の奴隷と化している」[106]。

(101) 『人口調査』前出(註86参照)、一一ページ。

(102) 一八四三年二月一三日、下院におけるグラッドストンの演説。(『タイムズ』一八四三年二月一四日。——ハンサードの議事録、二月一三日)。

(103) 一八六三年四月一六日の下院でのグラッドストンの演説。『モーニング・スター』四月一七日。

(104) 青書『連合王国雑統計、第六部』ロンドン、一八六六年、二六〇—二七三ページ各所。孤児院の統計などの代わりに、王室の子女の結婚資金を擁護するための政府刊行物の弁論なども証拠として役立つだろう。そこでは生活手段の騰貴に言及することが、けっして忘れられていない。

(105) 一八六四年四月七日の下院でのグラッドストンの演説。ハンサードの議事録では、次のような文章になっている。「さらに、もっと一般的に言えば、人生は大多数の場合、生存のための闘争でしかない」。——一八六三年と一八六四年のグラッドストンの予算演説に繰り返し見られる明白な矛盾を、一人のイギリス人著作家は、次のようなボアロー(**)の引用によって特徴づけている。

「ここに、こんな男がいる。彼は白から黒に行く。
夕べ感じたことを、朝になると自分で責める。
他人を煩わせ、自分も困るが、
衣装を変えるように、たえず心を変える。」

(〔H・ロイ〕『為替相場の理論』ロンドン、一八六四年、一三五ページ〔から引用〕)

(106) H・フォーセット『イギリスの労働者の経済的地位』、六七、八二ページ。労働者が小売商人への従属を強めているのは、労働者の就業の不安定さと中断が増している結果だ。

(*) 第四版では「変化をうけた」となっている。

(**) 第一版から第四版までは、モリエール、となっている。

どのような事情の下で、イギリスの労働者階級が有産階級のために「富と力の夢のような増大」を作りだしてきたかは、労働日と機械装置を取り上げた諸篇で明らかにした。しかしそれらの箇所で主に取り上げたのは、社会的機能を果たしているあいだの労働者だった。蓄積の法則を十分に明らかにするには、作業場の外での労働者の状態、その食と住の状態も視野に入れる必要がある。本書が扱いうる限度として、ここではとくに工業プロレタリアートと農業労働者のうちで最悪の支払いを受けている部分、すなわち労働者階級の過半数をなす部分について考察する。

その前になお一言、公認の受救貧民、すなわち労働力の販売という生存条件を失い、公共の施しによって露命をつないでいる労働者階級部分について述べておきたい。公認の受救貧民名簿には、イングランドでは、(107) 一八五五年に八五万一三六九人、一八五六年に八七万七七六七人、一八六五年に九七万一四三三人が登録されていた。綿花飢饉の結果、一八六三年と一八六四年には、それぞれ一〇七万九三八二人および一〇一万四九七八人に膨張した。ロンドンを最も激しく襲った一八六六年の恐慌時には、スコットランド王国よりも多くの人口を擁するこの世界市場の中心地で、一八六五年に比べて一九・五％、一八六四年に比べて二四・四％も受救貧民が増加した。しかも一八六七年の最初の数カ月間には、一八六六年よりもさらに大きな増加率が見られた。貧民統計を分析するさいには、とくに二つの点に注意を払わねばならない。第一は、貧民人口の干満運動には、産業循環の周期的局面転換が反映しているということ。第二は、資本の蓄積とともに階級闘争が、そしてそれゆえに労働者の自覚が強まっていき、それにつれて公式統計は、受救貧民の実際の規模についてますます欺瞞的になっていくということだ。たとえば、イギリスの新聞（『タイムズ』、『ペル・メル・ガゼット』など）は、過去二年間、受救貧民の扱いに見られる野蛮さを声高に叫んできたが、こうした野蛮さは、いまに始まったことではない。F・エンゲルスは一八四四年の時点で、まったく同じ野蛮と、そしてまったく同じ声高な叫びを確認していた。その叫びは一時的で偽善的な「きわもの文学」の部類に属するものだった。しかし、最近一〇年間に、ロンドンで餓死が恐ろしいほど増加したことは、労働者が救貧院(108)の、すなわちこの貧困刑務所の奴隷状態にいかに嫌悪感を募らせているかを、まごうことなく証明している。

(107) イングランドという場合には、つねにウェールズが含まれる。グレートブリテンという場合にはイングランド、ウェールズ、スコットランドが含まれ、連合王国には、この三国とアイルランドが含まれている。

(108) アダム・スミスにとっては、workhouse〔救貧院〕という言葉が、まだ往々にしてmanufactory〔工場建物〕という言葉と同義だった。このことは、スミスの時代以来、いかなる進歩がなされてきたかについて、独自の光を投げかけている。たとえば分業に関する章の冒頭で、彼はこう述べている。「同じ作業の異なる各部門で使用されている人々は、よく同じworkhouseに集められていることがある」。

b　イギリス工業労働者階級の低賃金層

次に、工業労働者階級の低賃金層に目を向けてみよう。一八六二年の綿花飢饉のさなかに、ドクター・スミスは枢密院の委託を受け、ランカシャーとチェシャーの疲弊した綿工業労働者の栄養状態調査をおこなった。以前におこなった長期観察から、彼はあらかじめ次の結論を得ていた。すなわち「飢餓病を免れるためには」、平均女性の一日分の食料は最低三九〇〇グレーン〔一封度《ポンド》＝七〇〇〇グレーン〕の炭素と一八〇グレーンの窒素を、平均男性の一日分の食料は最低四三〇〇グレーンの炭素と二〇〇グレーンの窒素を含んでいなければならない。つまり女性には二封度《ポンド》の良質の小麦パンに含まれるのとほぼ同量の栄養素が必要であり、男性にはそれよりも九分の一多い量が必要とされる。男女の成人を合わせた週平均でいえば、最低二万八六〇〇グレーンの炭素と一三三〇グレーンの窒素が必要となる。これがドクター・スミスの結論だった。当時の綿工業労働者の消費は危機的状況のために乏しい栄養量に押し下げられていたが、ドクター・スミスの計算は、まさにその水準と一致したことで、奇しくも実際にその有効性が確証された。一八六二年一二月に綿工業労働者たちが与えられていたのは、週に二万九二一一グレーンの炭素と一二九五グレーンの窒素だった。

一八六三年に枢密院は、イギリスの労働者階級のうち栄養状態の最も悪い部分の窮状について調査をおこなうよう命じた。枢密院医務官ドクター・サイモンは、この作業に上記のドクター・スミスを任命した。ドクター・スミスの調査は、一方では農業労働者に、他方では絹織工、裁縫女工、革手袋製造工、靴下編み工、手袋織工、靴製造工にまで及んでいる。後の方のカテゴリーは、靴下編み工を除けばすべて都市労働者だ。それぞれのカテゴリーのなかから、最も健康で相対的に最も恵まれている家族を選ぶことが調査の原則とされた。

一般的結果として判明したのは次のことだった。「調査の対象となった都市労働者のグループのうち、窒素の供給が飢餓病発生の限度となる絶対的最低限度をわずかに上回っていたグループは一つしかなかった。二つのグループでは窒素含有食品も炭素含有食品もともに供給不足で、ことにそのうちの一つのグループでは、きわめて深刻な不足が見られた。調査対象となった農業家族のなかでは、五分の一以上が、炭素含有食品の最低必要量を摂取しておらず、三分の一以上が窒素含有食品の最低必要量を摂取していなかった。三つの州（バークシャー、オクスフォードシャー、サマセットシャー）では、窒素含有食品の最低量を割りこむ不足が平均的な状態だった」(109)。農業労働者のうちでは、連合王国中の最裕福国であるイングランドの農業労働者が、一番栄養状態が悪かった(110)。農村労働者全般のなかで栄養不足に陥っていたのは主に女性と子供だった。というのも、「男は仕事をするために食わねばならない」からだ。さらに不足が甚だしかったのは、調査対象となった都市労働者のカテゴリーだった。「彼らの栄養状態はきわめて劣悪で、そのため多くのケースで、残酷かつ健康破壊的な窮乏状態が生じているに違いない」（これらすべてが資本家の「禁欲」というわけだ！　すなわち彼らの労働者が単に露命をつなぐためにも欠かすことのできない生活手段の支払いを断念する「禁欲」なのだ！）。[111]

(109)『公衆衛生、第六次報告書、一八六三年』ロンドン、一八六四年、一三ページ。

(110) 同前、一七ページ。

(111) 同前、一三ページ。

次の表は、上記の純粋な都市労働者カテゴリーの栄養状態と、最困窮期の綿工業労働者の栄養水準、およびドクター・スミスが想定する最低限度とを比較対照したものだ。[112]

男女両性	週平均炭素摂取量（グレーン）	週平均窒素摂取量（グレーン）
五つの都市事業部門	二八、八七六	一、一九二
ランカシャーの失業工場労働者	二九、二一一	一、二九五
男女同数としてランカシャー労働者のために提案された最低量	二八、六〇〇	一、三三〇

(112) 同前、付録、二三二ページ。

調査対象となった工業労働者カテゴリーの半数一二五分の六〇は、まったくビールを飲めず、二八％は牛乳を摂取していなかった。家族あたりで摂取する流動食品の週平均量は、裁縫女工の七オンスから靴下編み工の二四オンス四分の三までの上下幅があった。牛乳をまったく飲んでいない者の大半はロンドンの裁縫女工で占められていた。週に消費されるパン原料の量は、裁縫女工の七封度《ポンド》四分の三から靴製造工の一一封度《ポンド》四分の一までの上下幅があり、成人一人あたりの週平均は九・九封度《ポンド》だった。砂糖（シロップなど）は、革手袋製造工の週四オンスから靴下編み工の一一オンスまでの上下幅があり、全カテゴリーについての週あたりの総平均は、成人一人につき八オンスだった。バター（脂肪類など）の週あたり総平均は成人一人につき五オンスだった。肉類（ベーコンなど）の成人一人あたりの週平均は、絹織工の七オンス四分の一から革手袋製造工の一八オンス四分の一までの上下幅があり、種々のカテゴリーの総平均は一三・六オンスだった。成人一人あたりの一週間の食費については次のような一般的平均値が得られた。絹織工二シリング二ペンス半、裁縫女工二シリング七ペンス、革手袋製造工二シリング九ペンス半、靴製造工二シリング七ペンス四分の三、靴下編み工二シリング六ペンス四分の一。マックルズフィールドの絹織工の週平均はわずかに一シリング八ペンス半だった。栄養状態が最も悪いカテゴリーは、裁縫女工、絹織工、革手袋製造工だった。(113)

(113) 同前、二三二、二三三ページ。

ドクター・サイモンは、こうした栄養状態について、彼の一般衛生報告書のなかで次のように述べている。

「栄養失調が病気を引き起こし、また悪化させるケースが無数にあることは、貧民医療に通じ、入院患者にせよ外来患者にせよ、病院患者に通じている者ならばだれしも認めるだろう。……しかし、衛生上の見地からは、ここにもう一つ決定的に重要な事情が付け加わる。……忘れてならないことは、食物を奪われるのは非常に耐え難いことだということであり、それゆえ通常は、食物の大幅な不足は、それに先立つ他のさまざまな欠乏が生じた後にはじめて生じるということだ。栄養失調が衛生上の重大問題になるはるか以前に、また生理学者が生死の境目となる窒素と炭素のグレーン値の計算を思いつくはるか以前に、家政からは、あらゆる物質的利便が完全に奪われていたことだろう。衣類や燃料は、食物よりもいっそうひどく欠乏していたことだろう。気候の厳しさをしのぐ十分な備えもなく、居住空間は病気の発生や悪化の原因となるほどに切りつめられ、家財道具や家具はほとんど跡かたもなく失われ、清潔さを保つことさえ贅沢なことに、あるいは困難なことになっていたことだろう。かりに自尊心から清潔さを保つ努力がなされたとしても、そうした努力の一つひとつが、さらなる飢餓の苦しみを自覚させる。その住まいは、最も安い価格で雨露をしのげる場所へと向かうだろう。すなわち衛生警察が最も成果をあげられない地区へ、最も水はけが悪く、最も交通が不便で、最も汚物に満ちあふれ、最も給水が乏しく劣悪な地区へ、そして都市では最も日照と空気が不足している地区へと向かうだろう。食料不足にまで及ぶような貧困は、必ずやこうした衛生上の危険にもさらされている。こうした害悪が総計されれば、生命にとっては恐るべき大きなものになるが、しかし単なる食料不足だけでもすでに十分恐ろしい。……しかも、ここで問題になっている貧困が怠惰による自業自得によるものではないことを思えば、こうしたことは考えるだに胸が痛む。これは労働する者たちの貧困だ。しかり、都市労働者についていうならば、一片の食料を買うための労働が、ほとんどの場合、際限なく延長されている。それでもなお、この労働が自活するのに足るものであるとは、きわめて限定的にしかいえない。……きわめて大きな尺度でいえば、名目だけの自活は、長短の差はあっても、受救貧民へと向かう回り道でしかない」(114)。

(114) 同前、一一四、一一五ページ。

きわめて勤勉な労働者層の飢餓の苦しみと、富者が資本主義的蓄積の土台に立っておこなう、あるいは粗野な、あるいは洗練された奢侈的消費とのあいだに潜む内的関連は、経済学の法則を知らなければ見えてこない。しかし、住宅事情はそうではない。生産手段の集中が進めば進むほど、それに応じて同じ空間に労働者が密集するようになる。したがって資本主義的蓄積の進展が急速であればあるほど労働者の住宅事情が悲惨さを増すことは、先入観のない観察者ならだれもが見てとれる。富の進歩にともなって都市の「改良」が進み、陋屋《ろうおく》が集まる地区が取り壊され、銀行や大商店などの巨大建築物が建てられ、取引用の往来や豪華な馬車のために道路が拡張され、鉄道馬車が敷設される。しかしそれによって貧民がますます劣悪で密集した片隅へと追いやられていくことは一目瞭然だ。その一方で、だれもが知っているように、住宅は価格の上昇に反比例して質が低下していき、不動産投機家たちは、貧困という鉱山を採掘することで、かつてポトシ鉱山から採掘したよりも多くの利潤を、より少ない費用で搾り取っている。資本主義的蓄積に内在し、それゆえ資本主義的所有関係一般に内在している敵対的性格が、ここでは誰の目にも明らかになる。それゆえこの対象については、イギリス政府の報告ですら、「所有とその権利」に対する異端的な攻撃に満ちているほどだ。工業の発達、資本の蓄積、都市の成長と美化にともなって、同じ歩調で弊害もまた増大した。伝染病は「お偉方」であろうがお構いなしに感染する。その伝染病への恐怖からだけでも、一八四七年から一八六四年までに一〇を下らない衛生警察関係の議会条例が施行された。リヴァプール、グラスゴーなどいくつかの都市では、不安に駆られたブルジョワ層が市当局を通じて介入した。それにもかかわらず、「一般的にいえば、イングランドの劣悪な状態は取り締まられていない」とドクター・サイモンは一八六五年の報告のなかで叫んでいる。枢密院の命令によって、一八六四年には農村労働者の住宅事情に関する調査が、一八六五年には都市の下層貧民階級の住宅事情に関する調査がおこなわれた。『公衆衛生』第七次および第八次報告書のなかには、ドクター・ジュリアン・ハンターの優れた報告が見いだされる。農村労働者については後に触れる。都市の住宅事情については、まずドクター・サイモンの一般的なコメントを紹介しておこう。彼は言う。

「わたしの公的見地はもっぱら医師としてのものだが、にもかかわらず、この劣悪な状態の他の側面を無視することは、きわめて常識的な人道性からしても許されない。このような弊害が高ずれば、ありとあらゆるデリカシーの否定、身体あるいは身体機能の不潔な混じりあい、あからさまな性的露出などをほとんど必然的にもたらすことになる。それは人間的というよりは動物的なものだ。こうした影響下に置かれるのは一つの屈辱であり、その作用が長く続けば続くほど、その屈辱はますます深まっていく。この呪詛《じゅそ》の下に生まれた子供には、それが非行への洗礼となる。こうした境遇に置かれた人々が、他方で、肉体的精神的純潔を旨とする文明の雰囲気を求めて努力するなどということは、とうてい望みえないことだ(116)」。

(115) 「労働者階級の住宅事情ほど、公然と、破廉恥に、人格の権利が所有権の犠牲にされてきたところはない。あらゆる大都市は、人身《ひとみ》御供《ごくう》の置き場であり、毎年幾千もの人々が貪欲の神モロク〔古代フェニキアの神〕のために生け贄として屠《ほふ》られる祭壇だ」(S・レイング『国民の困窮』、一五〇ページ)。

(116) 『公衆衛生、第八次報告書』ロンドン、一八六六年、一四ページ註。

あまりにも過密で人間の住まいとはとうてい思えない劣悪な住宅事情という点では、ロンドンがその筆頭を占めている。ドクター・ハンターはこう述べている。

「確かなことが二点ある。第一点は、ロンドンに約二〇の大貧民窟があり、その各々に約一万人強の人々が住んでいることだ。その悲惨な状態は、これまでイングランドのいかなる地方にも見られなかったほどひどいもので、しかもそのほとんどが劣悪な住宅設備による結果だ。第二点は、これらの貧民窟の過密で朽ち果てた住宅状態が、二〇年前よりはるかに悪化しているということだ」(117)。「ロンドンやニューカスルの多くの地区での生活は地獄のようだといっても過言ではない」(118)。

(117) 同前、八九ページ。これらの貧民窟の子供たちについてドクター・ハンターはこう述べている。「貧民の密集が見られるようになったこの時代以前に、子供たちがどのように育てられていたのかは知らない。しかしいま、子供たちは、あらゆる年齢の酔っぱらいや、淫乱でけんか好きな人々と半夜をともにしながら、わが国では類例のないほど劣悪な状態の下で、将来、危険な階級として行動するための教育を受けている。このような子供たちから、どのような振るまいが期待されるかを予言しようと思う人は、よほど勇気のある予言者ということになるだろう」(同前、五六ページ)。

(118) 同前、六二ページ。

ロンドンでは、古い街路や家屋の「改良」とともに取り壊しが進み、都市中心部で工場数が増えるとともに流入人口が増え、最後には都市の地代とともに家賃が上昇していく。それと歩調を合わせるかのように、労働者階級の比較的恵まれた部分もまた、小売商人や下層中産階級の諸分子とともに、ますますこの劣悪な住宅事情の呪縛のなかへと転落していく。

「家賃が法外になったため、一部屋以上を借りられる労働者はごくわずかしかいない[119]」。「ロンドンには、多数の「仲介業者」があいだに入っていないような持ち家はほとんどない。ロンドンの地価はつねに、土地から得られる毎年の収入に比べて非常に高い。というのも、土地の買い手は誰でも、その土地を遅かれ早かれ査定価格（強制収用のさいに審査官によって確定される価格）でふたたび転売するか、あるいはどこかの大企業が近隣にやってくれば途方もない価格騰貴が起きることを当て込んでいるからだ。その結果、期限切れが近づいている賃貸契約を買い取る商売が当たり前のようにおこなわれている。「この商売をしている紳士たちから期待できるのは、彼らがやりたいようにやるということだけだ。つまり、借家人からはできるだけ多くを取り立て、家そのものはできるだけ粗末な状態で後継者に譲るということだ[120]」。

家賃は週払いであるため、紳士諸君にはいかなるリスクもない。市内に鉄道が敷設された結果、「最近、ロンドンの東部では、元の住まいを追い出された数多くの家族が、土曜日の晩にわずかばかりの家財を背負ってさまよっているのが見られた。落ちつく先といえば救貧院以外にはない[121]」。その救貧院はすでに満員で、しかも議会によって認可された「改良」は、ようやくその緒についたばかりだ。労働者たちは、元の住まいが取り壊され、そこから追い出されても、自分の教区は去らず、せいぜいで教区の境界に近い隣の教区に移るだけだ。

「当然ながら、彼らはできるだけ自分の作業場の近くに住もうとする。その結果、二部屋借りることはあきらめ、一室に家族が収容される。これまでより高い家賃を払っても、その居住性は、追い出された元の陋屋よりもさらに悪くなる。ストランドに住む労働者の半数はすでに、作業場まで二マイル歩かねばならない」。

ストランドの大通りは、外来者にはロンドンの富を鮮烈に印象づけるが、ストランドそのものはロンドンの人間詰め合わせの実例と言える。ストランドの一教区では、保健官が一エーカーにつき五八一人の住人を確認したが、その一エーカーにはテムズ河の半分が算入されていた。ロンドンではこれまで、不適格な家屋を取り壊すことで労働者を一つの地区から追いだすという衛生警察的措置が講じられてきた。しかしこうした措置が、彼らをそのつど、いっそう過密な別の地区へと追いやることにしか役立たないことは自明のことだ。ドクター・ハンターはこう述べている。

「こうした方策全体をばかげたものとして中止するか、そうでなければ、いまや誇張なしに国民的義務と呼べるものに対する公共の同情心（！）が目覚めねばならない。その義務とは、資本不足から自分では家を建てられないものの、定期的な支払いによって家主に補償金を支払える人々のために住まいを供給することだ[122]」。

なんと見上げた資本主義的判決であることか！　地主、家主、事業家たちは、鉄道敷設や道路新設といった「改良」のために自分たちの土地が収用された場合には、それに対する完全な補償を受けとる。さらに加えて、彼らがこうした「禁欲」を強制されたことに対しては、神と法の名において莫大な利潤が慰謝料として与えられなければならない。他方で、労働者は妻、子供、家財道具とともに路上に投げ出される。――そして、市当局が品格を保とうとしている地区に大挙して押しかければ、衛生警察の名において迫害されるのだ！

(119)『セント・マーティンズ・イン・ザ・フィールズ保健官報告書』一八六五年。
(120)『公衆衛生、第八次報告書』ロンドン、一八六六年、九一ページ。
(121) 同前、八八ページ。
(122) 同前、八九ページ。

一九世紀初頭のイングランドには、一〇万人の人口を擁する都市はロンドンをおいてほかになかった。五万人を超える都市は五都市にすぎなかった。いまや五万人を超える都市は二八を数える。

「この変化がもたらした結果は、都市人口のとてつもない増加だけではなかった。ぎっしりと詰めこまれていた古くからの小都市は、いまや周囲を建築物に囲まれ、どこからも風が通らない中心部となっている。こうした場所は、金持ちにとってはもはや快適ではないため、彼らはそこを去って、より楽しみの多い郊外へと移り住む。これら金持ちの後にくる人々は、たしかにこれまでよりは大きい家に入居する。ただし一部屋につき一家族で、しかも、往々にして、それを又借りしている同居人もいっしょだ。こうして民衆の一部は、自分たちのために作られたのではない、まったく彼らには不向きな家に追い込まれていく。周囲の環境は大人にとっては屈辱的なものであり、子供にとっては破滅的なものだ」(123)。

一つの工業都市または商業都市で、資本の蓄積が急速であればあるほど搾取される人間材料の流入もいっそう急激になり、労働者のとりあえずの住まいは、それだけ粗末なものになる。だからこそ、継続的に増産を続ける石炭および鉱山業の中心地ニューカスル・アポン・タインは、ロンドンに次ぐ第二位の住宅地獄と化している。そこでは一部屋しかない住居に住む人が三万四〇〇〇人を下らない。最近、ニューカスルやゲーツヘッドでは、かなりの数の家が、公安上絶対に有害な建物として警察によって取り壊された。新しい家屋の建築はきわめて緩慢にしか進まず、他方で事業はきわめて急速に進む。そのためにニューカスル市は、一八六五年に空前の人口過密状態に達した。借りられる部屋はほとんど皆無だった。ニューカスル熱病病院のドクター・エンブルトンは次のように述べている。「チフスの持続と蔓延の原因は、疑う余地なく、人間の過度の密集と住居の不潔さにある。多くの労働者が住んでいる家は、閉ざされた袋小路や中庭に建てられている。日照、通気、広さ、清潔さのいずれをとっても、それらはまさに欠陥と不衛生の真の手本というべきものであり、いかなる文明国にとっても恥辱だ。夜は男も女も子供もいっしょに雑魚寝をする。男についていえば、夜番の者が昼番の者と途切れることなく交替するので、ほとんどベッドが冷える暇がない。家は給水の便が悪い。便所はさらに悪く、不潔で、換気がおこなわれず、疫病の原因となりやすい(124)」。

このような穴ぐらの週ごとの借り賃は、下は八ペンスから上は三シリングにまでいたる。ドクター・ハンターは言う。

「ニューカスル・アポン・タインは、わが国民のなかで最も優れた種族の一つが、家屋や街路といった外的環境のために、往々にして原始人とみまがうばかりの退化を起こしている実例を提供している(125)」。

(123) 『公衆衛生、第八次報告書』ロンドン、一八六六年、五六ページ。

(124) 同前、一四九ページ。

(125) 同前、五〇ページ。

資本と労働は波のように寄せたり引いたりするために、一つの工業都市の住宅事情は、今日のところは我慢できても、明日にはひどいことになっているかもしれない。あるいは都市の衛生局が、最悪の状態を除去するために、ついには重い腰をあげて介入するかもしれない。しかしその翌日には、ルンペン化したアイルランド人や零落したイングランドの農業労働者が、イナゴの群れのように流入してくる。人々は彼らを地下室や納屋に追いやり、あるいは、昔はそれなりの体裁を保っていた労働者住宅を木賃宿に変えてしまう。そこに住むものは、まるで三十年戦争時の宿営のようにあわただしく入れ代わる。一例としてブラッドフォードを見てみよう。この地では、市当局がちょうど都市の改造に着手していた。ついでにいえば、同市には一八六一年の時点で、まだ一七五一戸の空き家があった。ところがそこに好景気がやってきた。この好景気については、あの黒人の味方で穏健な自由党員のフォースター氏[*]が、近頃、上品に狂喜したものだ。もちろん好景気には、たえず揺れ動く「予備軍」、すなわち「相対的過剰人口」の波による洪水がつきまとう。ドクター・ハンターが、ある保険会社の代理店から入手したリスト[126]には、目を覆わんばかりの地下室や小部屋が記載されているが、そこにはだいたいが稼ぎの良い労働者が住んでいた。彼らは、もっと上等な住宅が借りられるならよろこんで家賃は払うと説明していた。にもかかわらず、彼らは一人残らず落ちぶれて病気になってしまう。その間にも、穏健な自由党国会議員であるフォースターは、自由貿易を祝福し、ブラッドフォードの名士たちがウーステッド織物業であげた利潤にうれし涙を流していた。ブラッドフォードの救貧医の一人ドクター・ベルは、一八六五年九月五日の報告のなかで、彼の管区の熱病患者がきわめて高い死亡率を示しているのは住宅事情によるものだと説明している。

「一五〇〇立方フィートの地下室一室に一〇人が住んでいる。……ヴィンセント街、グリーン・エア・プレースとリーズには二二三戸の家があり、そこに一四五〇人の居住者がおり、四三五のベッド、三六カ所の便所が設置されている。……ベッドといっても、汚いぼろ布をロール状にしたものか、一抱えのカンナ屑にすぎないが、その一つひとつに平均三・三人、往々にして四人から六人が寝る。ベッドがなく、衣服を着たまま床の上にじかに寝るものも多く、しかも若い男であろうが女であろうが、既婚者であろうが未婚者であろうが、全員ごちゃまぜで雑魚寝《ざこね》をする。付け加えるまでもなく、こうした住居の大半はうす暗くじめじめしており、悪臭を放つ不潔な穴ぐらであり、人間が住むにはまったく適していない。それは病気と死が発生する中心点であり、しかも、こうした腫れ物がわれわれの真んなかで化膿していくのを許してきた恵まれた人々のあいだからも、その犠牲者はでてくるのだ[127]」。

(126) ブラッドフォードのある労働者保険会社の代理店から得られたリスト。

ヴァルカン街一二二番	一室	一六人
ラムリー街一三番	一室	一一人
バウアー街四一番	一室	一一人
ポートランド街一一二番	一室	一〇人
ハーディ街一七番	一室	一〇人
ノース街一八番	一室	一六人

ノース街一七番	一室	一三人
ワイマー街一九番	一室	大人　八人
ジョウェット街五六番	一室	一二人
ジョージ街一五〇番	一室	三家族
ライフル・コート・メリゲート一一番	一室	一一人
マーシャル街二八番	一室	一〇人
マーシャル街四九番	三室	三家族
ジョージ街一二八番	一室	一八人
ジョージ街一三〇番	一室	一六人
エドワード街四番	一室	一七人
[ジョージ街四九番	一室	二家族]
ヨーク街三四番	一室	二家族
ソールト・パイ街	二室	二六人
地下室		
リージェント・スクエア	一地下室	八人
エーカー街	一地下室	七人
ロバーツ・コート三三番	一地下室	七人
バック・プラット街（銅鍛冶工場として利用）	一地下室	七人

エビニーザー街二七番　一地下室　六人
(『公衆衛生、第八次報告書』ロンドン、一八六六年、一一一ページ)。

(127)『公衆衛生、第八次報告書』、一一四ページ。

〔＊〕ウィリアム・エドワード・フォースター(一八一八―八六)は、イギリスの羊毛業経営者、ブラッドフォード選出の自由党議員(一八六一―八六)。奴隷制廃止論者、博愛主義者としても知られる。

ブリストルは、住宅の貧困度で、ロンドンから数えて第三位を占めている。「ヨーロッパでもっとも裕福な都市の一つであるこの都市に、極度の貧困と悲惨な住宅がもっとも多くあふれかえっている」(128)。

(128) 同前、五〇ページ。

c　移動民

次に、一つの民衆層に目を転じよう。この民衆層は農村を出身母体としながら、その大部分が工業に従事している。彼らは資本の軽歩兵であり、資本はみずからの必要に応じてある時にはこちら、ある時にはあちらという具合に彼らを配備する。彼らは、行軍しない時には「野営」している。移動労働は、さまざまな建築工事、排水工事、煉瓦製造、石灰焼き、鉄道建設などに利用される。彼らは疫病の遊撃部隊であり、陣を敷いた地域に隣接する市町村に天然痘、チフス、コレラ、猩紅熱《しょうこうねつ》などを運びこむ。(129) 鉄道建設など大規模投資を要する事業では、大概は企業家自身が自分の軍隊に木造小屋の類《たぐい》を供給する。それはいっさいの衛生設備を欠いた急ごしらえの村落であり、しかも地方官庁の規制が及ばない。請負人の旦那がたは、労働者を産業兵士として、かつまた借家人として、二重に搾取することができ、すこぶる実入りがいい。木造小屋に粗末な小部屋が一つあるか、二つあるか、三つあるかに応じて、借家人、つまり土木労働者たちは週に二シリング、三シリング、四シリングなどを払わねばならない。(130) 一例を挙げれば十分だろう。ドクター・サイモンの報告によれば、一八六四年九月、内務大臣サー・ジョージ・グレイのもとに、セヴンオークス教区の衛生警察委員会委員長から次のような告発文が届いた。

「約一二カ月前までは、この教区に天然痘はまったく見られなかった。その少し前にルイシャムからタンブリジにいたる鉄道工事が開始された。主要工事が当市の隣接地でおこなわれたことに加えて、当市にはこの全工事の本部も置かれた。したがって、ここでは多数の人員が働いていた。彼ら全員を小屋に収容することは不可能であったため、請負人ジェイ氏は、線路沿いのさまざまな地点に労働者が住むための飯場を建てさせた。この飯場は換気設備も排水溝も備えておらず、そのうえ、どうしても過密にならざるをえなかった。というのも、どの飯場にも二部屋しかなかったにもかかわらず、いずれの借家人も他の宿泊者を受け入れなければならなかったからだ。しかも、自分自身の家族がどんなに多くても、おかまいなしだった。われわれが入手した医師の報告では、その結果、この哀れな人々は、窓のすぐ下にある不潔なたまり水や便所から発する悪臭を避けるために、夜は息の詰まるような苦しみに耐えなければならなかったという。ついにわれわれの委員会に、こうした飯場をたまたま訪れた一人の医師から訴えが寄せられた。彼はきわめて手厳しい言葉で、このいわゆる居住状態について語り、いくつかの衛生上の予防措置を講じなければ、きわめて深刻な結果を招く恐れがあると述べた。約一年前にジェイ氏は、伝染病が発生した場合には、彼が雇っている人々をただちに隔離するための家を建てると約束した。この約束を、彼は去る七月末にも繰り返した。しかし、その時以来、何度か天然痘の発生が見られ、二人の死者が出たにもかかわらず、彼はまだそれを実行に移す気配すらない。九月九日、医師ケルソンは、同じこの飯場で新たな天然痘が発生したことをわたしに報告し、その状態を身の毛がよだつものだと述べている。貴下の」（大臣の）「参考までに付言しなければならないが、われわれの教区は、伝染病に罹患した教区民の看病をおこなう隔離棟、いわゆる避病院を有している。この避病院はこの数カ月来、つねに患者で満杯状態にある。ある家族では五人の子供が天然痘や熱病で死んだ。今年の四月一日から九月一日までに天然痘で亡くなった人は一〇人を下らないが、そのうち四人は伝染病の元凶である上記の飯場の住人だった。患者を出した家族はできるだけそのことを内密にしようとするため、罹病者数を挙げることは不可能だ」(131)。

(129)『公衆衛生、第七次報告書』ロンドン、一八六五年、一八ページ。
(130) 同前、一六五ページ。
(131) 同前、一八ページ註。チャペル・アン・ル・フリス教区連合の救貧官は、戸籍長官に次のような報告をしている。「ダヴホールズでは、石灰質の大きな丘に多数の洞穴が作られた。この洞穴は土木労働者や鉄道工事に携わる他の労働者のための住居として利用されている。洞穴は狭く、じめじめしており、汚物の排出溝も便所もない。そこには換気設備がまったくなく、あるのはたった一つ、天上に開けられた小穴だけで、それは同時に煙突として利用されている。天然痘が蔓延し、すでに何人もの死者が」(穴居民のあいだで)「出ている」(同前、註2)。

炭坑労働者およびその他の鉱山労働者は、イギリスのプロレタリアートのなかでは最も賃金の高いカテゴリーに属する。彼らがその給料を得るためにいかなる対価を支払っているかは、すでに別の箇所で指摘した。(132)ここでは、彼らの住宅事情について急ぎ足で見ておこう。通常、鉱山の採掘業者は、彼自身が所有者であるか賃借者であるかを問わず、彼の労働者のために一群の小屋を建設する。労働者は小屋と暖房用石炭を「無料で」支給される。つまり暖房用石炭は賃金のうちの現物支給分となっている。この方式で小屋に収容できない者については、代償として年に四ポンドが支給される。鉱山地方は急速に大きな人口を引き寄せる。そのなかには鉱山自体に従業する人口のほかに、その周辺に群がる手工業者や小売商人なども含まれている。人口密集地はどこでもそうだが、ここでも地代は高い。したがって採鉱業者は、坑道口付近のできるだけ狭い敷地に、労働者とその家族を詰めこむためにぎりぎり必要なだけの小屋を建てようとする。新しい坑道が近くに開かれたり古い坑道が再開されれば、密集度はさらに増す。小屋を建てるさいの観点はただ一つ、絶対に必要な現金以外は支出しないという資本家の「節欲」のみだ。ドクター・ジュリアン・ハンターはこう述べている。

「ノーサンバーランドとダラムの鉱山で就業している坑夫やその他の労働者の住宅は、イングランドで見られるこの種の大きな規模のものとしては、平均すると最悪かつ最高値のものかもしれない。同様にひどい例は、わずかにモンマスシャーの類似の地方に見られるくらいだろう。最悪なのは一部屋に詰めこまれている人数の多さ、多数の家屋が密集している敷地の狭さ、水不足と便所の欠如、家の上にもう一つ家をのせたり、家を」（いくつかの小屋が上下に重なり合う階層をなすように）「区切るという、よく用いられる方法だ。……企業家は、居住ではなく、野営がおこなわれているかのように全集落を扱っている」[133]。ドクター・スティーヴンズは言う。「訓令にしたがって、わたしはダラム教区連合のほとんどの大きな鉱山集落を訪れた。……住民の健康確保のために、いかなる手段も講じられていないことは、ごく少数の例外を除いてすべての鉱山にあてはまる。……すべての坑夫は鉱山の賃借業者または所有者に一二カ月契約で縛られている（bound）」（この表現はbondageという表現と同様、農奴制の時代に由来する）。「彼らが不満をもらしたり、なにかのことで監督を煩わせたりすれば、監督は監督簿の彼らの名前にマークかメモを付し、年期更新のさいに彼らを解雇する。……どんな現物賃金制度でも、この人口密集地帯でおこなわれている制度に比べれば、まだましであるように思われる。労働者は、伝染病の影響にとりまかれた家を自分の賃金の一部として受けとることを強制されている。労働者は自分ではどうすることもできない。彼はどこから見ても農奴に等しい。彼の所有者以外のだれかが彼を助けることができるかどうかは疑問に思われる。しかも、この所有者が相談相手とするのは、なによりもまず自分の収支決算であり、そこから得られる結論に間違いの余地はほとんどない。労働者は水の供給さえも所有者から受ける。その水が良かろうが悪かろうが、供給されようが止められようが、労働者はその代金を払わねばならない。より正確にいえば、賃金からの天引きに甘んじなければならない」(134)。

(132) 四六〇ページ以下〔本訳書二三七ページ以下〕に述べた詳細は、とくに炭鉱労働者に関するものだ。金属鉱山でのさらに苛酷な状態については、一八六四年の勅命委員会の良心的な報告を参照のこと。

(133) 『公衆衛生、第七次報告書』ロンドン、一八六五年、一八〇、一八二ページ。

(134) 同前、五一五、五一七ページ。

どんなに「世論」と衝突しようが、さらには衛生警察と衝突しようが、資本は遠慮会釈なく、労働者の機能や家庭生活におしつけている危険かつ屈辱的な条件を「正当化」しようとする。それは労働者をより有利に搾取するために必要なことだというのが資本側の言い分だ。工場の危険な機械装置に防護装置を付けることを節制したり、鉱山に換気装置や安全装置を設けることを節制したりするのが、その一例だ。そしてここでは鉱山労働者の住居について同じことがおこなわれている。枢密院医務官ドクター・サイモンは彼の公式報告のなかでこう述べている。

「悲惨な住居設備を弁解するための口実は以下のようなものだ。鉱山は通常、賃借で採掘されること、その賃借契約の期限（炭坑ではほとんどの場合二一年間）が短すぎること、したがって鉱山賃借者は、その企業が引き寄せる労働者や小売商人などに良い住居設備を供給することなど割に合わないと考えること、かりに鉱山賃借者自身がこうした面では太っ腹であろうとしても、その意図は地主によってくじかれるだろうこと。なぜなら、地下財産の加工者を住まわせるために、まともで快適な集落を地上に作るという特権に対しては、地主がただちに法外な追加地代を要求する傾向があるからだ。このような価格は、直接の禁止ではなくても、禁止を含意する価格であり、普通なら建てたいと思っている人々をも尻込みさせてしまう。……この手の弁解に耳をかたむける価値があるかどうかを、私はこれ以上詮索しようとは思わない。また、まともな住宅を建てるための追加支出を、最後のところだれが負担すべきか、地主か、鉱山賃借業者か、労働者か、公衆か、についても、これ以上論じるつもりはない。……しかし添付した」（ドクター・ハンターやスティーヴンスなどの）「報告が暴露しているような、かくも恥ずべき事実があるからには、なんらかの救済策が講じられねばならない。……土地の所有権は、公衆に対する大きな不正をおこなうために用いられている。地主は、鉱山の所有者としての資格においては、労働する産業入植者を彼の領地に招き寄せている。ところがその同じ地主が、地表面の所有者としての資格においては、自分の集めた労働者が生活に欠かせない適当な住居を見つけられないようにしている。他方、鉱山賃借者」（資本主義的採鉱業者）「には、こうした取引の分け方に抵抗すべき金銭的利害はなにもない。というのも、地表面の所有者としての地主の要求がどんなに法外であっても、その結果は自分には降りかかってこないこと、また、その結果が降りかかってくる労働者はあまりにも無学で、自分の健康権のことなど知らないこと、そしてどんなに住居が不潔でも、飲料水が腐っていても、けっしてストライキの原因にはならないこと、こうしたことを鉱山賃借者はよく知っているからだ[135]」。

(135) 同前、一六ページ。

d　恐慌が労働者階級の最高賃金層に及ぼす影響

本来の農業労働者に移る前に、なお一例を通じて、恐慌が労働者階級の最高賃金層、労働者階級中の貴族たちに対してさえ、いかに深刻な影響を与えるものかを示しておきたい。振り返ってみると、一八五七年という年は、産業循環を毎回締めくくる恐慌のなかでも最大級のものの一つだった。次の循環期は一八六六年に終わった。綿花飢饉〔一八六一―〕は、多くの資本を通例の投資部門から貨幣市場の大中心地へと追いやった。そのため、もともとの工業地帯では、綿花飢饉によって恐慌の影響があらかじめ割り引きされていた。こうして今回の恐慌は、主として金融恐慌の性格を帯びることになった。一八六六年五月、その勃発の合図となったのは、あるロンドンの巨大銀行の破産だった。それに続いて無数の金融泡沫会社が倒れた。破局に見舞われたロンドンの大事業部門の一つは、鉄製船舶建造業だった。この事業の巨頭たちは、好景気時代に際限のない過剰生産をおこなっただけでなく、信用の泉があいかわらず豊富に湧きだしてくるだろうという思惑から、巨額の納品契約を結んでいた。そこに恐るべき反動が生じ、それがロンドンの他の産業にも波及した。(136) それは現在、すなわち一八六七年三月末まで続いている。労働者の状態がいかなる性格のものかを伝えるために、一八六七年初頭に苦難の主要舞台を訪れた『モーニング・スター』の通信員の詳細な報告から、次の一節を引用しておこう。

「ロンドン東部のポプラー、ミルウォール、グリニッジ、デットフォード、ライムハウス、キャニング・タウンの各地区では、少なくとも一万五〇〇〇人の労働者が家族ともども極度の窮乏状態にあり、そのうち三〇〇〇人以上が熟練機械工だ。六カ月から八カ月に及ぶ失業のために、彼らの蓄えは底をついている。……わたしは救貧院(ポプラー地区)の戸口にたどり着くまで大変な苦労をした。というのも、そこは飢えた群衆に包囲されていたからだ。群衆はパンの配給切符を待っていたが、分配の時間はまだきていなかった。中庭は大きな正方形で、周囲の塀には片流れの屋根が巡らされていた。厚い積雪が中庭中央の舗石を覆っていた。そこには羊囲いのように柳の柵で囲われた小さな場所があり、天気の良い日には男たちがそのなかで働いている。わたしが訪れた日は、柵があまりにも厚い雪に埋もれていたので、だれもそのなかには入れなかった。それでも男たちは張り出し屋根の庇《ひさし》の下で、舗石用の石を砕く作業をしていた。それぞれが腰掛け用に厚い舗石を与えられ、重いハンマーで雪に覆われた花崗岩を砕いていた。作業は彼が五ブッシェルを砕き終わるまで続く。それでようやく彼の一日分の仕事が終わったことになり、彼は三ペンス」(二銀グロッシェン、六ペニッヒ)「と、パン配給切符を一枚受けとった。中庭の別の一隅には、傾きかけた小さな木造小屋が建っていた。ドアを開けると、男たちがすし詰めになって、たがいに暖をとるために肩を寄せ合っていた。彼らは船のロープをほぐす作業をしており、自分たちのうちでだれが一番少ない食料で一番長く働けるかをめぐって口論していた。というのも、耐久力は自慢の種だったからだ。この一つの救貧院だけで七〇〇〇人が救護を受けていたが、そのなかの何百人かは、つい六カ月か八カ月前まで、この国の熟練労働者として最高賃金を稼いでいた人々だった。蓄えをすべて使い果たしたあとでも、なにがしかの質草があるかぎり、教区に頼るのを尻込みする人々は大勢いる。もしその数がそれほど多くなかったなら、ここにいる人の数は倍加していただろう。……救貧院を後にして、わたしは街を歩いて回った。通りに並ぶ家は、たいていがポプラーに多く見られる平屋だった。わたしを案内してくれたのは失業者委員会の委員だった。われわれが最初に足を踏み入れたのは、失業してから二七週間目になる製鉄工の家だった。その男が家族全員といっしょに奥の一室に座っているのが見えた。部屋の家具はまだ完全には失われておらず、火もあった。というのも、底冷えのする日だったので、幼い子供たちの裸足を凍傷から守るために、火が必要だったからだ。火の向こう側に一枚の盆があり、そこには妻と子供たちが、救貧院から支給されるパンの代償としてほぐした麻屑がのっていた。男は、一日にパン配給券一枚と三ペンスをもらうために、先に述べた囲いの一つで働いていた。彼はいま昼食を摂りに帰宅したところだった。ひどく腹がへって、と彼は苦笑しながらわれわれに言った。そして彼の昼食はラードを塗った二、三切れのパンとミルクの入っていない一杯の紅茶だけだった。……われわれが次のドアをノックすると、開けたのは中年の女性で、彼女は一言も発せずに、われわれを奥の小部屋に案内した。そこには彼女の家族全員が黙って座っており、その視線はみるみる火勢の衰えていく火にじっと注がれていた。この人々とその小さな部屋には、あまりにも深い荒廃と絶望がたれこめており、このような光景をわたしはもう二度とみたくない。この女性は自分の息子たちを指さして言った。「この子らはこれでもう二六週間、一銭も稼いでいないんです。わたしらの金はみんな消えちまいました。わたしと父がもっと景気のいい時に、景気が悪くなった時の支えにと貯めておいたお金が残らずですよ。まあ見てください」と、彼女はほとんど叫ぶようにして言った。そして預け入れと引き下ろしの金額をそのつどきちんと記入した預金通帳を取りだしてきた。そこでわれわれは、その小さな財産が最初、五シリングの預金から始まって、次第に二〇ポンドにまで増え、それからふたたび減少に転じ、ポンド台からシリング台に、そしてついには最後の記帳によって通帳が無価値な紙切れ同然になるまでの過程をたどることができた。この一家は毎日一回、粗末な食事を救貧院から支給されていた。……われわれの次なる訪問先は、以前造船所で働いていたアイルランド人の妻のところだった。彼女は栄養失調による病気で、服を着たままマットに横になっていた。わずかに身体をおおっているのは一切れの掛け物だけだった。というのも寝具はすべて質に入っていたからだ。哀れな子供たちが彼女を看病していたが、彼らの方こそ逆に、母の世話を必要としているように見えた。一九週間にわたって強制された無為が、彼らをここまで零落させたのだ。母親は辛い過去について語りながら、よりよい未来への希望はことごとく失せたかのように嗚咽《おえつ》をもらした。……その家を出た時、一人の若者がわれわれのところに駆け寄ってきて、自分の家にきて、何とかならないものか見てほしいと頼んできた。若い妻、二人のかわいい子供、一束の質札、無一物の部屋、これが若者が見せることのできたすべてだった」。

(136)「ロンドンの貧民の大量飢餓！　……ここ数日間、ロンドンのあちこちの塀に次のような人目を引く文句を書いた大きなポスターが張られた。「肥えた牛、飢えた人間! 肥えた牛はその水晶宮を出て、豪邸に住む富豪を肥やし、飢えた人間は悲惨な陋屋《ろうおく》で朽ち果て、死んでいく」。この不吉な予言を掲げたポスターはたえず張り替えられている。一つがはがされ、あるいは上張りされると、たちまち新しいものが同じ場所か、同じように目につく場所に張られる。……これはフランス国民に、一七八九年の出来事を準備させた前兆を思いださせるものだ。……イギリスの労働者が妻子とともに寒さと飢えのために死んでいくこの瞬間に、イギリス人の労働の生産物たるイギリスの貨幣が何百万という規模で、ロシア、スペイン、イタリア、その他の外国の債券に投資されている」(『レイノルズ・ニューズペーパー』一八六七年一月二〇日)。

一八六六年の恐慌の後遺症については、トーリー党の新聞から次のような一節を引いておこう。そのさい忘れてならないのは、ここで取り上げられているロンドン東部は、この章の本文で触れた鉄製船舶建造業の本拠地であるだけでなく、つねに最低賃金を下回る支払いしか受けていない、いわゆる「家内労働」の本拠地でもあるということだ。

「昨日、首都の一部で恐ろしい光景が繰り広げられた。イースト・エンドの失業者が数千名、黒い弔《とむら》い旗をもって集まった。隊列を組んで行進したわけではなかったが、その人波《ひとなみ》は十分に威圧的だった。これらの人々がいかに苦しんでいるかを思い起こそう。彼らは飢え死にしかけているのだ。これは単純かつ恐ろしい事実だ。その数は四万人にのぼる。……われわれの眼前で、このすばらしい首都の一地区で、前代未聞の巨大な富が蓄積されているすぐ傍らで、四万人の人が為す術《すべ》もなく飢え死にしようとしている！　これら数千人の人波は、いまや別の地区にも侵入しつつある。いつの時代にもなかば餓え死にしかけていた彼らは、自分たちの苦しみをわれわれの耳に向かって、そして天に向かって叫んでいる。朽ち果てた住まいのなかから、彼らはわれわれにこう語っている。仕事を見つけることは自分たちには不可能だ、物乞いをしてもどうにもならない、と。地方の救貧税納付義務者たちは、教区から要求される負担のために、自分たち自身が受救貧民になる瀬戸際にまで追いつめられている」（『スタンダード』一八六七年四月五日）。

イギリスの資本家のあいだでは、ベルギーを労働者の楽園として描くことが流行している。ベルギーでは「労働の自由」が、あるいは同じことだが「資本の自由」が、労働組合の専横によっても工場法によっても制約されていないから、というのがその理由だ。そこで、ここではベルギーの労働者の「幸福」なるものについて二、三述べておく。この幸福の秘密に精通していたことにおいては、ベルギーの監獄および慈善施設の総監督官でベルギー統計中央委員会委員を務めていた故デュクペティオー氏の右に出る人はいない。彼の著作『ベルギー労働者階級の家計』（ブリュッセル、一八五五年）を取り上げてみよう。そこではたとえば、ベルギーの標準的な労働者家族を想定したうえで、その年間収支がきわめて正確なデータに基づいて計算されている。そして次に、彼らの栄養事情が兵卒、水兵、囚人の栄養事情と比較されている。この家族は「父、母、四人の子供」からなり、この六人のうち「四人が年間を通じて有用な仕事に就きうる」ものとされている。「家族のなかには病人も就労不能者も含まれず」、「きわめて少額の教会費を除けば宗教的道徳的知的目的のための出費はなく」、また、「貯蓄銀行や養老金庫のための支払い」もなければ、「贅沢品支出やその他の無駄な支出」もないものと仮定する。ただし父親と長男については喫煙を認め、日曜日には酒場に行ってよいものとする。タバコと酒場の予算としては、週八六サンチームのみを計上する。

「さまざまな事業部門の労働者に与えられる賃金の総一覧を作ってみると、一日の賃金の最高平均は、男性一フラン五六サンチーム、女性八九サンチーム、少年五六サンチーム、少女五五サンチームとなることが分かる。……これをもとに計算すれば、この一家の年間収入は最高額で一〇六八フランとなるだろう。……典型的なものとみなされたこの家計では、われわれは可能な収入をすべて合算するという方法を採った。しかし、もし母親に労働賃金を割り振るのであれば、それによって家事作業は母親の指揮から切り離される。いったいだれが家の世話をし、だれが幼児の面倒をみるのか？　だれが料理をし、洗濯をし、繕《つくろ》い物をするのか？　これは日々、労働者につきつけられるジレンマだ」。

以上から、この一家の家計は次のようになる。

父	一・五六フランで三〇〇労働日	四六八フラン
母	〇・八九フランで三〇〇労働日	二六七フラン

息子　〇・五六フランで三〇〇労働日　一六八フラン
娘　〇・五五フランで三〇〇労働日　一六五フラン
計　一〇六八フラン

かりに労働者が水兵、兵卒、囚人と同じ栄養をとるものとすれば、それに応じて一家の年間支出、およびその不足分は次のようになるだろう。

水兵と同じ栄養をとる場合　支出　一八二八フラン　不足　七六〇フラン
兵卒と同じ栄養をとる場合　支出　一四七三フラン　不足　四〇五フラン
囚人と同じ栄養をとる場合　支出　一一一二フラン　不足　四四フラン

「ここから分かるように、水兵や兵卒はおろか、囚人と同じ栄養をとれる労働者家庭すらごくわずかにすぎない。一八四七―一八四九年に、ベルギーでは囚人一人あたり一日平均六三サンチームの費用がかかっていたが、これは労働者の一日の生計費より一三サンチーム多い。たしかに囚人には管理費や監視費がかかるが、他方では家賃を払う必要がないことで、その分は相殺される。……それにしても、労働者の多くが、いや大多数が、彼ら囚人よりも質素に暮らすなどということが、どうしてできるのか？　それは唯一、労働者しか知らない秘密の応急手段にすがることによってだ。日々の糧秣を切りつめ、小麦パンの代わりにライ麦パンを食し、肉類をまったく、あるいはほとんど食べず、バターやスパイスも使わない。家族を一つか二つの部屋に詰め込み、娘も息子も一緒に、往々にして同じわら布団のなかに寝かせる。衣類、洗濯物、洗剤を節約し、日曜日の娯楽を断念し、要するに極限的な窮乏生活を覚悟する。これがその手段だ。ひとたびこの最後の限界に到達したならば、生活手段の価格がほんのわずか上がっただけでも、労働が一度中断しただけでも、ちょっとした病気にかかっただけでも、労働者の貧困は極まり、彼は完全に破滅する。借金はかさみ、ツケはきかなくなり、衣類も必要最低限の家具も質屋に流れ、ついにその一家は貧民名簿への登録を願い出ることになる」(137)。

実際、この「資本家の楽園」では、最低限の生活必需品の価格がほんの少し変化しただけで、死者と犯罪者の数がそれに連動して変化するのだ！（『「フランドル人よ前進せよ！」協会の宣言』ブリュッセル、一八六〇年、一二ページ参照）。ベルギー全国には九三万の家族があり、公式統計によればそのうち九万家族四五万人が富裕層（有選挙権者）だ。三九万家族一九五万人が都市と農村の小中産階級で、そのなかの大きな部分がたえずプロレタリアートに転落している。最後に四五万家族二二五万人が労働者家族で、その典型的家族がデュクペティオーの描いた幸福を享受しているというわけだ。四五万の労働者家族のうち二〇万家族以上が貧民名簿に登録されている！

(137) デュクペティオー『ベルギー労働者階級の家計』、一五一、一五四、一五五、一五六ページ。

e　イギリスの農業プロレタリアート

資本主義的生産および蓄積の敵対的性格が最も残忍な形で立証されたという点では、イギリス農業（牧畜を含む）の進歩とイギリスの農業労働者の退歩の右に出るものはない。こうした農業労働者の現状に移る前に、簡単にその過去を振り返っておこう。イギリスで近代農業が始まったのは一八世紀の中頃だが、生産様式の変化の出発点となった土地所有関係の変革は、そのはるか以前から始まっていた。

思想家としては浅薄だったが、観察者としては精確だったアーサー・ヤングが残した一七七一年の農村労働者に関する報告を取り上げてみよう。ここから分かるのは、その当時の農村労働者がきわめて哀れな役割を演じていたことだ。「都市でも農村でもイギリスの労働者の黄金時代だった」一五世紀と比べればもちろんのこと、「豊かに生活し、富を蓄えることができた」(138)一四世紀末の先人たちと比べても、その落差は明らかだ。しかし、そこまで遠くさかのぼる必要はない。一七七七年に書かれた非常に内容豊富な一文書には次のようなくだりがある。

「大借地農業者は、ほとんどジェントルマンの列にまで出世したが、貧しい農業労働者はさながら地べたを這うように生きている。……こうした農業労働者の不幸な境遇は、今日の事情を四〇年前と比べてみればはっきりと分かる。……地主と借地農業者は、ともに手を携えて労働者の抑圧に努めている(139)」。

これに続いて、一七三七年から一七七七年までに、農村での実質労働賃金の下落率がほとんど四分の一、つまり二五％にまで達したことが、詳しく立証されている。同じ頃、ドクター・リチャード・プライスはこう述べている。「近代の政治は、国の上流階級に有利に作用している。その結果、遅かれ早かれ、この王国全体がジェントルマンと乞食だけから、貴族と奴隷だけからなりたっている事態になるだろう」(140)。

(138) ジェイムズ・E・Th・ロジャーズ（オクスフォード大学経済学教授）『イギリスにおける農業と物価の歴史』オクスフォード、一八六六年、第一巻、六九〇ページ。この労作は今日までに最初の二巻が出版されたが、そこにはまだ一二五九―一四〇〇年の時代しか含まれていない。第二巻は統計資料のみを掲載している。この著作は、上記の時代についてわれわれが有する初の信頼に足る「物価史」だ。

(139)『近年の救貧税増加の理由、あるいは労働価格と食糧価格の比較考察』ロンドン、一七七七年、五、一一ページ。

(140) ドクター・リチャード・プライス『復帰支払いに関する考察』第六版、W・モーガン編、ロンドン、一八〇三年、第二巻、一五八、一五九ページ。プライスは一五九ページで次のように述べている。「日雇労働者の名目価格は現在、一五一四年と比べると約四倍で、高くても五倍を超えることはない。しかし穀物価格は七倍、肉類と衣類の価格は約一五倍、高くなっている。したがって労働の価格は、生活費の増加にまったく追いついていないだけでなく、生活費に対する割合は、かつての半分にも達していないように思える」。

とはいえ、一七七〇年から一七八〇年までのイギリスの農業労働者の状態は、その栄養状態や住宅事情をとっても、自尊心や娯楽などをとっても、その後二度と到達しなかったような理想状態にあった。一七七〇年から一七七一年までの平均賃金は、小麦量で表現すれば九〇パイントだったものが、イーデンの時代（一七九七年）になると、わずかに六五パイント、さらに一八〇八年には、六〇パイントにまで下落している。(141)

(141) バートン『社会の労働者階級の状態に影響する諸事情の考察』、二六ページ。一八世紀末については、イーデン『貧民の状態』を参照。

反ジャコバン戦争のあいだ、土地貴族、借地農業者、工場主、商人、銀行家、相場師、軍需品供給業者などは法外な利益を上げたが、この戦争の末期における農村労働者の惨状は、すでに別の箇所で述べたとおりだ。一部は銀行券の価値下落によって、一部はそれとは無関係な第一次生活手段の価格騰貴によって、名目賃金は上昇した。しかし実際の賃金動向は、ここでは扱えない細目に頼らなくとも、きわめて容易に確認することができる。救貧法とその施行は、一七九五年も一八一四年も同じだった。この法律が農村でどのように施行されたかを思い起こしてみよう。すなわち教区は、救護の形で名目賃金に上乗せをし、労働者の最低生活に必要な名目額になるまで賃金を補充していた。借地農業者が支払う賃金と、教区が穴埋めする不足額との割合は、われわれに二つのことを教えてくれる。

第一は労働賃金がその最低限度を割りこんで下落していたこと、第二は農村労働者がどのような割合で賃金労働者と受救貧民とに分かれていたか、あるいは農村労働者がどのような割合で、教区の農奴に転落していたかだ。われわれは、すべての他の州での平均的割合を代表する一州を選ぶことにしよう。一七九五年のノーサンプトンシャーの平均週賃金は七シリング六ペンスで、ある六人家族の年間総支出は三六ポンド一二シリング五ペンス、その総収入は二九ポンド一八シリングで、教区によって補塡された不足額は六ポンド一四シリング五ペンスだった。この同じ州で、一八一四年には、週賃金が一二シリング二ペンスとなり、ある五人家族の年間総支出は五四ポンド一八シリング四ペンス、その総収入は三六ポンド二シリング、教区によって補塡された不足分は一八ポンド六シリング四ペンスとなった。(142) つまり一七九五年には、不足額が労働賃金の四分の一以下だったのに対し、一八一四年にはその半分以上を占めるようになった。このような事情のもとでは、イーデンがまだ農村労働者の小屋で目にすることができた少しばかりの心地よさが、一八一四年にはすっかり消え失せたのも当然だ。(143) これ以後、借地農業者が飼っている全動物のなかで、もの言う道具である労働者は、最も酷使され、最も粗末な餌を与えられ、最も残忍な扱いを受ける動物となっていった。

(142) パリー『現行穀物法の必要性の問題』、八〇ページ。
(143) 同前、二一三ページ。

同じ状態は静かに続いた。そしてついに、「一八三〇年のスウィング暴動がわら山に点火した炎を通じて、われわれに」(すなわち支配者階級に)「二つのことを告げ知らせた。工業の国イングランドのみならず、農業の国イングランドの表面下でも、貧困と、反抗心をたぎらせる鬱々たる不満が激しく燃えていることを」(144)。サドラーは当時、下院で農村労働者を「白色奴隷」と命名し、一人の主教は上院でもこの呼び名を繰り返した。当時の最も著名な経済学者E・G・ウェイクフィールドは言っている。「南イングランドの農村労働者は奴隷でもなく、自由人でもない。彼は受救貧民なのだ(145)」。

(144) S・レイング『国民の困窮』、六二ページ。
(145)『イギリスとアメリカ』ロンドン、一八三三年、第一巻、四七ページ。
〔*〕脱穀機の使用に反対するイギリスの農業労働者が賃上げ要求を掲げて一八三〇―一八三三年に起こした暴動。

穀物法廃止直前の時代は、農村労働者の状態に新たな光を投じた。一方で、かの保護法が現実の穀物生産者をいかにわずかしか保護してこなかったかを証明することは、ブルジョワ煽動家たちの利益に適《かな》うことだった。しかし他方で、工業ブルジョワジーは、工場の状態に対する非難が土地貴族の側から発せられていることに憤慨していた。冷血で上品ぶった、根っから腐敗した怠け者にすぎない土地貴族が、あたかも工場労働者の苦しみに同情を寄せているかのようなそぶりを見せていること、その彼らが工場立法を後押しする「外交的熱意」を示していることが許せなかったのだ。二人の盗っ人が喧嘩をすればかならず良いことがある、とは、イギリスの古いことわざだ。事実、支配階級のこの二陣営が、労働者を一番あつかましく搾取しているのはどちらか、という問題について騒々しく激しい喧嘩をしたことは、両者相俟《あいま》って、真理の産婆となった。シャフツベリー伯、通称アシュリー卿は、貴族による反工場博愛戦線の先鋒だった。それゆえ、一八四四年から一八四五年にかけて『モーニング・クロニクル』紙が農業労働者の状態についての暴露記事を書くさいには、アシュリー卿が恰好の標的となった。当時、最も重要な自由党機関紙だったこの新聞は、農村地方に自前の特派員を送っていた。彼ら特派員は、一般的な記述や統計に満足することはけっしてなく、調査した労働者家族の名前ばかりか、その地主たちの名前まで公表した。次の表は、ブランフォード、ウィンバーン、プール近郊の三村で支払われた賃金を示している。(146) これらの村は、G・バンクス氏やシャフツベリー伯の所有地だ。この「低教会派」の法王〔シャフツベリーは低教会派に大きな影響力を持っていた〕、このイギリス敬虔派の頭目が、バンクス氏と同様に、労働者のなけなしの賃金のうちから、かなり多くの部分を再度、家賃の名目でポケットに入れていることが分かるだろう。

	児童数	家族人数	成人男性の週賃金	児童の週賃金		全家族の週収入		週家賃		週賃金から家賃を控除した額		一人当たりの週賃金	
			シリング	シリング	ペンス	シリング	ペンス	シリング	ペンス	シリング	ペンス	シリング	ペンス
第一の村													
	二	四	八	—	—	八	—	二	—	六	—	一	六
	三	五	八	—	—	八	—	一	六	六	六	一	三・五
	二	四	八	—	—	八	—	一	—	七	—	一	九
	二	四	八	—	—	八	—	一	—	七	—	一	九
	六	八	七	一	六	一〇	六	二	—	八	六	一	〇・七五
	三	五	七	二	—	七	—	一	四	五	八	一	一・五
第二の村													
	六	八	七	一	六	一〇	—	一	六	八	六	一	〇・七五
	六	八	七	一	六	七	—	一	三・五	五	八・五	—	八・五
	八	一〇	七	—	—	七	—	一	三・五	五	八・五	—	七
	四	六	七	—	—	七	—	一	六・五	五	五・五	—	一一
	三	五	七	—	—	七	—	一	六・五	五	五・五	一	—
第三の村													
	四	六	七	—	—	七	—	一	—	六	—	一	—
	三	五	七	二	—	一一	六	—	一〇	一〇	八	二	一・五
	—	二	五	二	六	五	—	一	—	四	—	二	—

(146)『ロンドン・エコノミスト』一八四五年三月二九日、二九〇ページ。

穀物法の廃止はイギリス農業に強烈な一撃を加えた。巨大な規模の排水溝の整備、(147) 厩舎での家畜飼育や飼葉の人工栽培などの新システム、機械式施肥装置の導入、粘土の新処理法、鉱物性肥料の使用増加、蒸気機関およびあらゆる種類の新作業機械等の利用、より集約性の高い耕作一般、これらがこの時代の特徴をなしている。王立農業協会の会長ピュージー氏の主張によれば、新たな機械装置の導入によって、(相対的な)経営費はほとんど半減したという。その一方で、土地の実質的な収穫力が急速に高まった。エーカーあたりの投資額が増大したこと、したがってまた借地の集積が加速されたことが、この新しい方法の基礎条件だった。(148) 同時に耕作面積は一八四六年から一八五六年にかけて、四六万四一一九エーカー分拡大した。しかもこの数字には、ウサギの飼育場や貧相な牧場が豊かな穀物畑へと一変した東部諸州の広大な土地は含まれていない。同時に農業従事者の総数が減少したことも、すでに分かっている。男女を含めたすべての年齢層の本来の農業者についていえば、その数は一八五一年の一二四万一二六九人から一八六一年の一一六万三二一七人にまで減少している。(149) したがってイギリスの戸籍長官が、「一八〇一年以来の借地農業者と農村労働者の増加は、農業生産物の増加にまったく追いついていない」(150) と指摘しているのは正しい。しかし、それを言うなら、近年の不均衡は、当時よりはるかに拡大している。近年では、農村労働者人口が積極的に減少しているなかで、それと手を取りあうようにして耕作面積が拡大している。しかも耕作の集約度が高まり、土地に取りこまれた資本、土地耕作に投じられた資本が空前の規模で蓄積されている。土地生産物がイギリス農業史上、類を見ないほど増大し、地主の地代収入が跳ね上がり、資本主義的借地農業者の富が膨張した。さらにこれに加えて、都市の販売市場がたえず急速な拡大を続け、自由貿易の支配が貫徹されていった。こうしたことを考え合わせれば、本来の筋書きからして、農村労働者は多くの紆余曲折の後に、ついに幸福の絶頂に到達していなければならないはずだった。

(147) 土地貴族はこの目的のための原資を、国庫から、もちろん議会をとおして、きわめて低利で借り入れた。借地農業者たちは、それに二倍の利子を付けて、彼らに返済しなければならなかった。

(148) 中規模借地農業者が減少していることは、とりわけ人口調査の次の項目を見れば分かる。すなわち、「借地農業者の息子、孫、兄弟、甥、娘、孫娘、姉妹、姪」、要するに借地農業者が使用している彼自身の家族成員の項目だ。これらの項目は一八五一年には二一万六八五一人を数えたが、一八六一年には一七万六一五一人にすぎなかった。一八五一年から一八七一年までに、イングランドでは、二〇エーカー以下の借地農場が九〇〇〇以上減少した。五〇エーカーから七五エーカーまでのものは八二五三から六三七〇に減少した。同じことは、一〇〇エーカー以下の他のすべての借地農場でも見られた。ところが、同じこの二〇年間に、大借地農場の数は増加した。三〇〇—五〇〇エーカーの借地農場は七七七一から八四一〇に、五〇〇エーカー以上のものは二七五五から三九一四に、一〇〇〇エーカー以上のものは四九二から五八二に増えている。

(149) 牧羊者の数は一万二五一七人から二万五五五九人に増えた。

(150) 『イングランドおよびウェールズの人口調査』、三六ページ。

ところが、ロジャーズ教授が到達した結論によれば、今日のイギリスの農村労働者は、これとは逆に、一四世紀後半と一五世紀の先人たちと比べればもちろん、一七七〇－一七八〇年の先人たちと比べてさえも、その状態は極度に悪化しているという。「彼らはふたたび農奴と化し」、しかも、ろくな食事も住居も与えられていない農奴と化した、と教授は言う(151)。ドクター・ジュリアン・ハンターは、農村労働者の住宅事情に関する画期的な報告のなかで、こう述べている。

「ハインド」(農奴制時代の農村労働者の呼称)「の生活費は、彼が生活できるぎりぎりの低額に固定されている。……彼の賃金と住居は、彼から生み出される利潤をもとに計算されてはいない。借地農業者の計算では、彼は無に等しい(152)。……彼の生活手段はつねに一つの固定量として扱われる(153)」。「自分の所得がさらに削られることについては、自分にはもともと何もないから平気だ、と彼は答えることができる。彼には将来に対する不安などない。自分の生存のために絶対に不可欠なもの以外には何も自由にできないからだ。借地農業者の計算の出発点となるゼロ点に、彼はすでに到達してしまっている。何がどうなろうと、彼は幸福にも不幸にも与《あず》かることはない(154)」。

(151) ロジャーズ『イギリスにおける農業と物価の歴史』、六九三ページ。"The peasant has again become a serf." 同書、一〇ページ。ロジャーズ氏は自由主義派に属し、コブデンやブライトとも個人的なつきあいがあった。したがって過去の賛美者ではなかった。

(152) 『公衆衛生、第七次報告書』ロンドン、一八六五年、二四二ページ。したがって家主が、労働者の稼ぎが良くなったと聞いたとたんに彼の家賃を上げたり、借地農業者が、労働者の「妻が仕事を見つけたから」という理由で彼の賃金を下げたりすることは、決して常識はずれのことではなかった。

(153) 同前、一三五ページ。

(154) 同前、一三四ページ。

一八六三年には、流刑および懲役刑に処せられた囚人の食事と従業状態に関する公式調査が実施された。その結果は、大部な二巻本の青書にまとめられている。そこにはたとえば次のような記述がある。「イングランドの監獄での囚人の食事を、同国の救貧院に収容されている受救貧民の食事、および自由な農村労働者の食事と詳しく比較してみると、囚人が後の二つのグループよりはるかによい栄養をとっていることが争う余地なく判明する」(155)。その一方で、「懲役に処せられた囚人に要求される労働量は、普通の農村労働者がこなす労働量の約半分だ」(156)。特徴的な証言を二、三引用しよう。エディンバラ監獄所長ジョン・スミスへの訊問。

五〇五六号「イングランドの監獄の食事は、普通の農村労働者の食事よりもはるかに良い」。五〇七五号「スコットランドの普通の農業労働者が、いかなるものであれ肉類を食べることは、きわめて珍しいというのは事実だ」。三〇四七号「囚人に、普通の農村労働者よりはるかに良い食事を与える必要性について、なにか理由を知っているか？――まったく知らない」。三〇四八号「懲役囚の食事を、自由な農村労働者の食事に近づけるために、さらなる実験をおこなうことを適当だと思うか？[157]」「農村労働者はこう言うかもしれない。自分はきつい労働をしているのに十分に食えない。自分が監獄にいた時には、これほどきつい労働はせずに、十分な食事がとれた。だから自分にとっては、娑婆《しゃば》にいるよりは監獄にいる方がましだ、と[158]」。この報告の第一巻に付された表からは、次のような比較一覧が作成される。

一週間の栄養量[158a]

	窒素成分	無窒素成分	鉱物性成分	合計
ポートランド監獄の囚人	二八・九五オンス	一五〇・〇六オンス	四・六八オンス	一八三・六九オンス
海軍水兵	二九・六三	一五二・九一	四・五二	一八七・〇六
兵卒	二五・五五	一一四・四九	三・九四	一四三・九八

馬車製造労働者	二四・五三	一六二・〇六	四・二三	一九〇・八二
植字工	二一・二四	一〇〇・八三	三・一二	一二五・一九
農村労働者	一七・七三	一一八・〇六	三・二九	一三九・〇八

(155)『流刑および懲役刑に関する……委員会報告書』ロンドン、一八六三年、四二ページ、五〇号。
(156) 同前、七七ページ、「裁判長覚え書き」。
(157) 同前、第二巻、「証言」。
(158) 同前、第一巻、付録、二八〇ページ。
(158a) 同前、二七四、二七五ページ。

栄養不良の国民層の栄養状態について、医事調査委員会が一八六三年におこなった調査の一般的結果は、すでに読者の知るところだ。読者は覚えているだろうが、農村労働者家族のかなりの部分の食事は、「飢餓病を防ぐための」最低限度を下回っている。とくにそれがあてはまるのは、コーンウォール、デヴォン、サマセット、ウィルツ、スタッフォード、オクスフォード、バークス、ハーツなどの純粋な農業地帯全域においてだ。ドクター・スミスはこう述べている。「農村労働者が摂る栄養は、その平均量を上回っている。なぜなら、自分の労働に不可欠な食物として彼自身が摂取する取り分は、残りの家族の分よりはるかに多いからだ。貧困がさらにひどい地域では、一家の肉類やベーコン類のほとんどすべてを彼が摂取する。したがって妻や育ち盛りの子供たちに割りあてられる栄養量は多くの場合、しかもほとんどすべての州で欠乏しており、主として窒素が欠乏している」(159)。

借地農業者自身のもとに住みこんでいる下男下女には、十分な食事が与えられている。その数は一八五一年には二八万八二七七人であったものが、一八六一年には二〇万四九六二人にまで減少した。ドクター・スミスは言う。「外の畑での女性労働は、他にどのような不利益がついてまわったとしても、現在の状況下では家族に大きな利益をもたらす。というのも、それは家族に履物、衣類、家賃支払いのための収入をもたらし、また彼らの食事状態を改善しうるからだ(160)」。

この調査で最も注目すべき結果の一つは、以下の表で分かるように、イングランドの農村労働者の栄養状態が、連合王国の他の地方よりもはるかに悪いということだ。

農村の平均労働者による炭素と窒素の週間消費量(161)

	炭素	窒素
イングランド	四〇、六七三《グレーン》	一、五九四《グレーン》

ウェールズ	四八、三五四	二、〇三一
スコットランド	四八、九八〇	二、三四八
アイルランド	四三、三六六	二、四三四

(159)『公衆衛生、第六次報告書、一八六三年』、二三八、二四九、二六一、二六二ページ。

(160)同前、二六二ページ。

(161)同前、一七ページ。イングランドの農村労働者は、アイルランドの農村労働者に比べると、わずか四分の一のミルクと、二分の一のパン原料しか摂っていない。アイルランドの農村労働者がより良い栄養状態にあることは、すでに一九世紀のはじめにA・ヤングが『アイルランド旅行記』のなかで書いている。その理由はひとえに、アイルランドの貧しい借地農業者が、イングランドの豊かな借地農業者とは比べ物にならないほど人情に厚いところにある。ウェールズに関していえば、ここであげた数字はその南西部には当てはまらない。「南西部の地域の医師たちが一致して認めるのは、結核、瘰癧《るいれき》などによる死亡率が、住民の身体状態の悪化にともなって増加していることであり、すべての医師がこの悪化を貧困によるものとしている。この地域では、農村労働者の一日の生計費は五ペンスと見積もられているが、多くの地方では借地農業者（彼ら自身もまた貧しい）の支払いがそれを下回っている。マホガニーのように固くひからびた、苦労して消化するに値しないような一切れの塩漬け肉あるいはベーコンが、小麦粉とネギの入った大量の薄いスープやオーツ粥の味付けに使われる。そして来る日も来る日もこれが農村労働者の昼食なのだ。

……産業の進歩が、この厳しく湿潤な気候の地で農村労働者にもたらしたのは、安っぽい木綿製品によって自家製の丈夫な布を追いだし、「名ばかりの」茶によってもっと滋養のある飲み物を追いだすことだった。……農夫は、長時間風雨にさらされた後で小屋に戻り、泥炭や粘土と石炭屑を混ぜた練炭を燃やして暖をとる。練炭からは炭酸ガスや硫酸ガスを含んだ煙がはき出される。小屋の壁は粘土と石でできており、床は小屋を建てる前からあった裸の地面、屋根は湿ったわら束をゆるくまとめたものだ。暖気が逃げないようにあらゆる隙間には詰め物がしてあり、ひどい悪臭のなかで泥の床にすわり、往々にして一枚きりの衣類を自分の身体で乾かしながら、妻子とともに夕食をとる。こうした小屋で一晩のうちある時間を過ごすことを余儀なくされた産科医たちは、自分たちの足が床の泥に埋まり、少しばかり呼吸をするために、壁に小穴を開けるという簡単な作業(!)をせざるをえなかったと記している。栄養失調の農民が毎晩、こうしたあれやこれやの健康に有害な影響にさらされていることは、さまざまな地位にある多くの証人が証言するところだ。その結果、国民が病弱で腺病質になったことについても、けっして証拠に事欠くことはない。……カーマーゼンシャーとカーディガンシャーの教区役人の報告書は、同じような状態を明確に示している。それに加えて、さらに大きな厄災である知能低下の広がりが見られる。またさらに気候の問題がある。一年のうち八カ月から九カ月間、強い西南風が全土に吹きあれ、それにともなう豪雨が激流となって主に丘陵の西側斜面をかけ下る。囲まれている場所以外には樹木が稀にしか見られず、保護されていない場所では原形をとどめないほどに吹き折られる。小屋は山の出張り部分にもぐりこむように建てられており、峡谷や石切場にもぐりこんでいるものもよくある。牧場で生きていけるのはごく小型の羊と土着の牛だけだ。……若い人々はグラモーガンやモンマスの東部鉱山地方へと移住していく。……カーマーゼンシャーは鉱山民の育成所であり、またその病院でもある。……人口は、かろうじてその数を維持しているにすぎない。たとえばカーディガンシャーでは以下のとおりだ。

	一八五一年	一八六一年
男	四万五一五五人	四万四四四六人
女	五万二四五九人	五万二九五五人
計	九万七六一四人	九万七四〇一人」

(『公衆衛生、第七次報告書、一八六四年』ロンドン、一八六五年、四九八―五〇二ページ各所におけるドクター・ハンターの報告)

ドクター・サイモンは公式の衛生報告書のなかで次のように述べている。「ドクター・ハンターの報告書には、どのページを見ても、わが国の農村労働者の住居が量的に不足しており、質的にも惨憺たる状態であることについての証拠が挙げられている。この点では、農村労働者の状態は長年にわたってますます悪化してきた。農村労働者が家を見つけることは、いまや過去幾世紀にわたって見られなかったほど困難になっており、また見つかったとしても、それは彼の要望に以前よりはるかにそぐわないものとなっている。とくにこの二、三〇年のあいだにその弊害は急速に拡大し、農民の住宅事情はいまや極度に悪化している。農民の労働によって富をなす人々が、ある種の同情をもって農民を寛容に扱うことに価値を見いだす以外、農民にはまったくなす術《すべ》がない。彼らが自分の耕す土地の上に住居をもてるかどうか、それが人間にふさわしい住居かブタにふさわしい住居か、そこに貧困の苦しさをまぎらわしてくれる小さな庭がついているかどうか、これらすべては、彼らが適当な家賃を払う覚悟と能力をもっているかどうかにかかっているのではなく、他の人々が、自分の所有物を思いどおりに処分する権利をいかに行使するかにかかっている。借地農場がいかに広大なものであっても、そこに一定数の労働者用住宅が、いわんやまともな住宅が建っていなければならないという法律はない。土地は、雨や日光を必要としているように、労働者の労働を必要としている。それでも法律は、土地に対する一片の権利をも労働者に認めていない。……さらに悪評高い一つの事情が、労働者の状況をいっそう悪化させている。……それは、居住と救貧税負担に関する規定を含む救貧法の影響だ。(162) この救貧法の影響下では、居住する農村労働者の数を最低限に抑えることが、各教区にとっての金銭的利益になる。というのも、不幸にして農村労働は、苛酷な労働をこなす労働者とその家族に、確実で永続的な自立を保証するものではなく、回り道の長短はあっても、たいていは受救貧民への道に通じている。しかも、その道中すべてにおいて、受救貧民への転落はいつも目と鼻の先にあり、少しでも病気をすれば、あるいは仕事が一時的にでも途切れれば、ただちに教区に助けを求めざるをえなくなる。だからこそ、ある教区に農業人口が定着すれば、それがすべて教区の貧窮税の追加支出となることは明白だ。……大地主は、[163]自分の所有地に労働者用住宅を建てさせぬように決めるだけでよい。それで彼らはすぐにも貧民に対する責任の半分から逃れられる。「自分の所有物を自由に処分する」大地主に、土地の耕作者をまるで他国人のように扱い、彼らを自分の領土から追いだすことを許しているこの種の無条件的な土地所有が、イギリスの憲法と法律でどこまで意図されていたのか、この議論はわたしの守備範囲ではない。……この駆逐の権力は、けっして単なる理論ではない。それは実際、大規模に行使されている。それは農村労働者の住居状態を支配する事情の一つだ。……弊害の規模は、最近の人口調査からも判断できる。それによれば住居に対する地方の需要が高まっているにもかかわらず、過去一〇年間に、イングランドの八二一の地区で家屋の取り壊しが進められた。その結果、(彼ら自身が働いている教区の)非居住者となることを余儀なくされた人々を除けば、一八五一年に比べて一八六一年には、五％三分の一増加した人口が、四％二分の一狭くなった居住空間に押しこめられることになった。……人口削減過程がその目標に達するやいなや、結果として残るのは小屋数がごく少数に削減された一つの展示村だと、ドクター・ハンターは述べている。そこに住むことが許されるのは、羊飼い、庭師、猟場の番人、そして温情ある主人から階級相応の厚遇を受けている常勤の使用人だけだ。[164]しかし土地は、耕作を必要としている。ところが耕作に従事している労働者は地主の借家人でないことに人は気づくだろう。彼らは、場合によっては三マイルも離れたところにある開放村落からやってくる。こうした開放村落では、閉鎖村落にあった彼らの小屋が解体した後、数多くの小家主が彼らを受け入れている。事態がこうした結末に向かって進んでいるところでは、小屋の多くはその哀れな外観によって、自分がこれからたどるべき宿命を語っている。それは自然な老朽化の種々の段階にある。家がなんとか保たれているあいだは、労働者はそれに家賃を支払うことを許される。しかも労働者は、良質な住居並みの価格を払わねばならぬ場合でも、支払いを許されていることを非常に喜ぶ。しかし一文無しの借家人がなしうる以外の修繕や改修はおこなわれない。ついにはそれがまったく住めない状態になっても、取り壊し小屋が一つ増え、その分、将来の救貧税が減るだけのことだ。大地主が自分の支配する土地の人口削減によって救貧税の負担を免れているその一方で、隣の田舎町や開放村落は追いだされた労働者を受け入れている。隣と言ったが、この「隣」は、労働者が毎日重労働をこなさねばならない借地農場からは三マイルも四マイルも離れていることがある。こうして日々のパンを得るために、毎日六マイル、あるいは八マイルを歩かねばならない必要性が、あたかも何でもないことのように、彼の一日仕事に付け加えられる。彼の妻子がなす農作業も、いまやすべてこれと同じ困難な状況のもとでおこなわれる。しかもこれは、距離によって生じる弊害のすべてではない。開放村落では、建築投機師が細切れの土地を買い取り、最も安価なバラックをできるだけつめて建てる。広い田園に接していながら、それは最低の都市住宅の最悪の特徴をそなえた惨《みじ》めな住居であり、そのようなところにイングランドの農業労働者は住んでいるのだ。(165)……他方、自分が耕している土地の上に住んでいる労働者であっても、彼の生産的な勤労にふさわしい住居に住んでいるなどとは、ゆめゆめ思ってはならない。どんなに立派な農場であっても、労働者が住む小屋は悲惨きわまる類《たぐい》のものであることが多い。自分が使う労働者とその家族には、家畜小屋でもあてがっておけば十分だと思っている地主がいる。しかも、その家賃からできるだけ多くの利益を上げようとすることを、地主たちは恥とも思っていない。(166)そうした住居には寝室が一つしかなく、暖炉もなく、便所もなく、開閉できる窓もない。排水溝以外には給水設備もなく、庭もないような壊れかけた小屋であるかもしれない。それでも労働者はこの不当行為に対してなす術《すべ》もない。そして、われわれの衛生警察法（The Nuisances Removal Acts）は死文と化している。この法律の実施は、こうした穴蔵を貸している所有者に一任されているからだ。……例外的には比較的明るい局面があったとしても、だからといって、イギリス文明の汚点であるこうしたもろもろの事実がもつ圧倒的重みから目をそらしてはならない。現在の居住状態は明らかに常軌を逸している。にもかかわらず、その道の識者たちは一致して、住宅の一般的な粗末さなど、住宅の単なる数的不足に比べれば、はるかに小さな害悪だという結論に達している。これは実際、おそるべき事態といわねばならない。何年も前から、農村労働者の住宅の過密性は、保健衛生を気づかう人のみならず、きちんとした道徳的生活に重きをおくすべての人々にとって深い憂慮の種だった。というのも、農村地帯の伝染病の拡大について報告した人々は、繰り返し繰り返し、まるで判で押したように同じ表現で、いったん始まった伝染病の蔓延を食い止める試みがことごとく失敗する原因は家屋の過密性にあることを指弾してきたからだ。また農村生活には健康上有益な影響が多々あるにもかかわらず、密集状態によって伝染病の蔓延が甚だしく促進されており、これが非伝染性の病気の発生をも助長していることは、これまで繰り返し立証されてきた。こうした状態を指摘してきた人々は、その他の害悪についても黙してはいなかった。もともとのテーマが保健衛生に関わるものであっても、彼らはほとんど否応なく、問題の別の側面にも踏みこんでいかざるをえなかった。彼らは、男女の成人が、既婚者も未婚者も混ざり合って、狭い寝室にかたまって雑魚寝することがいかに頻繁におこなわれているかを指摘した。彼らの報告は、そのような状況下では羞恥心や礼儀心がひどく損なわれ、あらゆる道徳性がほとんど必然的に破壊されるだろうという確信を呼び起こさずにはおかなかった。(167)……たとえばわたしの最新の報告書に付された付録で、ドクター・オードは、バッキンガムシャーのウィングでの熱病発生について報告している。それによれば、一人の青年がウィンググレーヴから熱病をもちこんだ。発病当初の数日間、彼は他の九人の人間とともに一つの部屋で寝た。二週間後、何人かが罹患し、数週のあいだに、九人中五人が熱病にかかり、一人が死亡した！　この伝染病が流行していた頃、私的な診察のためにウィングを訪れたセント・ジョージ病院のドクター・ハーヴェイも、時を同じくして同じような意味のことをわたしに報告した。「熱病にかかった一人の若い女性は、父、母、自分の私生児、彼女の兄弟である二人の青年、彼女の二人の姉妹、そしてそれぞれが一人ずつ連れている私生児と一緒に、計一〇人で夜は同じ部屋に寝ていた。数週間前には、同じこの部屋に一三人の子供が寝ていた」、と(168)。

(162) 一八六五年には、この法律はいくぶん改善された。このような小手先の手直しが何の役にも立たないことを、人々は遠からず経験から学ぶことになるだろう。

(163) 続く箇所の理解のために説明しておくと、閉鎖村落(Close Villages)とは、その土地の所有者が一人または二、三人の大地主であるような村落をいい、開放村落(Open Villages)とは、その土地が多くの小所有者に属している村落をいう。建築投機師が小屋や宿泊所を建てられるのは後者の村落だ。

(164) こうした展示村は、非常に小ぎれいに見える。しかしそれは、エカテリーナ二世がクリミア行幸のさいに目にした村〔寵臣ポチョムキンが皇帝の視察のために作ったとされるはりぼての村〕と同じような見せかけにすぎない。最近では羊飼いもこの展示村から追いだされることがよくある。たとえばマーケット・ハーバラ近郊には、五〇〇エーカーの牧羊場があるが、そこでは一人の羊飼いの労働しか必要とされていない。この広い平原、レスターとノーサンプトンの美しい牧場を横切る長い道のりを短縮するために、羊飼いは農場に小屋をもらうのが常だった。いまでは、彼に一三分の一シリングが宿代として支給され、それで彼は遠く離れた開放村落に宿を探さねばならない。

(165)「労働者の家屋」(もちろん、いつでも人が溢れている開放村落にある)「は通常、建築投機師が自分の土地だと称する区画の境界線ぎりぎりのところに背面がくるように一列に建てられる。したがって、それらの家には前面にしか、光と空気の通り道がない」(ドクター・ハンターの報告、同前、一三五ページ)。「村のビール店の主人や雑貨屋の主人が家主を兼ねていることが非常に多い。このような場合には、農村労働者は、借地農業者のほかに第二の主人をもつことになる。労働者は同時に彼らの顧客にならねばならない。一週間に得る一〇シリングから、年額四ポンドの家賃を差し引いた残りで、わずかばかりの茶、砂糖、小麦粉、石鹸、ロウソク、ビールを、雑貨屋の言い値で買うことを義務づけられている」(同前、一三二ページ)。この開放村落は、実際、イギリスの農業プロレタリアートの「流刑地」だ。小屋の多くはただの宿泊施設で、そこには一帯のあらゆる浮浪人が出入りしている。最も不潔な環境のなかにあってもなお、真に賞賛すべき勤勉さと性格の純潔さを保ってきた農夫とその家族も、ここでは完全に悪魔の手に落ちてしまう。もちろん上流のシャイロックたちのあいだでは、建築投機師と小地主と開放村落について、パリサイ人《びと》のように眉をひそめるのが流行になっている。しかし彼らは、自分たちの「閉鎖村落と展示村」こそが「開放村落」の産屋《うぶや》であり、「開放村落」なしには自分たちの村が存続していけないことをよく知っている。「開放村落の小地主がいなければ農村労働者の大部分は自分たちが耕している農場の樹の下で眠らねばならなくなるだろう」(同前、一三五ページ)。「開放」村落と「閉鎖」村落の体制は、イングランドのすべての中部諸州と東部一帯で見られる。

(166)「家主」(借地農業者または地主)「は、週一〇シリングで雇っている男の労働によって、直接、間接に儲けている。しかもそのうえ、この貧乏人から年額四ポンドか五ポンドの家賃をむしりとる。その家というのが、自由市場では二〇ポンドの価値もない代物だが、こうした人為的な価格が維持されるのは、地主はこんなふうに言う権限をもっているからだ。「俺の家に住むか、それがいやなら荷物をまとめて、どこかほかに宿を探すんだな。ただし俺からの労働証明は出ないぞ」と。……もし、ある男が暮らしを良くすることを願って、線路工夫として鉄道にいくか、あるいは石切場にいくかすれば、ここでもやはり同じ権限が待ち受けていて、「この安い労賃で俺のために働くか、いやなら一週間前に予告して出ていけ。お前がブタを飼っているんなら一緒に連れていけ。お前の庭でできたジャガイモがいくらで売れるものか、よく見てみるんだな」と言われる。しかし、こうしたやり方が利益にそぐわない場合、地主(あるいは借地農業者)は、自分への奉仕から逃れようとした罰として、家賃の値上げを選択することも多い」(ドクター・ハンター『公衆衛生、第七次報告書、一八六四年』、一三二ページ)。

(167)「新婚夫婦は、同じ寝室で寝る年頃の兄弟姉妹にとって良い勉強にはならない。例を挙げることはできないが、近親相姦を犯した女性の運命は激しい苦悩であり、往々にして死であるという指摘があり、これを裏書きするデータは豊富にある」(ドクター・ハンター、同前、一三七ページ)。長年にわたってロンドンの最悪の地区で刑事を勤めていたある農村警察官は、自分の村の少女たちについてこう述べている。「年少時からの彼女たちの粗野な不道徳と厚顔無恥は、わたしがロンドンの最悪の地区で警官人生を送っていた時でさえ一度も見たことのないほどのものだ。……彼らはブタのように暮らし、大きな息子も娘も、母も父も、皆が同じ部屋でいっしょに寝ている」(『児童労働調査委員会、第六次報告書』ロンドン、一八六七年、付録七七ページ、一五五号)。

(168)『公衆衛生、第七次報告書、一八六四年』、九一一四ページ。

ドクター・ハンターは、純粋な農業地帯だけでなく、イングランドの全州を対象に、五三七五戸の農村労働者の小屋を調査した。この五三七五戸のうち、二一九五戸には寝室が一室しかなく(しかも居室を兼ねていることがよくある)、二九三〇戸には寝室が二室しかなかった。寝室が三室以上あったのは二五〇戸にすぎなかった。以下、一二州について簡単な一覧を記そう。

1　ベッドフォードシャー

レスリングワース。寝室は、奥行き約一二フィート、幅約一〇フィートだが、これより小さいものも多くある。小さな平屋を二つの寝室に仕切っているものや、天井高五フィート六インチの台所にベッドを一台入れているものもよく見られる。家賃は三ポンド。借家人は自分で便所を作らねばならず、家主は穴蔵のような空間を一つ提供するだけだ。一軒が便所を作ると、近所の者が皆でそれを利用する場合が多い。リチャードソンという家は、これ以上は考えられないほどみごとだった。その漆喰壁は膝をかがめた時の女性服のようにふっくらとしていた。切妻の一方の端は凸型で、もう一方の端は凹型だった。この凹型の方に、残念なことに煙突があった。それは粘土と木でできた彎曲した筒で象の鼻のようだった。煙突が倒れないように、一本の長い棒が支えの役割をしていた。ドアと窓は菱形をしていた。訪問した一七戸の家のなかで、寝室が二部屋以上あったのは四戸だけで、この四戸は人であふれていた。寝室が一室しかない小屋に三人の子供を連れた三人の大人が住んでいたり、六人の子供を抱《かか》えた夫婦が住んでいたりした。

ダントン。四ポンドから五ポンドの高い家賃。男たちの週賃金一〇シリング。彼らの望みは、家族の麦わら編みで家賃を捻出することだ。家賃が高ければ高いほど、それを払うために一緒に力を合わせなければならない人数は増えていく。四人の子供を連れた六人の大人が一つの寝室で寝ており、その代価として三ポンド一〇シリングを支払っている。ダントンで一番安い家は、外側から見ると奥行き一五フィート、幅一〇フィートで、三ポンドで貸されている。調査した一四戸の家のうち、寝室が二部屋ある家は一戸だけだった。村はずれの一軒家では、居住者が外壁の前を便所にしていた。入り口の戸は、下方九インチが完全に朽ちて失われており、夜、戸締まりをする時には、内側からいくつかの煉瓦が器用に押し出され、そこにムシロのようなものがかけられる。窓はその半分が、ガラスも枠も含めて朽ち果てていた。家具もないこの部屋に、三人の大人と五人の子供がごちゃまぜに詰めこまれていた。それでもダントンは、ビグルズウェード教区連合内の他地区に比べてとくに悪いわけではない。

2　バークシャー

ビーナム。一八六四年六月、一人の男が妻と四人の子供とともに一つのコット（平小屋）に住んでいた。娘の一人が勤め先から猩紅熱を持ち帰った。彼女は死んだ。一人の子供が罹患して死んだ。ドクター・ハンターが呼ばれた時、母親と一人の子供はチフスにかかっていた。父親と一人の子供は戸外で寝たが、ここでは確実に隔離を実行するのは難しいことが分かった。というのも、この貧しい村の混雑した市場には、熱病にかかった家の敷布類が積まれて洗濯を待っていたからだ。――Hの家の家賃は週一シリング。一つの寝室に夫婦と六人の子供が寝ていた。またある家は八ペンス（週）で貸されていたが、その奥行きは一四フィート六インチ、幅七フィート、台所の天井高は六フィートだった。寝室には窓も炉もなく、廊下への通路以外にはドアも窓もなく、庭もない。そこに最近まで一人の男が、成人した二人の娘と一人の年頃の息子とをつれて住んでいた。父と息子がベッドに寝て、娘たちは廊下で寝た。家族がここに住んでいるあいだに、二人の娘はともに妊娠したが、一人は分娩のために救貧院に行き、その後また戻ってきた。

3　バッキンガムシャー

ここでは三〇戸の小屋――一〇〇〇エーカーの敷地に建てられている――に約一三〇―一四〇名が収用されている。ブレードナムの教区は一〇〇〇エーカーの広さで、一八五一年にはそこに三六戸の家屋があり、その人口は男八四人、女五四人だった。一八六一年には、この男女の不均衡が緩和され、男九八人、女八七人となった。一〇年間で男一四人、女三三人が増加したことになる。その間に家屋の戸数は一戸減少した。

ウィンスロー。家のかなりの部分が体裁よく新築されたものだ。きわめて貧相なコットでも週に一シリングから一シリング三ペンスで賃貸されており、家に対する需要は相当に高いものと思われる。

ウォーター・イートン。ここでは人口増加に直面した地主たちが、既存家屋の約二〇％を取り壊した。仕事場まで約四マイル歩かねばならなかった一人の貧しい労働者は、もっと近くにコットを見つけられないのかという質問にこう答えた。「見つけられない。わたしのような大家族をかかえる男を入居させるのを、彼らはやたらと警戒するだろうから」。

ウィンスロー近郊ティンカーズ・エンド。一つの寝室に大人四人と子供五人が寝ており、その奥行きは一一フィート、幅九フィート、一番高いところで天井高六フィート五インチ。別の一つは、奥行き一一フィート七インチ、幅九フィート、高さ五フィート一〇インチで、ここには六人が住んでいた。これらの家族の一人ひとりは、ガレー船の囚人たちに必要とされたよりも狭い空間しか与えられていなかった。寝室が二部屋以上ある家は皆無、裏口のある家も皆無で、給水設備はきわめて稀だった。週家賃は一シリング四ペンスから二シリングまで。調査した一六戸のうち、週に一〇シリングを稼ぐ男はたった一人しかいなかった。上記のケースでは、各自に与えられる空気量は、夜間に四フィート立方の箱のなかに閉じこめられた状態に相当する。もちろん、古小屋には自然にできた換気口が数多くありはするが。

4　ケンブリッジシャー

ガンブリンゲイは、何人かの地主に所有されている。そこには、およそ人が目にするコットのうちでも、最もみすぼらしいものが見られる。麦わら細工が多く見られる。死のような疲労感と不潔への絶望的な忍従が、ガンブリンゲイをおおっている。中心部では投げやりになっているものが、南北の両端では苦行と化し、家々がぼろぼろに朽ちている。不在地主たちはこの貧しい巣から勢いよく血を抜き取る。家賃は非常に高い。一部屋の寝室に八人から九人が詰めこまれている。あるケースでは六人の大人が一人の子供と、もう一つのケースでは六人の大人が二人の子供と、一つの小さな寝室に押しこめられていた。

5　エセックス

この州では、多くの教区で人口減少と小屋減少とが同時並行的に進行している。しかし家屋の取り壊しをおこなっても、なお人口増に歯止めがかからなかった教区、あるいは人口放逐ができなかった教区も二二を下らない。こうした人口放逐は「都市移住」と呼ばれていて、いたるところで進んでいる。三四四三エーカーの教区フィングリングホーでは、一八五一年の時点で一四五戸あったものが、一八六一年にはわずか一一〇戸になった。それでも人々はここを去りたがらず、こうした扱いを受けてさえも、なお増加するにいたった。ラムズデン・クレイズでは、一八五一年に二五二人が六一戸に居住していたが、一八六一年には、二六二人が四九戸に詰めこまれるにいたった。バズルデンでは一八五一年、一八二七エーカーの土地に建つ三五戸に一五七人が住んでいたが、その一〇年後には、二七戸の家に一八〇人が住んでいた。フィングリンホー、サウス・ファンブリッジ、ウィドフォード、バズルデン、ラムズデン・クレイズの諸教区全体では、一八五一年には、八四四九エーカーの土地に建つ三一六戸に一三九二人が住んでいたが、一八六一年には、同じ面積に建つ二四九戸の家に一四七三人が住んでいた。

6 ヘリフォードシャー

この小さな州は、イングランドの他のいかなる州にも増して「追い出し精神」に苦しめられた。マドリーでは、大半が二寝室をもつ詰めこみすぎの小屋が、大部分、借地農業者の所有となっている。彼らはこれを苦もなく、年三ポンドから四ポンドで貸すことができ、しかも支払う週賃金は九シリングだ！

7　ハンティンドンシャー

ハートフォードには、一八五一年に八七戸があったが、その後まもなく、一七二〇エーカーのこの小教区で一九の小屋が取り壊された。居住者は、一八三一年には四五二人、一八五一年には三八二人、一八六一年には三四一人だった。一寝室のコット一四戸が調査された。あるコットには、夫婦、成人した息子三人、成人した娘一人、子供四人の合計一〇人が住んでいた。別のコットには、大人三人、子供六人が住んでいた。これらの部屋の一つには八人が寝ていたが、その奥行きは一二フィート一〇インチ、幅は一二フィート二インチ、天井高は六フィート九インチだった。平均容積は、室内への出張り部分を差し引かないで、一人あたり一三〇立方フィートだった。合計一四の寝室には、大人三四人と子供三三人がいた。これらの小屋に小庭がついていることは稀だったが、居住者の多くは小さな地所を、一ルード（四分の一エーカー）あたり一〇シリングから一二シリングで借りることができた。この借地は家からは遠く、家には便所が付いていない。家族の者は排泄をするためにその借地にいくか、そうでなければ、報告のためにあえて実情を記せば、戸棚の引出しに排泄物をためておくしかない。引出しが一杯になればそれを抜き出して、その中身が必要とされている場所にもっていって空《から》にする。生存の条件であるこの循環は、日本ではもっと清潔におこなわれている。

8　リンカンシャー

ラングトフト。ここのライトの家には、一人の男が妻、妻の母親、そして五人の子供と一緒に住んでいる。この家には、前面に台所と洗い場があり、台所の上に寝室がある。台所と寝室は奥行き一二フィート二インチ、幅九フィート五インチ、敷地全体は奥行き二一フィート三インチ、幅九フィート五インチだ。寝室になっているのは屋根裏部屋だ。壁はとんがり帽子のように屋根と一体化し、前面には引き窓がある。彼はなぜここに住んだのか？　庭があるからか？　それはとてつもなく小さい。では家賃のためか？　家賃は週一シリング三ペンスと高い。仕事場に近いからか？　否、六マイルも離れていて、彼は毎日往復一二マイルも歩かねばならない。彼がそこに住んだのは、それが借りることのできるコットだったからだ。どこにあっても、どんな家賃でも、どんな状態であっても、自分だけのコットが欲しかったからだ。次の表は、ラングトフトの一二戸についての統計だ。一二の寝室に、三八人の大人と三六人の子供が住んでいる。

ラングトフトの一二戸

家屋	寝室	大人	子供	合計
一号	一	三	五	八
二号	一	四	三	七

三号	一	四	四	八
四号	一	五	四	九
五号	一	二	二	四
六号	一	五	三	八
七号	一	三	三	六
八号	一	三	二	五
九号	一	二	〇	二
一〇号	一	二	三	五
一一号	一	三	三	六
一二号	一	二	四	六

9　ケント

ケニントン。一八五九年、ジフテリアが発生し、教区医が貧民階級の状態について公的な調査をおこなった時、その過密状態はきわめて悲惨なものだった。教区医は、多くの労働が必要とされているこの地域で、方々のコットが取り壊され、新しいコットが一戸も建築されていないことを発見した。ある地区には鳥かご（birdcages）と呼ばれる四戸があり、各戸には次のような容積の部屋が四つあった。

	フィート・インチ		フィート・インチ		フィート・インチ
台所	九・五	×	八・一	×	六・六
洗い場	八・六	×	四・六	×	六・六
寝室	八・五	×	五・一〇	×	六・三
寝室	八・三	×	八・四	×	六・三

10　ノーサンプトンシャー

ブリックスワース、ピッツフォード、フローア。これらの村では、冬になると仕事がないため、二〇人から三〇人の男たちが路上をぶらついている。借地農業者は、穀物畑や根菜畑をいつも十分に耕すわけではない。そして地主も、自分の貸し地を二箇所か三箇所にまとめるほうが好都合であることが分かってきた。こうして仕事が不足してきた。水路の向こう側からは畑が仕事を呼び求め、水路のこちら側からは欺かれた労働者が憧憬の視線を畑に投げかける。夏には熱病に侵されたように過度労働をこなし、冬には飢え死にしかけている。だから彼らが自分たちの方言で「坊さんとお偉方が手を組んで、俺たちを殺しにかかってくる」と言うのも不思議はない。

フローアでは、これ以上ないほど小さな一寝室に四人、五人、六人の子供を抱《かか》えた夫婦が住んでいるかと思えば、五人の子供を抱えた大人が三人で住んでいたり、祖父と猩紅熱にかかった六人の子供を抱えた夫婦が住んでいたりする。寝室が二室ある二戸では、二家族がそれぞれ八人と九人の大人を抱えて住んでいる。

11　ウィルトシャー

ストラットン。訪問した三一戸のうち、八戸には寝室が一つしかなかった。同じ教区のペンヒル。あるコットは、週に一シリング三ペンスで大人四人と子供四人に貸されている。まともなのは壁だけで、あとは荒く削った石の床から腐ったわら屋根にいたるまで、良いところは一つもなかった。

12　ウスターシャー

家の取り壊しは、ここではそれほど悪質ではなかった。しかし一八五一年から一八六一年まで、一戸あたりの人数は四・二人から四・六人に増えた。

バジー。ここには多くのコットと小庭がある。何人かの借地農業者は、コットが「貧民を引き寄せるので非常に迷惑している」と言っている。あるジェントルマンの発言、「コットを建てても、貧民たちの状態は少しも改善しない。五〇〇戸のコットを建てても、あっという間にふさがってしまう。実際、たくさん建てれば建てるほど、ますます必要が増していく」。

彼によれば、家屋が居住者を生み出し、その居住者が自然法則のように「居住手段である住宅」を圧迫するという。このジェントルマンの発言に対して、ドクター・ハンターはこう答えている。

「ところで、これらの貧民はどこかからやってきたはずだ。しかし、バジーには施し物のような特別な魅力はない。したがって、もっと不快な場所から弾き出されたことが、彼らをこの地に追い立てたにちがいない。誰でも、働き場所の近くにコットと少しの土地を見つけられれば、まちがいなくバジーよりもそちらを選ぶだろう。バジーで、彼は猫の額のような土地に、借地農業者が自分の借地に払っている額の二倍もの額を払っているのだから」。

都市への絶え間ない移住、農業借地の集積や耕地の牧場化や機械装置の導入などによる農村の不断の「人口過剰化」、小屋の取り壊しによる農村人口のたえざる追放、これらはともに手を携《たずさ》えて進行する。ある地方の人口が減少すればするほど、その地方の「相対的過剰人口」はますます大きくなり、この過剰人口が雇用手段に加える圧力もまた増大する。そして居住手段を上回る農村住民の絶対的過剰もますます大きくなる。こうして農村での局地的過剰人口と、伝染病の原因となる人間の密集度がますます大きくなる。散在する小村落と市場町に人間集団が密集することと、農村の表層で強引に住民の立ち退きがおこなわれることとは、相互に対応しあっている。農村労働者の数が減少しているにもかかわらず、しかも彼らの生産物の量が増えていくにつれて、農村労働者がたえず「過剰化」するということ、これが彼らの受救貧民化の温床だ。ふとしたことで彼らは受救貧民と化す可能性があり、そのことが彼らを排除する一つの動機となり、その悲惨な住宅事情の主要原因となっている。この住宅事情が最後の抵抗力をくじき、彼らを地主と借地農業者の純然たる奴隷にする。その結果、労働賃金の最低額が、彼らにとっての自然法則として固定される。他方で農村は、そのたえざる「相対的過剰人口」にもかかわらず、同時に人口不足にも陥っている。このことは単に、都市、鉱山、鉄道工事などへの人間の流出があまりにも急速に進行する地区で局地的に見られるだけではない。人口不足は収穫期にも、春夏にも、非常に入念で集約的なイギリス農業が臨時の人手を必要とする多くの時期に、いたるところで見られる。農村労働者は、農作業の中程度の必要水準に照らせばつねに多すぎ、例外的あるいは一時的な必要水準に照らせば、つねに少なすぎる。[169][170]同じ村落から同時に労働不足と労働過剰について矛盾した苦情が出されているのが、公式文書からも見てとれるのはそのためだ。一時的ないし局地的な労働不足がもたらすのは、労働賃金の上昇ではない。それはむしろ女性と児童を強制的に農作業に駆り出し、ますます労働の低年齢層化を引き起こす。女性や児童の搾取の余地が大きくなれば、それがまた農村男性労働者の過剰化と賃金抑制のための新たな手段となる。イングランド東部では、この悪循環のみごとな果実――いわゆる作業隊制度（Gang- oder Bandensystem）が盛んに実を結んでいる。ここで簡単にこの制度について触れておこう。(171)

(169)「農業労働者〔ハインド〕の天賦の仕事は、彼の地位にさえ威厳を付与する。彼は奴隷ではなく平和の兵士であり、既婚男子のための住居に座を占める資格がある。その住居は、彼に労働を強制する権限を主張してきた地主が用意しなければならない。それは国が軍の兵士に対しておこなってきたのと同じことだ。兵士と同様に、農業労働者も自分の仕事に対する市場価格を受けとっていない。兵士と同様に、農業労働者も若く無知で、自分の仕事と故郷のことしか知らない年代から徴用される。早婚と各種の居住関係法の施行が農業労働者に与える影響は、徴兵と軍刑法が兵士に与える影響と似ている」（ドクター・ハンター、前掲書、一三二ページ）。時には、例外的に気の弱い地主がいて、自分が作りだした荒涼たる景色に悲哀を感じることもある。「たった一人で自分の土地にいるというのは憂鬱なことだ」と、ホーカムの屋敷の落成を祝福された時に、レスター伯は言った。「辺りを見回しても、わたしの屋敷以外には家が一軒も見あたらない。わたしは巨城に住む巨人で、自分の隣人たちをすべて食い殺してしまった」。

(170) 資本主義的生産が農業を征服し、「過剰な」農村人口を都市に追いやるにつれ、フランスでも過去数十年間、これと同じような動きが見られた。そこでも「過剰人口」の発生源となった地で、住宅その他の事情が悪化した。耕地分割制度が生み出した独特の「農村プロレタリアート」については、たとえば以前に引用したコランの著作〔『経済学』〕、そしてカール・マルクス『ルイ・ボナパルトのブリュメール一八日』第二版、ハンブルク、一八六九年、八八ページ以下、を参照のこと。一八四六年のフランスでは、都市人口が二四・四二％、農村人口が七五・五八％だったが、一八六一年になると、都市人口が二八・八六％、農村人口が七一・一四％となった。過去五年間、農村人口率の低下はいっそう大きくなっている。すでに一八四六年に、ピエール・デュポンは『労働者の歌』のなかでこう歌っていた。

「ぼろをまとい、穴蔵に住み
屋根裏で、ゴミのなかで
われらは暮らす、フクロウや盗人
闇の世界の友といっしょに」

(171) 一八六七年三月末に刊行された『児童労働調査委員会』の最終報告である第六次報告書は農業の作業隊制度だけを扱っている。

作業隊制度は、そのほとんどがリンカンシャー、ハンティンドンシャー、ケンブリッジシャー、ノーフォーク、サフォーク、ノッティンガムシャーで実施されているが、散発的には隣接するノーサンプトン、ベッドフォード、ラットランドなどの諸州でも見られる。ここでは一例としてリンカンシャーを取り上げる。この州の大部分は新しい埋立地で、かつての沼沢を、あるいはすでに挙げた東部諸州の他地域と同様に海を埋め立てて得られたものだ。排水作業には、蒸気機関が奇跡的な力を発揮した。かつての沼沢と砂地は、いまでは豊饒な穀物の海と化し、最高の地代を生み出している。同じことは、アクスホーム島やトレント河沿岸の他の教区に見られる人工的沖積地についても言える。しかし、新しい借地農場が誕生しても、それに呼応して新しい小屋は建築されなかった。それどころか、古い小屋まで取り壊された。労働の供給は、丘陵の背を蛇行する街道沿いにある、何マイルも離れた開放村落からなされる。こうした開放村落は、かつては住民が長く続く冬の洪水から逃れるための唯一の避難場所だった。四〇〇エーカーから一〇〇〇エーカーの借地農場に定住する労働者〈彼らはここでは「囲われ労働者」〈confined labourers〉と呼ばれている〉は馬を用いてなされる長時間の激しい農業労働にひたすら従事する。小屋は、一〇〇エーカー（一エーカーは四〇・四九アール、または一・五八四プロイセン・モルゲン）ごとに平均一戸あるかないかだ。たとえばある沼地の借地農業者は調査委員会に対してこう述べている。

「わたしの借地は三二〇エーカーの広さで、すべて穀物畑だ。そこには小屋はない。いまは、一人の労働者がわたしの家に住んでいる。四人の馬係りは、近隣に住まわせている。多くの人手を要する簡単な仕事は、作業隊によっておこなわれる」[172]。

土地は、雑草取り、鍬《くわ》入れ、各種の施肥、石の除去など、多くの軽い農作業を必要とする。それは開放村落に住んでいる作業隊、すなわち組織化された集団によっておこなわれる。

（172）『児童労働調査委員会、第六次報告書』証言、三七ページ、一七三号。

作業隊は一〇人から四、五〇人の人々、すなわち女性、男女の青少年（一三歳から一八歳）――ただし男子は一三歳になると大部分は除かれる――、それに男女の児童（六―一三歳）から構成される。頂点に立つのは作業隊親方で、それはつねに普通の農村労働者だ。たいていはいわゆる札付きのならず者でだらしない酒飲みだが、ある種の企業魂と如才なさを持ちあわせている。彼は自分の下で働く作業隊員を募集する。したがって隊員は借地農業者の下で働くわけではない。借地農業者との契約は、大半が出来高制をとっている。親方の収入は、平均すれば普通の農村労働者の収入と比べてそれほど高いわけではない。(173)最短時間でいかに最大限の労働を自分の隊から絞りだすかという彼の手腕に、彼の収入はほとんど全面的に依存している。借地農業者が発見したところによれば、女性は男性の命令下におかれなければきちんと働かないが、女性と子供はいったんやりだせば、すでにフーリエが知っていたように猛然と生命力を発揮するようになる。それにひきかえ、成人男性労働者は非常に狡猾で、できるだけ生命力を節約しようとする。作業隊親方は一つの農場から他の農場へと渡り歩き、一年に六カ月から八カ月間、自分の隊を働かせる。したがって労働者家族にとっては、子供をたまにしか雇わない個々の借地農業者を相手にするよりも、作業隊親方を相手にした方がよほど収入が多く、また確実になる。この事情は、開放村落での作業隊親方の影響を強固なものにし、そのため子供を雇うには、多くの場合、隊親方の仲介に頼るほかなくなる。子供を隊から切り離して個別に貸し出すことは、親方の副業となっている。

(173) ただし、なかには五〇〇エーカーの借地農業者になりあがった作業隊親方や、何軒もの家屋を所有するにいたった作業隊親方もいた。

この制度の「陰の部分」は児童と青少年の過度労働だ。そしてまた、彼らに毎日五、六マイル、時には七マイルも離れた農場までの往復を強いる法外な徒歩行であり、最後に「作業隊」の不品行だ。いくつかの地域では「頭《かしら》」とも呼ばれている作業隊親方は長い棒を携行しているが、しかし実際にそれを使うことはめったにない。虐待に関する苦情は例外的にしか聞かれない。彼は一人の民主的な皇帝、あるいは一種のハーメルンの笛吹男だ。つまり彼は臣下のあいだでの人気を必要としており、自分の庇護のもとで大いに盛り上がる放縦によって、臣下を自分につなぎとめておく。粗野な放埒、愉快な大騒ぎ、卑猥な傍若無人が、作業隊に翼を与える。居酒屋ではたいてい親方が勘定を済ませ、頑丈な女性たちに左右を支えられながら、千鳥足で一行の先頭に立って帰途につく。子供や青少年たちは雑言や猥歌を口ずさみながら、大騒ぎで後に続く。帰り道に、フーリエが「顕花植物の交配」〔公然たる性行為〕と呼んだものがおこなわれるのは日常茶飯事だ。一三、四歳の少女が同じ年頃の男子によって妊娠させられることはしょっちゅうある。作業隊員の供給源である開放村落はソドムとなり、ゴモラとなり、(174) 連合王国の他地域と比べると二倍の私生児を産出している。こうした学校で育った少女が既婚女性となった時、道徳的になにをなすかは、早くからすでに暗示されている。彼女たちの子供は、アヘンによって破滅させられないかぎり、生まれながらにして作業隊の新兵だ。

(174)「ラッドフォードの娘たちの半数は、作業隊によって破滅させられた」(『児童労働調査委員会、第六次報告書』付録、六ページ、三二号)。

以上述べたような典型的形態の作業隊は、公共作業隊、普通作業隊、あるいは移動作業隊などと呼ばれる。つまり、このほかにも私的な作業隊があるということだ。この私的作業隊の構成は普通作業隊と変わりないが、構成人数が少なく、指揮を取るのは作業隊親方ではなく、ほかに使い道がなくなった借地農業者の老農僕だ。ここには放埒気分はないが、多くの証言からみて、児童に対する支払いも扱い方も、なおいっそう悪くなっている。

作業隊制度はこの数年来、拡大の一途をたどってきたが[175]、明らかにこれは親方のために存在している制度ではない[176]。それはあくまで大借地農業者、あるいは大地主を富ますために存在している[177]。保有労働者数を通常の水準よりはるかに低くおさえること。しかも、すべての臨時作業のために常時、臨時の人手を確保しておくこと。そして、できるだけ少ない金でできるだけ多くの労働を捻出し[178]、成人男性労働者を「過剰化」しておくこと。これほど借地農業者にとって意義深い方法はほかにない。一方では大なり小なり農村男性の失業が確認されていながら、他方では同時に、男性労働の不足や彼らの都市移住のために、作業隊制度が「必要」だと言われる理由は、これまでの説明から理解されるだろう[179]。リンカンシャーなどで見られる雑草なき畑と人間の雑草化とは、資本主義的生産の一極とその

対極をなしている。(180)

(175)「この制度は過去何年かのあいだに急増した。いくつかの地方では最近になってようやく導入されたが、以前からおこなわれていた地方では作業隊に編入される児童の数が増え、また低年齢化している」(『児童労働調査委員会、第六次報告書』、七九ページ、一七四号)。

(176)「小借地農業者は作業隊の労働を使用しない」。「作業隊は、痩せた土地には使用されず、エーカーあたり二ポンドから二ポンド一〇シリングの地代を生みだす土地に対して使用される」(同前、一七ページ、一四ページ)。

(177) これらの地主の一人は、彼の地代があまりに旨《うま》みのあるものなので、調査委員会に対して憤然とこう宣言したものだ。すべての非難はこの制度の名前のせいで生じた。「作業隊」という代わりに、「少年農業勤労自助組合」とでもすれば、すべて解決できるだろう、と。

(178)「作業隊の労働は他の労働よりも安く買える。それが、作業隊が使用される原因だ」と、かっての作業隊親方は述べている(同前、一七ページ、一四号)。「作業隊制度は借地農業者にとって、群を抜いて安上がりの方法だ。しかし同時に、児童たちには、群を抜いて有害なものだ」とある借地農業者は言っている(同前、一六ページ、三号)。

(179)「現在、作業隊の子供たちによってなされている多くの仕事は、疑いもなく、以前は成人の男女によっておこなわれていた。女性と子供が使用されているところでは、いまでは以前より多くの成人男性が失業している」(同前、四三ページ、二〇二号)。しかし、これに対しては、たとえば次のような反論がある。「多くの農業地帯、とくに穀倉地帯では、他の地方への移住や、鉄道による大都市への移動が容易になった結果として、労働問題がきわめて深刻化する。それゆえ、わたし」（この「わたし」とは、ある大地主の土地管理人だ）「は、児童の就労が絶対不可欠だと考える」（同前、八〇ページ、一八〇号）。つまり、イギリスの農業地帯の労働問題とは、他の文明世界の場合と異なり、大地主問題であり、借地農業者問題なのだ。すなわち、農村人口の流出がたえず増大してもなお、いかにして十分な「相対的過剰人口」を農村に確保し、それによって農村労働者の「労働賃金の最低限度」を永続的に固定することができるか？　という問題なのだ。

(180)　わたしが以前に引用した『公衆衛生報告書』のなかでは、児童死亡率を問題にした箇所で、ついでに作業隊制度についても触れられていた。しかし、この報告書は、新聞にはとりあげられず、したがってイギリスの公衆にも知られないままになった。これとは対照的に、『児童労働調査委員会』の最終報告は、「センセーショナルな」ネタとして新聞に歓迎された。自由主義派の新聞は、リンカンシャーにうようよしている上品な紳士淑女や国教会の有給牧師が、いったいどういうわけでこんな制度を自分たちの所有地で、しかも自分たちの目の前で発展させたのかと問い質《ただ》した。連中は「南洋の未開人の道徳を改善するために」、自分たちの「伝道師」を南半球に派遣している人たちではないか、と。これに対して、もっとお上品な新聞は、もっぱら、自分たちの子供を売り飛ばして、こんな奴隷状態に追いやっても平気でいられる農民たちのひどい堕落に、考察の目を向けた！　このような「お上品な人々」によって農民が背負わされた忌まわしい境遇のなかでは、農民たちが自分の子供を食べてしまっても不思議はなかっただろう。むしろ真に驚くべきことは、農民の大部分がこうしたなかでも堅実な品性を保ってきたことだ。公式報告の執筆者が立証しているのは、作業隊制度が実施されている地方でも、親たち自身がこの制度を嫌悪しているということだ。「親たちは誘惑や圧力にさらされていることが多い。もし、こうした誘惑や圧力への抵抗を可能にするような強制法でもあれば、多くの場合、親たちはそれに感謝するだろう。それを裏づける証拠はわれわれが集めた証言のなかにも豊富にある。ある時には教区の役人が、ある時には雇い主が、親たち自身の解雇をちらつかせながら、子供を学校に送る代わりに稼ぎに出すようにと圧力をかける。……浪費されたあらゆる時間と体力、常軌を逸した無益な疲労困憊が農夫とその家族に与えるあらゆる苦悩、小屋の過密さゆえに、あるいは作業隊制度のふしだらな影響ゆえに、わが子を道徳的に堕落させてしまったと両親が考えるあらゆるケース。それらすべてが労働貧民の胸の内にかき立てる感情には十分に理解できるものがあり、これ以上詳しく書き立てる必要はない。彼らは、自分たちには何の責任もない事情によって身体的、精神的に多くの苦痛を受けていることを知っている。もし彼らにその力があれば、このような事情に同意することはけっしてなかっただろうが、彼らはその無力さゆえに、それに抗《あらが》うことができないでいる」(『児童労働調査委員会、第六次報告書』、ローマ数字二〇ページ、八二号、およびローマ数字二三ページ、九六号)。

f　アイルランド

この節の結びとして、われわれは少しのあいだ、アイルランドに足を運ばねばならない。まず問題となる事実を取りあげる。

アイルランドの人口は、一八四一年に八二二万二六六四人にまで増加したが、一八五一年には六六二万三九八五人に減少し、一八六一年には五八五万〇三〇九人、一八六六年には五五〇万人にまで落ちこみ、ほぼ一八〇一年の水準に戻った。この人口減少は一八四六年の飢饉年に始まったもので、アイルランドは二〇年足らずのあいだに、人口の一六分の五以上を失ったことになる。(181) 一八五一年五月から一八六五年七月までの海外移民総数は一五九万一四八七人を数え、一八六一―一八六五年の過去五年間の移民は五〇万人を超えた。居住戸数は、一八五一―一八六一年のあいだに五万二九九〇戸減少した。一八五一―一八六一年のあいだに、一五―三〇エーカーの借地農場の数は六万一〇〇〇戸増加し、三〇エーカーを超える借地農場は一〇万九〇〇〇戸増加した。その一方で、借地農場の総数は一二万戸減少した。したがってこの減少は、もっぱら一五エーカー未満の借地農場の消滅によるもので、それらの集中に起因するものだった。

(181) アイルランドの人口は以下のとおり。一八〇一年五三一万九八六七人、一八一一年六〇八万四九九六人、一八二一年六八六万九五四四人、一八三一年七八二万八三四七人、一八四一年八二二万二六六四人。

もちろん人口減には、全体として生産量の減少がともなった。われわれの目的のためには、一八六一―一八六五年までの五年間を見れば十分だが、この五年間には、五〇万人以上が移民として流出し、人口の絶対数は三三万人以上減少した(表A参照)。

表A　家畜頭数　（△はマイナス）

年	馬		牛		羊		豚	
	総数	増減	総数	増減	総数	増減	総数	増減
一八六〇年	六一九、八一二		三、六〇六、三七四		三、五四二、〇八〇		一、二七一、〇七二	
一八六一年	六一四、二三二	△五、五七九	三、四七一、六八八	△一三四、六八六	三、五五六、〇五〇	一三、九七〇	一、一〇二、〇四二	△一六九、〇三〇
一八六二年	六〇二、八九四	△一一、三三八	三、二五四、八九〇	△二一六、七九八	三、四五六、一三二	△九九、九一八	一、一五四、三二四	五二、二八二
一八六三年	五七九、九七八	△二二、九一六	三、一四四、二三一	△一一〇、六五九	三、三〇八、二〇四	△一四七、九二八	一、〇六七、四五八	△八六、八六六
一八六四年	五六二、一五八	△一七、八二〇	三、二六二、二九四	一一八、〇六三	三、三六六、九四一	五八、七三七	一、〇五八、四八〇	△八、九七八
一八六五年	五四七、八六七	△一四、二九一	三、四九三、四一四	二三一、一二〇	三、六八八、七四二	三二一、八〇一	一、二九九、八九三	二四一、四一三

前表からは次の結果が読みとれる。

馬	牛	羊	豚
絶対的減少	絶対的減少	絶対的増加	絶対的増加
△七一、九四四	△一一二、九六〇	一四六、六六二	二八、八二一(182)

(182)　さらにさかのぼれば、結果はさらに悪くなるだろう。たとえば羊は、一八六五年には三六八万八七四二頭だったが、一八五六年は三六九万四二九四頭、豚は一八六五年には一二九万九八九三頭だったが、一八五八年は一四〇万九八八三頭だった。

次に、家畜と人間に生活手段を供給している農耕に目を転じよう。次の表では、前年と比較した各年の増減が算出されている。穀類には小麦、オーツ、大麦、ライ麦、インゲン、エンドウが含まれており、野菜類にはジャガイモ、カブ、フダンソウ、ビート、キャベツ、ニンジン、パースニップ、ソラマメなどが含まれている。

表B　耕地および草地（または牧場）として利用されている土地面積の増減

（単位エーカー）

年	穀類	野菜類	牧草地とクローバー	亜麻	全農耕・牧畜用地
一八六一年	△一五、七〇一	△三六、九七四	△四七、九六九	一九、二七一	△八一、三七三
一八六二年	△七二、七三四	△七四、七八五	六、六二三	二、〇五五	△一三八、八四一
一八六三年	△一四四、七一九	△一九、三五八	七、七二四	六三、九二三	△九二、四三一
一八六四年	△一二二、四三七	△二、三一七	四七、四八六	八七、七六一	一〇、四九三
一八六五年	△七二、四五〇	二五、四二一	六八、九七〇	△五〇、一五九	△二八、二一八
一八六一—六五年	△四二八、〇四一	△一〇八、〇一三	八二、八三四	一二二、八五〇	△三三〇、三七〇

一八六五年には、「牧草地」の項目に一二万七四七〇エーカーが加わったが、これは主に「利用されていない荒地および沼地（泥炭地）」の項目で一〇万一五四三エーカーの減少が見られたことによる。一八六五年を一八六四年と比較すると、穀類の減少は二四万六六六七クォーターで、その内訳は小麦四万八九九九クォーター、オーツ一六万六六〇五ク

ォーター、大麦二万九八九二クォーターなどとなっている。ジャガイモは、一八六五年には作付面積が増加しているにもかかわらず、四四万六三九八トンの減産となっている、等々（表C参照）。

表C　作付面積、一エーカーあたりの生産物、総生産物の増減 ——一八六四年と一八六五年の比較(183)

生産物	作付面積			一エーカーあたりの生産物			総生産物		
	一八六四年	一八六五年	一八六五年の増減	一八六四年	一八六五年	一八六五年の増減	一八六四年	一八六五年	一八六五年の増減
	エーカー	エーカー	エーカー	ハンドレッドウェイト	ハンドレッドウェイト	ハンドレッドウェイト	クォーター	クォーター	クォーター
小麦	二七六、四八三	二六六、九八九	△九、四九四	一三・三	一三・〇	△〇・三	八七五、七八二	八二六、七八三	△四八、九九九
オーツ	一、八一四、八八六	一、七四五、二二八	△六九、六五八	一二・一	一二・三	〇・二	七、八二六、三三二	七、六五九、七二七	△一六六、六〇五
大麦	一七二、七〇〇	一七七、一〇二	四、四〇二	一五・九	一四・九	△一・〇	七六一、九〇九	七三二、〇一七	△二九、八九二
ビーア麦	八、八九四	一〇、〇九一	一、一九七	一六・四	一四・八	△一・六	一五、一六〇	一三、九八九	△一、一七一
ライ麦	（ビーア麦と合算）	（ビーア麦と合算）	（ビーア麦と合算）	八・五	一〇・四	一・九	一二、六八〇	一八、三六四	五、六八四
ジャガイモ	一、〇三九、七二四	一、〇六六、二六〇	二六、五三六	四・一トン	三・六トン	△〇・五トン	四、三一二、三八八トン	三、八六五、九九〇トン	△四四六、三九八トン
カブ	三三七、三五五	三三四、二一二	△三、一四三	一〇・三	九・九	△〇・四	三、四六七、六五九	三、三〇一、六八三	△一六五、九七六

フダンソウ	一四、〇七三	一四、三八九	三一六	一〇・五	一三・三	二・八	一四七、二八四	一九一、九三七	四四、六五三
キャベツ	三一、八二一	三三、六二二	一、八〇一	九・三	一〇・四	一・一	二九七、三七五	三五〇、二五二	五二、八七七
亜麻	三〇一、六九三	二五一、四三三	△五〇、二六〇	三四・二*	二五・二*	△九・〇	六四、五〇六	三九、五六一	△二四、九四五
干し草	一、六〇九、五六九	一、六七八、四九三	六八、九二四	一・六	一・八	〇・二	二、六〇七、一五三	三、〇六八、七〇七	四六一、五五四

*単位ストーン（一四ポンド）

(183) 本文の数字は『農業統計、アイルランド、抜粋』ダブリン、一八六〇年以降分、および『農業統計、アイルランド、推定平均生産量一覧』ダブリン、一八六七年、の各資料をもとに集めた。周知のように、この統計は公式のものであり、毎年議会に提出される。

第二版への追補。公式統計によれば、一八七二年の耕作面積は、一八七一年と比べて一三万四九一五エーカー減少している。野菜類――カブ、フダンソウその他――の作付面積は「増加」したが、耕作面積は減少しており、その減少幅は小麦一万六〇〇〇エーカー、オーツ一万四〇〇〇エーカー、大麦とライ麦四〇〇〇エーカー、ジャガイモ六万六六三二エーカー、亜麻三万四六六七エーカー、牧草、クローバー、ソラマメ、アブラナ三万エーカーとなっている。小麦の栽培地は、過去五年間で次のような漸減を示している。一八六八年二八万五〇〇〇エーカー、一八六九年二八万エーカー、一八七〇年二五万九〇〇〇エーカー、一八七一年二四万四〇〇〇エーカー、一八七二年二二万八〇〇〇エーカー。一八七二年には、概数で二六〇〇頭の馬と八万頭の牛、六万八六〇〇頭の羊が増加し、二三万六〇〇〇頭の豚が減少した。

アイルランドの人口と土地生産額の変動から目を転じ、次にアイルランドの大地主、大借地農業者、産業資本家のふところ具合の変動を見てみよう。それは所得税の増減に反映する。次表の理解のために註記しておくが、項目D（借地農業者利潤以外の利潤）には、いわゆる「専門職的な自由業」の利潤、すなわち弁護士や医師などの所得も含まれている。項目CとEはここには掲げていないが、そこには官吏、軍人、名誉職官吏、国債所有者などの所得が含まれている。

表D　所得税を課される所得(184)（単位ポンド）

年	A　地代	B　借地農業者利潤	D　産業利潤等	A—E　全項合計
一八六〇年	一二、八九三、八二九	二、七六五、三八七	四、八九一、六五二	二二、九六二、八八五
一八六一年	一三、〇〇三、五五四	二、七七三、六四四	四、八三六、二〇三	二二、九九八、三九四
一八六二年	一三、三九八、九三八	二、九三七、八九九	四、八五八、八〇〇	二三、五九七、五七四
一八六三年	一三、四九四、〇九一	二、九三八、八二三	四、八四六、四九七	二三、六五八、六三一
一八六四年	一三、四七〇、七〇〇	二、九三〇、八七四	四、五四六、一四七	二三、二三六、二九八
一八六五年	一三、八〇一、六一六	二、九四六、〇七二	四、八五〇、一九九	二三、九三〇、三四〇

(184)『国内所得調査委員会、第一〇次報告書』ロンドン、一八六六年。

D項についていえば、一八五三—一八六四年の年平均所得増加はわずかに〇・九三％にすぎなかったが、同時期のグレートブリテンでは四・五八％の増加が見られた。次表は一八六四年と一八六五年の利潤の分配（借地農業者利潤を除く）を示したものだ。

表E　アイルランドにおけるD項の利潤所得（六〇ポンド以上）(185)

	一八六四年		一八六五年	
	ポンド	分配人数	ポンド	分配人数
年総所得	四、三六八、六一〇	一七、四六七	四、六六九、九七九	一八、〇八一
六〇ポンド以上一〇〇ポンド未満の年所得	二三八、七二六	五、〇一五	二二二、五七五	四、七〇三
年総所得のうち	一、九七九、〇六六	一一、三二一	二、〇二八、五七一	一三、一八四
年総所得の残額	二、一五〇、八一八	一、一三一	二、四一八、八三三	一、一九四
そのうち	一、〇七三、九〇六	一、〇一〇	一、〇九七、九二七	一、〇四四
	一、〇七六、九一二	一二一	一、三二〇、九〇六	一五〇
	四三〇、五三五	九五	五八四、四五八	一二二
	六四六、三七七	二六	七三六、四四八	二八
	二六二、八一九	三	二七四、五二八	三

(185) ここではD項の年総所得が前表と異なっているが、これは法律で認められた一定の控除による

もの。

イングランドのような発展した資本主義的生産の国、とりわけ工業国である国で、もしアイルランドと同じような人口流出が生じたならば、出血多量で死にいたるだろう。しかし現在のアイルランドは、イングランドに穀物、羊毛、家畜を、そして産業用と軍隊用の新兵を供給するイングランドの一農業地帯にすぎず、イングランドとは単に広い水路で隔てられているだけだ。

人口減少によって多くの土地は耕作されないままに放置され、土地生産量は激減した。(186) 牧畜面積は拡大したものの、いくつかの牧畜部門では絶対的減少が見られ、その他の部門で見られた進歩もたえず退歩によって中断され、見るべきものはほとんどなかった。にもかかわらず、人口減少とともに地代と借地農業利潤はたえず増大した。ただし、この利潤増大は人口減少ほど恒常的ではなかった。借地農業利潤が増大した理由は容易に理解できる。一方では、借地農場の統合が進み、耕作地が牧場化されたことによって、総生産物のより大きな部分が剰余価値に変容した。総生産物自体は減少しても、その一部を構成する剰余生産物は増加したのだ。他方ではまた、ここ二〇年間、とくに最近の一〇年間は、イングランドで肉類や羊毛などの市場価格が騰貴したため、この剰余生産物の貨幣価値が、剰余生産物の量が増えるよりもさらに急速に上昇した。

(186) エーカーあたりの生産物量も相対的には減少しているが、そこで忘れてならないのは、イングランドが過去一世紀半にわたってアイルランドの土壌を間接的に国外に持ち出してきたことだ。しかもその耕作者たちに、土壌成分を補うための手段さえ与えてこなかった。

生産者自身の従業手段として、また生活維持手段として役立つ分散した生産手段は、他人の労働を取りこんで価値増殖することはない。こうした生産手段は資本ではない。それは、生産者自身によって消費される生産物が商品でないのと同じだ。人口の減少とともに、農業に投じられる生産手段の量は減少した。しかし農業に投じられる資本の量は増大した。それは、かつて分散していた生産手段の一部が資本に変容したためだ。

農業以外の工業と商業に投じられたアイルランドの総資本は、過去二〇年間、ゆっくりとたえず大きな変動を経ながら蓄積されてきた。これとは対照的に、総資本の個別的な構成部分の集積は、ますます急速に進んだ。そして結局のところ総資本は、絶対的増大こそわずかなものにとどまったが、減少した人口と比べると相対的には大きく膨らんだ。

つまりここでは、正統派経済学の定説を検証するために、これ以上は望みえないほどの一つの過程がわれわれの眼前で大規模に繰り広げられている。その定説とはすなわち、貧困は絶対的な過剰人口から発生するものであり、人口減少によって均衡はふたたび回復されるというものだ。マルサス主義者は一四世紀なかばのペストを大いに賞賛してきた。しかしいまおこなわれているのは、あのペストとはまったく異なる重要な実験だ。ついでに言えば、そもそも一九世紀の生産関係とそれに対応する人口事情に一四世紀の尺度を当てはめること自体が、学校教師的な幼稚さだった。ところがその幼稚さがさらに見落としていたのは、あのペストとそれにともなう人口減は、海峡のこちら側のイングランドでは、農村住民の解放と富裕化を促したものの、海峡の向こう側のフランスでは、彼らのさらなる隷属と貧困化を招来したということだ。[186a]

(186a) アイルランドは「人口原理」を裏づけるための聖地と見られているため、Th・サドラーは人口に関する彼の著作を発表する前に、有名な著作『アイルランド、その病巣と治療』第二版、ロンドン、一八二九年、を刊行した。そのなかで彼は、個々の地方の統計を比較し、また各地方については個々の州の統計を比較することで、貧困が、マルサスの言うように人口数に比例して広がるのではなく、むしろそれに反比例して広がることを立証している。

アイルランドでは、一八四六年、飢饉のために一〇〇万人を超える死者が出た。ただし、死んだのは貧乏人だけだった。飢饉は、この国の富に微塵も損害を与えなかった。続く二〇年間にわたる人口流出、しかも、いまなお増え続けている人口流出は、たとえば三十年戦争の時のように、人間とともにその生産手段をも激減させることはなかった。アイルランドらしい天才的ひらめきは、貧乏な国民をその貧困の舞台から数千マイルのかなたへ、あっという間に移し換えてしまう、まったく新しい方法を発明した。合衆国に渡った移民は、故国に残った者たちの旅費として一定の金額を毎年家に送金する。今年移住する一団は、来年にはもう一つ別の一団を呼び寄せる。こうして移民は、アイルランドに費用負担を課すことなく、アイルランドの輸出事業のうちで最も実入りの良い部門の一つとなっている。これは、一時的に住民数に穴を開けるといった部類のものではなく、結局のところ毎年毎年、次世代が穴埋めできる以上の人間を吸いだすという一つのシステマティックな過程であり、結果的に、絶対的な人口水準は年々低下していく。(186b)

(186b) 一八五一年から一八七四年までのあいだに、国外移住者の総数は二三二万五九二二人に達した。

では国内に残り、過剰人口から解放されたアイルランドの労働者にとって、結果はどうだったのか? 今日もなお、相対的過剰人口は一八四六年以前と同じように大きく、労働賃金は同じように低く、しかも労働の苛酷さは増大し、農村の惨状はふたたび新たな恐慌を引き起こそうとしている。これがその結果だった。その原因は単純だ。農業革命の進展が移民と同一歩調を保ったのだ。相対的過剰人口の生産は、絶対的人口減少よりも足早に進んだ。表Bを一見しただけでも、アイルランドでは耕作地の牧場化がイングランドよりも急激に進んだに違いないことが分かる。イングランドでは、牧畜とともに野菜栽培も増えているが、アイルランドでは野菜栽培が減っている。従来の耕作地の多くが休耕地や恒久的草地に変容する一方で、かつては利用されていなかった荒地や泥炭地の大きな部分が牧畜の拡張のために利用されている。中小の借地農業者——耕作地が一〇〇エーカーを超えないものはすべてここに含める——は、いまだに総数の一〇分の八を占めている。(186c) 彼らは、これまでとは比較にならない度合いで、資本主義的農耕の競争にますます押し潰されていき、それゆえ賃金労働者階級にたえず新兵を送りだす供給源となっていく。アイルランドの唯一の大工業である亜麻布製造業は、比較的成人男性を必要とせず、一八六一－一八六六年の綿花の騰貴以来、膨張をとげたにもかかわらず、相対的にみればとるに足りない人口部分しか雇用していない。他のあらゆる大工業と同様、亜麻布製造業もまた、みずからの部門で生じる恒常的な変動のために、たえず相対的過剰人口を生産する。この産業によって吸収される人員が絶対的に増加している時でさえ、それは変わらない。農村民衆の貧困は、巨大なシャツ工場などの土台をなしており、そうした工場の労働者軍は、その大部分が農村に散らばっている。われわれはここでふたたび、先に取りあげた家内労働制を目のあたりにする。これはまさに、過少支払いと過度労働を「人口過剰化」のための組織的手段とする制度だ。最後に、人口減少が進めば、発達した資本主義的生産の国ほどには破滅的結果をともなわなくとも、その影響はたえず国内市場にはね返ってくる。国外移住がこの国に作りだした空隙は、各地域の労働需要を狭めるだけでなく、小売商人、手工業者、小事業者一般の収入をも減少させる。表Eに見られるように、六〇ポンドから一〇〇ポンドの所得層が減少する理由はここにある。

(186c) 第二版への註。マーフィー『アイルランド、産業、政治および社会』一八七〇年、〔一〇三ページ〕掲載の表によれば、土地の九四・六％が一〇〇エーカー未満の借地農場で、一〇〇エーカーを超える借地農場は五・四％にすぎない。

アイルランドの救貧法監督官の報告書（一八七〇年）には、アイルランドの農村日雇労働者の状況が手にとるように分かる記述がある。[(186d)] なにしろ彼ら役人は皆、銃剣を突きつけ、ある時は公然たる、ある時は隠然たる戒厳令によってのみ、なんとか維持されている政府に仕える身だ。したがってその言葉遣いには、イングランドの同僚が見れば軽蔑するような細心の注意を払わねばならない。それでも彼らは、自分たちの政府が幻想に安んじることを許してはいない。彼らによれば、農村の賃金率はいまなお非常に低水準にあるが、それでも最近二〇年間に五〇―六〇％上昇し、現在では週平均六―九シリングに達している。しかし、この外見上の上昇の陰には、賃金の実質的下落が隠れている。というのも、その上昇分は、その間に生じた生活必需品の価格騰貴にさえ追いついていないからだ。その証拠として、アイルランドのある救貧院について当局がおこなった計算の抜粋を以下に掲げる。

(186d)『アイルランドにおける農業労働者の賃金に関する救貧法監督官報告書』ダブリン、一八七〇年。――『農業労働者（アイルランド）報告書』一八六一年三月八日、も参照のこと。

一人あたりの生活費の週平均

年	食費	被服費	合計
一八四八年九月二九日より一八四九年九月二九日まで	一シリング三・二五ペンス	三ペンス	一シリング六・二五ペンス
一八六八年九月二九日より一八六九年九月二九日まで	二シリング七・二五ペンス	六ペンス	三シリング一・二五ペンス

つまり生活必需品の価格は、二〇年前のほとんど二倍、衣類の価格はちょうど二倍になっている。

この不均衡を度外視したとしても、貨幣で表現された賃金率の比較だけではとうてい正確な結果は得られないだろう。飢饉以前には、農村の賃金の大きな部分が現物で支払われており、貨幣で支払われていたのはほんの一部だった。今日では貨幣支払いが普通だ。これだけをとっても、現実の賃金の運動がどうであれ、貨幣賃金率は上昇せざるをえなかったことが分かる。

「飢饉以前には、農業日雇人はわずかながらも土地を所有しており、そこでジャガイモを育てたり、豚や鶏を飼ったりしていた。それがいまでは、自分の生活手段をすべて購入しなければならないだけでなく、豚や鶏や卵の販売から得られる収入まで失った(187)」。

実際、かつての農村労働者は小借地農業者と渾然一体となっており、たいていの場合、彼らに仕事を与えていた大中の借地農場の後衛をなしていたにすぎない。一八四六年の破局以来、はじめて彼らは純粋な賃金労働者階級、すなわち自分の雇い主とわずかに貨幣関係によってのみつながっている特殊な一階層となりはじめた。

(187)『アイルランドにおける農業労働者の賃金に関する救貧法監督官報告書』、一二九、一ページ。

一八四六年の彼らの住宅事情がどのようなものであったかは、周知のとおりだ。それ以後、住宅事情はさらに悪化した。農村日雇労働者はその間、日々減少しつつあるが、彼らの一部はいまなお、借地農業者の土地に建てられた過密な小屋に詰めこまれている。その小屋のひどさたるや、イングランドの農村地帯でわれわれが同じように目にしてきた最悪のものをはるかに上回る。そしてこれは、アルスターのいくつかの地区を除いて、全般的にあてはまる。たとえば南部では、コーク、リマリク、キルケニーなどの諸州、東部ではウィクロウ、ウェクスフォードなど、中部ではキングズ・カウンティ、クイーンズ・カウンティ、ダブリンなど、北部ではダウン、アントリム、ティローンなど、西部ではスライゴ、ロスコモン、メイヨウ、ゴールウェイなどだ。監督官の一人はこう吐き捨てている。「これは、キリスト教にとっても、この国の文明にとっても、一つの恥辱だ」[187a]。日雇労働者たちの穴蔵には、太古の昔からわずかばかりの土地が付いていた。ところがそのような土地までが、穴蔵の耐え難さを軽減するためと称して、組織的に没収された。

「大地主やその管理人たちから、このようなひどい仕打ちを受けたという意識は、農村日雇労働者の胸のうちに、それ相応の感情を引き起こした。すなわち、自分たちを無権利の人種として扱う者に対する対立と憎悪の感情を[187a]」。

（187a）同前、一二ページ。

農業革命の第一幕は、作業農地にあった小屋をきわめて大規模に撤去することだった。それは、上からの鶴の一声に従うかのようにしておこなわれた。こうして多くの労働者が村落や都市に避難所を探すことを余儀なくされた。そこでは、彼らがゴミ屑のように屋根裏に、穴蔵に、地下室に、最悪地区の路地裏に投げこまれた。アイルランド人家族が家庭の団欒《だんらん》にたぐいまれな愛着を抱き、屈託のない明るさと家族倫理の純粋さで抜きん出ていることは、民族的偏見にとらわれたイングランド人でさえ認めている。そのアイルランドの幾千もの家族が、こうして突然、悪徳の温床に移植された。男たちはいまや、近隣の借地農業者のもとに仕事を求め、日雇いとして、つまり最も不安定な賃金形態で、雇われねばならない。そのうえ、

「いまでは、借地農場までの長い距離を往復しなければならず、雨に打たれてぬれネズミになったり、その他の災難に見舞われることもよくある。そのために身体が弱り、病気になり、それによって困窮に陥ることも多い[187b]」。

（187b）同前、二五ページ。

「都市は毎年毎年、農村地帯で過剰とみなされた労働者を受け入れなければならなかった」[187c]。それなのにまだ人々は不思議がっている。「町と村には労働者があふれかえっているのに、農村で労働者が不足しているとはどういうことなんだ!」[187d]と。真実はこうだ。この不足が感じられるのは「春と秋、農業労働が緊急に必要な季節だけで、年の残りは多くの人手が遊んでいる」[187e]。「収穫期の後、一〇月から春まで、彼らには仕事がほとんどない」[187f]。しかも、忙しい季節でも、彼らは「頻繁に、何日も無駄にすることがあり、あらゆる種類の労働の中断にさらされている」[187g]。

(187c) 同前、二七ページ。
(187d) 同前、二六ページ。
(187e) 同前、一ページ。
(187f) 同前、三二ページ。
(187g) 同前、二五ページ。

農業革命、すなわち耕作地の牧場化、機械装置の使用、きわめて厳格な労働の節約などがもたらしたこれらの結果は、自分の地代を外国で消費せずに、アイルランドの自分の領地に住んでいる温情に満ちた模範地主たちによって、なおいっそう尖鋭化される。需要と供給の法則が少しでも侵されることのないように、これらの地主たちは、「いまや彼らが必要とする労働のほとんどすべてを、彼らの小借地農業者から調達する。

こうして小借地農業者は、一般に、通常の日雇労働者の賃金よりも低い賃金で自分たちの地主のために苛酷な労働を強いられる。しかも、種蒔きや収穫といった重要な時期には、自分の畑を放置しなければならない。そこから生じる不便や損失に対しては、何の配慮もしてもらえない(187h)」。

(187h) 同前、三〇ページ。

就業の不確実さと不規則性、労働中断の頻発と労働中断の長期化、これはまさに相対的過剰人口を示す兆候だ。救貧法監督官の報告のなかには、こうした兆候のすべてが、アイルランドの農業プロレタリアートの大きな苦痛としてあらわれている。読者は覚えているだろうが、われわれはイングランドの農村プロレタリアートについても同じような現象に遭遇した。しかし両者の違いは、工業国であるイングランドでは、産業予備軍が農村で補充されるのに対し、農業国であるアイルランドでは、農業予備軍が都市で、すなわち農村労働者の避難先で補充される点にある。イングランドでは農業の過剰人口が工場労働者に変容する。アイルランドでは、都市に追放された人々が、都市の賃金を圧迫しながら、同時に農業労働者であり続け、労働需要に応じてたえず農村に送り返される。

官報の報告者は、農業日雇労働者の物質的状態を次のようにまとめている。「彼らは極度にきりつめた生活をしているが、それでも彼らの賃金は、自分と家族の食費と住居費をまかなうのにぎりぎり足りるかどうかという水準だ。衣服を買おうとすれば、それ以外の収入が必要となる。……彼らの住環境は、他の面での欠乏状態とあいまって、この階級がチフスや肺病に侵される危険を特別に高めている」(187 i)。

この階級の隊列には、報告者が一致して証言しているように、暗鬱な不満が染み込んでいる。彼らは過去を懐かしみ、現在を憎み、未来に絶望している。こうしてみれば、彼らが「デマゴーグたちの悪しき影響になびき」、アメリカに移住するというただ一つの固定観念にとらわれているのも、何ら不思議ではない。これが、偉大なマルサス流の万能薬である人口減少が、緑のイェリン〔アイルランドの旧名〕を一変させて作った桃源郷なのだ！

(187 i) 同前、二一、一三ページ。

アイルランドのマニュファクチュア労働者がどのような快適な生活を送っているかについては、一つの例を挙げれば十分だ。

イギリスの工場監督官ロバート・ベイカーはこう述べている。

「最近、アイルランドの北部を視察したさい、アイルランドのある熟練労働者が、きわめてとぼしい資力から自分の子供たちの教育費を捻出しようと努力しているのを見て、非常に驚かされた。ここに彼の発言を、わたしが聞いたそのままの形で引用しておく。彼はマンチェスターの市場向けの製品のために使用されている。こう言えば、彼が熟練した工場労働者であることが分かるだろう。彼、ジョンソンは言う。わたしは打布機を扱う工員で、月曜から金曜までは朝の六時から夜の一一時まで働いている。土曜日は夜六時に仕事を終え、食事と休息に三時間もらえる。わたしには子供が五人いる。この仕事で自分は週に一〇シリング六ペンス稼いでいる。妻も働いており、週に五シリング稼ぐ。長女は一二歳で、家事を担当している。彼女はわが家のコックであり、たった一人のお手伝いさんでもある。下の子供たちが学校に行く時には長女が支度をしてやる。妻はわたしと一緒に起きて、わたしと一緒に出かける。毎朝、家の前を通る一人の娘が、五時半にわたしを起こしてくれる。われわれは仕事に行く前にはなにも食べない。一二歳の娘は、一日中、幼い子供たちの世話をする。われわれの朝食は八時で、朝食のために自宅に戻る。茶を飲むのは一週間に一度だ。そのほかの時は粥を食べるが、それは、その時手に入るものによって、オーツの粉で作ることもあれば、トウモロコシの粉で作ることもある。冬はトウモロコシの粉に少しだけ砂糖と水を入れる。夏には小さな庭に植えてあるジャガイモが多少収穫できるが、それが終わればまた粥に戻る。こんな生活が、来る日も来る日も、日曜も週日も一年中続く。一日の仕事を終えると、夜はいつもくたくただ。わずかな肉が手に入ることもあるが、それはめったにない。子供のうち三人は学校に行っているが、学費として週に一人あたり一ペニーを払う。家賃は週に九ペンスで、泥炭と燃料に、二週間で少なくとも一シリング六ペンスはかかる」(188)。

これがアイルランドの賃金であり、アイルランドの生活なのだ!

(188)『工場監督官報告書、一八六六年一〇月三一日』、九六ページ。

実際、アイルランドの窮乏は、ふたたびイギリスで日々の話題になっている。一八六六年末と一八六七年初頭には、アイルランドの大地主の一人ロード・ダファリンが『タイムズ』紙に解決策を提言した。「あれほどの大地主だというのに、なんと人間味のあることか！」

表Eから分かるように、一八六四年には四三六万八六一〇ポンドの総利潤のうち、三人の利殖家が二六万二八一九ポンドを手にしていただけだった。これが一八六五年になると、この同じ「節欲」の三巨匠が、四六六万九九七九ポンドの総利潤のうち二七万四五二八ポンドをふところに入れた。一八六四年には、二六人の利殖家が六四万六三七七ポンドを手にし、一八六五年には、二八人の利殖家が七三万六四四八ポンドをわがものにした。一八六四年には一二一人の利殖家が一〇七万六九一二ポンドを手にし、一八六五年には一五〇人の利殖家が一二二万〇九〇六ポンドを手にした。一八六四年には一一三一人の利殖家がほとんど年間総利潤の半分にあたる二一五万〇八一八ポンドを手にし、一八六五年には一一九四人の利殖家が年間総利潤の半分を超える二四一万八八三三ポンドをわがものにした。しかし、イングランド、スコットランド、アイルランドのほんの一握りの巨大地主が全国総地代のなかから毎年吸い上げているライオンの取り分は、とほうもない額になる。だからこそ聡明なるイギリス政府は、地代の分配については、利潤の分配と同じような統計資料を提供しない方が賢明だと見ている。ロード・ダファリンはこの種の巨大地主の一人だ。もとより、地代や利潤が「多すぎる」可能性があるとか、地代や利潤の過多が民衆の貧困の過多となんらかの関連があるとかいうのは、言うまでもなく「不健全で」、「感心できない」考え方だ。ロード・ダファリンは事実に固執する。その事実とは、アイルランドの人口が減少するにしたがってアイルランドの地代収入は増加するということであり、人口減少は地主に「恩恵をもたらし」、したがってまた土地にも、土地の付属品にすぎない民衆にも恩恵をもたらすということだ。そこで彼は、こう宣言する。アイルランドはいまなお人口過剰であり、移民の流れはまだ緩慢すぎる。アイルランドが完全な幸福を手に入れるには、少なくともまだ三三万人の労働人口を放出しなければならない、と。サングラド派の医師は、患者が良くならないと見るや、血液とともに病気が消え失せるまで、次から次へと瀉血《しゃけつ》を繰り返したという。詩人の素質までも備えているこの大地主を、このサングラド派の医師と同列に考えてはならない。ロード・ダファリンは、たった三三万人の新しい瀉血しか要求していないが、実際には約二〇〇万人の瀉血をしないかぎり、イェリンの千年王国は実現しえない。その証拠は簡単に提示できる。

一八六四年、アイルランド借地農場の数と面積

農場面積	数	エーカー
(1) 一エーカー未満	四八、六五三	二五、三九四
(2) 一—五エーカー	八二、〇三七	二八八、九一六
(3) 五—一五エーカー	一七六、三六八	一、八三六、三一〇
(4) 一五—三〇エーカー	一三六、五七八	三、〇五一、三四三
(5) 三〇—五〇エーカー	七一、九六一	二、九〇六、二七四
(6) 五〇—一〇〇エーカー	五四、二四七	三、九八三、八八〇
(7) 一〇〇エーカー以上	三一、九二七	八、二二七、八〇七(188a)
(8) 総面積		二〇、三一九、九二四

(188a) 総面積には「泥炭地と荒地」も含まれる。

集中によって、一八五一年から一八六一年までに、主として最初の三つのカテゴリー、すなわち一エーカー未満、および一五エーカーを超えない借地農場が失われた。これらはまっさきに退場しなければならない。これによって三〇万七〇五八の「過剰な」借地農業者が発生し、その人数は、家族数を平均四人と低く見積もっても一二二万八二三二人に達する。農業革命が完成した後、かりに過大に見積もって、そのうちの四分の一がふたたび

吸収できるものと仮定しても、九二万一一七四人がなお海外移住すべき人数として残る。一五エーカー以上一〇〇エーカー未満の四、五、六のカテゴリーは、イングランドでは、ずっと前から知られているように、資本主義的穀物栽培には小さすぎ、いわんや牧羊地としては話にならない小ささだ。したがって、上と同じ仮定に立つならば、そこでもさらに七八万八七六一人が海外移住すべき人数となり、その合計は一七〇万九五三二人となる。しかも、食欲は食べ始めると新たにわいてくるものだ。だから地代帳の目は遠からず次のことを発見するだろう。三五〇万人の人口を擁するアイルランドはいまだに貧困で、この貧困の原因は人口過剰にある。だからアイルランドが、イングランドのための牧羊場となり、放牧場となるという真の使命を果たすには、その人口減少はまだまだ進行しなければならないということを。(188b)

(188b) 飢饉とそれによってもたらされた事情は、個々の土地所有者によっても、イギリスの立法によっても、計画的に利用された。これを利用して彼らは農業革命を強引に遂行し、アイルランドの人口を大地主に都合の良い水準にまで減少させようとした。それがいかにおこなわれたかは、本書の第三巻、土地所有についての篇で詳しく立証する予定だ。そこでは、小借地農業者と農村労働者の状態にも立ち戻ることにしたい。ここでは一つの引用を記すにとどめる。ナッソー・W・シーニョアは、とくに遺作『アイルランドに関する日記、対話、エッセイ』全二巻、ロンドン、一八六八年、第二巻、二八二ページで、次のように書いている。「ドクターGは適切にも言った。われわれにはわが国の救貧法があり、これは地主に勝利を与えるための一つの大きな道具だ。そしてもう一つの道具は移民だ、と。アイルランドに好意をもっている人間なら誰しも、この戦い」（大地主とケルト人の小借地農業者との戦い）「が長引くことを望んではいない――ましてや、この戦いが借地農業者の勝利に終わることを望んではいない。……この戦いが早期に終われば終わるほど、そしてアイルランドがすばやく、牧場国に必要なだけの比較的少ない人口を抱えた牧場国になっていけばいくほど、すべての階級にとってより好都合なのだ」。一八一五年のイギリス穀物法は、グレートブリテンへの自由な穀物輸入の独占権をアイルランドに保証した。つまりこの穀物法は人為的にアイルランドの穀物栽培を助成したのだ。この独占権は一八四六年、穀物法廃止によって突然打ち切られた。その他のすべての事情を度外視して、この出来事だけをとってみても、それはアイルランドの耕作地の牧場化、借地農場の集積、小農の駆逐に強力な推進力を与えるのに十分だった。一八一五年から一八四六年までのあいだは、アイルランドの土地の豊饒さが讃えられ、アイルランドは自然そのものによって小麦栽培のために定められた地だと声高に宣言されていた。ところがその後、にわかにイギリスの農学者、経済学者、政治家は、このアイルランドの地が、牧草飼料の生産以外にはまったく適していないことを発見する！　レオンス・ド・ラヴェルニュ氏は、急遽、海峡の向こう側でこれを繰り返すようになった。こんな子供だましの手に乗せられるのは、ラヴェルニュ流の「まじめな」男にはうってつけのことだ。

うまい利益が見込めるこの方法にも、この世のすべての善事と同様、弊害がつきものだ。アイルランドで地代が蓄積されていくのと同じ歩調で、アメリカではアイルランド人の蓄積が進んだ。羊と牛に追い出されたアイルランド人は、大西洋の彼方で、フィニアン(*)として立ち上がる。年老いた海の女王の対岸に、若い巨大な共和国がそびえ立ち、その脅威は刻一刻と深まっていく。

苛酷な運命が、そして同胞殺戮の罪業が
ローマ人を苦しめる〔ホラティウス〕

(*) フィニアンは、小ブルジョワ的なアイルランドの革命家たち。最初のフィニアン組織は一八五七年にアイルランドとアメリカ合衆国で発足し、アメリカのアイルランド移民を結集した。フィニアンの綱領と活動は、イギリスの植民地抑圧に対するアイルランド民衆の抗議を表現していた。フィニアンたちは自国の民族的独立、民主主義的共和国の樹立、借地農民をみずからの耕作地の所有者とすること、などを要求した。彼らはその政治綱領を武装蜂起によって実現することをめざした。彼らの陰謀活動は成功しなかった。一八六〇年代末にフィニアンは大規模な弾圧にさらされ、七〇年代には運動は壊滅した〔編者巻末註160〕。

第二四章　いわゆる原初的蓄積

第一節　原初的蓄積の秘密

貨幣がいかにして資本に変容し、資本によっていかにして剰余価値が生み出され、剰余価値からいかにしてさらに多くの資本が生み出されるかを、ここまで見てきた。とはいえ、資本の蓄積は剰余価値を前提にし、剰余価値は資本主義的生産を前提にし、この資本主義的生産はまた、相当に大量の資本と労働力が商品生産者の手にあることを前提としている。こうして見ると、この全体の循環運動はまちがって考えられているようで、そこからわれわれが出るには、資本主義的蓄積に先行する「原初的蓄積」（アダム・スミスのいう先行的蓄積 previous accumulation）を想定する必要がある。つまり、資本主義的生産様式の結果ではなく、その始まりに位置する蓄積を想定する必要がある。

この原初的蓄積は、経済学においては神学における原罪とほぼ同じ役割を果たしている。アダムがリンゴに食らいついたことで、人類全体が罪を負うことになった。起源が過去の逸話として語られることによって、原罪の由来が説明されるわけだ。つまり、はるか大昔に、片方には勤勉かつ有能で、そのうえなによりも倹約を尊ぶエリートがいた。そして他方には、怠け者で、もっているものを、あるいはそれ以上のものを、どんどん無駄遣いする輩《やから》がいたというわけだ。神学上の原罪伝説が語っているのは、もちろん、人間がパンを得るためにいかに額《ひたい》に汗して働かねばならぬ運命にいたったかだ。これに対して、経済学上の原罪の歴史物語は、パンを得るために額に汗する必要のまったくない人々がどうして存在するのかを明らかにしてくれる。どちらも同じことだ。こうして、前者の勤勉で有能で倹約を尊ぶ人々は富を蓄積し、もう一方の人々は、結局のところ、生身の自分自身以外には何も売るものをもてなくなった。そしてこの原罪が大多数の人々の貧困の始まりの日付となる。この人々は、いかに働いてもいまなお自分自身を売る以外にない。しかしそれは同時に、少数の人々の富の始まりの日付でもある。彼らはもうずっと前から働くのをやめてしまったのに、その富はいまなお増大しつづけている。こういった愚劣で子供じみた話をティエール氏は、所有権（propriété）を擁護するために、かつてはあれほどにまで才気に富んでいたフランス人に大まじめに説いている。ところが、所有権が問題になるやいなや、児童読本の立場を、すべての年齢層に、また発育程度にかかわらず、唯一の正当な話として主張するのが聖なる義務となる。現実の歴史では、周知のように征服、圧政、強盗殺人、ようするに暴力が大きな役割を果たしている。ところが穏やかなる経済学には、昔から牧歌的な世界（Idylle）が広がっている。法と「労働」は、富を増やす昔からの唯一の手段だとされる。もっとも「今年かぎりの」例外というのは、毎度のことだった。実際問題として原初的蓄積の方法は、法と「労働」とはかけ離れた、とても牧歌的とは言えぬものだった。

貨幣と商品は、生産手段や生活手段と同じく、はじめから資本であるわけではない。それらは資本へと変容する必要がある。そしてこの変容自体は、特定の状況が成立した場合にのみ生じる。すなわち、二つのまったく異なる商品所有者が相互に対峙《たいじ》し、接触する必要がある。つまり、片方には、貨幣、生産手段、生活手段の所有者がいる。彼らにとって重要なことは、自分たちが獲得した価値額を、他人の労働力を買い入れることによって増殖させることだ。もう片方には、自由な労働者、つまり、自己の労働力の売り手、したがって労働の売り手がいる。自由な労働者とは言葉の二つの意味で彼らが自由だということだ。つまり、自由な労働者は、奴隷や農奴などとちがって、自分自身が直接的に生産手段に属してはいない、という意味で自由だ。しかし同時に、自営農民などとちがって、生産手段も彼らには属しておらず、むしろ生産手段から切り離され、見放され、生産手段を持てないでいるという意味で自由なのだ。商品市場がこのように両極に分化することで、資本主義的生産の基本条件が整ったことになる。資本関係は、労働を現実化する条件の所有から労働者が切り離されていることを前提としている。資本主義的生産がひとたび自立し始めると、先の分離を単に維持するだけでなく、たえずより大きな規模でこの分離を再生産する。したがって、資本関係を生みだすこのプロセスは、労働者が自分の労働条件の所有から切り離されていく過程以外のなにものでもない。このプロセスは一方では社会的な生活手段と生産手段を資本に変容させ、他方では、直接の生産者を賃金労働者へと変容させる。それゆえ、いわゆる原初的蓄積は、生産者と生産手段との歴史的な分離過程以外のなにものでもない。「原初的」と見えるのは、それが資本、および資本に対応する生産様式の前史をなすものだからだ。

資本主義社会の経済構造は、封建社会の経済構造から生み出されてきた。封建社会の解体が、資本主義社会のさまざまな要素を解放したのだ。

直接的な生産者、つまり労働者は、自分の土地に縛られたり、他人の農奴であったり、隷属農民であったりする状態がなくなってはじめて、自分自身を自由に扱うことができるようになった。自分の商品、つまり労働力を市場のあるところならどこでも提供できる、労働力の自由な売り手となるためには、さらに、ギルドの支配、ギルドの定めた徒弟、職人規則や、そして自由を妨げる種々の労働規定から解放されねばならない。生産者を賃金労働者に変容させる歴史的運動は、こうして一方では、農奴的隷属とギルドからの解放であるように見える。われらがブルジョワ歴史家たちにとっては、この面しか存在していない。だが他方では、この新たに解放された人々は、いっさいの生産手段を、そして古い封建的な諸制度が与えてきたいっさいの生存保障を奪われた存在となり、その時にはじめて、自分自身の売り手となった。そしてこの収奪の歴史は、血と炎の文字で人類の年代記に書き込まれている。

産業資本家たち、この新しい権力者たちの側としては、ギルドの親方職人だけではなく、富の源泉を所有していた封建領主たちをも追い払わなければならなかった。この面から見れば、産業資本家たちの勃興は封建権力とその腹立たしい特権に対する戦勝の成果に見える。それはまた、ギルドに対する戦勝の成果、自由な生産発展と人間による人間の自由な搾取にギルドが課してきた桎梏《しっこく》に対する戦勝の成果にもみえる。しかし、産業の騎士たちは、自分たちのまったくあずかり知らぬさまざまな出来事を徹底的に利用して、剣をもった騎士たちを追い払ったにすぎない。ちょうどローマの解放奴隷が、かつての保護者の主人になるために使ったのと同じ下劣な手段を用いて、彼らはのしあがってきた。

賃金労働者と資本家を生みだす発展の出発点にあるのは、労働者の隷属状態だった。そこからの進展は、この隷属状態の形態変化に、つまり、封建的搾取から資本主義的搾取への変容にあった。この変容の行程を理解するためには、それほど昔にさかのぼる必要はない。資本主義的生産の最初の萌芽は、すでに一四世紀および一五世紀に、地中海沿岸のいくつかの都市で散発的に見られた。とはいえ資本主義の時代は一六世紀にようやく始まる。資本主義時代が始まったところでは、農奴制はとっくに終わっていた。そして、独立都市という中世の精華も大分前から色あせていた。

原初的蓄積の歴史で画期的だったのは、形成途上にある資本家階級のための梃子《てこ》として役立ったあらゆる革命的変化だ。とくに、大量の人間が自分たちの生計手段から突然かつ暴力的に引き離され、まったく法の保護外に置かれたプロレタリアとして、労働市場に放り出された瞬間だ。農業生産者である農民たちから土地が奪われたことが、全プロセスの基礎をなす。この収奪の歴史は、国によって色合いが異なり、そのそれぞれの段階の順序も、またその時代も異なる。それは、イギリスにおいてのみ、典型的な形態をとった。(189) したがって、それを例として見ていこう。

(189) 資本主義的生産が最も早く発展したイタリアでは、農奴関係も最も早く解体した。ここでは農奴が、土地の長期使用によって土地に対するなんらかの権利を確保する以前に解放される。だから解放によって農奴は、ただちに法の保護外に置かれたプロレタリアと化す。大部分がすでにローマ時代から続く都市では、こうした彼らを新しい主人がすでに待ちかまえている。しかし、一五世紀末に始まった世界市場の革命は北イタリアの貿易覇権をくつがえし、そこから反対方向への動きが生まれた。都市の労働者たちは、大量に農村に追い払われ、そこで園芸的に営まれる小規模耕作に未曾有《みぞう》の発展をもたらすことになった。

第二節　農村住民からの土地の収奪

イギリスでは、農奴制が一四世紀後半に事実上消滅した。住民の圧倒的大部分は、(190) 当時、自由な自営農民からなりたっていた。彼らが実際に土地を所有している事態がいかなる封建的な看板によって覆い隠されていようとも、その事態は、一五世紀に入るといっそう強まった。比較的大きな領地では、以前は自分自身も農奴だった管理人（bailiff, Vogt）が、自由な借地農業者によって追い払われていった。農業における賃金労働者は、一部は空いた時間に大土地所有者のところで働いて賃金を得る農民だったが、他の一部は、相対的にも絶対的にも数は非常に少ないが、本当の意味での賃金労働者の独立した階級だった。ただし後者も、実際には同時に自営農民であり、賃金以外に、四エーカーかそれ以上の耕地と小屋とをあてがわれていた。さらには、本来の農民とともに共同地の入会権を享受していた。つまり、共同地では家畜に草を食べさせ、同時に火を焚くための薪《まき》や泥炭などを得ることができた。[191] ヨーロッパのどの国でも、封建的生産はできるだけ多くの封臣に土地を分配することを特徴としていた。封建領主の権力は、どんな君主の場合でも同じだが、彼の地代帳の長さによって決まるのではなく、臣民の数によって決まる。そして臣民の数は、自営農民の数によって決まる。[192] イギリスの土地はノルマンによる征服後、巨大なバロン領（Baronien）に分けられ、そのなかには、一つだけで九〇〇の旧アングロサクソン貴族領（Lordschaft）を包摂するものもしばしば見られた。それでも、その領地には小農民経営が広くばらまかれており、ところどころに比較的大きな領主直属地が点在していたにすぎない。こうした状況に、一五世紀の特徴である都市の繁栄が加わり、その結果、大法官フォーテスキューがその『イングランド法の礼賛』（Laudibus Legum Angliae）で雄弁に描いている民衆の豊かさが可能となった。しかし、こうした状況は資本という富のあり方を排除していた。

(190)「自分の畑を自分の手で耕し、質素ながらそれなりに豊かな生活を楽しめた小土地所有者は……国民のなかで今日よりもはるかに多くの部分を占めていた。……一六万人を下らない土地所有者たちは、家族も含めれば総人口の七分の一以上を占めたはずで、彼らは自分たちの小さなフリーホールド農場の耕作で暮らしていた」(「フリーホールド」とは完全に自分のものである所有物をいう)。「こうした小土地所有者の平均所得は……六〇から七〇ポンドであったと推定される。当時の計算では、自分の所有地を耕している人の数の方が、他人の土地を借りていた借地農業者の数よりも多かった」(マコーリー『イギリス史』第一〇版、ロンドン、一八五四年、第一巻、三三三―三三四ページ)。一七世紀の最後の三分の一期になっても、イギリスの国民大衆全体の五分の四は農業に従事していた(同前、四一三ページ)。わたしがここでマコーリーを引くのは、彼が歴史のシステマティックな改竄《かいざん》者として、この種の事実をできるだけ「刈りこんでいる」からだ。

(191) 農奴といえども、自分の家に付随する小土地の――貢租義務こそ負っていたものの――所有者だっただけでなく、共同地の共同所有者でもあったことは、けっして忘れてはならない。「農民はそこでは」(つまりシュレージエンでは)「農奴であることはたしかだ」。にもかかわらず、この農奴たちは共同地を所有していた。「これまでシュレージエン人たちには共同地を分割させることができなかった。それに対して、ノイマルクではほとんどの村で、この分割が非常に首尾よくおこなわれた」(ミラボー『プロイセン王国について』ロンドン、一七八八年、第二巻、一二五、一二六ページ)。

(192) 日本は、土地所有が純粋に封建的で、小農民経営がよく発達している。これを見ると、たいていはブルジョワ的偏見によって書かれているわれわれの歴史書のどれよりも、日本の方が、はるかに忠実なヨーロッパ中世のイメージを提供してくれる。中世をあしざまに言って、その犠牲のうえに立って「リベラル」であろうとするのは、あまりにも安易だ。

資本主義的生産様式の基盤を作った大変革のプロローグは、一五世紀の最後の三分の一期と一六世紀の最初の数十年間に演じられた。サー・ジェイムズ・ステュアートが適切に述べているように、「役に立たないままに、いたるところの家屋敷にあふれていた」封建的家臣団が解体されたことによって、法の埒外におかれた大量のプロレタリアが、労働市場に投げ出された。それ自身がブルジョワ的発展の一産物である王権が、絶対的主権を求める過程で、こうした家臣団の解体を暴力的に加速したことはたしかだ。しかし、それが唯一の原因ではけっしてなかった。むしろ、封建大領主たちが王権と議会に頑強に反抗しながら、農民をその土地から暴力的に追い払い、農村の入会地を奪取したために、はるかに多くのプロレタリアートを作りだした。元来は、農民たちも大領主と同じく、この土地への封建制度上の法的権利をもっていた。こうした過程の直接的な原動力となったのは、イギリスでは、主としてフランドルでの羊毛マニュファクチュアの隆盛であり、それに呼応した羊毛価格の上昇だった。古い封建貴族は、封建領主同士の大戦争に呑みこまれていった。新たな封建領主は、貨幣こそがいっさいの権力のなかの権力だと信じる新しい時代の子だった。それゆえ、耕地の牧羊地化こそが彼らの合言葉となった。ハリソンは、その『イングランド案内』〔ホリンシェッド『年代記』冒頭所収〕で、小農民の収奪がいかに国を荒廃させたかを描いている。「そんなことは、われわれの大簒奪《さんだつ》者たちには知ったことではない！」農民たちの住居も労働者たちの小屋も暴力的に取り壊され、あるいは傷《いた》むがままに放っておかれた。ハリソンは述べている。

「どんな騎士領でもいい、そこの少しでも古い財産目録を参照してみれば、すぐに気づくだろう。無数の家屋と小農民経営が消滅してしまったことに、またその土地がかつてよりずっと少ない人口しか食べさせていけなくなっていることに、さらには、いくつかの新しい都市が栄えてはいても、多くの都市が衰微したことに。……牧羊地を作るために破壊され、いまでは領主の家しか残っていない町々や村々についても、必要ならわたしは語ることができる」。

こうした古い年代記の嘆きがいつも誇張されていることはたしかだ。とはいえ、この嘆きは、生産関係の革命が当時の人々自身にどのような印象を与えたかを正確に描いている。大法官フォーテスキューとトマス・モアの著作とを比べてみれば、一五世紀と一六世紀のあいだの裂け目がはっきりと分かる。ソーントンが正確に述べているように、イギリス労働者階級は、その黄金時代からいかなる移行段階も経ずに、一気に鉄の時代へと没落したのだ。

立法の側は、この大変革に驚愕した。立法はまだ「国富」を、すなわち資本形成と国民大衆の容赦なき搾取と貧困化を、あらゆる国策の究極目標とみなすような文明段階には達していなかった。ベーコンは『ヘンリー七世の治世』のなかで、次のように述べている。「この時代には」(一四八九年)「農地が、ごく少数の羊飼いでも管理できる牧草地」(羊などのための)「に変容したことへの苦情が増えてきた。そして、有期契約、終身契約、一年契約の借地農場(ヨーマン層の多くは、これによって暮らしていた)が領主の直営地に変容した。これが民の衰退をまねき、その結果として都市の、教会の、そして十分の一税の……衰退をまねいた。こうした劣悪な状態を治療するために、この時代の王と議会が発揮した智恵は称賛に値する。……人口減を招く囲い込み(depopulating inclosures)と、それに続く、人口減を招く牧場経営(depopulating pasture)を阻止するための法的措置を、王と議会はとったのだ」。

一四八九年、ヘンリー七世が発布したある条例の第一九章は、最低二〇エーカーの土地が付属しているすべての農民家屋の破壊を禁止した。ヘンリー八世第二五年の一条例では、この法律がさらに更新された。そこではとくに以下のことが言われている。「多くの借地農場、家畜の大群、とくに羊の群れが、少数の手に集積され、それによって地代は騰貴し、耕作(tillage)は甚だしく衰微し、教会や家屋は取り壊され、驚くべき多数の民が、自分と家族を養う能力を失っている」。

そこでこの法律は、荒れ果てた農場の再建を命じ、穀物畑と牧草地の比率を定めている。一五三三年のある条例は、二万四〇〇〇頭もの羊を有する土地所有者が少なからず存在することを嘆き、その数を二〇〇〇頭に制限している(193)。だが結局のところ、民の嘆きも、ヘンリー七世以来一五〇年にわたって小借地農業者や農民の収奪に歯止めをかけようとした法律も、ほとんど実効性をもたなかった。この失敗の秘密を、ベーコンはうかつにも、われわれに漏らしている。彼は、その『市民的および道徳的諸論』の二九節で、こう述べている。

「ヘンリー七世条例は、一定の標準規模の農業経営と農家を作りだしたという点で、深く考えられた称賛すべきものだった。つまり、この条例は、農業経営と農家のために一定の割合の土地を確保したのだ。それによって彼らは、十分な富をもち、隷属状態に陥っていない臣民を生みだすことができるようになり、鋤《すき》を、雇われ人の手ではなく、所有者の手に確保しておけるようになった(193a)」。

しかし、資本主義体制が必要としたのは、これとは逆に、民衆の隷属状態であり、民衆自身が雇われ人に変容することであり、民衆の労働手段が資本に変容することだった。この過渡的時代のあいだにも、立法は農村賃金労働者の小屋に付属する四エーカーの土地を守りとおすことに努め、農業労働者が自分の小屋に借家人をおくことを禁じた。チャールズ一世治下の一六二七年になっても、フォントミルのロジャー・クロッカーは、フォントミルの領地内に四エーカーの固定付属地をもたない小屋を建てたことで有罪になっている。また一六三八年にも、チャールズ一世治下で、四エーカーの土地付属を定めた古い法律を実行させるために勅命委員会が任命されている。クロムウェルも、ロンドンから四マイル以内の地域で四エーカーの土地を備えていない家の建築を禁じた。一八世紀の前半でも、農村労働者の小屋に、一から二エーカーの土地が付属していないと告訴された。今日では、自分の小屋に小さな庭でも付いていれば、あるいは遠く離れたところに数ルード〔四分の一エーカー〕の土地でも借りられれば農村労働者にとっては御の字ということになった。ドクター・ハンターは述べている。「地主と借地農業者は、この点では手を携えている。かりに数エーカーでも小屋につければ、労働者をあまりにも自立させることになるだろう(194)」。

(193) トマス・モアは、その『ユートピア』のなかで「羊が人間を食いつくす」奇妙な国という言い方をしている(『ユートピア』ロビンソン訳、アーバー版、ロンドン、一八六九年、四一ページ)。

(193a) ベーコンは、豊かな自由農民層と優秀な歩兵との関連を分析している。「有能な男たちを困窮させないだけの規模の借地農場を保有し、王国の土地の大きな部分をヨーマンの手に、つまり、小屋住み農民(cottagers)や農僕と貴族との中間に位置する人々の手に確保させておくことは、王国の力と威厳のためにはきわめて重要なことだ。……というのも、もっとも権威ある軍事専門家の一般的見解では、軍隊の強さの中心は歩兵部隊、すなわち徒歩兵にあるからだ。だが、優秀な歩兵部隊を作るには、奴隷状態や貧困状態にある人々ではなく、自由で、しかもある程度豊かに育った人々が必要だ。それゆえ一つの国家が、貴族とジェントルマンに肩入れしすぎて、農民や耕作者たちが彼らの単なる労働民や農僕と化し、小屋住み農夫、つまりは宿があるだけの乞食になってしまえば、優秀な騎兵部隊は作れても、頑張りのきく優秀な歩兵部隊はけっして作れないだろう。……このことは、フランスやイタリア、そしていくつかの諸外国を見ればすぐに分かる。それらの地域では、実際、貴族と貧困な農民しかいないので……自分たちの歩兵部隊の代わりに、スイス人の傭兵部隊などを投入しなければならない。それゆえこれらの諸国は、人口が多い割に、兵隊の数が少ないという結果になる」(『ヘンリー七世の治世。ケネットの「イングランド」一七一九年版からの逐語復刻』ロンドン、一八七〇年、三〇八ページ)。

(194) ドクター・ハンター『公衆衛生、第七次報告書、一八六四年』、一三四ページ。(以前の法律で)「割り当てられた土地の大きさは、今日では労働者にはあまりに大きすぎるため、むしろ彼らを小借地農業者にするのに適した大きさだと判断されるだろう」(ジョージ・ロバーツ『過去数世紀におけるイングランド南部諸州住民の社会史』ロンドン、一八五六年、一八四ページ)。

民衆に対する暴力的な土地収奪のプロセスは、一六世紀になると宗教改革によって、そしてその結果としての教会財産の大規模な強奪によって、新たな恐るべき推進力を得ることになった。宗教改革の時代には、カトリック教会がイギリスの土地の相当部分の封建的所有者だった。ところが宗教改革による修道院などの抑圧は、その土地の住民をプロレタリアートの世界に投げ出した。教会所領そのものは、その大部分が強欲な王の寵臣たちに無償でプレゼントされたか、あるいはお話にならない安さで投機的な借地農業者や都市ブルジョワに売りとばされた。買い手となった都市ブルジョワたちは、古くからその土地に暮らしていた世襲領民たちを集団的に追い払い、彼らが経営していた土地をひとまとめにした。貧困化した農民は、法にもとづいて十分の一教会税の一部を所有していたが、その所有権も暗黙のうちに没収された[195]。「どこに行っても貧乏人だらけ Pauper ubique jacet」とエリザベス女王は、イングランド視察旅行のあとで叫んでいる。彼女の治世の四三年目になってようやく、救貧税の導入によって受救貧民の存在を公認せざるをえなくなった。「この法律の立案者たちは、法律制定の理由を明記するのを恥とし、それゆえいっさいの慣習に反して、いかなる前文もつけずに、この法律を制定した[196]」。

チャールズ一世一六年目の治世下の法律第四号によって、この法律は恒久的なものであることが宣言された。ただし、この法律がより厳格な新しい形式を取るようになったのは、実際には一八三四年以後のことだ[197]。ただし、宗教改革のこうした直接的影響は、その影響のなかでは、もっとも根強く続いたものではなかった。教会の所有地は、古い土地所有関係を守る宗教的な砦だった。この砦が落ちて、教会所有地が崩壊するとともに、古くからの土地所有関係も、もはや持ちこたえられなくなった[198]。

(195)「貧しい人々が十分の一教会税にあずかる権利は、古くからの諸法令によって確立されている」

(タケット『労働人口の過去および現在の状態の歴史』第二巻、八〇四、八〇五ページ)。

(196) ウィリアム・コベット『プロテスタント宗教改革史』、四七一節。

(197) ここでは、なによりも次の点にプロテスタント的「精神」が認められる。イングランド南部では、何人かの土地所有者と裕福な借地農業者が鳩首協議し、エリザベス女王の救貧法の正しい解釈について、一〇の質問を作り、それについて当時の有名な法律学者である上級法廷弁護士スニッグ(彼は後にジェイムズ一世の下で裁判官を務めた)に見解を求めた。「九番目の質問。この教区の何人かの裕福な借地農業者たちは、この法の施行にともなうすべての混乱を除去できる賢い計画を案出した。彼らはこの教区に監獄を建設することを提案している。それによれば、この監獄に閉じ込められるのをいやがる貧民には、援助は与えないものとする。また近隣一帯に掲示を出し、もしこの教区の貧民を賃借りしたい者がいれば、彼らをわれわれから借りだすさいの最低借り賃を記した提案書を、特定の期日に封書にて提出するものとする。この計画の立案者たちが想定しているのは、近隣の州には、自分では働きたくないが、かといって働かずに生きていける賃貸地や船を持てるほどの財産や信用がない人々がいるということだ。そのような人々なら、教区にとってきわめて有利な提案をする気になるかもしれない。もし、あちこちで貧民が契約者の監督下で死んだとしても、その罪は契約者の側にあるだろう。なぜなら、教区としては、貧民に対するみずからの義務を果たしたことになるだろうからだ。しかし、われわれが懸念しているのは、現行の法律がこのような賢明な策(prudential measure)を許さないかもしれないということだ。そこで、この州と近隣諸州のフリーホールダー(自由保有者)たちは、われわれに合流して、貧民の強制収容と強制労働を可能にする法案を提出するよう、彼らの地区の下院議員に働きかけるであろうことを、知っておいていただきたい。こうした法律があれば、強制収容に抵抗する人間にはいっさいの援助を受ける権利を与えないようにできる。こうすれば、貧困者が援助を要求するのを防ぐことができるだろうとわれわれは期待している」（R・ブレイキー『太古からの政治文献史』ロンドン、一八五五年、第二巻、八四、八五ページ）。スコットランドでは、農奴制の廃止がイングランドより何世紀も遅れた。一六九八年になっても、ソルトーンのフレッチャーは、スコットランド議会で次のように述べている。「スコットランドでは、乞食の数が二〇万人を下らないと推定されている。原則として共和主義者であるわたしが、この状態を救う唯一の手段として提案できるのは、以前の農奴制を復活させること、さらには、自分自身の生計維持ができない者たちはすべて奴隷にすることだ」、と。またイーデンは、『貧民の状態』第一巻、第一節、六〇、六一ページで次のように言っている。「農民が自由になった時から、受救貧民が始まっている。……マニュファクチュアと商業こそは、わが国にあふれる貧民の本当の父と母だ」。先のスコットランドの原則上の共和主義者と同様に、イーデンは、ただ一つの点を見過ごしている。それは、農奴制の廃止ではなく、農民の土地所有の廃止こそが農民をプロレタリアにし、受救貧民にしたということだ。——フランスでは土地収奪がイングランドとは異なる仕方でおこなわれたが、イングランドの救貧法にあたるフランスの法令は、一五六六年のムーランの法令であり、一六五六年の勅令だ。

(198) ロジャーズ氏は、当時、プロテスタント正統派の拠点であったオクスフォード大学の経済学教授だったにもかかわらず、著書『イギリスにおける農業と物価の歴史』の序文で、宗教改革による国民大衆の貧困化を強調している。

一七世紀の最後の数十年間にいたってもまだ、独立農民層であるヨーマン層は借地農業者階級よりも数が多かった。彼らはクロムウェルの主力をなしていた。彼らヨーマン層は、マコーリーでさえ認めているように、有用な存在だった。その点で、飲んだくれの肥やし臭い田舎貴族(Mistjunker)や、その雇われ者で、ご主人の「愛妾」を娶《めと》らねばならなかった田舎牧師などとは好対照だった。農村の賃金労働者でさえも、まだ共同地の共同所有者だった。ところが一七五〇年頃には、ヨーマン層は消滅していた。(199) そして一八世紀の最後の数十年間には、農民の共同地所有の最後の痕跡も失われていた。ここでは農業革命の純粋に経済的なバネについては論じないが、この革命の暴力的な梃子《てこ》のあり方を見ていこう。

(199)『サー・T・C・バンベリへの書簡。食料品の高価格について。サフォークの一ジェントルマンによる書』イプスウィッチ、一七九五年、四ページ。大規模な借地農業制の狂信的な擁護者である『食糧の価格と農場規模の関連についての研究』ロンドン、一七七三年、の著者〔J・アーバスノット〕ですら、その一三九ページでは次のように書いている。「わたしが一番嘆いているのは、この国の独立を実際に維持してきたあの男たち、つまりヨーマンたちの消滅だ。彼らの土地がいまでは独占を推し進める貴族たちの手にあって、小借地農業者たちに貸し出されているのはなんとも残念だ。小借地農業者たちはひどい条件で借地権を保持しており、どんなとるに足りない用事でも呼び出しがあれば従わねばならない従者とほとんど変わらなくなっている」。

王政復古後のステュアート朝では、土地所有者が法的手段を用いて簒奪を貫徹した。ヨーロッパ大陸ではいたるところで、同じことが法的な面倒抜きでもおこなわれた。ステュアート朝の土地所有者たちは、封建的土地制度を廃止した。つまり、土地が国家に対して負っていた貢納義務を取り除き、その代わりに農民その他の民衆に租税を課すことで国家への「償い」とした。そして土地所有者たちは、自分たちが封建的な権限しかもっていない土地に対する近代的私有権を要求し、最後にはもろもろの定住関連諸法(laws of settlement)を押しつけた。それは、状況に応じた変更を加味すれば、タタール人のボリス・ゴドノフの布告(*)がロシア農民に及ぼしたのと同じような作用を、イギリスの農民層に及ぼすことになった。

(*)ロシアの事実上の支配者がすでにボリス・ゴドノフに移っていたフョードル・イヴァノヴィッチ治下(一五八四―一五九八)で出された布告。領主の耐えがたい抑圧から逃亡した農民は五年にわたって捜索され連れ戻された[編者巻末註165]。

「名誉革命」は、オレンジ公ウィリアム三世(200)とともに、地主的かつ資本主義的利殖者たちを支配層に上らせた。彼らは、これまでは控えめになされてきた国有地の窃盗をとてつもなく大規模におこなうことで、新時代の開始を告げた。こうした国有地は無料で贈与されるか、捨て値で売り飛ばされるか、あるいは、直接の収奪によって私有地に併合された(201)。こうしたいっさいが法的大義名分をまったく顧慮することなくおこなわれた。こうして欺瞞的に横領された国有地は、共和革命期中に失われなかった教会からの略奪地とともに、今日のイギリス寡頭制を支える王侯所領地の基盤となっている。(202) ブルジョワ資本家たちは、この作戦に協力した。その狙いはなによりも、土地を純粋な商取引物品に変え、大農経営の領地を拡大し、法の埒外におかれたプロレタリアートの農村からの供給量を増やすことにあった。そのうえ、この新しい土地貴族は、新たな銀行閥や、生まれたばかりの大金融業者や、当時は保護関税に守られていた大マニュファクチュア産業家などの自然な盟友だった。イギリスのブルジョワジーは、自分たちの利益のために的確に行動した。スウェーデンの都市ブルジョワは、これとは逆に、自分たちの経済的堡塁である農民と手を携えて、国王が（一六〇四年以降、後にはカール十世およびカール十一世治下で）少数支配貴族から王領を強引に奪還するのを支援した。しかし、自分の利益のために的確に行動したという点では、両者はまったく同じだった。

(200) このブルジョワ的英雄の私的モラルについては、他のことはともかく、以下のことを引いておきたい。「一六九五年、アイルランドでは、オークニー夫人に大きな土地が贈与された。これは、王の寵愛と夫人の影響力をあからさまに証明するものだ。……オークニー夫人の愛嬌たっぷりの勤めは「汚れた唇の勤め」だったようだ」（大英博物館所蔵、スローン稿本コレクション四二二四号。この稿本は『サマーズ、ハリファックス、オクスフォード、国務長官ヴァーノンなどから、シュルーズベリ公に宛てた書簡にあらわれたウィリアム王、サンダーランドらの性格と行為』と題されている。とにかく変わったおもしろい話がたくさん載っている)。

(201)「一部は売却による、一部は贈与による王領の非合法的譲渡はイギリス史のスキャンダラスな一章をなすものであり、……国民に対する大きな詐欺だ」(F・W・ニューマン『経済学講義』ロンドン、一八五一年、一二九、一三〇ページ)。〔今日のイギリスの大土地所有者が、どのようにして所領を得たかについては、以下にその個別的な事例が見られる。〔N・H・エヴァンズ〕『わが国の旧貴族。ノーブレス・オブリージュ著』ロンドン、一八七九年。――F・エンゲルス〕

(202) たとえば、ベッドフォード公爵家に関するE・バークの小冊子を読んでみるとよい。「自由主義のみそさざい〔過ぎ去りいく者のシンボル〕」であるジョン・ラッセル卿は、この公爵家の出身だ。

共同地――いま述べた国有地とはまったくの別物――は、封建制の覆いの下で存続してきた古ゲルマンの一制度だった。すでに見たように、こうした共同地の暴力的収奪は、多くの場合、農地の牧場化をともないながら一五世紀末に始まり、一六世紀になっても継続された。だが当時は、このプロセスが個人的な暴力行為として進められ、立法が一五〇年間にわたってそれと戦ったが、無駄に終わった。ところが一八世紀になると、法律そのものが、この民衆の共有地の略奪手段となり、ここに一八世紀の進歩がはっきりと見てとれる。もちろん大借地農家たちは、それとならんで独自に小規模な私的方法をも用いていた(203)。この強奪が議会でとった形態は「共同地囲い込み法案」という形態だった。言葉を換えて言えば、これは地主が民衆の共有地を私有地として自分に贈与するための法令であり、民衆収奪のための法令だった。サー・F・M・イーデンは、〔囲い込みの正統性を主張した〕巧みな弁護論を展開し、そのなかで共同地を、封建領主に代わって登場した大土地所有者の私有地として説明しようとした。ところが彼は、「共同地囲い込みのための一般条例」を要求することで、逆に自分の弁護論を論駁する羽目になった。というのも、共同地の私有地化を実現するには議会のクーデタが必要だということを、彼自身が認めたことになるからだ。その一方で彼は、土地を奪われた貧民のための「損害賠償」を立法府に要求している。(204)

(203)「借地農業者たちは、小屋住み農夫（cottagers）が自分以外の生き物を飼うことを禁じた。もし彼らが家畜や鶏を飼えば、納屋から飼料を盗むにちがいない、というのが、その口実だった。借地農業者たちはまた、小屋住みの連中を貧しくしておけば彼らを勤勉に保てる、とも言っている。しかし、本当の事実は、こうして借地農業者が共同地に対する全権を奪取したということだった」（『荒蕪地囲い込みの結果に関する政治的研究』ロンドン、一七八五年、七五ページ）。

(204) イーデン『貧民の状態』序文（ローマ数字一七、一九ページ）。

独立したヨーマンに代わって登場したのは、一年の契約解除予告期間を条件とする小規模な任意借地農業者（tenants-at-will）の一群だった。彼らは地主（Landlord）の思うままになる隷属的な人々だった。その一方で、国有地の強奪とならんで、ことに共同地の組織的窃盗が、一八世紀には資本借地農場、あるいは商人借地農場と呼ばれるようになる大規模な借地農場の数を膨れさせ、また農村民を工業のためのプロレタリアートとして「遊離させる」ことを助けた。(205)(206)

(205) "Capital-farms."(『穀物取引および穀物の高価格に関する二つの書簡、一実業家著』ロンドン、一七六七年、一九、二〇ページ)。

(206) "Merchant-farms."(『現在の食糧高価格の原因に関する研究』ロンドン、一七六七年、一一一ページ註)。匿名で出版されたこの好著は、牧師ナサニエル・フォースターによって執筆された。

とはいえ一八世紀は、まだ一九世紀ほどには、国の富と民衆の貧困との同一性を理解していなかった。それゆえに、当時の経済学文献には、「共同地の囲い込み」に関する激しい論戦が見られる。わたしの手元にある大量の資料のなかから、いくつかの箇所を引いておこう。それを読めば、当時の状況が手に取るように分かる。

ある筆者は憤慨して次のように記している。「ハートフォードシャーの多くの教区では、平均五〇から一五〇エーカーの二四箇所の借地農場が合体されて、三つにまとめられた(207)」。「ノーサンプトンシャーとリンカンシャーでは、共同地の囲い込みが大きく進み、囲い込みによって成立した新たな地主所有地は、その大半が牧草地に変わった。結果として、昔は一五〇〇エーカーほど耕作されていた多くの地主所有地が、いまでは五〇エーカーも耕されていない。……かつての住宅や納屋や家畜小屋などの廃墟」だけが、昔、住民たちが住んでいた痕跡をとどめている。「一〇〇戸あった家と家族が……八戸か一〇戸に減っている場所も少なくない。……一五年か二〇年前にようやく囲い込みが始まった大半の教区では、囲われていない状態で耕作がなされていた時代に比べて、土地所有者の数がずっと少なくなっている。以前は二〇人から三〇人の借地農業者と、同じような数の所有者や居住者の手にあった大所有地が、近年になって囲い込まれ、四、五人の裕福な牧畜業者に奪い取られるのを見ることも、けっして珍しくはない。かつての借地農業者や所有者たちは皆、家族とともに、彼らの所有地から放り出されてしまった。それはまた、彼らに雇われ養われていた他の多くの家族も同じだった」(208)。

だが、囲い込みという口実で隣接の地主によって併合された土地には、休耕地だけではなく、町村に一定の料金を支払って耕作されていた土地や、共同耕作されていた土地も往々にして含まれていた。

「ここでは、開放地と既耕地の囲い込みについて問題にしたい。こうした囲い込みが大借地農場の独占を強化し、食料価格を騰貴させ、人口減をもたらすことは、囲い込みを擁護する著作家たちですら認めている。……現在おこなわれている荒地の囲い込みでさえ、貧民の食料調達手段の一部を奪うことになり、すでに大きくなりすぎている借地農場をさらにふくれあがらせることになる」(209)。ドクター・プライスは述べている。「土地が少数の大借地農業者の所有に帰せば、小借地農業者たち」(ドクター・プライスの以前の形容によれば、それは「自分たちが耕す土地の農産物や、共同地で放牧する羊、家禽、豚などで、自分と家族を食べさせていけるため、ほとんど食料品を買う必要がない一群の小土地所有者と小借地農業者」とされていた）「は、他人のために働いて生計を維持しなければならず、必要とするすべてのものを市場で求めざるをえない存在へと変容する。……労働への強制が強まれば、それだけ多くの労働がなされることになるだろう。……仕事を求める人々が、ますます大量に都市とマニュファクチュアに追いやられ、それによって都市とマニュファクチュアは成長するだろう。これが、借地農場の集積がおのずから作用する方向であり、事実、この王国は、多年にわたってこの方向に進んでいる」(210)。

囲い込みの全体的帰結を、ドクター・プライスは次のようにまとめている。「全体として、下層大衆階級の状態は、ほとんどすべての点で悪化している。小規模土地所有者や小規模借地農業者は、日雇人や奉公人の地位にまで没落した。そして同時に、この状態での生計維持はますます難しくなっている」(211)。

実際、共同地の収奪とそれにともなう農業革命とは、農業労働者にきわめて急激に作用し、イーデン自身によると一七六五年から一七八〇年のあいだに、農業労働者の賃金は最低賃金を下回りはじめ、公的な貧民救済による補塡が必要になった。彼らの労働賃金は、イーデンによれば、「絶対的な生活必需品を手に入れるのにかろうじて間に合う程度でしかなかった」。

(207) トマス・ライト『大農地の独占に関する公衆への短い訴え』一七七九年、二、三ページ。

(208) 牧師アディントン『開放地の囲い込みに関する賛否の理由についての考察』ロンドン、一七七二年、三七―四三ページの各所。

(209) ドクター・R・プライス『復帰支払いに関する考察』第二巻、一五五、一五六ページ。フォースター、アディントン、ケント、プライス、ジェイムズ・アンダーソンなどを一読されたい。そしてそれを、マカロックが彼の目録『経済学文献』ロンドン、一八四五年、のなかで披露している追従者の哀れな饒舌と比べてみるとよい。

(210) プライス、同前、一四七、一四八ページ。

(211) 同前、一五九、一六〇ページ。この点で思い出されるのは古代ローマだ。「豊かな人々は、分割されていない領地の大部分を手中に収めた。彼らは、時代状況を信じて、だれもその土地を自分たちから奪うことはできないと考えていた。それゆえに、近くにいる貧民層の小土地を、部分的には貧民たちの意志に沿って、また部分的には暴力的に奪ってきた。結果として富裕者たちは、個々の畑ではなく、大きく広がった領地を耕作するようになった。そのさい彼らは、農耕と動物飼育のために奴隷を使った。というのも、自由人を使うと、労働から引き剝がされて兵役に駆り出される危険があったからだ。奴隷は兵役を免れているために数が確実に増え、また多くの子供が産まれるので、奴隷の所有は大変な利益をもたらした。こうして強者は、いっさいの富を自分のものとし、全土に奴隷が満ち溢れた。これとは対照的に、イタリア人たちは貧困、貢租、兵役によって消耗させられ、ますます数が減っていった。ところが、平和な時代がきたらきたで、なすべきことがまったくない、というのが彼らの定めだった。というのも、豊かな人々が土地を握っていて、農耕には自由人の代わりに奴隷を使用したからだ」（アピアノス『ローマの内戦』第一部第七章）。この箇所は、リキニウスの法〔所有地の大きさに制限を定めた護民官リキニウスとセクスティウスが定めた紀元前三五七年のリキニウス＝セクスティウス法〕以前の時代についてのものだ。ローマの平民の没落をこれほどまでに加速した兵役は、同じようにカール大帝が促成栽培でドイツの自由農民を隷属民と農奴とに変容させた時の中心手段でもあった。

ここではもう少しのあいだ、囲い込みの擁護者で、ドクター・プライスの反対者である人物の意見を聞いておこう。

「囲い込まれていない開放地で労働を浪費している人々を目にしなくなったからといって、それだけで過疎化が進んでいるという結論を出すのは正しくない。……小農民が他人のために労働せねばならない人々に変えられ、その結果としてより多くの労働力が流動化するならば、それは、国民として」（この国民には、他人のための労働力に変えられた人々は、当然のことながら入っていない）「望むべき一つの利益だ。……彼らの結合された労働が一つの借地農場に投入されるならば、より多くの生産物ができるだろう。それによってマニュファクチュアのための余剰生産物が形成され、それを通じて、この国民の金鉱の一つであるマニュファクチュアが、生産される穀物量に比例して増大するだろう」(212)。

(212)〔J・アーバスノット〕『食糧の価格と農場規模との関連についての研究』、一二四、一二九ページ。同じようなことを、しかしこれとは反対の方向で論じているのは、以下の文章だ。「労働者は彼らの小屋から追放され、都市で仕事を探さざるをえなくなる。——しかし、それによってさらに大きな余剰が得られ、こうして資本が増殖する」（R・B・シーリー『国民の辛苦』第二版、ロンドン、一八四三年、ローマ数字一四ページ）。

「神聖なる所有権」の不遜きわまりない侵害であれ、人間に対する野蛮きわまりない暴力であれ、ひとたびそれが資本主義的生産様式の基盤を築くために必要となれば、経済学者というものはストア派的な冷徹さで、それを擁護してくれる。その好例が、そうした冷徹さに、さらにトーリー党的色彩と「博愛主義」とを加味したサー・F・M・イーデンだ。一五世紀の最後の三分の一期から一八世紀末まで続いた民衆所有地の暴力的奪取は、数々の略奪行為、残虐、民衆の苦難をともなった。しかしこうしたことも、彼をただ次のような「心地よい」省察と結論に向かわせるだけだ。

「農耕地と牧草地とのあいだの適切な比率が作られねばならなかった。一四世紀全体と一五世紀の大半を通じて、それは、農耕地二、三エーカーに対して、場合によっては四エーカーに対してさえ、牧草地が一エーカーという比率にすぎなかった。一六世紀のなかばには、その比率が、農耕地二エーカーに対して牧草地二エーカーとなり、のちには、農耕地一エーカーに対して牧草地二エーカーとなった。そしてついには、農耕地一エーカーに対して牧草地三エーカーという適切な比率が生じた」。

一九世紀になると、当然のことながら、農耕者と共同地とのつながりについての記憶さえ失われていった。後の方の時代はおくとしても、一八一〇年から一八三一年のあいだに農民から奪われ、議会を通じて地主から地主へと贈与された三五一万一七七〇エーカーの共同地に対して、農民はいったい何ファージング〔四分の一ペンス。少額の象徴。この通貨単位は一九六一年に正式に廃止された〕の補償金を得たというのか?

最後に付言すると、耕作農民の土地に対する最後の大規模な収奪過程は、いわゆる土地クリアリング(実際には土地からの人間の一掃)だ。これまで見てきたすべてのイギリス的方法は、この「クリアリング」の語でその頂点に達する。前章で現代の状態を描写したさいに見たとおり、もはや追い払うべき自営農民がいなくなったいま、ついには小屋の「クリアリング」にまでつき進んでいる。結果として農業労働者は、自分たちが耕す土地自体の上に、もはや自分が住むために必要な空間すら見つけられない。ところで土地のクリアリングが本当のところ何を意味したかは、近代小説の約束の地であるスコットランド高地を見なければ分からない。この地できわだっていたのは、その過程がもつシステマティックな性格であり、またそれが一気に遂行されたさいの規模の大きさであり(アイルランドの地主たちは、同時にいくつかの村を一掃することまではできたが、スコットランド高地では同じことが、ドイツの一公国分の大きさの土地でなされた)、そして最後に、このようにして横取りされた土地の特殊な所有形態だった。

スコットランド高地のケルト人たちは氏族制をとっており、どの氏族も自分たちが住んでいる土地の所有者だった。氏族の代表、つまり首長もしくは「グレート・マン」は、当該の土地の名義上の所有者にすぎなかった。それはちょうど、イギリスの女王が国全体の土地の名義上の所有者にすぎないのと同じだ。こうした「グレート・マン」たち相互の抗争とスコットランド低地地方へのたえざる侵入をイギリス政府が抑止するのに成功したときも、氏族の首長たちは、昔からの盗賊稼業をやめなかった。ただそのやり方を変えただけだった。彼らは自分の権威を使って名義上の所有権を私有権に変えたのだ。そして、氏族のメンバーたちの抵抗にあうと、露骨な暴力で彼らを追い払うことを決意した。

「イギリス王が同じ権利を手にしたならば、みずからの臣下をすべて海に追い払うことさえできると思うだろう」

とニューマン教授は述べている(213)。この革命は、スコットランドでは、最後の王位僭称者〔チャールズ・エドワード・ステュアート〕(214)の反乱のあとに始まった。その初期の様相については、サー・ジェイムズ・ステュアートと、ジェイムズ・アンダソン(215)の著書に見ることができる。一八世紀になると農村から追われたゲール人に対して国外移住が禁止された。それは、彼らを力ずくでグラスゴーその他の工業都市に追いこむためだった(216)。一九世紀によく使われた方法の例としては(217)、サザーランド公爵夫人〔これは一八三三年一―七月の称号で、当時はスタッフォード侯爵夫人兼サザーランド女伯爵〕が自分の公国でおこなった「クリアリング」の例をあげれば、ここでは十分だろう。この経済的訓練を受けた人物は、公位に就くやいなや、ラディカルな経済治療をおこなうことを決意し、以前の類似したプロセスによって人口がすでに一万五〇〇〇人にまで減少していた公国をすべて牧羊地に変えることにした。一八一四年から一八二〇年までのあいだに、約三〇〇〇の家族からなるこの一万五〇〇〇の住民がシステマティックに追放され駆除された。村という村はすべて破壊され、焼き払われ、畑はことごとく放牧地に変えられた。実行部隊にはイギリスの兵士が投入され、土着民たちとの衝突が起きた。ある老婆は、自分の小屋を出るのを拒み、小屋とともに焼死した。こうしてこの貴婦人は、大昔から氏族全体のものであった七九万四〇〇〇エーカーの土地を自分のものにした。追い払われた土着民に対して、彼女は海岸線に沿った六〇〇〇エーカーの土地をあてがった。つまり一家族あたり二エーカーだ。この六〇〇〇エーカーの土地は、これまで荒れるままに放置され、以前の所有者たちにはいかなる収入ももたらさなかった。公爵夫人は高貴な感情の持ち主で、何世紀にもわたって彼女の一門のために血を流してきたこの氏族員たちに、この土地を一エーカーあたり二シリング六ペンスの地代で貸し付けることまでした。こうして奪った氏族全体の土地を、彼女は二九の大きな賃貸牧羊場に分割し、その一つひとつには、ただ一家族だけを住まわせた。そのほとんどはイングランド人の小作農僕だった。一八二五年には、すでに一万五〇〇〇人のゲール人が、一三万一〇〇〇頭の羊にとって代わられた。海岸線に追われた土着民（アボリジニ）たちは漁業で生き延びようとした。彼らは両棲類となり、あるイギリスの著作家が述べているように、なかば海の上で、なかば陸の上で暮らし、しかも両

方合わせてもまだ半人前の暮らししかできなかった。(218)

(213) F・W・ニューマン『経済学講義』、一三二ページ。

(214) ステュアートは述べている。「これらの土地の地代は」(ステュアートは、地代というこの経済的カテゴリーを、タクスメン〔*〕が氏族の首長に納める貢租を表現するのに用いているが、これは誤用だ)「土地の広さに比べればとるに足りないものだった。しかし、一つの借農地が養っている人数に関していえば、スコットランド高地の土地の一区画は、最も豊かな諸州の同じ価値の土地よりも一〇倍も多い人数を養っていることに、気づかされるかもしれない」(『著作集』第一巻、第一六章、一〇四ページ)。

〔*〕タクスメン(taksmen)とはスコットランドの氏族制度の時代に、氏族の首長、あるいはレアード(グレート・マン)に直属していた最長老または臣下の呼び名。

(215) ジェイムズ・アンダソン『国民産業精神の振興策に関する考察』エディンバラ、一七七七年。

(216) 一八六〇年には、暴力的に土地を奪われた人々が偽りの約束でカナダに輸出された。また一部は山間部や近くの島々に逃亡した。彼らは追ってくる警察と殴り合いをして、逃げのびた。

(217) アダム・スミスの註釈者であるブキャナンは、一八一四年に次のように述べている。「スコットランド高地では、古くからの所有状態が日ごとに暴力的に覆されている。……地主は、世襲借地人」(これも誤用されたカテゴリーだが)「のことは一顧だにせず、最高額をつける者に土地を提供した。そしてこの者が土地の改良屋であれば、彼はすぐさま新たな土地耕作システムを導入する。以前、小農民が多く散らばっていた土地には、その産物と釣りあうだけの人口があった。

ところが土地耕作の改良と地代増加をめざす新システムの下では、できるだけ少ないコストでできるだけ多くの産物が生み出される。この目的のために、いまでは不要になった人手が取り除かれる。……故郷を追われた者たちは、工場都市に生活手段を求めることになる、云々」(デイヴィッド・ブキャナン『アダム・スミスの『国富論』についての考察』エディンバラ、一八一四年、第四巻、一四四ページ)。「スコットランドの貴族たちは、あたかも雑草を駆除するかのように、多くの家族の所有地を奪った。彼らは、まるでインド人が野獣の穴に復讐を加える時と同じように、村々とその住民たちを扱った。……人間は羊の毛皮やもも肉と交換に、いやそれにも値しない安い価格で売りとばされた。中国北部に侵入した時にモンゴル人評議会では、住民を根絶やしにして、彼らの土地を牧場に変える提案がなされた。この提案をスコットランド高地の多くの地主は、自国で、自国民に対して実行したのだ」(ジョージ・エンサー『諸国民の人口に関する研究』ロンドン、一八一八年、二一五、二一六ページ)。

(218) 現在のサザーランド公爵夫人(前出のサザーランド公爵夫人の息子の嫁ハリエット)は、『アンクル・トムの小屋』の著者ビーチャー・ストウ夫人をロンドンで華々しく歓待し、アメリカ共和国の黒人奴隷に対する同情の念をみせびらかした――もっとも、南北戦争の時には、イギリスの「高貴な」人々の心情がすべて奴隷所有者に味方していたので、この女公もまた仲間の貴婦人たちとともに、黒人奴隷への同情をあらわすことは差し控えていた――。わたしは、このロンドンでの歓待がおこなわれた時、ちょうど『ニューヨーク・トリビューン』紙上で、サザーランドの奴隷の状況を書いていた(そのいくつかの箇所は、ケアリーの『奴隷貿易』フィラデルフィア、一八五三年、二〇二、二〇三ページ、に引用されている)。このわたしの記事は、あるスコットランドの新聞に転載され、その新聞とサザーランド側の追従者たちとのあいだで面白い論争を引き起こした。

しかし、実直なゲール人たちは、氏族の「グレート・マン」に対して山岳地方特有のロマンティックな崇敬の念を抱いていたばかりに、さらに過酷な償いをさせられることになった。首長たちは、魚の臭いを敏感に感じ取った。そして、その背後に儲け口がひそんでいることを嗅ぎつけて、この海浜地域をロンドンの大きな魚商に賃貸した。こうしてゲール人は二度目の追放を受けることになる。(219)

(219) この漁業取引については、デイヴィッド・アーカート氏の『ポートフォリオ、新シリーズ』に興味深い記述がある。――ナッソー・W・シーニョアは、先に引いた彼の遺稿のなかで「サザーランドシャーでのやり方は、有史以来もっとも慈愛にあふれた土地整理(クリアリング)の一つだ」と評している(『アイルランドに関する日記、対話、エッセイ』ロンドン、一八六八年〔二八二ページ〕)。

しかしまた最後には、牧羊地の一部が狩猟地にもどされた。イングランドに、もう本来の森林がないことは皆が知っているとおりだ。お偉方の狩場に飼われている野生動物などは、その性質からいえば家畜で、ロンドンの市参事会員と同じくらい肥え太っている。それゆえスコットランドこそは、「高貴なる情熱」の最後の避難所となった。サマーズは一八四八年に書いている。

「スコットランド高地では、森林が非常に拡張されている。ガイックのこちら側には、グレンフェシーの新しい森があり、向こう側にもアードヴェリキーの新しい森がある。同じ方向に最近作られた巨大なブラック・マウントの荒地がある。アバディーン近郊からオーバンの岩地にいたる東西方向に、いまでは切れ目なしに森が続いている。そしてスコットランド高地の他地域でも、ロッホ・アーケイグ、グレンゲリー、グレンモリストンなどの新しい森林がある。……ゲール人たちは、自分たちの土地を牧羊地に変えられ、もっと荒れた土地へと追放された。それがいまでは、鹿が羊にとって代わろうとしており、ゲール人をいっそう破滅的な貧困へと追いこんでいる。……鹿猟林[219a]と民衆とは共存しえない。どちらかが場所を譲らねばならない。狩猟地の数や大きさを、過去四分の一世紀と同じようにこれからの四分の一世紀も増やしつづけるとすれば、もはやゲール人は彼らの故郷の土地に一人もいなくなるだろう。スコットランド高地の地主のあいだで見られるこの傾向は、一部は流行に起因する。つまり、貴族の欲望、狩猟道楽などのせいだ。しかしその一方で、地主たちは鹿の取引をもっぱら儲けを目当てに営んでいる。事実、山地を狩猟場に変えれば、多くの場合、牧羊地にしておくよりずっと利益が上がる。……狩猟場を探している狩猟愛好家は、自分の財布が及ぶかぎり、買値を制限することはない。……スコットランド高地を襲ったこの貧苦は、ノルマン王の政策がイングランドに課した貧苦に優るとも劣らない。鹿はこれまでより自由に動きまわる空間を得たが、反対に人間たちは、ますます狭い片隅へと追いこまれていった。……民衆は次から次へと自由を奪われた。そして抑圧は日ごとに増大している。民衆のクリアリングと追放は、確固たる原則として、農業上の必然事として、地主たちによって実行された。それはちょうど、アメリカやオーストラリアの未開地で、木々や灌木が取り払われるのと同じだった。しかもこの作戦は、淡々と、ビジネスライクに続けられていく(220)」。

(219a) スコットランドの“deer forest”(鹿猟林)には一本の木もない。禿山から羊を追い払って鹿を放ち、それを鹿猟林と呼んでいるにすぎない。だから森林の造成すらおこなわれていない!

(220) ロバート・サマーズ『スコットランド高地からの手紙、あるいは一八四七年の飢饉』ロンドン、一八四八年、一二—二八ページの各所。この「手紙」は、当初『タイムズ』紙に掲載された。イギリスの経済学者たちは、一八四七年のゲール人の餓死を、もちろんゲール人の過剰人口から説明した。ともかくゲール人たちは自分たちで自分たちの食糧を「圧迫した」というわけだ。「土地のクリアリング」、あるいはドイツで言われている「農民地没収(Bauernlegen)」は、ドイツではとくに三十年戦争(一六一八—四八)後にはっきりあらわれ、一七九〇年になってもまだ、ザクセン選帝侯国で農民一揆を引き起こした。それはとくに東ドイツ地域で盛んにおこなわれた。プロイセンのほとんどの州では、フリードリヒ二世がはじめて農民に所有権を保障した。シュレージエン征服後に、彼は、地主(Grundherr)たちに命じて小屋や納屋などを再建させ、また農民地に家畜と農機具をそなえさせた。彼は自分の軍隊のための兵士を必要としており、また国家財政のために納税義務者を必要としていたからだ。ちなみに、このフリードリヒの放漫財政、専制主義、官僚制、封建制をまぜこぜにした政府の下で、農民たちがいかに快適な生活を送ったかは、彼を賛嘆していたミラボーの次の文章から読みとることができるだろう。「このように亜麻は、北ドイツの農民の最大の富の一つをなしている。しかし、人類にとって不幸なことに、亜麻は貧困を防ぐ補助手段でしかなく、豊かな生活の手段ではない。直接税、賦役、そしてありとあらゆる強制就役などが、ドイツの農民をどん底に突き落としている。そのうえ、なにを買う場合でも、一緒に間接税を支払わねばならないとあっては、なおさらだ。……おまけにこの破滅的状況をさらに完璧にしているのは、このドイツの農民が自分の農産物を売りたいようには売れないということだ。また必要なものを、より安く売ってくれるかもしれない商人のところで買うこともできない。こうした理由があいまって、農民はゆっくりとだが、確実に破滅へと向かう。亜麻布の紡績がなければ、彼は、期限までに直接税を納められないだろう。この亜麻紡績のために、彼は妻、子供、下女、下男を有効に働かせ、そして自分もそれに従事することで、生活の補助手段としている。しかし、こうした補助手段があるにもかかわらず、なんという苦しい生活だろう！　夏は囚人のように畑を耕し、収穫作業をこなす。夜の九時に寝て、朝の二時には起きなければ、仕事が終わらない。冬はゆっくり休んで体力を回復すべき時だが、税金を払うために収穫物を売れば、こんどはパンのための穀物が、そして翌年の種蒔きのための穀類がなくなってしまう。だからこの穴を埋めるために、彼は亜麻の紡績に従事しなければならない。……しかもそれには大変な根気が必要だ。こうして農民は、冬は夜中の一二時か一時に床につき、朝の五時か六時には起きる。あるいは、夜九時に寝て、夜中の二時に起きる。この生活が、日曜は別として一生涯、毎日続くのだ。起きている時間が異常に長く、働きすぎのため消耗が激しく、農村部では男も女も、都市部よりはるかに早く老いていくことになる」（ミラボー『プロイセン王国について』第三巻、二一二ページ以降）。

第二版への追補。先に引いたロバート・サマーズの著書が出版されてから一八年後の一八六六年三月〔二版から四版では「四月」となっている〕、レオン・リーヴァイ教授が技芸協会で、牧羊地の獣林化について講演をした。彼はそのなかでスコットランド高地で荒廃が進んでいる様子を描き出している。とりわけ彼は次のように述べている。「住民を減らして牧羊地にしてしまうことは、出費なしに収入が得られる最も簡便な手段となった。……牧羊地の代わりに鹿猟林（deer forest）をというのが、スコットランド高地でよく見られる転換となった。かつては羊に場所を与えるために人間が追い払われた。これと同じように、今度は羊が野生動物によって追い払われた。……フォーファーシャーのダルフウジー伯爵領からジョン・オグローツまで、ずっと森を離れることなく歩いていけるほどだ。こうした森の多くの箇所に、狐、山猫、イタチ、ケナガイタチ、テン、山ウサギなどが住みついている。最近では家ウサギ、リス、ネズミなども入りこんできている。スコットランドの統計では、非常に肥沃で広大な牧草地ということになっている巨大な地域が、いまやいっさいの耕作や改良からも締め出され、ほんの少数の人々の狩猟道楽——しかも一年のほんの短い期間の道楽——にのみ捧げられている」。

一八六六年六月二日のロンドンの『エコノミスト』紙はこう述べている。「先週、スコットランドのある新聞は、他のニュースとともに、次のようなニュースを報じた。〝サザーランドシャーで最高の賃貸牧羊場の一つに対して、最近、現行の賃貸契約が満期を迎えたさいには、年地代一二〇〇ポンドで契約したいという申し出がなされた。その牧羊場は鹿猟林（deer forest）に転換されることになる！〟ノルマンの征服王はニュー・フォレスト〔ウィリアム一世が狩猟地としてイングランドのハンプシャーに設けた森〕を作るために三六の村を破壊した。これは、あの当時と同じ封建的本能の発露だ。スコットランドの最も豊饒な土地のいくつかを含む二〇〇万エーカーがまったくの荒地として放置されている。グレン・ティルトの土着の草は、パース州で最も栄養価の高いものとされていた。ベン・オールダーの鹿猟林は、広大なベイドノッホ地域でも最良の牧草地だった。ブラック・マウントの森の一部は、黒緬羊にとって最も優れたスコットランドの牧場だった。狩猟道楽のために荒れ地にされた土地がどれほど広大であるかは、それがパース全州よりもはるかに大きな面積を占めているという事実からも想像がつくだろう。この強引な荒廃化の結果、生産源としての土地がどれほど失われたかは、ベン・オールダーの鹿猟林となった土地が一万五〇〇〇頭の羊を養えたことから、見積もることができるだろう。しかも、それでもこの土地は、スコットランドの狩猟地全体の三〇分の一にすぎない。……こうした狩猟地はまったく不毛なものとなっている。……これでは北海の波の底に沈められたのも同然だ。思いつきで促成されたこうした荒蕪地や不毛地には、立法の強力な手でとどめを刺すべきだ」。

教会領の略奪、国有地の詐欺的譲渡、共同地の窃盗、なりふりかまわぬテロリズムによってなされた封建所有地と氏族所有地の近代的私有への略奪的変更――原初的蓄積には、こうしたじつに多くの牧歌的方法があった。それらが資本主義的農業のための耕地を征服し、土地を資本に取りこみ、都市工業が必要とする法の保護外に置かれたプロレタリアートの供給を生みだしたのだ。

第三節　一五世紀末以降の被収奪者に対する血の立法　労働賃金引き下げのための諸法律

封建家臣団の解体によって、また次々と襲ってくる暴力的な土地収奪によって土地を追われた人々、すなわち法の保護の外におかれたこのプロレタリアートたちは、それが産み落とされたのと同じ速度で、台頭するマニュファクチュアによってすばやく吸収できるものではなかった。他方でまた、慣れ親しんだ生活の軌道から突然投げ出された人々の側も、新しい状態が課す規律にそれほどすばやく馴染めるわけではなかった。彼らは大量の乞食となり、盗賊となり、無宿者となった。一部はその性癖のゆえだったが、たいていの場合はやむをえぬ事情のゆえだった。こうして一五世紀末から一六世紀全体を通じて、西ヨーロッパ全体に、浮浪を取り締まる血の立法が施行された。現在の労働者階級の父祖たちは、まずは無宿者や貧民にやむをえず身をやつしたことで罰せられたのだ。立法は、彼らを「みずから好んでなった」犯罪人として扱い、彼らに善き意志さえあれば、もはや存在していない昔の関係のなかで仕事を続けることもできたはずだとみなした。

イギリスでは、この立法はヘンリー七世〔在位一四八五―一五〇九〕の治下ではじまった。ヘンリー八世〔在位一五〇九―四七〕治下の一五三〇年。老いて働けなくなった乞食は、乞食証明書をもらえる。これとは対照的に、強健な無宿者には、鞭打ち刑と牢屋が待っている。彼らは荷車の後ろに縛られ、血が噴き出るまで鞭打たれたのち、出生地もしくは最近三年間の居住地にもどり、「仕事に就く」ことを誓わせられた。なんという残酷な皮肉であることか！　ヘンリー八世の第二七年の法律〔ヘンリー八世の在位二七年目の法律〕では、これまでの法規が繰り返されたが、新たな追加条項によってさらに厳罰化がすすんだ。つまり、無宿放浪で二回目に捕まった場合には、鞭打ちが繰り返されたうえに、耳が半分切り落とされ、三回目には、重罪犯として、また国家の敵として、死刑に処せられることになったのだ。

エドワード六世。その治世第一年にあたる一五四七年の一法規は、労働を拒む者は、その者を怠け者として告発した人物の奴隷とされるべき旨を定めている。主人は、この奴隷をパンと水と薄いスープ、適当と思えるくず肉で養わねばならない。そして、どんなに不快な仕事であっても、鞭と鎖でそれを奴隷に強要する権利をもつ。この奴隷が一四日間にわたって逃亡すれば終身奴隷の宣告を受け、額か頰にS〔slave の頭文字〕の字を烙印される。また逃亡が三回におよべば、国家反逆者として死刑に処せられる。主人は他の動産や家畜とまったく同じように、奴隷を売ることも、遺産として相続させることも、奴隷として賃貸することもできる。奴隷がご主人たちに何か反抗をくわだてた場合には、同じく死刑に処せられる。治安判事は、告訴にもとづいて、こういう輩を探索しなければならない。浮浪人が三日間ぶらぶらしていたことが発覚すれば、生まれ故郷に連れもどされ、赤く焼けたコテで胸にV〔vagabond の頭文字〕の字を烙印される。そしてその地で、鎖につながれ、路上労働その他の苦役に投入されねばならない。この無宿者が生まれ故郷として虚偽の地名を申告した場合には、罰として、申告された地の住人ないし団体の終身奴隷とされ、S字の烙印を押されねばならない。だれであれ無宿者の子供は、彼らの手から奪いとって、男子は二四歳まで、女子は二〇歳まで、徒弟として確保することができる。もし彼らが逃げ出せば、それぞれの年齢まで親方の奴隷にされて、親方は彼らを鎖につなごうが鞭打とうが、好きなようにできる。すべての主人には、自分の奴隷を簡単に識別できるように、また確実に自分のものにしておけるように、奴隷の首、腕、脚に鉄輪をはめることが許されている。(221) この法規の最後の部分は、ある種の貧民は、彼らに食べ物と飲み物を与え、彼らのために仕事を見つけてやろうとする地区や個人によって使用されるべきである旨を定めている。こうした種類の教区奴隷は、イギリスでは一九世紀に入っても長いあいだ roundsmen（徘徊する者）の名の下に存続していた。

(221)『貿易および商業に関する一論』（一七七〇年）の著者はこう記している。「エドワード六世治下のイギリス人は、実際、マニュファクチュアの奨励と貧民の雇用に本気で取りくんでいたように思える。それは、浮浪人全員に烙印を押さねばならないという注目すべき法規があったことからも見てとれる」等々（同書、五ページ）。

エリザベス朝の一五七二年。乞食証明書をもたない一四歳以上の乞食は、その者を向こう二年間にわたって雇おうとする人がいない時には、厳しい鞭打ちに処され、左の耳たぶに烙印を押される。再犯の場合には、一八歳以上であれば、向こう二年間にわたって彼を雇おうとする人がいない時には、死刑に処される。また三回目の累犯であれば、いかなる情状酌量もなく国家反逆罪で死刑に処される。これと同じような法規は、エリザベス治下第一八年の法律一三号と一五九七年の法律にも見られる。(221a)

(221a) トマス・モアは『ユートピア』のなかでこう述べている。「こういうわけで、たった一人の強欲非道な、まるで鵜《う》のような、疫病神のような人がいて、広大な土地を柵や垣で一カ所にかこってしまおうなんて、とんでもない野心をいだいたばかりに、多くの農民が自分の土地から追出されてしまうことになるのです。或いは詐欺奸計に引っかかるか、それとも烈しい圧迫に屈伏するか、いずれにしても結局土地を奪われるのですが、時には不当極まる迫害のため、すっかり痛めつけられ、やむなくいっさいを売り払うということもあります。無理無体なといいますか、まるで手段を選ばない卑劣な策動に乗ぜられ、この憐れな、無知な、惨めな百姓たちは自分の土地から出ていかなければなりません。そこには男も女も、良人も妻も、孤児も、更に寡婦も乳呑児をかかえた母親もいます。百姓仕事というものが元来人手を多く要する仕事なので、頭数だけは多いが、財産は殆んどない、といった全家族の者が一団となって出ていくのです。彼らは住みなれた懐かしいわが家を捨てて、とぼとぼと寄るべない放浪の旅に出ていきます。家財道具にしても、もともとたいした値打ちのあるものではないのですが、それでも時期さえよければ、もっと価格よく売れたかもしれません。しかし、今は、あまり突然のことなので、殆んどただ同然の捨売りをするより他に仕方はありません。こういうわけで、あちこちと放浪している間には、そのお金もすぐに使い果たしてしまいます。そういう時、彼らに残された道としては、泥棒を働き、そしてその結果正しい法の裁きを、そうです、正しい法の裁きを受けて絞首台の露と消えるか、それとも乞食をして歩くか、そのいずれかしかありません。しかも乞食をすればするで、下手すると働きもしないでうろついていたというかどで、浮浪人として牢獄にぶちこまれます。彼らだってどのくらい仕事につきたがっているか分りません」〔トマス・モア『ユートピア』平井正穂訳、岩波文庫、二七ページ以下。表記は一部修正〕。トマス・モアはこうした哀れな逃亡者は泥棒をせざるをえなくなると語っているが、そのうちの「七万二〇〇〇人の大泥棒やこそ泥がヘンリー八世の治下で処刑された」（ホリンシェッド「イングランド案内」第一巻、一八六ページ〔正しくはホリンシェッド『年代記』第一巻所収のハリソンの「イングランド案内」〕）。エリザベス朝時代には「浮浪人が列をなして絞首刑にされた。また、いろいろな場所で年間三〇〇人ないし四〇〇人が絞首台に送られなかった年はないというのが、普通だった」（ストライプ『エリザベス女王のめでたき治下での宗教の改革と確立、また英国国教会でのさまざまな出来事についての年代記』第二版、一七二五年、第二巻）。この同じストライプによれば、サマセットシャーでは、たった一年のあいだに四〇人が処刑され、三五人が烙印を押され、三七人が鞭打ちに処され、一八三人の「手の施しようのないごろつき」が釈放された。にもかかわらず、と彼は述べている。「告訴されたこの大量の人数には、実際の犯罪者の五分の一も含まれていない。これも治安判事の怠慢と、民衆のばかげた同情のなせるわざだ」。さらに彼はこう付け加えている。「イングランドの他の諸州がサマセットシャーよりましな状態にあったわけではない。それどころか、多くの州はここ以上に悪かった」。

ジェイムズ一世〔在位一六〇三―二五〕治下。方々をうろつき回り、物乞いをする人間は、浮浪者もしくは無頼漢としての宣告を受ける。軽犯罪法廷の治安判事は、彼らを公開の鞭打ち刑に処し、初犯では六カ月間、再犯では二年間、投獄する権利を与えられていた。獄中にいるあいだは、治安判事が適当と思うかぎり、なんどでも鞭打ち刑を受けるべきものとされた。……矯正の見込みのない危険な浮浪者は、左肩にR〔Rogue（ごろつき）の頭文字〕の字を烙印され、強制労働を課される。それでもまだ乞食をしている現場を押さえられれば、いかなる情状酌量もなく死刑に処された。一八世紀初頭まで法的に有効だったこの規定は、アン女王〔在位一七〇二―一四〕治下第一二年の法律二三号によってようやく廃止された。

同じような法律はフランスにもみられ、一七世紀なかばのパリには、放浪人国(royaume des truands)と称するものが設置されていた。ルイ十六世〔在位一七七四―九二〕時代の初期（一七七七年七月一三日の勅令）になってもまだ、一六歳から六〇歳までの健康な人間で、生活の手だてをもたず、かつ職業に就いていない者は、すべてガレー船に送られることになっていた。同様の法令には、一五三七年一〇月のネーデルランドに関するカール五世〔在位一五一九―五六〕の法令、一六一四年三月一九日のオランダ諸州と諸都市の最初の布告、一六四九年六月二五日の連合州の告示などがある。

こうして暴力的に土地を奪われ、追放され、浮浪人にされた農村民たちは、グロテスクなテロ的法律によって鞭打たれ、烙印を押され、拷問を課され、賃金労働の制度に必要な規律を叩きこまれていった。

一方の極には、労働条件が資本としてあらわれ、他方の極には自分の労働力以外にはなにも売るべきものをもたない人間があらわれる。しかし、それだけではまだ十分ではなかった。こうした人間はさらに、みずから進んで労働力を売らざるをえなくなる。しかし、これでもまだ十分ではなかった。重要なことは、資本主義的生産が進むにつれ、その生産様式が要求することを、教育、伝統、習慣を通じて自明の自然法則として受け入れる労働者階級という一つの階級が発展していくことだ。いったん完成された資本主義的生産過程の組織は、いかなる抵抗をも打ち砕く。相対的過剰人口のたえざる産出は、労働力の需給法則を、そしてそれゆえ労働賃金を、資本の価値増殖欲求に見合う範囲内に保つことを可能にする。経済的諸関係の無言の強制は、労働者に対する資本の支配を確実なものにする。依然として、経済外的な直接的な暴力も使われはするが、それはもはや例外でしかない。事態が通常どおり進行するかぎり、労働者を「生産の自然法則」に委ねておくことが可能となる。つまり、生産条件そのものから発生し、生産条件によって保証され、永遠化される資本への従属に彼を委ねておくことができる。ところが、資本主義的生産の歴史的生成期においては、事情は異なっていた。労働賃金を「規制」するために、つまり、利殖に好都合な枠のなかに労働賃金を押さえこんでおくために、そして労働日を延長し、労働者自身を標準的な従属関係にとどめておくために、勃興しつつあるブルジョワジーは国家権力を必要としており、また実際にこれを利用する。これこそが、いわゆる原初的蓄積の一つの本質的契機なのだ。

一四世紀後半に発生した賃金労働者の階級は、当時も、そしてそれにつづく一五世紀も、住民のごく一部でしかなかった。そして、彼らの地位も農村部の独立農民経営と都市のギルド組織によって強固に保護されていた。農村でも都市でも、親方と労働者とはたがいに社会的に近い存在だった。資本への労働の従属は形式的なものでしかなかった。つまり、生産様式そのものもまだ資本主義固有の性格を帯びてはいなかった。資本の可変的要素の方が不変的要素よりも格段に重みがあった。それゆえ資本の蓄積とともに、賃金労働に対する需要は急速に増大したが、賃金労働の供給の方は非常にゆっくりとしか増えなかった。のちには、国民生産物の大きな部分が資本の蓄積原資に変容することになるが、この段階ではまだ、それが労働者の消費原資にまわっていた。

賃金労働に関する立法は、そもそものはじめから労働者の搾取をめざして作られ、その後の進展においても、たえず労働者に敵対的だった[222]。こうした立法は、イギリスでは一三四九年のエドワード三世の労働者法（Statute of Labourers）によって開始された。フランスでこれに対応するのは、ジャン王の名で発布された一三五〇年の勅令だ。イギリスとフランスの立法は並行して進み、内容も同一だ。こうした労働者法が労働日の延長を強制しようとしていたことについては、すでに（第八章第五節で）論じたので、ここでもう一度触れることはしない。

(222)「雇い主とその労働者のあいだの不和を立法が調停しようとする時には、立法の助言者はつねに雇い主だ」とアダム・スミスは述べている〔『国富論』第一篇第一〇章、大河内一男監訳、中公文庫I、二三六ページ〕。「法の精神とは所有のことだ」とランゲは言っている〔『民法理論』第一巻〕。

労働者法は、下院の緊急訴願によって制定された。あるトーリー党員はナイーヴに次のように述べている。「以前は貧民が非常に高い労働賃金を要求し、産業と富にとって脅威となっていた。しかし、現在では彼らの賃金があまりに低く、結果として同じように産業と富にとって脅威となっている。しかし、脅威のあり方は以前とは違う。ひょっとすると以前よりも危険かもしれない」(223)。

こうして、都市においても農村においても、また出来高仕事についても、日ぎめ仕事についても、法定賃金が定められた。農村労働者は一年契約で、都市労働者は「公開市場で」雇い入れなければならない。法定以上の賃金を支払うことは禁止され、違反者には禁錮刑が科せられる。しかも、法定以上の賃金を受けとった側が、支払った側よりも厳しく罰される。たとえば、エリザベス女王治下の徒弟法第一八条、第一九条でも、法定以上の賃金を払った者には一〇日間の禁錮が科されたのに対して、受けとった者には二一日間の禁錮が科された。一三六〇年のある法令はさらに厳しい刑罰を定めていた。そのうえ雇い主には、法定賃金での労働を無理やり押しつけるために身体的強制力を使用することまで認められていた。石工や大工が相互に拘束し合うためのあらゆる結びつき、契約、誓約などは無効であることが宣言された。労働者の団体結成は一四世紀以降、重罪として扱われ、それが団結禁止法の廃止年である一八二五年まで続いた。一三四九年の労働者法、およびそれを継承したさまざまな法律の精神がいかなるものかは、これらの法が定めているのが労働賃金の上限であって、下限ではまったくないという事実からも明らかだ。

(223)〔J・B・バイルズ〕『自由貿易の詭弁。一弁護士著』ロンドン、一八五〇年、二〇六ページ。彼は意地悪くこう付け加えている。「われわれは雇い主のために介入する心づもりは、いつでももっていた。雇われる側のためには、なにもしないということがありうるのだろうか?」

一六世紀になると、周知のように労働者の状態がきわめて悪化した。労働賃金はたしかに上昇したが、それは貨幣の価値下落と、それに応じた商品価格の上昇に見あうものではなかった。つまり実質的には、賃金は下がっていた。にもかかわらず、賃金引き下げのためのさまざまな法律は、「だれにも雇ってもらえない」人々に対する耳切りや烙印とともに存続した。エリザベス朝第五年の徒弟法第三章によって、ある種の賃金を確定し、季節や物価に応じてそれを変更する権限が治安判事に与えられた。ジェイムズ一世は、この労働規制を織工、紡績工、そのほかありとあらゆる範疇の労働者にまで広げた。[224] そしてジョージ二世〔在位一七二七―六〇〕は、労働者の団結を禁止する法律を、すべてのマニュファクチュアに拡大した。

(224) ジェイムズ一世第二年の法令第六章のある条項から見てとれるのは、製布業者のなかには、自身が治安判事として、勝手きままに自分の工場の賃金を公式に指示していた者もいたことだ。――ドイツでは、とくに三十年戦争以降、労働賃金抑制のための法令がしきりに制定された。「過疎地域の営農領主(Gutsherr)にとって、従僕や労働者が足りないのは、きわめてやっかいなことだった。独身の男女に部屋を賃貸しすることは、村の全住民に禁じられていた。こうした間借り人は、営農領主の従僕になるつもりがないかぎり、たとえ農民のために日雇賃金で種を蒔いたり、穀物売買を営んだりといった他の仕事で生計を立てている場合でも、当局に告訴され、投獄されることになっていた(〈シュレージエンに対する皇帝の特権と裁定〉一の一二五)。まる一世紀のあいだ、領主の法令のうちにたえず繰り返されているのは、この厳しい条件に服そうとせず、法定賃金で満足しようとしない不逞の輩についての苦情だ。個々の営農領主には、領邦の賃金表が定めている以上の金額を支払うことが禁じられていた。とはいえ、三十年戦争後の就労条件は、その一〇〇年後と比べれば、場合によってはまだましだった。一六五二年のシュレージエンでは、農家の下男下女がまだ週に二回は肉を食べることができた。ところが今世紀になっても、この同じシュレージエンには、彼らが年に三回しか肉を与えられない地方があった。日当賃金も、三十年戦争直後の方が、それにつづく何世紀よりも高かった」(グスタフ・フライターク『ドイツ人の生活の新風景』(一八六二))。

本来のマニュファクチュア時代になると、資本主義的生産様式が十分に強くなり、そのため、労働賃金の法的規制は、かりに定めたとしても実行不能になり、また定める必要もなくなっていた。とはいえ人々は、万一に備えて、賃金規制という古い武器を放棄する気はなかった。ジョージ二世〔在位一七二七―六〇〕第八年の法令も、ロンドンとその近郊の裁縫職人が、一般的服喪の場合を除いて、二シリング七ペンス半以上の日当賃金を得るのを禁止している。また、ジョージ三世〔在位一七六〇―一八二〇〕第一三年の法令第六八章も、絹織工の労働賃金の規制を治安判事の権限に委ねている。一七九六年になっても、労働賃金に関する治安判事の命令が、非農業労働者にも適用可能かどうかについて上級審の二つの判決が必要だったほどだ。一七九九年にも、スコットランドの鉱山労働者の賃金がエリザベスの一法令と、一六六一年および一六七一年のスコットランドの二法令によって規制されていることを、ある議会条例が確認している。しかし、そのあいだにいかに事情が大きく変わったかは、イギリスの下院で起きた前代未聞の事件が示している。つまり、この下院では四〇〇年以上にわたって、労働賃金が絶対に越えてはならない上限に関する法律をせっせと作ってきたのに、一七九六年にウィットブレッドは、農業日雇労働者のための法定最低賃金を提案したのだ。ピット〔一七八三―一八〇一年まで首相を務めた小ピット〕はこれに反対したが、それでも「貧民が悲惨な状態にある」ことは認めた。ついに一八一三年、賃金規制に関する法律は廃止された。資本家が私的立法によって自分の工場を取り締まるようになり、また救貧税によって農業労働者の賃金が必要最低限まで補塡されるようになってからは、こうした法律は笑止な変則でしかなくなっていた。労働者法令(*)の諸規定では、雇い主と賃金労働者との契約や期限付き解雇予告などに関して、契約に違反した雇い主には民事訴訟しか許さず、契約に違反した労働者には刑事訴訟を許していた。こうした諸規定は、現在でもりっぱに通用している。

(*) 第三版と第四版では労働法令となっている。

団結を禁止する残酷な法律は、プロレタリアートが威嚇的態度をとったために、一八二五年に廃止された。とはいっても、部分的に廃止されただけだった。この古くさい法令のみごとないくつかの残りかすは、一八五九年になってはじめて消滅した。そしてついに一八七一年六月二九日の法律は、労働組合を法的に承認することによって、この階級立法の最後の残滓《ざんし》を除去する、と謳《うた》い上げた。ところが実際には、同じ日に成立した一つの法律(暴力、脅迫、妨害に関する刑法改正法)が、これまでの状態を新しい形で再現させた。議会によるこうした手品によって、労働者がストライキやロックアウト(工場主が連帯して自分たちの工場を同時に閉鎖するストライキ)にさいして用いることのできる手段は、普通法の取り締まりから外され、特別刑法の管轄下におかれた。この特別刑法をどう解釈するかは、みずから治安判事を務める工場主自身に委ねられた。ところが実は、その二年前、この同じ下院と同じグラッドストン氏は、よく知られた正直なやり方で、労働者階級に対する特別刑法を廃止する法律を提出していた。しかし、この法案は第二読会より先にはまったく進まなかった。こうして問題は先送りされた。そしてついには「大自由党」がトーリー党との提携に勇気づけられ、自分たちを政権に就かせてくれた当のプロレタリアートに断固として背を向ける決意をした。「大自由党」は、この裏切りだけでは満足せず、いつでも支配階級に尻尾を振ってお仕えするイギリスの裁判官たちに、一つのことを許した。それは、「陰謀」を取り締まる古ぼけた諸法をふたたび掘り出してきて、労働者の団結にこれを適用することだった。このように見てくると、イギリス議会がいやいやながら民衆の圧力に屈してストライキや労働組合を禁止する法律を放棄したにすぎないことがよく分かる。実際、議会はそれまでも、五〇〇年間にわたって恥知らずのエゴイズムによって、労働者に対抗する常設の資本家組合としての地位を固守してきたのだ。

フランス革命の嵐がはじまるとすぐに、フランスのブルジョワジーは、いまようやく労働者たちが手にした団結権を、再度、彼らから取り上げることに踏みきった。一七九一年六月一四日の布告によって、ブルジョワジーは、労働者の団結はいかなるものであっても「自由と人権宣言に対する侵害」(225)だと宣言し、違反者には五〇〇リーブルの罰金と一年間の公民権剝奪が科されるものとした。資本と労働とが競り合う闘争を、国家警察権によって、資本に都合の良い枠内に封じこめようとするこうした法律は、いくつかの革命や王朝の交替を越えて存続した。恐怖政治さえもこの法律には手を触れなかった。それは、ごく最近になって、ようやくフランス刑法典から削除された。このブルジョワ的クーデタの口実以上に典型的なものはない。報告者ル・シャプリエは言っている。「労働賃金が現在よりも上昇し、それによって賃金を受けとる者が、ほとんど奴隷的従属ともいうべき、生活必需品の欠乏による絶対的依存状態から脱することは、望ましいことだ」。しかし、ル・シャプリエによれば同時に、労働者が「ほとんど奴隷状態に等しい絶対的依存状態」を和らげるために、自分たちの利害について協定し、共同の行動をとることは許されない。なぜなら、そのようなことをすれば、まさに、「彼らのかつての親方たちの、つまりはいまの企業家たちの自由」(それは労働者を奴隷状態にしておく自由のことだ!)を侵害することになるからだ。そしてまた、かつての同職組合親方たちの専制に対抗する団結は——さあ、どんな議論が出てくるか当ててみるがいい!——フランス憲法によって廃止された職能団体の復興だからだという![226]

(225) この法律の第一条では次のように言われている。「同じ身分や職業をもつ市民のあらゆる種類の団体を廃止することは、フランス憲法の基礎の一つである以上、いかなる名目であれ、またいかなる形態であれ、そのような団体をふたたび創設することは禁止される」。さらに第四条は次のように宣言している。「同じ職業、同じ生業、同じ手工業に属する市民が、自分たちの生業や労働を共同で拒否するか、または特定の価格でしか従業に応じないという目的をもって、たがいに協議をなし、協定を結ぶならば、こうした協議や協定は……憲法違反であり、自由と人権宣言に対する侵害とみなされねばならない」等々。つまり、かつての労働法下とまったく同じように、国事犯とみなされるということだ(『パリの革命』パリ、一七九一年、第三巻、五二三ページ)。

(226) ビュシェおよびルー『議会史』第一〇巻、一九三―一九五ページの各所。

第四節　資本家的借地農業者の発生

われわれはここまで、法の保護外にあるプロレタリアートが暴力的に生み出される過程、そして、彼らを賃金労働者に変容させる血なまぐさい規律、労働の搾取を強め、資本の蓄積を警察力によって高める最高権力や国家の卑劣な行為などを見てきた。さてここで問題になるのは、ではいったい、資本家はもともとどこからやってきたのか? ということだ。というのも、農村住民の所有財産の剥奪は、直接には大土地所有者を生みだすだけだからだ。借地農業者の発生に関しては、いわば手探りでたどっていく以外にはない。というのも、それは、何世紀にもわたってゆっくりと進んできたプロセスだからだ。農奴自身が、またそれと並んで自由な小土地所有者たちもまた、きわめて多様な所有関係のうちにあり、したがって彼らの解放もまた、きわめて多様な経済的条件の下で生じた。

イギリスでの借地農業者の最初の形態は、みずからも農奴だったベーリフ〔領主の土地管理人〕だった。彼の地位は、古代ローマのヴィリクスの地位と似ていたが、ただ活動範囲がヴィリクスよりも狭かった。一四世紀後半になると、このベーリフに代わって、地主から種子、家畜、農機具の供給を受ける借地農業者が生まれた。この借地農業者の状態は、農民とそれほど変わらなかった。ただ農民よりも多くの賃金労働を搾取していた。やがて彼はメティエ、つまり半借地農業者となる。メティエは農業資本の一部を提供し、残りを地主が提供するようになる。両者は、契約に定められた比率で収穫の全体を分けあった。しかし、この形態はイギリスでは急速に消滅した。それに代わって登場したのが、本来の借地農業者だった。彼らは、賃金労働者を使用することによって自己の資本を増殖させ、剰余生産物の一部を貨幣または物納で地代として地主に支払った。

一五世紀のあいだはまだ、独立農民であれ、賃奉公をしながら自分で農業を営む農僕であれ、自分たちの労働によって富を増やすことができた。その間は、借地農業者の境遇も生産領域も中程度にとどまっていた。しかし、一五世紀最後の三分の一期に始まり、ほとんど一六世紀全体を通じて(ただし一六世紀最後の二、三〇年間は除く)進行した農業革命によって、借地農業者は急速に豊かになり、同じ速度で農村住民は貧困化した。(227) 共同牧場を奪取することで、借地農業者はほとんどコストをかけずに家畜数を大幅に増やすことができたうえに、この増加した家畜が土地の耕作に必要な肥料をこれまでよりも豊富に供給してくれた。

(227) ハリソンはその「イングランド案内」で次のように述べている。「昔は四ポンドの地代を払うのも大変だった借地農業者は、いまでは四〇ポンド、五〇ポンド、あるいは一〇〇ポンドも支払っており、そのうえ、借地契約期間が終わった時に、六、七年間分の地代を蓄えていないと、割の悪い仕事だったと思うほどになっている」。

一六世紀になると、決定的に重要な要素がこれに加わる。当時の借地契約は長期間にわたり、九九年に及ぶものもよくあった。貴金属の価値が、したがって貨幣の価値が継続的に下がったことは、借地農業者に黄金の実りをもたらした。先に述べた他の事情をすべて度外視しても、それによって労働賃金が低下したからだ。この労働賃金の一部は借地農業の利潤となった。そして、穀物、羊毛、肉、ようするに農産物全体の価格がたえず上昇したために、借地農業者の資本は、彼が何もしなくても膨《ふく》らんでいった。その一方で、彼らが支払うべき地代は昔の貨幣価値で契約されていた。(228) こうして借地農業者は、彼の賃金労働者と彼の地主とを同時に犠牲にしながら富裕化していった。それゆえ、一六世紀末のイギリスに、当時の事情から見れば豊かな「資本家借地農業者」という一つの階級が生まれたことは、なんら驚くべきことではない。(229)

(228) 一六世紀における貨幣の価値下落が社会のさまざまな階級に及ぼした影響については、『現今におけるわが国各界人のいくつかの一般的不平に関する簡単な検討。W・S・ジェントルマン著』(ロンドン、一五八一年)参照。この本は対話体で書かれているため、長いあいだ、シェイクスピアの作とされ、一七五一年になっても、彼の名前で新版が出版されていた。この書の著者はウィリアム・スタッフォードという。ある箇所で騎士（ナイト）は、次のように論じている。ナイト「皆さん。隣人たちよ、農夫の方々、商人の皆さん、銅細工師の方々ならびに他の分野の職人の皆さん。皆さんは切り抜け方をよく知っていますな。というのも、皆さんは、すべてのものが高くなれば、その高くなった分だけ皆さんがふたたび売る商品や活動の価格を上げるからです。しかし、わたしたちは、買わねばならないさまざまなものが高くなった分に合わせて、値を上げて売れるような物をなにももっていないのです」。他の箇所では、このナイトが博士にこう尋ねている。「あなたが考えているのはどういう人々のグループなのですか？　教えていただきたいものです。あなたのご意見ではどういう人々が損をしないで済むのか、まず第一に教えていただきたいものです」。博士「わたしが考えているのは、ものを買ったり売ったりして生きている人々全員です。というのも彼らは、高く買っても、あとでそれに合わせて売るからです」。ナイト「あなたのおっしゃるように儲けているグループで、次にくるのはどういう人々ですか？」博士「それは、以前の借地料で、借地農場に自分から手を加えている」（耕作をしている）「すべての人々です。というのも、彼らは昔の相場で支払い、現在の相場で売っているのですから。つまり、自分の土地のためにはほんの少ししか払わず、そこに実るものはすべて高く売っているのです……」。ナイト「それでは、おっしゃるように、儲けよりも損失の方が大きい人々というのは、どんなグループですか？」博士「それは、貴族、ジェントルマン、その他、固定賃貸料や俸給で暮らしていたり、自分で土地に手を加えること」（耕作）「をせず、ものの売り買いに従事したりしないすべての人々です」。

(229)　フランスでは、中世初期において封建領主に対する貢租の管理人かつ収税人であったレジスールが、時とともに事業家（homme d'affaires）となった。彼らは、脅迫による強奪や詐欺などを通じて資本家に成り上がっていった。こうしたレジスールたちのなかには、時にはみずから貴族に属する者もいた。一例をあげよう。「この計算書は、ブザンソンの城主である騎士ジャック・ド・トレース氏が、ブルゴーニュ諸侯伯のためにディジョンで会計を司るセヌール〔領主〕に与えるものである。当該の地代は、前記の城主に支払われるべき一三五九年一二月二五日から一三六〇年一二月二八日までの地代である」（アレクシ・モンテーユ『稿本史料論』第一巻、二三四、二三五ページ）。ここからもすでに、社会生活のあらゆる分野で、一番の利得が仲介者のふところに入っているのが見てとれる。たとえば経済界では金融業者、取引所仲買人、卸売商人、小売商人たちが事業の甘い汁を吸いとり、民事訴訟では弁護士が両方の当事者からうまいところをつまみ食いし、政治では代議士が選挙民より重きをなし、大臣が君主よりも重きをなす。宗教界でも神は「仲介者」〔キリスト〕の背後に押しやられる。そしてさらにはこの「仲介者」なるものも、坊主の背後に押しやられる。この坊主たちは、良き羊飼い〔キリスト〕と子羊たちの仲介者として不可欠なのだ。イギリスと同じようにフランスでも、大きな封建所領が無数の小農地に分割されていたが、農村民にとっての条件はイギリスとは比較にならないほど不利だった。一四世紀のあいだに、フェルムあるいはテリエと言われる借地農場があらわれた。その数はたえず増え続け、一〇万をはるかに超えていた。農民たちは生産物の一二分の一から五分の一のあいだで変動する地代を、現金もしくは現物貢納で支払っていた。テリエは、土地の価値や大きさに応じて封土（fiefs）、付属封土（arrière-fiefs）などと呼ばれていたが、時にはほんの数アルパン（モルゲン）の広さしかないものもあった。こうしたテリエの所有者はすべて、その土地の住民に対するなんらかの審級の裁判権をもっていた。その審級は四段階にわかれていた。こうした小暴君たちの下で農民がどのような抑圧にあえいでいたかは容易に想像がつく。今日では四〇〇〇の裁判所（治安裁判所も含めて）で足りているフランスに、モンテーユによれば、当時は一六万もの裁判所があったという。

第五節　農業革命が工業に投げ返す作用　産業資本のための国内市場の形成

断続的に、しかしたえず新たに繰り返された農村民の財産収奪と駆逐は、先に見たように、都市工業に繰り返し、繰り返し、ギルド関係の外に立つ大量のプロレタリアを供給した。あまりに話がうまくできているこの状況を見て、商業史〔『商業の起源の歴史的、年代記的概説』ロンドン、一七六四年〕を書いた老アダム・アンダソン（ジェイムズ・アンダソンと混同してはならない）は、そこに神の摂理が直接介入していると信じたほどだ。われわれは、いま少し、原初的蓄積のこの要素について考えねばならない。ジョフロワ・サン＝ティレールが、ある部分での宇宙物質の濃密化を他の部分での希薄化から説明するのと同じように(230)、独立自営農村民の希薄化には、工業プロレタリアートの濃密化が対応していた。しかし、それだけではない。土地は耕作者の数が減ったにもかかわらず、依然としてこれまでと同じか、あるいはそれ以上の生産物を生み出していた。それは土地所有関係の革命にともなって、耕作方法が改良され、より大規模な協業が可能となり、生産手段の集積が進んだからだ。また、農村賃金労働者の労働密度が高められただけでなく、彼らが自分自身のために労働していた生産分野がますます縮小していったからだ。(231) 農村人口の一部が放出されれば、それに応じて、彼らがいままで摂取していた食料もまた余剰として放出される。こうした食料はいまや、可変資本の素材的要素へと変容する。外に追い出された農村住民たちは、この食料の価値を新しいご主人である産業資本家から労働賃金の形態で買い取らねばならない。生活手段に生じたのと同じことは、工業原料として生産される国内農産物についても言える。そうした原料は不変資本の一要素へと変容したのだ。

(230) 彼の著作『自然哲学の構想』パリ、一八三八年、参照。

(231) これはサー・ジェイムズ・ステュアートが強調する点だ。

だとえば次のような例を想定してみよう。フリードリヒ二世〔在位一七四〇―一八六〕の時代のヴェストファーレンで、絹とはいわぬまでも、そろって亜麻を紡いでいた農民の一部が暴力的に所有地を収奪され、土地や畑から追われ、残った人々が大借地農業者の日雇労働者になったとしよう。同時に、大きな亜麻紡績工場と織物工場ができて、「遊離した人々」が、いまではそこで賃金労働をする。亜麻自体は見た目には以前と変わらない。繊維の一本として変わっていないが、いまでは亜麻という身体にひとつの新しい社会的霊魂が乗り移っている。亜麻はいまや、マニュファクチュア工場主の不変資本の一部をなす。以前は、無数の小生産者が亜麻を自分で栽培し、家族とともにそれを少量ずつ紡いでいた。

そうした手に細かく分配されていた亜麻が、いまでは、自分のために他人に紡がせ、織らせる一人の資本家の手に集積されている。それまでは、亜麻紡績場で支出される特別労働が数多くの農家の特別収入になった。それがいまでは少数の資本家の利潤となる。かつては、プロイセン王に納める税金となった。それがいまでは少数の資本家の利潤となる。かつては、農村全体に分散していた紡錘と織機は、労働者や原料と同じように、少数の大きな労働兵舎に詰めこまれている。紡錘と織機と原料は、これまで紡ぎ手や織り手の自立的生存の手段だったが、いまでは、彼らに命令するための手段、(232) そして彼らから不払労働を吸い取るための手段へと変容した。大きなマニュファクチュアや大きな借地農場を見ても、それだけでは、こうしたマニュファクチュアや農地がじつは無数の小さな生産現場を寄せ集めたものであり、多数の小さな独立生産者の収奪によって成立していることは、見えてこない。とはいえ、とらわれない目で見れば間違うことはない。革命の獅子ミラボーの時代には、こうした大きなマニュファクチュアは、まだ統合マニュファクチュア (manufactures réunies) と言われていた。ちょうど統合農地という言い方をするのと同じだ。ミラボーはこう言っている。

「人々は、何百人という人間が一人の工場長の下で働く大マニュファクチュア、通常は統合マニュファクチュアと呼ばれているものだけを見ている。これとは対照的に、非常に多くの労働者がばらばらに分かれていて、一人ひとりが自分の計算で働いているような作業場は一顧だにされない。そうしたものはまったく無視されている。しかし、これは大変な間違いだ。というのも、こうした個別の作業場だけが、国民の富の真に重要な部分をなしているからだ。……統合工場は、一人もしくは二人の企業家を驚くほど豊かにしてくれるかもしれない。しかし労働者は、ただ賃金が高いか安いかだけの日雇人夫にすぎず、企業家の裕福さにはいっさい与《あず》かれない。これに対して、分散工場（fabrique séparée）では、だれも金持ちではないが、たくさんの労働者が豊かに暮らしている。……そうした状況では、勤勉で経済観念の発達した労働者の数が増えるだろう。彼らはわずかな賃上げより、賢い生活の仕方と活動こそが、自分たちの状態を根本的に改善する手段であることが分かっているからだ。ほんの少々労賃を上げてもらったところで、実際には、将来のための重要な資とはけっしてならず、せいぜいのところ食うや食わずの生活がほんの少しましになるぐらいだ。(233) たいていは小規模農業と組み合わされた分散した個人的作業場は、自由な作業場なのだ」。

(232) 資本家はこんなふうに言う。「わたしがおまえたちに命令する労をとる報酬として、おまえたちに残っているほんのわずかなものをわたしによこすという条件で、わたしに仕える名誉をおまえたちに与えてやろう」（ルソー『経済論』ジュネーヴ、一七六〇年、七〇ページ）。

(233) ミラボー『プロイセン王国について』第三巻、二〇―一〇九ページの各所。ミラボーは、分散した作業場の方が「統合された」作業場よりも経済的で生産性が高いと見ている。そして、統合

> された作業場は、単に政府の保護下にある人工的な温室植物でしかないとしている。こうした見解は、当時の大陸のマニュファクチュアの大部分の状態を見れば十分にうなずける。

一部の農村住民の土地収奪と追放は、労働者を遊離させるとともに、彼らの生活手段を遊離させ、産業資本のための労働原料を遊離させる。しかしそれだけではない。それは国内市場を作りだす。

実際、これら一連の動きは、小農民を賃金労働者に変容させ、彼らの生活手段と労働手段を資本の物的要素へと変容させる。それと同時に、資本のために国内市場を創出する。以前の農家は、生活手段と原料を生産し、加工し、それをあとで大部分、自分たちで消費していた。ところがいまや、原料と生活手段は商品となった。大借地農業者がそうした食料や原料を売るのであり、その市場として彼が発見するのはマニュファクチュアだ。撚糸《ねんし》、亜麻、粗製毛織物など、つまり、かつてならばその原料がどの農家にもあり、自家消費のために彼ら自身が織り編んでいた物が、いまやマニュファクチュア製品に変容し、ほかならぬ農村地方がその販売市場となる。これまでは、自分の計算で労働する多くの小生産者に依存する多数の分散した買い手がいた。それがいまでは、こうした買い手が産業資本によってまかなわれる一大市場に集中するようになる。[234] こうして以前の自営農民が収奪され、彼らが自分の生産手段から切り離されていくとともに、農村での副業が破壊され、マニュファクチュアと農業との分離過程が進行していく。ひとえに農村家内工業の破壊だけが、一国の国内市場に資本主義的生産様式が必要とする広がりと安定性を与えることができる。

(234)「他の仕事の合間に勤勉な労働を通じて、二〇封度《ポンド》の羊毛が目立たない形で労働者一家の年々の衣服に変わっても、それ自体はなんら目を引くようなことではない。しかし、君たちがこの羊毛を市場に出し、工場に引きわたし、そこから仲買人へ、さらに商人へと渡っていくようにするならば、それは大きな商業操作となり、その羊毛価値の二〇倍もの大きさの名目資本が投入されることになる。……こうして労働者階級は搾取され、その結果、貧困化した工場労働者、商店所有者からなる寄生者階級、そして虚構の商業システム、貨幣システム、金融システムからなる体制が維持されることになる」(デイヴィッド・アーカート『常用語』、一二〇ページ)。

とはいえ、本来のマニュファクチュア時代は、根本的な変化をもたらすことはなかった。読者の記憶にあるように、この時代が一国の生産を掌握したのは、ほんの一部のことでしかなく、つねに都市の手工業や家内工業的な農村の副業が広い背景としてマニュファクチュアを支えていた。マニュファクチュア時代は、こうした副業のうちのある形態や特殊な事業部門をいくつかの地点で破壊したとしても、他の地点ではまた同じ副業を生み出した。というのも、この時代は原料の加工のためにこうした副業をある程度必要としていたからだ。それゆえマニュファクチュア時代は、耕作を副業とし、生産物を——直接にであれ、仲買人をとおしてであれ——マニュファクチュアに売るための工業的労働を主たる生業とする小農民の一階級を生み出した。このことは、イギリス史の研究者を最初にとまどわせるひとつの現象の主な理由とはいわぬまでも、ひとつの理由となっている。一五世紀の最後の三分の一期以降、農村に資本経営が広がり、農民層がしだいに破壊されていくことへの苦情が、一定の間隔をおいて絶え間なく繰り返されていることに、研究者は気がつく。しかし他方では、いつも新たに、農民層が――たとえ数は減り、そして以前より悲惨な状態ではあっても――存在していることにも気づかざるをえない。[235] その主な理由は、イギリスが時には穀物生産を主とする国であり、時には、牧畜を主とする国であり、それが交互にあらわれたため、農民経営の規模にも振幅が生じたことにある。大工業がはじめて、機械によって資本主義的農業の恒久的基盤を提供し、膨大な数の農村住民を徹底的に収奪し、それによって、紡績と織物という農村家内工業の根を引き抜き、農村家内工業と農業との分離を完成した。[236] こうして大工業は、産業資本のために国内市場全体を征服することをも、はじめてなしとげた。[237]

(235) 例外はクロムウェルの時代だ。共和国が続いていたあいだは、イギリスの民衆が、いずれの階層でも、テューダー朝のもとで陥っていた頽落《たいらく》状態から脱していた。

(236) 機械装置の導入とともに、本来のマニュファクチュアが、あるいは家内工業的マニュファクチュアが破壊され、農村のマニュファクチュアから大規模な羊毛工業が生まれてきた。このことはタケットの書いているとおりだ（タケット『労働人口の過去および現在の状態の歴史』第一巻、一三九―一四四ページ）。「鋤《すき》と軛《くびき》は、神々が発明し、英雄たちが使用するものだった。織機、紡錘、紡車は、それより素性の卑しいものだろうか？　君たちは、紡車と鋤を、そして紡錘と軛を切り離し、その結果、工場と救貧院を、信用と恐慌を、そして農業民と商業民という敵対する二つの国民を手に入れたのだ」（デイヴィッド・アーカート『常用語』、一二二ページ）。そこへケアリーがあらわれて、こうイギリスを批判する。イギリスは他国をことごとく単なる農業国に変えてしまい、みずからは彼らの工場主になろうとしている、と。これは間違いなく、不当とはいえない批判だ。ケアリーに言わせれば、このようにしてトルコは破壊された。というのも、「トルコの土地所有者や農民が、鋤と織機の、ハンマーと馬鍬《まぐわ》との自然な結びつきによって力をつけるのを」（イギリスが）「けっして許さなかった」からだ（『奴隷貿易』、一二五ページ）。ケアリーによれば、トルコでイギリスの利益のために自由貿易の宣伝をしたアーカート自身も、トルコの破壊の主要下手人の一人だ。最も笑えるのは、ロシアの大ファンでもあるこのケアリー自身が、農業と工業との分離という、保護貿易によって加速化されるあの分離過程を、まさにその保護貿易体制によって阻止しようとしていることだ。

(237)　ミル、ロジャーズ、ゴールドウィン・スミス、フォーセットなどのイギリスの博愛主義的な経済学者たち、さらには、ジョン・ブライト一派のようなイギリスの自由主義的な工場主たちは、弟アベルはどこにいったと兄カインに尋ねる神のように、イギリスの土地貴族に尋ねる。われらが数千人の自由土地保有者はどこにいったのか？　と。しかし、そう尋ねる諸君は、いったい何によっていまのような存在になったのか？　それはまさにあの自由土地保有者を破滅させたことによってではないか。諸君はなぜ、さらにこう尋ねようとはしないのか？　自営の織工、紡績工、手工業者たちはどこにいってしまったのか？　と。

第六節　産業資本家の発生

産業資本家の発生は、借地農業者の発生のように徐々に進行したわけではなかった。たしかに、小さなギルドの親方で小資本家に転じた者がいたことは疑いない。さらには、それ以上の数の独立小手工業者のなかにも、さらには賃金労働者のなかにも、賃金労働の搾取を次第に拡大させ、それに見合った資本蓄積を果たし、文句なしの資本家にまでなった者がいた。中世都市の揺籃《ようらん》期には、逃げてきた農奴のうちのだれが親方となり、だれが使用人となるかは、たいていの場合、逃亡の日時が早いか遅いかによって決まった。これと同じことは、資本主義的生産の揺籃期にも数多く見られた。とはいえ、カタツムリのように遅いこうした方法では、一五世紀末の数々の大発見によって作りだされた新世界市場の交易要求には応えられなかった。しかし中世は、きわめて多様な社会編成のなかで成熟してきた二つの異なる資本形態を後世に残してくれていた。それは、資本主義的生産様式の時代より前に、すでに資本一般として通用していた二つの資本形態、すなわち高利貸資本と商人資本だ。

「今日では社会のいっさいの富が、まずは資本家の手に集まる。……資本家はその富から、土地所有者に地代を、労働者に賃金を、収税吏と十分の一税の執達吏に彼らの要求する額を支払う。そのうえで彼は、毎年の労働生産物の大きな部分、実際にはもっとも大きく、かつ日ごとに増大していくその部分を、自分の手元に確保する。いまや資本家は、社会的な富のすべてを最初に所有する者と考えてよい。ただし、法律によって彼にその所有権が認められたわけではない。……所有に見られるこうした変化は、資本に利子をかけることによって生じた。……そして、全ヨーロッパの立法者が高利を禁止する法律によってこの動きを阻止しようとしたことは、少なからず興味深いことだ。……国のいっさいの富に対して資本家が支配権をもつというのは、所有権に生じたひとつの完全なる革命だ。いったい、いかなる法律によって、あるいは法律を並べることによって、こうした革命が引き起こされたのだろうか？」[239]

この著者は「革命は法律によって起きるものではない」とみずからに言って聞かせるべきだったろう。

(238) ここでの「産業」は「農業」に対置されるものとして言われている。「範疇的な」意味では、借地農業者も工場主と同じように産業資本家だ。

(239) 『自然的所有権と人為的所有権との対比』ロンドン、一八三二年、九八、九九ページ。この匿名出版物の著者はトマス・ホジスキンだ。

高利と商業によって形成された貨幣資本が産業資本へと変容することは、農村では封建制度によって、都市ではギルド制によって妨げられていた。[240] こうした障壁は、封建家臣団の解体、および農村住民の財産収奪と部分追放とともに崩れていった。新たなマニュファクチュアは海外輸出港に、あるいは古い都市やそのギルド制度のコントロールが及ばない郊外の地に建設されていった。それゆえイギリスでは、この新しい産業の苗床に対する自治都市群の激しい闘争が起きた。

(240) 一七九四年になってもまだ、リーズの小規模の製布業者たちは、議会に代表団を送って、商人が工場主になることを禁止する法律を求めて請願している(ドクター・エイキン『マンチェスター周辺三〇から四〇マイルの地域についての記述』)。

アメリカで金銀産地が発見され、原住民が抹殺され、奴隷化され、鉱山に閉じこめられ、さらには、東インドの征服と略奪が始まり、アフリカが黒い肌の人々をかき集める商業的狩猟場に変容すると、資本主義的生産様式の曙が始まった。こうした牧歌的なプロセスこそが、原初的蓄積の主要な契機なのだ。それに続いて、ヨーロッパ諸国民の貿易戦争が地球全体を戦場として始まった。この戦争は、ネーデルランドがスペインから離脱することによって開始され、ジャコバン派に対するイギリスの戦争によっていちじるしく規模を拡大し、中国に対するアヘン戦争などへと続いていく。

いまや、原初的蓄積のさまざまな契機は、多かれ少なかれ時間的順序にしたがって、主としてスペイン、ポルトガル、オランダ、フランス、イギリスの順に展開されていった。イギリスでは一七世紀の終わりに、これらの諸契機が植民地制度、国債制度、近代的租税制度、保護貿易制度として体系的にまとめられた。こうしたさまざまな方法は、部分的には残虐な暴力に依拠して実行される。たとえば、植民地制度がその一例だ。しかし、いずれの方法であれ、封建的生産様式から資本主義的生産様式への変容過程を促成栽培的に促し、その移行期間を短縮しようとすれば、社会における暴力の集中と組織化の形態である国家権力を用いることになる。古い社会が新しい社会を孕《はら》んでいる時には、いつでも暴力がその産婆役を果たす。暴力自身が潜在的な経済的パワーなのだ。

キリスト教的植民制度については、キリスト教研究を専門とするW・ハウィットがこう書いている。

「いわゆるキリスト教人種なるものが、世界のいたるところで、彼らが征服しえたあらゆる民族に対しておこなった暴力と遠慮会釈なき残虐行為は、世界史のどんな時代にも、またどんなに野蛮で無教養で、冷酷で恥知らずな人種にも、例を見ないものだ(241)」。

オランダの植民地経営史は——しかもオランダは一七世紀資本主義の模範生だった——、「裏切り、買収、謀殺、卑劣の、またとない絵巻物となっている(242)」。ジャヴァ島で使用する奴隷を手に入れるために、セレベス島で人間を拉致《らち》するシステムほど、このことをよくあらわしているものはない。この目的のために拉致専門官が訓練されていた。この人間取引では、盗賊、通訳、売り手が中心的主役であり、現地の王侯たちが主要な売り手だった。拉致された少年たちは、セレベスの秘密収容所に隠され、時期がくれば奴隷船に乗せるべく送り出された。公式報告には次のようにある。

「たとえばこのマカッサルという都市ひとつをとっても、秘密の収容所がみちあふれており、そこには家族から強引に引き離され、鎖につながれ、強奪と暴虐の犠牲者となった哀れな人々が詰めこまれていた。その恐ろしさは、多少の差はあれ、いずれ劣らぬひどいものだった」。

マラッカを制圧するために、オランダ人は、ポルトガルの総督を買収した。総督は一六四一年にオランダ人が市に入るのを許可した。ところがこのオランダ人たちはすぐさま総督の家を急襲し、彼を謀殺し、それによって買収のための二万一八七五ポンドの買収費用を「節欲」した。オランダ人が足を踏み入れたところに残ったのは、荒廃であり、人口の減少だった。ジャワ島の州の一つバンジュワンギは、一七五〇年には八万以上の人口があったが、一八一一年になるとわずか八〇〇〇人に減っていた。これが「ソフトな取引!」と称されるものの実態だった。

(241) ウィリアム・ハウィット『植民地化とキリスト教。ヨーロッパ人の全植民地における原住民の扱いの通俗史』ロンドン、一八三八年、九ページ。奴隷の扱いについてはシャルル・コント『立法論』第三版、ブリュッセル、一八三七年、に良い資料が集められている。ブルジョワが世界を自分の似姿に合わせて好き勝手に作り変えていいとなれば、自分自身と労働者をどんなものに作り上げていくことになるのか。それを知るには、こんなことまで細かく研究しなければならない。

(242) 前ジャヴァ副総督トマス・スタンフォード・ラッフルズ『ジャヴァ史』ロンドン、一八一七年、第二巻、ローマ数字一九〇、一九一ページ。

イギリス東インド会社は周知のように、東インドにおける政治的支配権以外にも、茶貿易と中国貿易全般、さらにはヨーロッパとの貨物輸送の排他的独占権を獲得していた。しかし、インド沿岸および島嶼間の船舶航行権、さらにインド内部の交易権は、この東インド会社の高級職員の独占となっていた。塩、阿片、キンマその他の商品の独占権は、つきることのない富の鉱脈だった。彼ら職員は自分たちで値をつけ、哀れなヒンドゥーの民を思うがままに搾り上げた。総督もこの私的交易に加わっていた。彼のお気に入りの者たちは、錬金術師よりも巧みに無から黄金を生みだすような条件で契約をもらった。巨大な富が、一日で大きくなるキノコのようにあっという間に生み出され、原初的蓄積は、ただの一シリングも前貸しされることなく進展した。ウォレン・ヘイスティングズ〔初代インド総督。イギリス帰国後、上院で不正行為を弾劾された〕に対する告訴はこうした例であふれかえっている。その一例を挙げておこう。ある阿片取引の契約がサリヴァンという者に与えられた。しかもそれは、サリヴァンが阿片生産地域から遠く離れた地方に公務で出張する間際のことだった。サリヴァンはこの契約をビンという者に四万ポンドで売り、ビンはビンで同じ日に六万ポンドで売り、最後に買ってこの契約を履行した者は、それでもなお、後にとてつもない利益を得たという。議会に提出されたリストによれば、東インド会社とその職員たちは、一七五七年から一七六六年にかけて、インド人に六〇〇万ポンドも貢がせている！　一七六九年から一七七〇年にかけて、イギリス人はすべての米を買い占めて、法外な価格を払わないかぎり再販売することを拒み、それによって飢饉を作りだしている。(243)

(243) 一八六六年には、オリッサ一州だけで一〇〇万人以上のヒンドゥーが餓死している。にもかかわらず、餓死しつつある人々に売りつけた食料の価格で、インドの国庫を豊かにしようとしていた。

住民たちの扱いに関していえば、西インドのように、輸出のためだけに作られていたプランタージュや、メキシコや東インドのように、豊かな富と豊富な人口を抱えていながら思うがままの強奪殺人にゆだねられていた国々が、当然のことながら最もひどかった。とはいえ、本来の植民地においても、原初的蓄積のキリスト教的性格は否定できなかった。プロテスタントのあの冷徹な先達であるニューイングランドの清教徒たちは、一七〇三年には彼らの州議会の決議で、先住民の頭皮一枚、あるいは捕まえた先住民一人につき四〇ポンドの懸賞金を、一七二〇年には、頭皮一枚に一〇〇ポンドの懸賞金をかけた。また一七四四年に、マサチューセッツ湾植民地で特定の種族が反逆種族と認定されると、一二歳以上の男性の頭皮には、新通貨で一〇〇ポンド、男の先住民を捕まえると一〇五ポンド、女性および子供の場合には五〇ポンド、女性および子供の頭皮には五〇ポンドの懸賞金がかけられた！　それから数十年後、この植民地制度は、その間に反逆者となった敬虔なピルグリム・ファーザーズの子孫たちに復讐をとげることになる。イギリスからけしかけられ、また報酬をもらっていた先住民によって、彼らはトマホーク〔斧〕の犠牲となった。イギリス議会は、こうした殺戮《さつりく》と頭皮剝ぎを、「神と自然が自分たちに与えたもうた手段」であると宣言した。

植民制度は、貿易と海運を温室栽培のように急速に育成した。「独占会社」(ルター)は、資本集積の強力な梃子《てこ》だった。伸びはじめたマニュファクチュアにとって植民地は販売市場の確保に役立ち、また市場独占によって強力な資本蓄積を保証した。ヨーロッパの外で直接、略奪、奴隷制、強盗殺人を通じてぶんどられた財宝は、本国に還流して、そこで資本へと変容した。植民制度を最初に十全に発展させたオランダは、すでに一六四八年には、貿易大国としての頂点に立っていた。オランダは、

「東インド貿易および南西ヨーロッパと北東ヨーロッパとのあいだの交易を、ほとんど独占していた。オランダの漁業、海運、マニュファクチュアは、どの国のものよりも優れていた。オランダ共和国の資本は、ひょっとするとそれ以外のヨーロッパの資本すべてを合わせたものよりも大きかったかもしれない」。

このように書くギューリヒは、次のことを付け加えるのを忘れている。それは、オランダの国民大衆が、一六四八年の時点ですでに、それ以外のヨーロッパの大衆すべてと比べても、より多くの過度労働と貧困、そして苛酷な抑圧にあえいでいたということだ。

今日では、産業覇権が貿易覇権をもたらすが、本来のマニュファクチュア時代には、そ

れとは逆に、貿易覇権こそが産業覇権をもたらした。だからこそ当時は、植民制度が重要な役割を演じたのだ。ヨーロッパの古き神々に伍して祭壇に立ち、ある日、一挙にこの古き神々を葬り去ったのは、植民制度というこの「異邦の神」だった。この異邦の神は、利殖こそは人類の最終にして唯一の目的であると宣告した。

公的信用制度、つまり国債の制度は、すでに中世のジェノヴァやヴェネツィアにその起源を見ることができるが、マニュファクチュア時代を通じて全ヨーロッパに定着していった。海上貿易と貿易戦争をともなう植民制度は、国債制度を温室栽培のように急速に育てた。この制度は、まずオランダで確立された。国債とは、専制国家、立憲制国家、共和制国家のいずれであれ、国家を売却することであり、これが資本主義時代の相貌を決するものとなった。いわゆる国富のなかで、現実に近代諸国民の所有となる唯一の持ち分は、彼らの国債なのだ。(243a) それゆえ、一つの国民は債務が多ければ多いほどいっそう豊かになるとする近代の教説は、完全に筋が通っている。公的信用は資本の信条となった。そして国の負債が発生するとともに、聖霊に対する罪の代わりに、国債に対する信頼を裏切る罪が、赦《ゆる》されざる罪として登場した。

(243a) ウィリアム・コベットは、イギリスではいっさいの公共施設制度に「ロイヤル（王立）」の呼称が付されていると述べている。だが、その代償として、「ナショナルな（国民の）」債務（national debt）が存在していた。

公債は原初的蓄積の最もエネルギーに富んだ梃子《てこ》の一つとなった。公債はまるで魔法の杖のように、非生産的な貨幣に生殖力をつけ、貨幣を資本へと変容させる。しかもその貨幣は、産業投資につきまとう、さらには高利貸投資にさえつきまとう管理の手間とリスクを引き受ける必要がない。国家に対する債権者は、現実には何も引き渡してはいない。なぜなら、国家に貸し付けられた金額は、簡単に譲渡しうる公債証券に姿を変え、彼らの手中で同額の現金とまったく同じように機能しつづけるからだ。これによって、不労所得で暮らす金利生活者の階級が生まれ、政府と国民とのあいだの仲介役を務める金融業者が、にわか成金として富を手にするが、これについてはいまは問わない。また、どんな国債でも、その相当量が、天から降ってきた資本として徴税請負人、商人、私的工場主に富をもたらすが、そのこともいまは問わない。なにより国債は、こうしたこととは別に、株式会社を、各種有価証券の取引を、株式取引業を、つまりひとことで言えば、証券投機と近代的な銀行支配を生み出したのだ。

国の名を名称に冠した大銀行は、その誕生の当初からして、私的投機家たちの会社でしかなかった。これらの会社は、政府を補佐することで得た特権のおかげで政府に貨幣を前貸しすることができた。それゆえ、国債の蓄積を誤りなく判定する測定器としては、こうした銀行の株価のたえざる上昇以上に確かなものはない。株式の十全な発達はイングランド銀行の創設（一六九四年）をその起点とする。イングランド銀行は、手持ちの貨幣を政府に八％の利率で貸し付けることから始めた。同時にイングランド銀行は、さらに銀行券の形態で貨幣を公衆に貸し付ける方式で、この同じ資本から貨幣を鋳造する権限を議会から委ねられた。この銀行券を使って手形を割引きし、商品担保貸付けをおこない、貴金属を購入することも許されていた。それからいくらも経たないうちに、銀行自身によって製造された信用貨幣は鋳貨となり、それを使ってイングランド銀行は国家への貸付をおこない、国家になり代わって国債の利子を支払うようになった。この銀行は他方の手でより多く受けとるために、もう一方の手で与えた。しかし、それだけではなかった。イングランド銀行は、受けとりながらも、与えた最後の一銭にいたるまで、国民の永遠の債権者でありつづけた。次第にイングランド銀行は、国家の退蔵金属の不可避的な貯蔵所となり、またいっさいの商業上の信用の重心となった。イギリスで魔女の火あぶり刑をやめたその同じ時期に、銀行券の偽造者の絞首刑が始まった。銀行貴族、金融業者、金利生活者、仲買人、株式取引人、証券投機家たちの一群が、こうして突然に登場した。それが同時代の人々にどのような影響を与えたかは、当時のいろいろな著作、たとえばボリングブルックの著作などから読みとれる。(243b)

(243b)「もしも今日、タタール人がヨーロッパに侵入してきたとすれば、ヨーロッパの金融業者とはどういうものかを彼らに理解させるのは、なかなかやっかいなことだろう」(モンテスキュー『法の精神』第四巻、三三ページ、ロンドン版、一七六九年)。

国債とともに一つの国際的信用制度が成立したが、この制度は往々にして個々の国民のもとでなされてきた原初的蓄積の源泉の一つを隠蔽していた。たとえば、ヴェネツィアの略奪システムがおこなった種々の卑劣行為は、オランダ資本の豊かさの隠れた基盤となった。というのも、没落しつつあるヴェネツィアは大変な量の貨幣をオランダに貸していたからだ。同じことはオランダとイギリスとの関係についても言える。すでに、一八世紀はじめには、オランダのマニュファクチュアは大きく追い越されており、オランダはもはや支配的な貿易国家、産業国家ではなくなっていた。それゆえ、一七〇一年から一七七六年にかけてのオランダの中心的ビジネスは、巨額の資本を、特にその強力な競争相手であるイギリスに貸しだすことだった。同じことは今日、イギリスとアメリカとの関係についても言える。今日のアメリカで出生地不明のまま姿を見せる資本の多くは、昨日イギリスで資本に変えられたばかりの児童の血なのだ。

国債の裏付けは国庫収入であり、これによって国債の年々の利子などの支払いをまかなわねばならない。それゆえ、近代的租税制度は、国債制度を補完するための不可欠な制度となった。国債によって政府は、納税者にすぐさまそれを感じさせることなく、臨時費を支出できるようになる。しかし、やがて、国債はその帰結として増税を必要とする。他方では、次々と契約される負債の累積によって増税がもたらされ、結果として政府は、新しい臨時支出にさいしては、いつでも新たな借入れをせざるをえなくなる。生活必需品への課税（つまり、生活必需品の騰貴）を回転軸とする近代的財政は、それゆえに、自己自身のうちに自動的累進の芽を宿している。過重課税は偶発的に起きることではなく、むしろ近代的財政の原則なのだ。それゆえ、近代的租税制度が最初に定着したオランダでは、偉大な愛国者のデ・ヴィットが、彼の箴言《しんげん》のなかで、この制度こそは賃金労働者を従順、質素、勤勉にし、……過度の労働に耐えさせるための最良の方法だと褒め称えている。しかし、ここでわれわれの興味を引くのは、この制度が賃金労働者の状態に及ぼす破壊的な影響よりも、むしろこの制度にもとづいて、農民や職人に、ようするに小中産階級の全構成員に加えられた暴力的収奪だ。これについてはいかなる見解の相違も、ブルジョワ経済学者のあいだにすら存在しない。この租税制度がもつ収奪的効果は、この制度の中心的要素の一つをなす保護貿易制度によってさらに強められた。

公債とそれに対応する財政制度が、富の資本化と民衆の財産奪取に大きな役割を果たしているために、コベット、ダブルデイその他の多くの著述家は、近代諸国民が悲惨な状態に置かれている根本原因をここに求めているが、これは正しくない。

保護貿易制度は、製造業者を製造し、独立労働者の財産を奪取し、国民の生産手段と生活手段を資本化し、古来の生産様式から近代的な生産様式への移行を暴力的に短縮するための人為的手段だった。ヨーロッパの諸国家は先を争ってこの発明の特許を手中に収めようとし、ひとたび利殖家たちに仕えるようになってからは、彼らの目的のために、間接的には保護関税を通じて、直接的には輸出奨励金などによって自国民を略奪しただけではない。属領では、ちょうどイングランドがアイルランドの羊毛マニュファクチュアに対しておこなったように、いっさいの産業が暴力的に根絶やしにされた。ヨーロッパ大陸では、コルベールの先例に倣《なら》って、このプロセスがさらに単純化された。ここでは、産業家の原初的資本が一部、直接、国庫から流出してきた。

「七年戦争前のザクセンのマニュファクチュア隆盛の原因を、なぜそれほど遠くに求めるのか？　答えは、一億八〇〇〇万の国債なのに！」と、ミラボーは叫んでいる。(244)

(244)　ミラボー『プロイセン王国について』第六巻、一〇一ページ。

植民地制度、国債、重税、保護貿易、貿易戦争など、本来のマニュファクチュア時代に萌え出たこれらの若芽は、大工業の揺籃期を通じて巨大にふくれあがっていった。この大工業の誕生を祝ったのは、大規模なヘロデ王的児童略奪だった。王国海軍と同じように、工場もまた強制徴募によって新兵を補充した。サー・F・M・イーデンは、一五世紀の最後の三分の一期から、彼の時代である一八世紀末までに起きた農村住民の土地の残酷な収奪についてはきわめて冷淡に語り、このプロセスは資本主義的農業および「耕地と牧草地の真なる比率を生みだす」ためには「必要不可欠」だったと、非常に満足げに讃えている。にもかかわらず、その彼が、マニュファクチュア経営を工場経営に変え、資本と労働力の真なる関係を生みだすために、児童の略奪と奴隷化が必要不可欠だったことについては、先と同じような経済学的洞察を示していない。彼はこう書いている。「小屋や救貧院をくまなく荒らし回って貧困児童をかき集め、彼らを組に分けて交替させながら、ほとんど夜どおし、へとへとになるまで休みなく酷使しなければ経営上の成果をあげられないようなマニュファクチュアが、国民の幸福と個人の幸福を全体として増進させることができるかどうかは、公衆がよく考えてみるべきことだろう。さらには、さまざまな年齢と性格の男女両性の一団を寄せ集め、仲間内の悪い例が伝染して堕落と放埒を広げざるをえないようなマニュファクチュアが、本当に国民と個人に幸福をもたらすと言えるだろうか?」(245)。フィールデンはこう述べている。「ダービーシャー、ノッティンガムシャー、そしてとくにランカシャーでは、最近発明された機械装置が、水車を回せる川のすぐそばで使われはじめ、都市から遠く離れたこうした場所で突然、何千人という人手が必要となった。とくにこの時期までは人口も比較的少なく、土地も不毛だったランカシャーが、いまはなによりも人口を必要とするようになった。小さく器用な指がなんといっても必要となった。するとたちどころに、ロンドン、バーミンガム、その他のさまざまな教区救貧院から、徒弟と称して(!)子供を集める習慣が生まれた。こうして、七歳から一三歳か一四歳までの小さな、いたいけな生き物が、何千人も何千人も、北の方へと送り出された。雇い主」(つまり児童泥棒)「は習慣として、子供たちに服を支給し、食事を与え、工場近くの「徒弟小屋」に住まわせた。彼らの労働を見張るための監督が雇われた。こうした奴隷監督にとっては、子供たちを極限までこき使うことが利害に適《かな》っていた。というのも、彼らの給料は、子供たちから搾り取った生産物の量に比例していたからだ。残虐行為はその当然の結果だった。……多くの工業地帯、とくにランカシャーでは、工場主に委ねられたこうした罪のない、孤独な子供たちに悲惨きわまりない苛酷な労働が課された。彼らは過度労働によって死へと追いたてられた。……彼らは、鞭打たれ、縛られ、選り抜きの残虐さを駆使した拷問を受けた。多くの場合、骨と皮だけに痩せ細らされても、なお鞭で仕事につかされた。……それどころか、いくつかのケースでは、自殺にまで追いやられた！……世間の目が届かない、ダービーシャー、ノッティンガムシャー、ランカシャーの美しいロマンティックな渓谷の数々は、拷問の、そして往々にして殺人！の、凄惨な荒野と化した。……工場主たちの利益は計りしれないほど巨額になった。しかしそれは、彼らの人狼のごとき貪欲をさらに激しくするばかりだった。彼らは夜間労働に手をつけ始めた。つまり、一つの組を昼間の労働で疲労困憊するまで働かせたあと、他の組を深夜労働にそなえさせた。そして昼間組は、夜間組がたったいま抜け出したばかりのベッドに潜りこみ、夜間組はまた昼間組の後に潜りこむ。ランカシャーの民衆の伝えるところによれば、ベッドが冷えることは一度もなかったという」(246)。

(245) イーデン『貧民の状態』第一巻、第一章、四二一ページ。

(246) ジョン・フィールデン『工場制度の呪い』、五、六ページ。工場制度に当初から見られた忌まわしさについては、ドクター・エイキン（一七九五年）『マンチェスター周辺三〇から四〇マイルの地域についての記述』、二一九ページ参照。またギズボーン『人間の義務に関する研究』一七九五年、第二巻参照。蒸気機関の出現により、工場が滝のある田舎から都市の中心部へと移されてからは、「禁欲好きの」利殖家は、児童という資材を手近なところから入手できるようになったため、救貧院から暴力的にかき集めて奴隷化しなくても済むようになった。サー・R・ピール（「巧言大臣」の父）が、一八一五年に児童保護法案を提出した時、F・ホーナー（地金委員会のなかでは出色の存在で、リカードの親友でもあった）は下院でこう述べている。「ある破産者の家財と一緒に、工場児童の——こういう言い方が許されるなら——一隊も、この破産者の財産の一部として公開の競売に付され、売り飛ばされた話は、悪名高く、よく知られているとおりだ。二年前（一八一三年）には、唾棄すべき事件が王座裁判所に提訴された。これは一群の児童についての事件だが、ロンドンのある教区が彼らをある工場主に譲り渡し、この工場主はまた別の工場主にこの子供たちを引きわたした。最後に彼らは、何人かの博愛主義者たちによって、餓死寸前のところを救い出された。もう一つの、さらに唾棄すべき事件が、議会調査委員会のメンバーである人物の知るところとなった。わずか数年前に、ロンドンのある教区がランカシャーのある工場主と結んだ契約では、工場主が、健康な児童二〇人につき一人の知的障害者をいっしょに買い取るものと定められていた」。

マニュファクチュア時代に資本主義的生産が発展するにつれて、ヨーロッパの世論は、羞恥心と良心の最後のひとかけらすら失ってしまった。諸国民は、資本蓄積の手段となることなら、どんなに忌まわしいことでも平然と自慢するようになった。たとえば実直なA・アンダソンのナイーヴな商業年代記を読んでみるがいい。イギリスは、ユトレヒト講和会議のさいに、アシエント〔スペイン領植民地にたいする奴隷供給権。ユトレヒト条約によってフランス王立ギネア会社からイギリス南海会社へと移された〕協約を通じて、それまでアフリカと英領西インド諸島とのあいだでのみ営んでいた黒人貿易を、今後はアフリカとスペイン領アメリカとのあいだでも営めるようにする特権を、スペインから強引に獲得した。アンダソンは、それをイギリス国家の政治的手腕の勝利だったと褒め称えている。これによってイギリスは、一七四三年までスペイン領アメリカに毎年四八〇〇人の黒人を供給する権利を得た。それは同時に、イギリスの密貿易を覆い隠すための仮面を公的に承認することになった。リヴァプールは、奴隷貿易を基盤として大きく成長した。奴隷貿易は、原初的蓄積のリヴァプール方式となった。そして今日にいたるまで、リヴァプールの「名望家」たちは、奴隷貿易を褒め称えるピンダロスであり続けた。つまり、彼らによれば――先に引いたドクター・エイキンの一七九五年の著作を参照していただきたいが――奴隷貿易こそは「商売上の企業家精神を情熱にまで高め、破天荒な船乗りを育て、猛烈な富をもたらす」ものだという。リヴァプールが奴隷貿易に使用した船は、一七三〇年には一五隻だったが、一七五一年には五三隻、一七六〇年には七四隻、一七七〇年には九六隻、一七九二年には一三二隻となった。

　綿工業は、イギリスでは児童奴隷制の導入を促したが、アメリカでは、以前は多かれ少なかれ家父長的であった奴隷経済を、商業的な搾取システムに変容させる原動力となった。そもそも、ヨーロッパに見られた賃金労働者の隠蔽された奴隷制は、その足台として、新世界でのあからさまな奴隷制を必要としていた。(247)

(247) 一七九〇年、西インド諸島のイギリス領では、一人の自由人に対して一〇人の奴隷がいた。フランス領では、それが一四人、オランダ領では二三人に達していた(ヘンリー・ブルーム『ヨーロッパ列強の植民地政策の研究』エディンバラ、一八〇三年、第二巻、七四ページ)。

資本主義的生産様式の「永遠の自然法則」を解き放ち、労働者と労働条件との切り離し過程を完遂し、片方の極では、社会の生産手段と生活手段を資本へと変容させ、他方の極では、民衆を賃金労働者に、すなわち自由な「労働貧民」という近代史の人工作品に変容させること。(248)これはかくも労多き仕事だった。もしも、オージエの言うように、貨幣が「血のあざを頰につけてこの世に生まれてくる」(249)ものだとすれば、資本は頭から足先までの毛穴という毛穴から、血と脂《あぶら》を滴《た》らしながら生まれてきたのだ。(250)

(248) 「労働貧民」という表現は、賃金労働者の階級がはっきりと目立つようになった時から、イギリスの法律に見られるようになる。「労働貧民」という表現は、一方では、乞食などの「怠惰貧民」に対立する言葉として用いられるが、他方では、自分の労働手段をまだ所有している労働者、すなわち、まだ羽根をむしり取られた鶏の状態になっていない労働者に対立する言葉としても用いられる。「労働貧民」は法律の言葉からやがて経済学の言葉となり、カルペパー、J・チャイルドなどからアダム・スミスやイーデンにまで用いられている。この点から、「労働貧民」なる表現を「唾棄すべき政治的欺瞞」と宣言している「唾棄すべき政治的欺瞞家」エドマンド・バークの善意なるものを評価されたい。このお追従者バークは、アメリカの動乱がはじまった頃には、北アメリカ植民地の雇われ人としてイギリス寡頭政府に抵抗する自由主義者を演じたが、これとまったく同じように、フランス革命のさいには、イギリス寡頭政府の雇われ人として革命に反対するロマン主義者を演じた。しかしこのお追従者は、実際には徹底して骨がらみの俗物ブルジョワだった。「商業の法則は自然の法則であり、したがって神の掟だ」（エドマンド・バーク『穀物不足に関する意見と詳論』、三一、三二ページ）。彼がこの神の掟と自然の法則にしたがって、いつも最もうまみのあるマーケットに自分を売りこんだのも、不思議ではない！　タッカー牧師の著書のなかには――タッカー師は牧師であると同時にトーリー党員だったが、その他の点では真面目な人物で、有能な経済学者でもあった――、このバークが自由主義者であった時代の絶妙な性格描写がある。敬虔に「商業の法則」を信じている恥知らずな日和見主義が跋扈《ばっこ》する今日にあっては、バークと同じ手合いについては、繰り返し、繰り返し、叩いておくことが義務だろう。バークたちを、彼らの今日の後継者たちから区別している唯一の点は、才能のちがいにすぎないのだから！

(249) マリー・オージエ『公債について』［パリ、一八四二年、二六五ページ］。

(250) 『クォータリー・レビュー』誌の一記者によれば、「資本は騒乱や争いを避ける恐がり屋だ。たしかに、これはかなり真実をついている。しかし、まだそれは完全な真実ではない。資本は利潤が存在しないことを、あるいは利潤がきわめて少ないことを恐れている。それはちょうど自然が真空を恐れるのと同じだ。それ相応の利潤さえ得られれば、資本は大胆になる。一〇％の利潤が確実なら、どこにでも資本は投入される。二〇％となると活発になり、五〇％なら積極的で冒険的になる。一〇〇％となれば、人間が定めたいかなる法も足蹴にする。三〇〇％ならば、断頭台の危険さえものともせず、どんな犯罪でもやってのける。騒乱と闘争が利潤をもたらすならば、資本は騒乱と闘争をけしかけるだろう。密貿易と奴隷貿易がそのことを証明している」（Th・J・ダニング『労働組合とストライキ』、三五、三六ページ）。

第七節　資本主義的蓄積の歴史的傾向

資本の原初的蓄積、つまり資本の歴史的発生は、結局何をもたらすことになるのか？原初的蓄積によって奴隷や農奴がいきなり賃金労働者に姿を変えたわけではないとすれば、つまり原初的蓄積が単なる形態変化ではなかったとすれば、原初的蓄積が意味していたのは、直接生産者の財産剝奪、すなわち、自分の労働の上に築かれた私有財産の解体でしかなかった。

社会的集団的な所有に対立するものとしての私有財産は、労働手段と労働の外的条件が私人に属している場合にのみ成立する。しかし、この私人が労働者であるか、非労働者であるかによって、私有財産もその性格を変える。私有財産は、一見すると無限に異なる色合いを呈しているが、それはこの両極のあいだのさまざまな中間状態を映し出しているにすぎない。

労働者が自己の生産手段を私的に所有していることは小規模経営の基礎であり、小規模経営はまた、社会的生産が発展し労働者が自由な個人として発展するための一つの必要不可欠な条件だ。こうした生産様式は、たしかに奴隷制や農奴制、あるいはその他の従属関係のなかにも存在する。しかし、この生産様式が本当に栄え、そのすべてのエネルギーを発揮し、その適切な古典的形態を獲得するのは、農民が自分の耕す農地の私的所有者になり、手工業者が名人として使いこなす自分の道具の私的所有者になるといったように、労働者が、自分が使いこなす労働条件の自由な私的所有者となった場合に限られる。

この生産様式は、土地およびその他の生産手段の分散を前提としている。この生産様式では、生産手段の集積はありえない。同様に、同一生産過程内での協業と分業も、自然に対する社会的支配やコントロールも、社会的生産力の自由な発展も、ありえない。この生産様式は、生産と社会に課せられた狭い自然発生的な限界としか共存できない。この生産様式を永遠に続けようというのは、ペクールが的確に語っているように、「万人が凡庸さにとどまるよう命令する」ようなものだ〔ペクール『社会経済学と政治経済学の新理論』パリ、一八四二年〕。この生産様式は、ある程度の高さに達すれば、みずからを破壊する物質的手段を生みだす。その瞬間から、社会の胎内では、この生産様式を桎梏と感じる力と情熱が動きだす。この生産様式は破壊されねばならず、事実、破壊される。この破壊、すなわち個人の手に分散していた生産手段が社会的に集中された生産手段へと変容し、それゆえ、多数者の侏儒《こびと》のような小所有が少数者の巨人のような大所有へと変容し、民衆の大群から土地と生活手段と労働用具が収奪されていく過程、こうした民衆に対する恐るべき苛酷な収奪こそが資本の前史をなしている。この収奪はさまざまな暴力的方法を含んでいる。ここでは、そのなかのエポックメーキングなものだけを、資本の原初的蓄積の方法として考察してきた。直接生産者の所有物の剝奪は、いかなる容赦もない暴力行為によって遂行され、陋劣《ろうれつ》きわまりない、汚辱にまみれた、卑しく醜悪な情熱に駆り立てられていた。個々の自立した労働個体とその労働条件とのいわば癒着に依拠する私的所有、しかも彼自身が働いて得た私的所有は、いまや、他人の労働の搾取、しかし、形式的には自由な労働の搾取に依拠する資本主義的な私的所有によって駆逐される。(251)

(251)「われわれは、社会的にはまったく新しい状況にいる。……われわれは、いかなる所有であれ、その所有を、いかなる種類の労働からも切り離す方向に向かっている」(シスモンディ『新経済学原理』第二巻、四三四ページ)。

この転換過程が古い社会を、その深さからみても広がりからみても十分に解体し、労働者がプロレタリアに変容し、彼らの労働条件が資本に変容し、資本主義的生産様式が自分の足で立てるようになると、労働のさらなる社会化は一つの新しい形態をとるようになる。土地その他の生産手段も、社会的に利用される共同の生産手段へとさらに変容をとげ、それゆえ私的所有者もさらなる収奪を受けるが、こうした変容や収奪もまた、同じように新しい形態をとるようになる。この新しい形態のもとでは、財産収奪を受けるのは、もはや自営の労働者ではなく、多くの労働者を搾取する資本家の側となる。

この収奪は、資本主義的生産の内在法則の作用である資本集中によって実現される。一人の資本家がそれぞれ多くの資本家を滅ぼす。この集中、すなわち少数の資本家による多数の資本家の収奪と並行して、労働過程の協業的形態はたえず大規模化していく。同時にまた、科学が意識的に技術へと応用され、土壌や土地資源が計画的に利用される。労働手段は共同でのみ利用できる形に変容し、生産手段は結合された社会的労働の生産手段として利用されることで効率化される。すべての国民が世界市場のネットワークに組みこまれ、それとともに資本主義体制の国際的性格が発展していく。この変容過程がもたらすいっさいの利益を奪い取り独占する巨大資本家は、たえずその数を減らし、それとともに貧困が、抑圧が、隷従が、堕落が、搾取が、その規模を増していく。しかし同時に、資本主義的生産過程自体のメカニズムを通じて訓練され、統合され、組織され、増加の一途をたどる労働者階級の憤激も激しくなる。資本の独占は、それとともに開花し、その下で花盛りとなったこの生産様式の桎梏となる。生産手段の集中と労働の社会化は、ついにその資本主義的な外皮と共存できなくなる一点に達する。そしてこの外皮は吹き飛ばされる。資本主義的私有の終わりを告げる鐘が鳴る。収奪者が剝奪される。

資本主義的生産様式から生まれた資本主義的取得様式は、したがって資本主義的私的所有もまた、自分自身の労働に依拠する個人的な私的所有に対する第一の否定だ。しかし、資本主義的生産は、一種の自然過程と同じ必然性によって自己自身の否定を生みだす。これは否定の否定だ。この否定は私的所有をふたたび立て直すことはないが、資本主義的時代の成果を基盤とした個人的所有を作りだす。すなわち、協業と土地の共同占有、また労働そのものによって生産される生産手段の共同占有を基盤とした個人的所有を作りだす。

個人の自己労働に依拠する分散化した私的所有が資本主義的な私的所有へと変容していく過程は、言うまでもなく、すでに社会的生産経営に事実上依拠している資本主義的所有が社会的所有へと変容していく過程に比べれば、はるかに長く苛烈で、困難な過程だった。先の場合には、少数の略奪者によって膨大な民衆が収奪された。それに対して今回は、少数の略奪者を、民衆が収奪するのだ。(252)

(252)「ブルジョワジーを無意志かつ無抵抗な担い手とする産業の進歩は、競争によって労働者を孤立させる代わりに、アソシエーションによる彼らの革命的団結をもたらす。それゆえ大工業の発展とともに、ブルジョワジーが生産をおこない、生産物を取得してきた基盤自体が、ブルジョワジーの足もとから取り払われていく。つまりブルジョワジーは何よりも自分たちの墓掘り人を生産しているのだ。彼らブルジョワジーの没落とプロレタリアートの勝利は等しく避けられない。……今日ブルジョワジーに対立しているいっさいの階級のうちで、現実に革命的な階級は、唯一プロレタリアートだけだ。それ以外の諸階級は、大工業の発展とともに衰微し、没落していく。プロレタリアートはしかし、この大工業のもっとも固有の産物なのだ。小工業者、小商人、手工業者、農民といった中間層は、中間層としての自分たちの生活を転落から守るべく、皆、ブルジョワジーと戦っている。……彼らは反動的だ。なぜならば、彼らは歴史の歯車を逆もどりさせようとしているのだから」(カール・マルクス、フリードリヒ・エンゲルス『共産党宣言』ロンドン、一八四八年、一一、九ページ)。

第二五章　近代植民理論(253)

(253) ここで扱うのは、本当の意味での植民地、つまり、自由な移住者によって植民された処女地だ。アメリカ合衆国は、経済的に言えば、いまなおヨーロッパの植民地だ。その他、旧来のプランタージュで、奴隷制が廃止されて事情が一変したところも、こうした植民地に属する。

経済学は、私的所有の二つのきわめて異なったあり方を原理的に混同している。一つは生産者自身の労働にもとづく私的所有であり、もう一つは、他人の労働の搾取にもとづく私的所有だ。しかも経済学は、この後者の私的所有が、前者の私的所有の直接的な対立項であるのみならず、じつは前者の墓の上にのみ成長するものであることを忘れている。

経済学の故郷である西ヨーロッパでは、原初的蓄積のプロセスは多かれ少なかれ、すでに終了している。そこでは資本主義の支配が国民の生産活動のすべてを傘下におさめているか、あるいは、まだ状況がそこまでいっていないところでも、時代遅れの生産様式に属し、落ちぶれながら資本主義の傍らで生きながらえている社会層を、少なくとも間接的にはコントロールしている。このようにできあがった資本の世界に対して、経済学者は、事実が彼のイデオロギーを真っ向から否定するようになればなるほど、ますます躍起になって、ますますおごそかに飾り立てた言葉で、前資本主義世界の法や所有の観念を適用しようとする。

植民地では事情が異なる。植民地のいたるところで資本主義の支配を妨げているのは、自分の労働条件の所有者である生産者、つまり、自分の労働によって資本家ではなく自分を豊かにしている生産者だ。実際、植民地では、この二つの対極的な経済システムの矛盾が両者の闘争のなかにあらわれてくる。資本家が本国の権力を背景にしている場合には、自己の労働に依拠する生産様式と取得形式を、暴力を用いて一掃しようとする。資本に阿《あ》諛《ゆ》追従する経済学者は、本国ではその利害関係に囚われて、資本主義的生産様式を理論的にそれ自身の反対物として〔すなわち、資本主義以前の法や所有関係に縛られたものとして〕説明するよう求められている。ところがその同じ利害が、植民地では彼に「胸の内をはっきり言う」ように迫り、二つの生産様式の対立を声高に宣言させる。その目的のために経済学者は、労働の社会的生産力の発展、協業、分業、機械装置の大規模投入などが、労働者の収奪と、それに見合った生産手段の資本への変容なしには不可能であることを証明する。いわゆる国富のためと称して、経済学者は国民の貧困を作りだすための人為的手段を探し求める。彼の弁護論の鎧《よろい》は腐った火口のように、次々と剝がれ落ちていく。

E・G・ウェイクフィールド(254)の偉大な功績は、植民地についてなにか新しいことを発見したことにあるのではなく、植民地にあって、母国の資本主義的諸関係についての真理を発見したことにある。当初の保護貿易制度が本国での資本家の製造をめざしたように、(255)一時はイギリスが法律によって実行しようとまでしたウェイクフィールドの植民地理論は、植民地での賃金労働者の製造をめざした。これを彼は「組織的植民」と呼んでいる。

(254) 植民地自体の本質に関してウェイクフィールドが見せているごくわずかなひらめきは、重農主義者のミラボー（父）〔フランス革命時の政治家ミラボーの父〕によって、また、さらにずっと以前に、イギリスの経済学者たちによって、完全に先取りされている。

(255) 保護貿易制度は、後年、国際競争戦では一時的に不可欠なものとなったが、その動機はどうあれ、結果は同じだ。

ウェイクフィールドが植民地でまず発見したことは、貨幣、生活手段、機械その他の生産手段を所有していても、人はそれですぐに資本家になれるわけではないということだった。資本家になるためには賃金労働者という補完物、つまり、自分自身を自発的に売らざるをえない他の人間が不可欠だ。ウェイクフィールドは、資本は単なる物ではなく、物によって媒介された人と人との社会的関係であることを発見した。(256) ピール氏は嘆いているが、彼は五万ポンドにも上る生活手段と生産手段を、イギリスから西オーストラリアのスワン・リバーまでもっていった。さらには、用意周到にも、労働者階級の男女および児童を三〇〇〇人も連れていった。ところが、目的地に到着した時、「彼のためにベッドを用意し、川から水を汲んできてくれる召使いは一人もいなかった」(257)。気の毒なピール氏。いっさいを周到に準備しながら、イギリスの生産関係をスワン・リバーに輸出することだけはうっかり忘れたのだ！

(256)「黒人は黒人だ。ある特定の諸関係のもとで、はじめて彼は奴隷となる。紡績機械は紡績のための機械だ。ある特定の関係のもとでのみ、この機械は資本となる。この諸関係から切り離されれば、紡績機は資本ではない。それは、黄金がそれ自体としては貨幣ではなく、砂糖が砂糖価格ではないのと同じだ。……資本とは一つの社会的な生産関係だ。それは歴史的な生産関係なのだ」（カール・マルクス『賃金労働と資本』、『新ライン新聞』一八四九年四月七日、二六六号）。

(257) E・G・ウェイクフィールド『イギリスとアメリカ』第二巻、三三ページ。

以下に述べるウェイクフィールドの発見を理解するために、前もって次の二つのことを述べておきたい。周知のとおり、生産手段と生活手段は、直接生産者の所有物としては資本ではない。それが資本になるのは、それが同時に労働者に対する搾取と支配の手段としても役立つような条件がある時だけだ。ところが経済学者の頭のなかでは、生産手段と生活手段に宿るこうした資本主義の魂が、その素材的実体とあまりにも親密に結合している。そのため経済学者は、どんな事情のもとでも、たとえそれが資本の反対物である場合でさえ、そうした生産手段や生活手段に資本の名を冠することになる。ウェイクフィールドもその例外ではない。それどころか彼は、生産手段が、たがいに独立した多数の自営労働者の個人的所有物として分散している状態を、資本の均等配分と名づけているほどだ。封建制時代の法律家は純粋な貨幣関係にも封建的な法律上のレッテルを貼った。経済学者もあの法律家たちと同じようなものだ。

ウェイクフィールドは述べている。

「もし社会の全成員のあいだに資本が均等に分配されるとすれば、どんな人間でも、自分の手で利用できる以上の資本を蓄積することに関心はもたないだろう。これがある程度まで、新しいアメリカの植民地の状況であり、そこでは、土地所有への情熱が、賃金労働者階級の存在を妨げている」(258)。

したがって、労働者が自分自身のために蓄積しうるかぎりは——そしてそれは、彼が自分の生産手段の所有者であるかぎり可能なことだが——、資本主義的蓄積も、資本主義的生産様式もなりたちえない。この生産様式に不可欠な賃金労働者の階級が欠けているからだ。では、旧ヨーロッパでは、いったいどのようにして労働者から労働条件が奪い取られ、その結果、資本と賃金労働が成立したのか？　それはきわめて独特な「社会契約」によってだ、とウェイクフィールドは言う。

「人類は……資本の蓄積を推進するための単純な方法を採用した」。こうした資本蓄積は、もちろん、アダムの時代以来、人類生存の最終かつ唯一の目標として人類の念頭にあったものだ。「人類は、資本の所有者と労働の所有者とに自分たちを分けることにした。……この分割は、自由意志にもとづく了解と結合の結果だった」(259)。

一言で言えば、「資本蓄積」の栄光のために、膨大な数の人類がみずからを収奪することにした、というのだ。だとすれば人々はこう思うだろう。そのような自己放棄的ファナティズムの本能は、ことに植民地では、手綱をふりきって奔走するはずだ。というのも、植民地にだけは、かの社会契約を夢の世界から現実の世界へと移すことのできる人間と環境がそろっているのだから、と。しかし、それならばなぜ、自然発生的植民とは正反対の「組織的植民」などがそもそも必要なのだろうか? ところが、ところが、だ。「アメリカ連邦の北部諸州では、はたして人口の一〇分の一すら賃金労働者に属しているかどうか疑わしい。……他方、イギリスでは……民衆の大部分が賃金労働者からなっている(260)」。

これで分かるだろう。働く人類が資本の栄光のためにみずからを収奪しようとする本能などは存在しない。だからこそ奴隷制が植民地の富の唯一の自然発生的基盤なのであり、このことはウェイクフィールドでさえ認めている。ウェイクフィールドの組織的植民なるものは、結局のところ窮余の一策にすぎない。なぜなら、彼が実際に相手にしているのはあくまで自由民であり、奴隷ではないからだ。

「サント・ドミンゴ島へのスペインからの最初の植民者たちは、本国から労働者を送ってもらえなかった。しかし、労働者」(つまり奴隷)「がいなければ、資本は壊滅するか、少なくとも、各個人が自分の両手で使える程度の大きさに縮小しただろう。そして実際にそのとおりのことが、イギリス人が建設した最後の植民地で起きた。そこでは穀物の種、家畜、用具からなる一大資本が、賃金労働者がいないために無に帰してしまい、いずれの植民者もいまや自分たちの手で使用できる以上の資本は所有していない」[261]。

(258) ウェイクフィールド『イギリスとアメリカ』第一巻、一七ページ。
(259) 同前、一八ページ。
(260) 同前、四二、四三、四四ページ。
(261) 前掲書、第二巻、五ページ。

すでに見たとおり、民衆からの土地の収奪が資本主義的生産様式の基盤をなす。それとは逆に、自由な植民地の本質は次の点にある。すなわち広大な土地がまだ民衆の所有物であり、したがって一人ひとりの植民者は、その一部分を自分の私的所有地に、そして個人の生産手段に変更することができる。しかもそれによって、あとからくる植民者が同じことをするのを妨げることはない[262]。これこそが、植民地繁栄の秘密であると同時に、またその宿痾《しゅくあ》――資本の移住に対するその抵抗――の秘密でもある。

「土地がきわめて安く、すべての人間が自由で、だれもが望めば自分の土地を持てるところでは、製品のうちの労働者の取り分という意味での労働の価格がきわめて高くなる。しかし、それだけではない。そこではいかなる代価を支払っても、結合労働を得ることが困難になる」[263]。

(262) 「土地は、それが植民の基本要素になるためには、未耕作地でなければならないだけでなく、私有地に転換しうるような公有地でなければならない」（ウェイクフィールド『イギリスとアメリカ』第二巻、一二五ページ）。

（263）前掲書、第一巻、二四七ページ。

植民地では、労働条件とその根源をなす土地からの労働者の切り離しがまだ生じていないか、生じていたとしても散発的な、あるいは限定的なものにとどまる。したがって、工業と農業の切り離しも、そして、農村家内工業の破壊もまだ生じていない。そのような状態で、資本のための国内市場は、いったいどこからやってくるのか？「アメリカの住民で、農業にだけ従事している者はいない。例外は奴隷、および資本と労働を大事業のために結合する奴隷使用者だけだ。土地を自分で耕す自由なアメリカ人は、同時に多くの別の仕事をしている。彼らが使う家具や道具の一部は、自分で作るのが普通だ。自分が住む家も自分で作ることがよくあり、自分たちの家内工業の製品をどんなに遠い市場にでも持っていく。彼らはみずから紡ぎ手であり、織り手であり、自分が使う石鹸もロウソクも、靴も衣服も、自分で作る。アメリカでは、土地耕作が鍛冶屋や製粉業者や小売商人の副業となっていることも多い（264）」。

こういう変人たちばかりのところで、資本家のための「節欲の場」など、どこに残されているだろうか？

（264）同前、二一、二二ページ。

資本主義的生産のなんともすばらしいところは、それが賃金労働者を賃金労働者としてたえず再生産するのみか、資本蓄積に比例して、たえず賃金労働者の相対的過剰人口を生産するところにある。こうすることで労働の需要と供給の法則が正しい軌道に保たれ、賃金の振幅が資本主義的搾取に適合する限度内に維持され、そして最後に、資本家に対する労働者のあの不可欠な社会的依存が保証される。これはひとつの絶対的な依存関係であるにもかかわらず、経済学者は、それを買い手と売り手の自由な契約関係であるかのように、本国では言いくるめることができる。そして、資本という商品の所有者と労働という商品の所有者という、あたかも同じ程度に独立した商品所有者のあいだの自由な契約関係であるかのようにごまかすことができる。しかし植民地では、こうしたきれいごとの幻想は引き裂かれてしまう。ここでは多くの労働者が大人になってからやってくるため、人口の絶対数は本国よりもずっと早く伸びる。それでもなお、労働市場はつねに供給不足だ。労働の需要供給の法則は破れてしまう。一方では旧世界が、搾取を欲し、節欲を求める資本をたえず投入する。他方では植民地が、賃金労働者を賃金労働者として規則的に再生産しようとしても思うようにいかず、部分的には乗り越えがたい障碍《しょうがい》にぶつかる。いわんや資本蓄積に比例して、過剰な賃金労働者を生産するなど、夢のまた夢だ！　今日の賃金労働者は、明日は独立した自営農民となり、あるいは手工業者となる。彼は労働市場から消え去る。しかし、行き先は救貧院ではない。賃金労働者がこうして自立した生産者へとたえず変容し、資本のためにではなく、自分のために働き、資本家を富ませるのではなく、自分を富ませるようになる事態は、これまた労働市場の状態にきわめて有害な反作用を及ぼすことになる。賃金労働者の搾取度がありえないほどに低下するだけではない。それに加えて賃金労働者は、節欲する資本家への依存関係を脱ぎ捨てるだけでなく、依存感情をも脱ぎ捨てる。こうして、われらがE・G・ウェイクフィールドが、かくも立派に、雄弁に、また感動的に描き出しているいっさいの劣悪な事態が生じるのだ。

賃金労働の供給は恒常的でもなければ、規則的でも、また十分でもない、と彼は嘆く。「供給はいつも少なすぎるだけでなく、つねに不確実だ[265]」。「労働者と資本家とのあいだで分けられる生産物が大量にあることはたしかだが、労働者の取り分があまりにも多いため、労働者がすぐに資本家になってしまう。……それとは好対照に、たとえ並はずれて長生きした場合でも、巨大な富を蓄積しうる者はほんのわずかしかいない[266]」。

資本家たちは労働者の労働の大部分に対する支払いを節欲しようとするが、労働者たちはそれを断じて許容しない。たとえ資本家がずるがしこい男で、自分の資本と一緒に自前の賃金労働者をヨーロッパから輸入したとしても、なんの役にも立たない。「彼らはじきに賃金労働者であることをやめてしまい、自営農民になるか、これまでの雇い主と賃金労働市場そのもので張り合う競争相手にさえなってしまう[267]」。

この凄まじさを分かっていただきたい！　実直な資本家は、自分の大切な資金を使って、あろうことか、自分自身の生きた競争相手をわざわざヨーロッパから輸入したことになる！　これではどうにもならない！　植民地の賃金労働者が依存関係も持たず、依存感情も持たないことを、ウェイクフィールドが嘆くのも不思議ではない。彼の弟子メリヴェールに言わせれば、植民地では賃金が高いため、より安くより従順な労働が渇望される。要するに、資本家が条件を突きつけられるのではなく、資本家が条件を突きつけることのできる階級が渇望される。……古くからの文明国家群では、労働者は自由であるとはいえ、資本家に自然法則的に依存している。しかし植民地では、この依存関係そのものが、人為的手段を通じて作りだされねばならない。(268)

(265)　ウェイクフィールド『イギリスとアメリカ』第二巻、一一六ページ。

(266)　前掲書、第一巻、一三一ページ。

(267)　前掲書、第二巻、五ページ。

(268)　メリヴェール『植民および植民地についての講義』第二巻、二三五―三一四ページの各所。穏健な自由貿易論者で俗流経済学者のモリナリですら、次のように述べている。「奴隷制度が廃止されたのに、それまでの強制労働を同等量の自由労働で代替できなかったような植民地では、われわれの眼前で毎日のように起きていることのちょうど正反対の事態が目に入った。それは、単純労働者が産業企業家を搾取している事態だ。つまり、生産物のうちで労働者に帰属すべき正当な取り分とはまったく不釣合いな額の賃金を彼ら労働者が要求することによってだ。農園主は、こうして生じる賃金上昇をカバーするに足る砂糖価格を維持できなかったため、賃金上昇分を、当初は自分たちの利潤を、やがては資本そのものを取り崩してなんとか穴埋めせざるをえなくなった。多くの農場主はこうして破産していった。また他の農場主は差し迫る破産を逃れるために、農場を閉鎖してしまった。……もちろん、幾世代もの人間が没落していくのを見るよりも、蓄積された資本が消滅していくのを見る方がまだましだ」（モリナリ氏のなんと鷹揚なことか！）。「しかし、両方とも滅びない方が、やはりよくはないだろうか？」（モリナリ『経済学研究』、五一、五二ページ）。だが、モリナリ氏よ、モリナリ氏よ！ ヨーロッパでは「企業家」が労働者に対して、西インドでは労働者が企業家に対して、相手の正当な分け前を減らすことができるとするなら、いったい天主の十戒はどうなるのか？ さらには、モーセや預言者たちは、そして、需要と供給の法則はどうなるのか？ さらに貴兄は、ヨーロッパでは「正当な分け前」を資本家が毎日支払っていないと打ち明けているが、その「正当な分け前」とは、いったい何なのか？ どうか教えていただきたいものだ。モリナリ氏によれば、植民地では労働者が資本家を「搾取する」ほどに「単純」だという。その植民地で、他のところでは自動的に作用する需要と供給の法則を、警察力で正しい軌道に乗せたくて、モリナリ氏はうずうずしているのだ。

それでは、ウェイクフィールドによれば、植民地でのこうした弊害はどんな帰結をもたらすのか？ 帰結は、生産者と国民財産が「分散する野蛮なシステム」だそうだ。(269) 生産手段が無数の自営の所有者に分散されれば、資本の集中が破壊され、結合労働のいっさいのたって障碍にぶつからざるをえなくなる。多年にわたる固定資本の投下を必要とする息の長い企業は、実行にあたって障碍にぶつからざるをえなくなる。そのような場合、ヨーロッパでなら、資本は一瞬たりとも迷わない。なぜなら、労働者階級が資本の生きた常備品となっており、いつもありあまるほど存在し、いつも出番を待っているからだ。しかし、植民地となると話はちがう！　ウェイクフィールドは、きわめて苦痛にみちたひとつの逸話を語っている。彼はカナダやニューヨーク州の何人かの資本家と話を交わした。それらの地域では、上のような事情に加えて、移民の波が渋滞して、「過剰な」労働者がそこに滞留することもよくあるという。

「われわれの資本は」と、このメロドラマの登場人物の一人がため息をつきながら切りだした。「われわれの資本は、完成までに相当の期間を要する多くの作業のために準備されていた。しかし、いくらも経たないうちにわれわれに背を向けることがはっきりしているような労働者たちとこうした作業を始めることができたと思うかね？　この移民たちの労働をずっと使えることが確実だったなら、われわれも喜んですぐに彼らを雇い入れたことだろう。それも、いい賃金でね。いや、それどころか、彼らがいなくなることがはっきりしていても、こちらの必要に応じてたえず新たな移民の供給が確実に見こめたなら、やはり雇い入れたことだろうよ」[270]。

(269)　ウェイクフィールド『イギリスとアメリカ』第二巻、五二ページ。

(270) 同前、一九一、一九二ページ。

このようにウェイクフィールドは、イギリスの資本主義的農業とその「結合された」労働を、アメリカの分散的農民経営とみごとに比較対照しているが、そのあとで、彼の口からはコインの裏側の意見が漏れてくる。彼は、アメリカの民衆を、豊かで、独立心と企業精神に富み、比較的教養ある存在として描いている。その一方で、「イギリスの農業労働者は、惨めな落ちぶれ者で受救貧民だ。……北アメリカとそれ以外のいくつかの新しい植民地を除けば、いったいどの国で、農村に投入されている自由労働の賃金が、当該労働者たちの不可欠な生計費を、言うに足るほど上回っているだろうか？……イギリスでは、農耕馬が高価な財産であるため、土地耕作者よりも、はるかに良い食事を与えられていることは間違いない[271]」。

だが、気にすることはない。一国の富は、つねにその本性からして、国民の貧窮と表裏一体なのだ。

(271) ウェイクフィールド『イギリスとアメリカ』第一巻、四七、二四六ページ。

それでは、植民地の反資本主義的な宿痾は、どのようにして治せばよいのか？ もし、すべての土地をひと思いに民衆の所有から私的所有に変えてしまえば、たしかにこの宿痾の根源を破壊することができる。しかし、それとともに植民地そのものも破壊することになる。ところがここに一石二鳥の手がある。いまだ手つかずの処女地に、政府が、需要と供給とは無縁な人為的価格をつければよい。しかもその価格を十分に高くして、移住者がその土地を買い(272)独立農民になるまでの資金を得るには、いままでよりも長く賃金労働をしなければならないようにすればよい。他方、政府の手元には、賃金労働者にとって相対的に無理な価格での土地売却から生じた原資が流れ込んでくる。この原資は、神聖なる需要供給の法則を破ることによって労働賃金から絞り出されたものだ。政府は、この原資の増える割合に合わせて、この原資をヨーロッパから無一文の貧民を植民地に輸入するために投じる。こうして、資本家の旦那方のために賃金労働市場を充満させておけばよい、というのだ。こうした状況になれば、「あらゆる世界のうちの最善の世界では万事が最善の状態にある」〔ヴォルテール『カンディード』のなかにある警句〕。これこそ「組織的植民」の偉大なる秘密だ。ウェイクフィールドは勝ち誇って叫ぶ。

「この計画にしたがえば、労働の供給は恒常的かつ規則的になるにちがいない。なぜなら、第一に、いかなる労働者も、貨幣を得るための労働をしてからでなければ土地を手に入れられないからだ。移民として入ってくる労働者は全員、賃金のために結合労働をこなす。それによって、彼らの雇い主たちが、さらに多くの労働を使用するための資本を生産することになるだろう。第二に、賃金労働をやめて土地所有者になる人はすべて、まさに土地の購入を通じて、新しい労働力を植民地にもたらすための原資の確保に貢献することになるからだ」(273)。

当然のことながら、国家によって押しつけられた土地価格は、「十分な価格」でなければならない。つまり、「次の労働者がやってきて、賃金労働市場で交替してくれるまでは、今の労働者が独立農民になることができないほどに、高い価格でなければならない」。この「十分な土地価格」なるものは、身代金を婉曲な言葉で言い換えたものにすぎない[274]。つまりそれは、労働者が賃金労働をやめて田舎に引っ込む許しを得るために資本家に支払わねばならない身代金なのだ。労働者はまず最初に、資本家がより多くの労働者を搾取できるように、資本家のために「資本」を作ってやらねばならない。そして次に、労働市場に自分の「身代わり」を立てなければならない。そしてこの身代わりを、政府はこれまで働いていた労働者の費用で、彼の元のご主人である資本家のために、海の向こうから運んでくるのだ。

(272)「ただ両の腕しかもっていない人間が仕事を見つけ、収入を得られるのは、土地と資本の占有があるおかげなのだ、と皆さんは付け加えておられる。……これはまったく逆であり、両の腕しかもっていない人間が存在するのは、個人が土地を占有しているせいなのだ。……皆さんが一人の人間を真空のなかに置くならば、皆さんは彼から空気を奪ったことになる。皆さんが、土地を占拠すれば、それと同じことをしているのだ。……それはつまり、その人が皆さんの意のままに生きるほかないようにするために、いっさいの富のない真空のなかにその人を置くのと同じなのだ」(コラン『経済学』第三巻、二六七—二七一ページ)。

(273) ウェイクフィールド『イギリスとアメリカ』第二巻、一九二ページ。
(274) 同前、四五ページ。

きわめて特徴的なことに、イギリス政府は、このウェイクフィールド氏が植民地に適用するようにと特別に処方してくれた「原初的蓄積」の方法を、長年にわたって実行してきた。だが、その失敗は、言うまでもなくピールの銀行条例の失敗と同じように、惨めきわまりないものだった。結果は、移民の流れがイギリスの植民地群からアメリカ合衆国へと向きを変えただけのことだった。またその間に、ヨーロッパでの資本主義的生産の進歩は、政府からの圧力が増大するなかで、ウェイクフィールドの処方箋を不要にしてしまった。一方では、毎年毎年アメリカに押し出されてくる猛烈な量の絶え間ない人間の流れによって、合衆国の東部に人々が滞留するようになった。それは、ヨーロッパからの移民の波が、そこからさらに西部へと流れ出る以上に急速に、多くの人間を東部の労働市場に投げこんだためだった。他方では、アメリカの南北戦争が膨大な国債を生み出し、それによって増税圧力が生じた。さらには、卑劣きわまりない金融アリストクラシーが生み出され、鉄道や鉱山の開発利用のために、途方もない広さの公有地が投機会社に無料で払い下げられた。ようするに、きわめて急激な資本の集中が生じたのだ。こうして、この巨大な共和国は、移民労働者の約束の地であることをやめた。賃金の引き下げや賃金労働者の従属度は、まだまだヨーロッパの通常の水準までには落ちていないが、資本主義的生産は巨人の足取りで前進を続けている。イギリス政府の手で、植民地の未耕作地が貴族や資本家に厚顔無恥に投げ売りされたことについては、ウェイクフィールド自身が声高に告発している。こうした投げ売りは、とくにオーストラリアでは、(275)金鉱の発見が引き寄せた移民の流れと一緒になって、また、イギリス商品の輸入が最小規模の職人たちにすら強いている競争とも相《あい》俟《ま》って、十分な「相対的過剰労働者人口」を生み出している。それは、ほとんど毎便の郵便船が、オーストラリア労働市場の供給過剰という凶報を運んでくるほどだ。そしてかの地では売春が、場所によってはロンドンのヘイマーケットにも劣らずはびこっている。

(275) オーストラリアは、自国の立法者となってからは、当然のことながら植民者に有利な法律を発布したが、それでもイギリスが以前におこなった土地の投げ売りがその邪魔になっている。「一八六二年の新土地法がめざしている第一の、そして最も重要な目的は、民衆の植民をいっそう容易にすることだ」(公有地大臣G・ダフィ『ヴィクトリア土地法』ロンドン、一八六二年〔三ページ〕)。

しかし、ここでわれわれが論じたいのは、植民地の状態そのものではない。われわれにとっての唯一の関心事は、新しい世界で、古い世界の経済学によって発見され高らかに宣言されたあの秘密だ。すなわち、資本主義的な生産様式と蓄積様式は、したがってまた資本主義的な私的所有は、自己の労働に依拠する私的所有の破壊を、すなわち、労働者の財産収奪を条件とするということだ。

『資本論　第一巻』解説

一　はじめに

『資本論』初版が刊行された時（一八六七年）から数えてすでに一三〇余年の年月が流れた。一九世紀と二〇世紀の二つの世紀が経過するなかで、人間の社会生活は激変した。数多くの政治システムの変動があり、それに劣らず大小の経済構造の変動が生じた。一八世紀後半にイギリスではじまった生産技術の革命（産業革命）はその後の二世紀における技術革新の連鎖的展開に向かう基本的軌道を設定した。一八世紀末に起きたフランス革命は、国制と統治形態を変革する政治革命の全世界的モデルとなり、革命と反動革命の両輪で動く政治過程の引き金を引いたが、この構図は現在でもなお進行中である。

初期資本主義以来、二つの世紀を通じて主要な社会経済的問題であり、また解決すべき課題でありつづけた貧困現象は、一九世紀に登場した労働運動と革命的批判主義と国家統治者との闘争のなかで、そして結局は国家の側からの妥協の形で（社会政策、無数の私的資本の「自由」競争的アナーキーに対する国家的介入と規制など）徐々に「克服」されてきた。少なくとも帝国主義と植民地主義を経験したいわゆる「先進諸国」では、植民地住民の犠牲のうえで、国内的豊かさを享受し、その国民的規模の経済的富は下層労働者と一般民衆にも「分け前」として分配されるようになった。貧困の「克服」とは、国際連関からいえば、結局は「南」の諸国（アジア、アフリカ、ラテンアメリカの住民）の大量的「搾取」に基づいていたことは否定しようもない事実である。しかしともあれ、少なくとも「北の先進諸国」（西欧諸国とアメリカ合衆国と日本）において、初期近代以来の経済的貧困の程度が極度に低下した（景気循環的貧困、たとえば首切りによる貧困への墜落などは、けっして消滅していないが）という事態は、二〇世紀後半の顕著な現象である。かつては貧困が労働運動と政治革命の根本的原因であったが、いまや貧困の顕著な縮小によって、マルクスが想定した革命による体制の変革は時代遅れであるとみなされるようになった。しかし、巨大な貧困の発生をともなわない成長と、それにともなう危ういながらも、それなりに広がっている社会的安定は、資本主義の歴史では本当に例外である。その意味でたいへん新しいことであるにはちがいないが、そのことのゆえに、成長と貧困の増大という逆説が資本主義の歴史の常態であったことへの視線を狂わせるわけにはいかない。そしてその目で見れば、先にも述べたように、戦後の先進諸国の安定と第三世界の貧困の爆発は、かつての歴史の世界大への拡大でもあることが分かる。

加えて、ソ連邦における「社会主義建設の実験」の挫折と連邦的国家構成の解体は、米ソ冷戦体制が崩壊し、代わってアメリカ覇権主義の登場とそのイデオロギー的世界制覇が顕著になるのと連動して、マルクスとエンゲルスが創始したコミュニズム思想と運動もまた「破産した」と多数の人々の目に映ったように思わる。すでに一九七〇年代から西欧でも日本でも、ソ連の体制とソ連的イデオロギー（ロシア的社会主義あるいはスターリン主義）への不信から、その淵源とみなされたマルクス主義への不信が登場して、「マルクス主義の終焉」、「マルクスは死んだ」等々のスローガンが盛んに喧伝されていたのだから、最近のマルクス忘却はいまに始まったのではないし、ましてソ連邦の崩壊から開始されたのではない。いやそれどころか、第一次世界大戦と一九二九年の大恐慌にもかかわらず、進んだ西側社会でマルクスの予言どおりの革命が起きなかったことを、「マルクスは死んだ」といった気の利いたキャッチフレーズに救いを求めずに、マルクスの知的方向性を救い上げながら新たな言葉で考えようとした戦間期の知識人たちがすでに存在していたことも忘れるわけにいかない。彼らと比べると、現在の順応主義的知識人はその順応性もさることながら、使う概念の貧困さが目を射る。つまり、社会を分析する能力の欠如である。西欧とアメリカや日本における「六八年事件」（パリの五月革命、プラハの春の軍事的弾圧、ベトナム反戦運動、等々）は、一見したところでは、かつてハーバート・マルクーゼが期待したような「新しい反逆と解放」運動の開始とも見えたのだが、他方では事実の結果としてマルクス離れを激烈に促進したともいえる。一九六八年の学生と労働者の「反乱」のなかに革命の可能性を見ようとする「革命主義的ロマン主義者」が紡ぎだすノスタルジックな思想は少数とはいえ連綿と存在しているし、その事実と意義を過小評価したり全称否定したりすることはできない。なぜなら、彼らの未来期待的「見解」ではなくて、彼らの批判主義運動の現実的存在は、現存体制の暗部を徴候的に教えるからである。とはいえ、六八年以降に起きた社会的・文化的現象の一般傾向は、欧米・日本などの「先進」諸国における「豊かな社会」の保守的謳歌であり、大多数の民衆と知識人の固陋なまでの体制順応主義である。いまのところ少数派の批判があったところでどうにかなるものではまったくないほどまでに、この保守的心性は牢固不抜である。保守的心性は保守派人士のみにあるばかりではない。外面的に批判主義的言説をくり出しながら、内面では深く保守的で現状追随的な心性を抱いている人士もまたいまでは多数になっているほどなのである。

古い言葉を引用するならば、次のようになるだろう。

「不《ふ》得《とく》外《げ》現《げん》賢《げん》善《ぜん》精進《しょうじん》之《し》相《そう》　内懐《ないえ》虚仮《こけ》」（善導「散善義」）

〔親鸞の読みをも勘案しながら現代語訳するなら、次のとおり。「現世で名声を得るとか出世金儲けをしたいとかの現体制順応主義的虚妄の心を内心に抱きながら、外面ではいかにも世を憂い、批判主義的な装いをするといった思想的詐欺をするなかれ」〕

このような二一世紀初頭における事態を前にして、マルクスの『資本論』の新訳を試みることに、いったいどのような意味があるのか。「死んだ」思想は一部の専門的歴史研究者にまかせておけばよいのではないか。上記の現在的精神状況に照らしてみれば、こうした疑問もまた当然ながらおおいにありうることである。しかしわれわれは、上記に概観した事情があることと、それがマルクスの学問と思想の終焉とは別個の問題であると考える。いやそれどころか、ありていにいえば、現在の国内と国際の政治的経済的状況が、過去二世紀の現実とはちがう個別的現象をどれほど多く生み出していようとも、資本主義の爆発的成長とそれにともなう爆発的な貧困の増大が、異なった状況でさらに続いている以上、われわれにとって必要な態度は、マルクスの死を宣言することではなく、場合によってはマルクスに逆らいながら、マルクスの分析をもっと複雑な状況に合わせて発展・訂正し、ときにはマルクスの分析がかかえる諸難点を消去することである（mit Marx, damit auch gegen Marx und über Marx hinaus, aber im Sinne von Marx）。マルクスの『資本論』がたんに指で示しただけでなく、厳密な学的分析をもって解明した資本主義的近代の根本的な趨勢はいまでもなお厳然たる事実としてある。結局のところ、資本主義経済の基礎的構造を理解しようとする場合はもちろんのこと、さらに進んで資本主義体制を生み出し、いまもなお強烈なパワーをもってそれを存続せしめている近代という「歴史的時代」の根本的動向を長い時間幅でいわば「わしづかみ」にしようとする時、要するに人類の社会生活を同時代的構造条件と歴史的流れの両面においてトータルに理解しようとする時、信頼できる理論と思想はおそらくはマルクスの仕事をもって筆頭とするだろう。とくに資本主義の発展が、あまりにも巨大な富の偏りを、目を覆うばかりの貧困と格差をもたらすことを当時の段階で分析的に描いた点で、そして道徳的憤激に支えられながらも、冷静にそれを分析したその分析能力の点でこそ、マルクスの仕事は死ぬどころか、ますます輝きをましているのではないか。これが『資本論』の新訳を出す訳者たちの確信である。

誤解のないように急いで付け加えておきたい。いうまでもないことだが、われわれは『資本論』の語句を一語でも修正することを許さないという聖典崇拝的態度をひそかに抱いているものではない。『資本論』の学的叙述法、論証の手続き、ヘーゲル弁証法の継承の仕方、あるいは自然と人間に関する一八世紀に淵源する啓蒙主義的理解、等々に関する細部については、厳格な批判的検討を避けるわけにはいかない。マルクスが分析した経済も、いまの規模と基準から見ればいわば小商品経済であり、その後の重工業の発展や、ましてや現今の文化産業、情報産業まで視野に収めているわけではない。当然、新しい問題が出てきている。しかし、そうしたことを勘案しながらも、『資本論』がわれわれにつきつける内容と、その内容を叙述する「芸術的」言説様式と文体を含めて、この著作のトータルな思想内容は、いまでも圧倒的に人をとらえて離さない。

二 『資本論』解釈小史

1 経済中心史観

マルクスとエンゲルスなき後、一九世紀末から二〇世紀初頭までのマルクス解釈を主導したのは、ドイツ社会民主党であり、その思想的立場は経済中心史観（社会と歴史が経済によって決定されていると見る考え）であった。ドイツ社民党の「正統派」と「異端派」は、政治的方針では意見を異にしたが、歴史観に関しては完全に同一の立場に立っていた。彼らにとって唯物史観または唯物論とは経済決定論を意味した。この考えは、二〇世紀のロシア共産党によって継承される。ロシアでは歴史における個人の役割を評価するプレハーノフのような思想家もいたのだが、ロシア（ソ連邦）共産党や各国共産党の社会観は、基本的に、ドイツ社民党以来の経済決定論であった。下部構造が上部構造を決定するという命題は、絶対的な認識価値として護持された（もちろん、これは西欧の大都市でも貧困がいたるところにあり、実際に階級に応じて意識も教養も、考え方も、価値観も異なっていた時代には明証的であったことも事実である。理論の社会的背景は、その理論の現在における意味を、したり顔をせずに考える時に、欠かすことはできない）。マルクス主義に反する学者たちのマルクス像もまた、経済決定論に影響を受けたものである。この解釈はいまでも根強くある。経済主義はけっして過去の思想ではなくて、ただいま現在に生きて活動する思想形式であり、われわれにとって負の遺産であるとはいえ、無視することなく批判的に対決しなくてはならない。

2　実践的主体性論

ルカーチの『歴史と階級意識』（一九二三）はマルクスの『資本論』を階級的自覚の哲学とみなし、マルクスの弁証法思想をヘーゲル的全体性のなかに見た。そのルカーチは後に初期マルクスの『経済学・哲学草稿』（一八四四）と出会い、そこで展開された労働の疎外と人間の疎外の理論を重視し、この理論の発展として『資本論』を評価する（あるいはかつての自己の解釈を再確認する）。ルカーチの思想の影響の下で、第二次大戦後のフランスでサルトルとメルロ＝ポンティが疎外論と主体性の哲学者としてマルクスを解釈した。ここで実存主義とマルクス主義とが結合し、いわゆる実存主義的マルクス主義が登場する。その集大成がサルトルの『弁証法的理性批判』（一九六〇）である。この思想形式を疎外論的マルクス主義と呼ぶならば、この思想は経済決定論的マルクス解釈を退けて、マルクスのなかにギリシア＝西欧的哲学の、特殊にはドイツ古典哲学の正統を受けつぐひとりの哲学者を復権させたという歴史的功績をもつということはできる。しかし、「人間とはみずからがそれ自身へと作ったところのものである」とするサルトルの言葉にもあるとおり、行動によって現実が作られる（一点突破、全面展開）実践概念の短絡した理解にもとづく Aktionismus（概念なき行動主義）という voluntaristisch（主意主義的）なところがあった。それが「革命主義的」ロマン主義の自己陶酔とも言える「主観主義」的傾向を濃厚に引きずっていたことはとうてい否定できない事実である。おそらくいまでもこのタイプのマルクス像がかなり残存しているのだが、しかし、これに対抗するマルクス解釈がその後に登場する。

3　科学認識論（構造主義）

久しいあいだ、『資本論』は、自明のごとく、経済の科学（経済学）の書物であるとみなされてきた。伝統的な見方によれば、その科学性の根拠は唯物論と弁証法に求められてきた。しかし唯物論に立つことがどうして科学的なのか、唯物論化した弁証法がどうして科学の保証になるのか、についてはまったく触れられることはなかった。人は「弁証法的」唯物論をたんに「信仰して」きたにすぎない。『資本論』はいかなる意味で科学なのか、という問いはいつか必ず登場しなくてはならない。こうして一九六〇年代のフランスでアルチュセールが科学の認識論を道具にして『資本論』の科学性を問うことになる。『資本論』の科学性の根拠を問わず、それが科学的であると信じてきたそれまでのマルクス主義はたんなる俗流イデオロギーでしかないとアルチュセールは批判した。彼は、一方で『資本論』のなかに科学性を見ないルカーチや疎外論者を批判しつつ、他方で素朴に自然科学をモデルにした経済主義をイデオロギーとして論難し、マルクスの言説の科学性を、「歴史の大陸」の発見（ガリレイによる「物理的自然の大陸」、ラヴォワジエによる「化学の大陸」、等々と並ぶ発見だと彼は言う）を、ひとつの「認識論的革命」とみなした。この認識論的台座の変動は当然にも用語革命をもたらし、「生産様式」その他にみられるマルクス特有の概念組織の体系を生みだす。これによって、エコノミストの言説は、経験的事実の「理論的」形式をとったイデオロギー以上ではないことが暴露される。したがって『資本論』は、独自の科学的言説体系を構築することをふまえたイデオロギー批判の書物でもあるが、アルチュセールによればマルクスの「認識論的革命」は同時にその革命に対応する「哲学的革命」を潜在させているという。彼の言う「哲学的革命」の内容は、ひとえに因果性に関する新しい見方に帰着する。不可視の構造的原因が構造の諸要素のなかに不在しつつ現前するという構造因果性論をマルクスの独自の貢献とみなすのである。アルチュセールの努力によって『資本論』の科学性への問いが呼び覚まされることになったが、それだけでなく、『資本論』は「歴史と社会の科学」であるばかりでなく、ルカーチやサルトルとはちがう意味で「哲学」でもある、という事態もまた思想界に浸透することになった。

他方、日本の廣松渉の仕事は、西欧における構造主義「革命」と連動しつつ、『資本論』のなかに関係主義的認識論を見いだし、そこに近代思想を超える可能性を確認することができた。廣松は、アルチュセールと同様に、初期マルクス的疎外論をイデオロギーとして批判し、後期マルクスの物象化論こそ関係的な「事的世界」論であると主張したが、ここにも『資本論』の新しい解釈が提出されている。

『資本論』解釈の歴史をふり返れば、その解釈史は一巡し、ありうべき解釈図式と扱うべき諸論点は出つくしたともいえる。過去のもろもろの解釈は、下部構造決定論、疎外論、物象化論、科学認識論、その他なんであれ、それなりの成立根拠をもっているし、必ずしも意味を失っていない。問題は、そうした諸論点をどのように配置し統合するかである。過去の論争的解釈の歴史を参照してみれば、基本的な問いは二つにまとめられる。

（一）『資本論』はいかなる意味で科学なのか。

（二）『資本論』はいかなる意味で哲学なのか。

過去の解釈論争は『資本論』が科学性と哲学性とを内在させていることをはっきりと示す。科学と哲学がマルクスにおいて相互排除的でないとすれば、現在のわれわれはこれをどのように調整することができるのだろうか。新しい研究はここから出発するであろう。その時、素朴に『資本論』を「経済学」（経済の神話的言説にすぎない）とみなす伝統的な見方は、経済決定論と同様に、無効として廃棄されるだろう。『資本論』が「科学」だけでもなく「哲学」だけでもないとするなら、真実にはそれが両者の独自の編成であるとするなら、いまわれわれは『資本論』をどのように受けとめることができるのだろうか（過去の特定の見方に後もどりしないで）。これが、現在、新たに『資本論』を読み直す時の理論的で思想的な問題になるのではないだろうか。『資本論』は先入主なき新世代の読者をまっているといえよう。

最後に、あまり気づかれないことだが、マルクスの「歴史哲学」もしくは資本主義批判のなかに、資本主義近代の展開プロセスがはじまる前の民衆の生活状態（The old merry England）を Idylle として見る牧歌的見方が残存しているし、ハーバーマスも言っているように、古き職人たちの世界の良さの喪失を嘆くという一種の懐古趣味的なセンスが通奏低音のように響いていることにも注意しておくべきであろう。このような一種の過去讃美的情感は、それを特定の文脈から分離して取りだすなら保守的な心情と通底するものだが、マルクスにあっては「過去の共同体の高いレベルでの再建」（ザスーリチへの手紙のなかの言葉）という革命的展望と結合していたのである。この心情複合体をどのように見るかは、読み手の観点に応じてさまざまな姿をとるだろうが、ともかく心の片隅に留めておくべき事実である。

三　論議に値する諸論点

1　貧困の解明

かつて貧困と失業が世にみちていたが（「南」の諸地域ではいまでもそうだが）、そうした時代には貧困が発生する経済的理由を『資本論』のなかに求めたのも自然の成り行きであり、事実、『資本論』はその要求に十分に応じることができた。二〇世紀の六〇年代末までの経済学的関心が資本の蓄積と再生産、技術革新（または機械）と失業、経済恐慌または景気循環の理論に集中していたのも、ひとえに貧困と失業の存在が解決すべき社会的問題として人々に迫っていたからである。これらの諸問題は経済の領域でいまもなお意味を失っていない。先進諸国では失業と貧困は一九世紀ほどの尖鋭さをもたないが、それでも景気循環的失業は多くの人々の苦境を生み出し、国家の経済政策もまたそれに対して無関心ではありえない。とはいえ、一昔に比べれば、恐慌の可能性は国家管理によって抑制され、大量失業と極度の貧困は姿を消し、代わって大量消費社会の登場とともに、浪費的社会とその難点（環境破壊などの公害現象）が注目されるようになった。こうして貧困の学問とみなされてきた『資本論』への関心も薄れ、マルクスを忘れることが社会科学者としての資格であるかのような現象もまた起きてきた。しかし社会現象における貧困の重要度の相対的低下があるとはいえ、資本主義経済体制は厳然として存続している。資本主義体制であるかぎり必ず生じる種々の現象もまた現実に存在している。貧困か消費かの地位の変動は皮相の現象にすぎない。資本主義経済体制の如実の姿を解明した『資本論』の学的展開は、一九世紀の材料に基づくところから一見時代遅れの印象を与えるのだが、それは材料の面での印象でしかなく、学的な叙述の達成の面でみれば、これをしのぐ著作はいまだにあらわれていない。その意味で『資本論』は資本主義認識にとって「乗り越え不可能」と称しても必ずしも言いすぎではない。事実、マルクスが生きた一九世紀に比べて、現在の資本主義の地球的拡大、資本主義による全人類の全面的包摂過程が示す凶暴なまでの本性を理解する手だては、すでに『資本論』の「絶対的剰余価値」論のなかに与えられている。『資本論』はいまやますます輝きをましつつある。

2 所有論

かつて所有論は、経済的共同体論とからめて議論されてきたが、現在では哲学的関心から所有を論じる論客もあらわれはじめている。所有一般はなく、つねに歴史的形態をとる所有しかない。その意味で所有は、法的形態をとる以前に、社会体制の組織化の原理であり、種々の歴史的共同体の構造を解明する重要な概念であったし、いまでも所有概念なしには現在と過去の社会関係の組織過程は理解できない。所有の概念のなかには、共同所有(共同体的所有)、個人所有、私的所有が含まれる。私的所有は歴史的には新しい形態であり、それに対して共同所有と個人所有は、時代と地域の差異に応じて度合いを違えながらも、つねに結合していた。個人所有が微弱である共同所有の形態から、個人所有が勢力を増していくなかで矛盾がらみの共存を示す共同所有の形態まである。

近代以前の種々の現実的な共同体は、共同所有と個人所有との結合様式であり、その点で近代的私的所有とは本質的に異なる。私的所有は、共同所有の全面的解体とともに出現し、共同所有と結合した個人所有をも解体再編成して登場する。私的所有の経済体制としてのみ資本主義は成立する。所有論の開拓もまたマルクスの重要な功績であり、その原理的展開は、『グルントリッセ（経済学批判要綱）』（のなかの「資本主義的生産様式に先行する諸形態」）から『資本論』（とくに第二四章「いわゆる原初的蓄積」と第二五章「近代植民理論」）までの諸著作のなかで与えられている。法的概念以前の所有は、人間と自然との関係、それを土台にした人間と人間との関係を説明する概念であり、所有を概念的に把握する時には、経済と歴史を超えて必ず「哲学的」な人間理解へと通じていく。人間存在を根源から具体的に（つまり、社会的＝歴史的に）理解しようとする時には、いまもなおマルクス的所有論は欠かせない手引きである。もちろん、所有の形態も、その法的あり方も、その後ますます複雑化し、一見するとシステム論的記述の方があたっているかに見えるところもある。しかし、この複雑さを、マルクスに負けない概念的鋭さで分析するためには、マルクスから多くを受けとらねばならないはずである。

3　商品の価値形態論

経済学の領域では、価値形態論は貨幣の発生を論じるための理論的装置として解釈されてきたが、経済学の領域ではそれは正当な扱い方である。実際に、経済学者たちは、マルクス派と非マルクス派とを問わず、貨幣の発生と現存在こそが問題であり、貨幣の謎に迫るためにまずは商品を論じ、商品を論じるためには商品価値とその現象形態を論じるという手法をとる。その意味で、経済学の観点からする価値形態論議は、いまもなおホットな主題でありつづけている。貨幣の存在の謎は理論的にはまだ決着がついていないからこそ、最初にこの謎解きに取り組んだマルクスの議論がいまでも人を魅惑するのである。

しかし価値形態論は、経済学者だけが独占する主題ではなかった。『資本論』を単純に経済学の書物とは見ない哲学者たちは、『資本論』の哲学的要素を探し求めて、とりわけ価値形態論のなかにマルクス独自の哲学構想（弁証法論理学の構想）を見いだそうとしてきた。ルカーチは、必ずしも価値形態論に限るわけではないが、それを含めて『資本論』のなかにヘーゲル由来の全体性概念を見いだし、全体性の概念こそ弁証法の生命であると主張した（ルカーチ『歴史と階級意識』）。日本の廣松渉はとくに価値形態論を重視して、そのなかに彼の言う関係主義的存在了解の原理を見ようとした（廣松『資本論の哲学』）。フランスのアルチュセールは、一方で価値形態論におけるマルクスのヘーゲル依存に疑問と批判を投げかけながら、他方では、『資本論』の叙述全体を視野に入れて、マルクスがヘーゲル弁証法から離脱しながら独自の哲学（認識論としての哲学）を建設しつつあったと高く評価する。ヘーゲルに「媚《こ》びを売る」マルクスの態度は、独自の哲学建設過程の途中に、一度は通過しなくてはならないところの、思想史的に「余儀ない」通過点として位置づけられた。

経済学者以上に哲学者たちが価値形態論に魅惑され、強い関心を注ぐ理由がまだある。

マルクスにおいて商品価値論は社会関係の物象的表現であるから、商品価値とそれを統一的に表現する貨幣は社会関係の物象的表現とみなされる。これがマルクスのいうフェティシズム（呪物崇拝、物神崇拝）である。フェティシズムという用語は、元来は一八世紀フランスのド・ブロスの「人類学的」用語であり、フランスではコントによって、ドイツではカント（『人間学』）やヘーゲル（『歴史哲学講義』）によって思想界に受け継がれたのだが、それをマルクスも使用した。フェティシズムは人間の社会関係がそれとしてはあらわれないで、物と物との関係（経済では商品と商品、商品と貨幣との関係）としてあらわれるのだから、その転倒性を批判する概念として機能する。この転倒性の現象をマルクスは物象化と名づけているが、ここに後の哲学者たち（ルカーチ、ベンヤミン、アドルノなど）は強い関心をもち、それを経済現象から文化現象にまで広がる文化批判の用語として練り上げていった。これもまた依然として世界中の知識人のあいだでのホットな論議上の主題でありつづけている。

4　批判理論

マックス・ホルクハイマーの手になる批判理論は、カントの批判主義を指すのではなくて、マルクス主義の別名である。社会批判から文化・芸術批判までを覆う批判理論の着想は、基本のところでマルクスの「経済学批判」から得ているのだが、それにとどまらず、フロイトとニーチェから批判的認識の構成要素を継承している。思想史的系譜からいえば、批判理論は、ヘーゲル、マルクス、ニーチェ、フロイトの血脈のなかにある。批判理論は、ヘーゲルとマルクスから否定性の概念と使用法を深く学び、フロイトから無意識の概念を、ニーチェからは形而上学とキリスト教に対する解体的批判の方法と言語的叙述のなかで果たす文体（Stil）の決定的役割を受け継いだ。フランクフルト学派の思想的表現である批判理論は、ドグマティックなマルクス主義ではなくて、マルクス以前と以後におけるもっとも尖鋭な思想との批判的接合を、さらにマルクス以来の批判的思考とそのつどの個別社会諸科学、いやそれだけでなく、文学研究も含めた人文諸科学の最先端の成果とをなんとかつなげることを果敢に試みた集団的仕事といえる。ホルクハイマー、アドルノ、ベンヤミン、マルクーゼ、ハーバーマスといった知的前衛たちは、それぞれの個性的才能を発揮しながら、マルクスの批判精神と学問的成果をどう受け継ぎ発展させるかについて模範的な姿勢をわれわれに教えてくれる。『資本論』の副題にある「批判」という用語にもっとも敏感に反応し、批判の真理内容をあらゆる領域から出てくる素材を使用して全面展開したのは、おそらくはドイツのフランクフルト学派が最初にして最大の思想集団であろう。いまようやくこの学派の仕事が全世界の知識人の指導理念になっているのには十分すぎるほどの理由がある。とくに、ベンヤミン（『著作集』全一五巻、晶文社、『パサージュ論』全五巻、岩波現代文庫版）、アドルノ（ホルクハイマーとの共著『啓蒙の弁証法』岩波書店、『否定弁証法講義』作品社)、ハーバーマス(『コミュニケイション的行為の理論』全三巻、未來社)の仕事が大きい。

5 資本主義の発生論と没落論

現在では、米ソ冷戦体制の崩壊とともにソ連の「共産主義」体制なるものが解体し、地球上のあらゆる社会が資本主義化しようとしているので、もはや誰も資本主義の発生論も没落論にも関心を示さないかのようである。しかし一昔前まで、発生と没落はセットになって「左翼」思想界ではじつに多様な仕方で議論されていたものである。発生論は、主として経済史の話題であったが、没落論は、予測論でもあるからイデオロギー的空語化の傾向を見せながら革命主義と「社会主義期待論」とがないまぜになって思想界を風靡した。これらの議論の内容は、おそらくいまでは時代遅れになっているかもしれないが、翻って考えると、資本主義の発生(形成)論は、いまでも重要な学問的課題であり、だからこそフランスのブローデルは最後の主著を資本主義の形成過程に捧げたのである(ブローデル『物質文明・経済・資本主義 15-18世紀』全三巻、邦訳は全六巻、みすず書房)。『資本論』においては、資本主義発生論は、歴史学の観点からというよりも、理論的な観点から、第二四章において記述されている。それが有名な「いわゆる原初的蓄積」の章である。マルクスは議論の焦点を生産手段と直接生産者との分離におく。そこに資本と労働との関係の原初的形成を見るからである。「原初的蓄積」論は、「原蓄」として簡略表現されて専門用語になるまでに日本社会科学界で流通し、マルクスとは無関係の人の書き物のなかにすら使用されて、一種の共有財にまでなっている。歴史に関心をもつ人であれ理論に関心をもつ人であれ、『資本論』第二四章は、近代の時代的特徴を把握するために、いまでも必読箇所であろう。

この章が教えてくれる重要な事実がまだある。それは、資本主義がその原初において、そしてその成長と発展の各段階で、種々の赤裸々な暴力を発動させていることである。しかもその暴力による既成事実がたちどころに承認され、法的・社会的妥当性を獲得してしまうことである。ここには、丸裸の物理的暴力と政治的権力または権威と法的体系との内的連関への洞察がある。あるいは少なくとも経済的現実、政治権力、法的体系、イデオロギーをつなぐ社会的論理を把握するための示唆が与えられている。

資本主義没落論は、『資本論』第二三章「資本主義的蓄積の一般法則」のなかで展開されている。マルクスはこの章以前の諸章の展開をふまえて、たとえば利潤率の傾向的低下などの論点を提示しながら、資本自体が資本の限界であるという資本主義の内在的矛盾を「論証」し、プロレタリアートによる資本の否定を語る。資本主義の「最後の鐘が鳴る」とか、個人所有の否定（第一の否定）としての資本主義的私的所有から、この私的所有の否定（第二の否定）が帰結することを「否定の否定」と表現するなど、ヘーゲル風の言いまわしによって資本主義の没落を「予測」している。これは、おそらくマルクスも自覚していたように、一種の革命プロパガンダであったであろう。マルクスの「予測」は、「絶対的窮乏化」に関しても、「否定の否定」に関しても、二〇世紀の資本主義の延命の現実によって完全にはずれたともいえる。しかし本当にこの「予測」は的はずれであったのか。経済的「先進地域」だけの経験から推して、マルクスの超長期的「予測」の可否をいま判定することはできないかもしれない。

いやむしろそうした「予測」論にからむ「占術」のごとき議論こそが解体されなくてはならないのかもしれない。マルクスにとって資本主義の傾向に関する判断は、統計的事実との突き合わせによって決定される事柄ではなくて、歴史的現実に対する認識をともなう実践的決断の問題であったと見るべきであろう。しかしマルクスの場合、歴史的現実の実践的批判をくわだてる実践的な認識主体にとっての構え方において、漠然たる直観以外のものはなかった。これについては、かつてベンヤミンが『歴史の概念について』(いわゆる「歴史哲学テーゼ」)のなかで試みた学的努力、すなわち歴史概念の変革（連続時間を基礎とする歴史像の解体と破局の理念の意義）と、破局的現実から生まれるそのつどの「いまの時」への参入、そして過去の認識的にして実践的な「救済」の理念など、ベンヤミンを継承しつつさらに新しい工夫をこらして継続的に深められるべき課題がわれわれに残されている。

いずれにしても第二三章の記述は、彼のレトリックの巧みさと同時に、後世へのプロパガンダ的悪影響をも含めて、悩ましくも魅惑的な議論が詰まった箇所であり、誰もが一度は読むべき文章である。

6　資本主義体制の膨張運動

歴史的事実のうえで、資本主義的経済体制は、外部環境としては国際交易を不可欠とするが、その安定的な発展と再生産軌道はいわゆる国民国家の枠内でのみ定礎した。歴史的に資本主義は一六世紀以来（「大航海時代」の到来以来）政治的な「民族的支配領域」を超えて進出する傾向をもったのだが、経済的富の蓄積は、初期の重商主義思想の主張（貿易による金銀の取得）とはちがって、「民族的」な国内的政治組織によって支えられて成長した。近代の産業資本主義はまずは特定の政治支配領域（国民国家）の範囲内でこそ、傾向としてもっとも安定的に発展した。一九世紀から二〇世紀にかけて登場した新しい植民地主義または帝国主義は、国民国家のなかでいわば温室培養された富の過剰生産を外部に向けて輸出するだけでなく、非資本主義的地域を政治的・軍事的に隷属させた。そこに一六、一七世紀における初期帝国主義との違いがある。初期帝国主義はいわば金銀を求めての海外侵略であった。

ところで、一九世紀以降の資本主義的膨張としての帝国主義の基礎はどこにあるのかについて、いくつかの理論的提案があり、またそれらのあいだで論争があった。この主題は専一的にマルクスの学問を土台にし、あるいはそこから出発していた。この主題に関しても『資本論』はもっとも基本的な文献であった。マルクスは資本の過剰生産を恐慌の原因とする理論を提案していたが、それは資本主義の膨張論に拡大する可能性をも孕んでいた。その要点はいくつかある。第一に、産業資本主義の経済的発展の根拠が明示されなくてはならない。マルクスはその理論モデルを、生産財生産部門（『資本論』第二巻の用語でいえば第Ⅰ部門）と消費財生産部門（第Ⅱ部門）の不均衡的発展として立てた。恐慌がないかぎりではこの不均衡発展は両部門の均衡的再生産を崩さないと前提される。マルクスの恐慌の可能性の理論は、両部門の不均衡的均衡の破壊として定義される。要するに、過剰生産物が捌《は》け口を見つけられない時に、過剰生産恐慌となる。

ひらたく言えば、たえず失業している、あるいはいつも失業すれすれの民衆がパンやコーヒーを買えないほど貧乏しているので、衣類や食品が、ひいては生産手段となる商品も、利潤を生む価格では売れないというのが、恐慌の実情である。ブレヒトではないけれど、ヨーロッパでは失業と恐慌でほとんどの人がコーヒーを買えないのに、いや、買えないからこそ、ブラジルではコーヒーを燃やしていた、といったエピソードは、一国単位で見た恐慌の現実をよく示している。これが国内的現象である時には、景気循環的に処理される。この議論こそ、二〇世紀のマルクス主義が資本主義膨張論すなわち帝国主義論を展開する基礎論となった。

マルクスの思想と理論をもっとも純粋に継承し、マルクスの『資本論』（実際には第二巻が主役を演じるのだが）を土台にして帝国主義の理論を構築したのは、ローザ・ルクセンブルグである（『資本蓄積論』）。ローザの独創は、資本主義の帝国主義的膨張は、たんに不均衡発展と過剰生産論では処理できないと見て、資本主義の存続の絶対条件が非資本主義領域の実在にあると見たところにある。非資本主義的生活領域が全地球に実在するかぎり資本主義はいつまでも膨張しつづけるだろう。これに対して、レーニンの帝国主義論は、ローザよりもずっと単純で、マルクスの過剰生産モデルを土台として、過剰な商品と資本は海外でさばくほかはなく、とくに資本輸出こそ帝国主義の原因と見た。それくらいのことなら、非マルクス主義者ホブソンがすでに言っていたことであり、いわば常識であった。レーニンは事実上ホブソン的帝国主義論であった（日本における帝国主義論は、「講座派」〔レーニンとボルシェヴィズムの流れ、日本共産党系経済学〕と「労農派」〔日本社会党系経済学〕を問わず、基本的にはホブソン＝レーニン的資本輸出論を採用していた）。

いまこの論争をふり返る時、資本主義的膨張の原因を理論的に説明する課題をもっとも鋭く果たしたのはローザの理論であったというべきであろう。彼女はマルクスの再生産表式論をモデル論的に極大化して、国内規模では再生産不可能であることを「論証」したのだが、そのねらいはモデル的数値計算にあったのではなくて、非資本主義地域なしには資本主義はありえないことの「洞察」を証明することにあった。マルクスの不均衡発展論は、ローザによって資本主義の存否にかかわる理論として発展継承された(日本の学界において、このローザ的洞察、すなわち非資本主義財の存在が資本主義の存立と膨張のための絶対条件であるという観点にもっとも近いのが、宇野弘蔵の学派から出た岩田弘の「世界資本主義論」である)。

いまわれわれが眼前に見ているのは、現代資本主義の全地球的拡大あるいは全地球的住民の生活世界の全面包摂過程である。それは経済学の教科書のいう「国際経済」といったものではない。それは資本主義列強の隠然たる帝国主義競争であり、それ以上に重要なことは非資本主義的生活世界の絶滅過程である。まさに非資本主義的生活世界が資本主義をいわば招きよせる(資本主義が非資本主義的なものを「垂涎《すいぜん》の的」にする)のである。そこに現代資本主義のもっとも過酷な本質が露呈している。ここでいう非資本主義的領分のなかには、前資本主義的生活様式(アルカイックな共同体的生活)、古代中世から残存してきた小商品市場経済のみならず、自然資源や人間の身体、さらには「宇宙」までも含まれる。一方で哲学や文学研究が社会に役立たないと、最近の「大学改革・再編」の動きのなかで批判されているのに、他方で火星に水があることを証明するための膨大なプロジェクトがそうした批判を受けないで済んでいるのは、どうしてであるかをよく考えてみる必要がある。火星に水分のあるなしの議論は、さしあたりわれわれには「なんの役にも立たない」のに、このような「自明の」事実に目をつぶって「研究費獲得」に狂奔する学者集団のエートスのなかにこそ、気づかれにくい資本主義的心性が浸透しているのである。火星や月をはじめとして全宇宙がいまや「搾取される」非資本主義的領分となり、資本主義膨張のための恰好の材料になりつつある。

非資本主義的生活と事物が資本主義経済体制に包摂されることは、それらが破壊されることを意味する。ローザ・ルクセンブルグ的に継承されたマルクスの蓄積再生産論は、抽象的にみえるとしても、現代を批判的に解剖するもっとも鋭く有効な手だてになる。そしておそらくは、国際政治の領域で、種々の民族紛争や少数民族のレジスタンス、あるいはジャーナリズム用語で曖昧に言われるごとき少数派の「テロリズム」(これは厳密には散発的ゲリラ戦というよりもむしろ、少数派による武力レジスタンス=抵抗闘争)のよってきたる根本原因を理解する最良の理論になるだろう。さらには一見純粋に経営学的問題にみえるフォード主義やトヨタ主義の現象、あるいはフランスのレギュラシオン学派の言う資本蓄積手法としての多様な生活規制=現象などもまた、そのよってきたる究極の理由がローザ理論の言う非資本主義的生活世界の資本による包摂という現実に帰着するだろう。

現代の先進諸国の資本主義が貧困を克服したといっても、そのつけは、「第三世界の貧困化」、「生態系の貧困化」、「心身条件の貧困化」(たとえば先進諸国のホワイトカラーの睡眠や栄養や余暇の貧困化、アレルギー疾患の激増、等々)といった、一見しただけでは関連が見えにくい場所にまわされたといえる。剰余価値の源泉が、内的世界を含めてこのように分散化し、匿名化し、資本との関連がいっそう見えにくくなりつつあるのは確かであるが、まさにそうであるからこそマルクス的経済学批判を学ぶ理由があるばかりでなく、新しい仕方でもういちど哲学的次元（直接には科学認識論的次元）を回復させる必要がある。

『資本論』第一巻の再生産論と蓄積論は、このような展望の下で新たに読まれ、蘇生することだろう。

ところで、理論的諸問題のなかで、たとえば「剰余価値」と「剰余労働」論は、もっとも肝心かなめの概念であるが、あまりにも特殊経済学的な専門的概念であるので、ここでは触れないことにする。関心のある人は、経済学関係の研究書を参照されたい。以上に記した諸論点は、経済の分野を超えて一般知識人がこの百数十年のあいだに情熱的な関心をもったものばかりであり、経済に関心がまったくない人も一種の教養在庫としてもつほうが望ましいような、世界的規模の思想的事項である。『資本論』第一巻は、時代遅れどころか、いまも隠然たるプレゼンスをもち、世界中の人々にいわば「取り憑いて」離れないような、魅惑的でもあれば恐怖の的でもある書物なのである。まさに、Marx Diabolo なのである（なお、『資本論』の第二巻、第三巻、そして第四巻として計画された「学説の歴史」はすべて草稿である)。

以上の諸論点が『資本論』を読む時の刺激あるいはきっかけになれば幸いである。

今村仁司

二〇〇四年六月

文庫版訳者あとがき

本書は、二〇〇五年に筑摩書房より刊行された『マルクス・コレクション』（全七巻）に収められた『資本論』第一巻（上・下）を、文庫化のために訳し直したものだ。

その『マルクス・コレクション』が企画されたのは一九九〇年代。時代の雰囲気としては、まだポスト冷戦期のマルクス主義離れが進行していた頃だった。今村仁司氏の解説にもあるように、「マルクスの『資本論』の新訳を試みることに、いったいどのような意味があるのか」という問いは、訳者のみならず、出版社にとっても切実なものだったろう。企画段階では、売れいきを心配する同書房の若手編集者から「旧世代のノスタルジーではないのか」という懸念の声もあがったと聞いている。

しかし、その懸念は、コレクション刊行後まもなく、時代そのものによって払拭されることになる。二〇〇八年にはアメリカで巨大投資銀行が破綻し、急激な信用収縮と景気後退が世界を震撼させた。日本ではリーマンショックと呼ばれるこの深刻な経済危機は、やがて連鎖的な金融危機となってユーロ圏にも波及し、ギリシャをはじめとする南欧諸国を直撃した。金融資本主義の機能不全を目の当たりにして、多くの人が目を向けたのは、ふたたびマルクスの『資本論』だった。二〇〇四年の段階で、すでに事態を予言するかのように書かれた今村仁司氏の解説は、マルクス再発見の歴史と意義について、余すところなく論じている。その分析は、今読み直してもまったく古さを感じさせない。

『コレクション』の翻訳を数年後には文庫化したいという意向は、早くから訳者たちに伝えられていた。ところがコレクション監訳のリーダーであった今村仁司氏は、二〇〇七年、あまりにも早く旅立たれてしまった。悲しみと喪失感のなかにとり残された二人の訳者は、自他ともに認める締め切り違反の常習者で、それまでの仕事も今村氏の存在があったればこそ、なんとか進めることができた。その後も二人の耳には、今村氏の叱咤激励がたえず響いていたが、結果的に二〇年近い時間を要してしまったことに、あらためて忸怩《じくじ》たる思いを禁じ得ない。

こうした経緯もあり、残された二人の訳者は、今村氏の担当部分も含めて全面的に改訳することを決めた。底本には引き続き以下の全集版を用いた。

Karl Marx-Friedrich Engels Werke, Band 23, Institut für Marxismus-Leninismus beim ZK der SED, Dietz Verlag, Berlin, 1962

ちなみに『コレクション』版には、初版本や一九五三年のディーツ版に付されていた強調（原文ゲシュペルト〔字間を広くする表記法〕）が付加されていたが、これについては、すべて省略した。

したがって本書は、内容的にはコレクション版とは独立した新訳といってよい。ただし、

『コレクション』が依拠した翻訳の基本方針については、そのまま継承した。今回、ご遺族の了承のもとで、今村仁司氏を含めた三人の訳書として、この文庫版を刊行する理由もそこにある。では、その基本方針とはどのようなものか。

『資本論』の古典的翻訳といえば、大月版マルクス＝エンゲルス全集（大内兵衛・細川嘉六監訳）第二三―二五巻（岡崎次郎訳）や、岩波文庫版全九冊（向坂逸郎訳）がすぐに思い浮かぶ。いずれも誤訳や不適訳などがきわめて少ない良心的な訳業だ。しかし、改めて読み直してみると、一つの際立った特徴が浮かび上がってくる。それはドイツ語の一語、一文は、可能な限り日本語でも一語、一文として訳すという原則だ。いきおい、関係代名詞を持たない日本語では、読者が長い一文を読み終えるまでに、かなりの知的緊張を強いられることになる。時には何度か目を戻して読み直す必要もあるだろう。その緊張と解読の苦労に耐える能力こそが「読書力」であり、いやしくも社会科学や哲学の古典に挑戦しようとする者には、当然の覚悟として求められる。そんなふうに、これらの訳文は語りかけているように思えてくる。あるいはまた、もとの文章構造に訳者が勝手に手を加えないことこそが、原典への敬意と訳者の誠実さの証明であると考えられていたのかも知れない。

しかし、そこでしばしば犠牲になってきたのは、マルクスの文体が持つ躍動感と修辞的洗練だ。マルクスの文章は端的に「読ませる」文章で、あらゆるページに比類ない文筆家としての才能が発揮されている。複雑な経済現象の緻密な分析を進めながらも、ある時には、たたみかけるような名調子で読者をうならせ、ある時には淡々とした語り口で悲惨な現実への義憤をかき立て、またある時には辛辣な皮肉とユーモアを交えた毒舌で論敵をこき下ろす。マルクス自身も書いているように、最初の三章を除けば、『資本論』はけっして文章の面で難解な書ではない。そこで本訳書では、ドイツ語の文法構造を写しとることなどを翻訳上の原則とはせず、目を戻して読み直さなければ意味のつかめないような訳文は極力さけるように努めた。最終的にめざしたのは、マルクスの文章に惹かれながら、最後まで一気に読み通すことができるような訳文を提供することだった。こうした意図がいくぶんでも実現しているかどうかは、もちろん読者のご判断に委ねるほかない。

他方で、「剰余価値」などのように、日本のマルクス受容史のなかですでに定着してきた基礎概念については従来の訳語を踏襲した。ただしいくつかの用語については、従来とは異なる訳語選択をしたので、以下にその例と理由を挙げておきたい。

労働の「Intensität」は、従来は「強度」という訳語が一般的だったが、本書では「密度」という訳語を充てた。労働の Intensität とは、単位時間の労働が「内包」する労働量を表す概念で、労働の「外延的」大きさである「労働時間の長さ」の対《つい》概念として用いられている。ただ、今日では「労働の強化」という表現が広く用いられており、そこにはもちろん、労働時間の延長も含まれている。「労働の強度」がその意味に誤解されることがないように、本書では「労働の密度」という訳語を充てた。独和辞典に出ている訳語を、語学の授業で習った文法の規則に従って並べる翻訳の時代は終わりにした方がよさそうだ。

資本が不変資本（生産手段の価値）と可変資本（労働力の価値）とに分割される割合は、これまでは資本の「構成」と訳されることが多かった。ドイツ語の原語はZusammensetzung（英語composition）で、成分の「うちわけ」を表現する語だが、他方、「構成」という単語は、今日ではKonstruktion（英語construction）の訳語としても、さまざまな文脈で用いられている。そこには、成分のうちわけではなく、みずからが一つの要素としてより複雑な体系を形作っていくという語義が含まれている。そこで本書では、原語の語感により近いニュアンスを持つ「組成」という訳語を選択した。たとえば「資本の有機的構成」は「資本の有機的組成」とした。

従来は「本源的」蓄積と訳されてきたursprüngliche Akkumulationには「原初的」蓄積という訳語を充てた。ここでのursprünglichは「時間的先行」を意味する語だが、「本源的」という日本語には、基礎づけ論や本質論などでいう「事柄的先行」の含意もあるため、本書では「原初的」という訳語を用いた。

これまで「転化」と訳されてきたドイツ語のVerwandlung（動詞sich verwandeln）は、基本的に「変容」と訳した。これは章のタイトルにもなっている重要な概念でもあり、上記の訳語選択よりも、やや踏み込んだ説明が必要かもしれない。

『資本論』が全体としてめざしていたのは、類としての人間の存在条件から出発して、資本主義的生産様式の確立に至るまでの社会の発展法則を、科学的分析に耐えうる形で理論的・歴史的に再構成することだった。そのさい、マルクスが出発点に据えたのは、第一は労働を通じた自然の加工と物質代謝であり、第二はその成果の交換行為だった。その交換行為の社会化を通じて、労働によって生み出された価値は次第に使用価値と交換価値の二つに分化していく。やがて交換価値は物的な形態をまとって自立化し、貨幣を生み出し、さらには貨幣を増やすことを自己目的とする資本の発生を促す。

この運動全体を、マルクスは、自然主義的に理解された類の本質としての「実体」が、社会の発展に応じて異なる「現象形態」を取りながら進化していく過程として描こうとした。ところがその現象形態は、人間の目にはそのつど、一つの実体のように見えてしまう。古典派経済学もまたこうした錯覚にとらわれてきたと、マルクスは批判している。それゆえ資本主義へといたる歴史を、本質を維持したまま、現象形態だけを次々と変容させていく発展過程として描くことが、『資本論』の物語戦略となる。

マルクスは、この変容過程を二つの系列の比喩で物語っている。第一は神学的な比喩で、三位一体の神がその本質を維持したままキリストとして地上にあらわれる「受肉」(Inkarnation, Verkörperung)、パンとぶどう酒がその現象形態を維持したままキリストの体に変化する「実体変化」(Transsubstantiation、カトリックの典礼では「聖変化」と訳されている)、社会的関係が物質化された表現をとる「物質化」(Materiatur) など、ヘーゲルの影響を感じさせる用語系列がその一例だ。実体（本質）と現象形態とを取り違えるという人間の錯覚を利用しているという点では、資本主義と宗教的世界とのあいだには密かな内通関係があるとマルクスは見ていた。第二は生物学的な比喩で、こちらの方が高い頻度で登場する。昆虫やザリガニがその本質を維持したまま形態を一変させることを指す「形態変容」（Metamorphose）、幼虫がサナギに変化する「蛹化《ようか》」（Verpuppung）などがその一例だ。この二系列の比喩表現の混在は、ヘーゲルとダーウィンを架橋するマルクスの立ち位置を暗示しているようにも見える。

この発展物語のなかで、まさに、その変容を表現していたのが、Verwandlung（動詞sich verwandeln）という頻出語だ。ちなみにこの単語は、一人のサラリーマンが突然、巨大な甲虫に姿を変えるカフカの小説『変身』のタイトルにも使用されている。そこからも分かるように、この語には「本質は変わらないのに、見た目が突然大きく変化する」というニュアンスが含まれている。これまでの翻訳では、このVerwandlungが「転化」と訳されてきた。しかし、ドイツ語の原義や、神学、とくに生物形態学の比喩との重なり合いを考えると、転化よりもむしろ変身、変態、変容といった訳語の方が、語義をよく伝えている。これが本書で「変容」という訳語を選択した理由だ。

翻訳過程では、東京経済大学名誉教授長岡克行先生より数々の有益なご指摘をいただだいた。心より御礼を申し上げたい。それにもかかわらず残存する誤訳や不適訳の全責任は、いうまでもなく訳者たちにのみ帰する。

本訳書の企画段階から最終校正にいたるまで、訳者たちの遅々たる作業を粘り強く支えてくださった筑摩書房の北村善洋氏には、特別な感謝を捧げたい。氏は、われわれの拙訳をドイツ語の原文と照らし合わせながら詳細に点検してくださった。これは今日では、編集者に一般的に期待されている責任と能力を遥かに超える作業であり、この名編集者の協力なしには、この翻訳が今の形で完成することはなかっただろう。また全巻を通じて驚くべき緻密さと粘り強さで校閲、校正の作業を続けてくださった笠谷豊一氏にも、末筆ながら御礼を申し上げたい。

二〇二四年三月

三島憲一
鈴木　直

ワ 行

ヤ　行

ラ　行

マ 行

Howard de Walden, Charles Augustus Ellis　上 510
バンクス，ジョージ Bankes, George　下 569
ハンセン，ゲオルク Hanssen, Georg　上 433
――『シュレスヴィヒ＝ホルシュタインの農奴制』 上 433
ハンター，ヘンリー・ジュリアン Hunter, Henry Julian　下 65, 67, 536-8, 540, 543-4, 551, 553, 573, 580, 582, 587-9, 591, 600, 602, 649-50
ヒエロニムス Hieronymus　上 199
ビーゼ，フランツ Biese, Franz　下 83
――『アリストテレスの哲学』 下 83
ビーチャー・ストウ，ハリエット・エリザベス Beecher Stowe, Harriet Elizabeth　下 669
――『アンクル・トムの小屋』 下 669
ピット（小ピット），ウィリアム Pitt（the younger）, William　上 380, 下 687
ピートー，サー・サミュエル・モートン Peto, Sir Samuel Morton　上 428
ビドー，J・N, Bidaut, J. N.　上 590
――『大規模製造機械により工業技術と商業に発生する独占について』 上 590
ピュージー，フィリップ Pusey, Philip　下 571
ビュシェ，フィリップ＝ジョゼフ＝バンジャマン Buchez, Philippe-Joseph-Benjamin　下 691
――『フランス革命の議会史』 下 691
ヒューム，デイヴィッド Hume, David　上 231-2, 下 272, 348, 464-6
――『種々の主題についての論集』 上 232
ピール，サー・ロバート（父）Peel, Sir Robert　下 720
ピール，サー・ロバート（子）Peel, Sir Robert　上 32, 266, 425, 下 747
ピンダロス Pindaros　上 281, 下 103, 525, 721
ピント，イザーク Pinto, Isaac　上 281
――『流通・信用論』 上 281
ファー，ジョン・リチャード Farre, John Richard　上 514
ファウルハーバー，ヨハン Faulhaber, Johann　下 28
ファーガソン，アダム Ferguson, Adam　上 232, 651, 665-8
――『市民社会史』 上 651, 665-6, 668
フアレス，ベニート・パブロ Juárez, Benito Pablo　上 313
フィセリング，シモン Vissering, Simon　下 251
――『実践経済学提要』 下 251
フィヒテ，ヨハン・ゴットリープ Fichte, Johann Gottlieb　上 108
フィリップ 6 世，ヴァロア家 Philippe VI. de Valois　上 178
フィールデン，ジョン Fielden, John　下 74, 90, 718-9
――『工場制度の呪い』 下 75, 90, 719
フェアベアン，サー・ウィリアム

ナ　行

ハ　行

タ 行

サ 行

人名索引

- 爵位は項目には付けず、原語にのみ、姓の前に冠する。
  例：ウェリントン，アーサー・ウェルズリ Duke of Wellington, Arthur Wellesley
  ヴォルフ，クリスティアン Freiherr von Wolff, Christian
- von, de, Sir などは、爵位としてではなく、名前の一部として扱う。
  例：ヴィット，ヨハン・デ Witt, Johann de
- ロシア語名は、キリル文字ではなく、ローマ字（英語表記）に直す。
  例：カウフマン，イラリオン・イグナチエヴィッチ Kaufman, Illarion Ignatyevich
- 古代の哲学者の出身地は原文にのみ表記する。
  例：アテナイオス Athenaios aus Naukratis
- 本文中に著作が挙げられているものについては、人名の下に著作（和訳、簡略形）を成立年代順に列挙する。

ア 行

《訳者略歴》

今村仁司（いまむら・ひとし）
1942-2007 年。岐阜県生まれ。京都大学大学院経済学研究科博士課程修了。元・東京経済大学教授。専門は、社会思想史、社会哲学。著書に、『暴力のオントロギー』（勁草書房）、『排除の構造』（ちくま学芸文庫）、『貨幣とは何だろうか』『マルクス入門』（いずれも、ちくま新書）、『清沢満之と哲学』（岩波書店）など、訳書に、ジャン・ボードリヤール『象徴交換と死』（共訳）、ルイ・アルチュセール『哲学について』（いずれも、ちくま学芸文庫）など。

三島憲一（みしま・けんいち）
1942 年東京生まれ。東京大学人文科学系大学院博士課程中退。専門は、社会哲学、ドイツ思想史。大阪大学名誉教授。著書に、『ニーチェ』『戦後ドイツ』『現代ドイツ』（いずれも、岩波新書）、『ベンヤミン』（岩波現代文庫）、『歴史意識の断層』（岩波書店）など、訳書に、ユルゲン・ハーバーマス『近代の哲学的ディスクルス』（岩波モダンクラシックス）、カール・レーヴィット『ヘーゲルからニーチェへ』（上下、岩波文庫）など。

鈴木直（すずき・ただし）
1949 年東京生まれ。東京大学大学院比較文学比較文化博士課程退学。専門は、ドイツ思想史。東京医科歯科大学教授、東京経済大学教授を歴任。著書に、『輸入学問の功罪』（ちくま新書）、『マルクス思想の核心』（NHK 出版）、『アディクションと金融資本主義の精神』（みすず書房）、訳書に、ゲオルク・ジンメル『ジンメル・コレクション』（ちくま学芸文庫）、ウルリッヒ・ベック『〈私〉だけの神』（岩波書店）、ヴォルフガング・シュトレーク『時間かせぎの資本主義』（みすず書房）など。

本書は、二〇〇五年一月二十日、筑摩書房より『マルクス・コレクション V』として刊行された。文庫化にあたっては、訳文を全面的にあらため、巻末には人名索引を付した。

有閑階級の理論［新版］
ソースタイン・ヴェブレン　村井章子訳
流行の衣服も娯楽も教養も「見せびらかし」にすぎない。野蛮時代に生じたこの衒示的消費の習慣はどう進化したか。ガルブレイスの解説を付す新訳版。

資本論に学ぶ
宇野弘蔵
マルクスをいかに読み、そこから何を考えるべきか。『資本論』を批判的に継承し独自の理論を構築した泰斗がその精髄を平明に説き明かす。（白井聡）

社会科学としての経済学
宇野弘蔵
資本主義の原理は、イデオロギーではなく科学的態度によってのみ解明できる。マルクスの可能性を極限まで突き詰めた宇野理論の全貌。（大黒弘慈）

ノーベル賞で読む現代経済学
トーマス・カリアー　小坂恵理訳
経済学は世界をどう変えてきたか。ノーベル経済学賞全受賞者を取り上げ、その功績や影響から現代経済学の流れを一望する画期的試み。（瀧澤弘和）

クルーグマン教授の経済入門
ポール・クルーグマン　山形浩生訳
経済にとって本当に大事な問題って何？　実は、生産性・所得分配・失業の3つだけ!?　楽しく読めてきちんと分かる、経済テキスト決定版！

自己組織化の経済学
ポール・クルーグマン　北村行伸／妹尾美起訳
複雑かつ自己組織化している経済というシステムに、複雑系の概念を応用すると何が見えるのか。不況発生の謎は解ける？　経済学に新地平を開く意欲作。

比較歴史制度分析（上）
アブナー・グライフ　岡崎哲二／神取道宏監訳
中世後期は商業的統合と市場拡大が進展した時代と言われる。ゲーム理論に基づく制度分析を駆使して、政体や経済の動態的変化に迫った画期的名著。

比較歴史制度分析（下）
アブナー・グライフ　岡崎哲二／神取道宏監訳
中世政治経済史の理論的研究から浮き上がる制度の適用可能性とは。本書は、その後のヨーロッパの発展と内部に生じた差異について展望を与える。

企業・市場・法
ロナルド・H・コース　宮澤健一／後藤晃／藤垣芳文訳
「社会的費用の問題」「企業の本質」など、20世紀経済学に決定的な影響を与えた数々の名論文を収録。ノーベル賞経済学者による記念碑的著作。

意識に直接与えられたものについての試論
アンリ・ベルクソン
合田正人／平井靖史訳
強度が孕む〈質的差異〉、自我の内なる〈多様性〉からこそ、自由な行為は発露する。後に『時間と自由』の名で知られるベルクソンの第一主著。新訳。

物質と記憶
アンリ・ベルクソン
合田正人／松本力訳
観念論と実在論の狭間でイマージュへと焦点があてられる。心脳問題への関心の中で、今日さらに重要性が高まる、フランス現象学の先駆的著書。

創造的進化
アンリ・ベルクソン
合田正人／松井久訳
生命そして宇宙は「エラン・ヴィタル」を起爆力に、自由な変形を重ねて進化してきた――。生命概念を刷新したベルクソン思想の集大成的主著。

道徳と宗教の二つの源泉
アンリ・ベルクソン
合田正人／小野浩太郎訳
閉じた道徳／開かれた道徳、静的宗教／動的宗教への洞察から、個人のエネルギーが人類全体の倫理的行為へ向かう可能性を問う。最後の哲学的主著新訳。

笑い
アンリ・ベルクソン
合田正人／平賀裕貴訳
「おかしみ」の根底には何があるのか。主要四著作に続き、多くの読者に読みつがれてきた本著作の最新訳。主要著作との関連も俯瞰した充実の解説付。

精神現象学（上）
G・W・F・ヘーゲル
熊野純彦訳
人間精神が、感覚的経験という低次の段階から「絶対知」へと至るまでの壮大な遍歴を描いた不朽の名著。平明かつ流麗な文体による決定版新訳。

精神現象学（下）
G・W・F・ヘーゲル
熊野純彦訳
人類知の全貌を綴った哲学史上の一大傑作。四つの原典との頁対応を付し、著名な格言を採録した索引を巻末に収録。従来の解釈の遥か先へ読者を導く。

道徳および立法の諸原理序説（上）
ジェレミー・ベンサム
中山元訳
快と苦痛のみに基礎づけられた功利性の原理から、個人および共同体のありようを分析する。近代功利主義の嚆矢をなす記念碑的名著をついに完訳。

道徳および立法の諸原理序説（下）
ジェレミー・ベンサム
中山元訳
法とは何のためにあるのか？　科学に立脚して立法と道徳を問いなおし、真に普遍的な法体系を打ち立てんとするベンサムの代表作を清新な訳文で送る。

ちくま学芸文庫

資本論《しほんろん》 第一巻《だいいっかん》 下

二〇二四年三月十日 第一刷発行

著者 カール・マルクス
訳者 今村仁司（いまむら・ひとし）
三島憲一（みしま・けんいち）
鈴木 直（すずき・ただし）
発行者 喜入冬子
発行所 株式会社 筑摩書房
東京都台東区蔵前二―五―三 〒一一一―八七五五
電話番号 〇三―五六八七―二六〇一（代表）
装幀者 安野光雅
印刷所 株式会社精興社
製本所 株式会社積信堂

Printed in Japan
ISBN978-4-480-51191-1 C0133